# 支持和践行多边主义

## 中国参与WTO争端解决法律实践（2011—2020）

李咏箑　主编

叶军　陈雨松　于宁　副主编

商务印书馆
The Commercial Press
创于1897

**图书在版编目(CIP)数据**

支持和践行多边主义:中国参与 WTO 争端解决法律实践:2011—2020/李咏箑主编;叶军,陈雨松,于宁副主编.—北京:商务印书馆,2021
ISBN 978 - 7 - 100 - 20499 - 6

Ⅰ.①支… Ⅱ.①李…②叶…③陈…④于… Ⅲ.①世界贸易组织—国际贸易—国际争端—研究 Ⅳ.①F743.1

中国版本图书馆 CIP 数据核字(2021)第 232703 号

**支持和践行多边主义**

——中国参与 **WTO** 争端解决法律实践(2011—2020)

李咏箑　主编

叶军　陈雨松　于宁　副主编

商 务 印 书 馆 出 版
(北京王府井大街 36 号　邮政编码 100710)
商 务 印 书 馆 发 行
北京艺辉伊航图文有限公司印刷
ISBN 978 - 7 - 100 - 20499 - 6

2021 年 10 月第 1 版　　　开本 710×1000　1/16
2021 年 10 月北京第 1 次印刷　印张 41½
定价:188.00 元

主　　编：李泳箎

副 主 编：叶　军　陈雨松　于　宁

撰 稿 人：（按姓氏笔画排列）

于　方　　于　宁　　王　希　　王　蔷

方　潇　　叶　军　　田　涯　　李泳箎

陈雨松　　张　侃　　张委峰　　杨骁燕

施　为　　姚晨曦　　郭景见　　龚耀晨

程秀强　　谢　伟

# 序　言

　　光阴荏苒，自中国加入世贸组织已经过去二十个年头。这二十年是见证中国经济快速发展、对外开放愈加深入的二十年，是中国为世界经济增长做出重要贡献的二十年，也是中国在世贸组织争端解决机制下不断历练和成长的二十年。在这一时间节点总结和回顾中国参与世贸组织争端解决的实践具有重要意义。

　　世贸组织的成立标志着以规则为基础的多边贸易体制正式建立。自此，世贸规则为各世贸成员之间的经贸交往提供了基本遵循，单边主义和贸易保护主义措施得以被较好地遏制和约束。多边贸易体制之所以能成为国际贸易的基石和全球贸易健康有序发展的支柱，离不开世贸组织争端解决机制的有效运转。二十多年来，世贸组织争端解决机制为妥善化解经贸摩擦提供了稳定和可预期的手段，因此也被誉为世贸组织"皇冠上的明珠"。积极运用世贸组织争端解决机制化解贸易争端，是中国参与全球经济治理的一个缩影，也是中国支持和践行多边主义、参与国际经贸规则发展和完善的重要实践。二十载争端解决实践，大大提升了中国运用世贸规则坚定捍卫自身合法权益的能力和水平，中国已然从旁观者、学习者逐渐成长为积极参与者、重要贡献者。

　　当然，任何事物的发展都不会一帆风顺。虽然经济全球化是大势所趋和历史必然，但在百年未有之大变局背景下，近年来多边贸易体制遭遇了逆流和回头浪，世贸组织面临着诸多亟待破局的困境和难题。其中，2019 年年底上诉机构因美国杯葛陷入瘫痪，争端解决机制无法正常运转，多边贸易体制无法有效回应、规制日渐抬头的单边主义和贸易保护主义，这已成为绝大多数世贸成员最优先的关注之一。在这一过程中，中国始终以实际行动坚定支持多边贸易体制，在推动世贸组织进行必要改革的同时，与部分世贸成员一道建立了多方临时上诉仲裁安排，积极应对上诉机构危机，展现中国担当，做出中国贡献。

如果说加入世贸组织的第一个十年是中国利用争端解决机制维护自身权益的良好起步，那么第二个十年则是中国更加自信、稳健、从容地起诉和应对世贸争端案件的新篇章。本书收录了中国在 2011—2020 年间处理的重点案件，同时也对这一阶段世贸组织争端解决机制总体运行情况、面临危机和改革举措等进行介绍，内容丰富、详实。撰稿人既有作为案件亲历者的诉讼团队成员，也有常驻世贸组织代表团的一线外交官，他们用最真实的笔触记录下中国参与世贸组织争端解决实践的又一个十年。我相信，他们所讲述的中国故事将为读者提供一个更加直接和客观的视角来看待这个十年。无论是对于国际经济法领域的专家学者，还是实务界人士，抑或对该领域感兴趣的人士，这本书都将会是极具价值的参考书目。

潮平两岸阔，风正一帆悬。大变革的时代也将是大发展的时代，对中国如此，对世贸组织亦是如此。我们坚信，多边主义必将继续引领全球经济的发展航向，在历史的风云激荡中熠熠生辉。

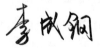

中华人民共和国常驻世界贸易组织代表、
特命全权大使　李成钢
二〇二一年八月十日

# 目　录

# 践行多边主义道路，展现大国责任担当

## —— 中国参与世贸组织争端解决实践概述
## （2011—2020）

李咏箑

2011 年至 2020 年是中国加入世贸组织（WTO）的第二个十年。在这个十年，世贸组织争端解决机制在处理国际贸易争端中继续扮演举足轻重角色，为维护以规则为基础的多边贸易体制持续发挥重要作用。但世贸组织争端解决机制也受到了单边主义、贸易保护主义的巨大挑战，上诉机构陷入停摆困境。在这个十年，中国参与世贸组织争端解决机制的实践不断丰富，成为该机制的重要参与者和主要运用者之一，并为妥善应对上诉机构停摆困境和维护世贸组织争端解决机制的有序运转做出了制度贡献。鉴往知来，中国将与广大世贸组织成员共同努力，维护和推动多边贸易体制行稳致远。

# 一、曲折前行的多边贸易体制和世贸组织争端解决机制

## （一）世贸组织争端解决机制是多边贸易体制的基石

国际贸易是促进全球经济增长的重要引擎，以世贸组织为核心的多边贸易体制是经济全球化和贸易自由化的基石。多边贸易体制的作用，既得益于其明确的规则体系，也得益于运转良好的争端解决机制。世贸组织争端解决机制在增强多边贸易体制的稳定性和可预见性方面发挥关键作用，长期以来，一直被誉为"皇冠上的明珠"。该机制主要功能在于以世贸组织规则为依据，协助解决世贸成员之间的争端，通过一次次的纠纷处理，在具体案件中澄清世贸组织规则，确保世贸成员的权利得到切实保障、承诺得到切实履行，有利于维护多边贸易体制的权威性和有效性，维护全球贸易畅通高效运转。

作为政府间定分止争的制度安排，世贸组织争端解决机制有着鲜明特点：一是以和平手段解决贸易争端，避免争端政治化并升级为更大冲突。二是具有强制性法律约束力，世贸组织成员不可随意逃避其管辖，相关专家组和上诉机构裁决经争端解决机构通过后具有约束力，被裁违规的成员如果不执行需承受贸易报复后果，可谓是有"牙齿"的争端解决方式。三是澄清多边贸易规则的重要平台，通过澄清规则，增强多边贸易体制的可预见性，有效抑制违规行为。

总体看，以规则为基础的世贸组织争端解决机制，已成为世贸组织成员间解决纠纷的重要手段，使世贸组织虽历经规则谈判停滞的挑战和区域经贸合作体系"碎片化"的冲击，仍然持续发挥国际贸易领域定分止争的主平台作用。

## （二）全球化背景下的世贸组织争端解决机制

### 1. 全球化发展与国际经贸格局变化

当今世界正经历百年未有之大变局。党的十九大报告指出，世界正处于大发展大变革大调整时期，和平与发展仍然是时代主题。同时，世界面临的不稳

定性不确定性突出。经济全球化和其中的各种力量消长变化无疑是推动变局发展的重要因素。

一方面，随着全球化的发展，阻碍商品、生产要素和服务在全球各国和各地区之间自由流动的壁垒不断减少，商品、生产要素和服务在全球间的加速持续流动使得国与国之间相互融合和相互依赖日益增强。经济的全球化带来了全球价值链和各国贸易链不断延伸，这一动向和趋势符合市场经济发展的规律，是不可逆转的历史潮流。

另一方面，21世纪的第二个十年，逆全球化"回头浪"暗流涌动，国际贸易投资增长势头陷于停滞。以2008—2017年为例，全球贸易、外国直接投资增速远低于2008年危机前十年水平。经济全球化带来的巨大分配效应和分配的不均衡增加了弱势群体不满，滋生民粹主义思潮，并逐渐上升为政治现象，加剧了"逆全球化"势头，全球化进入调整、转型和利益再平衡阶段。在国际经贸领域，这种"逆全球化"的具体表现就是部分发达国家内顾倾向明显加剧，保护主义、单边主义持续抬头，国际经贸格局进入动荡调整期。

### 2. 大变局下世贸争端解决机制的繁荣与危机

作为国际经贸治理领域重要的公共产品，世贸组织争端解决机制在过去十年绝大多数时间里运转良好，持续发挥作用，扮演着不可或缺的重要角色。2011年至今，该机制共处理了约180个案件，包括美欧间大型民用飞机补贴措施案、中国诉美国"301条款"关税措施案、欧盟和中国等众多世贸成员诉美国"232条款"钢铝措施案等重大案件。在受理案件数量、审理效率、裁决质量等方面，世贸组织争端解决机制领先于其他国际司法机构。世贸成员对于该机制的大量使用本身即表明成员对于争端解决机制的信任，普遍认可该机制是维护成员贸易利益及多边贸易体制的有效手段。

与此同时，处于这样一个经贸格局的动荡调整期，世贸组织争端解决机制在这个十年也是暗流涌动，潜藏危机并最终爆发。与全球化发展形成对比的是，全球经济治理变革相对滞后，国际贸易和投资规则难以适应世界经济新变化，发达经济体和新兴经济体之间的利益诉求分歧凸显。由于多哈回合谈判停滞不前，世贸组织谈判功能不彰，世贸成员提出的争端案件数量不断增多，客观上导致矛盾向争端解决机制集中。

### 3. 单边主义对世贸组织争端解决机制造成严重冲击

近年来，多边贸易体制面临严峻挑战，主要表现为个别世贸成员强调自身利益的绝对优先，推行单边主义和贸易保护主义。从世贸组织争端解决机制看，2017 年前，包括美国在内的世贸成员虽然对该机制有所微词，提出过意见，但总体还是在规则的框架下表达关注，以维持机制的有序运行和作用发挥为目的，显示了对多边贸易规则的尊重。但 2017 年特朗普政府上台后，打着"美国优先"的旗号，对外祭出关税大棒，试图迫使其他世贸成员对美国让利，特别是基于所谓"国家安全"理由实施的"232 条款"钢铝措施和基于"301 条款"调查对中国数千亿美元产品加征关税。美国在无视国际规则的道路上越走越远。同时，美国恶意阻挠上诉机构成员遴选并最终导致上诉机构在 2019 年底陷入瘫痪，世贸组织争端解决机制遭遇重大冲击，难以有效运行，严重动摇以规则为基础的多边贸易体制根基。

## （三）中国面临的挑战

### 1. 积极寻求转变，从初学者到主要运用者的挑战

以贸易和投资自由化、便利化为代表的经济全球化促进了世界和平与发展，符合人类文明的发展方向。习近平总书记指出"要维护自由、开放、非歧视的多边贸易体制，不搞排他性贸易标准、规则、体系，避免造成全球市场分割和贸易体系分化"。[①] 这一重要论述充分展现了中国推动贸易和投资自由化、便利化，维护现有国际经济治理体系中公正合理成果，维护多边贸易体系和规则权威的立场和态度。中国是维护和支持经济全球化的重要力量，始终坚定支持多边贸易体制行稳致远。

中国加入世贸组织以来，利用争端解决机制起诉、应诉、参与第三方案件，

---

① 习近平："共同维护和发展开放型世界经济 —— 在二十国集团领导人峰会第一阶段会议上关于世界经济形势的发言。"（二〇一三年九月五日，俄罗斯圣彼得堡）

捍卫自身合法权益。中国加入世贸组织的第一个十年，经历了磨砺，通过学习和实战历练，做到了融入和提升，从初学者逐渐成长为参与者。加入世贸组织的第二个十年，中国已在更高平台上参与争端解决实践，理性务实开展案件处理应对，表现可圈可点，实现了由充分参与到积极运用的有序转变。

事实证明，中国作为世贸组织重要成员，坚定维护自身合法权益，增强了在世贸组织争端解决机制中的话语权，已经成为争端解决机制主要参与者和全方位的使用者之一。通过一个个案例，中国实质性参与了世贸组织争端解决专家组和上诉机构对多边贸易规则的澄清，诉讼经验快速累积，人才队伍建设稳步提升。在这个过程中，中国作为负责任大国，认真遵守规则，善意履行义务，是多边贸易体制的坚定支持者，积极维护世贸组织规则的权威性和严肃性。

**2. 维护规则利益，回应对产业政策和管理方式的挑战**

**主动运用规则，遏制贸易保护主义。**中国长期以来都是美欧等世贸成员贸易救济措施最大的被调查方，近来有愈演愈烈之势。贸易救济措施正在成为少数世贸组织成员推行贸易保护主义、曲解和滥用规则的重要手段，甚至借此误读、歪曲、抹黑中国市场环境、产业政策和相关管理方式。中国企业和产业的贸易利益受到严重影响，某些产品因为高额的反倾销税和反补贴税而被迫退出相关市场。公共机构、单独税率等问题反映出以美国为首的部分世贸组织成员对中国产业政策和管理方式的一些根深蒂固的偏见和妄断。中方借助世贸组织争端解决机制这个平台，通过起诉美欧反倾销、反补贴措施等一系列案件，在贸易救济领域重拳出手，从规则层面澄清权利义务边界，明确有关概念和做法的法律标准，警示相关世贸组织成员勿滥用规则，以贸易救济之名行贸易保护主义之实，遏制其他成员将对华歧视和偏见合法化的企图。

**有效防守，维护重大核心经贸利益。**从被诉案件的角度看，中国在第二个十年中受到挑战的措施范围广、影响大，既有涉及取向电工钢、X射线安检设备、白羽肉鸡等产品的贸易救济措施，也有涉及稀土出口管理、电子支付服务、粮食补贴和进口关税配额管理等涉我管理机制的重大案件。面对被诉案件，中方团队妥善应对和处置，将尊重规则、遵守国际承诺与维护重大核心经贸利益和政策统一起来。确系外方对政策误读、误解的，中方团队在做好增信释疑工作的同时，注重维护政策核心目标，该坚守的坚决守住。确有违规之处的，该调整的措施或者确有必要的改革要完善并坚决实施。

**3. 主动有所作为，应对争端解决机制命运存亡的挑战**

如果说争端解决机制是"皇冠上的明珠"，上诉机构的设置和有序运行则是明珠上最大的那抹亮色。在中国加入世贸组织的第二个十年中，争端解决机制面临的最大危机莫过于上诉机构停摆。中国作为多边贸易体制的维护者和争端解决机制的主要运用者之一，始终对此密切关注，积极作为，为最大限度缓解危机开展了大量工作，做出了应有贡献。

上诉机构遴选危机正式爆发于 2017 年 8 月，美国在当月举行的争端解决机构例会上执意阻挠和反对启动上诉机构成员遴选程序，并抛出所谓体系性关注，对上诉机构提出挑战。随着美方的一次次阻挠和上诉机构成员一个接一个任期届满，到 2020 年 12 月，上诉机构成员已全部离任，上诉机构彻底停摆。为应对这一危机，中国与欧盟等有关世贸成员一道，推出"多方临时上诉仲裁安排"作为上诉机构停摆期间的临时替代方案，在一定程度上维持了争端解决机制运转，缓解了上诉机构停摆对世贸组织的影响。

## 二、中国参与世贸争端解决案件十年回顾

### （一）中国参与世贸争端解决案件整体情况

#### 1. 中国跻身争端解决机制主要运用者之一

2011 至 2020 这个十年，中国迅速跻身争端解决机制的重要参与者和主要运用者之一。无论是按照起诉案件还是被诉案件数量，中国在世贸成员中均位居前列。近十年，中国共起诉 15 个案件[①]，仅次于美国和欧盟，位列第三；中国共被诉 21 个事项（涉及 26 个案号），仅次于美国，位列第二。具体见表 1 和表 2。

---

① 相关案件统计截至 2021 年 6 月底，下同。

### 表1　起诉次数最多的前十个成员

（2011 年以来，按 WTO 案号）

| 排名 | 成员 | 2011 年以来起诉 | WTO 成立以来起诉 |
|------|------|----------------|-----------------|
| 1 | 美国 | 27 | 124 |
| 2 | 欧盟 | 22 | 104 |
| 3 | 中国 | 15 | 22 |
| 4 | 日本 | 14 | 28 |
| 5 | 巴西 | 8 | 33 |
| 6 | 加拿大 | 7 | 40 |
| 7 | 韩国 | 7 | 21 |
| 8 | 阿根廷 | 6 | 21 |
| 9 | 印度 | 5 | 24 |
| 10 | 墨西哥 | 4 | 25 |

### 表2　被诉次数最多的前十个成员

（2011 年以来，按 WTO 案号）

| 排名 | 成员 | 2011 年以来被诉 | WTO 成立以来被诉 |
|------|------|----------------|-----------------|
| 1 | 美国 | 46 | 156 |
| 2 | 中国 | 26 | 47 |
| 3 | 欧盟 | 18 | 88 |
| 4 | 印度 | 12 | 32 |
| 5 | 印度尼西亚 | 11 | 15 |
| 6 | 加拿大 | 7 | 23 |
| 7 | 澳大利亚 | 7 | 17 |
| 8 | 阿根廷 | 5 | 22 |
| 9 | 韩国 | 5 | 19 |
| 10 | 巴西 | 3 | 17 |

　　涉及中国案件不断增多的原因主要有：首先，贸易争端发生的根源在于贸易利益的扩展，在于国际经贸交流参与的广度和深度，上述贸易争端的前三甲

也是当今全球贸易量最大，最为活跃的三大经济体。其次，中国作为新兴经济体，贸易增量和参与国际经贸活动的广度和深度快速发展，越来越具有全球影响力，中国的相关贸易活动、贸易政策等一举一动备受瞩目，国际社会关注度高。第三，现有国际秩序和经贸规则体系还是以美西方为主导，中国的快速成长和发展，很难避免对既有利益造成冲击，世贸组织争端解决机制的频繁使用便是这种张力和冲击的表现形式之一。第四，由于历史文化渊源的差异、经济发展轨迹的不同、经济治理和参与国际竞争的方式有别，对于有些质疑和关注，争端解决机制提供了一个释疑解惑的平台和空间，涉及中国的部分争端通过磋商阶段的澄清和解释，得以妥善解决，相关分歧得以消弭。

**2. 近十年中国作为当事方案件的总体情况**

在中国加入世贸组织后的第二个十年，中国作为当事方参与的案件不断增加，占世贸争端解决案件比例不断攀升，个别年份甚至占据当年新启动案件的半壁江山。从具体年份看，无论是对中国来说，还是对整个争端解决机制来说，2012 年和 2018 年都是案件集中爆发的年份，以这两个年份为分界，2013—2017 年新发起案件数在低位徘徊；2019 年以来，由于上诉机构停摆，世贸组织成员使用争端解决机制积极性受到一定影响，新发起案件较少。下面，将第二个十年分为 2011—2012 年、2013—2017 年、2018—2020 年三个阶段予以简要介绍。

**涉中国案件集中爆发的 2011—2012 年**

2011 年。有业内人士将这一年誉为中国世贸争端解决的"丰收年"，该年作出的涉及中国的 3 项世贸争端裁决，中国获得全面胜诉，包括中国诉美国反倾销反补贴措施案（DS379），中国诉欧盟紧固件反倾销措施案（DS397），中国诉欧盟皮鞋反倾销措施案（DS405）。中国在 2011 年就美国暖水虾和金刚石锯片反倾销"归零"措施提起诉讼，即中国诉美国反倾销"归零"措施案（DS422）。中国在这一年被诉案件两起，即欧盟诉中国 X 射线安检设备反倾销措施案（DS425）和美国诉中国白羽肉鸡反倾销反补贴措施案（DS427）。

2012 年。无论是既有案件和新起案件数量，还是案件发展峰回路转的曲折性，都见证了中国在世贸争端解决上攻防并举和敢于胜利的精神风貌。中国在这一年共起诉了 3 起案件，但也遭遇了 5 起被诉案件（涉及 8 个案号）。[①] 此时的中国，"已经不再惧怕风雨和摔打，此时的中国政府，已经坦然到视世贸诉讼之胜败乃成员之间平常之事的地步；此时的中国 WTO 诉讼团队，作为久经沙场的老兵，攻防并举，虽然是胜负互见，但是绝对堪称是进退有据，且呈现出越战越勇之势"[②]。

2012 年也成为了中美、中欧在争端解决机制项下互动频繁的一年。该年 3 月，美国、欧盟、日本起诉中国稀土、钨、钼出口管理措施（DS431/DS432/DS433）。下半年，美连续对中国汽车领域发起进攻：7 月，美国就中国针对美输华汽车采取的反倾销反补贴措施提起磋商请求（DS440）；9 月，美将中国对汽车及其汽车零部件补贴措施诉至世贸组织（DS450）。中国在应诉的同时也主动出击：该年 5 月，中国起诉了美 17 项反补贴措施（DS437）；9 月，中国将美国关税法修订案（DS449）诉至世贸组织；11 月，中国将欧盟成员国意大利和希腊的光伏补贴措施（DS452）诉至世贸组织。其中，中美大国博弈出现了一幕有趣的场景：中美双方在 2012 年 9 月 17 日同一天起诉对方，中国起诉的是美国关税法修订案（DS449），美国起诉的是中国汽车及汽车零部件补贴措施（DS450）。两案后续呈现不同的发展结果，DS449 案最终中方获得胜诉，而 DS450 案则被美方束之高阁。

**善用规则维护自身权益的 2013—2017 年**

2013 年 12 月，中国打包向世界组织起诉美国商务部对 13 类中国产品采取的反倾销措施（DS471），聚焦目标倾销、单一税率推定、不可获得事实推定等法律问题，年涉案贸易额 84 亿美元。这是中国继诉美反补贴措施案

---

① 中国起诉的 3 起案件包括，中国诉美国反补贴措施案（DS437）、中国诉美国关税法修订案（DS449）、中国诉欧盟光伏补贴措施案（DS452）。中国被诉的 5 起案件为，美国、欧盟、日本诉中国稀土、钨、钼出口管理措施案（DS431/DS432/DS433）、美国诉中国汽车反倾销反补贴措施案（DS440）、美国诉中国汽车及汽车零部件补贴措施案（DS450）、墨西哥诉中国纺织品和服装补贴措施案（DS451）、日本、欧盟诉中国高性能不锈钢无缝钢管反倾销措施案（DS454/DS460）。

② 盛建明："'柳暗花明'之后的'山重水复'——2011—2012 年度涉华 WTO 争端案件述评"，《世贸组织争端解决年度报告（2011—2012 年）》，法律出版社 2014 年 10 月版，第 29 页。

（DS437）、诉美关税法修订案（DS449）后对美国贸易救济措施的又一次出击。

2014 年 10 月，加拿大将中国对自加拿大进口的浆粕采取的反倾销措施起诉至世贸组织（DS483）。这是该年中国作为争端方的唯一新发案件，也是加拿大在世贸组织起诉中国的第一案。

2015 年。美国在这一年起诉了中国两起案件：2 月，美国针对中国外贸转型升级示范基地和外贸公共服务平台的补贴措施提起诉讼（DS489）。12 月，美国将中国对国产支线飞机相关税收政策诉至世贸组织（DS501）。

2016 年 7 月，美、欧将中国对锑、钴等 12 种原材料出口关税、出口配额措施诉至世贸组织（DS508/DS509）。在这一年，美奥巴马政府下台前连续起诉两起农业大案：9 月，美将中国对小麦、大米、玉米最低收购价和临时收储政策诉至世贸组织（DS511）；12 月，美将中国对上述三种主粮的进口关税配额管理措施起诉至世贸组织（DS517）。中国在 12 月 12 日同时起诉美国、欧盟对中国产品反倾销"替代国"做法（DS515/516）。

2017 年 1 月，美奥巴马政府在离任前一周，以中国对原铝的所谓电力、贷款支持措施等构成可诉补贴为由在世贸组织提起诉讼（DS519）。

### 反击美国单边主义的 2018—2020 年

2018 年是众多世贸成员共同声讨美国单边主义和贸易保护主义的一年。这一年，由于特朗普政府奉行"美国优先"，采取一系列单边主义措施，肆意违反世贸组织规则，包括中国在内的世贸组织成员共提出约 20 项磋商请求，占到当年全球世贸诉讼的一半，美国单边主义行径成为众矢之的。中国在这一年共起诉 5 起案件，被诉 3 起案件（4 个案号）。值得特别指出的是，2018 年中国连续将美国"301 条款"关税措施（DS543 和 DS565）、"232 条款"钢铝措施（DS544）、光伏全球保障措施（DS562）以及美国地方政府的可再生能源补贴措施（DS563）起诉至世贸组织。一年之内共起诉美方 5 起案件，这是特殊年份的特殊举措，在中国加入世贸组织 20 年的历程中绝无仅有。同年，巴西起诉了中国的食糖进口管理措施（DS568），美国和欧盟起诉中国的技术转让措施（DS542/DS549），美国还起诉了中国针对"232 条款"钢铝措施对美产品采取的加征关税措施（DS558）。

2019 年 9 月，作为"301 条款"关税案件后续，中方将美国新实施的涉及中国约 3000 亿美元出口产品的"301 条款"关税措施起诉至世贸组织（DS587）。同样在 9 月，加拿大将中国油菜籽进口检疫措施、进口关税配额管理和自动进口许可措施诉至世贸组织（DS589）。

2020 年 12 月，澳大利亚将中国对澳大麦反倾销和反补贴措施诉至世贸组织（DS598），这是澳在世贸组织争端解决机制下起诉中国的首个案件。

## （二）中国参与案件的特点

中国加入世贸组织以来共作为当事方处理案件 55 起（共 69 个案号），其中在第二个十年处理当事方案件 36 起（共 41 个案号），是第一个十年案件数量的 1.9 倍。2011 年以来的当事方案件多为对中国贸易利益、规则利益和制度利益影响深远的案件，无论从案件数量上还是重要性上看，相较第一个十年都上了一个大台阶。中方在这个过程中，充分利用争端解决机制，坚决捍卫自身合法权益，坚定维护多边贸易体制，有力反击单边主义和贸易保护主义。

### 1. 起诉案件

针对系统性持续性违反规则做法，"打包诉讼"，一追到底，为系统性解决违规做法奠定坚实基础。如前所述，贸易救济领域是中国企业遭受歧视性待遇的重灾区，特别是美国等少数世贸成员对中国产业政策和管理方式长期持有偏见，对中国企业违规采取反倾销反补贴措施，征收高额反倾销税和反补贴税。为有力反击美国滥用贸易救济手段的错误做法，中方自 2012 年至 2013 年集中针对美方贸易救济措施在世贸组织争端解决机制下出击，打出"组合拳"，连续发起 3 个案件，分别将美国商务部 17 项反补贴措施（DS437）、美关税法修订案及 20 余项反倾销反补贴措施涉及的"双重救济"问题（DS449）、美 13 项反倾销措施中的目标倾销、单一税率推定和不利可获得事实等问题（DS471）打包起诉至世贸组织。中方对于公共机构、专向性、外部基准、双重救济、目标倾销"归零"、单一税率推定等主要诉点和核心主张得到世贸组织专家组和上诉机构支持，美方涉案的数十项反倾销和反补贴措施被裁违反世贸规则，中方取得案件诉讼的重大胜利。

同时，对于美方不愿执行裁决的案件，中方充分利用程序规则"一追到底"。在诉美国反倾销措施案（DS471）中，中方诉讼团队提起了合理执行期仲裁，避免了美国对裁决执行期的无限期拖延；首次启动报复授权程序并进行贸易报复水平仲裁，世贸组织仲裁裁定了35.79亿美元的报复额，是截至目前（2021年6月底）世贸组织历史上第四大报复额。此后，中国诉美国反补贴措施案（DS437）也进入报复授权程序，目前正处于贸易报复水平仲裁阶段。通过这些案件，中国对于程序参与环节持续探索和延伸，不断充实和完善着中国对争端解决程序的经验积累，更为中方后续对美实施贸易报复这一"杀手锏"奠定了坚实基础。

**针对个案诉讼需要，充分利用程序规则，坚决维护个案贸易和规则利益。**许多人认为世贸争端解决机制是一项"高、精、尖"的屠龙之术，这种印象主要源于普通人对多边争端解决机构的神秘感和陌生感。随着中国经济体量不断增大，与经济全球化融合度越来越高，作为世界第一货物贸易大国和主要的服务贸易和双向投资大国，中国的经贸利益无处不在，与国际经贸交流深度互联。中国在世贸组织用好规则，打好案子，一个重要的初衷便是维护产业和企业利益。争端解决机制的生命力在于实践和使用，在于案件中所涉及的重要贸易和规则利益。对于中方起诉案件的选取、诉点的谋划、时机的选择等，其中重要的考量指标就是案件对于企业和产业可能带来的实际效果和影响。

实践证明，中国通过争端解决机制为业界争取到了实实在在的利益。以中国诉欧盟紧固件反倾销措施案（DS397）为例，该案历时逾6年半，历经原审专家组和上诉、执行之诉专家组和上诉等阶段，最终获得重大胜利。欧盟最终执行裁决，修改了相关反倾销立法，删除了将中国企业视为"单一实体"并征收单一反倾销税的推定，并彻底取消了紧固件反倾销措施。本案还进一步澄清了世贸规则，为其他具有相同或相似做法的世贸成员划出了规则边界。此外，在中国诉欧盟禽肉关税配额措施案（DS492）中，中方诉讼团队与国内产业及商会密切配合，多次召开案件协调会听取产业诉求和关注，案件的磋商和专家组审理程序历时两年有余，中方取得最终胜诉。根据中欧双方签署的裁决执行协议，欧盟于 2019 年 4 月对中方开放新的禽肉关税配额，中国的禽肉生产和出口企业进一步打开了欧盟市场。

**坚决回击单边主义和保护主义，赢得"史诗级"战役胜利成果。**在中国加入世贸组织第二个十年的后期，单边主义和贸易保护主义横行，多边贸易体制受到前所未有的挑战。中国作为贸易大国，同时也是单边主义和贸易保护主义的主要受害方，主动运用争端解决机制，对无视多边贸易规则的恶劣行径和做法进行了坚决回击。中国诉美国"301 条款"关税措施案( DS543 )就是典型代表。2017—2018 年，美国无端发起"301 条款"调查并对中国数千亿美元出口产品加征关税，引发了被很多媒体和专家形容为"史诗级"贸易战的中美经贸摩擦。美国对华"301 条款"关税措施毫无事实基础和规则依据，明显违反最惠国待遇、约束税率等世贸组织规则的基石性条款。对于美国践踏规则的单边行径，中国毫不迟疑，第一时间果断出手，在世贸争端解决机制下打赢了一场"史诗级"战役。从 2019 年 1 月案件专家组设立到 2020 年 9 月专家组报告散发，案件审理历时 1 年 8 个月。在案件进行过程中，特别是在专家组审理的关键期和冲刺阶段遭遇新冠肺炎疫情全球暴发，诉讼团队在疫情防控巨大压力下，科学判断、果断决策、毅然派员赴瑞士日内瓦参加了专家组第二次听证会（2020年 2 月下旬召开），诉讼团队的果断决策和无畏精神，确保了这一"史诗级"战役胜利成果如期做出并对外公布，很好实现了既定的诉讼目标。

此外，美国从 2018 年 2 月开始以所谓国家安全为由，先后出台针对钢铝的"232 条款"措施，对包括中国在内的众多世贸成员加征"232 条款"钢铝关税。由于美"232 条款"钢铝措施以国家安全为名，行贸易保护主义之实，中方第一时间与欧盟、俄罗斯、土耳其、印度、瑞士、挪威等诸多世贸成员一道，将美"232 条款"钢铝措施起诉至世贸组织，如此众多的世贸成员起诉相同措施，在世贸组织历史上实属少见。

## 2. 被诉案件

**推动对内改革和对外开放。** 中国在加入世贸组织的第二个十年，不仅善于主动出击，充分利用世贸规则捍卫自身合法权益，维护多边贸易规则体系，同时也善于化危为机、危中寻机，把被诉案件的挑战转变为推动内部改革和发展的契机。以美国诉中国电子支付服务案（DS413）为例，该案是继美国诉中国出版物市场准入案（DS363）之后，中方第二次在世贸组织争端解决机制项下，就有关服务贸易减让表问题与美方进行针锋相对的法律诉讼。通过此案，中方在跨境交付问题上取得胜利，打消了美方试图通过诉讼达到无需设立商业存在即可进入中国支付卡交易市场的企图。但同时，专家组也认定有关电子支付服务属于中方承诺的银行服务项下的"支付和汇划服务"，中方需要按照减让表要求，在模式3（商业存在）市场准入和国民待遇方面承担义务。

本案有关诉讼和执行程序历时三年。为执行世贸裁决，中方于2013年发布公告，废止了涉嫌违规的统一银联标志等文件。同时，为有序推进银行卡清算市场开放，规范银行卡清算机构管理，促进金融市场健康发展，2015年4月，国务院发布《关于实施银行卡清算机构准入管理的决定》；2016年6月，人民银行会同银监会共同发布了《银行卡清算机构管理办法》；一年后，人民银行于2017年6月发布了《银行卡清算机构准入服务指南》。中方通过一系列举措，进一步放开和规范银行卡清算市场，设立了有关市场准入的行政许可，统一了内外资准入标准，对外资机构全面给予国民待遇，对于符合条件的内外资企业，均可申请成为银行卡清算机构。中方上述主动开放举措并非案件执行措施，但该案的确助推了中国银行卡清算市场开放。中方通过主动作为，进一步完善了管理，防范了风险，促进了金融市场的开放和便利，也惠及了广大消费者。

**促进政府管理体制机制完善。** 中国加入世贸组织第二个十年，国际环境发生深刻复杂变化，要求我们善于在危机中育先机、于变局中开新局。通过争端解决案件应对不断建设和提升政府治理能力和治理水平，推动相关体制机制建设和完善，是政府有关部门紧密配合，在危机中捕捉契机，将压力和挑战转化为改革动力的具体体现。在美国、欧盟、日本诉中国稀土、钨、钼出口管理措施案（DS431/DS432/DS433）裁决执行中，中国取消了相关出口配额，改为自动出口许可管理，变数量限制为出口监测，取得了较好的管理效果。在案件应对过程中，政府有关部门同步完善国内监管制度，整合了稀土开采资源，扭转了稀土乱采滥挖对资源和环境的巨大破坏，为综合施策完善和提升资源管理水平，解决"贵土贱卖"问题做出了有益探索。在美国诉中国外贸转型升级示范基地和外贸公共服务平台措施案（DS489）中，通过案件磋商应对，商务部修改了相关文件，进一步明确相关政策目标是促进外贸转型升级和高质量发展，并非为了增加出口。相关文件调整后，既符合我国际义务，也更加聚焦政策初衷，为合规高效认定和考核外贸转型升级基地，理清了管理思路，明晰了执行和操作标准。在美国诉中国取向电工钢反倾销反补贴措施案（DS414）中，相关双反措施被裁违规后，商务部于裁决执行期间起草并出台了《执行世界贸易组织贸易救济争端裁决暂行规则》，为后续被诉贸易救济案件执行工作提供了国内法上的规范。

**维护管理制度，争取政策空间。**对于被诉案件，中方充分利用争端解决程序，通过积极抗辩，维护合法权益，为构建和完善制度设计，采取合规的管理措施争取政策空间。以美国诉中国粮食补贴案（DS511）为例，2016 年 9 月，美国将中国对小麦、稻谷最低收购价和玉米临时收储政策起诉至世贸组织，挑战中方对三大主粮的国内支持水平超出承诺，违反世贸义务。2019 年 4 月，世贸组织争端解决机构通过了本案专家组报告。由于玉米临时收储政策在美方起诉前已停止实施，且美方未能证明目前正在实施的"市场化收购加生产者补贴"政策是临时收储政策的延续，专家组驳回了美方该诉请。对于小麦与稻谷最低收购价政策，专家组虽裁定中方补贴水平超出加入承诺，但在固定外部参考价基期、稻谷出米率等重要问题上支持了中方主张。从美方起诉到专家组裁决报告发布，案件历时两年半，中方积极抗辩，成功将玉米补贴政策排除出专家组审理范围，并在小麦、稻谷补贴水平计算上争取到了最大的政策空间，为后续政策的调整奠定了较好的基础。

### 3. 案件介绍（2011—2020 年中国作为当事方的主要案件）

2011—2020 年，中国作为当事方的起诉案件主要包括：

**中国诉欧盟紧固件反倾销措施案执行之诉**（DS397，第 21.5 条程序）。中方于 2013 年 10 月将欧方对案件的执行措施诉至世贸组织争端解决机制。中方主张欧方涉案反倾销措施在信息披露、利害关系方的认定、公平比较、倾销幅度计算和国内产业界定等方面违反《反倾销协定》的规定，欧盟则提出其在反倾销认定中的上述做法均符合规定。经过两年多的执行之诉专家组和上诉机构两审，世贸组织于 2016 年 1 月作出裁决，支持中方全部主张并驳回欧方抗辩，裁定欧方对紧固件反倾销措施的复审调查违反《反倾销协定》。欧方于 2016 年 2 月撤销了紧固件反倾销措施。

**中国诉美国反倾销"归零"措施案**（DS422）。中方于 2011 年 2 月将美方对华暖水虾反倾销措施诉至世贸争端解决机制，同年 7 月中方又提出补充磋商请求，将金刚石锯片反倾销措施也纳入诉讼范围。本案涉案措施为美调查机关在暖水虾和金刚石锯片反倾销调查中使用的"归零"做法。中方主张美方反倾销"归零"做法违反《反倾销协定》，美方同意上诉机构对美国—软木 V 案（DS264）所作裁决适用本案，不反对中方提出的诉讼请求。中美双方于 2011 年 10 月 13 日签署快速解决争议程序协议。世贸组织专家组于 2012 年 6 月 8 日作出裁决，裁定美方在暖水虾和金刚石锯片反倾销调查中使用"归零"做法违反《反倾销协定》。

**中国诉美国反补贴措施案**（DS437）。2012 年 5 月，中方将美 17 项反补贴措施诉至世贸争端解决机制。中方主张，美方反补贴调查中对所谓"低价提供原材料补贴"项目和"低价提供土地使用权补贴"项目认定以及对"出口限制补贴"项目立案违反《补贴与反补贴措施协定》(《补贴协定》)。经过专家组和上诉机构审理，世贸组织于 2015 年 1 月通过裁决报告，认定美对"低价提供原材料补贴"项目的公共机构认定和补贴利益计算使用外部基准以及专向性认定、"低价提供土地使用权补贴"项目的专向性认定和对"出口限制补贴"项目的立案违反《补贴协定》。经合理执行期仲裁，世贸组织于 2015 年 10

月发布仲裁裁决，裁定合理执行期为 14 个月 16 天，即美方执行截止期限为 2016 年 4 月 1 日。中方于 2016 年 4 月就美方执行措施提起执行之诉，中方主张美执行再调查措施在公共机构认定、补贴利益计算、专向性认定等问题上违反世贸组织《补贴协定》相关规定，美方抗辩称中方错误理解相关法律标准。世贸组织执行之诉专家组和上诉机构分别于 2018 年 3 月和 2019 年 7 月作出裁决，裁定美方违反世贸组织《补贴协定》，要求美方纠正其违规措施。

**中国诉美国关税法修订案（DS449）。** 中方于 2012 年 9 月将美方关税法修订案（GPX 法案）以及有关反倾销和反补贴调查未能避免双重救济诉至世贸争端解决机制。美方涉案措施为 GPX 法案授权美国商务部对"非市场经济"国家采取反补贴措施，并追溯适用于 2006 年以来发起的对华系列反倾销和反补贴调查，以及美商务部在二十余起反倾销反补贴调查中未能避免双重救济。中方主张 GPX 法案溯及既往的规定违反《1994 年关税与贸易总协定》（GATT 1994）第 10 条有关透明度、正当程序和独立司法审查的规定，美方未能避免双重救济的做法违反《补贴协定》。美方抗辩称，GPX 法案仅是对此前美国内反补贴立法的澄清，GPX 法案没有提高关税税率或施加新的负担，《补贴协定》并未规定调查机关须勤勉调查避免双重救济的义务。世贸组织专家组于 2014 年 3 月作出裁决，裁定中方未能证明 GPX 法案违反 GATT1994 第 10 条有关规定，而美方未避免双重救济违反《补贴协定》。中美双方均提出上诉，上诉机构于 2014 年 7 月做出裁决，驳回美方双重救济问题上诉，推翻专家组有关裁决，但上诉机构未能完成法律分析，未能最终认定 GPX 法案违反世贸规则。

**中国诉欧盟光伏补贴措施案（DS452）。** 中方于 2012 年 11 月将意大利、希腊等欧盟成员国的光伏补贴措施诉至世贸组织争端解决机制。中方主张，欧方对符合"当地成分"条件的光伏发电项目提供额外的电价补贴，违反最惠国待遇和国民待遇义务，构成《补贴协定》禁止的进口替代补贴。中欧双方于 2012 年 12 月至 2013 年 5 月举行了多轮磋商。经磋商，欧方终止了相关措施。

**中国诉美国反倾销措施案（DS471）。** 2013 年 12 月，中方将美滥用反倾销措施的错误做法诉至世贸组织，包括在"目标倾销"认定中错误使用加权平均正常价值和单笔交易出口价格进行比较的方法结合"归零法"计算倾销幅度，以及美方在对华反倾销调查中推定中国的所有生产商和出口商构成一个受政府普遍控制的单一实体，并给予该实体单一的倾销幅度或税率，在这个过程中，美方通过认定该实体未合作而使用可获得不利事实，计算出畸高的反倾销税率。2017年5月，世贸组织通过专家组和上诉机构报告，裁定美方目标倾销"归零"做法、单一税率推定做法及涉案的38项反倾销措施违反世贸规则。由于美方未执行裁决，中方经报复授权申请、报复水平仲裁，于2019年11月1日获得金额为35.79亿美元的贸易报复水平裁决。

**中国诉欧盟禽肉关税配额措施案**（DS492）。中方于2015年4月将欧方禽肉关税配额管理措施诉至世贸争端解决机制。中方主张，欧方关税配额管理制度以中方禽肉受限于欧方动物卫生检疫措施，难以对欧出口期间的贸易量为基础，认定中方没有实质贸易利益，违反关税配额总量和关税配额分配的规定。欧方在诉讼中提出其根据修改关税减让谈判开始前的贸易数据，认为中方不具有实质贸易利益，主张自己的关税配额符合规定。经过两年的案件审理，世贸组织于2017年4月通过本案专家组报告，裁定支持中方核心观点并驳回欧方关于关税配额分配的观点，裁定欧方未考虑中方在谈判开始后至配额分配前对欧鸭肉出口增加的特殊因素，没有给中方分配与贸易实力相当的配额，违反了非歧视分配配额的规定。欧方执行裁决，于2019年4月对中方开放了新的禽肉关税配额。

**中国诉美国"301条款"关税措施案**（DS543）。中方于2018年4月将美"301条款"关税措施诉至世贸争端解决机制。美方涉案措施针对中国6000多个税号的2340亿美元出口产品额外加征25%关税。中方主张美"301条款"关税措施违反GATT1994最惠国待遇规则和约束税率义务，美方在诉讼中提出"保护公共道德"例外抗辩。经过近两年半的案件审理，世贸组织于2020年9月作出裁决，全面支持中方观点，裁定美"301条款"关税措施违反最惠国待遇和约束税率规则并驳回美方抗辩，认定美未能证明"301条款"关税措施是为了保护公共道德。鉴于上诉机构停摆现状，中方实质上已取得案件胜诉结果。

2020 年 10 月，美方就专家组报告提出上诉，目前案件被搁置在上诉阶段。

**2011—2020 年，中国作为当事方的被诉案件**[①]**主要包括：**

**美国诉中国电子支付服务案（DS413）。**美方于 2010 年 9 月将中方有关支付卡交易的电子支付服务管理措施诉至世贸争端解决机制。中方涉案措施包括人民银行和外汇管理局的 19 份文件，美方将之归纳为发卡方要求、终端设备要求、收单方要求、香港 / 澳门要求、唯一提供商要求、异地 / 跨行禁令等六方面措施。美方主张，电子支付服务属于"银行及其他金融服务"下的子部门"支付和汇划"服务，涉案措施违反《服务贸易总协定》第 16 条市场准入（包括跨境交付）和第 17 条国民待遇义务。中方抗辩主张，涉案服务属于《金融服务附件》所列"金融资产的结算和清算服务"，中方未作出市场准入（包括跨境交付）和国民待遇承诺。世贸组织专家组于 2012 年 7 月做出裁决，裁定涉案服务属于"支付和汇划"服务，中方有关香港 / 澳门要求违反了关于商业存在的市场准入承诺，发卡方要求、终端设备要求、收单方要求违反国民待遇义务；美方未能证明存在唯一提供商要求和异地 / 跨行禁令，也未能证明中方对跨境交付做出承诺。中方采取措施执行了裁决。

**美国诉中国取向电工钢反倾销反补贴措施案（DS414）。**美方于 2010 年 9 月将中方对自美进口的取向电工钢的反倾销和反补贴措施诉至世贸争端解决机制。美方主张，中方措施在反补贴调查的发起、非保密摘要、可获得的事实、基本事实披露、所有其他企业税率、价格影响分析、因果关系分析等方面违反了《反倾销协定》和《补贴协定》有关要求。经过近两年的案件审理，世贸组织于 2012 年 11 月通过专家组和上诉机构报告，裁定中方在反补贴调查的发起、非保密摘要、基本事实披露、所有其他企业税率、价格影响分析、因果关系分析上违反世贸规则，但在适用可获得的事实、计算倾销幅度的数据和计算方法的披露上支持了中方观点。针对中方执行措施，美方于 2014 年 1 月启动执行之诉，执行专家组于 2015 年 5 月发布报告，裁定中方再调查裁定对被调查产

---

[①] 这些被诉件中，美国诉中国电子支付服务措施案（DS413）、美国诉中国取向电工钢反倾销和反补贴措施案（DS414）、美国诉中国风电设备补贴措施案（DS419）三起案件虽然提起磋商请求时间是在 2010 年 9 月至 12 月间，但案件处理应对主要发生在 2011 年之后，故一并纳入案件介绍。

品的价格影响分析、因果关系分析、基本事实披露违反世贸规则。中方随后取消了涉案反倾销措施。

**美国诉中国风电设备补贴措施案（DS419）。** 美方于 2010 年 12 月将中方对风电设备的补贴措施起诉至世贸组织争端解决机制。中方涉案措施为《风力发电设备产业化专项资金管理暂行办法》，该办法针对风力发电设备企业提供专项资金补贴支持。美方指称，中方措施涉嫌构成禁止性的进口替代补贴。2011 年 2 月，中美双方在日内瓦进行磋商，中方澄清了涉案措施已于 2010 年停止执行。案件最终通过磋商解决。

**欧盟诉中国 X 射线安检设备反倾销措施案（DS425）。** 欧方于 2011 年 7 月将中方对原产自欧盟的 X 射线安检设备反倾销措施诉至世贸争端解决机制。欧方主张，中方措施违反《反倾销协定》关于必要事实披露、非保密摘要、国内产业定义、价格影响分析和公告的规定。中方抗辩主张，欧方相关反倾销规则解释错误，中方涉案措施未违反相关规定。经过 1 年半的案件审理，世贸组织专家组于 2013 年 2 月做出裁决，在必要事实披露方面部分支持了中方观点，认为对税率的计算属于调查机关的考虑，不是必要事实，但在其他方面支持了欧方主张。2014 年 2 月，中方对涉案产品终止征收反倾销税，执行了裁决。

**美国诉中国白羽肉鸡反倾销反补贴措施案（DS427）。** 美方于 2011 年 9 月将中方对原产自美国的白羽肉鸡反倾销和反补贴措施诉诸世贸组织争端解决机制。美方主张，涉案措施违反《反倾销协定》和《补贴协定》关于正常价值计算、必要事实披露、所有其他公司税率、非保密摘要、国内产业定义、价格影响分析和因果关系的规定。中方抗辩主张，美方对反倾销和补贴规则的解释错误，中方未违反相关规定。经过 1 年的案件审理，世贸组织专家组于 2013 年 8 月做出裁决，在国内产业定义问题上驳回了美方观点，裁决中方的国内产业认定不包含自我挑选程序，未扰乱损害调查，但专家组在其他问题上支持了美方主张。2016 年 5 月，美方就中方执行措施提出执行之诉。2018 年 1 月，执行专家组发布报告，裁决中方再调查措施违反世贸规则。2018 年 2 月，中方对涉案产品终止征收反倾销税和反补贴税，执行了裁决。

**美国、欧盟、日本诉中国稀土、钨、钼出口管理措施案（DS431/DS432/DS433）。**2012 年 3 月，美国、欧盟、日本将中方稀土、钨、钼相关产品的出口管理措施诉至世贸组织争端解决机制。美、欧、日主张，中方对稀土、钨、钼采取的出口关税违反了中国《加入议定书》第 11.3 条取消出口税的承诺；中方对稀土、钨、钼采取的出口配额管理措施违反 GATT1994 第 11.1 条取消数量限制的义务；中方要求基于以往出口业绩和最低资本分配稀土、钼出口配额的做法违反《中华人民共和国加入议定书》（《加入议定书》）和《加入工作组报告书》相关承诺。经过专家组和上诉机构审理，世贸组织于 2014 年 8 月通过裁决报告，认定中方出口关税、出口配额措施违反世贸规则和中方加入承诺。经中方与三个起诉方磋商，本案的合理执行期为 8 个月 3 天，至 2015 年 5 月 2 日止。中方自 2015 年 1 月 1 日起，取消了涉案产品的出口配额；自 2015 年 5 月 1 日起，取消了涉案产品的出口关税。

**美国诉中国汽车反倾销反补贴措施案（DS440）。**美方于 2012 年 7 月将中方对原产自美国的部分汽车产品反倾销和反补贴措施诉至世贸组织争端解决机制。美方主张，中方措施违反了《反倾销协定》和《补贴协定》关于必要事实披露、所有其他公司税率、非保密摘要、国内产业定义、价格影响分析和因果关系的规定。中方抗辩主张，美方对反倾销和补贴规则解释错误，中方未违反相关规定。经过 1 年零 10 个月的案件审理，世贸组织专家组于 2014 年 5 月做出裁决，在国内产业定义问题上支持中方观点，认为中方调查程序中立，给予国内生产商均等机会参与调查，没有扭曲国内产业定义，驳回美方诉求，但在必要事实披露、非保密摘要、价格影响分析、因果关系等问题上支持了美方主张。由于中方已于 2013 年 12 月 15 日停止征收相关反倾销、反补贴税，本案不存在执行问题。

**墨西哥诉中国纺织品和服装补贴措施案（DS451）。**2012 年 10 月，墨方将中方纺织品和服装的补贴措施诉至世贸组织争端解决机制。墨方主张，中方通过税收减免、优惠贷款、廉价土地、折扣电价、低价原材料、赠款等方式，向特定纺织品和服装产业生产商和出口商提供扶持，构成《补贴协定》项下禁止性补贴和可诉补贴，并违反《农业协定》和中国《加入议定书》相关条款。中墨双方于 2012 年 11 月至 2013 年 3 月举行了多轮磋商。此后，墨方未继续推进本案。

**日本、欧盟诉中国高性能不锈钢无缝钢管反倾销措施案（DS454/DS460）。** 日本、欧盟分别于 2012 年 12 月和 2013 年 6 月将中方对其无缝钢管的反倾销措施诉至世贸组织争端解决机制。日、欧主张，中方反倾销措施在倾销认定、价格影响分析、对国内产业的影响分析、因果关系分析、可获得的事实、基本事实披露、保密信息等方面违反了《反倾销协定》有关要求。中方抗辩主张，涉案措施符合相关规定。经过近两年的案件审理，世贸组织于 2015 年 10 月通过了专家组和上诉机构报告，裁决中方在倾销认定、因果关系分析、基本事实披露、保密信息上违反世贸规则，在使用可获得事实裁定所有其他税率上支持了中方。中方启动再调查执行裁决，并决定自 2016 年 8 月起终止反倾销措施。

**加拿大诉中国浆粕反倾销措施案（DS483）。** 加方于 2014 年 10 月将中方浆粕反倾销措施诉至世贸组织争端解决机制。加方主张，中方涉案措施在数量影响、价格影响、国内产业影响、因果关系和非归因分析等方面违反了《反倾销协定》。经过两年多的案件审理，世贸组织专家组于 2016 年 12 月做出裁决，裁定中方反倾销措施在倾销进口产品与国内产业损害的因果关系、倾销进口产品之外因素的非归因分析方面不符合《反倾销协定》的规定，但在倾销进口产品的数量影响及国内产业影响分析方面支持了中方主张。中方于 2019 年 4 月终止了涉案浆粕反倾销措施。

**美国诉中国外贸转型升级示范基地和外贸公共服务平台措施案（DS489）。** 美方于 2015 年 2 月就中方"外贸转型升级示范基地"和"外贸公共服务平台"相关的措施提起了世贸争端解决机制下的磋商请求。美方在磋商请求中提出 182 项涉案措施，涵盖中国 28 个省（区、市）、5 个计划单列市及新疆生产建设兵团，涉及纺织品、农产品、药品、轻工产品、专业化工、新型材料、五金建材等七类产品。美方主张，中国政府通过"外贸转型升级示范基地"以及"外贸公共服务平台"项目向基地内的企业提供了《补贴协定》所禁止的出口补贴。经中美双方共同努力，在逾 20 轮磋商及信息交换后，中美就磋商解决本案达成了谅解备忘录，为解决本案争议做了相关安排。2016 年 4 月 14 日，中美常驻世贸组织大使在瑞士日内瓦正式签署了谅解备忘录，妥善解决了本案争议。

**美国、欧盟诉中国 12 种原材料出口管理措施案（DS508/DS509）。**2016年 7 月，美国、欧盟将中国对特定原材料的出口管理措施起诉至世贸组织争端解决机制。美、欧随后又分别提出补充磋商请求，案件共涉及 12 种原材料。起诉方指称，中方针对锑、铬、钴、铜、石墨、铅、镁砂、滑石、钽、锡和镍铁等 11 种原材料实施出口关税，相关原材料均不在中方《加入议定书》附件 6 所承诺的可征收出口税产品之列，涉嫌违反中方加入承诺；中方针对锑、铟、镁砂、滑石和锡实施出口配额，涉嫌违反 GATT1994 第 11.1 条关于普遍取消数量限制的义务以及《加入工作组报告书》第 162 段和第 165 段承诺。2016年 9 月，本案当事方在日内瓦进行磋商。2016 年底，中方对相关涉案措施进行了调整，美、欧未继续推进本案诉讼程序。

**美国诉中国粮食补贴案（DS511）。**美方于 2016 年 9 月将中国小麦和稻谷最低收购价政策、玉米临时收储政策诉至世贸组织争端解决机制。中方涉案措施包括 2012 年至 2015 年间上述政策相关行政法规、中央层面政策文件及黑龙江、吉林等地方的配套措施。美方主张，中方在 2012 年至 2015 年对小麦、稻谷和玉米分别提供的国内支持总量超过中方加入承诺水平。中方抗辩主张，玉米临时收储政策已经终止，不在专家组审理范围，国内支持总量计算中应考虑成员减让表支持文件等。世贸组织专家组于 2019 年 2 月做出裁决，裁定中方玉米临时收储政策已于美方起诉前终止，不对玉米措施进行裁决，同时裁定中方在 2012 年至 2015 年期间向小麦和稻谷提供的国内支持水平超出中方承诺水平，违反《农业协定》相关规定。双方商定合理执行期于 2020 年 3 月 31日届满，后延长至 6 月 30 日。中方如期完成本案裁决执行工作，并于 2020年 6 月向争端解决机构提交执行状态报告，宣布完成案件裁决执行工作。

**美国诉中国农产品进口关税配额案（DS517）。**美方于 2016 年 12 月将中方针对农产品（小麦、中短粒米、长粒米和玉米）的进口关税配额管理措施起诉至世贸组织争端解决机制。美方主张，中方对农产品关税配额的管理措施（主要包括国营贸易配额的分配与管理、配额公示、基本申领条件、分配原则、公示评论、再分配、自用要求等）与《加入工作组报告书》第116段的透明、可预期、公平、明确管理程序、明确要求和不抑制足额使用等承诺义务不符。中方则主要通过对措施和规则进行解释、澄清实践做法等方面进行抗辩。经审理，世贸组织于2019年4月作出裁决，认定中方关税配额管理违反上述义务，但在配额公示、大米配额自用要求等诉点上支持中方观点。本案裁决于2019年5月生效，双方商定合理执行期于2019年12月31日届满。随后，双方多次延长本案合理执行期。中方如期完成本案裁决执行工作，并于2020年2月向争端解决机构提交案件执行状态报告。

**美国、欧盟诉中国技术转让措施案（DS542/549）。** 美方于2018年3月将中方有关技术转让条件的措施诉至世贸组织争端解决机制，欧方于同年6月起诉中方技术转让措施。中方涉案措施涉及有关外方向中方转让技术许可等。美欧主张，中方涉案措施违反国民待遇、专利权保护、未披露信息保护及中国加入世贸组织相关承诺等义务。2021年6月，世贸组织秘书处宣布DS542设立专家组的授权终止，案件终结。目前，DS549案未进入专家组审理阶段。

### 4. 积极参加第三方案件

作为第三方参与世贸组织争端解决案件的审理，是中方参与争端解决机制的重要组成部分。截至2021年6月，中国在加入世贸组织二十年间，共在189个案件中作为第三方参与争端解决程序。从数量上看，中国在作为第三方参与案件的世贸成员中位列第三位，第一位日本参加了221个第三方案件，第二位欧盟参加了211个第三方案件。美国和加拿大紧随中国之后，分别作为第三方参加了166个案件和164个案件。

自2011年以来的十年，中国作为第三方参与了104个案件，其他参与第三方案件较多的成员为：日本（103个）、欧盟（99个）、印度（97个）、巴西（93个）、俄罗斯（88个）、加拿大（86个）、美国和韩国（均为73个）。从上述参与第三方案件数量和活跃度看，近十年来，印度、巴西、俄罗斯等新兴经济体成员参与第三方案件明显增多，参与意愿较强，日益成为争端解决机制的重要参与者。

对于第三方案件，中国通过全面参与以及在重要案件中重点参与，充分阐述和表达了中方对于规则解释的立场和观点，维护相关规则利益。以美欧间民用大飞机补贴措施争端为例，争端规模大、历时长，对世贸补贴规则的澄清和世贸成员补贴政策的制定与实践均产生重要影响。中方在该案中作为第三方积极参与，主动就补贴认定、裁决执行等关注的法律问题提出主张和建议。中方通过参与美欧间民用大飞机补贴争端，为中国的民用飞机行业相关政策的科学合规制定提供了启示和借鉴。

韩国诉美国大型洗衣机反倾销反补贴措施案（DS464）是对中国影响重大的第三方案件，该案是目标倾销问题首次被诉至世贸组织争端解决机制。韩国在该案挑战的美国目标倾销"归零"法及其适用，也是一直困扰中国出口企业的不公正贸易救济做法，中方也将美国对华出口产品的类似做法另案起诉至世贸组织（中国诉美国反倾销措施案，DS471），两个案件高度关联，DS464案诉讼进展和结果对中方具有重大的规则和贸易利益。中方作为第三方在专家组和上诉机构审理阶段积极发表观点，充分阐述主张。最终韩国胜诉，美方目标倾销"归零"做法被裁决违反世贸规则，此裁决结果也为中方诉美案件取得较好诉讼结果奠定了有利的规则基础。

此外，在澳大利亚烟草平装措施案（DS434/DS435/DS441/DS458/DS467）中，相关平装措施[1]涉及如何平衡烟草行业发展、保护知识产权与保护公共健康之间的利益问题。中国作为第三方参与案件审理，表达了权衡和处理好相关利益关系的主张。世贸组织专家组和上诉机构裁决起诉方败诉，认定澳烟草平装措施不违反世贸组织规则。该裁决表明，在涉及烟草这种特殊产品问题上，世贸组织更倾向于尊重成员保护公共健康的权利。参与此案有助于中国更好制定国内政策，评估相关措施对中国的潜在影响，力求在保护公共健康和贸易利益之间取得平衡。

中方还在印尼诉澳大利亚A4复印纸反倾销措施案（DS529）、加拿大诉

---

[1] 澳大利亚于2011年通过法案开始对卷烟、雪茄等烟草制品及其零售包装实行平装措施，即要求烟草制品使用统一的长方形硬盒，健康警示标识（包括图片和文字）应当占据烟盒正面的75%和背面的90%，在烟盒指定位置使用指定的字体和格式印刷品牌名称，禁止使用任何企业标识和产品商标。

美国超级压光纸反补贴措施案（DS505）、阿根廷诉欧盟生物柴油反倾销措施案（DS473）、印度诉美国反补贴措施案（DS436）等重要案件中，积极行使第三方权利，紧跟相关成员贸易政策的发展和变化，为世贸组织专家组和上诉机构做好世贸规则澄清工作提供中方观点，做出中国贡献。

## 三、中国积极作为，维护争端解决机制运转

### （一）制度贡献：共同筹建"多方临时上诉仲裁安排"

中国是全球第二大经济体、最大的货物贸易国，一个稳定、可预期的国际贸易环境和以规则为基础、和平解决贸易纠纷的争端解决机制对中国有着重要意义。世贸组织上诉程序作为一个纠错机制，避免了专家组审理的碎片化，是国际法治的进步，是以规则为基础的多边贸易体制的重要支柱。上诉机构瘫痪后，世贸组织争端解决机制功能虽然不会完全丧失，但整个机制的正常运转及其可预见性和有效性大打折扣，单边主义、保护主义更难受到约束，多边贸易体制遭受重创。有鉴于此，为避免全球贸易秩序重回"丛林时代"，中国与欧盟等成员立足现实，共同推动建立了"多方临时上诉仲裁安排"。

"多方临时上诉仲裁安排"的参加方除中国、欧盟及其成员国外，还包括澳大利亚、巴西、加拿大、墨西哥、新西兰、智利、哥伦比亚、哥斯达黎加、危地马拉、中国香港、挪威、新加坡、瑞士、乌拉圭、厄瓜多尔、尼加拉瓜等成员，目前累计达到了 25 个（不计算欧盟成员国）。参加方中既有发达成员，也有发展中成员，涵盖了相当大比例的国际贸易份额，具有广泛的地理代表性，包括了大多数世贸组织争端解决机制的主要"用户"。该安排面向所有世贸成员开放加入，展现了充分的灵活性和包容性。

中方与有关世贸成员共同建立"多方临时上诉仲裁安排"，在机制设置、审理范围、审理程序等方面参考上诉程序与实践，最大限度复制原上诉机构功能作用，其最终目标是恢复上诉机构。"多方临时上诉仲裁安排"的建立，有助于在上诉机构恢复前维持世贸争端解决机制的运转，捍卫多边贸易规则的权

威和效力，维护稳定、可预期的国际贸易环境，这符合中国的长远利益，也是中国一直以来奉行的坚决维护多边贸易体制的立场。这一安排的建立，是中国等参加方在世贸规则允许的范围内自主做出的务实、理性选择，也反映了各参加方维护以规则为基础的多边贸易体制的态度。

### （二）智慧贡献：推荐世贸组织上诉机构成员、专家库人选和"多方临时上诉仲裁安排"仲裁员

**成功推荐上诉机构成员。** 2007 年 11 月，张月姣女士成功当选并成为世贸组织首位中国籍上诉机构成员。2012 年，张月姣女士结束第一个任期，并成功连选连任，担任上诉机构成员至 2016 年任期届满。她在上诉机构任职期间，参与了 40 个上诉案件的审理，在其中 20 个案件中担任上诉庭成员，并在 10 个案件中担任上诉庭主席。2021 年 3 月，张月姣女士被世贸组织评为该组织成立 25 年来 17 位先锋女性之一。就在张月姣女士结束任期的同一年，中国籍赵宏女士通过遴选成为上诉机构成员，是第二位中国籍上诉机构成员。赵宏女士任职期间，美国特朗普政府强推单边主义，在世贸组织频频对上诉机构发难，持续阻挠遴选并导致上诉机构最终陷入瘫痪，赵宏女士是 2020 年底上诉机构停摆前最后一位上诉机构成员。

**向世贸组织推荐专家库名单。** 2004 年推荐第一批 3 名专家之后，中国又数次向世贸组织推荐专家。目前，有 18 名中国专家被列入世贸组织专家组指示性名单。

**推荐"多方临时上诉仲裁安排"仲裁员库人选。** 2020 年 7 月，"多方临时上诉仲裁安排"的参加方如期达成一致，由 10 名专家组成仲裁员库，中国提名的清华大学杨国华教授成功当选仲裁员。

## 四、践行多边主义道路，展现大国责任担当

### （一）坚持多边主义是应对全球挑战的必由之路

总体看，在中国加入世贸组织第二个十年的大部分时间里，世贸组织争端

解决机制运行良好，发挥了国际经贸纠纷解决的主平台作用，处理了大量的争端案件，其中不乏美欧之间大型民用飞机补贴争端、中美"301条款"关税争端等重大案件。面对日益高涨的贸易保护主义，世贸组织构建适应全球经济新变化的多边贸易规则显得力不从心，多边贸易体制面临"治理困境"。毋庸讳言，2019年上诉机构停摆使争端解决机制和多边贸易体制遭受了重大打击。

在加入世贸组织的第二个十年，中国成长为争端解决机制的主要运用者之一，通过大量当事方和第三方案件的参与展现了中方尊重规则、践行承诺、维护权益的国际形象。同时，作为发展中国家的重要成员，中方实践也为发展中成员如何在世贸组织争端解决机制中深度参与、扮演角色、发挥作用提供了十分宝贵的经验。中国在世贸组织争端解决机制的参与日益深入，持续发出中国声音，既维护了国家重要经贸利益，也为世贸规则的发展和完善做出了中国贡献，同时中方以案件应对为契机推动了对外开放和国内相关体制机制的改革完善。在案件处理和应对过程中，中国的世贸争端解决法律团队，通过自身的不懈努力持续成长，为世贸规则的发展提供了来自中国的思考维度和方法方案，贡献了中国智慧。

## （二）凝聚共识，推动多边贸易体制下争端解决机制发展完善

关于世贸组织争端解决机制。虽然世贸组织自身面临着多边谈判进展迟缓、单边主义和贸易保护主义横行、上诉机构停摆等多重挑战，多边贸易体制一时陷入低谷，但经济全球化发展的趋势不可逆转，以规则为基础的多边贸易体制是全球经济不断融合发展的重要保障，也是全球贸易健康发展的重要支柱。世贸组织扮演的角色不应被削弱，坚定支持多边贸易体制发挥作用符合所有世贸成员的共同利益。未来，如何维护好多边规则体系，防范个别世贸成员将国内法凌驾于国际规则之上，进而肆意加征关税或对国际贸易采取限制措施，是世贸组织审视自身、世贸成员推动改革的基础和起点。同时，尽快重新启动上诉机构成员遴选、恢复争端解决机制的有效运转应该成为世贸改革的重中之重。

主要成员对于世贸争端解决机制的态度。中、美、欧作为具有全球影响的

主要经济体和争端解决机制的主要运用者，相关立场和态度对争端解决机制的未来具有重要影响。中国始终坚定维护以规则为基础、透明、非歧视、开放、包容的多边贸易体制，坚决反对单边主义和保护主义，维护争端解决机制的有效性和权威性。欧盟认为世贸组织危机的根源在于谈判功能不彰，世贸规则需要与时俱进，体现21世纪的经贸现实，建立一个可持续和有效的多边贸易体制。对于上诉机构，欧盟认为世贸改革最紧迫的事项是推动上诉机构成员遴选，并表示有意愿与相关成员合作推动达成争端解决机制改革的多边协议，恢复争端解决机制运转[①]。美国拜登政府上台后，表面上高喊"回归"多边主义、尊重以规则为基础的多边机制，但对于如何恢复争端解决机制运转，特别是如何解决上诉机构停摆危机始终未发表明确意见，美方态度仍有待观察。

### （三）推动国际法治，展现大国责任担当

中国参与世贸组织争端解决实践在第一个十年中经历了从无到有的转变，在第二个十年成果日益丰硕。面对第三个十年，未来的挑战更多，形势更为严峻复杂。当前，全球经济尚未走出新冠肺炎疫情影响和低速发展的阴霾，国际经贸治理格局面临激烈动荡，各种风险此起彼伏。在此背景下，中国与其他世贸成员围绕一系列涉及国家重大利益的矛盾和摩擦可能进一步加剧，贸易争端的总体形势不容乐观。中国将始终在现有规则框架下，采取积极和必要行动，坚决捍卫自身权益，维护多边贸易体制的严肃性和权威性。但同时应清醒看到，面对新形势新发展，世贸规则在很多方面不能支撑经贸现实需求，在数字贸易、电子商务等新议题上的规则空白亟待填补，在"国家安全"等敏感领域存在的"治理困境"短期难有突破。鉴此，我们在积极利用规则维护合法权益的同时，也要客观理性看待，世贸争端解决机制并非"包治百病"的"万能药方"，应避免盲目诉诸该机制，使其承受"不可承受之重"，争端解决机制不是解决所有经贸问题的最佳场合。相关难题的破解，仍有待于世贸组织规则体系自身的

---

① European Commission, "Reforming the WTO towards a Sustainable and Effective Multilateral Trading System", *European Union*, 2021, pp.5—15.

支持和践行多边主义

不断改革完善和与时俱进，仍有待于所有世贸成员对多边主义的遵循，和对经贸秩序和规则的尊重。

打铁还需自身硬。活跃在世贸争端解决舞台上的世贸成员，尤其是美、欧等发达成员，都有一群高度专业、对世贸规则熟练把握、工作勤奋的团队。中方的争端解决团队，正是一支在和这些专业的对手较量中、在无数不眠之夜殚精竭虑的精细研究和准备中、在实战较量的压力中不断成长的队伍。未来，世贸争端解决团队更需要进一步加强与其他各政府部门、业界、学界和律师等相关方的密切协作、充分互动，不断完善世贸争端解决案件搜集和应对的体制机制建设，丰富和充实起诉案源，提高被诉案件预警能力和水平。

历史烛照未来，征程未有穷期。两千一百多年前，中国史学家司马迁说："天下熙熙皆为利来，天下攘攘皆为利往。"在世贸争端解决舞台上，各个成员基于对"利"的不同理解和考虑，上演了一出出精彩的历史剧。中国所计的是天下的"利"，所追求的是多边贸易体制长远和整体的"利"。站在历史正确一边，中国坚信，与中国同行者，将会是世贸组织的绝大多数成员。

在百年未有之大变局的今天，在实现中华民族伟大复兴的征程上，在加入世贸组织 20 周年之际，中国将与广大世贸成员一道，始终支持和践行多边主义，让多边主义的光芒照亮接下来的一个又一个十年。

# 不破楼兰终不还

## —— 中国诉欧盟紧固件反倾销措施案（DS397）执行之诉评析

郭景见

2013 年 10 月，中方就欧方执行紧固件反倾销措施案裁决的复审调查措施，在世贸组织提起诉讼。经过两年多的专家组和上诉审理程序，中方获得完胜，世贸组织裁决欧方措施违反《反倾销协定》的规定。2016 年 2 月，欧方撤销了实施 7 年的紧固件反倾销措施。此前，世贸组织已于 2011 年 7 月裁决欧方实施的紧固件反倾销措施违反世贸规则。欧方为执行裁决，修改了反倾销法律规定，并对紧固件反倾销措施案进行了复审调查。本案是中国加入世贸组织以来第一起走完世贸争端解决全部基本法律程序的案件，是中国运用世贸规则主动"亮剑"，积极维护多边贸易体制和自由贸易的典范。

## 一、案件背景和诉讼程序

### （一）案件背景

　　紧固件是包含钢丝螺帽、螺栓等在内的一系列机械零件，广泛运用于车辆航空、能源电器、基建化工等领域，发挥着紧固连接的重要作用，可以说是"小产品、大用途"。中国是全球紧固件制造第一大国，也是紧固件出口大国。在中方诉欧方紧固件反倾销措施案（DS397）原审程序中，专家组和上诉机构裁定，欧方对从中方进口的碳钢紧固件实施的反倾销措施违反世贸规则。其后，欧方为执行裁决修改了相关法律，并对紧固件反倾销案做出了复审调查结果。对此，中方认为欧方未完成履行裁决，其复审调查仍违反《反倾销协定》相关规定，并就此向世贸组织提起了执行之诉。

#### 1. 原审主要裁决

　　2009年1月26日，欧方对原产于中方的部分钢铁紧固件征收最终反倾销税，除两家欧方企业在华子公司外，其他中方企业均被课以高额反倾销税，在欧方市场难以为继。2009年7月31日，中方就欧方反倾销措施向世贸组织提起争端解决诉讼。2011年7月15日，上诉机构向世贸组织成员正式发布报告。本案经专家组和上诉机构两审，裁决欧方对从中方进口的碳钢紧固件实施的反倾销措施违反世贸规则。具体而言，**首先**，裁决支持中方对欧方《反倾销基本条例》第9（5）条提出的所有主张，裁定欧方有关单独税率的法律规定违反世贸规则。**其次**，支持中方对欧方《理事会第91/2009号条例》提出的部分主张，裁定欧方对华碳钢紧固件实施的反倾销措施，在国内产业认定、正常价值和出口价格的公平比较等方面违反世贸规则。

#### 2. 欧方执行原审裁决情况

　　为执行世贸组织裁决，欧方对其《反倾销基本条例》第9(5)条进行了修正，并于2012年10月4日对紧固件反倾销措施完成了复审。

（1）修改《反倾销基本条例》第9（5）条

**首先，**修正后的第9（5）条不再专门适用于所谓的非市场经济国家，改为针对所有国家；**其次，**修正后的第9（5）条不再要求同时满足五个条件才适用单独税率，而是规定了三个因素且不需累加考虑；**再次，**修正后的第9（5）条不再由提出单独税率的应诉方举证满足条件，改为由欧委会考量确认三个因素成立与否。

（2）紧固件反倾销措施复审

欧方在复审中确认了原始调查中确定的损害性倾销，并按修改后的税率继续对从中方进口的紧固件征收反倾销税。具体而言，**首先，**关于个别待遇的适用，欧方要求参加复审需符合如下条件：（1）复审通知后30日内报到，参与复审；（2）参加复审者须声明，在原审中因担心单独税率程序将导致行政负担过重或不符合条件，而未提出个别待遇申请；（3）参加复审者提供原审调查期间的出口数量等信息。最终，在15家提出复审的中方企业，仅一家企业获得单独税率。**其次，**关于倾销幅度的认定，欧方表示其考虑了不同产品强度和产品类型（指六角头螺钉、木螺钉及螺栓等）的物理特征来调整正常价值，裁定中方企业及全国平均的倾销幅度在38%—74%之间，较原审仅略有下调。**再次，**关于国内产业的界定，欧方复审时未重新收集数据，仅新增了之前被排除在国内产业范围之外的20余家企业。

## （二）诉讼进程

### 1. 执行之诉磋商阶段

2013年10月30日，中方向欧方提出执行之诉磋商请求。中方认为，欧方复审调查仍违反《1994年关税与贸易总协定》和《反倾销协定》相关规定。中方未对欧方就《反倾销基本条例》第9（5）条所采取的执行措施提出挑战。2013年11月27日，中方与欧方按照世贸组织争端解决程序在日内瓦举行了磋商，但磋商未能解决争端。

### 2. 执行专家组审理阶段

2013年12月5日，中方请求设立执行专家组。2013年12月18日，争端解决机构授权原专家组审理该争端。原审程序的第三方中，日本和美国保留第三方权利。2014 年 3 月 17 日，中方请求总干事决定执行专家组组成。2014 年 3 月 27 日，执行专家组组成。

2014 年 11 月 11 至 12 日，执行专家组与争端双方召开了专家组会议；2014 年 11 月 12 日，专家组与第三方召开会议，日本和美国提交第三方书面陈述及发表口头陈述。2015 年 3 月 6 日，执行专家组向争端双方提交中期报告。2015 年 5 月 4 日，执行专家组向争端双方提交最终报告。2015 年 8 月 7 日，执行专家组向世贸组织成员正式散发最终报告。

### 3. 执行上诉阶段

2015 年 9 月 9 日，欧方就执行专家组报告提出上诉。2015 年 9 月 14 日，中方提出交叉上诉。执行阶段承担审理本案的上诉机构成员包括：主席里卡多·拉米雷斯－埃尔南德斯（Ricardo Ramírez-Hernández），成员托马斯·格雷厄姆（Thomas Graham）和史瑞·瑟凡辛（Shree Servansing）。2015 年 9 月 28 日，中欧双方提交被上诉方书面陈述。2015 年 10 月 1 日，日本和美国提交第三方书面陈述。2015 年 11 月 10 日至 11 日，执行上诉机构与争端双方和第三方召开了上诉机构会议。2016 年 1 月 18 日，执行上诉机构向世贸组织成员正式散发报告。

### （三）上诉报告通过和欧方执行情况

2016 年 2 月 12 日，争端解决机构通过本案专家组报告和上诉机构报告。2016 年 2 月 27 日，欧方迅速撤销了紧固件反倾销措施。

## 二、涉案措施与主要法律争议

### （一）涉案措施

本案涉案措施为欧方复审中对原产于中方的部分钢铁紧固件实施的反倾销措施。欧方于 2009 年 1 月对原产于中方的部分钢铁紧固件征收最终反倾销税，被世贸组织裁决违规。2012年10月，欧方对紧固件反倾销措施进行了复审，按修改后的税率继续对从中方进口的紧固件征收反倾销税。欧方裁定的倾销幅度较原审仅略有下调，未就国内产业的界定重新收集数据。

### （二）主要法律争议

双方主要法律争议为欧方在紧固件反倾销措施复审中，就信息披露、利害关系方的认定、公平比较、倾销幅度计算和国内产业界定等方面是否违反了《反倾销协定》的相关规定。具体包括：

#### 1. 关于欧方未披露印度公司产品信息

欧方认为中方属于"非市场经济国家"，据此在认定正常价值时采用了替代国方法并选择印度作为替代国。其中，印度普扎福吉公司（Pooja Forge，以下简称印度公司）提供了国内销售清单，包括约80000笔交易的信息，但未提供该文件的非保密摘要，表示其无法在不披露敏感商业信息的情况下提供该文件有意义的摘要。围绕这一事实情况，中欧双方产生了多项法律争议。

第一，关于信息披露义务，《反倾销协定》第6.5条和第6.5.1条规定，对于机密性质的信息（如该信息的披露会给予一竞争者巨大优势，或该信息的披露会给信息提供者带来严重不利影响），或在保密基础上提供的信息，主管机关应在相关方说明正当原因后，按机密信息处理，未经提供方允许不得披露，同时要求提供其非机密摘要；第6.4条规定，主管机关在可行的情况下，应迅速向利害关系方提供了解与其案件陈述有关的、非机密性质的所有信息的机会；第6.2条规定，利害关系方均有为其利益进行辩护的充分机会。据此，欧方将印度公司的产品清单和产品特征信息按机密信息处理，未披露给中方生产商。中方认为，印度公司的产品清单和产品特征不属于具有机密性质的信息，也不属于在保密基础上提交的信息。此外，欧方未向中方生产商提供机会，以使其查看确定正常价值时所用的印度公司产品特征与清单信息，也无法为自身利益进行抗辩。

第二，关于利害关系方的认定，《反倾销协定》第6.1.2条规定在保护机密信息的前提下，一利害关系方提出的书面证据应迅速向其他利害关系方提供。据此，欧方认为，印度公司在复审中不属于利害关系方，无需将其提交的有关证据提供给中方生产商。中方认为，印度公司是利害关系方，欧方应将其提交的产品清单与特征信息迅速提供给中方生产商。

第三，关于提供公平比较必需信息，《反倾销协定》第2.4条规定，主管机关应向各方指明为保证公平比较所必需的信息。据此，欧方认为，《反倾销协定》仅要求调查机关提供进行公平比较的方法，不要求提供利害关系方提供的原始数据。中方认为，欧方调查机关应向中方生产商提供印度公司产品特征信息，这是公平比较必需的信息。

### 2. 关于欧方未就影响价格可比性的差异作出调整

《反倾销协定》第2.4条规定，对出口价格和正常价值应进行公平比较。应根据个案情况适当考虑影响价格可比性的差异，如价格可比性受到影响，则主管机关应在与推定的出口价格相同的贸易水平上确定正常价值。据此，欧方认为，其评估了中方生产商提出的调整替代国生产者即印度公司价格的请求，但中方生产商未能证明税收差异、物理特征差异和原材料易获得等其他差异影响了印度公司价格与中方生产商价格的可比性。中方认为，欧方的做法是将替代国的数据替代中方生产者的所有数据，而不是通过市场成本替代扭曲成本；欧方未考虑替代国与出口国生产者之间，在生产方法、生产要素或效率等方面的差别。

### 3. 关于欧方在倾销幅度计算中未考虑所有可比出口交易

《反倾销协定》第2.4.2条规定，在遵守公平比较规定的前提下，倾销幅度通常应在加权平均对加权平均，或在逐笔交易的基础上，对正常价值与出口价格进行比较确定。据此，欧方认为，其倾销幅度裁定是基于所有可比出口交易做出的，只有未找到匹配正常价值的出口交易未被考虑在内。中方认为，欧方排除了与印度公司的销售不匹配的中方出口交易。

### 4. 关于欧方的国内产业界定

《反倾销协定》第4.1条规定，国内产业指同类产品的国内生产者全体，或指同类产品国内总产量主要部分的国内生产者。据此，欧方认为，其在复审中已将原审中排除在外的所有生产者纳入国内产业范畴。中方认为，根据欧方在原审中的国内产业定义，生产商被纳入国内产业需以同意参与抽样为条件，这可能导致欧方生产者放弃参与调查，因此该定义本身违规。欧方在复审中没有重新定义国内产业，而是仅将之前做出回应不同意参与抽样的生产者纳入国内产业，仍然错误地界定了国内产业。

## 三、执行专家组裁决

执行专家组支持了中方的绝大多数主张，在程序性问题方面，中方在《反倾销协定》第6.5条、第6.4条、第6.2条和第2.4条项下的程序性主张均得到了支持，只有第6.1.2条项下有关利害关系方界定的主张被驳回。在实质性问题方面，中方在第4.1条、第3.1条项下的主张均得到了支持，只有第2.4条项下就影响价格可比性的因素做出调整的主张被驳回。

### （一）信息披露

#### 1. 关于信息的保密处理

中方主张，欧方将印度公司提交的产品清单与特征的信息进行保密处理，不符合《反倾销协定》第6.5条，欧方未要求印度公司就上述信息提供非机密摘要，违反《反倾销协定》第6.5.1条。**首先，**该信息不属于具有机密性质的信息，这些信息一般都会向潜在客户提供，欧方关于如何完成调查问卷答卷的指南也将"产品类别"定义为非机密内容。**其次，**该信息也不属于在保密基础上提交的信息，对于产品清单，印度公司提出不希望向利害关系方披露其公司详细信息，这不能视为在保密基础上提交；关于产品特征，没有任何记录显示印度公司要求对该信息进行保密处理。**再次，**印度公司未说明进行保密处理的正当原因。

欧方认为，**首先，**在程序方面，中方无权提出上述主张，该主张已经原审程序被上诉机构以中方未能及时证明其根据第6.5条提出的主张为由予以驳回。**其次，**对印度公司的信息进行的保密处理符合第6.5条规定。印度公司提供的产品清单与特征的信息具有机密性质，产品清单是公司不希望向竞争对手分享的敏感信息；产品特征会透露在该市场未出售的产品信息。**再次**，相关信息也是由印度公司在保密基础上提交的，并且其提供了能够合理解释对相关信息进行保密处理的正当原因。印度公司同意作为替代国生产商配合调查的条件是不得向利害关系方披露任何公司的详细信息，并请求对其产品清单与特征信息予以保密。**最后**，印度公司在调查问卷答卷中，提供了紧固件的一般性摘要，除此之外其无法在不向竞争对手披露公司内部信息，或其他敏感市场信息的情况下，提供有意义的非机密摘要。

专家组支持中方主张，认为欧方信息的保密处理的做法不符合《反倾销协定》第 6.5 条，同时，无需审查中方根据第 6.5.1 条提出的主张。**首先**，中方的主张在专家组职权范围内，这是由于中方在原审中的主张与在执行之诉中的主张不同，前者针对答卷中的产品类别，后者针对答卷之外提供的产品清单与特征。**其次**，关于进行保密处理的正当原因，上诉机构对寻求保密处理的相关方和调查机关各自的职责进行了区分，调查机关首先有义务要求寻求保密处理的相关方提供对信息进行保密处理的正当原因，其后调查机关应当对这些原因进行客观评估，并确认正当理由是否成立。欧方曾引用印度公司发送的电子邮件以证明该公司提供了正当原因，该邮件指出"敬请注意，印度公司无法提供所出售产品的清单，因为该信息一旦披露，将给予竞争者竞争优势"。对此，**第一**，欧方将该邮件作为保密文件处理，剥夺了中方生产商了解印度公司提出该主张的机会。**第二**，印度公司在该邮件中只是提出了一项主张，并不足以表明提供了信息保密处理的正当原因。**第三**，欧方并未对提交的信息是否具有机密性质，或是否提供了可合理解释进行保密处理的正当原因进行客观评估。**第四**，欧方的抗辩存在自相矛盾之处，其在本主张项下产品清单与特征为保密信息，但就中方根据第 6.4 条和第 6.2 条提出的相关主张中，却称部分信息已披露给中方生产商，这削弱了欧方抗辩的合理性。

**2. 关于提供查阅信息机会和抗辩机会**

中方主张，欧方未向中方生产商提供机会，以使其查看确定正常价值时所用的印度公司产品特征与清单信息，无法为自身利益进行抗辩，违反了《反倾销协定》第 6.4 条和第 6.2 条。

欧方**首先**提出管辖权异议，认为中方可以在原审中提出该主张却未提出，同时，中方关于产品清单的主张扩大了设立专家组请求中的主张范围。**其次**，复审调查并不满足第 6.4 条规定的三个条件，即信息与中方生产商的案件陈述没有相关性，信息为机密信息，欧方已披露其"使用"了的信息，包括倾销幅度计算的详细信息，未披露的信息为未使用的信息。

专家组支持中方全部主张，认为欧方未提供查阅信息机会和抗辩机会，违反《反倾销协定》第 6.4 条与第 6.2 条。**首先**，驳回了欧方的管辖权异议，认为欧方在复审调查中才提供产品清单与特征相关信息，中方未扩大其设立专家组请求。**其次**，争议信息与计算中方生产商倾销幅度时的正常价值相关，专家组不将这些信息视为第 6.5 条意义上的保密信息。**再次**，第 6.4 条与第 6.2 条之间具有重要关联，欧方违反第 6.4 条的同时也违反了第 6.2 条。

### （二）利害关系方的界定

中方主张，欧方未能确保将印度公司提交的产品清单与特征信息迅速提供给中方生产商，违反了《反倾销协定》第 6.1.2 条规定的有关书面证据应提供给利害关系方的义务。第三方成员的生产者本不属于《反倾销协定》第 6.11 条所规定的利害关系方，但鉴于印度公司在调查中提供了大量信息具有利益，应被认定为利害关系方。

欧方首先提出管辖权异议，认为中方可以在原审中提出该主张却未提出，该主张涉及执行措施中未变化的原措施且与执行措施可以分割的部分。**其次**，认为印度公司在复审中不属于第 6.11 条所规定的利害关系方。

专家组驳回了中方的主张，认为欧方对利害关系方的界定未违反规定，未提供信息的做法不违反《反倾销协定》第 6.1.2 条。**首先**，驳回了欧方的管辖权异议，认为欧方在复审调查中才提供产品清单与特征相关信息，中方无法在原审中提出该主张。**其次**，第 6.11 条未规定向调查机关提交大量信息或积极参与调查的一方将自动成为"利害关系方"，而是规定由调查机关决定获得"利害关系方"身份的条件，但没有记录表明欧方对此表示同意，因此，专家组认为印度公司不属于本案调查的利害关系方，第6.1.2条所规定的义务不适用于该公司提供的证据。

### （三）公平比较

#### 1. 关于提供公平比较必需信息

中方主张，欧方未向中方生产商提供印度公司产品特征信息，违反了《反倾销协定》第2.4条规定的提供公平比较必需信息的义务。其中，在欧方已考虑的影响价格可比性的特征中，欧方未提供紧固件直径与长度、类型、涂层、镀铬的相关信息；在欧方未考虑的影响价格可比性的特征中，欧方未告知印度公司产品是否存在硬度等因素，使中方生产商无法对这些因素提出调整请求。

欧方认为，第2.4条仅要求提供调查机关进行公平比较的方法，不包括利害关系方提供的原始数据。在欧方已考虑的影响价格可比性的特征中，调查机关无义务允许利害关系方确定其他利害关系方提供信息的准确性；在欧方未考虑的影响价格可比性的特征中，中方生产商未能证明其影响价格可比性。

**专家组支持中方的主张，认为欧方未提供公平比较必需信息，违反《反倾销协定》第2.4条。** 对于在确定正常价值中使用的、并被用于与中方生产商的产品进行对比的印度公司的产品，欧方未向中方生产商提供产品类型等特征信息，剥夺了中方生产商知情并根据第2.4条请求调整的机会。此外，本案的特殊之处在于，欧方在确定正常价值时对中方采用了替代国方法，正常价值信息来自第三方，因此如何从该第三方处获取相关信息是个问题，如果无法得知正常价值信息，出口商将无法为其利益进行辩护。因此，在该类调查中，调查机关有责任披露尽可能多的正常价值信息，以使出口商有意义地参与公平比较程序。

#### 2. 关于就影响价格可比性的差异做出调整

中方主张，欧方未能就影响价格可比性的某些因素做出调整，违反了《反倾销协定》第2.4条。具体而言，欧方未考虑以下三项差异：第一，税收差异，印度公司进口原材料支付了高额进口税等，中方生产商该原材料均从国内采购。

第二，物理特征差异。第三，中方生产商原材料易获得、自发电等其他差异。

欧方认为，已评估中方生产商提出的调整请求，但中方生产商未能按照第2.4条规定提供证明相关差异影响了价格可比性的证据。关于税收差异，中方生产商未进口原材料或无需承担原材料进口费，是在本案调查中不能给予中方生产商市场经济地位的主要原因之一，其与是否需要调整无关。关于物理特征差异，调查机关有权依据相关利害关系方提供的信息做出裁定；关于其他差异，原材料与能源市场扭曲是非市场经济的典型特征，中方生产商未能证明其提出的调整请求。

专家组驳回了中方的主张，认为欧方未就影响价格可比性的因素做出调整，不违反《反倾销协定》第2.4条。首先，关于税收差异，采用替代国方法确定中方生产商正常价值是由于中方生产商的成本与价格无法反映市场价格。替代国对被调查产品各类投入征收的不同种类的税款可能与替代国的选择有关，但是一旦选定替代国，相关税款的征收很可能就与公平比较不再相关。这是因为一旦调查机关对相关成本差异做出调整，可能造成将正常价值调回未被认定为市场经济的被调查国的成本。此外，即使欧方有义务考虑税收差异，中方生产商也未在调查中证明税收差异影响了价格可比性。其次，关于物理特征差异，在欧方已考虑的影响价格可比性的物理特征中，中方生产商未能证明差异影响了价格可比性；在欧方未考虑的影响价格可比性的物理特征中，专家组已裁决欧方未提供相关信息违反第2.4条最后一句，中方生产商并未提出有证据支持的调整请求但被欧方驳回的情况。再次，关于其他差异，虽然从数学的角度看成本差异会对价格产生影响，但中方生产商未证明成本差异影响了价格可比性，调查机关没有义务调整价格以反映成本差异。

### （四）倾销幅度计算中考虑所有可比出口交易

中方主张，在倾销幅度计算中，欧方排除了与印度公司的销售不匹配的中方出口交易，违反《反倾销协定》第2.4.2条的规定。中方出口至欧方的所有型号的紧固件与印度公司销售的产品均为同类产品，具有可比性，欧方在计算倾销幅度时应将中方生产商的所有出口交易包含在内。此外，欧方未将"所有"可比出口交易考虑在内，是假定这些未予考虑在内的出口交易存在倾销，不符合第 2.4 条规定的公平比较义务。

欧方认为，其倾销裁定是基于所有可比出口交易做出的，只有未找到匹配正常价值的出口交易未被考虑在内。第 2.4.2 条使用了"可比"一词，该条不应解释为要求调查机关对不可比的交易进行比较。此外，第 6.10 条允许调查机关在考虑所有可比出口交易的前提下使用抽样方法进行倾销认定。

专家组支持中方的主张，认为欧方计算倾销幅度时，排除与印度公司的销售不匹配的中方出口交易不符合第 2.4.2 条的规定。第一，《反倾销协定》第 2.1 条对倾销的定义是基于受调查的"产品"，而不是产品的一部分。因此，计算被调查产品的倾销幅度时须将该产品作为一个整体。第二，关于"可比"一词，上诉机构在印度诉欧共体床单案（DS141）中指出，属于"同类"产品范围内的所有类型或型号均应作为可比类型或型号，其出口交易均属于可比出口交易。第三，欧方以未找到型号匹配的产品为由，排除中方相关型号产品做出倾销认定，这将导致欧方在未获特别授权的情况下，对未发现存在倾销的某些中方出口产品征收了反倾销税。第四，如果存在不匹配的交易，第 2.4 条要求调查机关通过必要的调整以排除影响价格可比性的因素，即需将这些交易考虑在内。第五，第 6.10 条是针对出口商、产品等数量特别多时，使用的统计方法的问题，与本案完全不同。

## （五）国内产业的界定

中方主张，欧方复审调查对国内产业的定义违反《反倾销协定》第 4.1 条，这是因为欧方在原审调查中规定生产商若不同意参与抽样将被排除在"国内产业"定义之外，该做法本身违规，实践中可能导致欧方生产者放弃参与调查。欧方在复审中应重新定义国内产业，而不仅仅将不同意参与抽样的生产者纳入国内产业范畴。此外，欧方依据错误定义的国内产业进行损害认定，还违反了《反倾销协定》第 3.1 条。

欧方首先提出管辖权异议，认为中方可以在原审中提出该主张却未提出，该主张与执行措施可以分割。其次，欧方在复审中已将原审中排除在外的所有生产者纳入国内产业定义，该定义代表了欧方36%的总产量，未违反规定。

专家组支持中方的主张，认为欧方对国内产业的界定违反《反倾销协定》第4.1条、第3.1条。首先，驳回了欧方的管辖权异议，认为欧方对国内产业的陈述是原措施中未变化且构成执行措施不可分割的一部分。其次，认为欧方的国内产业定义违反第4.1条、第3.1条。欧方虽然将原审中排除在外的所有生产者纳入了国内产业，但其国内产业定义范围仍由原审确定，欧方自我选择、要求以生产者同意参与损害抽样为依据定义国内产业的方式将产生重大扭曲风险。

## 四、上诉机构裁决

欧方和中方分别就执行专家组未予支持的裁决部分提出了上诉，执行上诉机构支持中方全部上诉主张，驳回欧方全部上诉主张。中方经过二审程序，本案获得完胜。

### （一）信息披露

#### 1. 关于信息的保密处理

欧方主张，首先，在程序方面，执行专家组错误地裁定中方的主张属于其职权范围，中方在原审和复审中都是基于欧方将印度公司提供的产品类别等产品特征的信息视作机密这一事实，不能就同一问题第二次启动争端解决程序。其次，执行专家组错误地裁定欧方将印度公司的信息视作机密的做法违反了《反倾销协定》第6.5条。这是由于：第一，执行专家组错误地限缩了分析范围，印度公司邮件中提供了对信息进行保密处理的正当理由，错误地裁定欧方未客观评估印度公司的申请。第二，执行专家组未适当考虑印度公司有关信息的机密性质在原审中不重要，因此没有文件记录。第三，欧方的抗辩并非自相矛盾，而是在信息整体保密、特定部分不具备同等机密性的情况下，平衡机密信息保护与保障中方生产商的信息知情权。**第四，**执行专家组错误地裁定印度公司信息为非机密信息。

中方认为，执行专家组关于职权范围和第 6.5 条实质问题的裁决均正确。如执行专家组关于第 6.5 条的裁决被驳回，则请求上诉机构完成中方有关第 6.5.1 条主张的分析。

**上诉机构支持执行专家组关于职权范围和欧方违反《反倾销协定》第 6.5 条的裁决。** 在实体问题方面，**第一，**信息保密处理的"正当理由"不仅包括证明信息机密是正当的原因，还包括不保密可能带来的后果，印度公司的保密处理申请和欧方的文件缺乏对正当理由的论证。**第二，**欧方不能以不重要没有文件记录作为没有客观评估的理由。**第三，**关于欧方的抗辩是否自相矛盾，执行专家组的裁定构成附带意见（obiter dictum），与是否违反第 6.5 条没有重要关系。**第四，**关于争议信息的性质，执行专家组仅裁定欧方未对印度公司保密处理的理由是否正当、争议信息是否属于机密性质进行客观评估，并未就争议信息是否为非机密信息做出裁决，也无法做出裁决。

### 2. 关于提供查阅信息机会和抗辩机会

欧方主张，**首先，**在程序方面，执行专家组错误地裁定中方的主张属于其职权范围，中方的主张涉及执行措施中未变化的原措施且与执行措施可以分割的部分。**其次，**执行专家组错误地裁定欧方的做法违反了《反倾销协定》第 6.4 条和第 6.2 条，理由基本同前。

中方认为，执行专家组关于职权范围和《反倾销协定》第 6.4 条、第 6.2 条实质问题的裁决均正确。关于程序方面，如上诉机构考虑欧方的主张，则请求裁定中方主张的内容较原审已发生变化，且不能与执行措施分割。

**上诉机构支持执行专家组关于职权范围和欧方违反《反倾销协定》第 6.4 条、第 6.2 条的裁决。** 在实体问题方面，**第一，**该信息是否"相关"应由利害关系方而不是调查机关确定。**第二，**既然欧方以不符合第 6.5 条规定的方式对信息进行保密处理，则不存在保密处理的法律依据，出于第 6.4 条的目的，该信息将被视为不属于第 6.5 条规定的机密性质。**第三，**欧方对于"使用"的理解过于狭隘，调查机关"使用"信息并不需要其特别依赖该信息，只要相关信息与反倾销调查中的必备步骤有关即会被使用。

## （二）利害关系方的界定

中方主张，执行专家组关于职权范围的裁决正确，但关于《反倾销协定》第 6.1.2 条实质问题的裁决错误。这是由于，欧方选择印度公司作为替代国生产商，并使用其信息确定中方生产商产品正常价值这一事实表明，欧方已将其视作利害关系方。鉴于印度公司在调查中的关键角色以及第 6.1.2 条的目的，印度公司应被视作提供证据的"利害关系方"。

欧方认为，中方依据《反倾销协定》第 6.1.2 条的主张不属于执行专家组的职权范围。

**上诉机构支持执行专家组关于职权范围的裁决，但推翻了执行专家组关于《反倾销协定》第 6.1.2 条实质问题的裁决**，认为调查记录已证明，欧方在具体办案过程中已将印度公司视为利害关系方。因此，欧方未遵守《反倾销协定》第 6.1.2 条项下的义务，应将印度公司的产品清单和特征提供给中方生产者。

## （三）公平比较

### 1. 关于提供公平比较必需信息

欧方请求驳回执行专家组做出的其未向中方生产商，提供确定正常价值所适用的相关产品特征信息的裁定。这是由于：**第一**，《反倾销协定》第 2.4 条要求审查调查机关是否说明确保公平比较的必要信息，及是否将不合理的举证责任强加于利害关系方，执行专家组对此未予审查。**第二**，第 2.4 条不要求披露利害关系方提供的原始数据或产品的核实证据，但执行专家组错误地将第 2.4 条的"公平比较"要求转变为程序性规定，将迫使调查机关披露原始数据和证据。**第三**，欧方披露了部分产品类型，中方生产商本可就此提出调整请求却未提出。执行专家组错误地解释第 2.4 条，即仅在生产商可基于调查机关使用的所有信息做出调整请求的情况下，才可进行公平比较。**第四**，执行专家组错误地解释

第 2.4 条的义务取决于正常价值计算方法。在涉及非市场经济国家的调查中，没有任何文本显示第 2.4 条将额外的披露义务强加于调查机关。**第五**，执行专家组错误地裁决最终披露的文件未能及时通知利害关系方。**第六**，执行专家组错误地裁定信息的机密性不能阻止披露产品信息概要。

**上诉机构支持执行专家组关于欧方违反《反倾销协定》第 2.4 条最后一句的裁决**。理由包括：**第一**，第 2.4 条最后一句要求调查机关向各方指明公平比较必需的信息，从而使利害关系方能够作出调整请求。特别是在采用替代国方法确定正常价值的情况下，调查机关更应向请求调整的各方提供信息，这是由于被调查的出口商无法获得正常价值的信息，也就无从知晓是否存在影响价格可比性的差异。**第二**，调查机关应与利害关系方分享何种信息，需依据调查的具体情况而定。本案复审调查中，应将用于确定正常价值的印度公司的产品特征信息提供给中方生产商，以便中方生产商提出其认为必要的调整请求。**第三**，执行专家组关于争议信息在第 2.4 条下不能免于披露的裁决是正确的。即使争议信息在第 6.5 条被视为机密信息，第 2.4 条项下的义务仍可要求欧方向利害关系方部分披露，以使其提出可能的调整请求。

**2. 关于就影响价格可比性的差异做出调整**

中方主张，执行专家组错误地裁定欧方无需就影响价格可比性的税收差异和其他有关差异做出调整。此外，如执行上诉机构撤销执行专家组关于《反倾销协定》第 2.4 条最后一句"提供公平比较必需信息义务"的裁决，则对执行专家组错误地裁定欧方无需就影响价格可比性的物理特征差异作出调整提出上诉。中方认为，欧方的做法，是通过作为替代国的所谓市场经济国家的数据替代所谓非市场经济国家的生产者的所有数据，而不是通过市场成本替代扭曲成本。欧方未对替代国生产者的价格或成本进行调整，以将替代国与出口国生产者之间的生产方法、生产要素或效率的差别考虑在内。具体而言，**第一**，执行专家组错误裁定使用替代国方法时无需调整税收差异，及中方生产商未说明税收差异对价格可比性的影响。该裁决混淆了正常价值认定问题及正常价值和出口价格比较的问题，调整税收差异与所谓的受到非市场经济情况影响后的产品成本问题无关，而是与对相同原材料的内销和外销的税收处理问题相关。该裁决也混淆了两个不同的步骤，即第一步用替代国方法认定正常价值，第二步适当调整影响价格可比性的正常价值和出口价格间的差异。**第二，执行专家组错误裁定使用替代国方法时无需调整物理特征差异。**中方生产商使用一切可用信息提出调整请求，但欧方未做分析即拒绝。

欧方主张，在程序方面，执行专家组错误地裁定中方有关欧方未就物理特征差异进行调整的主张属于其职权范围，该主张本可在原审中提出却未提，且与执行措施可以分割。

**上诉机构撤销了执行专家组关于欧方没有义务就影响价格可比性的税收差异和其他差异做出调整的裁决，认为欧方的做法违反《反倾销协议》第2.4条的规定。**首先，上诉机构支持执行专家组关于物理特征差异调整的主张属于其职权范围的裁决，认为中方生产商与欧方在复审调查中的沟通情况表明，中方生产商在复审调查阶段才获知提出此主张的基础信息，因此该主张不可能在原审中提出。其次，关于实体问题：**第一，**关于税收差异，欧方采用替代国的方法不能免除其第2.4条项下的公平比较义务，欧方未采取步骤澄清税收差异调整请求，如调整该差异是否会更接近出口国被扭曲的成本，未确定是否进行调整及调整的范围。欧方主张是基于一个错误的前提，即由于中方市场价格扭曲，不能作为调整的依据，因此无法进一步证实相应的调整请求。**第二，**关于其他差异，欧方的裁定不能显示出其是否评估了作为确定正常价值的成本，是否需要成本或价格调整。**第三，**关于物理特征差异，由于中方提出的是附条件上诉，执行上诉机构已支持执行专家组关于第2.4条最后一句的裁决，因此无需再处理中方的上诉主张。

### （四）倾销幅度计算中考虑所有可比出口交易

欧方主张，执行专家组错误地裁定欧方在倾销认定中，未考虑与印度公司的销售不匹配的中方出口交易的做法违反了《反倾销协定》第2.4.2条。中方同意执行专家组的裁决。理由基本同前。

上诉机构支持执行专家组关于欧方违反《反倾销协定》第2.4.2条的裁决。具体而言：**第一**，第2.4.2条中比较所有可比出口交易要求，对正常价值和出口价格的加权平均计算，应是针对"整体"产品而言，本案中即为所有型号的出口紧固件。**第二**，任何情况下，调查机关都不能先定义"同类产品"，其后在正常价值及出口价格的比较中以没有可匹配的型号为由，排除同类产品的某些型号。本案中欧方已裁定替代国生产的紧固件与中方生产的紧固件是"同类产品"，应将中方紧固件的所有型号的所有出口交易考虑在内，而不管这些出口型号是否与印度公司出售的型号一一匹配。**第三**，在计算倾销幅度时，可通过调整影响价格可比性的差异，将中方出口的型号与印度销售的型号相匹配。**第四**，第6.10条与本案中的情况无关。

### （五）国内产业的界定

欧方提出管辖权异议，同时认为执行专家组错误地裁定欧方定义国内生产商的做法违反了《反倾销协定》第4.1条和第3.1条。中方同意执行专家组的裁决。理由基本同前。

上诉机构支持执行专家组关于职权范围和欧方违反《反倾销协定》第4.1条、第3.1条的裁决。在实体问题方面，**第一**，欧方修正后的国内产业定义涵盖的生产商的国内总产量占比从27%增至36%，但这一比重仍然很低，不能视为第4.1条规定的国内总产量的"主要部分"。**第二**，欧方复审中的产业范围仍依据生产者同意参与损害抽样确定，未消除原审对国内生产者群体组成造成的重大扭曲，欧方将国内产业界定与选择生产者作为抽样样本这两个不同的程序进行混淆，这是造成扭曲的原因。

## 五、案件的启示与评价

### （一）本案是中国善用世贸规则，积极维护多边贸易体制的典范

本案中方获得完胜，欧方所有主张均被驳回，其根据原审裁决要求修改了

法律，根据执行之诉的裁决要求撤销了紧固件反倾销措施。从 2009 年原审磋商，至 2016 年欧方最终撤销紧固件反倾销措施共历时 7 年，历经原审阶段磋商、专家组审查、上诉机构审查，到执行之诉磋商、执行专家组审查和执行上诉机构审查等多个阶段，是中国加入世贸组织以来第一起走完世贸争端解决全部基本法律程序的案件，是中国运用世贸规则，主动"亮剑"，积极维护多边贸易体制和自由贸易的典范。本案是中国政府、行业协会和企业通力合作的结果，政府制定诉讼策略、承担诉讼工作，行业协会组织企业准备证据材料和专家意见、参与欧方调查程序等。这反映出中国在统筹考虑国家和行业利益、有效调集各界资源的基础上，参与世贸争端角色的转变。中国已从争端解决的初学者，成长为运用规则捍卫利益的积极参与者，最终成为能够影响规则解释的较成熟的运用者。

### （二）本案从规则上改变了欧方对华反倾销调查实践中的不合理做法

本案中，执行专家组和上诉机构裁定欧方在信息披露、公平比较和倾销幅度计算等方面均违反了《反倾销协定》，这些问题是反倾销认定中采用"替代国"方法时的高发问题。执行专家组和上诉机构作出的法律解释，对改变欧方对华反倾销调查实践中的不合理做法具有重要意义，对运用"替代国"方法提出了更加严格的要求，从而有利于降低中国企业的倾销幅度。具体而言，**第一**，根据《反倾销协定》第 6.5 条关于欧方违反信息的保密处理的裁决，替代国企业属于利害关系方，应如应诉企业一样积极配合调查，履行程序透明要求，这将提高替代国企业的合作门槛。**第二**，根据《反倾销协定》第 2.4 条关于欧方未提供公平比较必需信息的裁决，调查机关不得以机密信息为由拒不披露替代国企业的产品特征，以便中方能够决定是否需提出调整请求。**第三**，根据《反倾销协定》第 2.4 条关于欧方未就影响价格可比性的差异作出调整的裁决，调查机关采用替代国价格或成本数据计算中方产品的正常价值时，须对影响价格可比性的产品差异进行必要调整。**第四**，根据《反倾销协定》第 2.4.2 条关于欧方未考虑所有可比出口交易的裁决，调查机关计算中方企业倾销幅度时，须涵盖所有出口交易，不得以替代国企业产品型号无法匹配为由排除部分出口交易。

## （三）本案有力维护了产业利益和出口利益，中国紧固件产品贸易环境较快扭转

欧方于 2016 年取消反倾销措施后，中国紧固件行业贸易环境较快得到扭转。据统计，欧方自 2009 年起对中国紧固件出口企业征收高达 85% 的反倾销税，我企业在欧市场份额从 26% 大幅下滑至 0.5%，出口金额从 10 亿美元跌至不到 8000 万美元。部分紧固件企业被迫退出欧洲市场，十万余人就业受到影响。欧方撤销反倾销措施后，相关企业较短时间内恢复了在欧的市场份额。但是，2020 年 12 月，欧方再次对中方钢铁紧固件产品启动反倾销调查，中方对此予以密切关注。这也再次表明，争取公平的国际贸易环境的斗争难以毕其功于一役，需要各方的持续共同努力。

## （四）本案对中国实施反倾销歧视性做法的世贸成员具有重要警示意义

本案胜诉确立的相关法律解释，对中国实施反倾销歧视性调查做法和反倾销措施的其他世贸成员，具有重要的警示意义。本案促使相关成员重新审视对华反倾销立法和实践，特别是在程序透明、公平比较、倾销幅度计算等方面，在采用替代国做法时注意遵守更为明确的严格规定，有利于防止其在对华反倾销中滥用替代国做法，加重中国企业的出口负担，为中国企业营造更为公平的国际贸易环境。

**附件**

中国诉欧盟紧固件反倾销措施案（DS397）执行之诉大事记

2013 年 10 月 30 日，中方向欧方提出执行之诉磋商请求。

2013 年 11 月 7 日，欧方接受磋商请求。

2013 年 11 月 27 日，中欧双方在日内瓦进行磋商。

2013 年 12 月 5 日，中方提出设立执行专家组请求。

2013 年 12 月 18 日，争端解决机构设立执行专家组。

2014 年 3 月 27 日，执行专家组组成。

2014 年 6 月 4 日，中方提交第一次书面陈述。

2014 年 7 月 3 日，欧方提交第一次书面陈述。

2014 年 7 月 10 日，第三方提交书面陈述。

2014 年 8 月 4 日，中方提交第二次书面陈述。

2014 年 9 月 5 日，欧方提交第二次书面陈述。

2014 年 11 月 11—12 日，执行专家组听证会和第三方听证会在日内瓦举行。

2014 年 11 月 28 日，中欧双方提交书面问题答复。

2015 年 3 月 6 日，执行专家组向中欧双方提交中期报告。

2015 年 5 月 4 日，执行专家组向中欧双方提交最终报告。

2015 年 9 月 9 日，欧方提出上诉。

2015 年 9 月 14 日，中方提出交叉上诉。

2015 年 9 月 28 日，中欧双方提交被上诉方书面陈述。

2015 年 11 月 10—11 日，上诉机构听证会在日内瓦举行。

2016 年 1 月 18 日，执行上诉机构向世贸组织成员正式散发报告。

2016 年 2 月 12 日，世贸组织争端解决机构通过执行专家组报告和上诉机构报告。

2016 年 2 月 27 日，欧方撤销紧固件反倾销措施。

校稿：陈雨松

# 乘胜追击美方违规"归零"做法

## —— 中国诉美国反倾销"归零"措施案（DS422）评析

谢伟

美国商务部在进行反倾销调查时经常使用"归零"做法，通过将不存在倾销的产品在计算倾销幅度过程中做归零处理，从而裁出较高的倾销税率。从印度诉欧共体床单案（DS141）开始，有多个世贸成员先后将欧美"归零"做法诉诸世贸组织争端解决机构。中方于 2011 年提起的对美暖水虾和金刚石锯片反倾销措施的诉讼也是对美"归零"错误做法的又一次追击。

## 一、案件背景和诉讼程序

### （一）案件背景

2004 年 12 月 8 日，美方发布对中方出口的暖水虾采取反倾销措施的公告。美方在调查中使用了"归零"做法，除 1 家企业获得微量税率外，其他 3

家强制应诉企业税率为 27.89%—84.93%；获得单独税率的 35 家企业税率为 55.23%；未应诉企业税率高达 112.81%。裁决公告发布之后，中方两家强制应诉企业将美商务部裁决起诉至美国国际贸易法院，2010 年 7 月获得最终税率分别为 5.07% 和 8.45%，但美方未纠正其违反世贸规则的归零做法。

2006 年 5 月 22 日，美方发布对中方出口金刚石锯片采取反倾销措施的公告。同样地，美方在调查中使用了"归零"做法，3 家强制应诉企业税率分别为 2.50%、34.19%、48.50%；获得单独税率的企业税率为 20.72%；未应诉企业税率高达 164.09%。

## （二）诉讼进程

### 1. 磋商阶段

中方于 2011 年 2 月 28 日将美方对华暖水虾反倾销措施诉至世贸组织争端解决机制。2011 年 7 月 22 日中方又提出补充磋商请求，将美方对华金刚石锯片反倾销措施也纳入起诉范围。本案两次磋商分别于 2011 年 5 月 11 日和 2011 年 9 月 8 日举行，磋商澄清了部分涉案问题但未能解决争议。

鉴于本案涉及"归零"问题已多次被世贸组织裁定违规，中美双方于 2011 年 10 月 13 日签署快速解决争议程序协议，双方约定将快速推进专家组程序，包括只提交一次书面陈述，不举行听证会或仅召开一次听证会。协议还规定基于美国—软木 V 案（DS264）上诉机构裁决，美方将不反对中方提出的有关涉案措施违反《反倾销协定》第 2.4.2 条第一句的诉讼请求等有助于快速解决本案争议的内容。

### 2. 专家组阶段

2011 年 10 月 13 日，中方提出设立专家组请求。2011 年 10 月 25 日，专家组设立。本案专家组于 2011 年 12 月 11 日组成。参与本案的第三方成员包括欧盟、洪都拉斯、日本、韩国、泰国、越南。2012 年 6 月 8 日，本案专家组报告公布。2012 年 7 月 23 日，争端解决机构通过了本案专家组报告。

中美双方议定本案合理执行期为专家组报告通过之后 8 个月，截至 2013

年 3 月 23 日。2013 年 3 月 26 日，美方在争端解决机构会议上通报已完成本案执行工作。

## 二、涉案措施与主要法律争议

### （一）涉案措施

本案涉案措施主要为美方针对暖水虾和金刚石锯片所做反倾销裁决，特别是美商务部在进行有关反倾销计算时所使用的归零做法。

### （二）中方诉请

本案中，中方提出了三个诉请：

第一，美方在对中方三家暖水虾企业进行倾销幅度计算时使用归零做法不符合《反倾销协定》第 2.4.2 条。

第二，美方在暖水虾调查中计算单独税率时依照使用归零做法计算出的企业特定倾销幅度不符合《反倾销协定》第 2.4.2 条。

第三，关于金刚石锯片反倾销，美方在对安泰科技进行倾销幅度计算时，美方使用归零做法不符合《反倾销协定》第 2.4.2 条。

### （三）主要法律争议

本案主要和唯一争议的法律问题就是"归零"问题，这也是美方在世贸争端解决中受到最重的"伤害"之一。

#### 1."归零"做法的由来

《反倾销协定》第 2.4.2 条实际上规定了三种计算倾销的方法，即：（1）用加权平均正常值同所有出口交易的加权平均出口价进行比较，即"加权平均正常值比加权平均出口价"，简单表示为"W–to–W"；或者（2）用每笔交易的正常值同每笔交易的出口价格进行比较，即"每笔交易正常值比每笔交易出口价"，简单表示为"T–to–T"方法；或者（3）在特定条件下，用加权平均正常值同每笔交易出口价进行比较，即"加权平均正常值比每笔交易出口价"，简单表示为"W-to-T"方法。

所谓"归零"做法，是指反倾销调查机关在计算一项产品的整体倾销幅度时，将那些不存在倾销的产品组（即当正常值等于或小于出口价格，或者说倾销幅度为负数）的倾销幅度均作为零来处理，不与存在倾销产品组的倾销幅度做任何抵消。

以调查机关采用的W-to-W方法为例，如果假定加权平均正常值为a，加权平均出口价格为b，则倾销幅度的计算公式应为(a-b)÷a×100%=倾销幅度。如果将被调查产品按规格、品种分为三组，每一组加权平均正常值分别为：a1=10；a2=12；a3=14；加权平均出口价格分别为：b1=6.5；b2=8.5；b3=18；三个产品组的倾销差额应分别为：第一产品组：a1-b1=3.5；第二产品组：a2-b2=3.5；第三产品组：a3-b3=-4。按照归零做法，第三产品组的-4就不在计算整个倾销幅度时被考虑，而是被视为"零"来处理，这样计算的总体倾销差额为第一产品组和第二产品组的倾销差额相加，即3.5+3.5=7，总体加权平均正常值为10+12+14=36，倾销幅度为：7÷36×100%=19.44%。但是，如果不按归零做法，将第三产品组的差额纳入计算，整体倾销差额就应为：3.5+3.5-4=3，倾销幅度就应为3÷36×100%=8.33%。由此我们不难看出归零做法在客观上的确人为扩大了被调查产品的倾销幅度，甚至没有倾销也会被算出倾销。[①]

### 2. 以往案例

欧美"归零"做法先后被裁决违反世贸规则。

最早认定"归零"违反世贸规则的案件是印度诉欧共体床单案（DS141）。1997年12月欧共体经过调查决定对从印度进口的床单征收反倾销税。印度认为欧共体在计算反倾销幅度时的"归零"做法违反了WTO《反倾销协定》，并将此事作为问题之一诉至世贸争端解决机制。欧共体的"归零"方法就是将

---

[①] 参见张玉卿：《WTO热点问题与案例精选》，中国商务出版社2017年版，第271页。

倾销计算集中在那些被发现存在倾销的产品上，而对未发现倾销的产品不予考虑，通过归零增加了倾销幅度。欧共体提出，虽然欧共体在倾销计算中把不存在倾销的产品作为"零"处理（倾销幅度分子部分），但在计算总体倾销幅度时，这部分产品还是被用于加权平均出口价的计算（倾销幅度分母部分）。对此，专家组指出，一项倾销幅度只能是对案件所涉产品的倾销幅度，而不能只是那项产品的一笔交易，或者只是那项产品按款式分成组的一个产品组的倾销幅度。《反倾销协定》第 2.4.2 条要求调查机关要计算全部所有可比交易的出口价格，而欧共体方法是只盯住那些倾销的款式，对倾销为负值的款式却不予考虑，这种做法不符合第 2.4.2 条规定。上诉机构维持了专家组裁定，指出倾销幅度是被调查产品的倾销幅度，不管使用什么方法计算倾销幅度，它只能是被调查产品全部的倾销幅度。归零增大了倾销幅度，欧共体的做法没有完全考虑或者少算了部分出口交易，即那些倾销幅度为负数的床单交易，实际上是增大了被调查产品的倾销幅度，并据此认定欧盟反倾销调查中的"归零"做法违规。[①]

2002 年 4 月美商务部经过调查决定对产自加拿大的软木征收反倾销税，加拿大认为美方反倾销调查和裁决存在一系列违反《反倾销协定》的地方，将美方诉诸 WTO 争端解决机制即美国—软木 V 案（DS264）。美方在计算有关产品倾销幅度时，使用 W–to–W 计算方法，但对没有发现倾销的部分产品进行归零处理，没有纳入倾销幅度计算。美方抗辩，第 2.4.2 条允许调查机关做"多项平均"，第 2.4.2 条中的"倾销差额"并非指被调查产品的总的倾销差额，而是指被调查产品中每一类别比较的结果，是指正常价值超过出口价格的多项交易比较的结果。对此，上诉机构指出，倾销的概念经常与"该产品"、"某一项产品"或"相似产品"相连使用，《反倾销协定》第 6.10 条和第 9.2 条提到了"被调查产品"，据此，倾销是指由调查机关确定的一项全部被调查产品的倾销，而不是该产品的一个品种、款式或者类别的倾销。产品组阶段的多重比

---

① 参见张玉卿：《WTO 热点问题与案例精选》，中国商务出版社 2017 年版，第 260—261 页。

较只是调查机关为确定被调查产品的倾销差额的中间计算阶段，不是第 2.4.2 条所指的倾销差额。为计算全部被调查产品的倾销差额，调查机关必须将所有的中间值都加起来，上诉机构据此认定美方在 W–to–W 计算倾销幅度时归零的做法违反世贸规则。

后来，美方在执行有关软木案裁决时，试图将 W–to–W 调查方法调整为 T–to–T，但在倾销幅度计算过程中仍然使用归零，即比较每一笔软木交易的正常值和对应的出口价格算出倾销差额，但在加总所有倾销差额过程中对于不存在倾销的部分交易仍然做"归零"处理。对此，美国—软木 V 案（DS264）执行专家组认为美做法合规，执行了有关软木案裁决。但是上诉机构推翻了执行专家组裁决，认定美商务部在进行 T–to–T 调查中使用归零不符合《反倾销协定》2.4.2 条。主要理由是，不管采用 W–to–W 还是 T–to–T 的调查方法，最终都是为了确定是否存在倾销差额，使用归零做法相当于改变或忽略了某些出口交易。

### 3. 关于本案"归零"做法

中方认为，在涉案反倾销调查中，美商务部使用 W–to–W 调查方法，有关归零做法夸大计算了倾销幅度，违反《反倾销协定》第 2.4.2 条。

美方表示，中方所述的归零计算方法符合美商务部反倾销调查实践，并同意上诉机构有关美国—软木 V 案（DS264）裁决适用于本案。

## 三、专家组裁决

### （一）关于"归零"做法

中方主张，美商务部在涉案反倾销调查中使用 W–to–W 调查方法，具体表现为 5 个步骤（简称"五步法"）1. 使用"控制代码"区分产品不同类别；2. 计算调查期内每一产品类别的加权平均美方价格和加权平均正常价值；3. 比较同一产品类别下的美方价格和正常价值；4. 加总计算各产品类别的"倾销"总额，然后与所有产品类别的美方价格总额做除法；5. 在加总计算所有类别倾销总额时,将倾销幅度为负值的类别计为零。

中方引用美国—软木V案(DS264)等相关归零案件,认为本案与此前案件相同,专家组应适用此前专家组或上诉机构裁决,裁定美方调查机关"归零"做法与《反倾销协定》第2.4.2条不符。

中方提交了多份证据,证明美商务部在对中方暖水虾和金刚石锯片计算倾销幅度时实际运用了"归零"方法,包括美商务部的计算机程序模版、反倾销调查终裁随附备忘录等。中方还专门聘请了美商务部原进口合规专员作为专家对调查机关的倾销幅度计算程序和方法进行推演,证实了"归零"方法在涉案反倾销调查中的应用,为中方胜诉提供了确凿的证据基础。

美方认为,中方所描述的"归零"计算方法符合美商务部反倾销调查实践,并同意上诉机构有关软木案裁决适用于本案。

专家组裁定,中方对于美方"归零"做法违反《反倾销协定》第2.4.2条已经完成初步举证责任,鉴于美方没有提出反对意见和任何抗辩,裁定美方在反倾销调查中,对暖水虾的三家企业(联合太平洋、香港谊林、汕头红园)和金刚石锯片的安泰科技使用了归零做法,违反了《反倾销协定》第2.4.2条。

## (二)关于非强制应诉企业税率计算

中方在本案中主张,美方在计算暖水虾反倾销单独税率时,使用"归零"计算出的强制应诉企业的倾销幅度,对有关非强制应诉企业的税率计算因此也不符合《反倾销协定》第2.4.2条。对此,美方没有提出抗辩意见。

专家组裁定,《反倾销协定》第2.4.2条表面上似并不约束反倾销税的适用问题,包括非强制应诉企业的税率问题,中方未能充分说明第2.4.2条如何能够作为处理单独税率问题的法律基础。因此,专家组没有认定美方对非强制应诉企业的税率计算违反第2.4.2条。但是,专家组认为裁定美方对强制应诉企业的归零做法违规,意味着基于这些企业的倾销幅度计算出的单独税率也必然包括了不符合《反倾销协定》的"归零"做法。

## 四、案件的启示与评价

### （一）巧妙利用以往裁决结果，打一场短平快的阻击战

此前，欧美"归零"做法虽然多次被世贸组织专家组和上诉机构裁定违反世贸规则，美方也曾表示将放弃在 W-to-W（加权平均正常值比加权平均出口价）反倾销调查中使用"归零"，但美方并未主动纠正以往反倾销措施。为充分利用"归零"系列案件诉讼结果，维护产业利益，中方决定将有关产业有明确诉求的两个反倾销"归零"案件起诉至世贸争端解决机制。通过本案诉讼，美方归零违规做法得到纠正，中国有关产业的正当权益得到保障。

### （二）通过签署程序协议快速解决争议

中方充分利用争端解决程序规则，事先与美方签署有关快速解决争议的程序协议，使得专家组仅用半年时间就做出最终裁决，大大缩短了案件审理时间。中方在本案磋商过程中详细说明对美涉案反倾销措施的关注，将争议问题集中在已被世贸组织多次裁定违规的归零问题上。美方无意在归零问题上做过多纠缠，同意本案适用上诉机构有关美国软木Ⅴ案（DS264）裁决，并同意通过只提交一次书面陈述、不举行听证会等措施快速解决本案争议。本案事先签署快速解决争议程序协议的做法值得在类似案件中加以借鉴。

### （三）尚未完结的"归零"之争

"归零"是美商务部在反倾销案件调查中的长期实践做法，也是美方维护其自身产业利益的有效武器。美国内保守力量强力支持美商务部频繁使用贸易救济工具保护国内产业，"归零"做法因有助于裁出高额反倾销税率而颇受美调查机关和国内产业青睐。美国政府对待世贸组织上诉机构围绕归零问题所做多次裁决，一直积蓄着不满情绪，态度也从开始时表示尊重（如承认和执行美国—软木Ⅴ案等项裁决）到后期表达强烈不满。美方对上诉机构多次裁定"归

零"做法违规提出激烈抨击，专门发布报告批评上诉机构并花大篇幅讨论"归零"问题，主张《反倾销协定》既未规定"归零"问题，也未禁止调查机关使用"归零"做法，上诉机构的条约解释是凭空制造出有关归零的规则，减损了美方的权利。

客观地说，围绕"归零"问题的争论，根据世贸组织的多个裁决已有明确结论，正如上诉机构于 2009 年在欧盟诉美国持续归零案（DS350）裁决中指出的，"上诉机构的存在，就是解释涵盖协议。上诉机构对"归零"问题给出了最终答案，该决定已经经过争端解决机构通过。WTO 成员有权依赖这些结论。"[①] 上诉机构作为世贸组织定分止争的机构，围绕"归零"问题所做裁决理应被尊重，这应该也是大多数世贸成员的心声。但是，美方借口上诉机构"越权"、"违规"致使上诉机构瘫痪，并声称要纠正上诉机构"错误"的反倾销反补贴裁决，美方"归零"做法是否会死灰复燃，"归零"之争是否会烽烟再起，一切尚未可知。中方也随时准备为捍卫多边贸易体制和自身合法权益而战。

## 附件

### 中国诉美国反倾销"归零"措施案（DS422）大事记

2011 年 2 月 28 日，中方提出暖水虾反倾销措施磋商请求。

2011 年 5 月 11 日，中美双方举行磋商。

2011 年 7 月 22 日，中方提出金刚石锯片反倾销措施补充磋商请求。

2011 年 9 月 8 日，中美双方举行磋商。

2011 年 10 月 13 日，中美双方签署快速解决争议程序协议。

2011 年 10 月 13 日，中方提出设立专家组请求。

2011 年 10 月 25 日，争端解决机构设立专家组。

2011 年 12 月 21 日，专家组组成。

---

① 欧盟诉美国持续归零案（DS350），上诉机构报告，第 312 段。

2012 年 4 月 5 日，专家组向当事方提交中期报告。

2012 年 5 月 3 日，专家组向当事方提交最终报告。

2012 年 6 月 8 日，争端解决机构发布专家组报告。

2012 年 7 月 23 日，争端解决机构通过专家组报告。

2013 年 3 月 23 日，本案合理执行期结束。

校稿：王蔷

# 中美补贴规则的艰难博弈

## —— 中国诉美国反补贴措施案（DS437）评析

王蔷

2012年5月25日，中国向世贸组织起诉了美国对中国产品采取的多起反补贴措施（DS437）。这是迄今为止中国经历世贸争端解决程序最完整的一个案件，历时9年多，经过了原审专家组审理、原审上诉、合理执行期仲裁、执行之诉专家组审理、执行之诉上诉、贸易报复水平仲裁。截至2021年10月，贸易报复水平仲裁尚在审理过程中。在这9年里，中方对美方不公平的反补贴调查做法进行了全方位的挑战，最终赢得这场艰难的博弈，补贴规则得到了进一步澄清，美调查机关滥用反补贴规则的空间被进一步收紧。本文主要介绍中美双方在案件原审阶段的法律博弈。

# 一、案件背景和诉讼程序

## （一）案件背景

### 1. 美方对中国产品进行反补贴调查的缘起和"低价提供原材料补贴"项目

自 2006 年以来，美商务部改变了对其自行认定的"非市场经济国家"不开展反补贴调查的做法，对自中国进口产品发起了几十项反补贴调查并采取了反补贴措施。其中，美商务部在对华反补贴调查中捏造的所谓的"低价提供原材料补贴"项目，成为对中国产品征收反补贴税的主要税率来源。

在调查中，美商务部将提供原材料的上游国有企业认定为公共机构，基于使用特定原材料的下游用户是有限的来认定补贴具有专向性，并采用其他国家的原材料价格作为比较基准计算补贴利益。美方在反补贴调查中大肆推行这种臆造的"低价提供原材料补贴"项目，大幅推高了中国产品的反补贴税率。

### 2. 中国诉美国反倾销反补贴措施案（DS379）：对美反补贴诉讼系列战役第一战

中方迅速反应，利用世贸组织争端解决机制对美反补贴措施开展了一系列战役。第一战是在世贸争端解决历史上著名的中国诉美国反倾销反补贴措施案（以下简称 DS379 案）。2008 年 12 月中方将美对自中国进口标准钢管、矩形钢管、复合编织袋和非公路用轮胎产品采取的反倾销反补贴措施诉至世贸争端解决机制。经历了 3 年多的诉讼，中方最终胜诉，特别在公共机构认定和双重救济（反倾销税和反补贴税的重复计算）两个重要问题上获得了具有里程碑意义的胜利。

在公共机构问题上，世贸组织上诉机构认定，美方仅基于政府所有权和控制权将国有企业认定为公共机构，违反世贸规则。上诉机构进一步澄清了公共机构的标准，即"拥有、行使或被授予政府职能"。

在双重救济问题上，上诉机构认定，由于美方采用替代国计算的反倾销税已经抵消了补贴额，任何额外征收的反补贴税则超出了合适的下限值，构成双重救济，违反了《补贴与反补贴措施协定》（以下简称《补贴协定》）第19.3条。

此外，中方还在区域专向性、补贴利益传导、美元贷款利率调整和可获得事实等问题上获得胜诉。

### 3. 中国诉美国反补贴措施案（DS437）和中国诉美国关税法修订案（DS449）：乘胜追击的歼灭战

由于美方在反补贴调查中的通行做法在DS379案中被认定违规，为充分利用胜利成果、维护企业合法权益，中方在DS379案裁决后乘胜追击，将美商务部在2006年至2012年间采取的所有反补贴措施诉至世贸争端解决机制。同时，为在更多的法律点上挑战美方并确保诉讼效率和诉讼结果，中方将诉讼拆分为两个案件，一个是本文介绍的中国诉美国反补贴措施案（DS437），集中起诉美方在反补贴调查中的违规做法，诉点除了在DS379案获得支持的公共机构外，还挑战了美方关于补贴利益的外部基准和专向性认定方面的违规做法。另一个是中国诉美国关税法修订案（DS449），集中起诉美双重救济做法，同时挑战美授权追溯性征收反补贴税的关税法修订案（GPX法案）。DS449案情况详见本书"解开美国'双反'调查法律授权的谜团"。

## （二）诉讼进程

### 1. 磋商阶段

2012年5月25日，中方将美对中国油井管等产品实施的17项反补贴措施诉诸世贸组织争端解决机制，涉及年出口金额达70亿美元。双方于2012年6月25日和2012年7月18日进行了磋商。双方通过磋商澄清了与涉案事项有关的某些问题，但未能解决争端。

### 2. 专家组阶段

2012年8月20日，中方要求设立专家组。9月28日，专家组设立。澳大利亚、巴西、加拿大、欧盟、印度、日本、韩国、挪威、俄罗斯、土耳其、越南和沙特阿拉伯作为第三方加入案件审理。11月26日，总干事指定了专家组成员、专家组组成。

2012 年 12 月 4 日，加拿大请求专家组给予加强第三方权利。之后，澳大利亚、巴西和土耳其也提出了这一请求。中美双方均反对给予加强第三方权利。专家组认为，加拿大等第三方并未解释为什么现有的第三方权利不足以保障加拿大在本次争端中的利益，据此拒绝了给予第三方加强权利。

2012 年 12 月 14 日，美方请求专家组就中方设立专家组的请求与《关于争端解决规则与程序的谅解》（DSU）第 6.2 条的一致性作出先期裁决。2013 年 2 月 8 日，专家组将先期裁决发给了争端方。专家组与争端方协商后，决定向争端解决机构告知先期裁决的内容。

2014 年 2 月 28 日，专家组向争端方提交了中期报告。5 月 9 日，专家组向争端方提交了最终报告。7 月 14 日，专家组报告公布。

### 3. 上诉阶段

2014 年 8 月 22 日，中方提出上诉。8 月 27 日，美方提出交叉上诉。上诉阶段承担审理本案的上诉机构成员包括：主席彼得·范登博舍（Peter Van den Bosche）、成员乌扎尔·巴蒂亚（Ujal Bhatia）和张胜和（Seung Wha Chang）。12 月 18 日，上诉机构报告公布。2015 年 1 月 16 日，世贸组织争端解决机构会议通过本案上诉机构报告和专家组报告。

2015 年 2 月 13 日，美方向争端解决机构会议通报了其执行意向。由于双方未对合理执行期限达成一致，中方于 6 月 26 日提起合理执行期仲裁请求。7 月 17 日，总干事任命上诉机构埃及籍前成员乔治斯·M. 阿比-萨博（Georges M. Abi-Saab）担任仲裁员。10 月 9 日，仲裁裁决发布，裁定合理执行期为 14 个月 16 天，至 2016 年 4 月 1 日。

因中方认为美方措施仍不符合世贸规则，中方于 2016 年 4 月 29 日启动了执行之诉。执行之诉情况请见本书"中美补贴规则博弈之续"。

## 二、涉案措施和主要法律争议

### （一）涉案措施

中方在本案中挑战了美商务部的 17 项反补贴措施，涉案产品包括热敏纸、环形焊接压力管、圆形焊接碳钢管线管、柠檬酸、草地维护设备、厨房用搁板和网架、油井管、钢绞线、镁碳砖、无缝钢管、铜版纸、钻管、铝挤压材、钢制高压气瓶、晶体硅光伏电池、应用级风塔和不锈钢水槽。

### （二）主要诉请

本案挑战的美方调查认定的补贴项目不仅包括已在 DS379 案中被专家组和上诉机构认定违反世贸规则的所谓"低价提供原材料补贴"项目，还有所谓"低价提供土地使用权补贴"项目和所谓"出口限制补贴"项目。具体诉请如下：

1. 美方反补贴调查的补贴项目立案违反《补贴协定》第 11.2 条和第 11.3 条，涉及钢制高压气瓶、晶体硅光伏电池、应用级风塔和不锈钢水槽的所谓"低价提供原材料补贴"项目的立案调查。

2. 美方在所谓"低价提供原材料补贴项目"中关于公共机构、外部基准和专向性认定分别违反《补贴协定》第 1.1 条（a）项（1）目、第 1.1 条（b）项和第 14 条（d）项以及第 2.1 条和第 2.4 条，涉及环形焊接压力管、圆形焊接碳钢管线管、草地维护设备、厨房用搁板和网架、油井管、钢绞线、无缝钢管、铜版纸、钻管、铝挤压材、钢制高压气瓶、晶体硅光伏电池、应用级风塔和不锈钢水槽 14 项反补贴措施。

3. 美方关于"可获得事实"的适用违反《补贴协定》第 12.7 条规定，涉及环形焊接压力管、圆形焊接碳钢管线管、柠檬酸、草地维护设备、油井管、钢绞线、镁碳砖、无缝钢管、铜版纸、钻管、铝挤压材、钢制高压气瓶、晶体硅光伏电池、应用级风塔和不锈钢水槽 15 项反补贴调查。

4. 美方在所谓"低价提供土地使用权补贴"项目中关于区域专向性的认定

违反《补贴协定》第 2.2 条和第 2.4 条，涉及热敏纸、圆形焊接碳钢管线管、柠檬酸、油井管、钢绞线、无缝钢管和铜版纸 7 项反补贴调查。

5. 美方针对出口限制所发起的反补贴调查以及其关于出口限制构成财政资助的认定违反《补贴协定》第 1.1 条（a）项、第 11.2 条和第 11.3 条，涉及镁碳砖和无缝钢管 2 项反补贴调查。

此外，中方还针对美商务部在反补贴调查中关于推定国有企业是公共机构的做法（"公共机构推定"）提出了一项措施"本身"（as such）违反《补贴协定》第 1 条的主张。

### （三）主要法律争议

由于美方在涉案反补贴措施中对于公共机构的认定标准依然是已被上诉机构认定违反世贸规则的"政府所有权和控制权"标准，本案专家组依据上诉机构在 DS379 案澄清的公共机构标准做出了裁决。因此，"公共机构"并未成为本案争议的主要法律问题。本案主要的法律争议集中在补贴利益的外部基准和事实专向性认定。

#### 1. 补贴利益的外部基准

中美在 DS379 案中已就补贴利益的外部基准问题进行了首次交锋。中方主张，在政府供货商占市场主导地位时，调查机关仍需证明市场价格因此被扭曲方可适用外部基准。美方则主张，政府是主要供货商即可以拒绝使用国内市场价格而使用外部基准。上诉机构没有接受中方主张，而是将政府在市场中的地位区分为"主导的"（predominant）和"重要的"（significant）。上诉机构认为，虽然无论政府在市场中的地位是"主导"还是"重要"，这一事实本身都不能证明市场价格扭曲，但这两种情况下对于政府市场份额以外的因素考虑的要求是不同的：政府在市场上主导地位越高，导致市场价格扭曲的可能性就越大。

上诉机构的这一解释无疑增大了中方挑战补贴利益外部基准问题的难度，因此中方在本案中另辟蹊径，从 DS379 案上诉机构关于"公共机构"的裁决入手，直接挑战对于"政府供货商"的认定。中方主张，由于美方基于政府所有权或控制权将国有企业认定为公共机构违反《补贴协定》，则美方基于同样标准认定国有企业为"政府供货商"并将国有企业的市场份额等同于政府市场份额进而使用外部基准的做法同样违反《补贴协定》。这一主张，巧妙地避开了论证"主导"、"重要"、"市场影响力"等内涵和标准具有不确定性的概念，动摇了美方关于"中国政府占市场主导地位"的认定基础，直击其使用外部基准计算补贴利益的核心。

美方主张，中方混淆了财政资助和补贴利益两个概念的不同作用。政府持股即使不足以认定"公共机构"，但却足以认定市场价格被扭曲。是否可以使用外部基准，与国有企业是否为公共机构无关，而与国有企业对特定市场的参与是否达到了扭曲市场的程度有关。

**2. 事实专向性认定**

所谓"低价提供原材料补贴"项目完全是美方臆造出来的。为了认定专向性，美商务部采用了一种"最终用户"方法，即仅审查被调查的原材料的最终用户来认定使用该种补贴项目的用户群体构成"有限数量的企业"，进而认定存在事实专向性。

中方主张，美方认定所谓"低价提供原材料补贴"项目专向性存在四方面的错误：一是没有分析被调查补贴项目是否具有法律专向性，直接认定事实专向性；二是未能证明"低价提供原材料补贴"项目是基于一个"补贴计划"（subsidy programme）的；三是未能指明补贴的"授予机关"（granting authority）；四是未能考虑《补贴协定》第2.1条（c）项规定的"授予机关管辖范围内经济活动的多样性程度"以及"已经实施补贴计划的持续时间"两个因素。

美方主张：首先，《补贴协定》第2.1条没有强制要求法律专向性和事实专向性的分析顺序；其次，第2.1条并不要求调查机关指明一项正式的补贴计划；第三，根据《补贴协定》第1.1条的规定进行财政资助分析时已经指明了授予机关，因而没有必要根据第2条进行专向性分析时再分析和指明授予机关；第四，第2.1条（c）项最后一句"考虑"两个因素的要求并不意味着调查机关在每一起调查中都必须明确分析这两个因素。

## 三、专家组裁决

### （一）关于专家组职权范围的先期裁决

2012 年 12 月 14 日，美方向专家组提出先期裁决请求，要求专家组将中方关于"可获得事实"的诉请排除出专家组审理范围。

美方认为，该诉请不符合 DSU 第 6.2 条的要求。首先，中方设立专家组请求中并未指明美方使用"可获得事实"的具体情形。其次，中方也没有将起诉的措施和指称违反的世贸义务"明白"地联系起来，同时没有指明使用"可获得事实"违反了《补贴协定》哪方面的义务。

中方主张，美方被诉的反补贴措施决定中所有使用"可获得事实"的情形均不符合《补贴协定》第 12.7 条的要求。设立专家组请求已明确表明了这一点，满足了 DSU 第 6.2 条要求。美方不能因为中方挑战的情形数目众多就否认其符合 DSU 第 6.2 条的要求。DSU 第 6.2 条不要求在设立专家组请求中进行法律论证，因此中方无需指明美方做法违反《补贴协定》第 12.7 条哪方面的义务。

专家组认定，中方在设立专家组请求清楚地指明了其起诉美方反补贴措施决定中所有使用"可获得事实"情形。专家组同意中方的观点，DSU 第 6.2 条不要求起诉方详细叙述违反《补贴协定》第 12.7 条的哪个方面。中方关于"可获得事实"诉请的表述可以使被诉方了解该诉请性质，满足了 DSU 第 6.2 条的要求。

专家组一名成员发表了不同意见，认为中方只是简单陈述了被诉措施违反《补贴协定》第 12.7 条这一诉请，未能满足 DSU 第 6.2 条关于"提供一份足以明确陈述问题的起诉的法律根据概要"的要求。

### （二）应用级风塔和不锈钢水槽调查的初裁是否属于专家组的审理范围

由于中方提出磋商请求时，应用级风塔和不锈钢水槽反补贴调查尚未发布初裁，磋商请求仅纳入了这两项反补贴调查的立案文件，在专家组请求中纳入了初裁决定。

美方认为，这两个初裁决定未经磋商，不属于磋商请求中的争议范围，主张两个初裁决定不属于专家组的审理范围。

中方认为，这两起调查的初裁和立案是同一个调查措施的不同阶段，构成连续的事件；中方对这两起初裁提出的诉请与中方对其他调查提出的诉请涉及同样的法律问题，因此纳入这两起案件的初裁并不会扩大争议的范围。

专家组指出，问题的核心在于，初裁决定与立案文件性质是否相同，专家组审查范围纳入两个初裁决定是否会扩大争议范围。专家组认为，立案和初裁性质、目的和法律效果均不同。本案中，虽然中方挑战的是美商务部在一系列反补贴调查中具有普遍共性的做法，但就应用级风塔和不锈钢水槽这两项调查而言，美商务部在其他案件中做出了类似裁定的事实并不改变一项调查的立案和初裁（或终裁）在性质、目的以及效果上的不同。基于上述原因，专家组认定应用级风塔和不锈钢水槽反补贴初裁决定不在其审理范围内。

中美双方均未对此裁决提出上诉。

### （三）关于所谓"低价提供原材料补贴"项目的立案问题

中方依据《补贴协定》第 11 条提起了两个关于所谓"低价提供原材料补贴"项目立案的诉请。一个涉及立案有关公共机构的证据；另一个涉及立案补贴专向性的证据。

#### 1. 美商务部立案是否因公共机构问题证据不足违反《补贴协定》第 11 条

中方主张，钢制高压气瓶、晶体硅光伏电池、应用级风塔和不锈钢水槽这四项反补贴调查的申请书缺乏足够证据证明中国的国有企业构成"公共机构"，美商务部仅以中国政府对企业的所有权为依据，将国有企业作为"公共机构"，对其向下游生产商销售原材料行为作为补贴项目发起调查，违反了《补贴协定》第 11.2 条和第 11.3 条。

美方声称，根据第 11 条要求，立案仅需要申请人有充分的证据倾向于表明一国政府或公共机构提供了财政资助。上诉机构在 DS379 案中曾裁定，政府对一个实体的"有意义（meaningful）"的控制可以作为该实体构成公共机构的相关证据。因此，无论"公共机构"一词的最终法律解释如何，已有充分的证据支持美商务部的立案。

专家组认为，立案对于证据在数量和质量上的充足性要求与初裁或终裁时的要求不同。从条文目的来看，《补贴协定》第 11.3 条并不要求立案必须有证明补贴存在和补贴性质的"肯定性"证据，只要有倾向性证据即可。专家组同意美方的观点，即与政府股权有关的证据可以用来证明该实体是"公共机构"，据此裁定美商务部基于此类证据发起调查未违反《补贴协定》纪律。

**2. 美商务部立案是否因补贴专向性证据不足违反《补贴协定》第 11 条**

中方主张美商务部在发起环形焊接压力管等反补贴调查时，适用了错误的判断补贴专向性的法律标准，申请书中缺乏足够证据证明补贴具有专向性，因此立案行为违反了《补贴协定》第 11.2 条和第 11.3 条。

由于专家组不支持中方关于专向性法律解释的诉请，专家组裁定中国未能证明美方违反了其在《补贴协定》第 11 条下的义务。

中美双方均未对此项裁决提出上诉。

## （四）关于公共机构认定

### 1. 关于美方在个案中对于公共机构的认定

（1）中方主张

美方在油井管等反补贴调查中，都以中国政府拥有多数股权或控制权为依据将相关原材料供应商认定为是公共机构。中方据此主张，美商务部在被诉调查中的公共机构裁定违反《补贴协定》第 1.1 条（a）项（1）目。

中方指出，在 DS379 案中，上诉机构认为《补贴协定》第 1.1 条（a）项（1）目下"公共机构"是"拥有、行使或被授予政府职能的实体"①，并裁定美商

---

① 中国诉美国反倾销反补贴措施案（DS379）上诉机构被告，第 317 段。

务部基于"政府所有或控制"这一因素而认定企业构成公共机构的做法违反世贸规则。中方认为，美商务部在涉案的公共机构裁定中沿用了与其在 DS379 案中被诉的同种"政府所有权和控制权"标准。因此，专家组认定涉案的公共机构裁定违反《补贴协定》第 1.1 条（a）项（1）目。

此外，中方强调《补贴协定》第 1.1 条（a）项（1）目中将狭义的"政府"和"公共机构"统一称为"政府"，这一统称应赋予意义。这说明，公共机构应如狭义上的政府一样，拥有管理、控制、监督或限制他人行为的权力。

（2）美方主张

美方对《补贴协定》第 1.1 条（a）项（1）目中的"公共机构"一词提出了新的解释，将"公共机构"定义为"被政府控制的实体，且政府可以将该实体的资源视为自身资源而随意使用"。美方指出，上诉机构报告只对个案具有约束力，因此，专家组应根据解释国际公法的惯例对"公共机构"的含义进行独立评估，对以往世贸争端案件中的解释仅需予以适当考虑。

（3）专家组裁决

美方提出公共机构新解释类似于上诉机构在 DS379 案中指出的"有意义的控制"。对此，专家组认为，在案证据表明美商务部在涉案调查中并未遵循该种法律标准，因此无需进一步考虑美方提出的这种解释是否符合 DS379 案中提及的"有意义的控制"。专家组认定，中方提供的证据充分证明了美商务部在涉案调查中将原材料提供商认定为公共机构仅仅是基于"政府所有或控制"这一因素。专家组同意上诉机构在 DS379 案中的裁决，即"政府所有或控制"这一因素本身并不足以认定一个企业是公共机构，调查机关必须进一步考虑其他因素。专家组据此认定涉案的 12 项反补贴调查中的公共机构裁定违反了《补贴协定》第 1.1 条（a）项（1）目。

但是，专家组不同意中方关于"公共机构"必须自身具备管理、控制、监督以及限制他人行为权力的观点。专家组认为，中方的解释会使"公共机构"等同于"政府机关"，而上诉机构在 DS379 案中并没有采纳这种解释方法。

基于以上分析，专家组认定美商务部在被诉的 12 项反补贴调查中将中国国有企业认定为公共机构违反了《补贴协定》第 1.1 条（a）项（1）目。

中美双方均未对此提出上诉，因此专家组关于公共机构问题的裁决就是本案的终局裁决。在本案中，中方维护了上诉机构在 DS379 案中关于公共机构的解释，但未能进一步限缩公共机构的范围。专家组流露出宽泛解释"有意义的控制"的倾向，中方在胜利的同时也预感到未来继续挑战美方关于公共机构认定的道路并不平坦。

**2. 关于美商务部将中国国有企业均推定为公共机构的做法**

美商务部在对厨房用搁板和网架的反补贴调查中创设了一项关于"公共机构推定"，即若企业的多数股权为政府所有，则可推定该企业为政府控制，进而认定是公共机构。中方主张，美方"公共机构推定"构成一项措施，违反《补贴协定》第 1.1 条（a）项（1）目。

中方认为，"公共机构推定"是一项具有普遍且前瞻的适用性的规定，政策在美商务部发起的调查中被持续援引和适用，因此可以作为一项措施本身（as such）被挑战。中方指出，根据上诉机构在 DS379 案中的裁决，政府控制本身并不能证明一个企业构成公共机构；然而在"公共机构推定"下，虽然"政府多数股权等于政府控制"的推定可被证据反驳，但是实质依然是将"政府控制"等同于"公共机构"，因此违反《补贴协定》第 1.1 条（a）项（1）目。

美方主张，美商务部在厨房用搁板和网架反补贴调查中关于公共机构问题的阐述只是对美商务部过去做法的一种解释，并无意创设可以普遍适用且具有约束力的规定。此外，美方主张由于美商务部可以随时改变其认定公共机构的做法，因此其在该调查中阐述的内容并不必然导致违反《补贴协定》第 1.1 条（a）项（1）目的义务，同时也不构成一项可在世贸争端解决机制框架下被挑战的措施。

专家组首先审查了对该"公共机构推定"是否可以作为一项措施本身被挑战。以往上诉机构裁决认定，对一项"规则或标准"提出措施"本身"的挑战的相关标准是：证明该措施可归责于被诉方、证明该措施的具体内容、证明该措施具有普遍且前瞻的适用性。专家组认为，毫无疑问"公共机构推定"可归责于美方；中方已经证明了该措施的具体内容，即"任何政府持有多数股权的实体都将被推定为公共机构"；美商务部将"公共机构推定"作为一项政策予以公布，意在未来个案中适用这一法律标准，因此构成了一项具有普遍且前瞻的适用性的"规则或标准"。综上，专家组认为中方满足了以上这三个条件，可基于"措施本身"挑战"公共机构推定"这一政策。

随后，专家组审查了"公共机构推定"本身是否违反《补贴协定》第1.1条（a）项（1）目。专家组首先判断该政策是否强制要求美商务部将多数政府股权视为足以认定公共机构的证据。专家组认为，根据"公共机构推定"，在没有相反证据的情况下，政府拥有多数股权的企业将被"推定"为公共机构，在推定的过程中，多数政府股权属于决定性因素。此外，美商务部在后续调查中持续适用这一"公共机构推定"也表明该政策必然会导致美商务部将多数政府股权视为足以做出公共机构认定的证据。专家组继而审查了该政策是否限制美商务部在具体调查中对除政府股权之外的其他证据进行考虑。专家组指出，根据"公共机构推定"，利害关系方负有举证责任提出其他证据供调查机构考虑。若利害关系方不提出其他证据，则根据该政策，美商务部不会主动考虑除政府股权之外的其他因素。因此，"公共机构推定"限制了美商务部在具体调查中对除政府股权之外的其他证据进行考虑。

据此，专家组裁定美商务部推定政府持多数股份的企业为公共机构的政策作为一项措施本身违反了《补贴协定》第1.1条（a）项（1）目。

中美双方均未对此项裁决上诉。

### （五）关于补贴利益的外部基准

美商务部在环形焊接压力管等12项反补贴调查中使用外部价格基准计算补贴利益，中方主张美做法违反了《补贴协定》第1.1条（b）项和第14条（d）项。

#### 1. 中方主张

美方在补贴利益计算中使用外部基准的逻辑是中国国有企业在市场上占主导地位，相当于中国政府在市场中占主导地位，因此中国市场价格受到了扭曲，需要使用外部基准。

中方在 DS379 案中已经挑战了美方关于外部基准的使用条件，可惜没有得到上诉机构的支持。在本案中，中方借助上诉机构在 DS379 案中关于公共机构的解释，主张美商务部在认定中国政府在市场中占据主导地位时使用的是"政府所有和控制论"这一错误法律标准，因此违反了《补贴协定》第 1.1 条（b）项和第 14 条（d）项。

中方认为，上诉机构在 DS379 案中已经认定仅凭政府所有权和控制权不能构成认定"公共机构"的依据，这个解释也应当适用于在《补贴协定》第 14 条（d）项下判断一个提供货物的实体是否为"政府供应商"。由于美方对中国政府在市场上占据主导地位的认定是基于"政府所有和控制的国有企业构成公共机构"这个错误的法律标准，美方关于外部基准的使用也是错误的。

### 2. 美方主张

美方主张，关于外部基准的使用，与国有企业是否为公共机构无关，而与国有企业对特定市场的参与是否达到了扭曲市场的程序有关。美方认为，中方混淆了关于财政资助和补贴利益的分析。虽然《补贴协定》第 14 条（d）项中出现了"政府"一词，但这只是财政资助分析的背景，而不是补贴利益分析的背景。《补贴协定》第 14 条（d）项的重点仅针对报酬的适当性，与第 1.1 条中的公共机构认定无关。

美方坚持，美商务部关于国有企业是否是公共机构的认定，在法律和事实上均独立于其根据国有企业或政府的参与市场情况进行的市场扭曲的分析。在调查中，美商务部并没有将国有企业的市场份额等同于政府的市场份额，而是采用了中方在反补贴调查答卷中提供的有关国内生产、消费和市场份额数据，并不违反《补贴协定》规定。

### 3. 专家组裁决

专家组将中方在外部基准问题上的主张解读为：调查机关只有在政府占据市场的主导地位、进而扭曲市场时才有权援用外部基准，并认定中方错误地解读了《补贴协定》第 14 条（d）项。

专家组认为，在 DS379 案中，虽然美方关于公共机构认定被判违反了《补贴协定》，但是上诉机构在裁定美商务部使用外部基准是否合理时并未考虑相关国有企业是否被正确地认定为公共机构，而仅考虑了国有企业在市场中的参与程度。专家组认为本案的情况与 DS379 案的情况非常类似。基于以上分析，专家组裁定美方没有违反《补贴协定》第 14 条（d）项下义务。

专家组的裁决相当于认可调查机关可以基于国有企业市场参与度认定政府的市场主导地位并使用外部基准。这一裁决非常危险，照此逻辑中方任何产品国内市场均可被认定为存在市场扭曲，因此，中方对此裁决提出了上诉（详见下文第四部分（一）论述）。

## （六）关于所谓"低价提供原材料补贴"项目的事实专向性

中方主张，美方对所谓"低价提供原材料补贴"项目的专向性认定，在分析顺序、补贴计划认定、授权机关指明和必需的考虑因素四个方面违反了《补贴协定》第 2 条的规定。

### 1. 关于《补贴协定》第 2.1 条（a）、（b）和（c）项的分析顺序

中方认为，《补贴协定》第 2.1 条（c）项中的"尽管"（notwithstanding）一词表明，调查机关只有首先通过适用（a）项和（b）项规定认定被调查的补贴不具有法律上的专向性后，才可考虑（c）项规定的"其他因素"认定事实专向性。在涉案调查中，美商务部在未适用（a）和（b）项的情况下就直接根据（c）项认定补贴存在事实上的专向性的做法违反了这一纪律。

这一观点没有得到专家组的支持。专家组认为，"尽管……"这个分句的作用是在于明确（c）项的适用，也就是说即使根据（a）项和（b）项规定某项补贴不具有法律专向性，调查机关仍然可以适用（c）项判断该补贴是否具有事实专向性。此句式不能解读为适用（a）项和（b）项规定是适用（c）项的先决条件。

### 2. 关于"补贴计划"

美方对所谓"低价提供原材料补贴"项目的专向性认定基于有限数量的企

业购买了原材料，即接受了补贴。中方主张，《补贴协定》第 2.1 条（c）项规定认定事实专向性考虑的因素是"有限数量的某些企业使用补贴计划"。"补贴计划"（subsidy program）一词表明该补贴是由一系列有规划的补贴构成的计划，而美商务部在依据这一因素认定专向性时从未提供任何证据表明存在任何"补贴计划"。

美方主张，《补贴协定》第 2.1 条（c）项并不要求调查机关指明一项正式的补贴计划。补贴计划可以是在其实施过程中正式或非正式建立的"一系列活动或事件"。"低价提供原材料补贴"项目中的"补贴计划"是指有限数量的企业使用以低于适当报酬的价格提供的特定原材料。

专家组虽然认可"补贴计划"是"系统性或一系列行为"，但是支持了美方观点，认为涉案国有企业以低于适当报酬的价格持续提供原材料这种系统性的行为或一系列的行为构成了《补贴协定》第 2.1 条（c）项规定的补贴计划。

### 3. 关于补贴的"授予机关"

中方主张，调查机关在基于《补贴协定》第 2.1 条（c）项规定的"有限数量的某些企业使用补贴计划"这一因素认定补贴专向性时，必须要明确补贴的"授予机关"，才能在该补贴授予机关相应的辖区内判断涉案补贴是否存在专向性。美商务部在涉案调查中未指明相应的补贴授予机关，违反了《补贴协定》第 2.1 条（c）项规定。

美方主张，调查机关进行财政资助分析时已经指明了授予机关，因而没有必要在专向性分析时再分析和指明授予机关。美方进一步澄清，其为专向性分析目的所进行的相关调查是为了确认提供补贴的辖区，并且指出，每一项调查专向性分析所指向的辖区都为中国。

专家组审查了美商务部涉案的裁决内容后认为裁决隐含地指出了相关的辖区是"中国"，因此裁定中方主张不能成立。

### 4. 关于认定事实专向性需考虑的其他因素

中方主张，《补贴协定》第 2.1 条（c）项规定在适用该项时，调查机关必须考虑"授予机关管辖范围内经济活动的多样性程度"以及"已经实施补贴计划的持续时间"。涉案调查中,美商务部在适用(c)项认定专向性时未考虑这两项因素,违反了第2.1条(c)项的规定。

美方认为,第2.1条(c)项最后一句"考虑"两个因素的要求并不意味着调查机关在每一起调查中都必须明确分析这两个因素。

专家组支持了中方主张。专家组认为,《补贴协定》第2.1条(c)项所含的"应"(shall)一词表明这是调查机关的强制性义务。虽然调查机关不需要明示地对这两项因素进行考察,但是在案证据表明美商务部在涉案调查中无论明示或暗示都未进行这类考察。因此,专家组认定美商务部的做法违反了第2.1条(c)项的这一强制性规定。

中方对专家组前三项裁决提出上诉(详见下文第四部分(二)论述)。

### (七)关于对出口限制措施发起反补贴调查问题

在镁碳砖和无缝钢管反补贴调查中,申请人主张,中国政府通过限制氧化镁和焦炭的出口,人为增加国内和焦炭供应,从而压低国内氧化镁和焦炭价格,为中国的镁碳砖和无缝钢管生产商提供了财政资助。美商务部据此发起了反补贴调查并认定涉案出口限制构成财政资助,进而征收了反补贴税。

中方主张,出口限制措施本身在法律上不可能构成《补贴协定》第1.1条(a)项(1)目意义上的"财政资助"。美商务部仅仅依据存在出口限制措施和这些出口限制措施对原材料价格的可能影响,就对出口限制措施作为补贴项目立案调查,违反了《补贴协定》第11条的规定。

美方认为,立案申请书中包含了证据证明涉案出口限制措施是促进具有更高附加值的产品出口政策的一部分,并且在效果上"委托"或"指示"了私营机构低价向国内市场提供货物,构成了财政资助,符合《补贴协定》第11条要求。

专家组审查了镁碳砖和无缝钢管这两项反补贴调查的申请书,认定在案证据只涉及出口限制措施本身及其价格影响,没有提及中国政府除此之外的任何其他行为。维持出口限制措施这一行为本身并不能将中国政府视为"委托"

或"指示"私营机构履行向其国内用户提供货物的职能。因此，专家组裁定，美商务部针对特定出口限制措施发起两项反补贴调查的行为违反了《补贴协定》第 11.3 条。专家组同时也声明，其裁定依据的是当前这两起调查的具体事实，并不排除在其他证据事实下，针对出口限制措施发起反补贴调查可能是正当的。

中美双方均未对此裁决提出上诉。

### （八）关于所谓"低价提供土地使用权补贴"项目的专向性问题

中方主张，在低克重热敏纸等 7 项反补贴调查中，美商务部仅基于两项因素认定区域专向性，即涉案土地位于某工业园区或经济开发区内，以及该工业园区或经济开发区属于土地出让方的管辖范围。美商务部未能依据肯定性证据证明财政资助或补贴利益仅限于"指定地理区域的某些企业"获得，违反《补贴协定》第 2.2 条和第 2.4 条。

美方主张，中方在本诉请下论证完全基于 DS379 案关于区域专向性的裁决，未能完成初步举证责任。

专家组指出，认定补贴存在《补贴协定》第 2.2 条规定的区域专向性，必须证明一项补贴仅限于一个指定地理区域内的某些企业才能获得。专家组同意中方的观点，即在未认定某一工业园区或经济开发区内外的土地制度存在差别的情况下，涉案土地位于某一工业园区或经济开发区内且该工业园区或经济开发区在涉案土地出让方的管辖范围内这一事实本身并不足以证明补贴存在区域专向性。

基于上述理由，专家组认定，在圆形焊接碳钢管线管等 6 项反补贴调查中，中方成功地证明了美方违反《补贴协定》第 2.2 条的规定。对于铜版纸反补贴调查，专家组认为，鉴于美商务部的区域专向性裁定是依据"可获得事实"做出，认定该裁定不违反第 2.2 条和第 2.4 条的规定。

中美双方均未对此裁决提出上诉。

### （九）关于使用"可获得不利事实"

中方主张，美商务部在环形焊接压力管等 15 项反补贴调查中的裁定中，没有依据在案可获得事实，而是使用所谓的"可获得不利事实"做出有关财政资助、利益和专向性的裁定，该种做法违反了《补贴协定》第 12.7 条的纪律。

中方指出，《补贴协定》第 12.7 条要求调查机关必须对其如何通过"可获得事实"使用在案证据进行裁定提供充分且合理的说明。美商务部依据"可获得不利事实"做出的裁定没有援引任何事实依据，而是通过对裁定结果进行不利推断得出结论。美商务部在 48 处裁定中采取的这种做法违反了《补贴协定》第 12.7 条的义务。[①]

美方主张，中方未能针对每一个使用"可获得事实"的裁定进行个案分析，因此未能完成初步的举证责任。同时，美商务部每一个裁定均是以可获得事实为基础而做出的，但由于被调查企业或政府的不合作，需要通过"不利推断"做出裁定。

专家组支持了美方观点，认为中方未能展开论述其所指控的每一处裁定的特定事实背景，且中方所提供的证据在表面上并不能证明涉案的"可获得不利事实"裁定缺乏事实依据，因此认定中方未能证明美方违反了《补贴协定》第 12.7 条的规定。

中方对此裁决提出了上诉（详见下文第四部分（三）论述）。

## 四、上诉机构裁决

在专家组裁决后，中方对专家组关于补贴利益的外部基准、补贴事实专向性和可获得不利事实的裁决提出上述，美方对专家组的先期裁决提出交叉上诉。

---

[①] 中方在设立专家组请求中列明关于"可获得不利事实"的诉请针对涉案决定中所有"可获得不利事实"的认定，在诉讼过程中，中方将诉讼范围限缩在在环形焊接压力管等 15 项反补贴调查中的 48 处裁定。由于专家组已在报告中裁定应用级风塔和不锈钢水槽这两起调查的初裁不落入专家组的审理范围之内，专家组认定，在中方有关"可获得不利事实"的诉请下落入其审理范围的美商务部裁定共有 42 处，而非 48 处。

## （一）关于补贴利益外部基准

中方就专家组对油井管、晶体硅光伏电池、环形焊接压力管、圆形焊接碳钢管线管四项反补贴措施中补贴利益外部基准的裁决提出了上诉。

### 1. 中方核心上诉点和主张

中方在此项上诉请求中的核心主张是：上诉机构在 DS379 案中确立的认定一个实体是否构成广义的"政府"（包括公共机构）的法律标准，应当同样适用于《补贴协定》第 14 条（d）项下关于"政府"的认定。

中方主张，专家组驳回了中方对《补贴协定》第 14 条（d）项的解释存在两方面的错误。

首先，专家组错误地将中方立场解读为"调查机关只有在政府占据市场的主导地位时方可使用外部基准"。这不是中方要求专家组解决的核心问题，中方认为专家组要解决的问题是：在调查机关基于政府占据市场的主导地位并扭曲市场的理由采用外部基准时，该"政府"的界定标准是否应当与上诉机构在 DS379 案中确立标准相一致。

其次，专家组错误地认为，上诉机构在 DS379 案报告暗含了对中方立场的否定。中方认为，DS379 案不涉及中方在本案中提出的此项法律解释问题，因此上诉机构在 DS379 案中不可能对此问题做出审理和裁决。相反，本案专家组对《补贴协定》第 14 条（d）项的解释将使调查机关在认定政府供应商时不受任何约束，可能出现一个私营机构被认定为政府供应商的荒谬结果。

因此，中方请求上诉机构推翻专家组基于错误的法律解释驳回中方诉请的裁定，完成法律分析并认定美方使用外部基准的做法违反世贸规则。

### 2. 美方观点

美方主张，中方解释会导致在政府占据市场主导地位的情形下要求调查机关将政府价格与其自身做循环比较，得出极少或零补贴额。即便在政府拥有或控制了市场上所有实体的情况下，调查机关也可能无法认定存在利益。美方认为，政府对国有企业的持股会改变这些实体在价格竞争方面的激励机制，因此国有企业占据市场与政府占据市场是相同情形。因此，中方对《补贴协定》第14条（d）项的解释是错误的。

### 3. 上诉机构裁决

上诉机构同意中方的意见，认为《补贴协定》中界定广义"政府"的法律标准是统一的，包括狭义的"政府"以及按照恰当标准认定的任何"公共机构"。但上诉机构并不同意只有被认定为"公共机构"的国有企业才能扭曲市场价格。

上诉机构认为，调查机关在选择适当的利益基准时并非只能分析构成"政府"的实体在市场中所起的作用。换言之，利益基准的选定不取决于有关实体是否能被恰当地认定为"政府"，而在于调查机关是否对国内市场进行了必要的分析，以认定国内价格是否由市场决定。

关于选定利益基准的标准，上诉机构指出，依据《补贴协定》第14条（d）项分析和选定利益基准应当是以市场为导向的，该条款要求利益基准必须由相同或同类货物的市场定价构成，且该等价格必须与货物供应国的现行市场情况相联系。通常而言，该国国内的私营价格可以构成利益基准。但是，这并不意味着该国国内与政府相关的价格可以被自动排除在基准之外。上诉机构强调，调查机关不得在法律上推定任何来源的国内价格不构成利益基准。

关于外部基准的使用，上诉机构认可当货物供应国的国内价格遭到扭曲时，调查机关可以使用外部基准。但是，上诉机构进一步限制了外部基准的使用，强调调查机关不得简单地将政府占国内市场主导地位等同于国内价格遭到扭曲，而必须根据个案情况综合考虑相关市场的结构和市场中各种实体的行为等多种因素，从而认定政府是否对市场施加了控制力以扭曲国内价格。

关于进行市场分析的方法，上诉机构认为，调查机关在分析国内市场价格是否受到扭曲时，不仅要考虑包括国有企业市场份额等在内的市场结构因素，还要考察市场中各类实体的行为方式。调查机关在认定利益基准时并不应局限于对"政府"在市场中作用的分析。调查机关还可以考察未被认定为公共机构的国有企业的定价行为，以认定政府是否通过该等企业对市场施加了控制力以扭曲国内价格。调查机关需要考察市场中的竞争条件，从而认定政府是否影响了政府相关实体或私营实体的定价行为。上诉机构还指出，调查机关必须基于肯定性证据认定被调查国政府自身或通过相关实体施加了"市场控制力"并扭曲了市场价格，才可使用外部基准。如无证据表明市场价格遭受扭曲，调查机关不得在利益基准中自动排除与政府相关的任何价格。

据此，上诉机构认为专家组错误地适用了《补贴协定》第14条（d）项，未针对每一项被诉裁定逐个分析美商务部是否正确审查了相关国内市场价格情况。因此，上诉机构推翻了专家组适用第14条（d）项做出的一系列认定，并对油井管、晶体硅光伏电池、环形焊接压力管、圆形焊接碳钢管线管四个裁定进行了逐个分析，指出美商务部并未审查相关实体是否拥有市场控制力，也没有解释其价格是由市场决定还是因受到政府干预被扭曲，而是直接推定该等价格受到扭曲。上诉机构据此认定，美商务部将中国国内价格排除在利益基准之外的行为违反了《补贴协定》第14条（d）项和第1.1条（b）项。

### （二）关于补贴专向性

中方对专家组在补贴专向性问题上关于分析顺序、补贴计划和授予机关的裁定提出上诉。

#### 1. 关于《补贴协定》第2.1条（a）项、（b）项和（c）项的分析顺序

专家组认定，《补贴协定》第2.1条（a）项、（b）项和（c）项之间不存在分析顺序，适用（a）项和（b）项不是适用（c）项的前提条件。中方认为，专家组的裁决使得第2.1条（c）项首句"如尽管因为适用（a）项和（b）项的原则而表现为非专向性补贴"变得冗余无用，因为按照专家组的解释，即便没有这个表述，调查机关依然可考虑（c）项列出的因素认定事实专向性。

美方认为，专家组对第2.1条（c）项中"尽管"一词的解释符合其通常含义，即"表现为非专向性"并不阻止调查机关考虑该项列出的其他因素。

上诉机构认为，第2.1条（c）项中的"如"一词说明"有理由认为补贴可能事实上属专向性补贴"是调查机关考虑该项列出的"其他因素"的前提条件。但是，"如"一词不与"适用（a）项和（b）项规定的原则而表现为非专向性补贴"

这一从句直接联系，因此适用（a）项和（b）项并非调查机关考虑其他因素的必要前提。据此，上诉机构认为专家组对第 2.1 条（c）项的解释无误。

虽然中方立场没有能够得到支持，但这一点的确也不是中方挑战的重点，因为即使该诉点得到专家组和上诉机构的认可，也只是给调查机关增加了审查的工作量，不能从根本上动摇其关于专向性认定结论。

**2. 关于补贴计划**

中方主张专家组对《补贴协定》第 2.1 条（c）项中的"补贴计划"一词的解释不符合该词的通常含义，混淆了"补贴"和"补贴计划"两个概念。

美方认为专家组正确地指出系统性行为或一系列的行为可以证明"补贴计划"的存在。

上诉机构进一步解释了"补贴计划"，认为《补贴协定》第 2.1 条（c）项规定的"使用补贴计划"是指根据一项计划或方案向接受者提供补贴。关于补贴计划性质及范围的证据可以是规定获取补贴的条件或标准的法律、法规或其他官方文件等，也可以是向某些企业通过财政资助授予利益的系统性的一系列行为。

上诉机构虽然不认为调查机关在分析事实上的专向性时必须指明一项通过法律、法规或其他书面方式实施的补贴计划，但也强调，调查机关必须证明存在政府向某些企业给予财政资助授予利益的系统性的一系列行为，才能裁定该等财政资助构成第 2.1 条（c）项下的补贴计划。

据此，上诉机构认为，虽然专家组的法律解释不存在错误，但未针对美商务部被诉裁定的案件事实情况进行分析，因此专家组法律标准适用存在错误，从而推翻了专家组有关认定。

遗憾的是，上诉机构以专家组未进行事实分析为由拒绝完成法律分析。但是，上诉机构的澄清已经大大动摇了美方关于事实专向性认定的法律基础，中方在执行之诉中基于此一举推翻了美商务部的所谓"低价提供原材料补贴"项目的专向性认定（详见本书"中美补贴规则博弈之续"）。

### 3. 关于补贴的授予机关

中方主张，专家组基于非常草率的分析，错误地驳回了中方关于美商务部未在被诉裁定中指明"授予机关"的诉请。

美方认为，专家组正确地指出被诉裁定显示有关管辖范围是全中国，并主张美商务部无须指明授予机关。

上诉机构同意专家组关于"授予机关"的法律解释，认为从《补贴协定》第 2.1 条段首部分可见，恰当界定授予机关的管辖范围是专向性分析的关键环节，且调查机关依据《补贴协定》第 1.1 条所做的补贴认定影响到该等补贴是否属对"授予机关管辖范围内"的某些企业的专向性补贴。"授予机关"及其"管辖范围"是密不可分的概念，调查机关应对二者做整体分析界定，因此不同意中方关于调查机关必须先指明补贴"授予机关"再指明其"管辖范围"的主张。但是，上诉机构指出，专家组没有对当事双方提交的证据进行个案分析，而是仅用一句话就驳回了中方诉请，未能将《补贴协定》第 2.1 条（c）项的正确法律标准适用于本案被诉的美商务部裁定，进而推翻了专家组有关裁决。

可惜的是，上诉机构认为，美方关于专向性认定已被裁定违反世贸规则，完成此问题的法律分析无助于解决双方争端，不需再完成法律分析。

## （三）关于可获得事实

### 1. 中方主张

中方主张，专家组对中方"可获得事实"诉请的分析和认定违反了 DSU 第 11 条规定的义务，请求上诉机构推翻专家组认定并完成法律分析。

中方认为，专家组未逐一审查美商务部是否在裁定中"合理且适当"地解释了使用这些可获得不利事实的事实依据和理由，而是在有选择性地审查了个别情形后就驳回了中方的全部主张。在审查个别情形时，专家组仅依据美商务部的用语与中方主张的用语不符，或者被诉裁定采用了"使用可获得事实"等表述就驳回了中方的诉请，未进一步审查美商务部的裁定是否确实有事实基础。此外，专家组还依据美方提出的事后证据驳回中方主张，并将本应由美商务部对其使用可获得不利事实做出合理且适当解释的责任不当地转嫁到中方身上。

### 2. 美方主张

美方认为，专家组对调查机关裁定的审查标准与起诉方提出的诉请相关，中方在本案中基于《补贴协定》第 12.7 条提出的是一个基本问题，即美商务部的可获得事实认定是否有任何事实依据。美方认为，专家组正确地认定美商务部解释是充分的。

### 3. 上诉机构裁决

上诉机构首先指出，在审查调查机关的事实裁定时，专家组必须审查调查机关的结论是否"合理并适当"。何为"适当"将依个案事实、情况与诉请而定。在本案中，专家组应客观且深入地审查美商务部是否做出了充分的解释，以证明其使用的事实能够合理替代缺失的必要信息。专家组必须就中方挑战美商务部使用可获得"不利"事实的每一处情形进行逐一审查并认定是否违反《补贴协定》第 12.7 条。但专家组仅宣称美商务部的可获得"不利"事实认定是在多种不同的事实情形中做出的，并未进行逐个审查。因此，上诉机构认定专家组违反了 DSU 第 11 条。

但是，上诉机构指出，中方挑战的美方使用可获得"不利"事实的情形全部涉及美商务部公共机构、外部基准、专向性和出口限制的裁定。上述裁定已被认定违反了《补贴协定》的有关条款，据此，上诉机构不需完成"可获得事实"问题的法律分析。

## （四）关于专家组职权范围

美方对专家组先期裁决提出上诉，继续主张中方关于"可获得事实"的诉请不在专家组审理范围内。

### 1. 美方主张

美方主张，专家组认定中方的设立专家组请求中关于"可获得事实"的诉请不违反 DSU 第 6.2 条是错误的。美国认为，设立专家组请求未将《补贴协定》第 12.7 条中的"可获得事实"相关义务与被诉的反补贴调查"明确联系"起来。

首先，美方认为，被诉的反补贴调查中数百次使用了可获得事实，中方并未挑战"每一处"使用可获得事实的情形，而只是挑战了其中的一小部分。美方从设立专家组请求中无法了解中方挑战的具体情形。

其次，美方认为，《补贴协定》第12.7条包含多方面的义务，调查机关可以从多个方面违反该条款。中方未指明其主张美方具体违反了第12.7条包含的哪项义务。

### 2. 中方主张

中方提出，在其挑战的每一起被诉裁定的问题和《决定备忘录》或《联邦纪事》中均有专门的"可获得事实与不利推定的适用"一节，其中详细描述了美商务部使用可获得事实的情形。经审查该等备忘录或联邦纪事，专家组正确地认定美商务部使用可获得事实的情形是"可以查明"的。同时，起诉方有权缩小其主张的范围。中方在专家组程序中将挑战对象限制在48处美商务部使用可获得不利事实的情形不影响设立专家组请求的有效性。

此外，《补贴协定》第12.7条规定的调查机关可以使用可获得事实的情形相对有限，中方在设立专家组请求已经指明了其诉请依据。

### 3. 上诉机构裁决

上诉机构首先指出，双方对专家组关于中方的设立专家组请求指明了被诉具体措施的认定并无争议，关键问题在于该请求是否提供了"一份足以明确陈述问题的起诉的法律根据概要"。

首先，上诉机构认为中方的设立专家组请求已写明了其挑战"利用可获得的事实"的每个情形。中方后来缩小了诉请范围并不影响设立专家组请求是否符合DSU第6.2条的要求。

其次，虽然《补贴协定》第12.7条允许调查机关在不同情形下使用可获得事实，被调查机关也可能从不同方面违反该条的义务，但该条包含的义务却是单一的。

最后，上诉机构指出，DSU第6.2条不要求设立专家组请求包含证明其诉请的抗辩意见，要求中方在设立专家组请求中进一步提供关于第12.7条项下诉请的详细阐述将超出 DSU 第 6.2 条的要求。据此，上诉机构维持了专家组的先期裁决。

## 五、案件的启示与评价

本案是中方起诉的世贸争端解决案件中涉案措施和诉请最多的案件之一，起诉了 17 项反补贴措施，1 项"公共机构推定"的法律之诉（as such），包括反补贴调查立案、公共机构、补贴利益、专向性、区域专向性、出口限制补贴项目立案、可获得事实 7 项诉请，涵盖了反补贴措施的方方面面。经过了近 3 年的诉讼，中方赢得了"公共机构推定"法律之诉和 15 项反补贴措施的适用之诉（as applied），除反补贴调查立案之外的所有诉请均获得专家组或上诉机构的支持，可谓是一场全面的胜利。

### （一）在规则上进一步遏制了美方对反补贴措施的滥用

本案成功挑战了美对中国产品反补贴调查中三个自行臆造的补贴项目，所谓"低价提供原材料补贴"项目、"低价提供土地使用权补贴"项目和"出口限制补贴"项目，澄清了补贴构成要件的标准，进一步压缩了美方滥用反补贴措施的空间。

#### 1. 关于所谓"低价提供原材料补贴"项目

专家组和上诉机构裁决美方对于补贴的三个要件公共机构、补贴利益和专向性的认定均违反世贸规则，全面动摇了美认定所谓"低价提供原材料补贴"的法律基础。中方除了巩固了在 DS379 案中关于公共机构认定的胜利成果，更重要的是促使上诉机构进一步加严了补贴利益外部基准的使用标准、澄清了事实专向性认定规则。

**在补贴利益基准问题上**，上诉机构虽未采纳中方提出的解释，但进一步澄清了调查机关采用外部基准的法律标准，避免了对外部基准的任意使用。根据澄清的法律标准，调查机关不得仅基于产品由政府或国有企业提供就拒绝使用国内市场价格，必须基于肯定性证据认定被调查国政府自身或通过相关实体施加了"市场控制力"并扭曲了市场价格,才可使用外部基准。如无证据表明市场价格遭受扭曲,调查机关不得在利益基准中自动排除与政府相关的任何价格。

在事实专向性问题上,上诉机构原则同意了中方主张,认为反补贴调查机关在分析补贴是否具有事实专向性时必须界定"补贴计划"、"授予机关"及其管辖范围。上诉机构指出,"补贴计划"有别于"补贴",前者系向接受者提供补贴所依据的一项计划或一套方案。虽然上诉机构未能就"补贴计划"和"授予机关"问题完成法律分析,但进一步明确了调查机关的审查义务,为中方在日后的执行之诉中对所谓"低价提供原材料项目"的专向性发起新挑战提供了路径与方向。

### 2. 关于所谓"低价提供土地使用权补贴"项目

中方有效地维护了 DS379 案中的区域专向性认定标准,进一步明确区域专向性必须证明该补贴仅限于一个指定地理区域内的某些企业才能获得。美方仅凭涉案土地位于某工业园区或经济开发区内即认定区域专向性的做法被认定违规。这一裁决大大增加了美方认定所谓"低价提供土地使用权补贴"项目的难度。后续的裁决执行程序也证明,只要提供了园区内外土地价格无价差的证据,美方就无法再维持"低价提供土地使用权补贴"项目认定。可以说,经此一战,"低价提供土地使用权补贴"项目摇摇欲坠。

### 3. 关于所谓"出口限制补贴"项目

本案裁决给予所谓"出口限制补贴"项目毁灭性打击。中方直击其立案基础,专家组直接裁定美商务部就出口限制措施发起反补贴调查的做法违反《补贴协定》,意味着美方不可以对出口限制措施发起反补贴调查,可谓是一个彻底的胜利。

### 4. 关于"可获得事实"

上诉机构虽然没能完成法律分析,但明确了使用"可获得事实"的标准,强调调查机关使用可获得事实的唯一目的是填补缺失的必要信息以做出准确裁定而不是惩罚被调查企业。这一裁决实质上否定了美方做法,也进一步限制了美方滥用"可获得不利事实"推高反补贴税率的空间。

### （二）胜利中的隐忧

从本案裁决结果看，美方 15 项措施被认定违反世贸规则，中方重要诉请均获得支持，中方无疑取得了全面性的胜利。但从裁决的具体内容看，特别是结合美反补贴调查实践，这场大胜中暗含着隐忧。

**一是关于公共机构的裁决。**中方在 DS379 案中就公共机构的法律标准问题取得了重大胜利，上诉机构否定了美方的控制权和所有权说，采纳中方观点，认定公共机构为被授予或行使政府职能的实体，但其提出的"有意义的控制"[1]这一含义模糊的概念，也给了美方歪曲解释公共机构法律标准的可乘之机。在本案的诉讼中，美方将公共机构解释为"被政府控制的实体，且政府可以将该实体的资源视为自身资源而随意使用"，意在将中国所有的国有企业纳入公共机构范畴。由于美商务部在涉案调查中并未遵循其所称的法律标准，专家组在裁决中表示，"即使认定该解释与上诉机构所依据的'有意义的控制'这一概念相一致，也不能以此为根据而认定美商务部在本次争端涉及的 12 项反补贴调查中所做的公共机构裁定与上诉机构对'公共机构'一词的解释一致。"[2]这一论述前半句明显流露出专家组对美方解释的支持，给美方继续曲解规则留下了空间。果然，美方在裁决执行中借"有意义的控制"仍然将国有企业认定为公共机构，关于这一问题中美双方在执行之诉中继续展开了激烈的法律论辩( 详见本书"中美补贴规则博弈之续" )。

**二是上诉机构对于裁定反补贴措施是否合规更倾向于个案审查，而不是设定明确的法律标准。**上诉机构在加严反补贴纪律的同时，引入了部分弹性较大的概念和表述。如在补贴利益基准问题上，上诉机构指出调查机关可以通过考察市场结构、市场中各类主体的定价行为以及竞争条件，以认定政府是否自身

---

① 中国诉美国反倾销反补贴措施案（DS379）上诉机构报告，第 318 段，"我们认为，政府正在对某一实体及其行为进行有意义控制的证据，可能在某些情况下能够证明相关实体拥有政府授权并行使政府职能"。
② 中国诉美国反补贴措施案（DS437）专家组报告，第 7.74 段。

或通过政府相关实体施加了"市场控制力"以扭曲国内价格。"市场控制力"、"竞争条件"等概念如何界定和适用存在一定的不确定性，调查机关需要对市场进行何种分析方可满足上诉机构确立的法律标准，尚不明确。在补贴专向性问题上，上诉机构虽然界定了"补贴计划"，但仍强调对于事实专向性的认定要基于个案事实。可以看出，对于贸易救济调查，上诉机构不倾向给予明确易于判断的、放之四海而皆准的标准，而是通过施加给调查机关更多的解释和说理义务，结合个案事实判断是否合规。这意味着无论是在应对调查机关的调查，还是世贸诉讼之中，事实和证据将更加重要。

### （三）企业通过诉讼切实受益

裁决生效后，美方启动国内再调查程序（即129执行程序）。中国商务部会同有关商会企业，积极参与129执行程序，提交了上千页的中国政府答卷及相关证据材料。

经中方积极参与，美商务部在镁碳砖和无缝钢管两项再调查中，撤销了所谓"出口限制补贴"项目的指控，镁碳砖企业反补贴税率统一下调21个百分点，其中一家强制应诉企业和所有其他企业反补贴税率降低至3%；中国无缝钢管企业反补贴税率下调2至7个百分点。同时，美商务部在圆形焊接碳钢管线管、油井管和无缝钢管三项再调查中，裁定政府提供土地使用权补贴项目不再具有专向性，并因此下调相关企业反补贴税率2个百分点。世贸诉讼给企业带来了切实利益。

当然，本案不是中美之间关于补贴争议的终曲，只是一个重要的驿站。在执行之诉中，中美之间补贴争议的十年较量迎来了新的战役，本书的"中美补贴规则博弈之续"对此有更为详尽的介绍。

**附件**

## 中国诉美国反补贴措施案（DS437）大事记

2012 年 5 月 25 日，中国向美国提出磋商请求。

2012 年 6 月 25 日，中美双方磋商。

2012 年 7 月 18 日，中美双方再次磋商。

2012 年 8 月 20 日，中方提出设立专家组请求。

2012 年 9 月 28 日，专家组设立。

2012 年 11 月 26 日，专家组组成。

2012 年 12 月 14 日，美方提出先期裁决请求。

2013 年 1 月 11 日，中方回应先期裁决请求。

2013 年 1 月 15 日，美方评论。

2013 年 1 月 17 日，中方评论。

2013 年 2 月 8 日，专家组做出先期裁决。

2013 年 2 月 15 日，中方提交第一次书面陈述。

2013 年 3 月 15 日，美方提交第一次书面陈述。

2013 年 4 月 30 日—5 月 1 日，专家组第一次听证会和第三方会议。

2013 年 5 月 31 日，中美双方提交第二次书面陈述。

2013 年 7 月 23—24 日，专家组第二次听证会。

2014 年 2 月 28 日，专家组向中美双方提交中期报告。

2014 年 5 月 9 日，专家组向中美双方提交最终报告。

2014 年 7 月 14 日，专家组报告正式散发。

2014 年 8 月 22 日，中方提出上诉。

2014 年 8 月 27 日，中方提出交叉上诉。

2014 年 9 月 9 日，中美双方提交被上诉方书面陈述。

2014 年 9 月 15 日，第三方提交书面陈述。

2014 年 10 月 16—17 日，上诉听证会在日内瓦举行。

2014 年 12 月 18 日，上诉机构报告正式散发。

2015 年 1 月 16 日，争端解决机构会议通过专家组和上诉机构报告。

2015 年 6 月 26 日，中方请求进行合理执行期仲裁。

2015 年 9 月 9 日，合理执行期仲裁听证会。

2015 年 10 月 9 日，合理执行期仲裁裁决发布。

校稿：蒋成华、于宁

# 中美补贴规则博弈之续

## —— 中国诉美国反补贴措施案（DS437）执行之诉评析

杨骁燕

2016 年 4 月 29 日，中国向世贸组织起诉了中国诉美国反补贴措施案（DS437）执行措施，正式启动该案执行之诉程序。该案是继中国诉美国反倾销反补贴措施案（DS379）和中国诉美国反补贴措施案（DS437）原审之后，中美在公共机构等补贴规则问题上的再次交锋，备受各方关注。

## 一、案件背景和诉讼程序

### （一）案件背景

自 2006 年美国对中国铜版纸启动第一起反补贴调查起，反补贴措施在此后十余年里逐渐成为美国频繁动用以限制中国产品正常对美出口的主要法律手段之一。

### 1. 原审裁决

为遏制美国对中国产品滥用反补贴措施的势头，积极改善出口环境，维护企业贸易利益，2012 年 5 月，中方将美对油井管等产品实施的 17 项反补贴措施诉至世贸组织争端解决机制，涉及年出口金额达 70 亿美元。经专家组和上诉机构两审，2015 年 1 月 16 日，世贸组织争端解决机构（以下简称 DSB）会议通过 DS437 案上诉机构和专家组报告，裁定美方在公共机构、补贴专向性、补贴计算外部基准等核心问题上败诉，美方 15 项反补贴措施违反世贸组织规则，要求美方纠正其违规措施。经世贸组织仲裁员裁定，DS437 案合理执行期为 14 个月零 16 天，到期日为 2016 年 4 月 1 日。

### 2. 原审裁决执行

美商务部执行 DS437 案裁决的工作一直进展缓慢。DSB 通过 DS437 案专家组和上诉机构报告近三个半月之后，美商务部才于 2015 年 4 月 27 日根据美《乌拉圭回合协定法案（URAA）》第 129 节启动执行裁决的再调查程序（以下简称 129 执行程序）。在 2015 年 5 月 1 日至 7 月 22 日期间，美商务部发出调查问卷，直至 2016 年 2 月 23 日，美商务部才开始发布一系列初裁。截至 2016 年 4 月 1 日合理执行期届满时，美方仅就低克重热敏纸等 8 项反补贴再调查发布终裁，并且以工作量大为由对其他 7 项调查仅发布初裁，直到 5 月 19 日才完成剩余调查的终裁发布。

中国商务部会同有关商会企业，积极参与 129 执行程序，提交了上千页的中国政府答卷及相关证据材料。

由于中方的积极参与，美商务部在镁碳砖和无缝钢管两项再调查初裁中，撤销了对所谓"出口限制补贴"项目的指控，中国镁碳砖企业反补贴税率统一下调 21 个百分点，其中一家强制应诉企业和所有其他企业反补贴税率降低至 3%；中国无缝钢管企业反补贴税率下调 2 至 7 个百分点。同时，美商务部在圆形焊接碳钢管线管、油井管和无缝钢管三项再调查初裁中，裁定所谓"低价提供土地使用权补贴"项目不再具有专向性，并因此下调相关企业反补贴税率 2 个百分点。但是，美方在所谓"低价提供原材料补贴"项目的 129 执行程序中，针对公共机构、外部基准、补贴专向性等问题仍然维持原有裁决，并对涉案产品继续维持反补贴措施。

### 3. 执行之诉启动

美方拒不履行世贸组织仲裁员作出的具有约束力的合理执行期裁决，逾期未完成裁决执行工作，明显违反世贸组织《关于争端解决规则与程序的谅解》（以下简称 DSU）相关条款，严重破坏多边规则的严肃性和有效性，进一步损害中方在世贸争端解决机制下的程序权利和实体权利。与此同时，中方对 2016 年 4 月 1 日前美方已公布的 7 项再调查初裁和 8 项终裁裁决进行了初步评估，认为仍然存在诸多违反世贸规则和 DS437 裁决之处。

根据 DSU 第 21.5 条，如争端方在"是否存在为遵守协议和裁决所采取的措施或此类措施是否与适用协定一致"问题上存在分歧，任一方可以启动争端解决程序（执行之诉），并由世贸组织专家组和上诉机构继续进行审理和裁决。执行之诉是世贸争端解决程序的重要一环，是胜诉一方确保裁决被有效执行和最终获得对败诉一方的贸易报复授权的有力手段。

根据 DSU 第 22.6 条，争端胜诉方应在合理执行期届满后 30 日内请求报复授权。由于 DSU 没有规定第 21.5 条和第 22.6 条的适用顺序，世贸成员通常实践是争端方签订顺序协议，规定起诉方应先依据 DSU 第 21.5 条提起执行之诉再请求授权报复，同时，被诉方承诺起诉方的贸易报复权不因启动执行之诉而丧失。在本案中，中美双方延续了以往实践，于 2016 年 4 月 15 日签订了关于 DSU 第 21 条和第 22 条程序的协议（顺序协议）①。

2016 年 4 月 29 日，中方就 DS437 案的执行措施，提出与美方在世贸组织争端解决机制下进行磋商，正式启动该案执行之诉程序。

---

① 顺序协议规定中方应先依据 DSU 第 21.5 条启动执行之诉，如美方执行措施仍被认定为违反世贸规则，中方可以依据 DSU 第 22.6 条请求贸易报复授权，同时，美方不得质疑中方请求贸易报复授权的权利。

### （二）诉讼进程

#### 1. 磋商阶段

2016 年 5 月 19 日，中美双方通过视频会议方式举行磋商。中方对美方未在执行期限内完成裁决执行工作感到遗憾。中方认为，美方未对其在世贸组织协定项下承担的执行义务予以足够重视，未本着迅速解决争端的精神积极、负责地开展执行工作，这导致其未能如期执行裁决。即便在美方已采取的执行措施中，仍存在诸多违反世贸组织规则之处。美方回应称，美商务部在执行中须遵守诸多复杂的国内程序，同时须征求多个部门意见，其并未故意拖延程序，一直密集地开展执行工作。双方未能通过磋商解决争端。

#### 2. 专家组阶段

2016 年 7 月 8 日，中方提出设立专家组请求。应中方请求，2016 年 10 月 5 日，世贸组织总干事阿泽维多指定执行之诉专家组成员，专家组组成。澳大利亚、加拿大、欧盟、日本、韩国、印度、俄罗斯和越南声明作为本案第三方。2017 年 11 月 3 日，执行专家组向当事方提交了中期报告。12 月 15 日，执行专家组向当事方提交了专家组报告。2018 年 3 月 21 日，WTO 散发执行专家组报告。

#### 3. 上诉阶段

2018 年 4 月 27 日，美方提出上诉；5 月 2 日，中方提出交叉上诉。本案由上诉机构成员托马斯·R. 格雷厄姆（Thomas R. Graham）担任主席，乌扎尔·巴蒂亚（Ujal Bhatia）和史瑞·瑟凡辛（Shree Servansing）担任成员进行审理。2019 年 7 月 16 日，上诉机构向 WTO 成员散发了上诉机构报告。2019 年 8 月 15 日，DSB 会议通过本案执行专家组和上诉机构报告。

## 二、涉案措施与主要法律争议

### （一）涉案措施

本案涉案措施主要包括：美商务部在 129 执行程序做出的初裁与终裁[①]；《公共机构备忘录》[②]；厨房用搁板和网架等反补贴税令的行政复审与日落复审；美方在涉案程序中课税和征收现金保证金和反补贴税的持续性行为（ongoing conduct）。

### （二）主要法律争议

#### 1. 认定公共机构是否要求实体在提供财政资助时行使政府职能

在美方对中国产品反补贴调查中，国有企业是否应被认定为公共机构一直是一个关键的法律争议。围绕认定公共机构的法律标准问题，中美双方自 DS379 案开始展开激烈的法律交锋，并且一直延续至 DS437 案原审诉讼和执行之诉中。

中方主张，在认定"公共机构"时，调查机关应当考虑有关实体在提供涉案的财政资助时是否行使了政府职能。根据这一标准，美商务部在涉案的 11 项 129 执行程序中适用了错误的公共机构标准，违反了《补贴与反补贴措施协定》（以下简称《补贴协定》）第 1.1 条（a）项（1）目。美国不同意中国提出的法律标准，认为其过于狭隘，且与公共机构认定相关的此前裁决相悖。

美方称，美商务部按照上诉机构在 DS437 案的要求，对中国法律体系下属于政府的职能和行为进行了审查，充分考虑在案证据，特别是其中显示的政

---

[①] 具体包括：环形焊接压力管、圆形焊接碳钢管线管、草地维护设备、厨房用搁板和网架、油井管、钢绞线、无缝管、铜版纸、铝挤压材、钢制高压气瓶、晶体硅光伏电池、热敏纸。

[②] 美商务部关于《对来自中华人民共和国的标准钢管、矩形钢管、复合编织袋和非公路用轮胎的反补贴税调查的第 129 节裁定：依据世贸组织上诉机构在 DS379 案的认定进行的中华人民共和国公共机构的分析》的备忘录（2012 年 5 月 18 日）（《公共机构备忘录》）。公共机构备忘录包括附随的美商务部关于《中国共产党在反补贴税调查中确定特定企业是否应被认定为"公共机构"这一特定目的的相关性》的备忘录（2012 年 5 月 18 日）（《中国共产党备忘录》，CCP 备忘录）。

府控制性因素，证明了被调查实体的核心特征及其与政府关系，从而在此基础上认定涉案原材料提供商拥有、行使或被授予政府职能并构成公共机构，以实现政府维护社会主义市场经济的职能。美方认为其公共机构认定是合理的、充分的。

**2. 在采用外部基准计算补贴利益时，如何判定被调查产品国内价格是否由市场决定**

在本案中，美方在上述"公共机构"问题认定逻辑的基础上，无视中国政府提供的关于中国市场自由竞争、市场决定价格的大量证据，推定部分涉案产品的国内价格不是由市场确定而是被严重扭曲的，从而采用中国以外的国家市场价格计算补贴幅度。

中方则主张，《补贴协定》第 14 条（d）项要求调查机关在评估政府提供货物或服务或购买货物不得视为授予利益，除非提供所得低于适当的报酬，或购买所付高于适当的报酬。报酬是否适当，应当与所涉货物或服务在提供国或购买国"现行市场情况（prevailing market conditions）"比较。该标准要求调查机关仅在被调查国家的政府决定市场价格的情况下，方能采用外部利益基准进行计算，除此之外，被调查国家政府对市场的其他干预，均应被视为现行市场情况的一部分，而不能作为调查机关采用外部利益基准计算补贴利益的依据。因此，中方认为美商务部将不存在政府干预的"纯粹"市场作为利益基准，错误地解读和适用《补贴协定》第 14 条（d）项。美方的认定缺乏证据，因此违反 DS437 案裁决和《补贴协定》第 14 条（d）项规定。

**3. 国有企业向下游企业销售原材料行为是否具有补贴专向性**

中方主张，美商务部在 129 执行程序中关于所谓"低价提供原材料补贴"项目的事实专向性认定违反了《补贴协定》第 2.1 条（c）项。理由是：美商务部在事实专向性分析中只考虑了调查期内授予补贴的单笔交易，未能根据第 2.1 条（c）项明确指出存在一项"补贴计划"；美商务部未能指出所有"补贴计划"的潜在使用者，因此不可能确定该计划是否由"有限数量的使用者"使用；美商务部也未证明补贴的持续时间。

美方认为，美商务部充分审查了各补贴计划相关信息和在案记录以确认各项目存在，且合理和充分解释了其裁定存在提供补贴并构成"补贴计划"的理由。为识别某补贴计划，美商务部认为，"重复提供原材料无需仅包含所补贴的原材料"，而且重复提供原材料是一系列系统性的措施，可以作为补贴计划的证据。

## 三、专家组裁决

### （一）公共机构问题

#### 1. 认定公共机构适用的法律标准

中方主张，在认定"公共机构"时，调查机关应当考虑有关实体在提供涉案的财政资助时是否行使了政府职能。根据这一标准，美商务部在涉案的 11 项第 129 节执行程序中适用了错误的公共机构认定标准，违反了《补贴协定》第 1.1 条（a）项（1）目。

专家组认为，双方的争议在于《补贴协定》第 1.1 条（a）项（1）目是否要求调查机关在认定某个实体是否拥有、行使或被授予政府职能时，应当证明该实体在提供特定的财政资助时正在履行某项政府职能。在涉案措施中，美商务部界定的政府职能为"维护社会主义市场经济"，中方并未挑战"维护社会主义市场经济"可属于一项政府职能。因此，专家组认为争议在于该政府职能与相关实体提供财政资助的行为之间的关系。对此，专家组指出，《补贴协定》第 1.1 条（a）项（1）目并不要求在政府职能和某项财政资助之间建立某种特定程度或性质的联系。根据上诉机构在 DS379 案和美国—碳钢案（DS213）中的裁决，政府可通过多种方式将政府职能"赋予"公共机构。各成员方对政府职能的定义也有所区别。因此，调查机关对政府职能的界定不应局限于某一种情形，而应采取具体问题具体分析的方法，整体考虑涉案实体的核心特点、与政府的关系，以及成员方国内的法律经济环境等多方面证据。

专家组同时强调，当事方就涉案实体的政府职能和涉案财政资助之间是否存在联系提出了多种可能的假设情况，这恰恰反映了调查机关在认定公共机构时面对的情况多样性，凸显了个案分析方法的重要性。此外，当事方援引上诉机构在以往判例中的公共机构认定来试图阐释相关的法律标准，但专家组认为上诉机构在过往案例中针对公共机构的认定均基于个案的在案事实，并不反映普遍适用的法律标准。如其所强调的，在认定一个实体是否属于公共机构时应当根据个案的具体情形通盘考虑所有的相关事实。

此外，专家组还认为《补贴协定》第1.1条（a）项（1）目（iv）所指的"政府指示和委托"也无法为解决本案中"公共机构"法律标准问题提供明确的指导。

基于上述理由，专家组不同意中方关于公共机构的政府职能必须和涉案的财政资助之间存在特定程度或性质的关联的主张。

### 2. 本案中公共机构的个案认定

中方主张，美商务部在涉案的11项反补贴措施[①]的129执行程序中未具体分析各案中涉案原材料及其供应企业和采购企业，以确定提供涉案原材料是否构成一项政府职能，违反了《补贴协定》。专家组从法律标准和案件证据两方面审查了中方主张：

关于法律标准，专家组认为，美商务部在认定公共机构时适用了"有意义的控制"证明标准，而非简单考察政府对于企业形式上的控制。"有意义的控制"并不要求调查机关在政府职能和财政资助之间建立联系。相反，政府建立控制的方法多种多样，调查机关应当综合考虑多重证据。对于中方提出美商务部未能解释涉案实体核心特点的主张，专家组认为，该主张的基础仍然是要求政府职能应与提供原材料的行为之间存在明确的逻辑关联，专家组不赞同这一理论基础并已作出了解释。同时，专家组认为，调查机关不一定需要以明示的方式考虑涉案实体的核心特点，美商务部关于"有意义的控制"的分析，符合其应当对涉案实体的核心特征和功能、与政府的关系以及出口国法律经济环境等因素的审查义务。鉴此，专家组未支持中方主张，裁定美商务部正确适用了"有

---

① 环形焊接压力管、圆形焊接碳钢管线管、草地维护设备、厨房用搁板和网架、油井管、钢绞线、无缝管、铜版纸、铝挤压材、钢制高压气瓶、晶体硅光伏电池。

意义的控制"标准，并在此基础上认定原材料供应企业拥有、行使或被授予了政府职能。

关于案件证据，专家组认为美商务部在公共机构裁决中考虑了两方面的信息：《公共机构备忘录》（包括所附的《中国共产党备忘录》）和中国政府提交的答卷。对于《公共机构备忘录》，专家组未支持中方的主张，即《公共机构备忘录》所含信息不能证明中国的产业政策决定了原材料供应企业的销售对象和销售价格，不能说明对涉案财政资助的"有意义控制"。专家组认为，《公共机构备忘录》列举了以下和钢铁产业及涉案原材料直接相关的信息：世界银行关于"十一五"规划评价报告钢铁产业相关内容、国资委前主任对钢铁产业的评价、产业规划钢铁产业相关部分、受政府影响的国有钢铁公司和私营钢铁公司的兼并案例、世界银行报告中描述国有企业获得大量优惠原材料供应相关部分等。专家组认为这些证据有助于说明中国政府对原材料供应企业实施"有意义控制"，与美商务部的公共机构分析密切相关。

此外，中方还主张，美商务部忽视了以下与其公共机构裁决相冲突的证据：一是《公共机构备忘录》中的产业规划不具有强制性；二是国有企业的日常运营不受政府干预；三是政府没有强制涉案原材料供应企业向下游企业销售原材料。

专家组首先讨论对调查机关结论的审查标准，认为专家组不能以自己的分析代替调查机关的结论。对调查机关结论的审查只要求美商务部在裁决中做出合理充分的解释，不要求其对案卷中的每一份证据做出回应。根据这一标准，专家组不同意中方的主张，理由如下：第一，美商务部在终裁中称其裁决依赖于《公共机构备忘录》，美商务部没有必要重复备忘录中引用的证据。第二，美商务部在129执行程序的初裁中提及了《公共机构备忘录》所引用的中国政府提供的部分证据，以证明中国政府"有意义地控制"了涉案实体。第三，美商务部在129执行程序终裁中引用证据说明国有企业是政府实现其目标的工具，以此回应了中国政府对其裁决的反对意见。

专家组还指出，虽然中方提交了国有企业的相关法律法规作为证据，但美商务部在《公共机构备忘录》中已经讨论了这些法律法规，即便中方提交的证据可能支持与美商务部相反的结论，但这不必然证明美方违反了《补贴协定》第 1.1 条（a）项，否则无异于要求专家组用自己的分析替代调查机关基于其掌握的证据作出的结论。

综上，专家组认为，美商务部的公共机构裁决正确适用了法律标准并充分考虑了相关证据，通过分析中国政府对涉案原材料供应企业"有意义的控制"，认定相关企业拥有、行使或被授予了政府职能。鉴此，专家组未支持中方主张。

### 3. 关于美商务部《公共机构备忘录》

（1）《公共机构备忘录》是否是一项专家组管辖权内的涉案措施

中方主张，《公共机构备忘录》构成一项可挑战的措施。美方主张，《公共机构备忘录》仅列出了针对特定证据做出的裁决，而未创设一项为美商务部采纳或适用的标准，因此不属于一项"措施"。

专家组认为，此问题更多涉及专家组的管辖范围和中方针对措施"本身"诉请的实质内容，而与《公共机构备忘录》是否落入"措施"的定义无关。专家组指出，"涉案措施"在 WTO 争端解决中具有广泛的内涵，因此"公共机构备忘录"也包括在内，未支持美方主张。

关于《公共机构备忘录》是否在执行专家组的管辖范围内，专家组支持中方观点，认为《公共机构备忘录》是美方为执行 DS437 案原审裁决启动的 129 执行程序的组成部分，在性质、标的、法律效果方面均与 DS437 案原审的裁决和执行措施有着紧密联系，因此落入专家组的管辖范围。专家组还驳回了美方抗辩，认为在执行阶段首次挑战《公共机构备忘录》不会导致中方绕开争端解决程序。鉴于《公共机构备忘录》本不属于 DS437 原审涉及的反补贴调查，而是在执行阶段才成为 129 执行程序的一部分，因此中方不可能在原审挑战该措施。综上，专家组认为《公共机构备忘录》是专家组管辖权内的一项涉案措施。

（2）《公共机构备忘录》"本身"（as such）是否违反了《补贴协定》第 1.1 条（a）项（1）目

**关于《公共机构备忘录》是否构成一项普遍和前瞻适用的措施，** 专家组认为《公共机构备忘录》在实践中被广泛适用于美对自中国进口产品的反补贴调查，足以证明适用的普遍性，美商务部在 129 执行程序中依靠本备忘录做出结论便说明了这一点。专家组还认为，《公共机构备忘录》原文称其对公共机构的分析具有"系统性"，与美商务部多次将该备忘录作为其他反补贴调查基础是一致的。美方也承认，《公共机构备忘录》和《中国共产党备忘录》包含了对中国政治经济体系的分析，在其他涉及中国原材料供应企业是否属于公共机构的反补贴调查中同样适用。专家组还指出，作为起诉方，中方无需证明涉案措施在未来所有情形下均会适用。综上，专家组认为《公共机构备忘录》影响了不确定数量的市场实体，且可被用于未来的公共机构裁决中，因此构成一项普遍和前瞻适用的措施。

关于《公共机构备忘录》是否违反《补贴协定》第 1.1 条（a）项（1）目，专家组认为，中方针对《公共机构备忘录》"本身"的诉请和其之前针对该措施"适用"的诉请内容一致，均基于美商务部未能考虑政府职能和涉案措施间的联系这一观点。鉴于专家组对中方关于适用的具体诉请已做裁决，专家组裁定中方未能证明"公共机构备忘录""本身"违反《补贴协定》第 1.1 条（a）项（1）目。

### （二）关于利益基准的认定

#### 1. 认定利益基准应适用的法律标准

中方主张，《补贴协定》第 14 条（d）项要求调查机关在确定报酬是否适当时应与"现行市场情况"比较。该标准要求调查机关仅在政府决定市场价格的情况下采用外部利益基准，政府对市场的其他干预均应视为现行市场情况的一部分。美商务部在晶体硅光伏、环形焊接压力管、圆形焊接碳钢管线管和油井管四项产品的 129 执行程序中将不存在政府干预的"纯粹"市场作为利益基准，违反第 14 条（d）项。

专家组认为，《补贴协定》第 14 条（d）项要求调查机关采用市场决定的价格作为利益基准。尽管该条款不要求存在没有政府干预的"纯粹"市场，但政府干预不应影响到市场价格。专家组认为，中方将导致外部基准适用的政府干预行为限定为政府决定市场价格的理解过于极端。理由如下：首先，根据上诉机构在 DS213 案中的裁决，除政府干预导致市场价格扭曲之外，还存在其他可适用外部基准的情形，专家组认为这些情形不仅限于政府在法律上或事实上决定市场价格的情况。其次，中方试图援引过往案例证明政府决定市场价格是适用外部利益基准的唯一情形，但专家组认为这些案例的事实并不涉及政府对市场广义上的干预，与本案情况存在差异；且上诉机构在这些案例中提及外部利益基准的原因在于政府干预扭曲市场，而非政府决定价格本身，这恰好支持了美方的观点。最后，专家组指出，由政府干预导致的价格扭曲和政府作为唯一或主导的供应商决定市场价格属于相似的情形，两者均会影响调查机关将财政资助与市场基准比较。专家组还注意到中方关于美商务部将不存在政府扭曲的"纯粹"市场作为利益基准的观点，但同意美方抗辩意见，认为美商务部不需要明确政府干预导致价格扭曲的普遍临界点，而是可以基于事实进行个案分析。专家组认为，对于美商务部具体裁决而言，"政府干预行为能够扭曲市场的假设临界点"都不是一个必要因素，甚至是不相关的因素。

综上，专家组驳回了中方的主张，认为《补贴协定》第 14 条（d）项允许调查机关在政府干预导致市场价格扭曲的情况下适用外部价格基准。鉴此，专家组裁定，美商务部适用了正确的法律标准。

### 2. 采用外部利益基准的证据

美商务部在 129 执行程序中撰写了《利益基准备忘录》和《支持性利益基准备忘录》，并将其置于案卷中，证明由于中国市场的原材料价格受到政府干预的扭曲，因此不能作为利益基准。具体而言，在《利益基准备忘录》中，美商务部指出，首先，中国国有企业并非纯粹追求市场利益的实体，而是政府干预经济的工具，通过钢铁行业的支配地位扭曲了市场价格；其次，中国钢铁行业还存在大量过剩供给和政府干预。这些干预措施导致私营企业必须跟随国有企业设定的价格，从而导致价格扭曲。在《支持性利益基准备忘录》中，美商务部认为，由于中国政府在晶体硅光伏的 129 执行程序中未能合作提供任何信息，而在其他 3 项调查中提交的信息不全面，因此采用可获得事实推定，对于晶体硅光伏调查适用原始调查中的在案事实和《利益基准备忘录》，对于其他 3 项调查也适用《利益基准备忘录》中的结论，最终裁定在全部 4 项调查中中国国内市场价格均不能作为利益基准的结论。

**关于美商务部的事实认定是否支持其"中国国内价格非市场确定"的结论，**中方主张，美商务部未能证明备忘录中列举的各项政府干预和原材料市场价格之间存在"经济上的联系"，特别是未能解释《利益基准备忘录》中描述的国有企业定价方式如何影响私营企业的原材料价格。专家组认为，《补贴协定》第 14 条（d）项并不禁止调查机关在更为宽广的范围内考虑国内价格是否适合作为利益基准，调查机关对原材料市场的分析可在不同层面进行，但必须基于个案中的证据，合理充分地解释涉案产品价格如何受到政府干预影响。国内经济中普遍存在的政府干预本身不足以作为采用外部利益基准的基础，调查机关必须解释政府干预如何扭曲了涉案原材料的价格。

经审查，专家组认为美商务部否定了解释中国政府干预行为如何扭曲涉案原材料价格的必要性，仅列出所谓的政府干预行为，并在此基础上直接排除使用中国国内原材料价格作为利益基准。鉴此，专家组认为美商务部在 4 项涉案措施中未能解释政府对市场的干预如何扭曲了原材料的价格。

**关于美商务部是否忽略了原材料国内价格的有关证据，**中方主张，美商务部在调查问卷中未要求中国政府提供国内价格的相关证据，也未考虑中国政府在环形焊接压力管、圆形焊接碳钢管线管和油井管三项调查中主动提交的中国国内涉案原材料价格信息。

中方在 129 执行程序中提交了三类国内价格信息：由中国政府提供的《中国钢铁市场价格研究报告》、应诉企业购买原材料的价格数据，以及钢铁月平均市场价格。美商务部基于三点理由认为这些信息未反映原材料在国内市场上的公平价格：一是，这些信息均未区别国有企业和私营企业的原材料价格；二是，应诉企业购买原材料的相关数据不具有代表性；三是，中国政府未能提供原材料的消费总量数据。

专家组首先声明，其将采取客观的审查标准，考虑调查机关是否基于在案证据做出了合理客观结论。基于这一标准，专家组同意美商务部提出的第二点理由，即在应诉企业的购买数量远远小于中国国内钢铁总产量时，相关数据不具有代表性，并认为美商务部无法强制原材料供应企业提供更多的信息。但专家组认为美商务部的利益基准裁决仍然存在以下两方面问题：一是，即使未对国有企业和私营企业进行区分，相关的价格信息也可能与利益基准分析相关，但美商务部没有考虑这一可能，而是直接拒绝了中国国内价格信息；二是，美商务部在做出利益基准裁定时没有提及中国政府提供的市场价格数据，也没有审查这些价格如何未能反映《补贴协定》第 14 条（d）项下的"现行市场情况"。因此，专家组支持中方的主张，认为美商务部在环形焊接压力管、圆形焊接碳钢管线管和油井管 3 项调查中未能适当地解释拒绝中国国内价格证据的原因。

基于以上分析，专家组认定，美商务部在晶体硅光伏、环形焊接压力管、圆形焊接碳钢管线管和油井管 4 项涉案措施中关于中国国内不存在市场决定的、可以作为利益基准计算原材料价格的结论，违反了《补贴协定》第 1.1 条（b）项和第 14 条（d）项。

### （三）专向性认定

#### 1. 事实专向性认定的法律标准

中方主张，美商务部在涉案 11 项产品 129 执行程序中的事实专向性认定违反了《补贴协定》第 2.1 条（c）项，因为美商务部在事实专向性分析中只考虑了调查期内授予补贴的单笔交易，未能根据第 2.1 条（c）项指出一项"补贴计划"；美商务部未能指出所有"补贴计划"的潜在使用者，因此不可能确定该计划是否由"有限数量的使用者"使用；美商务部基于中国国有企业从第一个五年计划起生产原材料即认定补贴计划并非"仅在一段时间内实施"，但这只证明了国有企业销售原材料是从第一个五年计划开始，而未证明补贴的持续时间。

专家组认为，专向性分析的前提是存在一项符合《补贴协定》第 1.1 条定义的补贴，因此专向性分析与认定补贴是否存在的要求应当有所区别，专向性分析关注的是对获取一项补贴的限制。调查机关在根据《补贴协定》第 2.1 条（c）

项分析补贴是否存在专向性时，应当考虑一项补贴计划是否被有限数量的特定企业所使用，以及该补贴计划已经运行的时长。补贴的事实专向性分析提到了"补贴计划"，不仅需关注一项补贴是否向特定接受者提供，还需关注所有有资格接受该补贴的企业或产业。调查机关应考虑补贴是否按照一项计划或者方案向接受者提供，该问题可以通过向特定企业授予利益的财政资助的系统性系列行为来证明。

专家组认为双方的首要分歧在于，为了认定一项"补贴计划"，调查机关是否应认定存在一系列授予补贴的系统性行为，还是仅认定存在一系列授予财政资助的系统性行为即可。专家组认为，认定存在一项"补贴计划"是《补贴协定》第2.1条（c）项下事实专向性分析的一部分，应当在更宽的分析框架下进行。特别是，审查是否存在使用一项补贴的计划或方案时，可能要考察该计划或方案在一段时间内的运作，该时间段应比反补贴调查期要更长。鉴此，专家组认为调查机关在认定"补贴计划"时必须通过"适当的证据"证明存在授予补贴的计划，而不仅仅是授予财政资助的计划。

专家组认为双方的另一分歧在于调查机关是否必须确定补贴计划的总运行时间。对此，专家组认为对于《补贴协定》第2.1条（c）项下考虑补贴运行时间的要求应当结合专向性分析的性质和目的来考虑。第2.1条（c）项要求调查机关考虑"已经实施补贴计划的时间"，目的在于排除运行时间有限导致该补贴计划使用者数量有限的情况。在某些情况下，调查机关可能要考虑调查期之外的补贴发放的情况来满足这一要求。但在某些情况下，调查机关无需确定补贴计划的总运行时间就可以证明，补贴计划被有限数量的特定企业使用并非因为该补贴计划的运行时间较短。专家组还注意到，在事实专向性的分析中，由于补贴计划的参与资格在相关法规中未直接规定，调查机关很可能难以证明补贴计划的总运行时间。因此，调查机关在分析事实专向性时应有一定程度的灵活性。综上，专家组认为调查机关在根据《补贴协定》第2.1条（c）项认定事实专向性时必须证明存在一系列授予补贴的系统性行为，但无需确定补贴计划的总运行时间。

**2. 关于美方认定所谓"低价提供原材料补贴"项目事实专向性的证据**

中方主张，美商务部在认定存在一项"补贴计划"时仅依赖了调查期内被认定为补贴的各项原材料交易，但未能证明这些交易构成一系列授予补贴的系统性行为。

专家组认为，关键问题在于：美商务部所依据的证据是否能够支持其结论，即有一系列系统性的行为能够证明存在一项发放补贴的计划或方案。对此，专家组认为美商务部未能解释为何案卷中关于原材料供应商和购买者之间数次交易的证据表明了授予补贴的行为具有系统性，因此认定美商务部在其事实专向性分析中未能合理适当地解释其如何认定存在一项补贴计划。专家组进一步注意到，美商务部在调查问卷中要求中国政府提供"四年间计划使用者的数量"和"三年间根据计划提供的原材料数量"，但其事实专向性的分析却不是基于上述证据作出的，而且也未依据中国生产者提供原材料的时长来认定补贴计划。专家组认为美商务部对证据的审查应当限定在其据此裁定的证据范围内。此外，专家组还注意到美国在本次执行专家组程序中提到"50 年间系统性提供原材料"、"常规的、精心计划的系列行动"等，但美商务部在其裁定中未作解释且其嗣后解释也不能被用于支持美商务部的原裁定。

综上，专家组认定美商务部在 11 项措施中，由于未能恰当地解释其关于存在补贴计划的认定，事实专向性的认定违反了《补贴协定》第 2.1 条（c）项。

**3. 关于所谓"低价提供土地使用权补贴"项目的区域专向性认定**

关于区域专向性的法律标准，中方主张，美商务部在热敏纸调查的区域专向性分析中适用了错误的法律标准，考虑相关工业园区是否存在"有区别的土地制度"，违反《补贴协定》第 2.2 条。中方主张，美商务部应当考虑的是有关所谓土地使用权补贴所授予的利益是否仅限于在相应的开发区内，而不应考察开发区内的其他优惠政策是否使其构成一个"有区别的土地制度"。

专家组认为，根据原审专家组的裁决，调查机关在分析区域专向性时应考虑园区内的土地供应制度是否"区别于"园区之外，而园区内供应土地与园区外相比在规则或者定价等方面有所区别且更加优惠的话，则可以证明区域专向性。据此，专家组认为美商务部向中国政府询问的问题并非与区域专向性问题无关。专家组指出，美商务部询问有关园区内的优惠政策和激励措施，以及这些政策和措施是否能够由园区外的企业享受，正是为了了解园区内供地的条件是否与园区外有所区别且更加优惠。因此，专家组认为美商务部在涉案的129执行程序中适用的法律标准并不违反《补贴协定》第2.2条。

中方还主张，美商务部在区域专向性裁决中错误地评估了案卷中的证据，美商务部所依据的事实证据不能支持其关于所谓土地使用权补贴具有区域专向性的结论。

专家组认为其对中方主张的分析受到利害关系方未配合提交信息这一事实的影响，专家组不能"重新审查"案卷中的证据，也不能以自己的结论替代调查机关的结论，只能审查调查机关是否对所有相关在案证据进行了客观中立的审查。专家组注意到热敏纸调查的案卷材料中有两份原调查期间提交的土地估价报告，一份针对园区内的涉案土地，一份针对园区外的土地。专家组认为，美商务部基于核查报告等说明了为何两份估价报告无法比较，且在129执行程序中，美商务部依赖涉案土地估价报告中"优惠政策"的表述，采用可获得事实推定存在区域专向性，这是在利害关系方未提交完整答卷的情况下得出的合理结论。

综上，专家组驳回了中方关于美商务部区域专向性认定违反《补贴协定》第2.2条的主张。

### （四）关于嗣后行政复审和日落复审是否属于专家组的职权范围

中方主张，美商务部复审措施在性质、法律标准和效果上与美国所称执行措施以及争端解决机构的裁决之间具有密切联系，因此属于专家组的管辖范围。

在时间方面，专家组认为，一项措施的时间不是其是否属于专家组管辖范围的决定因素。即便是在争端解决机构作出决定前进行的复审，也不必然排除在执行措施范围之外，在执行专家组成立后作出的措施也可能落入管辖范围。

在性质方面，专家组认为，美商务部的复审措施和其宣称的执行措施不仅涉及完全相同的国别和产品，而且采用了同样的法律标准，并且在同一项行政命令下做出，足以证明两者间的紧密联系。

在效果方面，专家组认为行政复审影响了原裁定中征收的反补贴税和现金保证金，并取代了执行措施的效力；日落复审中补贴继续产生损害的裁决也与原调查或行政复审的裁决紧密相连。

综上，专家组认为中方挑战的行政复审和日落复审措施与争端解决机构裁决及美方执行措施之间均存在紧密联系，因此属于执行专家组的管辖范围。

此外，关于美商务部在涉案反补贴调查项下持续征收、评估和收取反补贴税及现金保证金的"持续性行为"是否构成一项可诉的措施本身（as such），专家组认为，中方诉请涉及的行为构成美商务部在同一反补贴调查项下"一系列相互联系"的认定，与争端解决机构裁决具有密切联系，因此属于执行专家组的管辖范围。但是，中方未能证明这些措施体现了美商务部对错误法律标准"系统性"的适用，也未能证明这些违反《补贴协定》的情形会在未来反补贴调查中重复出现。综上，专家组认为中方挑战的这"一系列相互联系"的措施虽然存在"不变的成分"，但其中涉及的法律标准以及世贸合规性是在变化的，因此未支持中方的主张。

## 四、上诉机构裁决

上诉机构裁决主要包括以下四方面：一是涉案行政复审和日落复审属于专家组在《关于争端解决规则与程序的谅解》（"DSU"）第21.5条的职权范围；二是在公共机构问题上，维持专家组关于中方未能证明美商务部在129执行程序中的公共机构裁决和《公共机构备忘录》作为一项措施"本身"不符合《补贴协定》第1.1条（a）项（1）目的裁决；三是在利益基准问题上，维持专家组关于美方在油井管、晶体硅光伏电池板、环形焊接压力管和圆形焊接碳钢管线管129执行程序中违反《补贴协定》第1.1条（b）项和第14条（d）项的裁决；四是在原材料专向性问题上，维持专家组关于美方在环形焊接压力管、圆形焊接碳钢管线管、草地维护设备、厨房用搁板和网架、油井管、钢绞线、无缝钢管、铜版纸、铝挤压材、钢制高压气瓶和晶体硅光伏电池板 129 执行程序中违反《补贴协定》第 2.1 条（c）项的裁决。同时，一名上诉机构成员就公共机构、利益基准和原材料专向性问题出具了不同意见。

### （一）嗣后行政复审和日落复审是否属于专家组的职权范围

美方就专家组关于美商务部在 129 执行程序之外对涉案各项反补贴调查的行政复审和日落复审（统称为"嗣后复审"）属于其职权范围的裁决提出上诉。

上诉机构认为，判断一项反倾销或反补贴调查的嗣后复审是否落入专家组在 DSU 第 21.5 条执行之诉下的职权范围，应当考虑复审措施在性质、时间和效果方面与原案裁决和执行措施之间是否具有足够紧密的联系。上诉机构基于这一标准审查了专家组的分析。

**在性质方面**，上诉机构认为专家组的分析不只限于嗣后复审措施与涉案措施同属一项反补贴调查，相反，专家组认可嗣后复审与原案措施涉及相同的产品和国家不足以证明两者在性质上的紧密联系，在认定性质上的紧密联系时还应考虑嗣后复审适用了原审程序已经认定违反世贸规则的法律标准。

**在时间方面**，与美方的观点相反，上诉机构认为专家组考虑了嗣后复审措施在时间上与本案原审裁决和执行措施的联系，并将嗣后复审的时间点作为多项因素之一加以考虑。上诉机构认为，不能仅因为嗣后复审是在本案的合理执行期结束前做出的，就认定嗣后复审措施不属于专家组的职权范围。同时，以往案例也显示在合理执行期结束前采取的措施也可落入执行专家组的职权范围。

**在效果方面**，上诉机构认为专家组并不只因为嗣后复审取代了涉案调查此前的复审措施就认定其与本案存在效果上的联系，相反，专家组考虑到嗣后复审使得在原案中已被认定违反世贸规则的措施得到延续，因此有可能损害对本案原审裁决的执行。

综上，上诉机构认为专家组正确地认定了嗣后复审措施属于其在 DSU 第 21.5 条项下的职权范围，不支持美方的上诉请求。

## （二）公共机构问题

中美双方均就专家组在《补贴协定》第 1.1 条（a）项下的裁决提起了上诉。

中方主张，专家组对公共机构概念的解释存在错误，在判断某一实体是否为"公共机构"时，调查机关应确定该实体拥有、行使或被授予的政府职能和涉案的财政资助之间存在联系。在此基础上，中国要求上诉机构推翻专家组关于涉案 129 执行程序的公共机构认定和《公共机构备忘录》不违反《补贴协定》第 1.1 条（a）项的裁决。

美方主张，上诉机构应推翻专家组关于《公共机构备忘录》属于专家组在 DSU 第 21.5 条项下的职权范围且其"本身"可被作为一项措施挑战的裁决。

### 1. 中方关于认定"公共机构"法律标准的上诉

上诉机构首先讨论公共机构的法律标准，并指出：根据以往案例所确立的标准，某一实体是否构成公共机构应在个案基础上考虑多重证据确定，任何一种证据都不具有决定性。上诉机构进一步指出，认定公共机构的重点在于授予了财政资助的相关实体、该实体的核心特征，及其与政府的联系，而非涉案的具体财政资助行为。事实上，如果某一实体被认定为公共机构，则其从事的所有行为均可被归于该实体，正如某一政府部门从事的所有行为均可被归于政府一样。因此，上诉机构认为涉案财政资助与政府职能之间的联系可作为某一实体构成公共机构的证据之一，但不具有决定作用。

上诉机构也不赞同中方关于"有意义的控制"的解释，指出调查机关在认定某一实体构成公共机构时，并不需要证明该实体在授予《补贴协定》第 1.1 条（a）项（1）目（i）至（iii）所列的各项财政资助时受到了政府有意义的控制。上诉机构认为，中方所主张的法律标准更类似于根据《补贴协定》第 1.1（a）项（1）目（iv）讨论私营实体是否受到了政府的指示和委托的情形，而非对于公共机构的认定。

综上，上诉机构认为专家组对《补贴协定》第 1.1 条（a）项的法律解释不存在错误，并维持专家组关于中方未能证明涉案 129 执行程序的公共机构认定违反《补贴协定》第 1.1 条（a）项的裁决。

针对中方就专家组裁决提出的一系列附带诉请，包括美商务部错误解释了"有意义的控制"概念，仅基于政府对某一实体的所有或控制认定公共机构，以及未能考虑中国政府提供的相关证据，上诉机构认为中方的附带诉请以专家组对公共机构概念的解释存在错误为前提，因此未对这些附带诉请做出裁决。

**2. 中美双方关于《公共机构备忘录》的上诉**

（1）《公共机构备忘录》本身是否在执行之诉范围之内。

美方主张，"公共机构备忘录"本身不在执行之诉范围之内，因为《公共机构备忘录》是 DS379 案的执行措施，而非本案的执行措施；美方还认为，即便《公共机构备忘录》属于本案的执行措施，其也是本案 129 执行程序不可分割的一部分，而不是一项可被独立挑战的措施。

上诉机构不同意美方的观点，并指出判断一项措施是否落入执行专家组的审查范围的关键在于：该措施与原审裁决和执行措施之间在时间、性质和效果上是否存在紧密联系。上诉机构认为，专家组的裁决正确地适用了这一标准，专家组考虑到《公共机构备忘录》是涉案 129 执行程序公共机构裁决的一部分，和涉案裁决在主体和效果上存在紧密的联系，这些因素均显示《公共机构备忘录》和原审裁决和执行程序之间存在特别紧密的联系。

针对美方认为中方应在本案原审挑战《公共机构备忘录》的主张，上诉机构认为，尽管《公共机构备忘录》在中方提出本案原审的磋商请求之前就已作出，但其并不构成原审涉案反补贴调查的一部分，美商务部只是在本案原审执行阶段的 129 执行程序中才将《公共机构备忘录》作为其公共机构裁决的基础。因此，中方不可能在本案原审程序中挑战《公共机构备忘录》，美方观点并不成立。

综上，上诉机构维持了专家组关于《公共机构备忘录》本身落入执行专家组职责范围的结论。

（2）《公共机构备忘录》本身是否违反《补贴协定》第 1.1 条(a)项(1)目

中方要求上诉机构推翻专家组关于《公共机构备忘录》"本身"并不违反《补

贴协定》第 1.1 条（a）项（1）目的裁决。上诉机构认为，中方诉请的前提仍然是其关于《补贴协定》第 1.1 条（a）项（1）目的法律解释，即第 1.1 条（a）项（1）目要求调查机构在被认定为"公共机构"的实体所拥有、行使或被授予的政府职能和涉案的财政资助之间建立起一项联系，但上诉机构在分析"适用"诉请时已经否定了这一解释。因此，上诉机构认为没有必要就中方关于《公共机构备忘录》"本身"违反《补贴协定》第 1.1 条（a）项（1）目的诉请做出裁决，也没有必要就《公共机构备忘录》是否构成一项普遍和前瞻适用的措施及其是否实质限制了美商务部以符合《补贴协定》第 1.1 条（a）项（1）目的方式作出认定的自由裁量权的问题做出裁决。

### （三）利益基准问题

中美双方均就专家组在《补贴协定》第 1.1 条（b）项和第 14 条（d）项下的裁决提起了上诉。

#### 1. 关于中方的上诉请求

中方的上诉请求是：专家组错误地解读了《补贴协定》第 14 条（d）项，允许调查机构基于价格扭曲适用外部利益基准，而不是仅在政府有效地决定市场价格时才允许适用外部利益基准。

上诉机构指出，按照以往案例的裁决，在第 14（d）条项下确定利益基准的关键在于政府干预是否导致了"价格扭曲"，从而允许调查机关采用外部基准。相反，如果国内的原材料价格是由市场决定的，不论是私营企业或政府关联实体销售的价格，该价格就可作为利益基准。上诉机构认为，多种形式的政府干预可以导致价格扭曲，调查机关适用外部基准所需的证据可能根据个案而有所不同，但是在所有情形下，调查机关都必须依据事实证据证明并充分解释政府干预如何造成国内价格扭曲。

在此基础上，上诉机构审查中方就专家组对《补贴协定》第 1 条（b）项和第 14 条（d）项的解释提出的反对意见，未支持中方的主张。上诉机构认为，政府干预导致价格扭曲的情形不仅限于政府有效地决定市场价格的情形，其他形式的政府干预也可扭曲价格。因此，在没有证据证明价格受到直接影响的情况下，调查机关如果能就价格以何种方式受到扭曲提供充分说明，则也可以适用外部基准。同时，上诉机构认为"价格扭曲"并不能等同于政府干预对价格造成的任何影响。调查机关必须在个案中考察市场的具体特征和在案证据，以确定政府干预是否确实造成了价格扭曲。

**2. 关于美方的上诉请求**

美国的主要上诉请求是，专家组在裁定美商务部在 129 执行程序中的利益基准裁决违反《补贴协定》第 1.1 条（b）项和第 14 条（d）项时只采用了单一的分析方法，即要求调查机关定量比较"国内价格"偏离"市场决定价格"的程度，这一解释构成对第 1.1 条（b）项和第 14 条（d）项的错误解读。

上诉机构指出，调查机关必须就政府干预如何"导致"了价格扭曲提供确凿的证据和充分说理的解释，才可以根据《补贴协定》第 1.1 条（b）项和第 14 条（d）项适用外部基准。调查机关可通过定量评估、价格比较、反事实分析等多种方法证明存在价格扭曲的现象，定性分析在某些情况下也可说明价格扭曲。上诉机构还指出，无论采用何种分析方法，调查机关都必须充分考虑到申请方和被调查方所提供的替代性方法、数据和解释，并对其进行回应，确保其裁决得到在案证据和解释的支持，而不是与在案证据或解释相悖，或受其减损。

关于专家组对《补贴协定》第 1.1 条（b）项和第 14 条（d）项的适用问题，上诉机构认为，专家组在本案中应审查的问题是美商务部是否就政府干预如何导致涉案原材料价格扭曲提供了合理和充分的解释。专家组按照这一标准对美商务部的裁决进行了详细审查，并认定美商务部的解释不够合理和充分，主要原因之一在于美商务部仅考虑了有关中国国有企业决策过程和钢铁行业中存在广泛政府干预的一般证据。专家组由此认为，美商务部只是基于有关政府干预的一般证据而推定涉案原材料的市场价格存在扭曲，而未就政府干预如何导致了价格扭曲，特别是未就涉案原材料的价格发生扭曲提供合理和充分的解释。上诉机构认为，专家组的这一裁决是正确的，且专家组并未要求调查机关采用单一的分析方法，因此未支持美方主张。

上诉机构还认为，专家组正确地认定了美商务部未能充分考虑中国政府及被调查企业在环形焊接压力管、圆形焊接碳钢管线管和油井管三项调查中提交的国内价格证据。美商务部仅基于中国的钢铁行业存在广泛政府干预这一事实即拒绝考虑中国政府和被调查企业提交的国内价格信息，而未对相关证据进行进一步审查。中国政府提供的价格信息显示中国钢铁价格的变动由市场决定，专家报告中的分析进一步显示中国钢铁市场中存在广泛的私人投资，且国有企业并不具备市场支配力。上述信息都可能对美商务部的结论产生影响。因此，上诉机构认为，专家组正确地认定了美商务部未能就政府干预如何导致涉案原材料价格扭曲提供解释，并且未在考虑在案证据的基础上充分解释其拒绝国内价格的理由，专家组对《补贴协定》第1.1条（b）项和第14条（d）项的适用并不存在错误。

### （四）事实专向性问题

#### 1. 专家组是否应在执行阶段考虑"补贴计划"问题

美方主张，DS437原审专家组和上诉机构均未就美商务部是否认定存在一项"补贴计划"（subsidy programme）这一问题做出裁决，因此"补贴计划"问题不在本案执行专家组的审理范围。

上诉机构指出，在本案原审阶段，专家组裁定，美商务部在原材料专向性问题上未能充分考虑"补贴计划的持续时间"和"经济活动的多样性"，但正确认定存在一项"补贴计划"。中国仅就"美商务部正确认定存在一项补贴计划"这部分裁决提出了上诉。上诉机构最终推翻了专家组关于这一问题的裁决，但由于专家组已经另行裁决美商务部违反了《补贴协定》第2.1条（c）项，上诉机构认为没有必要完成有关"补贴计划"问题的法律分析。

上诉机构认为，关于美商务部是否正确认定存在一项"补贴计划"的问题在本案原审阶段并未得到解决，中方完全有权在执行之诉中就此问题提起诉请。上诉机构进一步指出，调查机关在第2.1条（c）项下考虑"补贴计划的持续时间"的义务本身就包括确定是否存在一项"补贴计划"。此外，美方在执行专家组

118

阶段并未反对专家组对"补贴计划"问题的管辖权，并与中方就此问题展开了充分的辩论，因此美国不能在上诉阶段指责专家组错误地将此问题纳入审理范围。综上，上诉机构认为"补贴计划"问题属于本案执行专家组管辖范围。

**2. 专家组是否正确解释和适用了《补贴协定》第 2.1 条（c）项**

美方主张，《补贴协定》第 2.1 条（c）项下的"补贴计划"在本案中仅指一系列制造和提供原材料的"系统性行为"，专家组错误地将"补贴计划"概念解读为要求存在"系统性补贴"。美方认为与补贴提供方式有关的证据可以证明存在"系统性行为"，包括美商务部裁决中有关补贴提供者为公共机构，且涉案原材料属于产业计划一部分的证据。美方主张，专家组应当将这些证据纳入考虑范围。

上诉机构认为，专家组正确地解释了"补贴计划"的概念。正如专家组在裁决中解释的，一系列"系统性行为"可以证明存在一项不成文的"补贴计划"，但是某些企业被授予了财政资助这一事实并不足以证明存在一项"补贴计划"。

上诉机构同时指出，美方错误地解读了专家组的裁决。专家组并未将补贴计划解释为"系统性的补贴"，也不要求一项补贴计划应"完全由补贴行为构成且其中每一项财政资助均构成一项补贴"。上诉机构还强调，尽管一系列提供"授予了利益的财政资助"的系统性行为可作为存在"补贴计划"的证据，但调查机关应当特别关注此类行为是否具有足够的"系统性"，从而证明补贴是基于一项"计划"或"方案"提供的。上游生产者向下游重复提供原材料的行为本身，并不能证明存在补贴计划。

美方还主张，美商务部的裁决还包括涉案原材料均由公共机构提供，且属于产业计划的一部分，与这些裁决有关的在案证据也可证明存在一系列提供原材料补贴的系统性行为。对此，上诉机构进一步指出，美商务部在其专向性裁决中并未就在案证据如何证明存在一项"补贴计划"提供充分的分析和解释，相反，美方直到案件审理阶段才提出公共机构和产业计划的相关证据，以证明存在一项"补贴计划"。上诉机构认为，美国不能试图在事后提出用以论证其裁决的新思路，专家组也不能代替美商务部用裁决其他部分的证据补足有关补贴计划的分析和解释。因此，上诉机构认为，美商务部在 129 执行程序相关事实专向性裁决中未能证明存在一项"补贴计划"，违反《补贴协定》第 2.1 条（c）项，专家组的这一裁决没有错误。

### （五）一名上诉机构成员的不同意见

在本案中，一名上诉机构成员就多数成员关于公共机构、利益基准和原材料专向性的裁决提出不同意见。

关于公共机构问题，该上诉机构成员虽然同意专家组关于中方未能证明美商务部的公共机构裁决违反《补贴协定》第 1.1 条（a）项（1）目的结论，但认为上诉机构长期以来将"公共机构"解读为"拥有、行使或被授予政府职能的实体"存在错误。该成员认为，应将"公共机构"的法律标准重述为"政府可控制该实体或其行为以提供价值"，裁定某一实体构成"公共机构"的关键在于该实体和政府之间的联系是否足够密切，以至于提供财务价值的行为可被归于政府，因此应允许调查机关在满足该标准的前提下按照个案情况自行认定公共机构。

关于利益基准问题，这位成员虽然同意允许调查机关适用外部基准的情形并不限于"政府有效地决定价格"的行为，但认为执行专家组和上诉机构多数成员错误地认定了美商务部的利益基准裁决不符合《补贴协定》第 1.1 条（b）项和第 14 条（d）项。该成员指出，美商务部在其裁决中已经详细地从多方面审查了中国政府对国有企业和国内钢铁行业的干预，从而对国内价格进行了"定性"分析。在国内价格已经由于市场干预发生了扭曲的情况下，专家组和上诉机构多数成员不应要求美商务部进一步分析中国国内价格以证明其"偏离"了一个假想的市场价格。专家组和上诉机构多数成员的做法实际上是错误地要求调查机关在所有情况下均对国内价格进行"定量"分析。

关于补贴事实专向性问题，该成员认为"补贴计划"概念存在的唯一目的是为确认补贴是否限于某些企业提供概念上的工具，在政府以提供货物的形式向部分下游企业发放补贴时，应当很容易认定存在一项"补贴计划"。该成员认为一系列"系统性活动"本身即可证明"补贴计划"的存在，调查机关不需另行证明存在一项"计划"或"方案"，也不需考虑授予"利益"的交易数量和频率。最后，该成员认为美商务部在认定公共机构和利益基准的过程中可能已经确认了补贴计划的存在，专家组的裁决排除了这一可能性。

## 五、案件的启示与评价

综上所述，本案的上诉机构基本维持了执行专家组报告的法律解释及裁决和建议，认定美方执行措施违反《补贴协定》相关规定。中方有权请求采取报复措施。这是中方在世贸组织框架下首次就美国违规实施的反补贴措施有权申请贸易报复授权，具有重大意义。中方提起本项执行之诉的主要诉讼目的基本实现。同时，本案的裁决在规则层面有以下启示：

### （一）从 DS379 到 DS437 执行之诉看公共机构法律标准演变

在美国对华反补贴调查中，国有企业是否构成公共机构一直是一个至关重要的焦点问题。中美双方在世贸组织争端解决机制下，围绕公共机构问题进行了长达十年的诉讼。世贸组织专家组和上诉机构就国有企业相关的公共机构认定标准问题，经历了从控制论、多数股权论、政府职能论，到本案中是否应当引入对实体行为性质审查的讨论，公共机构的法律标准不断得到澄清，从中也可以看出上诉机构立场微妙的变化。

在 DS379 案中，中方挑战了美商务部的公共机构认定，主张美方将国有股权占多数的国有企业直接认定为《补贴协定》第 1 条下的公共机构是错误的，因为这些中国国有企业并未被授权行使政府职能，因此不应被认定为公共机构。上诉机构裁定，"拥有、行使或被授予政府职能"是公共机构的关键特征，政府的所有权可作为证据，与其他因素共同证明授予了政府职责，但所有权本身不是决定因素。上诉机构还指出："政府对一机构行使有意义的控制（meaningful control）的证据，在某些情形下，也可作为证据证明相关机构拥有并行使了政府职能。"但政府拥有多数股权本身，并不能证明政府行使了有意义的控制，更不能证明该机构行使政府职能。据此，上诉机构支持了中方的主张，裁定美商务部关于提供原材料的国有企业是公共机构的认定违反规则。

在美国执行 DS379 裁决的过程中，美商务部在 2012 年 5 月 18 日针对如何认定特定的中国实体是否构成"公共机构"问题发布了《公共机构备忘录》。该备忘录阐述了一个实体可能被认定为"公共机构"的两种情形：一是由政府"多数控股"且适用特定政府产业计划的实体，可以被认定为公共机构；二是如果政府对一实体实施了"有意义的控制（meaningful control）"，即便政府对该实体拥有极少甚至没有形式上的所有权，该实体也可以被认定为公共机构。该备忘录还进一步指出，"有意义的控制"评估取决于一系列因素，具体包括中国共产党党员是否在该实体的董事会中占有明显多数比例，企业虽然已经改制但与政府的联系仍然存在，等等。与该备忘录相配套，为解决调查中有关政党对经济实体的控制问题，美商务部还专门发布《中国共产党备忘录》，对如何认定政党与国家的关系以及在此基础上认定经济实体为公共机构等相关问题，提供了详细的分析和指引。

在 DS437 原审阶段，由于美方在被诉措施中仍然使用的是"所有权和控制权"标准认定公共机构，专家组直接沿用 DS379 案中上诉机构确定的"公共机构"法律标准认为美方做法违反《补贴协定》，并未进一步澄清法律标准。

美方在 DS437 案的 129 执行程序中背离上诉机构确定的"公共机构需被授予和行使政府职能"的认定标准，歪曲解释上诉机构提出的"有意义的控制"与"政府职能"之间的关系，无视上诉机构作出的关于"有意义的控制"需与政府职能及企业行为有关联的澄清认定。美方依据"维护社会主义市场经济"这一所谓政府职能和"股份所有权、产业规划、党的作用"等所谓"控制"因素，刻意忽视中方提供的所有关于原材料提供企业自主经营、市场化运作的证据，继续坚持认定中国政府对各项反补贴调查涉案企业实施了"有意义的控制"，从而推定中国涉案产品的所有原材料提供企业（包括民营企业）均为"公共机构"。

在本案执行之诉中，中方尝试进一步澄清"公共机构"法律标准中"政府职能"的含义，主张调查机关在认定某一实体构成公共机构时，应当在该实体的政府职能和涉案的财政资助之间建立起具体联系。专家组重申了公共机构必须拥有、行使或被授予"政府职能"的标准，但认为调查机关所认定的政府职能不必然与涉案的财政资助间存在逻辑联系，调查机关应当根据所有相关的在案事实综合认定涉案实体是否属于公共机构。上诉机构虽然坚持"拥有、行使或被授予了政府职能"是认定"公共机构"的法律标准，但认为如果某一实体被认定为公共机构，则其从事的所有行为均可被归于该实体，即认定公共机构不需要政府职能和特定的财政资助之间建立联系。

这一裁决有其特殊的现实背景。自 2017 年起，美方借口上诉机构越权阻挠上诉机构成员遴选。上诉机构在 DS379 中的"公共机构"裁决正是美方指责上诉机构的借口之一。本案裁决时，上诉机构正值停摆边缘，其能维持既往裁决已属不易，明显已不愿继续加严对"政府职能"的解释和进一步限缩公共机构的范围。

未来在世贸组织争端解决机制下，在不改变现有《补贴协定》规定的情况下，起诉方恐需结合具体个案事实和调查机关适用的公共机构法律标准，方能提高挑战调查机关在具体反补贴调查中关于公共机构问题上的认定和裁决的成功率。

### （二）从本案看世贸组织补贴规则的未来改革

中美双方在 DS437 执行之诉中的核心法律争议，涉及当前世贸组织框架下成员在补贴规则问题上的主要关注，包括公共机构问题（含国有企业问题）、市场扭曲问题、补贴专向性问题、利益基准问题等等。中美反补贴系列争端在上述问题上的法律争议，在一定程度上也反映出《补贴协定》在补贴定义、补贴利益计算等关键条款存在一定的模糊性和不足，从而导致调查机关享有过大的自由裁量权，引发成员间争端。同时，由于多年来多哈回合谈判进展缓慢，在补贴规则方面缺乏建树，成员在反补贴、产业补贴等规则问题上分歧也日渐增多，进而导致成员间关于补贴规则理解和适用的争端数量不断上升，纷纷寻求专家组和上诉机构做出解释。

结合近年来美欧日等成员对中国国有企业、产业补贴等问题的高度关注和立场表态，从 DS437 执行之诉主要法律争议及裁决看，未来世贸组织成员在补贴规则谈判中可能会在以下方面展开交锋和博弈，中美补贴规则之争仍将继续。

**一是公共机构的法律标准。**美方从 DS379 上诉机构报告发布的第一天起就开始抨击并试图推翻公共机构的法律标准。而中方通过 DS437 案再次捍卫了"政府职能说"的法律标准。美方又试图通过补贴规则变革推行其关于公共机构的法律标准。2020 年 1 月，美欧日三方发布联合声明提出应将提供补贴的国家企业等实体纳入"公共机构"范畴。可以想见，未来中美双方关于"公共机构"法律标准的博弈将更加激烈。

**二是补贴专向性的认定标准。**在本案中，是否存在协定要求的"补贴计划"成为中美双方在国有企业为下游企业提供原材料是否构成补贴问题上的焦点。在本案中，美国、作为第三方的欧盟以及一名匿名上诉机构成员均支持，一系列财政资助活动本身即可证明存在"补贴计划"，调查机关无需另行证明"计划"或"方案"的存在。未来补贴规则谈判中，不排除美欧等成员采取上述立场，要求放松对事实专向性认定标准。

**三是补贴利益的计算基准。**在本案审理过程中，欧盟、印度等成员在此问题上并不完全支持美方主张，因此在一定程度上侧面呼应了中方的立场，从而共同影响本案专家组和上诉机构的裁决。专家组认为，各种政府干预也可能因导致价格扭曲而允许调查机关采用外部利益基准，且调查机关无须指明政府干预能够扭曲市场价格的临界点或者标准。上诉机构维持了专家组的法律解释，认定允许调查机关适用外部利益基准的情形不仅限于政府有效地决定价格的情形，还包括其他政府干预造成"价格扭曲"的情形。这为调查机关适用外部基准计算补贴金额留下了较大的法律空间。但是，上诉机构同时也同意专家组对该标准的限缩解读，即调查机关必须证明政府干预和价格扭曲之间的联系，并充分考虑调查中各方提交的国内价格数据和市场分析。这一裁决对调查机关的利益基准裁决提出了明确的要求，起到了正本清源的作用。

上诉机构关于外部基准的解释不出意料地遭到了美国的强烈批评。美在

2020 年发布的《世贸组织上诉机构报告》中表示，上诉机构关于使用外部基准的错误测试，削弱了世贸组织成员应对扭曲贸易补贴的能力，特别是在非市场经济体中的扭曲贸易的补贴。2020 年 1 月的美、日、欧三方声明也将外部基准问题作为其补贴规则变革的重要关注，但本案上诉机构提出的标准和门槛要求较好平衡了调查机关和应诉方权利和义务，总体来看，仍有可能成为多数成员倾向的选择。中美双方在此问题上的博弈仍将继续。

### （三）本案对中国应对外国反补贴调查的启示

在 DS437 执行之诉专家组阶段，针对利益基准问题，中美就美商务部事实认定和证据采信问题展开激烈交锋。中国政府组织应诉企业及产业协会积极抗辩并提交的有力证据成为专家组和上诉机构认定美方违反规则的关键因素。

特别是针对中国政府就环形焊接压力管、圆形焊接碳钢管线管和油井管案提供的《中国钢铁市场价格研究报告》、应诉企业购买原材料的价格数据，以及应诉企业在圆形焊接碳钢管线管和油井管案件中提交的钢铁月平均市场价格三份关键证据，专家组和上诉机构经评估认为，美商务部没有充分考虑上述证据，尤其是根本没有提及中国政府提供的市场价格数据，也没有对照《补贴协定》第 14 条（d）项规定的"现行市场情况"进行分析，因此支持了中方的主张。

根据该裁决，美方未来对华反补贴调查过程中，需要按照专家组和上诉机构的要求，基于个案中充分的证据对涉案中国产品价格如何受到政府干预影响提供充分合理的解释，而美方所谓中国国内经济中普遍存在的政府干预本身则不足以成为其采用外部利益基准的依据，调查机关必须充分解释中国政府干预如何扭曲了涉案原材料的价格。这一证据评估的标准和要求对于中国政府和企业应对美国或者其他国家和地区对华反补贴调查更为有利。本案诉讼经验也再次印证，在应对外国反补贴调查中，积极应诉抗辩，不仅是在双边反补贴调查程序中维护自身合法权益的有效途径，同时也将为中国政府在世贸组织争端解决机制下挑战贸易伙伴违规做法、维护中国规则利益和贸易利益提供有力的支持。

## 附件

### 中国诉美国反补贴措施案（DS437）执行之诉大事记

2016 年 4 月 29 日，中国向美国提出磋商请求。

2016 年 5 月 19 日，中美双方通过视频会议方式举行磋商。

2016 年 7 月 8 日，中方提出设立执行专家组请求。

2016 年 10 月 5 日，总干事指定执行专家组成员，专家组组成。

2017 年 1 月 4 日，中方提交第一次书面陈述。

2017 年 2 月 6 日，美方提交第一次书面陈述。

2017 年 3 月 2 日，中方提交第二次书面陈述。

2017 年 3 月 27 日，美方提交第二次书面陈述。

2017 年 5 月 10—12 日，执行之诉专家组听证会。

2017 年 5 月 31 日，中美提交书面问题单答复。

2017 年 6 月 14 日，中美提交问题单答复的评论。

2017 年 6 月 21 日，中美提交执行摘要。

2017 年 11 月 3 日，执行专家组向中美双方提交中期报告。

2017 年 12 月 15 日，执行专家组向中美双方提交最终报告。

2018 年 3 月 21 日，执行专家组报告正式散发。

2018 年 4 月 27 日，美方提出上诉。

2018 年 5 月 2 日，中方提出交叉上诉。

2018 年 5 月 15 日，中美双方提交被上诉方书面陈述。

2018 年 5 月 18 日，第三方提交书面陈述。

2019 年 2 月 14—15 日，上诉听证会在日内瓦举行。

2019 年 7 月 16 日，上诉机构报告正式散发。

2019 年 8 月 15 日，争端解决机构会议通过执行之诉专家组和上诉机构报告。

校稿：蒋成华、于宁

# 解开美国"双反"调查法律授权的谜团

## —— 中国诉美国关税法修订案（DS449）评析

### 谢伟

2012 年 9 月 17 日，中国向世贸组织争端解决机制提起磋商请求，正式启动诉美关税法修订案（DS449）的法律程序。在本案中，中国直接挑战美国国会 2012 年 3 月通过的第 112-99 号公法（以下简称 GPX 法案），质疑该法授权美商务部对"非市场经济"国家采取反补贴措施并追溯适用于 2006 年以来对中国产品发起反倾销反补贴（以下简称双反）调查涉嫌违反世贸规则。

## 一、案件背景和诉讼程序

### （一）案件背景

在 2006 年之前，美商务部的既定做法是对"非市场经济"国家使用替代国价格计算倾销幅度，但不进行反补贴调查。迫于国会和企业的压力，2006

年美商务部在铜版纸案中决定改变做法，对中国出口产品同时发起反倾销和反补贴调查。此后，美商务部于 2006 年至 2012 年期间，先后对中国几十种出口产品发起"双反"调查。中国政府和企业对美商务部的不合理做法奋起反击，在世贸组织、美国国内法院等多个场合取得重要胜利。特别是美国联邦上诉法院有关 GPX V 案判决，宣告美商务部根据美国国内法缺乏对"非市场经济"国家采取反补贴措施的法律授权，给予美国政府沉重打击。为挽救已经做出的几十项"双反"调查结果，美国会紧急出台第 112-99 号公法（GPX 法案），授权美商务部对"非市场经济"国家采取反补贴措施，并追溯适用于 2006 年 11 月以来发起的全部调查。这段期间发生的故事大致分为以下三个阶段展开[①]：

### 1. 中国诉美国铜版纸反倾销反补贴初裁决定案（DS368）

2006 年 10 月，美国新页公司（NewPage）向美商务部提交了申请书，要求对进口自中国的铜版纸发起反倾销和反补贴调查。这一事件在太平洋两岸引起了广泛讨论，焦点问题之一是美商务部是否具有法律授权对来自所谓"非市场经济"国家的进口产品发起反补贴调查并采取反补贴措施。

20 世纪 80 年代初，美商务部曾经遇到类似的问题。1984 年，美商务部对进口自波兰和捷克斯洛伐克的碳钢线材反补贴调查做出否定性裁决，认为"无法在非市场经济国家中裁定存在［关税法］第 303 节所规定的补贴或赠款"。针对捷克斯洛伐克的裁决后来被美国国内产业诉诸美国国内法院，并产生了著名的"乔治城钢铁案"。在 1986 年的判决中，美国联邦巡回上诉法院确认了美商务部的观点。法院认为，在非市场经济国家中，由于资源配置基本由政府完成，因此补贴的概念没有实际的意义。法院甚至认为，即使可以把一些激励视为补贴，政府事实上是在补贴自己。法院还认为，国会通过立法，允许对非市场经济国家适用替代国价格方法计算倾销幅度，其意图是通过这一手段对美国国内产业提供救济，而不是通过反补贴法提供救济。在此后将近二十年的时

---

① 参见肖瑾："较量——记中国阻击美国双反调查的'七年抗战'"，资料来源：https://www.guancha.cn/Xiao-Jin/2014_07_16_246963_s.shtml，2021 年 7 月 2 日访问。

间内，美商务部的一贯立场是只有当一个非市场经济国家被给予市场经济国家地位后，反补贴法才可适用于它。

到了 2004 年，美国国内暗流涌动，主张使用反补贴法来阻击中国企业低价出口产品的呼声不断。美国产业界宣称受到来自中国补贴产品的不公平竞争，美中经济与安全审查委员会也要求对中国产品适用美国反补贴法，美国会议员 2004 年和 2005 年连续两年提案要求国会授权对中国适用反补贴法。美商务部迫于国会和企业的压力，决定改弦易辙，摒弃其长期基于乔治城钢铁案判决不对非市场经济国家适用美国反补贴法的政策。在铜版纸反补贴调查过程中，美商务部于 2007 年 3 月做出了一份备忘（这就是著名的《乔治城钢铁案备忘录》）。美商务部认为，当前中国的经济现状与乔治城钢铁案讨论的"苏联式"的中央控制经济的状况有很大不同；商务部已经可以在中国的经济中裁定存在可被采取反补贴措施的补贴，因此，其可以同时对华发起反倾销和反补贴调查。在此基础上，美商务部分别于 2007 年 4 月和 10 月做出了铜版纸案关于补贴的肯定性初裁和终裁。

通过对这一历史的回顾，不难发现，美商务部这一转变，并非基于严谨的法律技术分析，而很大程度上是满足美国国内产业对中国进一步加征关税的诉求。美商务部在继续将中国认定为"非市场经济"国家的情况下，单方面改变了其过去二十年的一贯做法，对中国出口企业同时发起了反倾销和反补贴调查。仔细推敲，美国这一决定在法律上有两方面缺陷：（1）在对"非市场经济"国家发起反补贴调查方面，美商务部缺乏国内法层面的授权；（2）在同时发起"双反"的情况下，对于极可能存在的双重救济，美商务部未考虑清楚其是否有国内法的授权去避免双重救济，以及如何避免双重救济。

中国企业和政府决定双管齐下，一方面在美国国际贸易法院起诉美商务部，另一方面中国政府于 2007 年 9 月 14 日在世贸组织就铜版纸反倾销反补贴调查初裁向美国提出磋商请求（中国诉美国铜版纸反倾销反补贴初裁决定案，简称铜版纸案，DS368）。后来由于美国国际贸易委员会于 2007 年 11 月裁定进口产品未对美国内产业造成损害，因此铜版纸案有关诉讼未继续推进。

## 2. 中国诉美国反倾销反补贴措施案（DS379）

在铜版纸双反案立案调查的"鼓舞"下，美国国内产业在一个月的时间内（2007 年 6 月 28 日至 7 月 31 日）分别针对标准钢管、薄壁矩形钢管、编织袋和非公路用轮胎发起了四组"双反"调查。这些案件相继于 2008 年 5 月至 7 月间做出了肯定性最终裁决。

2008 年 9 月 19 日，中国政府在世贸组织提起诉美反倾销反补贴措施案，这就是著名的 DS379 案。DS379 案挑战了截至磋商请求时已经做出终裁的四起双反案件：标准钢管、薄壁矩形钢管、编织袋和非公路用轮胎。在该案中，中国政府对"低价提供原材料补贴"、"政策性贷款"、"低价提供土地使用权"等三个补贴项目从补贴的三个构成要素（财政资助、利益和专向性）进行了挑战。中方的另一项重要诉请是双重救济问题。中方认为，在反倾销调查中，美商务部采用"替代国"价格的方法来计算出口产品的正常价值，而"替代国"价格通常不应受到任何补贴的影响。在此基础上计算得出倾销幅度并据此加征反倾销税，已经将出口价格恢复到没有补贴时的价格。如果此时再基于计算的补贴金额征收反补贴税，则将导致对同样的补贴进行了两次救济，即"双重救济"。

2011 年 3 月 11 日，上诉机构做出裁决，在中方核心关注的公共机构和双重救济问题上，均支持了中方的观点，并裁定美国涉案的裁决违反世贸规则。

## 3. GPX 法案出台

自中方针对四起双反案件提起 DS379 案的前后，截至 2012 年年初，美商务部又累计发起了二十六起"双反"调查，年涉案金额高达七十余亿美元。

与此同时，美国国内诉讼与世贸组织多边诉讼发生有趣的交集。在 GPX 国际轮胎公司诉美商务部的案件中，美国联邦巡回上诉法院于 2011 年 12 月 19 日做出了判决（简称 GPX V 案）。上诉法院坚持其 1986 年乔治城钢铁案判决的立场，认为美国反补贴法本身就不适用于非市场经济国家，美商务部在国内法项下缺乏对非市场经济国家采取反补贴措施的法律授权。这一判决结果对美国政府而言是毁灭性的。如果判决最终生效，美商务部将不得不撤销其业已发布的二十四项反补贴税令。

对于这一情况,美国政府上下其手,意图力挽狂澜。一方面,美国政府通过程序问题拖延上诉法院判决的生效时间。另一方面,美商务部和美国贸易代表办公室向美国国会发出了联署函,要求美国国会立即修改关税法,追溯性地授权美商务部对来自非市场经济国家的产品发起反补贴调查。它们声称,如果不这样做,商务部将不得不撤销所有反补贴税令(二十四项),并终止正在进行中的反补贴调查。

在此情况下,美国两党空前团结,参众两院分别于 2012 年 3 月 6 日和 7 日通过第 112-99 号公法(GPX 法案),并由时任美国总统奥巴马于 3 月 13 日签署生效。GPX 法案分为两节,第一节授权美商务部对非市场经济国家采取反补贴措施,并追溯适用于 2006 年 11 月以来发起的全部调查;第二节规定,如果调查机关能够合理估计反补贴税以及同时适用的反倾销税正常价格导致了反倾销税率升高,授权美商务部对非市场经济国家的反倾销税率进行扣减,生效时间适用于 GPX 法案生效后发起的调查。

## (二)诉讼进程

中方于 2012 年 9 月 17 日将美国关税法修订案,即 GPX 法案及有关个案双重救济做法诉诸世贸组织争端解决机制。中美双方于 2012 年 11 月 5 日举行磋商,磋商澄清部分涉案问题但未能解决争议。2012 年 11 月 19 日,中方向争端解决机构提出设立专家组请求。2012 年 12 月 17 日,专家组设立。2013 年 3 月 4 日,经世贸组织总干事指定,专家组组成。参与本案的第三方包括澳大利亚、加拿大、欧盟、日本、土耳其、越南、印度、俄罗斯。2014 年 3 月 25 日,本案专家组发布专家组报告。

中方于 2014 年 4 月 8 日提出上诉,美方于 4 月 17 日提出交叉上诉。承担审理本案的上诉机构成员包括:主席乌扎尔·巴蒂亚(Ujal Bhatia)、成员张月姣和张胜和(Seung Wha Chang)。2014 年 7 月 7 日,世贸组织上诉机构发布本案上诉机构报告。2014 年 7 月 22 日,争端解决机构通过上诉机构和专家组报告。中美双方议定本案合理执行期为专家组报告通过之后 12 个月,截至 2015 年 7 月 22 日，后来双方议定这一日期延长至 2015 年 8 月 5 日。美方于 2015 年 8 月 31 日在 DSB 例会上宣布完成本案执行工作，美商务部重新调查本案被诉反倾销反补贴（双反）措施涉及的双重救济问题并发布了新裁决。

## 二、涉案措施和主要法律争议

### （一）涉案措施和主要诉请

DS449 的涉案措施是 GPX 法案和美商务部的 26 项双反措施[①]。

本案的核心诉请有两项：第一，中方认为 GPX 法案溯及既往的规定违反了《1994 年关税与贸易总协定》（以下简称 GATT1994）第 10 条有关透明度、正当程序和独立司法审查的规定；第二，美商务部在已经做出裁决的双反措施中未能进行有关避免双重救济的税额调整，违反世贸组织规则。毫无疑问，第二项诉请是在 DS379 案的基础上乘胜追击扩大战果之举，而第一项诉请直指 GPX 法案违反世贸规则，意在否定美国国会通过溯及既往的立法纠正此前国内法授权不明的做法。

具体在 GPX 法案问题上，中方的诉请包括：（1）由于 GPX 法案第一节的生效时间为 2006 年 11 月，早于其公布的时间，因此违反了 GATT1994 第 10.1 条关于迅速公布贸易法规，使各国政府和贸易商能够知晓的义务；（2）美国在正式公布这些条款之前便执行了这些条款内容，违反了 GATT1994 第 10.2 条的规定；（3）美国未能确保其国内法院的判决得以执行，且未能确保此类判决在其所涉事宜方面规范美国政府的做法，违反了 GATT1994 第 10.3 条（b）项。

---

① 本案起诉的 26 项双反措施包括：橡胶磁铁、低克重热敏纸、亚硝酸钠、不锈钢焊接压力管、焊接管线管、柠檬酸及柠檬酸盐、后拖式草地维护设备、厨房置物架、油井管、预应力混凝土用钢绞线、钢格栅板、带织边窄幅织带、镁碳砖、无缝钢管、铜版纸、磷酸盐、非公路用轮胎（复审）、钻管、铝挤压材、柠檬酸及柠檬酸盐（复审）、厨房置物架（复审）、多层木地板、钢制高压气瓶、太阳能电池（板）、风塔、不锈钢拉制水槽。专家组裁决排除了不锈钢拉制水槽，因为美国对该产品的调查是在 GPX 法案生效日期之后，美调查机关在该案中对避免双重救济问题进行了调查。

## （二）主要法律争议

本案争议焦点集中于 GATT1994 第 10.2 条的法律解释。

中方主张，GPX 法案提高进口产品的关税税率，并追溯适用于 2006 年以来发起的反补贴措施，涉嫌构成"在普遍适用的措施公布之前提高进口产品的关税税率"，因此违反 GATT1994 第 10.2 条。

美方主张，GPX 法案仅是对美国此前反补贴法的澄清，美国既定而统一的做法是对中国出口产品采取反补贴措施，GPX 法案没有提高进口产品关税或施加新的负担。

# 三、专家组裁决

## （一）GPX 法案合规性

### 1. 关于美方是否迅速公布贸易法规（GATT1994 第 10.1 条）

根据 GATT1994 第 10.1 条规定，缔约方应迅速公布其实施的关于"关税税率、国内税税率和其他费用；有关进出口产品……的要求、限制或禁止"的普遍适用的法律、法规、司法判决和行政裁定，使各国政府和贸易商能够知晓。

中方主张，GPX 法案是一项"普遍适用的有关关税税率、国内税税率和其他费用或进出口产品的要求、限制或禁止"的法律。法案第 1 节的生效日期是 2006 年 11 月 20 日，从该日起即具有"执行效力"，即自该日起美商务部可根据该法的授权对进口自非市场经济国家的产品征收反补贴税。然而，美国政府却在 2012 年 3 月 13 日才公布法案，因此，美国违反了 GATT1994 第 10.1 条的义务。

美方抗辩主张，GPX 法案于 2012 年 3 月 13 日才生效，不是中方主张的 2006 年 11 月 20 日，同时，GATT1994 第 10.1 条不影响成员立法规定涉及过去已经发生的事件。

专家组同意中方主张的 GPX 法案第 1 节是关于关税税率的普遍适用的法

律，但不认为 2006 年 11 月 20 日是该法的生效日期。专家组认为《1930 年关税法》第 701 节（f）款是自 2012 年 3 月 13 日开始对 2006 年 11 月 20 日至 2012 年 3 月 13 日期间内的反补贴程序或行为产生法律效力，所以 GPX 法案第 1 节仅在 2012 年 3 月 13 日才生效。鉴此，当天公布法律是迅速的，不违反 GATT1994 第 10.1 条规定。

**2. 关于美方是否在措施公布之前即采取措施（GATT1994 第 10.2 条）**

本案争议焦点集中于 GATT1994 第 10.2 条的法律解释以及对本案事实的适用。GATT1994 第 10.2 条规定，"任何缔约方不得在普遍适用的措施正式公布之前采取此类措施，包括根据既定和统一做法提高进口产品的关税税率或其他费用，或对进口产品实施新的或更难于负担的要求、限制或禁止。"

**具体而言，中美双方争议焦点主要体现为三个方面：**

首先，中方主张，GPX 法案第一节是"普遍适用的措施"，其"提高进口产品的关税税率"，并对进口产品"实施新的或更难于负担的要求"。由于 GPX 法案第一节在其正式公布之日（2012 年 3 月 13 日）之前已经采取，因而违反了 GATT1994 第 10.2 条，美方通过 GPX 法案第一节为 2006 年 11 月 20 日至 2012 年 3 月 13 日期间的反补贴措施提供追溯适用的法律依据。美方辩称，GPX 法案仅是对此前美国国内反补贴法的澄清，不是修改此前的国内法，美商务部既定统一的做法是对中国出口企业采取反补贴措施，因此，GPX 法案没有提高关税税率或施加新的负担。

其次，双方的分歧还体现在如何解读 GATT1994 第 10.2 条所建立的贸易法规公布和实施规则，包括：（1）该条规定是否仅限于程序性义务，还是也包括实体性义务；（2）是否只禁止贸易法规未予公布而"秘密"适用的情况，还是也禁止贸易法规的"追溯适用"。美方抗辩主张，第 10.2 条仅是与透明度有关的程序性义务，不涉及规范法律本身是否追溯适用问题。中方坚决反对美方提出的明显狭窄的法律解释，认为第 10.2 条义务范围包括法律本身是否追溯适用问题。

第三，本案关键问题为如何认定 GPX 法案是否加重了进口产品的税率或负担,其比较基准是行政机关的一贯做法还是有关成员的国内法。美方抗辩主张,应以美商务部"既定和统一做法"作为比较基准,在 GPX 法案颁布前美商务部的"既定和统一做法"是对中国出口企业采取反补贴措施,因而立法颁布后并未提高税率或施加新的负担,GPX 法案只是对之前美国反补贴法的澄清而非修改。中方主张,应以 GPX 法案颁布前的美国国内法作为比较基准,如果将行政机关"既定和统一做法"解释为比较基准明显违背条约解释规则。GPX 法案出台前,美国国内法状态是反补贴法不适用于非市场经济国家的出口企业,GPX 法案修改了美国反补贴法。

由于本案涉及世贸成员国内法与世贸规则的相符性问题,专家组在裁决过程中表现得十分慎重,虽然三名专家组成员在解释 GATT1994 第 10.2 条适用法律追溯适用问题上取得了一致意见,但在关键的比较基准问题上却形成了争端解决历史上并不多见的多数专家组成员意见和独立不同意见。

专家组首先分析了 GATT1994 第 10.2 条的义务范围是否包括禁止有关贸易措施的追溯适用。从条约目的和宗旨看,由于 GATT1994 第 10.2 条适用的对象是"具有限制性的"贸易措施,对于此类措施必须排除公布前的任何适用,否则将带来不安全性和不可预见性。因此,第 10.2 条必须被解释为禁止相关措施的追溯适用。

专家组然后分析了 GPX 法案第一节是否"提高进口产品的关税税率"或"实施新的或更难于负担的要求"。专家组多数成员认为 GPX 法案不属于"具有限制性的"措施,因此,GPX 法案追溯适用不违反 GATT1994 第 10.2 条。主要理由为:(1)从 GATT1994 第 10.2 条的目的和字义看,应将"既定和统一做法"作为比较基准,即第 10.2 条要求比较的是新税率与之前"既定和统一的做法"确定的税率,以决定前者是否提高了后者;(2)世贸成员行政机构的行为应由其国内法院确定是否违法,专家组不应冒险承担这个职能,在没有国内法院作出认定的情况下,行政机构的做法应被假定为合法。由于在 GPX 法案颁布前,美商务部已对华发起了多起反补贴调查和复审,且该做法并没有被美国法院终审判决为违法,这表明美国的"既定和统一的做法"是对"非市场经济"

国家适用反补贴法；（3）GPX 法案第一节颁布前后美商务部对华适用的是相同的反补贴做法，因而没有"提高进口产品的关税税率"，也没有"实施新的或更难于负担的要求"。综上，专家组裁定中方未能证明美方违反 GATT1994 第10.2 条。

对此，专家组中的一位成员明确提出不同意见，认为美国有关 GPX 法案仅为"澄清"此前国内法的说法站不住脚，两相比较 GPX 法案不仅提高了对"非市场经济国家"产品的关税税率，也施加了必须接受反补贴调查的新负担。主要理由为：（1）GATT1994 第 10.2 条要求比较的是涉案措施和其替代、修改或以其他方式取代的国内法。因此，本案应比较在 GPX 法案第一节生效之前和生效之后的美国反补贴法。（2）根据上诉机构在美国—碳钢案（DS213）的裁决，为确定国内法含义，专家组应评估所有相关要素，包括法律文本、行政机关做法、法院判决、知名学者著作等。从 GPX 法案标题和内容看，该立法第一节的效果是将此前不适用于"非市场经济"国家的《1930 年关税法》的反补贴税规定适用于这些国家，否则 GPX 法案没有任何意义，也不需要追溯适用。（3）美商务部在 1998 年反补贴条例中明确声明对非市场经济国家不适用反补贴。（4）美国联邦上诉法院在 GPX V 案判决中明确指出反补贴不得适用于非市场经济国家的出口货物。乔治城钢铁案和 GPX V 案判决已经清楚大声地宣布，GPX 法案出台之前美国反补贴法不适用于非市场经济国家，GPX 法案改变了此种法律状态。美方辩称乔治城钢铁案判决不清楚，但除了美国联邦上诉法院谁还能更具权威性地解读有关判决，至于 GPX V 案判决未能最终生效，正是由于美商务部的阻止和拖延，但迄今 GPX V 案判决未被更高级的法院推翻。综上，该位专家组成员认为美方 GPX 法案违反 GATT1994 第10.2 条。

### 3. 关于美方是否通过追溯适用的立法干预司法（GATT1994 第 10.3 条）

中方主张美方颁布 GPX 法案第 1 节违反了其在 GATT1994 第 10.3 条（b）项第 2 句的义务，即法庭裁决应被行政机构执行并应被作为规范行政机构今后行为的准则。中方的主要理由包括：（1）美方的做法是通过追溯适用的立法来干预司法裁决;（2）对于法庭裁决被行政机构执行并规范其工作，第 10.3 条（b）项只允许两种例外，而通过追溯适用的立法来干预司法裁决不属于其中任何一种。美方抗辩主张，美国联邦上诉法院有关 GPX V 裁决从未成为生效的法院裁决，GATT 第 10.3 条也没有对成员通过立法和适用法律施加限制。

专家组通过对 GATT1994 第 10.3 条（b）项条文、上下文、目的和宗旨以及辅助解释方法的分析，认定第 10.3 条（b）项并不禁止成员采取类似 GPX 法案第 1 节性质的立法行动。专家组认为，从字面意思看来，第 10.3 条（b）项所设立的义务仅指向"法庭"和"行政机构"，并未指向立法机构或其他实体。

在目的和宗旨方面，专家组认为，GATT1994 第 10.3 条（b）项所体现的对正当程序的保护，是要求成员方设立独立的法庭以对行政行为进行及时的审查和纠正，确保该等审查在受到影响的贸易商和行政机构之间"客观、公正"。专家组认为，涉案措施并未规定联邦法院如何审查美商务部、贸易委员会以及海关的行政行为，也未干预到法院的审查功能，因此并未损害法庭进行"客观、公平"审查的能力。最后，专家组还参考了 GATT1994 第 10.3 条（b）项的谈判准备资料，认为第 10.3 条（b）项无意影响立法者通过行使立法权来"纠正"关于海关事务的司法裁决。

综上，专家组认定 GATT1994 第 10.3 条（b）项并不禁止成员采取类似 GPX 法案第 1 节性质的立法行动。

## （二）双重救济

### 1. 关于调查机关是否履行相关义务

中方认为美商务部在双反调查中未能进行避免双重救济的税额调整，违反世贸组织规则。基于 DS379 案上诉机构裁决，中方认为依据《补贴与反补贴措施协定》（以下简称《补贴协定》）第 19.3 条，美调查机关有义务调查并基于在案证据做出是否存在双重救济的结论。美调查机关未避免双重救济违反《补贴协定》第 19.3 条以及与此相关的第 10 条和第 32 条。

美方辩称，上诉机构在 DS379 案中的有关双重救济解释不具说服力，对

《补贴协定》第 19.3 条的解释是错误的。具体而言，美方认为《补贴协定》第 19.3 条仅规定了征收反补贴税的非歧视义务，而没有规定所谓调查机关勤勉调查避免双重救济的义务。

专家组详细回顾了 DS379 案裁决，认为美方未提出"合理的理由"说明本案审理可以偏离 DS379 案上诉机构裁决。美方有关《补贴协定》第 19.3 条的理解是片面的，该条要求调查机关征收"合适的"反补贴税率，表明调查机关在对"非市场经济"国家进行双反调查时，有义务确定合适的税率，从而避免双重救济。为确定《补贴协定》第 19.3 条规定的"合适的"反补贴税率，调查机关担负有一项积极义务，理应进行足够勤勉的调查，寻求相关事实，并基于在案证据做出决定。

### 2. 关于本案涉及的双反调查

中方主张，美方没有在涉案双反调查中"调查和避免"双重救济，具体反映为美商务部在有关反补贴裁决中没有处理有关双重救济问题。

美方辩称对于涉案双反调查，美商务部之所以未对双重救济做出调整，不是因为缺乏美国法项下的授权，而是因为中方没有主动提供证据证明存在双重救济。美方试图将双重救济的举证责任完全推给中方，以个案调查中国出口企业拒绝提供任何积极证据证明存在双重救济、中国政府也拒绝就此提供证据为由，证明美调查机关没有违反义务。

专家组认为，美方抗辩理由不符合已经认定的《补贴协定》第 19.3 条赋予调查机关的义务，即要求调查机关进行勤勉调查避免发生双重救济。调查机关应当进行足够勤勉的调查，寻求相关事实，基于在案证据做出决定。但显然在涉案二十五起调查中，调查机关没有积极开展调查认定是否存在双重救济。因此，专家组认定美方调查机关违反《补贴协定》第 19.3 条以及相关的第 10 条和第 32 条。

### 3. 关于中方起诉是否符合程序要求

美方在专家组阶段，指称中方设立专家组请求不符合《关于争端解决规则与程序的谅解》（DSU）第 6.2 条有关要求，即起诉方应在设立专家组请求中

"确认争论中的措施并提供一份足以明确陈述问题的起诉的法律根据概要",而中方没有对有关双重救济问题提供"足以明确陈述问题的法律根据概要"。中方主张,中方已在设立专家组请求第四部分明确列明美方违反《补贴协定》第10条、第19条、第32条义务,符合DSU第6.2条要求。专家组于2013年5月7日就此问题发布初步裁决,驳回美方诉讼请求。

## 四、上诉机构裁决

中方针对专家组有关GATT1994第10.2条的法律解释提出上诉,美方针对专家组认定中方起诉符合DSU第6.2条提出交叉上诉。

### (一)关于美方是否在措施公布之前即采取措施(GATT1994第10.2条)

中方认为专家组对GATT1994第10.2条的法律解释存在错误,坚决提出上诉。

中方主张,第10.2条正确的比较基准应该是新法颁布前的国内法,而不是行政机关的一贯做法。GPX法案修改了此前的国内法,并追溯适用2006年以来的反补贴措施,因此违反GATT1994第10.2条。

美方主张,专家组的法律解释没有问题,美国既定统一的做法是对中国出口产品采取反补贴措施,GPX法案没有修改此前国内法,因此不违反GATT1994第10.2条。

经过审理,上诉机构推翻了专家组对第10.2条做出的比较基准的法律解释,进而推翻了专家组有关GPX法案未对进口产品施加更重负担因此不违反GATT1994第10.2条的裁决,但上诉机构未能完成法律分析最终未能认定GPX法案违反GATT第10.2条。

首先,上诉机构认为进行第10.2条的法律分析,正确的比较基准应该是新法颁布前的国内法,而非行政机关的一贯做法。主要理由为:(1)从GATT1994第10.2条的目的宗旨看,该条包含了透明度原则和正当程序要求,其功能在于确保透明度并保护贸易商对特定措施的公布和实施的合理预期。因此，该条下的比较基准应当反映贸易商对于适用措施的预期，并确保其有合理机会获知新措施并据此保护和调整其活动或寻求修改新措施。（2）从条文表述看，在该条下应该比较的是新措施和一种相关的基准，后者通常见于已公布的法规之中。为此，专家组需要确定先前国内法的含义；如果国内法含义从表面上看并不明确，专家组应评估所有相关要素，包括法律文本、行政机关做法、法院判决、知名学者著作等，而不应将行政机关的做法单独作为比较基准。

其次，鉴于本案专家组确定了错误的比较基准，上诉机构进一步认定专家组错误地将这一比较基准适用于涉案措施，并据此推翻了专家组关于 GPX 法案未对进口产品施加更重负担的结论。

最后，上诉机构试图完成法律分析，但由于专家组基于错误的比较基准做出裁决，未能全面审查关于 GPX 法案颁布前美国国内法的有关证据，导致上诉机构无法根据在案无争议证据确定之前美国国内法的状态，因此最终未能认定 GPX 法案是否违反世贸规则。上诉机构综合考虑以下因素：1. 美国关税法没有规定反补贴法适用于非市场经济，但是该法规定反补贴法应该适用于所有国家，如果美国行政机关证明该国的进口有补贴则应征收反补贴税。仅从法律条文上很难判断新法是对旧法的变更还是澄清，为了深入了解两个法的差异，有必要审查美国行政部门的一贯做法和法院对该法的解释。2. 美商务部在1998 年《反补贴条例》中声明对非市场经济国家不适用反补贴。但在 2006 年之后美商务部改变此前做法开始对中国出口企业进行反补贴调查。3. 对于乔治城钢铁案，美国联邦上诉法院（CAFC）在结论中指出"反补贴法的行政管理部门具有广泛的自由裁量权确定补贴是否存在。"上诉机构认为有关表述支持美方提出的主张，即是否对"非市场经济"国家的出口适用反倾销法和反补贴法，美商务部有自由裁量权。4. 对于 GPX V 案，尽管 CAFC 明确裁决美国补贴法不适用非市场经济国家，但有关裁决没有最终生效。中美双方对于未生效的GPX V 案对于确定美国国内法状态提出了不同主张。上诉机构认为，鉴于 GPXV 案判决未最终生效，而专家组又未能查明是否可以依据 GPX V 案判断美国国内法状态，因此 GPX V 案对于完成本案法律分析具有明显的局限性。

### （二）关于中方起诉是否符合程序要求

在本案上诉阶段，美方再次质疑中方起诉不符合 DSU 第 6.2 条有关程序要求，请求上诉机构撤销专家组初步裁决中的结论，并请求上诉机构撤销专家组认定美方违反《补贴协定》义务的结论，理由是中方双重救济相关诉请不属于本案专家组的职权范围。

中方主张，专家组对 DSU 第 6.2 条下法律标准的解读和适用是正确的，且符合上诉机构对 DSU 第 6.2 条的解释和确立的审查标准。

经过审理，上诉机构认为中方设立专家组请求第四部分满足 DSU 第 6.2 条的要求。据此，上诉机构维持了专家组做出的美方违反《补贴协定》义务的结论。主要理由为：

第一，DSU 第 6.2 条主要有两个功能：其一是建立和限定专家组的职权范围，其二是通过使被诉方和第三方知晓诉请并做出回应来实现正当程序目标。为实现这些功能，专家组必须对设立专家组请求进行整体和字面的客观审查，以确定其是否符合第 6.2 条要求，即"确认争论中的措施并提供一份足以明确陈述问题的起诉的法律根据概要"。

第二，上诉机构同意专家组的观点，即设立专家组请求第四部分中的涉案措施是美国调查机关在一系列反补贴调查和复审中未能调查和避免双重救济，而非这些调查和复审本身。

第三，上诉机构认为，设立专家组请求要满足 DSU 第 6.2 条"明确陈述问题"的要求，就必须将被挑战的措施和被指控违反的适用协定条款明确联系起来。因此，专家组请求的文字表述承担着简明地解释起诉方如何以及为何认为涉案措施违反了相关世贸组织义务的功能。据此，上诉机构分析并认为，中方在设立专家组请求第四部分中只挑战了一项措施，即美国调查机关在一系列反补贴调查和复审中未能调查和避免双重救济，而与"双重救济"有关的文字表述简明地解释了中方如何以及为何认为涉案措施违反了《补贴协定》第 10 条、第

19.3 条和第 32.1 条，因此满足了 DSU 第 6.2 条 "明确陈述问题" 的要求。

第四，上诉机构认为，专家组使用 "足够明确的推论" 这一用语来分析专家组请求是否符合 DSU 第 6.2 条并无错误。在审查专家组请求与第 6.2 条的一致性时，专家组经常不可避免地要使用推论来确定涉案措施是否被足够明确地确认。上诉机构认为本案设立专家组请求第四部分对《补贴协定》第 10 条、第 19.3 条和第 32.1 条的一般性提及受到了 "双重救济" 这一表述的限定，因此足以据此确认与涉案措施相关的具体义务是《补贴协定》第 10 条、第 19.3 条和第 32.1 条。

## 五、案件的启示与评价

### （一）中方在多双边双线作战有效维护合法权益

面临美商务部悍然启动对华 "双反" 调查的不利局面，中国企业和政府积极维护自身权益。一方面在美国国内法院状告美国政府，推动法院做出有利的裁决，特别是在 GPX V 案中，美国联邦上诉法院明确裁定美国法律没有授权商务部对 "非市场经济" 国家出口企业进行反补贴调查。另一方面将美国政府告上世贸组织，并在 DS379 案中取得重大胜利，认定美国 "双反" 调查在双重救济等方面存在违规做法。正是由于中国企业和政府的共同努力，最终迫使美国会采取紧急立法行动出台 GPX 法案，法案试图通过溯及既往的规定纠正此前美国国内法不明问题，同时也不得不承认调查机关应对双重救济问题进行必要调整。

在 DS379 案之后，中方继续在世贸组织挑战美滥用 "双反" 调查做法，分别提起诉美国反补贴措施案（DS437 案）和诉美国关税法修订案（DS449 案）。DS449 案直接起诉美国 GPX 法案违反世贸规则，要求争端解决机构判定 GPX 法案溯及既往的规定违反了 GATT1994 第 10 条，意在直捣黄龙彻底否定美商务部自 2006 年以来悍然对华发起反补贴调查，如果中方胜诉，美国将不得不撤销在 GPX 法案颁布之前做出的全部反补贴调查。同时，DS437 案在世贸组织继续挑战美国反补贴调查的重要系统性违规做法，例如所谓"低价提供原材料补贴"项目，意在遏制美滥用反补贴调查势头，纠正美调查机关的错误做法。中方坚决推进有关案件，两起案件均走完全部专家组和上诉程序，彰显了中方坚决遏制美方滥用"双反"调查的决心，有力维护了多边规则的权威性和有效性。

### （二）本案由于涉及美国国内法审查斗争尤其复杂

DS449案关键法律问题涉及如何认定GPX法案出台前的美国国内法状态，即美国关税法是否授权美商务部对"非市场经济"国家出口企业进行反补贴调查。

如何理解本案上诉机构裁决是个见仁见智的问题。上诉机构给了中方一个"道义上的胜利"，即中方的条约解释是正确的，判断美国GPX法案是否违规关键问题在于查明GPX法案颁布之前的美国国内法状态，而非专家组认定的美国行政机关的一贯做法。但是，令人遗憾的是上诉机构在综合考虑在案证据之后，未能完成法律分析并未做出GPX法案有关溯及既往规定违反世贸规则的裁定。同时，由于世贸组织争端解决的程序法（DSU）并未规定发回重审制度，上诉机构也无法要求专家组基于正确的法律标准重新审查美国国内法有关证据并做出裁决。因此，中方无法根据本案裁决要求美国撤销GPX法案出台前的反补贴调查结果。

本案充分体现了世贸组织争端解决涉及国内法审查问题的复杂性。结合本案事实，至少从美国国内法院判决来看，中方有充分理由坚持认为在GPX法案出台前美商务部缺乏国内法授权对中国出口企业进行反补贴调查。毕竟，美国联邦上诉法院已经在GPX V案中就此问题做出了明确裁决，即在GPX法案出台前，美国国内法没有授权美商务部对非市场经济国家采取反补贴措施。谁还能够比美国法院更有资格解释美国国内法的状况呢？由于美国行政部门的阻挠，有关GPX V案法院裁决未能生效，但这并不能否认法院已经就本国国内法状态给出了清晰明确的法律解释。此后美国联邦上诉法院再次在厨房置物架案中确认，尽管 GPX V 的判决没有最终生效，但是它仍然构成对之前的美国国内法的阐述。很遗憾，上诉机构最终未能接受中方主张的 GPX V 案法院裁决在本案中应具有关键性的证据效力。

另外，从诉讼举证责任分担角度看，美方似应在证明其国内法状态方面承担更大的举证责任（burden of proof）。如果美方未能完成最终的举证责任，就应承担无法举证的相应不利后果。关于本案争议的关键事实问题，即 GPX 法案出台前美国国内法是否授权美商务部对"非市场经济"国家进行反补贴调查，经过争议双方反复举证分析最终仍然"无法查明"或者无法清晰判断，就像上诉机构对 GATT 第 10.2 条分析所做结论，"无法根据在案无争议证据确定之前美国国内法的状态"。此时，上诉机构是否应该判定美方未能完成其理应承担的举证责任，进而判定 GPX 法案构成一项追溯适用的"限制性贸易措施"违反世贸规则呢？这可能是一个值得继续研究的问题，毕竟在世贸组织争端解决案件中，需要查明国内法状态的情况并非罕见。

### （三）出口企业需要在"双反"调查中积极争取避免双重救济

本案是在 DS379 案之后，专家组再次就双重救济问题进行审理，认定根据《补贴协定》第 19.3 条调查机关负担有勤勉进行调查避免发生双重救济的义务。有关判决具有积极意义，有助于维护补贴规则严肃性，防止调查机关滥用"双反"调查，同时有助于维护中国出口企业的利益。

在实际"双反"个案调查中，认定存在双重救济以及计算合理的扣减比例是一个复杂的问题。尽管世贸组织已经判定调查机关具有勤勉调查避免发生双重救济的义务，美国 GPX 法案也规定如果调查机关能够合理估计反补贴税以及同时适用的反倾销税正常价格导致了反倾销税率升高，美商务部应对"非市场经济"国家的反倾销税率进行扣减，但是在具体个案调查中，中国出口企业和政府仍需面临证明存在双重救济以及扣减比例的复杂问题，需要对调查机关提出的各种刁钻问题做出合理回应，通过提交证据材料据理力争方能争取到扣减有关反补贴税率的权利。

## （四）关于 GATT1994 第 10.2 条的分析和解读

GATT1994 第 10.2 条是处理本案争议的关键条款。本案专家组和上诉机构通过对第 10.2 条以及本案事实的分析，澄清了几个关键问题：第一，第 10.2 条适用的对象是"具有限制性的"贸易措施，对于此类措施必须排除在法律公布之前即加以适用，因此第 10.2 条被解释为禁止有关限制性贸易措施的追溯适用。根据第 10.2 条规定，缔约方不得在"普遍适用的措施正式公布之前"对进口产品采取提高关税或其他贸易限制措施。对于这一点的法律分析，专家组和上诉机构是一致的，也是非常明确的。第二，第 10.2 条有关限制性贸易措施的比较基准不是行政部门的"既定和统一做法"，而是新法颁布之前的有关成员的国内法。查明成员国内法的方法可以通过审查有关法律文本、行政部门做法、法院判决、学者著作等最终加以确定。令人遗憾的是，专家组在本案中采用了错误的法律标准，将关注重点放在美商务部的一贯做法上，多数专家组成员认为，由于 GPX 法案第一节颁布前后美商务部对中国适用的是相同的反补贴做法，因此 GPX 法案没有"提高进口产品的关税税率"；有一位专家组成员发表不同意见，正确地指出，本案应比较在 GPX 法案生效之前和生效之后的美国反补贴法，而 GPX 法案出台前的美国反补贴法并未授权对非市场经济国家进行反补贴调查，因此 GPX 法案对中国出口产品施加了新负担。上诉机构推翻了专家组关于比较基准的法律解释，认为 GATT1994 第 10.2 条的功能在于确保贸易政策的透明度并保护贸易商的合理预期，因此有关比较基准应基于成员的国内法而不能仅依据行政部门的一贯做法，但由于专家组多数成员基于错误的比较基准做出裁决，未能全面审查关于 GPX 法案颁布前美国国内法的有关证据，上诉机构无法完成 GPX 法案违反 GATT1994 第 10.2 条的法律分析。

**附件**

### 中国诉美国关税法修订案（DS449）大事记

2012 年 9 月 17 日，中方提交磋商请求。

2012 年 11 月 15 日，中美举行磋商。

2012 年 11 月 19 日，中方请求设立专家组。

2012 年 12 月 17 日，专家组设立。

2013 年 3 月 4 日，专家组组成。

2013 年 5 月 15 日，中方提交第一次书面陈述。

2013 年 6 月 12 日，美方提交第一次书面陈述。

2013 年 6 月 24 日，第三方提交书面陈述。

2013 年 7 月 2—3 日，专家组举行第一次听证会。

2013 年 8 月 1 日，中美双方提交第二次书面陈述。

2013 年 8 月 27—28 日，专家组举行第二次听证会。

2013 年 11 月 15 日，专家组向当事方提交中期报告。

2013 年 12 月 20 日，专家组向当事方提交最终报告。

2014 年 3 月 25 日，专家组报告公布。

2014 年 4 月 8 日，中方提出上诉。

2014 年 4 月 17 日，美方提出交叉上诉。

2014 年 4 月 30 日，中美提交被上诉陈述。

2014 年 5 月 5 日，澳大利亚、欧盟、日本提交第三方陈述。

2014 年 5 月 15—16 日，上诉机构举行听证会。

2014 年 7 月 7 日，上诉机构报告散发。

2014 年 7 月 22 日，争端解决机构通过上诉机构和专家组报告。

2015 年 8 月 5 日，本案合理执行期结束。

校稿：陈雨松

# 中欧光伏补贴之争

## —— 中国诉欧盟光伏补贴措施案（DS452）评析

施为

欧盟是对中国产品发起反倾销调查最多的世贸组织成员之一，其中，针对中国光伏产品的反倾销调查案规模最大。2012年9月6日，欧盟委员会发起针对中国光伏电池的反倾销调查，涉及金额1300亿元人民币。时隔不久，中国以欧盟成员国对符合"当地成分"条件的光伏发电项目提供额外的电价补贴为由，将其诉诸世贸组织争端解决机制。这是中国加入世贸组织以来主动起诉的第11起案件，有力维护了中方正当权利。

## 一、案件背景和诉讼程序

### （一）案件背景

中国光伏产业对国际市场依赖程度很大，对外依存度达90%，其中大部分产品销往欧洲。2011 年对欧出口光伏电池片及组件 188.5 亿美元，占中国光伏电池片及组件出口总额的 73%，涉及出口企业 1000 余家。

为刺激新能源发展，欧盟很多成员国都实行对可再生能源发电的上网电价补贴，但其不区分光伏设备的原产地。在此基础上，在全球光伏产品扩张程度远超需求增长速度的背景下，意大利和希腊两国率先出台法律规定，如果光伏发电项目的主要零部件原产于欧盟国家或欧洲经济区国家（包括冰岛、挪威、列支敦士登三国，下同），该项目生产的电力在上网时，可获得 10% 或 5—20 欧元 / 兆瓦时不等的额外电价补贴。

上述补贴措施使得欧盟当地设备生产企业获得了竞争利益，严重影响了中国光伏产品出口。自意大利补贴措施实施以来，中国对意大利市场的出口规模逐渐萎缩。2012 年一季度，中国对意大利市场的出口规模仅有 191.6 兆瓦时，环比下降了 12.7%，同比下降了 80.6%。

中方主张，上述补贴措施涉嫌违反世贸组织协定关于国民待遇和最惠国待遇的规定，构成了世贸组织协定禁止的进口替代补贴，并对中国光伏产品出口造成了严重不利影响，损害了中国作为世贸组织成员的正当权益。

## （二）诉讼进程

2012 年 11 月 5 日，中国就意大利、希腊等欧盟成员国的光伏补贴措施，提出与欧盟及其相关成员国在世贸组织争端解决机制下进行磋商，正式启动世贸争端解决程序。11 月 14 日，欧盟接受磋商请求。11 月 16 日，日本要求参加磋商。11 月 19 日，澳大利亚和阿根廷要求参加磋商。12 月 3 日，欧盟接受了日本加入磋商的请求，拒绝了澳大利亚和阿根廷的请求。

2012 年 12 月至 2013 年 5 月，中方与欧盟及其相关成员国举行了多轮磋商。

## 二、涉案措施与主要法律争议

### （一）涉案措施

#### 1. 意大利第 4 号、第 5 号能源法案

意大利经济发展部于 2011 年 5 月颁布《为鼓励光伏太阳能设施发电的 2011 年 3 月 3 日第 28 号法令第 25 条之实施细则》（第 4 号能源法案），特别是其中的第 14.1 条（d）项，对欧盟生产的产品给予特殊优惠。根据该法案，光伏发电系统的主要零部件（组件和逆变器）有 60% 以上产自欧盟，发电商将可在一般性上网电价补贴的基础上获得 10% 的额外补贴。

意大利经济发展部于 2012 年 7 月颁布《为鼓励光伏太阳能设施发电的 2011 年 3 月 3 日第 28 号法令第 25 条之实施细则》（第 5 号能源法案），特别是其中的第 4.5 条（d）项、第 5.2 条（a）项和第 2.1 条（v）项，对达到"当地成分"要求的光伏项目的额外补贴标准进行了修改。根据该法案，继续针对"主要零部件在欧盟国家生产"的光伏项目授予额外电价补贴：2013 年底前投产的项目可获得 20 欧元 / 兆瓦时的额外补贴；2014 年降至每兆瓦时 10 欧元，2015 年降至每兆瓦时 5 欧元。

#### 2. 希腊第 4062/2012 号法令

希腊于 2012 年 3 月通过《关于雅典前 Hellinikon 国际机场开发—赫利俄斯项目—促进可再生能源使用（实施 2009/28/EC 号指令）—生物燃料和生物液体可持续性评估标准（实施 2009/30/EC 号指令）的第 4062/2012 号法》（第 4062/2012 号法令），特别是其中的第 39.12 条，规定如果光伏发电设备中 70% 以上的零部件由欧盟国家生产，则该光伏项目可获得 10% 的额外上网电价补贴。

## （二）主要法律争议

### 1. 关于国民待遇义务

中方主张，中国光伏产品和欧盟光伏产品属于同类产品，意、希两国在影响国内销售方面给予中国光伏产品的待遇低于欧盟光伏产品享有的待遇，涉嫌违反 GATT1994 第 3 条和《与贸易有关的投资措施协定》第 2 条的"国民待遇"要求。其中，涉案措施是为国内生产提供保护的影响产品国内销售的法令、条例和规定，涉嫌违反 GATT1994 第 3.1 条；涉案措施为进口可再生能源设备提供的待遇低于产自欧盟国家同类产品的待遇，涉嫌违反 GATT1994 第 3.4 条；涉案措施构成了对产品的使用必须符合特定数量或比例的数量规制，直接或间接要求特定数量或比例的规制对象产品必须由国内来源提供，涉嫌违反 GATT1994 第 3.5 条。

此前，欧盟和日本分别将加拿大的光伏上网电价补贴诉至世贸组织争端解决机制（DS426 和 DS412），指控加拿大措施违反"国民待遇"要求并构成禁止性补贴。该案专家组于 2012 年 9 月向当事方散发了中期报告，裁定加拿大措施违反了"国民待遇"要求，但驳回了起诉方在禁止性补贴方面的主张。意、希措施在违反"国民待遇"方面与加拿大措施非常相似，同时在构成禁止性补贴方面事实更加清楚。

### 2. 关于最惠国待遇义务

中方主张，意、希两国在影响国内销售方面给予中国光伏产品的待遇低于其他成员（包括但不限于欧洲经济区内的非欧盟成员国）光伏产品享有的待遇，涉案措施涉嫌违反 GATT1994 第 1 条的"最惠国待遇"要求。

### 3. 关于进口替代补贴

中方主张，意、希两国的上网电价补贴，系两国公共机构通过财政资助或价格支持授予一项利益，并且以使用国产货物而非进口货物为提供补贴的条件，涉嫌构成《补贴协定》所禁止的进口替代补贴，违反《补贴协定》第 3.1 条（b）项和第 3.2 条。

## 三、案件的解决

意、希措施树立了恶劣先例，其他国家可能仿效。法国总统府曾于 2012 年初发布公报，宣布将对使用欧盟光伏组件的光伏发电设备授予 10% 的额外电价补贴。法有关部门就此已起草一项法令草案，当时尚未通过。因此，如不及时果断制止意、希两国违反世贸规则的行为，欧盟其他成员国、美国以及部分发展中国家或将群起仿效。世贸组织争端解决机制是一种法律性和技术性较强的争端处理方式，被视为成熟贸易伙伴之间解决贸易争端的通常做法，中方将欧方光伏电价补贴措施提交世贸组织争端解决机构审理，以期从规则中寻求问题的妥善解决。

经磋商，欧方终止了相关措施。其中，意大利第 4 号能源法案到期失效，第 5 号能源法案因补贴金额达到规定的上限于 2013 年 7 月 6 日起停止实施，两法案均未延续实施；希腊第 4062/2012 号法令第 39.12 条于 2013 年 12 月 1 日被第 4203/2013 号法令废除。中方起诉实现了既定目标。

## 四、案件的启示与评价

总的来看，本案具有如下启示意义：

### （一）补贴问题具有两面性

补贴具有两面性，它既可以促进社会经济发展，又可能对国际贸易产生一定负面影响。反补贴措施也同样存在两面性，它既可以规制补贴行为，保护公平贸易，又可能在不合理地运用过程中成为贸易保护的工具。在经济全球化背景下，各国普遍高度关注补贴与反补贴两种政策工具的平衡问题，在对其进行必要规制的同时，保留合理的政策空间。对此，一方面，中国宜进一步提升国内立法和政策制定的科学性、合理性及合规性；另一方面，积极使用争端解决机制等手段，为中国企业争取公平的国际贸易环境。

## （二）中方宜密切关注美欧在新能源领域的政策动向

面对日益严峻的能源危机和环境危机，美、欧等经济体纷纷将新能源的发展放在重要的战略地位，相继出台能源政策，欲抢占新能源领域发展的先机。以可再生能源行业（包括光伏、电池等）为例，美国对于光伏发电采用可再生能源配额、税收优惠、现金补助计划等激励政策，对于太阳能产业的科技研发建立"清洁能源银行"等给予资金扶持；欧盟制定出台"可再生能源指令"及其实施法规，创设"间接土地利用变化"等标准评估环境影响，并企图将监管拓展到域外。目前，美欧均高度关注环境、气候变化与贸易的关系，贸易保护主义措施也可能披上保护环境的"外衣"，中方宜对此密切跟踪，对内为制定新能源领域的政策提供参考，对外维护中国企业正当权益。

## （三）探索与企业之间建立其他国家潜在违规线索的联系机制

本案线索系来自于中国光伏企业。据反映，意大利和希腊两国出台法律，对欧盟光伏产业授予基于"当地成分"条件的额外电价补贴，严重损害中国光伏产业的出口利益。考虑到随着中国推进"一带一路"建设、构建人类命运共同体，越来越多的中国企业走出国门，对外开展形式更多元、更大规模、更深程度的经贸合作，对其他国家的政策法规已有一定了解。中国可积极研究与企业加强联系，逐步探索建立相关机制，为利用争端解决机制维护中国规则和贸易利益做好储备。

**附件**

中国诉欧盟光伏补贴措施案（DS452）大事记

2012 年 11 月 5 日，中国向欧盟及其相关成员国提出磋商请求。

2012 年 11 月 14 日，欧盟接受磋商请求。

2012 年 11 月 16 日，日本要求参加磋商。

2012 年 11 月 19 日，澳大利亚和阿根廷要求参加磋商。

2012 年 12 月 3 日，欧盟接受了日本加入磋商的请求，拒绝了澳大利亚和阿根廷的请求。

2012 年 12 月 18 日，中国与欧盟及其相关成员国举行了第一轮视频磋商。

2013 年 1 月 28 日，双方举行第二轮视频磋商。

2013 年 2 月 6 日，双方举行非正式电话会议进行磋商。

2013 年 3 月 27 日，双方举行非正式电话会议进行磋商。

2013 年 5 月 8 日，双方举行非正式电话会议进行磋商。

校稿· 张侃

# 斩"目标"、断"推定",对美滥用反倾销措施的又一击

## ——中国诉美国反倾销措施案（DS471）评析

姚晨曦

中国诉美国反倾销措施世贸争端案（DS471），是中国第一个完成报复水平仲裁阶段的案件，获得了 35.79 亿美元的年度贸易报复额，这也是世贸争端解决历史上第四大贸易报复额。案件自 2013 年 12 月提出磋商请求到获得报复水平仲裁结果，历时逾六年，历经原审专家组、上诉机构、执行（合理执行期仲裁）、贸易报复授权申请、报复水平仲裁等程序，成为中国参与世贸争端解决案件程序最复杂的当事方案件之一。

## 一、案件背景和诉讼程序

### （一）案件背景

本案针对的是美国反倾销调查中所谓的"目标倾销"方法，世贸组织《反

倾销协定》第2.4.2条规定，如主管机关认为一种出口价格在不同购买者、地区或时间之间差异很大，且如果就为何不能通过使用加权平均对加权平均或交易对交易进行比较而适当考虑此类差异作出说明，则在加权平均基础上确定的正常价值可以与单笔出口交易的价格进行比较。[①]

从上述规定可以看出，目标倾销是指出口国的生产商或出口商出口一产品至另一国时，针对特定购买者、特定地区或在特定时间段内的倾销行为。据此，目标倾销具有如下特点：（1）生产商或出口商实施了倾销行为，应满足《反倾销协定》第2.1条关于倾销的定义。[②]（2）生产商或出口商对特定购买者，或在特定地区或时间段的定价模式与对其他购买者或其他地区或时间段的定价模式不一致，即实施了选择性的倾销行为。（3）由于生产商或出口商定价模式不一致，导致特定购买者，或在特定地区或时间段的出口价格与其他购买者或其他地区或时间段的出口价格相比存在显著差异。基于以上特征，加权对加权或交易对交易的倾销幅度计算方法可能导致掩盖倾销行为，因此，对该倾销行为需要采用"加权对交易"特殊计算方法。

此外，需要说明的是，目标倾销概念于1994年被引入《反倾销协定》。在《反倾销协定》达成之前，包括美国在内的许多国家主要采用"加权对交易"并通过"归零"方式计算倾销幅度。为限制这种做法，《反倾销协定》制定了第2.4.2条，要求调查机关应采用加权对加权或交易对交易的比较方法，只有在目标倾销情况下，才允许调查机关采用"加权对交易"的方法计算倾销幅度。从立法本意看，目标倾销实质是作为一个倾销幅度计算方法的限制条件而存在。一是，加权对加权或交易对交易计算方法可能会掩盖目标倾销行为，需要保留"加权对交易"计算方式；二是，需要对其做出限制，即只有在目标倾销的情况才允许使用。

---

[①] 世贸组织《反倾销协定》第2.4.2条规定了三种计算倾销幅度的方法：平均对平均（加权对加权），即采用加权平均正常价值与加权平均出口价格进行比较；逐笔对逐笔（交易对交易），即每笔正常价值与每笔出口价格进行比较；平均对逐笔（加权对交易），即加权平均正常价值与每笔出口价格进行比较。只有在存在目标倾销情况下，协议才允许调查机关采用"加权对交易"方法计算倾销幅度。

[②] 《反倾销协定》第2.1条规定："就本协议而言，如一产品自一国出口至另一国的出口价格低于在正常贸易过程中出口国供消费的同类产品的可比价格。即以低于正常价值的价格进入另一国的商业，则该产品被视为倾销。"

自 2007 年起,美商务部开始执行美国—"归零"法(欧共体)案(DS294)的裁决,放弃型号"归零"(model zeroing),为此美国开始寻求替代方法。在涉及"目标倾销"的反倾销调查中,美商务部采取了一系列步骤来确定是否存在一种基于购买者、地区或时间而区别定价的模式,并采取加权平均正常价值和单笔交易出口价格进行比较的方法("加权对交易")结合"归零"法计算倾销幅度。2008 年 4 月到 2013 年 3 月期间,美商务部在对华反倾销调查中违规滥用"目标倾销"调查方法,损害了中国企业合法权益,损害了《反倾销协定》的规则利益。

此外,美商务部在对华的反倾销调查中将中国作为"非市场经济国家",推定其中的所有生产商和出口商构成一个受政府普遍控制的单一实体("非市场经济统一实体"),并给予该实体单一的倾销幅度或税率。在对非市场经济统一实体确定倾销幅度或税率时,美商务部通过认定该实体未合作而使用可获得不利事实,计算出畸高的反倾销税率,严重滥用反倾销措施,侵犯我企业合法权益。

## (二)诉讼进程

2013 年 12 月 3 日,中国就美国采取的 13 项反倾销措施以及美国在反倾销程序中采用的相关准则提出世贸争端解决机制项下的磋商请求,正式启动了 DS471 案争端解决程序。2014 年 2 月 13 日,中方提出设立专家组请求。2014 年 3 月 26 日,世贸争端解决机构设立案件专家组。参与本案的第三方成员为:巴西、加拿大、欧盟、印度、日本、韩国、挪威、俄罗斯、沙特阿拉伯、乌克兰、越南、土耳其和中国台北。2016 年 10 月 19 日,争端解决机构发布了本案专家组报告。

2016 年 11 月 18 日,中方就专家组报告向争端解决机构提起上诉。承担审理本案的上诉机构成员包括:主席乌扎尔·巴蒂亚(Ujal Bhatia),成员里卡多·拉米雷斯 – 埃尔南德斯(Ricardo Ramírez-Hernández)和史瑞·瑟凡辛(Shree Servansing)。2017 年 5 月 11 日,争端解决机构向世贸组织各成员散发了本案上诉机构报告。5 月 22 日,争端解决机构通过了本案专家组报告和上诉机构报告。

2017 年 6 月 19 日，美方在争端解决机构会议上通报其执行本案裁决意向，本案进入执行阶段。10 月 17 日，中方致函世贸组织总干事，要求通过合理执行期仲裁确定案件裁决的合理执行期。2017 年 11 月 7 日，总干事指定澳大利亚常驻世贸组织副代表西蒙·法本布鲁姆（Simon Farbenbloom）担任本案的独任仲裁员。2018 年 1 月 19 日，仲裁员发布了本案仲裁裁决，裁定本案的合理执行期为 15 个月，从 2017 年 5 月 22 日起至 2018 年 8 月 22 日止。

合理执行期届满后，由于美方一直未采取任何执行措施，2018 年 9 月 9 日，中方根据《关于争端解决规则与程序的谅解》（DSU）第 22.2 条向争端解决机构请求贸易报复授权。9 月 19 日，美方对中方报复水平提出异议，根据 DSU 第 22.6 条申请仲裁。2019 年 11 月 1 日，世贸组织公布仲裁报告，裁定中国对美国报复金额为 35.79 亿美元，这是截至目前（2021 年 6 月）世贸历史上第四大报复额。[①]

## 二、涉案措施和主要法律争议

本案涉及美方针对自华进口的 13 类产品[②]采取的反倾销措施。本案涉及的主要法律争议有三项：一是目标倾销问题，滥用目标倾销规定，违规采取"加权对交易"比较方法并结合"归零"法计算倾销幅度。二是"单一税率推定"，即推定中国作为"非市场经济国家"且中国的生产商和出口商构成一个受政府普遍控制的单一实体（"非市场经济统一实体"），给予该实体单一的倾销幅度和税率，拒绝为中国企业分别计算单独的反倾销税率。三是"使用不利可获得事实"，即在对"非市场经济统一实体"确定倾销幅度或税率时，美商务部通过认定该实体未合作而使用可获得不利事实，计算出畸高的反倾销税率的做法。

---

[①] 前三大报复额分别为：美诉欧大型民用飞机补贴措施案（DS316）74.97 亿美元报复额、欧诉美外销公司案（DS108）40.43 亿美元报复额、欧诉美大型民用飞机补贴案（DS353）39.9 亿美元报复额。
[②] 13 类产品分别是：铝型材、铜版纸、虾、非公路用轮胎、石油管材、光伏、金刚石锯片、钢制高压气瓶、木地板、织带、包装袋、聚酯薄膜、家具。

## （一）关于目标倾销

在涉及目标倾销指控的反倾销调查中，美商务部从两个方面对目标倾销进行分析：一是生产商或出口商是否因客户、地区或时间段不同而采用不同的定价模式（a pattern of export price），即模式测试；二是由于这种定价模式不同导致出口价格因客户、地区、时间段不同而呈现显著差异（differ significantly），即差距测试。由于美商务部曾在针对中国和阿联酋钢钉产品使用上述测试方法，该种模式测试和差距测试并称为"钢钉案测试方法"。对于通过上述测试涉嫌存在目标倾销的交易，美商务部通常认定用将加权平均正常价值和加权平均出口价格进行比较的方法（"加权对加权"）不能适当地对相关定价模式做出说明，进而采取将加权平均正常价值和单笔交易出口价格进行比较的方法（"加权对交易"），并结合"归零"法计算较高的倾销幅度。美商务部采取的测试方法和比较方法简要介绍如下：

**1."钢钉案测试方法"，包括"模式测试"和"价格差距测试"两步**

对于第一步"模式测试"，包括标准差测试和33%测试。对于标准差测试，即向"目标"销售的加权平均价格是否低于所有销售的加权平均价格中值一个"标准差"（Standard Deviation）。首先，美商务部将涉案进口产品按产品型号（"CONNUM"）进行分类，选取同时存在目标销售（AT）和非目标销售（NT）的产品型号。对选取的每个产品型号，分别计算每个目标销售和非目标销售的加权平均价格。第二，根据所有目标销售和非目标销售的加权平均价格，得出统计平均值和标准差。第三，计算"基准价格"=统计平均值−1个标准差。第四，目标销售的加权平均价格低于基准价格的则通过标准差测试。第五，加总通过标准差测试的各产品型号的目标销售。第六，与出口商出口到美国的涉案产品（包括所有产品型号）总量比较，比较结果大于33%则通过模式测试。

第二步"价格差距测试"包括差距比较测试和5%测试。首先，对于通过模式测试的产品型号，计算"目标销售—非目标销售价格差""非目标销售加权平均价格差"，并对两者进行比较。第二，依次从小到大列出所有目标销售和非目标销售的加权平均价格，计算最大的目标销售加权平均价格与仅高于该目标销售价格的非目标销售加权平均价格之差（目标销售—非目标销售价格差）。第三，计算所有非目标销售价格之间的加权平均价格差距，但排除那些低于最高目标销售加权平均价格的非目标销售价格。第四，比较"目标销售—非目标销售价格差"和"非目标销售加权平均价格差"：如果前者高于后者，通过差距比较测试。第五，加总通过差距比较测试的各产品型号目标销售数，与出口商出口到美国的涉案产品（包括所有产品型号）总量比较，比较结果大于5%则通过价格差距测试。

### 2. 适用"加权对交易"比较方法

2008年12月前，美商务部适用"加权对交易"比较法仅限于构成目标倾销的销售，"加权对交易"比较法加"归零"仅适用于认定目标倾销的出口交易。2008年12月后，即使出口商只有部分产品型号被认定存在目标倾销，美商务部仍会对该出口商销售的所有被调查产品采用"加权对交易"比较法加"归零"，本案涉及的目标倾销调查均属于此情况。

中方认为，美方采用的认定"目标倾销"的"钢钉案测试方法"不符合《反倾销协定》关于"定价模式"和"显著差异"的要求，且美方随意扩大"加权对交易"比较方法的适用范围，并错误使用"归零"法人为提高倾销幅度计算结果，违反《反倾销协定》的规定。本案中该诉点针对的具体涉案措施包括4项（3项反倾销原始调查和1项行政复审）：美商务部对自华进口的铜版纸、石油管材和钢制高压气瓶反倾销原始调查，聚酯薄膜反倾销行政复审。

### （二）关于"单一税率推定"

美商务部将中国作为"非市场经济国家"，推定的所有生产商和出口商构成一个受政府普遍控制的单一实体（"非市场经济统一体"，具体到中国来说，即"中国统一体"），并给予该实体单一的倾销幅度和税率。涉案生产商和出口商如想反驳此推定，需依据美国"单独税率测试"（separate rate test）规定的条件承担举证责任，提供充分证据证明其出口行为在法律和事实上均不受政府控制。

中方认为,美方上述做法人为推定存在所谓的"非市场经济统一体"并适用"单一税率",美方做法已构成一项可被挑战的准则,该准则及其在反倾销实践中大量适用,违反《反倾销协定》关于为出口商或生产商确定或计算各自倾销幅度并征收各自反倾销税等规定。中方该诉点针对的涉案措施既包括美商务部"单一税率推定"准则本身,也包括"单一税率推定"在相关反倾销调查中的具体适用(适用了"单一税率推定"的38项被诉反倾销裁定[①])。

### (三)关于"使用不利可获得事实"

美商务部针对"非市场经济统一体",包括对涉案产品的所有生产商和出口商,一旦认定这些生产商和出口商"未尽到最大努力"而"不合作",则选择使用不利的事实,对涉案生产商和出口商施加更高的倾销幅度和税率。美商务部上述做法统称为"使用不利可获得事实"。中方认为,美方"使用不利可获得事实"做法构成一项可被挑战的准则,该准则及其在反倾销实践中的适用,错误认定"不合作"情形,在未要求利害关系方提供必要信息的情况下适用可获得事实,并系统性地选择不利事实、做出不利推定,违反《反倾销协定》在使用"可获得事实"等问题上的规则和纪律。中方该诉点针对的涉案措施既包括美商务部"使用不利可获得事实"准则本身,也包括该准则在对华反倾销调查中的具体适用(适用"使用不利可获得事实"的30项被诉反倾销裁定[②])。

---

① 具体包括13项原始调查裁定(铝型材案、铜版纸案、虾案、非公路用轮胎案、石油管材案、太阳能案、金刚石锯片案、钢制高压气瓶案、木地板案、织带案、包装袋案、聚酯薄膜案、家具案)和25项行政复审裁定(铝型材案第一次和第二次行政复审,虾案第七次、第八次和第九次行政复审,非公路用轮胎案第三次、第五次行政复审,石油管材案第一次行政复审,太阳能案第一次行政复审,金刚石锯片案第一次、第二次、第三次、第四次行政复审,木地板案第一次、第二次行政复审,织带案第一次和第三次行政复审,包装袋案第三次和第四次行政复审,聚酯薄膜案第三次、第四次和第五次行政复审,家具案第七次、第八次和第九次行政复审)。

② 具体包括13项反倾销调查裁定(同脚注1)和17项行政复审裁定(铝型材案第一次、第二次行政复审,虾案第七次、第八次行政复审,非公路用轮胎案第五次行政复审,太阳能案第一次行政复审,金刚石锯片案第一次、第二次、第三次和第四次行政复审,木地板案第一次、第二次行政复审,织带案第一次和第三次行政复审,包装袋案第三次行政复审,家具案第七次和第八次行政复审)。

## 三、专家组裁决情况

### （一）关于目标倾销

#### 1. 关于"定价模式"

（1）中方观点

中方认为，美商务部"钢钉案测试方法"不能正确认定"一种出口价格在不同购买者、地区或时间之间差异重大的模式"。"模式"应该是可理解的（intelligible）、可识别的（discernible），"模式"的考察要基于出口价格的整体和个体，要同时考虑"差异"的"量"和"质"。美商务部系统性忽略了所谓价格差异可能并不存在"质"的差异，相关差异可以通过目标倾销以外的原因（如季节性的价格波动等）得以解释。

中方主张，采用一个标准差的统计门槛并不构成一种测算统计上的"重大性"的公认方法，一个标准差不是衡量目标倾销价格差异的合理指标。正确认定"模式"，要求针对购买者、地区或时间之一，比较目标销售与所有非目标销售。美商务部仅考虑目标销售，而忽略了非目标销售中也有可能存在类似的定价模式，未能从数量或者统计的角度确定出口价格是否存在重大差异。美商务部在"价格差距测试"中，使用了加权平均价格，不考虑任何低于目标销售平均价格的非目标销售平均价格，此举会导致将本不存在重大差异的情形认定为差异重大，而《反倾销协定》第2.4.2条第二句话关注的是个体出口价格，采用加权平均价格掩盖了目标销售内的价格差异，缩小了标准差，使得相关测试更容易被通过。

（2）美方观点

美方认为，"模式条款"未要求调查机关区分"模式"内外的测试数据。从《反倾销协定》第2.4.2条文本一般含义看，必须对较低和较高的出口价格进行互相比较，否则无法构成"出口价格……差异很大的模式"，调查机关要审查所有出口销售才能发现"一种模式"的存在。"模式条款"未要求调查机关对出口价格进行单笔分析,未要求调查机关使用任何特定类型的统计分析,也未要求调查机关审查出口价格为何不同,只要出口价格在量或质的方面存在重大差异,即可满足"模式条款"中"很大"一词的要求。美商务部使用平均值和标准差等统计学概念并不是为了进行中方主张的基于概率的统计学测试,而是采用这些概念作为判断出口商定价行为性质的一种透明、可预测的客观标准。在差距测试中,美商务部未做任何统计推断,也未假定任何概率分布,美商务部的方法是为了评估是否存在系统性的定价行为。

(3)专家组裁决

首先,关于中方主张的"价格差距测试"排除了低于目标销售价格的非目标销售价格,未能客观确定目标销售出口价格与非目标销售出口价格在量的方面差异很大。专家组认为,调查机关不应当在没有解释的情况下拒绝有关低于目标销售价格的非目标销售价格的在案证据,如果调查机关将目标销售价格与所有非目标销售价格进行比较,该差异可能会变得不是很大。《反倾销协定》第 2.4.2 条"模式条款"不允许调查机关仅通过考虑高于目标销售价格的非目标销售价格而推断出目标销售价格与非目标销售价格差异很大。专家组裁决支持中国在铜版纸、石油管材调查中的主张。

第二,关于中方主张的"模式测试"中使用"一个"标准差不足以认定价格差异很大。专家组认为,《反倾销协定》第 2.4.2 条没有限定模式认定的特定方法,中国未能证明美商务部在模式测试使用一个标准差门槛如何导致其最终结论违反第 2.4.2 条"模式条款"。

第三,关于"模式"认定中"质"的问题。专家组认为,《反倾销协定》第 2.4.2 条"模式条款"没有明确要求考虑被认定构成相关模式的出口价格差异的原因,调查机关应当考虑出口价格是"如何"不同,而不是"为何"不同。专家组未支持中国主张。

**2. 关于"解释"条款**

(1)中方观点

中方认为,美商务部没有对《反倾销协定》第 2.4.2 条第二句要求的"就为何不能通过使用加权平均对加权平均或交易对交易进行比较而适当考虑此类差异作出说明"。结合《反倾销协定》第17.6条第（i）目的要求，如果调查机关提供的说明不合逻辑、不完整、说明的是其他事项或并没有以合理且充分的方式加以说明，则都不满足《反倾销协定》第2.4.2条第二句的要求。只是简单地声称加权对加权比较法导致高价交易抵消或掩盖了低价行为，而不提供任何分析的，不构成合理、足够的解释。同时，美商务部未就交易对交易比较法进行任何讨论，而《反倾销协定》第2.4.2条要求对加权对加权和交易对交易两种比较方法都作出说明。

（2）美方观点

美方认为，加权对加权和交易对交易比较方法可"实现相同的功能"，调查机关可以根据特定调查需要在上述两种比较方法中选择最合适的方法，无须同时使用加权对加权和交易对交易进行比较。在涉案的铜版纸、石油管材和钢制高压气瓶反倾销调查中，美商务部在认定存在出口价格差异很大的模式后，评估了使用加权对加权方法和"加权对交易"方法计算得出倾销幅度的差异，这些差异证明加权对加权方法掩盖了倾销，而通过"加权对交易"方法可以揭示该倾销的存在，其无需再就交易对交易方法提供任何解释。

（3）专家组裁决

专家组认为，《反倾销协定》第2.4.2条"解释条款"并未规定调查机关应以特定的方式对为何加权对加权或交易对交易方法不能适当考虑相关出口价格的重大差异提供解释。在涉案的铜版纸、石油管材和钢制高压气瓶反倾销调查中，美商务部的解释只是基于"加权对交易"且"归零"的比较方法得出的倾销幅度高于加权对加权且不"归零"的比较方法的事实。由于专家组认定"加权对交易"方法下的"归零"违反《反倾销协定》第2.4.2条（见下文论述），美商务部基于此违规做法给出的解释违反"解释条款"。专家组还认为，《反倾销协定》第2.4.2条"加权对交易"方法是加权对加权和交易对交易这两种通常方法的例外，而不仅是其中一种方法的例外，调查机关在适用例外方法时应解释为何两种通常方法都不能适当考虑相关出口价格的重大差异。专家组支持

中方对于 "解释条款" 的主张。

### 3. 关于美商务部对所有出口销售适用 "加权对交易" 方法及 "归零"

（1）中方观点

中方认为，首先，根据《反倾销协定》第 2.4.2 条第二句的用语和上下文，"加权对交易" 是例外比较方法，只能适用于构成目标倾销的销售，即落入 "模式" 的出口交易价格，不能扩大范围适用于所有交易。其次，美商务部在对基于 "加权对交易" 比较方法得出的比较结果进行求和时，不适当的使用 "归零"。《反倾销协定》所规定的 "倾销" 和 "倾销幅度" 针对的是一个产品的整体，即一个出口商对于该产品的所有出口。《反倾销协定》第 2.4.2 条旨在为产品的整体计算倾销幅度，调查机关不得忽略任何中间计算结果，也就意味着其不得使用 "归零"。

（2）美方观点

美方认为，首先，《反倾销协定》第 2.4.2 条第二句的文本并没有限制 "加权对交易" 比较方法的适用范围，上诉机构在过去案件中认为倾销是针对特定出口商的概念，调查机关必须为特定出口商出口的所有被调查产品整体确定倾销幅度，且只有将 "加权对交易" 适用到低于和高于正常价值的出口价格上，并确保高于正常价值销售的出口不会抵消掉低于正常价值销售的出口造成的倾销，目标倾销才能被 "揭示"。其次，对于 "归零"，美方认为，上诉机构尚未对适用 "加权对交易" 方法时是否允许 "归零" 做出过任何认定，"加权对交易" 方法是 "通常" 比较方法的例外，且该例外方法提供了 "揭示目标倾销" 的途径，如果禁止 "加权对交易" 比较方法使用 "归零"，将导致该方法得出的倾销幅度结果与加权对加权方法得出的倾销幅度结果相同，即会出现 "数学结果等同" 问题。

（3）专家组裁决

首先，《反倾销协定》第 2.4.2 条第二句 "单笔出口交易" 是指落入该模式的出口交易，"加权对交易" 方法应仅适用于被单笔认定的部分出口交易，而非所有出口交易。上诉机构曾明确指出，"加权对交易" 方法的适用范围必然比交易对交易的适用范围更小。美商务部将 "加权对交易" 方法适用于全部出口交易的做法违反《反倾销协定》第 2.4.2 条。

第二，《反倾销协定》第 2.4.2 条下的三种比较方法的目的都是认定"倾销幅度"。在此前的世贸争端中，上诉机构认定不允许调查机关在使用加权对加权和交易对交易方法时通过"归零"计算倾销幅度。此禁止"归零"的裁决系根据以下 3 项原则做出：（1）倾销幅度必须是对被调查产品整体计算；（2）倾销幅度必须是为出口商计算；（3）必须考虑所有中间结果的数值，从而汇总计算被调查产品整体的倾销幅度。美商务部使用"归零"忽略负数中间结果，未能对被调查产品整体计算倾销幅度，违反《反倾销协定》第 2.4.2 条。

第三，关于"数学结果等同"。专家组认为，美国"数学结果等同"主张仅在特定情形下成立，而《反倾销协定》第 2.4.2 条并不仅仅因特定情形下加权对加权方法和"加权对交易"方法得到的倾销幅度相同而变得无效，驳回美方关于"数学结果等同"主张。

**4. 关于聚酯薄膜案反倾销行政复审中适用的"加权对交易"方法与《反倾销协定》第 9.3 条和《1994 年关税与贸易总协定》（GATT1994）第 6.2 条不符**

（1）中方观点

中方认为，美商务部在聚酯薄膜案复审中采用了"加权对交易"的比较方法并进行"归零"，违反世贸规则。《反倾销协定》第 9.3 条要求反倾销税不得超过"倾销幅度"，GATT1994 第 6.2 条的规定与之相似。上诉机构已经多次明确"倾销幅度"指的是产品整体，并非指单笔交易层面是否存在低于正常价值的出口销售，因此确定是否存在倾销必须基于所有交易，而采用"归零"无法基于产品整体确定倾销幅度。

（2）美方观点

《反倾销协定》第 2.4.2 条第二句规定的"加权对交易"方法在适用时允许"归零"，只要反倾销税是根据第 2.4.2 条第二句规定的"加权对交易"方法计算的，则反倾销税必然不会超过根据《反倾销协定》第 2 条确定的倾销幅度，也就不违反《反倾销协定》第 9.3 条以及相应的 GATT1994 第 6.2 条。

（3）专家组裁决

首先，专家组注意到《反倾销协定》第 9.3 条和 GATT1994 第 6.2 条都要求调查机关确保反倾销税不得超过为相关出口商计算的倾销幅度。其次，专家组注意到上诉机构在此前争议中已认定，"归零"违反《反倾销协定》第 9.3 条和 GATT1994 第 6.2 条。鉴于专家组已认定《反倾销协定》第 2.4.2 条禁止在原始调查中根据"加权对交易"方法使用"归零"，美商务部在聚酯薄膜案第三次行政复审使用"归零"确定倾销幅度的做法违反《反倾销协定》第 9.3 条和 GATT1994 第 6.2 条。

## （二）关于"单一税率推定"

中方认为，美方做法人为推定存在所谓的"非市场经济统一体"并适用"单一税率"，美方做法已构成一项可被挑战的准则。中方"单一税率推定"诉请包括两部分：一是美商务部"单一税率推定"准则本身（as such）；二是"单一税率推定"在反倾销调查中的具体适用（as applied），即适用了"单一税率推定"的 38 项反倾销裁定。

### 1."单一税率推定"是否构成一项可以在 WTO 被诉的普遍且向前适用的准则

（1）中方观点

"单一税率推定"是一项普遍且向前适用（prospective）[①] 的规范。2005 年 4 月 5 日美商务部《政策公告》（第 05.1 号政策公告）和 2009 年美商务部《反倾销手册》第 10 章均清晰规定了被诉措施的确切内容以及被诉措施具有普遍且向前适用的特征。美商务部多次明确的将"单一税率推定"称为"政策"。美国在对中国等所谓"非市场经济国家"的反倾销程序和裁定中，长期以来一直适用"单一税率推定"。

（2）美方观点

中方未能证明所谓的"单一税率推定"可以作为一项普遍且向前适用的或规范"本身"而受到挑战。第 05.1 号政策公告和《反倾销手册》所描述的"单

---

① 此文中的"向前适用"即面向未来适用。

一税率推定"程序可能随时变动。《反倾销手册》只是内部培训材料，不能被用以证明实践做法。关于美商务部反倾销程序中的相关推定做法，最多只能说明系此前案件中的做法，不能证明其将普遍且向前地继续适用这些做法。美方提出，其在每一反倾销案件中均依据利害关系方提交的事实做出独立认定，并非自动做出相同的认定。

（3）专家组裁决

专家组认为，挑战一项"普遍且向前适用的准则"的成员方至少应当清楚证明如下三个要件：1）可归责于被诉成员方；2）准则具有确切内容；3）具有普遍且向前适用特性。

关于第1）点要件，涉案反倾销措施均由美商务部做出，因此相关措施可归责于美国。

关于第2）点要件，专家组认为第05.1号政策公告和美商务部多起裁定等证据清楚描述了"单一税率推定"的确切内容，即"在涉及'非市场经济国家'的反倾销程序中，出口商被推定为一个'非市场经济统一实体'的一部分，进而适用一项单一反倾销税率，除非每一个出口商通过满足'分别税率测试'规定的条件以证明其出口行为在法律上和事实上均不受政府控制"。

关于第3）点要件，专家组认为第05.1号政策公告和《反倾销手册》虽然不具有法律约束力，但均明确规定了上述"单一税率推定"做法，说明该推定是一项具有规范性质的政策。此外，第05.1号政策公告规定其适用于反倾销调查，《反倾销手册》被用于训练美商务部工作人员如何开展调查，且美国法院将"单一税率推定"描述为"已确立的"和"经司法认可的"做法等，均表明该推定具有向前适用的特性。

综上，专家组认为上述证据互相印证，整体上支持"单一税率推定"作为一项准则，具有普遍且向前适用的特性。

**2. "单一税率推定"本身是否违反《反倾销协定》第6.10条和第9.2条**

（1）中方观点

第一，《反倾销协定》第6.10条。该条规定了为每一已知出口商或生产商确定各自倾销幅度的总体性义务,该义务仅存在一项例外,即使用抽样方法。但即使调查机关使用抽样方法,也必须确保为自愿答卷的企业确定各自的倾销幅度,除非单独审查给调查机关带来过分的负担并妨碍调查的及时完成。

第二,《反倾销协定》第9.2条。第9.2条第一句要求调查机关对所有"来源"的进口产品收取"适当"金额的反倾销税。从文本和上下文分析,"适当"一词表明除了生产商或出口商由于抽样未被选中进行单独审查外,只有根据每个出口商各自的倾销幅度收取的反倾销税才是适当的;第9.2条第二句要求调查机关列出所有"供应商"的名称,进一步表明"来源"一词针对单个生产商或出口商。

第三,《反倾销协定》第6.10条和第9.2条从不同角度解决相同的问题,即"单独待遇"。第6.10条要求,为每一已知出口商或生产商确定或计算各自的倾销幅度。第9.2条要求,对每一出口商或生产商征收各自的反倾销税。

第四,"单一税率推定"本身违反《反倾销协定》第6.10条和第9.2条。在中国诉欧盟紧固件反倾销措施案(DS397)中,上诉机构认为,调查机关将推翻推定、证明享有单独待遇的责任施加于所谓"非市场经济"的出口商,违反上述世贸规则。因此,调查机关必须根据其在调查中收集的事实和证据做出相关认定,不得推定。

(2)美方观点

首先,关于《反倾销协定》第6.10条和第9.2条的解释。调查机关可以根据案件中多个公司的商业活动和彼此之间的关系认定这些公司是否应当被视为一个"出口商或生产商"。美方提出,上诉机构在DS397案中已明确认定在一些情形下,调查机关可以将多个出口商视为构成一个出口商,进而适用单一倾销幅度和反倾销税率。

其次,《加入议定书》为进口成员方推定中国政府控制或实质性影响中国所有生产商和出口商提供了依据,该议定书允许其他成员方推定中国相关产业由"市场经济"或"非市场经济"条件主导。因此,美商务部推定中国政府对中国企业在出口产品的定价和生产方面施加了控制或实质影响是合理的。

（3）专家组裁决

首先，根据《反倾销协定》第6.10条、第9.2条的条文、上下文以及上诉机构的相关解释，专家组认为第6.10条要求调查机关原则上应为每一已知出口商或生产商确定单独的倾销幅度，除非存在适用协定明确允许的例外情况；第9.2条要求调查机关在征收反倾销税时原则上为每一个供应商适用单独的税率，除非存在列出所有供应商名称不可行的例外情况。

其次，针对美国主张《加入议定书》第15条为美商务部将中国出口商视为单一实体提供了依据，专家组认为，《加入议定书》第15条（a）项仅涉及正常价值的确定，并未规定倾销计算的其他方面问题。而本案审查的问题是《反倾销协定》第6.10条和第9.2条是否允许调查机关在计算倾销幅度和税率时将"非市场经济国家"多个出口商视为一个实体。

再次，专家组认定，按照"单一税率推定"，美商务部在未对证据做客观肯定性认定情况下径直推定中国出口商或生产商与政府存在关联，将其视为一体并适用单一倾销幅度和反倾销税率，违反了为每一已知出口商计算单独倾销幅度（第6.10条）和为每一供应商确定单独反倾销税（第9.2条）的规定。

最后，即便假设通过"分别税率测试"能够有效认定出口商与政府之间是否存在紧密关系（专家组特别声明其在本案中无须就此做出认定），美商务部是在推定存在单一实体之后才进行该测试的，该测试并不能使得"单一税率推定"不违反《反倾销协定》第6.10条和第9.2条。

综上，专家组认定"单一税率推定"本身违反了《反倾销协定》第6.10条和第9.2条。

### 3. "单一税率推定"适用是否违反《反倾销协定》第6.10条和第9.2条

中方主张，美商务部将"单一税率推定"适用于所有被诉38项反倾销裁定，违反《反倾销协定》第6.10条和第9.2条。在每一项被诉裁定中，美商务部推定中国的所有生产商和出口商构成一个受政府普遍控制的单一实体（"中国统一体"），生产商和出口商对反驳该推定负有举证责任，只有通过分别税率测试，才能免除被认定为是"中国统一体"的一部分。在每一项被诉裁定中，美商务部对"中国统一体"中所有生产商或出口商确定单一的倾销幅度并征收反倾销税。中方认为,美方未能按照《反倾销协定》要求,对"中国统一体"中所有出口商或生产商确定各自的倾销幅度和反倾销税。

美方辩称,美商务部已于 2006 年依据美国国内法在事实上认定中国属于"非市场经济国家",而中国政府和企业未在本案被诉反倾销程序中挑战这一认定。美国还提出,美商务部给予了中国出口商证明其独立于中国政府的机会,分别税率测试要求提供的证据完全符合上诉机构在 DS397 案中提出的认定多个出口商是否应当被视为一个实体的考察因素。美商务部依据这些证据深入分析了应诉企业与中国政府的关系,相关做法不违反《反倾销协定》。

对于 13 项反倾销原始调查裁定,专家组认为,中方提交的证据表明美商务部首先推定中国政府控制出口商,并向出口商施加了分别税率测试要求,除非出口商证明不存在政府控制,否则将适用对于"中国统一体"的单一税率。上述 13 起反倾销原始调查属于"单一税率推定"措施。

对于 25 项反倾销行政复审裁定,专家组认为,中方提交的证据表明,美商务部将中国出口商是否提交分别税率申请或证明并符合其要求作为给予单独倾销幅度和税率的前提条件,被诉 25 项反倾销行政复审裁定属于"单一税率推定"措施。

综上,专家组认定美商务部在 38 项被诉反倾销裁定中均适用了"单一税率推定",违反《反倾销协定》第 6.10 条和第 9.2 条。

### 4. 关于中方基于《反倾销协定》第 9.4 条提出的本身和适用主张

中方主张,《反倾销协定》第 9.4 条确立了对自愿提供必要信息的、但最初未被选择答卷的出口商或生产商适用单独反倾销税的义务。《反倾销协定》第 6.10.2 条也要求调查机关对自愿答卷的未被选择的出口商或生产商单独确定倾销幅度。"单一税率推定"(尤其是分别税率测试)导致被美方认定为"非市场经济统一体"下的出口商或生产商无法取得各自倾销幅度和反倾销税率,违反《反倾销协定》。

美方辩称,在所有被诉反倾销裁定中,"中国统一体"的税率都是美商务部根据个案进行单独审查后使用可获得事实确定的,《反倾销协定》第 9.4 条不适用于此种情况。美方进一步提出,《反倾销协定》第 9.4 条仅对未被选择答卷的出口商或生产商征收反倾销税设置了上限,调查机关可以在上限之内对不同的出口商确定不同的税率。

专家组对此行使了"司法经济",认为其对于"单一税率推定"违反《反倾销协定》第 6.10 条和第 9.2 条的认定已可解决中方关注,无须就中方基于《反倾销协定》第 9.4 条的主张予以审查和认定。

## (三)关于"使用不利可获得事实"

关于"使用不利可获得事实",中方认为,美方做法错误认定"不合作"情形,在未要求利害关系方提供必要信息的情况下适用可获得事实,并系统性地选择不利事实、做出不利推定,美方做法已构成一项可被挑战的准则。中方"使用不利可获得事实"诉请包括两部分:一是"使用不利可获得事实"准则本身(as such);二是"使用不利可获得事实"在反倾销调查中的具体适用(as applied),即适用了"使用不利可获得事实"的 30 项反倾销裁定。

### 1. 中方观点

首先,"使用不利可获得事实"准则是一项可归责于美方、具有确切内容、普遍且向前适用的规范。1)可归责于美国:"使用可获得不利事实"是美商务部的行为,应由美国负责。2)该准则确切内容为:美商务部一旦认定所谓的"非市场经济统一体"未尽最大努力合作,则选择对"非市场经济统一体"及其所有生产商或出口商不利的事实,并确定一个足够不利(实质具有惩罚性)的税率。3)普遍且向前适用:包括美商务部《反倾销手册》第 10 章、美商务部一系列声明、美国法院相关裁决等均可证明,美方在认定"非市场经济统一体"及其生产商或出口商存在不合作时,系统性的从其他来源的信息[①]中选择导致

---

① 具体来说,对于反倾销原始调查,美商务部从相关产业提交的反倾销调查申请书或其他应诉企业的反倾销税率中选取高税率;对于行政复审,则沿用此前反倾销调查或复审确定的"非市场经济统一体"税率中的高税率。

高税率的不利事实适用于"非市场经济统一体"。

其次,违反《反倾销协定》第6.1条。在26项被诉裁定中,美商务部未通知所有利害关系方提供必要信息,也未给予其提交相关证据的充分机会。在5项被诉反倾销原始调查和6项被诉复审中,所有强制应诉企业都通过单独税率测试并且配合调查,美商务部没有向"中国统一体"中的任何利害关系方发放过完整问卷。在8项被诉反倾销原始调查和7项被诉复审中,强制应诉企业因为所谓的"不合作"或未通过单独税率测试而被最终划为"中国统一体"。

第三,违反《反倾销协定》第6.8条和附件2。《反倾销协定》第6.8条规定,调查机关适用可获得事实的前提条件是,利害关系方不允许使用或未在合理时间内提供必要的信息,或严重妨碍调查。由此可见,适用可获得事实是为了合理替代缺失的必要信息,而不合作的"程序性情形"本身并不足以满足调查机关适用可获得事实的前提条件。同时,附件2明确要求调查机关详细列明要求利害关系方提供的信息,且必须选择最佳信息。在相关被诉反倾销裁定中,美商务部在未要求利害关系方提供必要信息的情况下适用可获得事实,并系统性地选择不利事实、做出不利推定,也未提供任何合理适当的解释。

第四,违反《反倾销协定》第9.4条。第9.4条对未被选择的出口商或生产商所征收的反倾销税设定了上限,调查机关应当没有差别地对所有未被单独调查的出口商或生产商适用相同税率。但在相关被诉裁定中,美商务部未对"中国统一体"及其中所有出口商或生产商进行单独调查,且在相关被诉裁定中,美商务部对"中国统一体"适用的税率高于强制应诉企业的加权平均税率。

### 2.美方观点

首先,中方未能证明美商务部使用可获得事实确定"中国统一体"税率的做法可以作为一项普遍且向前适用的规范"本身"受到挑战。美方辩称,美商务部在个案中选取使用可获得事实以确定"中国统一体"税率,美商务部在类似个案中做出的类似认定不意味着这些认定构成了一项普遍且向前适用的措施。美方还提出,中方列举的美商务部《反倾销手册》、美商务部反倾销裁定、美国法院的案例等证据无法证明存在一项普遍且向前适用的所谓"准则"。

其次，关于《反倾销协定》第6.1条。美方认为，第6.1条未规定调查机关为做出某项认定所必须要求提供的信息，调查机关有权自行决定要求利害关系方提供哪些信息。同时，第6.1条要求调查机关给予利害关系方提交书面证据机会的义务并非是无限的，否则将妨碍调查机关掌控和及时完成调查的能力。美方表示，相关被诉涉案措施情况各异，有的被诉反倾销调查中部分企业未提供信息，有的一个或多个强制应诉企业未配合调查，有的是中国政府未提供信息，在这些情况下，第6.1条允许美商务部使用可获得事实确定"中国统一体"的倾销幅度。

第三，《反倾销协定》第6.8条允许调查机关在利害关系方未提供必要信息或严重妨碍调查时使用可获得事实做出裁定。当调查机关索要相关信息而利害关系方未提供时，相关调查受到了妨碍，即便不存在信息"缺口"，调查机关也可以使用可获得事实确定相关税率。美方主张，调查机关可以将"非市场经济国家"中多个企业的出口行为认定为"政府统一体"的定价行为，当"中国统一体"中的部分企业未提供调查机关索要的信息时，调查机关可以认定这些企业并扩展到整个"中国统一体"未提供必要信息且妨碍了调查。

第四，根据《反倾销协定》第6.8条和附件2，对利害关系方不合作行为做出推定是调查机关获取必要信息的有效手段，否则不仅鼓励了不合作行为，且剥夺了《反倾销协定》第6.8条的意义和效用。美方表示，在相关被诉裁定中，美商务部已经通知"中国统一体"内的企业提供信息，但一个或多个企业没有提供，在此情况下，美商务部可以认定这些企业及整个"中国统一体"，未提供必要信息及严重妨碍调查，进而使用可获得事实确定倾销幅度。

### 3. 专家组裁决

**关于"使用不利可获得事实准则"在世贸争端解决机制下的可诉性。**1）关于是否可归责于美方。由于美商务部是美国政府组成部分，专家组认定美商务部的相关做法应当归责于美国。2）关于准则的确切内容。专家组审查了中方提交的证据，包括美商务部《反倾销手册》相关段落、美国国际贸易法院相关判决以及美商务部做出的 86 项反倾销裁定，认为这些证据可以证明"使用不利可获得事实准则"的确切内容。3）关于是否具有普遍且向前适用性。专家组认为，虽然美商务部在相关反倾销裁定中确定"非市场经济统一体"税率的做法并非仅仅是简单的重复，美商务部在这些裁定中均采取了不利推定和适用不利可获得事实的做法，且美商务部可能在将来继续采取该做法，但这并不足以证明美商务部将来"必然"延续该做法。专家组认为在案证据不足以证明"使用不利可获得事实准则"具有向前适用特性所需的"稳定性和可预期性"。基于以上分析，专家组认定中方未能证明"使用不利可获得事实准则"构成一项普遍且向前适用的准则。鉴此，专家组认为其无需继续审查该准则是否违反了《反倾销协定》第 6.8 条和附件 2。

关于中方基于《反倾销协定》第 6.1 条、第 6.8 条、附件 2 以及第 9.4 条提出的适用主张。专家组对此行使了"司法经济"，未做裁决。专家组认为，中方基于上述条款提出的适用诉请所针对的 30 项被诉反倾销裁定均已被认定违反了《反倾销协定》第 6.10 条和第 9.2 条，即美商务部在这 30 项被诉裁定中适用"单一税率推定"违反 WTO 规则。美商务部执行专家组关于"单一税率推定"的裁定必须符合《反倾销协定》第 6.1 条、第 6.8 条、附件 2 以及第 9.4 条的规定。

## 四、上诉机构裁决

中方于 2016 年 11 月 18 日向争端解决机构提起上诉，美方未上诉。中方上诉请求主要包括：美商务部"钢钉案测试"所包含的若干"量"和"质"方面的缺陷违反《反倾销协定》第 2.4.2 条；美商务部在相关调查中依据加权平均而非单笔交易价格认定相关模式违反《反倾销协定》第 2.4.2 条；"使用不利可获得事实准则"构成一项可以挑战的普遍且向前适用的准则，要求上诉机构完成法律分析并认定该准则本身及其适用违反《反倾销协定》有关规则。2017 年 5 月 11 日，争端解决机构向世贸组织各成员方散发了本案上诉机构报告。

### （一）关于目标倾销

#### 1. 模式条款中钢钉案测试"量"的问题

中方认为，专家组对中方主张的钢钉案测试中相关"量"的缺陷的分析存在错误。中方主张，美商务部采用的标准差测试、价格差距测试等测试中使用的统计方法存在错误，不是一种测算统计上"重大性"的公认方法，无法客观中立地认定是否存在一种相关价格模式。

美方认为，《反倾销协定》第 2.4.2 条的模式条款并未要求调查机关使用何种统计学分析方法，即使调查机关选择使用某种特定的统计方法，第 2.4.2 条并不要求调查机关必须使用中方所主张的特定种类的统计学分析方法。

上诉机构认为，《反倾销协定》第 2.4.2 条及其上下文均未规定调查机关应如何界定价格"模式"，第 2.4.2 条所规定的差异"很大"一词不应被理解为具有统计学上的专门含义。中方所主张的相关统计学方法及数据分布情况，并不必然排除调查机关认定存在相关价格模式。上诉机构裁决，中方未能证明美商务部在 3 起被诉调查中适用的分析方法及数据分布情况不能适当界定相关的价格模式。

#### 2. 钢钉案测试"质"的问题

中方认为，在审查出口价格是否在不同的购买者、地区或时间之间差异很大时，调查机关必须主动考虑相关产品的客观市场因素等"质"的因素，比如季节性市场周期和生产成本的市场波动等。无论利害关系方是否提交相关证据，调查机关都应当审查客观市场因素以适当地确定是否存在相关模式。

美方认为，中方主张缺乏条约依据，中方讨论的"客观市场因素"包括季节性价格波动周期、市场导致的生产成本波动等因素，实际上是出口价格差异的原因，不在《反倾销协定》第 2.4.2 条规定的讨论范围之列，且此处 3 项被诉调查并不涉及中方提出的这些因素。

上诉机构回顾了其在此前美国—洗衣机（韩国）案（DS464）中对《反倾销协定》第 2.4.2 条中"很大"一词的解释，指出该词具有"量"和"质"两方面的含义。上诉机构认为，如果调查机关仅考虑数值或"量"的方面的差异很大而不考虑"质"的方面，则无法满足第2.4.2条关于构成相关模式的出口价格差异"很大"的要求。但上诉机构认为，第2.4.2条并不要求调查机关审查价格差异的客观原因或者主观动机，被调查产品的性质、涉案行业、市场结构或市场竞争强度等"客观市场因素"可帮助调查机关确定价格差异是否很大（即"重要、显著或有影响力"）。与此相反，说明价格差异产生原因或主观动机，与在模式条款下评估价格差异是否很大无关。

上诉机构进一步认为，中方提出的生产成本下降和季节性波动均与差异的原因有关，不需在模式条款下加以考虑，因此驳回中方上诉请求，维持专家组裁决。

### 3. 钢钉案测试使用加权平均值

中方认为，首先，《反倾销协定》第2.4.2条的关注重点是与加权平均值相比较的"单笔出口价格"，调查机关在认定是否存在相关价格模式时应审查单笔出口价格。其次，调查机关在适用作为例外的"加权对交易"比较方法前，必须审查"单笔出口价格"以认定其是否构成相关价格模式，使用平均值将无法辨别"以目标交易为重点的模式"。第三，专家组对模式条款的解释忽视了平均值导致不同的购买者、地区或时间之间的价格差异程度变小的事实。

美方认为，模式条款并未禁止调查机关使用加权平均出口价格确定相关模式。中方的主张实质上是要求调查机关使用某种特定类型的数量分析，而《反倾销协定》的文本对此并无规定。调查机关对于价格模式审查的重点不是单笔出口价格，而是在不同购买者、地区或时间之间的出口价格差异，计算加权平均值是调查机关面对大量出口价格数据审查是否存在相关模式的一种可行方法。

上诉机构认为，模式条款的重点在于不同购买者、地区或时间之间的价格差异，而不是"目标"购买者、地区或时间内部的价格差异，价格模式存在与否取决于"目标"交易的价格与"非目标"交易的价格之间的价格关系，只要符合模式条款的要求，调查机关有自由裁量权选择使用单笔出口交易价格或加权平均价格确定出口价格模式。因此，上诉机构未支持中方主张。

## （二）关于"使用不利可获得事实准则"

### 1."使用不利可获得事实准则"是否构成一项具有普遍及向前适用性的规则或准则

中方认为，专家组认定"使用不利可获得事实准则"有着既往案例中支持被诉措施具有向前适用性的全部特征，却最终错误地裁定"使用不利可获得事实准则"不具有向前适用性。对此，专家组错误地阐释了相关法律标准，要求相关准则的未来适用满足"确定性"标准，即证明这种适用在未来"必然"发生。中方要求上诉机构推翻专家组认定，完成相关分析以认定该准则具有向前及普遍适用性。

美方认为，专家组正确地界定并适用了认定一项准则是否具有普遍及向前适用性的法律标准。对于措施的"向前适用性"而言，美方认为专家组并未使用所谓的"确定性"标准，而是适用了上诉机构在美国—油井管日落复审（DS268）案中所明确的标准，即如果一项措施意图在发布后的未来情形下适用，则该措施具有向前适用性。

上诉机构认为，某项规则或准则如在未来适用则具有"向前适用性"，这种"向前适用性"并不要求该规则或准则"确定"会在未来适用。"向前适用性"相关考察因素包括：重复行为（重复行为越频繁、持久、广泛，证明力就越强），规则或准则的设计、架构和结构，规则或准则为将来调查机关的行为提供行政指导并使市场主体产生相关预期等。

上诉机构认为，"使用不利可获得事实准则"反映了美商务部的一项政策而非简单的重复行为，该政策为调查机关的未来行动提供行政指导且使市场主体形成一定预期。上诉机构强调，起诉方在主张措施具有"向前适用性"时无需证明措施在未来的适用具有"确定性"，专家组适用的"确定性"标准是错误的。因此，上诉机构推翻了专家组关于中方未证明"使用不利可获得事实准则"具有向前适用性的认定。

上诉机构认为,专家组关于"使用不利可获得事实准则"可被归责于美国及其确切内容的认定未被上诉,结合上述"普遍及向前适用性"的分析,上诉机构最终认定"使用不利可获得事实准则"构成一项具有普遍及向前适用性的规则或准则,该措施"本身"可以在世贸争端解决机制下被挑战。

**2. "使用不利可获得事实准则"违反了《反倾销协定》第6.8条与附件2相关规定**

中方认为,美商务部按照"使用不利可获得事实准则",只要认定"非市场经济统一体"不合作,就系统性地做出不利推定进而选取不利事实。但是,《反倾销协定》第6.8条与附件2要求调查机关选取"最佳"可获得事实,且选取相关事实时需要"特别慎重"。上述规定要求调查机关在个案中认真考虑所有相关事实及情形,比如:美商务部是否索取必要信息,所谓的"不合作"是否基于推定以及"非市场经济统一体"是真实的还是虚构的实体等。中方请求上诉机构在认定"使用不利可获得事实准则"构成一项具有普遍及向前适用性的规则或准则基础上完成法律分析,认定美方做法违规。

美方认为,第一,中方未证明美商务部在每一个被认定为不合作的反倾销程序中得出相同的结果,专家组也未做出此种认定。第二,中方没有解释为何"特别慎重"义务适用于调查机关认定"可获得事实"的行为,《反倾销协定》附件2无此规定。第三,美方提出,由于缺乏必要的事实认定,上诉机构不应完成相关法律分析。

上诉机构认为,中美双方的核心争议在于,美商务部是否仅仅依据应诉实体的不合作这一程序性情形而采用"可获得事实"。对于美商务部在"使用不利可获得事实准则"项下选取的事实能在多大程度上合理替代缺失的"必要信息",中美双方并没有进行充分的讨论。上诉机构认为,为了分析"使用不利可获得事实准则"是否违反《反倾销协定》第6.8条和附件2,其需要审查美商务部在选取可获得事实时对在案所有证据推理和评估的过程。然而,专家组未就该过程做出审查和认定。因此,上诉机构认为,其缺少充分无争议的事实完成关于"使用不利可获得事实准则"是否违反《反倾销协定》的法律分析。

## 五、合理执行期仲裁

2017 年 5 月 22 日，世贸组织争端解决机构通过了本案的专家组报告和上诉机构报告，裁决美方涉案反倾销措施违反世贸规则。2017 年 6 月 19 日，美方称其将在合理期限内执行本案裁决。随后，双方通过谈判确定合理执行期未果。2017 年 10 月 17 日，中方致函世贸组织总干事，请求通过仲裁确定合理执行期。2017 年 10 月 30 日，由于未就仲裁员人选达成一致，双方提请总干事指定仲裁员。2017 年 11 月 7 日，总干事指定澳大利亚常驻世贸组织副代表西蒙·法本布鲁姆（Simon Farbenbloom）担任本案的独任仲裁员。2018 年 1 月 19 日，仲裁员散发仲裁裁决，裁定本案的合理执行期为 15 个月，从 2017 年 5 月 22 日起至 2018 年 8 月 22 日止。

### （一）美方主张

美方提出 24 个月的执行期要价，具体包括两个阶段。第一阶段，美方通过启动国内《乌拉圭回合协定法》第 123 节程序（第 123 节程序）修改"单一税率推定"规则，该阶段预计耗时 15 个月，包括行政机构间协商 7 个月，初裁阶段 4 个月和终裁阶段 4 个月。在结束第 123 节程序初裁后（即执行期第 11 个月），美方将进入第二阶段，通过《乌拉圭回合协定法》第 129 节规定的程序（129 执行程序）修改本案 38 项涉案措施中适用的"单一税率推定"和"加权对交易""归零"法。美方计划将涉案调查分三批进行，预计耗时 13 个月。

美方提出，在 DS397 案中，中方与欧盟达成了 14.5 个月的合理执行期。本案美方在修改被裁定为"本身"违反的"单一税率推定"规则以外还需修改 38 项具体反倾销措施，工作负担远高于欧盟，因此执行期也应长于 14.5 个月。

### （二）中方主张

中方提出 6 个月的执行期还价。中方认为，美方早已知悉其在本案裁决中所负有的执行义务，美方在专家组和上诉机构报告通过后只需 15 天时间即可做出第 123 节程序初裁，并在初裁后同步启动 129 执行程序，将所有涉案具体反倾销措施合并进行，可在 5.5 个月内完成 129 执行程序终裁。因此本案的合理执行期应为 6 个月。

对于 DS397 案，中方表示，第一，DS397 案中被裁定为"本身"违反世贸规则的是一项立法措施，而本案的"单一税率推定"是一项行政指令，所需的修改时间更短；第二，欧共体在 DS397 案中上诉了专家组裁决，但美方在本案中未提出任何上诉，因此完全可以提前准备执行程序；第三，被诉裁决数量不是问题关键，调查机关的工作负担不属于 DSU 第 21.3 条项下应被纳入考虑的情况，美商务部完全有能力同时进行 38 项裁决 129 执行程序。中方强调，之所以在本案中起诉共计 38 项裁决，是因为美商务部在大量的反倾销裁决中违反世贸规则。

### （三）仲裁员裁决

#### 1. 关于第 123 节程序

首先，仲裁员注意到，美国贸易代表必须依照第 123 节程序征询国会和私营部门咨询委员会的意见、公布初裁结果并向公众征集评论、向国会提交报告、再次进行机构间协商并最终发布终裁。

第二，仲裁员认为，根据此前的仲裁实践，执行成员方只在专家组和上诉机构报告通过后才需启动执行程序，但在报告通过前的相关情形也可能影响到合理执行期的长短。鉴于美方在本案中未提出上诉，且美方在执行期间可随时进行机构间协商，第 123 节程序的前期准备时间应少于美方提出的要价。

第三，仲裁员认为，专家组在裁决"单一税率推定"违反《反倾销协定》的同时，允许调查机关在有证据显示出口商之间存在紧密联系的情况下采用单一税率。美方根据 DSU 第 3.7 条也拥有选择执行方式的自由裁量权。因此，本案的执行程序不如中方所主张那样简单直接，但美方在设计替代方案时需考虑的因素总体是有限的，本案执行程序也不如美方所主张的那样复杂。

## 2．关于 129 执行程序

仲裁员认为，如何执行 129 执行程序，是否对涉案裁决分批次推进 129 执行程序属于美国自由裁量权，但执行程序的调查范围一般窄于原始调查，美国依据 129 执行程序执行 38 项"适用"违反措施的合理执行期应大幅少于美方主张的 13 个月，但又应当长于中方提出的 5.5 个月的时间。

## 3．可能影响合理执行期的特殊情形

对于美方提出的工作负担问题，仲裁员认为调查机关的工作负担不属于影响合理执行期的因素，且美商务部应当优先处理世贸组织裁决的执行问题。对于美方提出的 DS397 案，仲裁员认为该案涉及另一成员方在其国内法律体系下的执行程序，与本案无关。

综上，仲裁员将本案的合理执行期确定为 15 个月，即 2017 年 5 月 22 日至 2018 年 8 月 22 日。

# 六、贸易报复水平仲裁

根据 DSU 第 22.6 条，争端方如对中止减让或其他义务的水平（贸易报复水平）等问题提出异议，则可提交仲裁。从相关仲裁实践看，起诉方和被诉方先后向仲裁员提交贸易报复水平及相应的计算方法，仲裁员主持召开听证会听取双方意见后，就报复水平做出仲裁裁决并对外公布。

关于本案贸易报复，中方于 2018 年 9 月 9 日根据 DSU 第 22.2 条向争端解决机构提出贸易报复授权请求。2018 年 9 月 19 日，美方对中方提出的报复水平提出异议，并根据 DSU 第 22.6 条申请仲裁。随后，此案进入仲裁程序，仲裁庭由原审专家组成员组成。本案报复水平仲裁听证会于 2019 年 4 月举行，仲裁裁决于 2019 年 11 月 1 日正式对外公布。

## （一）关于适当的"反事实"（appropriate counterfactual）

此案评估美方违规反倾销措施对中方造成的利益丧失或减损水平，关键在于如何确定本案的"反事实"，即假如美方在合理执行期内采取措施使涉案措施符合世贸规则义务的话,中国有关产品对美国出口情况会如何。将该"反事实"情况与美方没有采取执行措施的实际情况相对比,就可计算美方违规措施对中方造成的利益丧失或减损水平。

首先,仲裁庭认定应当结合每一起涉案措施被认定违反世贸规则之处来具体确定相关"反事实"。

其次,仲裁庭结合具体案件事实逐一分析"目标倾销"相关的 4 项反倾销措施,并分别认定了"反事实"税率。

第三,对于违规的"单一税率推定"措施"本身"及其在涉案措施中的适用,仲裁庭指出,虽然 DSU 第 22.6 条并未赋予他们审查被诉措施或执行措施 WTO 合规性的职权,但该"反事实"必须符合 WTO 规则,且不仅限于本案原审程序涉及的 WTO 规则。在此原则下,仲裁庭认为美方提出对于部分被划归至所谓"中国统一体"之内的出口商继续使用原有的"中国统一体"税率存在违反 WTO 规则风险。仲裁庭最终认定,本案合理的"反事实"应当是被划归至所谓"中国统一体"之内的出口商反倾销税率为零。

## (二)关于计算方法

确定"反事实"之后,仲裁庭进一步分析了计算美方违规措施给中方造成的利益丧失或减损水平的计算方法。

仲裁庭认为阿明顿模型(Armington model)经过一定调整后可用以计算本案中的利益丧失或减损水平。仲裁庭最终采用了"两步走"的计算方法。

第一步,对于每一起涉案措施,将阿明顿模型适用于美方采取涉案措施之前的美国市场,以模拟该措施对于中国出口商、其他出口商和美国生产者市场份额的影响。模拟得出的中国出口商市场份额将被适用于 2017 年[①]真实的美国市场以模拟自中国进口至美国产品的价值。

第二步,对于每一起涉案措施,将阿明顿模型适用于根据第一步模拟市场

---

① 为便于统计,仲裁庭使用合理执行期到期前一年即 2017 年贸易数据。

份额估算的 2017 年的美国市场，以此计算将违规反倾销税降至"反事实"税率对自中国进口至美国产品价值、自其他国家地区进口至美国产品价值以及美国生产者制造产品价值的影响。由此计算出，"反事实"情形下自中国进口至美国产品的价值。

对于每一涉案措施，仲裁庭通过对比第一步和第二步计算出的自中国进口至美国产品的价值，计算出每一涉案措施给中国造成的利益丧失或减损水平。经加总，仲裁庭最终得出的中方整体利益丧失或减损水平为每年 35.79 亿美元。

## 七、案件的启示与评价

本案是中方通过世贸诉讼挑战美方反倾销措施的最近一起案例，中方在目标倾销"归零"、"单一税率推定"等方面取得重大胜利，对于进一步澄清 WTO 反倾销规则、限制反倾销措施滥用具有重大意义。

### （一）目标倾销

在目标倾销问题上，此前世贸争端案件裁决明确了《反倾销协定》第 2.4.2 条第二句项下的核心法律标准，"加权对交易"比较方法只能适用于价格模式之内的出口交易，且在使用该方法时不允许"归零"。在计算倾销幅度时，分子中不包含价格模式之外的出口交易，但分母应为相关出口商或外国生产者的全部出口销售额。对于本案来说，专家组在被诉的反倾销原始调查和行政复审中关于"目标倾销"方法的认定再次确认了上述基本原则，即在"加权对交易"方法的适用范围和"归零"这两个核心问题上，中国取得了重要胜利，从规则层面有效限制了美商务部在对中国产品反倾销调查中任意提高倾销税率的可能性。结合上诉机构在美国—洗衣机案（韩国）（DS464）中明确的"目标倾销"基本原则，上诉机构在本案中虽未支持中方关于"目标倾销"的部分主张，认为调查机关在如何界定价格模式方面拥有一定的自由裁量权，但上诉机构并未明显放松第 2.4.2 条第二句的纪律要求，维持了"目标倾销"作为例外方法的性质。需要特别提及的是，在较近一起涉及"目标倾销"的加拿大诉美国反倾销措施案（DS534）中，专家组[①]推翻此前案件所确立的目标倾销禁止"归零"裁决，认可美方"归零"做法。专家组此种颠覆此前裁决、复活"归零"的动向反映了在上诉机构缺失情况下，专家组的绥靖倾向，值得关注。

### （二）"单一税率推定"

"单一税率推定"是美商务部对华典型的反倾销歧视性做法，中方对美商务部"单一税率推定"的挑战获得了全面胜利，针对该推定"本身"和"适用"的诉请均得到专家组支持，该裁决将有力制约美商务部对中国出口产品进行歧视性反倾销调查的做法。值得注意的是，美国在合理执行期仲裁中曾提出，本案专家组虽然裁定"单一税率推定"规则"本身"违反《反倾销协定》，但并未完全排除单一税率规则，而是认为调查机关可以基于在案证据认定多个出口商之间存在紧密关系并构成一个整体。因此美商务部不一定要撤销"单一税率推定"，而可通过 129 执行程序收集新的证据，将单一税率"推定"转变为"事实认定"。美国至今未采取执行措施，但可以想见，美即使执行也不会轻易彻底放弃"单一税率"做法，中国企业需做好美方未来变相延续"单一税率"做法的准备。

### （三）"使用不利可获得事实"

中方在本案上诉中取得的重要成果是，上诉机构纠正了专家组关于普遍及向前适用准则的错误法律标准，并认可美商务部"使用不利可获得事实准则"构成一项可被挑战的准则。就法律标准而言，上诉机构关于普遍及向前适用准则的法律标准不包括"确定性"的澄清具有重要意义，有利于中方今后挑战美欧等世贸成员长期以来采取的不当做法。就"使用不利可获得事实准则"本身而言，上诉机构对该措施作为一项普遍及向前适用准则的认定，为中方继续挑战该措施打下了基础。虽然上诉机构以专家组未对该措施合规性进行审查和认

---

[①] DS534 案专家组报告于 2019 年 4 月散发。2019 年 6 月，加拿大就专家组报告提出上诉，目前案件处于上诉阶段。由于上诉机构停摆，加拿大上诉后，上诉程序无实质推进。

定为由拒绝完成法律分析，但这不等于驳回中方诉请。如美方维持错误做法，上诉机构的裁决为中方在未来诉讼中对此发起挑战提供了空间。

## （四）关于中止减让或其他义务水平仲裁

本案是中方首次参与 DSU 第 22.6 条规定的报复水平仲裁程序。为最大限度争取有利的报复仲裁水平，中方基于报复额计算的有效性、便利性、美方可能的抗辩等多种因素考虑，提出了较为"绝对"的"反事实"主张及计算方法。实践证明，相关主张和计算方法虽未被仲裁庭全盘采纳，但中方主张有效引导仲裁庭最终选择了较有利于中方的"反事实"方法。仲裁庭没有采纳美方继续使用"不利可获得事实"税率的"反事实"主张，最终使用的零税率作为"反事实"与中方主张的实际效果相似。通过本次仲裁程序，世贸组织争端解决机构进一步明确了美方对 WTO 义务的体系性违反。中方在本案中则显示了维护自身合法权益的坚定决心，为最终得到争端解决机构授权，对美方采取报复措施创造了条件。根据 WTO 规则，中国根据此仲裁的报复水平向争端解决机构申请授权后，即可对美实施贸易报复。

## 附件

### 中国诉美国反倾销措施案（DS471）大事记

2013 年 12 月 3 日，中方向美方提出磋商请求。

2014 年 1 月 23 日，中美双方在日内瓦举行磋商。

2014 年 2 月 13 日，中方提出设立专家组请求。

2014 年 3 月 26 日，争端解决机构设立本案专家组。

2014 年 8 月 28 日，经 WTO 总干事指定，本案专家组正式组成。

2015 年 3 月 6 日，中方提交第一次书面陈述。

2015 年 4 月 10 日，美方提交第一次书面陈述。

2015 年 7 月 14—16 日,举行第一次专家组听证会。

2015 年 8 月 4 日,中美双方提交第一次专家组问题书面答复。

2015 年 8 月 11 日,中美双方提交第一次书面行政摘要。

2015 年 8 月 28 日,中美双方提交第二次书面陈述。

2015 年 11 月 17—18 日,举行第二次专家组听证会。

2015 年 12 月 4 日,中美双方提交第二次专家组问题书面答复。

2015 年 12 月 18 日,中美双方就对方书面答复提交评论。

2016 年 1 月 11 日,中美双方提交第二次书面执行摘要。

2016 年 1 月 26 日,专家组向当事方发布专家组报告事实描述部分。

2016 年 2 月 10 日,中美就专家组报告事实描述部分提交评论。

2016 年 4 月 15 日,专家组向当事方提交中期报告。

2016 年 5 月 3 日,中美双方就中期报告提交评论。

2016 年 5 月 23 日,中美双方就对方中期报告评论提交交叉评论。

2016 年 6 月 6 日,专家组向当事方提交专家组报告。

2016 年 10 月 19 日,争端解决机构散发本案专家组报告。

2016 年 11 月 18 日,中方就专家组报告提起上诉并提交上诉方书面陈述。

2016 年 11 月 19 日,美方请求上诉机构延长其提交交叉上诉通知的期限,上诉机构裁决准许其延长提交。

2016 年 11 月 28 日,美方通知上诉机构、中国和第三方,其决定不提起交叉上诉。

2016 年 12 月 16 日,美方提交被上诉方书面陈述。

2017 年 2 月 27—28 日,举行上诉机构听证会。

2017 年 5 月 11 日,争端解决机构散发本案上诉机构报告。

2017 年 5 月 22 日,争端解决机构通过本案专家组报告和上诉机构报告。

2017 年 6 月 19 日,美方向争端解决机构通报执行裁决意向。

2017 年 10 月 17 日,中方致函总干事要求通过仲裁确定合理执行期。

2018 年 1 月 19 日,合理执行期仲裁员发布本案仲裁裁决。

2018 年 8 月 22 日，本案合理执行期届满。

2018 年 9 月 9 日，中方向争端解决机构请求报复授权。

2018 年 9 月 19 日，美方对中方报复水平提出异议并请求提起仲裁。

2018 年 11 月 26 日，中方提交书面文件，说明中方主张的报复水平及计算方法。

2019 年 1 月 7 日，美方提交书面陈述，提出美方主张的报复水平及计算方法。

2019 年 2 月 13 日，中方提交反驳美方的书面陈述。

2019 年 4 月 24 日，举行贸易报复水平仲裁听证会。

2019 年 11 月 1 日，争端解决机构公布贸易报复水平仲裁报告。

校稿：陈雨松

# 中国禽肉怎样端上了欧洲餐桌

## —— 中国诉欧盟禽肉关税配额措施案（DS492）评析

郭景见

2007年和2012年，欧盟针对有关禽肉产品分别实施了关税配额管理制度，大幅增加了中方禽肉产品的关税负担，严重影响了中方禽肉产品对欧出口。在长期交涉无果的情况下，应国内禽肉产业的要求，中方于2015年4月将欧方禽肉关税配额管理措施诉诸世贸组织争端解决机制。经过两年多的磋商和专家组审理程序，中方最终胜诉。专家组裁决，欧方未考虑中方在2009年至2011年对欧鸭肉出口增加的重要事实，没有给中方分配与贸易实力相当的配额，违反了《1994年关税与贸易总协定》（以下简称GATT1994）关于非歧视管理配额的规定。欧方为执行裁决，与中方签署了协议，并于2019年4月对中方开放了新的禽肉关税配额。

# 一、案件背景和诉讼程序

## （一）案件背景

根据 GATT1994 第 28 条关于修改关税减让表的规定，自 1958 年 1 月 1 日起，每隔一个三年期的第一天，一缔约方经与相关实质利益方谈判后，可修改或撤销减让表。2006 年和 2009 年，欧方为了对 3 个和 7 个禽肉税号实施关税配额管理，分别启动了修改关税减让表的谈判。欧方将两次谈判开始前的三年，即 2003—2005 年和 2006—2008 年作为确定实质利益方的贸易量代表期。在这两个代表期内，中方禽肉产品因禽流感等原因受限，对欧几乎无出口。从 2009 年开始，欧方对中方部分禽肉产品放宽了限制，中方对欧出口大幅增加。但是，欧方仅参考两个代表期内的贸易数据，认为中方不具有实质贸易利益，拒绝与中方达成国别配额协议。

2007 年和 2012 年，欧方与巴西、泰国达成协议，将有关禽肉产品绝大部分关税配额分配给这两个成员，而中方仅能与其他国家分享 4% 左右的全球配额，超出配额部分须缴纳高额关税。欧方实施的配额外关税大幅增加了中方禽肉出口的关税负担，使大部分产品被挡在欧方市场外。

## （二）诉讼进程

### 1. 诉前交涉和磋商阶段

对于欧方的禽肉关税配额制度，中方与欧方开展了长期的多双边交涉。2012 年 5 月，中方依据 GATT1994 第 28 条向欧方提出加入关税重新谈判的请求。2012 年 9 月、11 月，中方两次在世贸组织农业委员会会议上以书面或口头形式表达关切。2013 年 12 月，中方依据 GATT1994 第 13.4 条要求与欧方进行磋商。2014 年 5 月，中方与欧方在日内瓦举行会议，再次要求欧方修改对关税配额的分配等。

在长期交涉无果的情况下，中方将欧方相关措施诉至世贸组织争端解决机制。2015 年 4 月 8 日，中方向欧方提出磋商请求。2015 年 5 月 26 日，中方与欧方按照世贸组织争端解决程序在日内瓦举行了磋商，但磋商未能解决争端。

### 2. 专家组阶段

2015 年 6 月 8 日，中方向世贸组织争端解决机构提出设立专家组请求。2015 年 7 月 20 日，争端解决机构决定设立专家组。阿根廷、巴西、加拿大、印度、俄罗斯、泰国和美国以第三方身份参加了案件审理。应巴西、泰国和加拿大的请求，专家组授予了第三方"增强权利"，允许第三方全程列席第一次和第二次听证会，并获得当事方的第二次书面陈述以及对专家组问题的书面答复及相应评论。在争端解决机构秘书处的协助下，中欧双方就专家组人选交换了几轮意见，未能达成一致。2015 年 12 月 3 日，经世贸组织总干事指定，专家组组成。

2016 年 10 月 21 日，专家组向中欧双方提交了中期报告。2016 年 12 月 2 日，专家组向中欧双方提交了最终报告。2017 年 3 月 28 日，专家组向世贸成员公开散发了报告。2017 年 4 月 19 日，世贸组织争端解决机构通过了专家组报告。

### 3. 执行阶段

2017 年 5 月 16 日，欧方在争端解决机构会议上通报将执行本案专家组裁决，本案进入执行阶段。2018 年 11 月 30 日，中欧双方达成裁决执行协议。2019 年 4 月 1 日，裁决执行协议生效。

## 二、涉案措施与主要法律争议

### （一）涉案措施

中方在本案中起诉的是欧方先后于 2007 年和 2012 年实施的两次关税减让修改，及对相应关税配额的分配。

2006 年 5 月 5 日，欧方（时为欧共体）启动第 28 条项下的关税减让谈判。经过与巴西和泰国谈判达成协议，欧方于 2007 年 5 月修改了 3 个税号项下产品的约束税率，并引入了关税配额，如表 1 所示。

表 1 第一次关税减让修改结果

| 欧盟税则号 | 产品 | 关税配额 | 配额内税率 | 配额外税率 |
|---|---|---|---|---|
| 02109939 | 腌制禽肉 | 巴西：170 807 吨<br>泰国：92 610 吨<br>其他：828 吨 | 15.4% | 1 300 欧元/吨 |
| 16023219 | 熟鸡肉，含禽肉或内脏比重大于或等于57% | 巴西：79 477 吨<br>泰国：160 033 吨<br>其他：11 443 吨 | 8.0% | 1 024 欧元/吨 |
| 160231 | 火鸡肉 | 巴西：92 300 吨<br>其他：11 596 吨 | 8.5% | 1 024 欧元/吨 |

2009 年 6 月 11 日，欧方通报世贸组织称，其将根据 GATT1994 第 28 条修改 8 个税号（后合并为 7 个税号）禽肉产品的关税减让。随后，欧方与巴西和泰国开始进行谈判。2011 年 11 月 22 日和 11 月 7 日，欧方分别与泰国和巴西草签了换文协议。2012 年 6 月 18 日，欧方和泰国以换文形式达成了协议。2012 年 6 月 26 日，欧方和巴西以换文形式达成了协议。2012 年 12 月 6 日，欧盟理事会批准了上述两个协议。2012 年 12 月 17 日，欧方通报世贸组织称，其已完成该关税减让修改谈判。欧方与巴西和泰国达成的关税减让修改结果如表 2 所示。

表 2 第二次关税减让修改结果

| 欧盟税则号 | 产品 | 原约束税率 | 修改后的约束税率 | 关税配额 | 配额内税率 |
|---|---|---|---|---|---|
| 16023211 | 生鸡肉 | 867 欧元/吨 | 2765 欧元/吨 | 共 16 140 吨<br>巴西：15 800 吨<br>其他：340 吨 | 630 欧元/吨 |
| 16023230 | 生或熟鸡肉，含禽肉或内脏比重大于或等于25%但低于57% | 10.9% | 2765 欧元/吨 | 共 79 705 吨<br>巴西：62 905 吨<br>泰国：14 000 吨<br>其他：2 800 吨 | 10.9% |

（续表）

| 欧盟税则号 | 产品 | 原约束税率 | 修改后的约束税率 | 关税配额 | 配额内税率 |
|---|---|---|---|---|---|
| 16023290 | 生或熟鸡肉，含禽肉或内脏比重低于25% | 10.9% | 2765欧元/吨 | 共2 865吨<br>巴西：295吨<br>泰国：2 100吨<br>其他：470吨 | 10.9% |
| 16023921 | 其他生禽肉，含禽肉或内脏比重大于或等于57% | 867欧元/吨 | 2765欧元/吨 | 泰国：10吨<br>其他：0吨 | 630欧元/吨 |
| 16023929 | 其他熟禽肉，含禽肉或内脏比重大于或等于57% | 10.9% | 2765欧元/吨 | 共13 720吨<br>泰国：13 500吨<br>其他：220吨 | 10.9% |
| 16023940 | 其他生/熟禽肉，含禽肉或内脏比重大于或等于25%但低于57% | 10.9% | 2765欧元/吨 | 共748吨<br>泰国：600吨<br>其他：148吨 | 10.9% |
| 16023980 | 其他生/熟禽肉，含禽肉或内脏比重低于25% | 10.9% | 2765欧元/吨 | 共725吨<br>泰国：600吨<br>其他：125吨 | 10.9% |

第二次关税减让修改的核心内容是：（1）将7个税号项下产品的约束关税均提高到2765欧元/吨；（2）针对每个税号设定关税配额，在配额内的进口产品享受较低的从价税或从量税；（3）在分配关税配额时，对于巴西是第一大或第二大进口来源国的3个税号授予巴西国别配额，对于泰国是第一大或第二大进口来源国的6个税号授予泰国国别配额。据计算，巴西和泰国的国别配额合计约占96%，包括中方在内的其他成员只能共享剩余的4%配额。

2013年2月28日，欧方公告，与巴西和泰国达成的两个协定将于2013

年 3 月 1 日起生效。2013 年 3 月 28 日，欧盟委员会发布了具体实施新的禽肉关税配额的 302/2013 号条例。

## （二）主要法律争议

中方针对欧方的第一次和第二次关税减让修改分别提出了 10 项和 11 项诉请，涉及欧方确定关税配额总量、关税配额分配的实体和程序问题。中方的核心观点是，在欧方两次修改关税减让表所确定的贸易量代表期内（2003 年至 2005 年和 2006 年至 2008 年），中方对欧禽肉出口受到欧方卫生与植物卫生措施（sanitary and phytosanitary measures，以下简称 SPS 措施）的禁止或限制；因此欧方不能以这两个代表期内的实际进口水平作为确定中方有无主要或实质供应利益的基础，也不能以其作为确定关税配额的总量及其分配的基础。具体而言：

1. 欧方不承认中方具有相关产品的主要或实质供应利益，在两次关税减让修改过程中不与中方谈判或磋商，违反 GATT1994 第 28.1 条；

2. 欧方在两次关税减让修改中引入关税配额作为补偿，该补偿的总量和分配违反 GATT1994 第 28.2 条；

3. 欧方在分配关税配额时未与中方达成协议，且将绝大部分配额分配给巴西和泰国，仅为包括中方在内的"所有其他国家"保留极小比例的配额，违反 GATT1994 第 13.1 条、第 13.2 条前言部分和第 13.2 条（d）项；

4. 欧方拒绝与中方就关税配额的分配进行磋商，违反 GATT1994 第 13.4 条。

对此，欧方认为对中方进口产品采取的 SPS 措施不具有歧视性，其有权根据修改关税减让表谈判开始前的贸易量代表期的数据，认定中方不具有实质贸易利益，从而在两次关税减让修改过程中不与中方谈判，在分配关税配额时也不与中方达成国别配额协议。

## 三、专家组裁决

专家组支持了中方核心诉请。专家组认为，中方在 2008 年 7 月欧方放宽实施 SPS 措施之后的 2009—2011 年的对欧出口增加属于"特殊因素"，应当在认定哪些国家具有实质供应利益或者确定"所有其他国家"的份额时予以考虑。以此为基础，专家组裁决，欧方未认可中方对于 1602 3929 和 1602 3980 两个税号下的鸭肉产品具有实质供应利益，以及未寻求就这两个税号下的关税配额分配与中方达成协议，违反 GATT1994 第 13.2 条（d）项；同时还裁决，欧方未分配给"所有其他国家"更大的份额，违反 GATT1994 第 13.2 条前言部分。因此，欧方应当就 1602 3929 和 1602 3980 两个税号的关税配额分配，承认中方的实质供应利益，并寻求与中方达成协议；如果泰国不同意重新谈判或不同意降低其份额或降低的幅度，欧方可以依照第 13.2 条（d）项第 2 句自行分配，增加中方的份额。

专家组未裁定欧方违反 GATT1994 第 28.1 条和第 28.2 条，因此欧方无需就任何税号产品的关税配额总量重新进行谈判。专家组也未裁定欧方对除前述两个税号以外的其他税号产品（主要是鸡肉产品）的关税配额分配违反第 13 条，因此欧方无需就鸡肉产品增加中方或者"所有其他国家"的关税配额份额。

## （一）关于欧方就关税配额总量不与中方进行磋商（GATT1994 第 28.1 条）

中欧双方在该法律争议下，围绕歧视性数量限制和重新认定义务两个具体问题展开了辩论，专家组对此进行了详细分析，裁决欧方未违反 GATT1994 第 28.1 条。对欧方提出的中方未能及时提出利益主张的问题，专家组实行了司法经济，未进行分析。

### 1. 欧方有关 SPS 措施不构成"歧视性数量限制"

中方提出，"歧视"一词不仅包括 GATT1994 禁止的不正当的区别对待，也包括被允许的合理的区别对待，欧方的相关 SPS 措施构成 GATT1994 第 28.1 条附注[1]中的"歧视性数量限制"，如不存在这种限制，中方禽肉产品将

---

[1] 根据 GATT1994 第 28.1 条附注的规定，实质利益只涵盖那些在寻求修改或撤销该项减让的缔约方市场中占有，或在不存在影响它们出口的歧视性数量限制的情况下，可合理预期占有重要份额的缔约方。

在欧方市场具有重要份额，因而中方具有主要或实质供应利益。

欧方提出，只有当两个拥有同等卫生水平的国家的进口受到的待遇不同时，才可以认定基于 SPS 措施的原因对进口的限制具有歧视性。如果对进口的数量限制与 WTO 规则一致（尤其是 GATT1994 第 20 条、《实施卫生与植物卫生措施协定》（SPS 协定）第 2.3 条或《技术性贸易壁垒协定》（TBT 协定）第 2.1 条），那么该数量限制不具有歧视性。

专家组认为，基于卫生检疫考虑而采取的进口限制，仅当卫生状况或卫生风险相似的国家受到不相似的限制时，该限制才是歧视性的。具体而言，**在文义方面**，无论歧视所涉及的区别对待正当与否，其前提均为对相似情形给予区别对待。**在条约目的方面**，将某一数量限制定性为歧视性数量限制将产生严重的法律后果，即进口成员不能使用有关代表期内的实际进口份额，而应当"反事实"地估算在不存在歧视性数量限制时的应然份额，或者使用另一个代表期的份额。因此，歧视性数量限制的外延越宽，落入该外延的措施数量就越多，反事实估算就越复杂。鉴于第 28.1 条的目的之一是确保修改谈判不至于"过度困难"并避免谈判的复杂化，在界定歧视性数量限制的范围时应当避免造成谈判复杂化的后果。

### 2. 欧方无义务重新认定哪些成员具有实质供应利益

中方提出，当 GATT1994 第 28 条下的谈判和磋商超过了第 28.1 条附注第 3 段规定的 6 个月期间时，关于哪些成员拥有主要或实质供应利益的决定应当根据进口份额的变化进行更新。本案中第 28 条下的谈判直到 2012 年才完成，欧方应当根据 2009—2011 年的进口水平认定中方对相关税号产品具有主要或实质供应利益。

欧方提出，其没有义务根据最初决定后一定期间内的进口数据，重新决定哪些成员拥有主要或实质供应利益，中方的主张没有依据且缺乏实践支持，并且会破坏第 28.1 条追求的目标。

专家组认为，进口成员并无义务依据谈判开始之后发生的进口份额变化重新认定哪些成员具有实质供应利益。具体而言，**从文字上看**，第 28.1 条附注第 4 段规定，主要供应利益成员指在谈判开始之前的一段合理期限内占有或应当占有所需份额的成员；而《GATT1994 第 28 条下谈判的程序》第 2 段要求进口成员在散发其拟修改关税减让的通报时附上前三年的分国别进口统计，而其他成员应当在进口统计散发后 90 天内提出利益主张。这表明对于主要或实质供应利益成员的认定应当基于谈判开始之前的数据（具体来说是前三年的进口统计）做出。**从目的和宗旨上看，**第 28.1 条一方面要确保谈判不至于过于困难并能尽快结束，另一方面要确保主要供应利益成员有机会保护其权利，该条在这两个可能存在冲突的目标之间精心寻求平衡。专家组作为条约解释者，不能自行设定一条普遍适用的规则，规定进口成员负有重新认定主要或实质供应利益方的义务。

## （二）关于欧方的关税配额总量（GATT1994 第 28.2 条及《关于解释 GATT1994 第 28 条的谅解》第 6 段）

专家组主要从两方面分析了中方的主张，最终裁决欧方未违反 GATT1994 第 28.2 条和《关于解释 GATT1994 第 28 条的谅解》第 6 段。

### 1. 欧方提供的关税配额总量不违反第 6 段

中方认为，欧方提供的关税配额总量少于依照谅解第 6 段计算的最低水平。首先，计算关税配额总量的期间不具有代表性，因为在该期间内中方的禽肉进口受到 SPS 措施的限制。其次，第二份修改包中 4 种产品的关税配额总量适用到 2009—2011 年间的进口时（税号 1602 3211，1602 3230，1602 3290 和 1602 3929），低于第 6 段要求的最少数量，而该期间被中方认为是谅解第 6 段规定的"最近的 3 年期间"。

欧方提出，其没有义务依照 2009—2011 年间的进口水平决定第二份修改包中的关税配额。首先，中方"当没有对中方的 SPS 措施时，关税配额总量会比现在欧方计算的要大"的论点没有证据支持。其次，谅解第 6 段规定的最近的具有代表性的 3 年期间是指在谈判开始前的 3 年。

专家组认为，**首先，**第 28.2 条和第 6 段与第 28.1 条处理的是不同事项，各有其自身的法律标准。虽然其已经裁决欧方可以用 2003—2005 年和 2006—2008 年作为代表期来确定供应利益，不代表欧方必然地不需要以另一时期作为基础计算关税减让修改的补偿。**其次**，为证明欧方选择的代表期因为 SPS 措施的存在而不具有代表性，中方需要证明该 SPS 措施显著影响了欧方从所有供应国进口相关禽肉产品的年度总量，而不仅仅是影响了从中方的进口量。中方并未提出这一主张，而专家组也不能轻易做出这一假定。在计算补偿总量时，仅需考虑"歧视性数量限制"的影响，不需要考虑其他具有限制进口效果的措施。**再次**，第 6 段的宗旨是通过提供一个计算补偿额的基准来便利 GATT1994 第 28 条下的谈判。为实现这一宗旨，谈判各方不可能被要求逐年调整该基准直至谈判结束，否则将导致谈判无限期拖延下去。

### 2. 第 28.2 条和第 6 段不适用于关税配额的分配

中方认为，第 28 条下的谈判达成的关税配额在供应国间分配时，第 28.2 条和谅解第 6 段应当适用于每个关税配额的分配。欧方将关税配额的大部分分配给巴西和泰国，只给"所有其他国家"很少的份额，而且没有给中方国别份额的做法，不能反映出中方的未来贸易预期，因此违反了第 6 段的要求。

欧方提出，第 28.2 条和第 6 段规定了提供给所有成员的补偿总额，只对每个关税配额的总量适用，不适用于关税配额在供应国间分配的情形，这是由于 GATT1994 第 13 条对此作了详细具体的规定。即使不是这样，欧方也认为中方没能证明关税配额的分配与第 6 段的要求不一致。

专家组认为，第 28.2 条和第 6 段仅涉及补偿总量的确定，不涉及关税配额的分配；关税配额的分配由第 13 条规范。**第一**，从文字上看，第 6 段使用的词是"一项关税配额"和"该配额"，这明显不同于配额的份额。**第二**，第 13 条中也出现了"配额"一词，并规定了配额的分配方法，如果第 6 段中的"配额"被理解为包括配额的份额，将导致配额的份额还需要再进行分配的荒谬结果。**第三**，第 28.2 条要求保持"总体减让水平"，即给予所有成员的补偿的总价值要相当于被修改的减让对于所有成员的总价值，而不涉及单个成员所获得补偿的价值。**第四**，关税配额的分配由第 13 条规范。第 28.2 条和第 6 段不适用于关税配额的分配，不会导致某些成员被过度补偿而其他成员补偿不足的问题；反过来，如果第 28.2 条和第 6 段适用于分配，将导致关税配额的分配需要适用两套不同的甚至存在潜在冲突的规则。**第五，**第 6 段规定了三个计算公式，而进口成员需要选择其中能产生最大结果的那个公式。如果该条款也适用于单个成员获得的补偿量，则进口成员需要针对不同成员选用不同的公式，将导致第 6 段无法运作。

## （三）关于欧方在中方具有实质利益情况下的关税配额分配（GATT1994 第 13.2 条（d）项）

中方主张，欧方未能承认中方对相关税号产品具有实质利益，进而未能就关税配额的分配与中方达成协议，违反了 GATT1994 第 13.2 条（d）项。专家组裁决欧方应当承认中方对两个税号的鸭肉产品具有实质利益并与中方进行谈判。

### 1. 在确定实质利益时应考虑"特殊因素"

中方认为，所有的决定都应当基于"前一代表期"，并适当考虑"可能已经影响或正在影响有关产品贸易的任何特殊因素"，欧方做出决定时的参考期间不具有代表性，并且 SPS 措施导致的进口禁令引起的中方出口能力下降，以及在 7 月 SPS 措施放宽后出口能力的提高，都属于应当纳入考虑的特殊因素。

欧方提出，不应当对 GATT1994 第 28.1 条和第 13.2 条（d）项中的"实质供应利益"做出不同的解释，特别是在根据 GATT1994 第 28 条的关税份额总数的谈判与根据第 13.2 条（d）项的关税份额分配的谈判同时发生的情况下，在决定哪些成员是实质供应商时无需考虑"特殊因素"。此外，中方提到的 SPS 措施不是第 13.2 条（d）项下的"特殊因素"，因此没有义务评估如果没有 SPS 措施中方出口至欧方的份额，并基于此决定哪些成员享有实质供应利益。

专家组对于确定实质利益时是否应考虑"特殊因素"，支持中方的观点，即进口成员在确定哪些成员具有实质利益时应当考虑"特殊因素"。**首先，**与"特殊因素"一样，"前一代表期"也是规定在第 13.2 条（d）项第二句；如果确定实质利益需要基于"前一代表期"，则同理也应考虑"特殊因素"。**其次，**

如果进口成员在单边确定如何在实质利益成员之间分配配额时需要考虑"特殊因素"，那么在确定哪些成员具有实质利益这一前提性问题时也应考虑"特殊因素"。

专家组对于实质利益的含义，赞同欧方的观点，即第 13.2 条和 GATT1994 第 28 条中的实质利益具有相同的含义。专家组认为，鉴于存在 GATT1994 第 28 条下的关税配额总量谈判与第 13 条下的关税配额分配谈判同时进行的情形，对两个条款做出一致解释尤为必要。具体来说，如果一成员根据谈判开始之前的贸易数据被认定为具有 GATT1994 第 28 条下的主要或实质供应利益，则该成员通常具有第 13.2 条（d）项下的实质利益。

**2. 欧方无需根据不存在 SPS 措施时各方可能的贸易份额确定哪些成员具有实质利益**

中方认为，欧方有义务估算没有针对中方禽肉进口的 SPS 措施时，从其他成员进口禽肉的份额，然后根据该不同及事实评估来决定中方具有"实质供应利益"。

专家组认为，**首先**，进口限制或禁令的存在并不必然导致某段期限失去代表性，应根据个案情形进行具体分析。本案中，2002 年至 2008 年乃至此前的 1999—2002 年，在涉案的绝大多数税号下中方产品均被欧方禁止进口；而 2008 年以后直到 2015 年，在不少税号下中方产品仍然被欧方禁止进口。在此情况下，2003—2005 年和 2006—2008 年期间存在 SPS 措施并不能说明这两个期限不具有代表性。**其次**，SPS 措施或者其造成的出口能力下降不属于"特殊因素"。这是由于欧方的 SPS 措施符合世贸规则，且适用于处于相同情况的所有成员，欧方作为进口成员采取这样的影响进口的措施很正常；从第 13.2 条附注和第 13.2 条（d）项的"可行的"一词可以看出，对第 13.2 条的解释不能导致对于进口成员而言难以操作的要求，或者说使得关税配额的分配变得不可行；在分配关税配额时，中方产品在很多税号下仍被禁止进口，如果 SPS 措施属于特殊因素，意味着欧方必须承认中方具有实质利益，并分配给中方根本不可能被使用的配额。

**3. 不存在进口成员必须基于分配之前的代表期来认定实质利益的普遍规则，但本案中欧方应当考虑谈判开始后的进口份额变化进而认定中方具有实质利益**

中方认为，作为一般性规则，GATT1994 第 13.2 条（d）项要求关于哪个成员具有实质供应利益的决定，必须基于关税配额生效前的参考期。本案中，欧方在决定哪些成员具有供应涉案产品的实质供应利益时，应当考虑的"特殊因素"为中方在欧方 2008 年 7 月放宽 SPS 措施之后增长的出口能力。

专家组认为，GATT1994 第 13.2 条（d）项下的参考期可能与第 28.1 条和第 28.2 条不同。尽管已裁决欧方可以 2003—2005 年和 2006—2008 年的实际进口数据来做出第 28.1 条和第 28.2 条下的认定，但不能排除欧方也需要采用另一代表期来分配关税配额的可能性。但是，不存在进口成员必须基于分配之前的代表期来认定实质利益的普遍规则。**首先**，GATT1994 第 13.2 条（d）项第二句的用词是"前一代表期"，并未限定该代表期必须是配额生效之前的代表期；而且，其中的不定冠词"a"表明并无适用于代表期选定的普遍规则；更进一步，第 13.4 条的规定说明代表期是先由进口成员来选定，然后实质利益成员可要求重新评估，这也说明代表期选定不存在固定规则。**其次**，从上下文来看，鉴于专家组已经裁决第 28.1 条和第 28.2 条下的代表期应当是谈判开始前的一段期限，如果将第 13.2 条解释为含有要求以关税配额分配之前的最近期限为代表期的普遍规则，将造成不协调和不可操作的结果。而且这种解读可能使得"特殊因素"概念失去意义，因为代表期之后的贸易变化可以被作为特殊因素，在重新认定哪些成员具有实质利益时予以考虑。**再次**，如果存在这样的普遍规则，将在实践中造成很大困难。

尽管不存在这样的普遍规则，但专家组认为在本案特定条件下，欧方应当将中方在 SPS 措施放松之后的出口能力增加作为"特殊因素"予以考虑，并承认中方具有实质利益。

从法律标准上看，专家组认为"特殊因素"可能包括在选定代表期结束后、关税配额分配之前的进口份额变化。**首先**，GATT1994 第 13.2 条（d）项在提到"特殊因素"时指的是"可能已经影响或正在影响"该产品贸易的特殊因素，"正在影响"一语表明进口成员需要考虑在代表期结束后、关税配额分配之前的贸易变化。**其次**，第13.2条附注指出"特殊因素"包括本国与外国生产商之间或者不同外国生产商之间的生产效率相对"变化"，这一将"特殊因素"与"变化"相关联的事实也支持在考虑特殊因素时应考虑代表期结束之后的贸易变化的观点。**第三**，《哈瓦那宪章》的附注指出，"特殊因素"包括"代表期以来"发生的新增出口能力；相关委员会也达成一致意见，即如果某一缔约方的生产效率或出口能力"自代表期以来"相对于其他缔约方有所增加，则该缔约方应获得相对更多的进口配额。**第四**，前述对"特殊因素"的理解也符合第13.2条前言的要求，即关税配额分配的结果应当是贸易的分配尽可能接近不存在分配时各成员可获得的贸易份额。**最后**，确定关税配额（补偿）的总量与确定关税配额的分配是不同问题；在例外情况下，在同时进行的配额总量谈判和配额分配谈判中，用一个代表期来确定总量而用另一个更近的代表期来确定分配，并非不合逻辑，也并非不可能或不可行。

### （四）关于欧方在中方如不具有实质利益情况下的关税配额分配（GATT1994 第 13.2 条前言部分）

中方认为，GATT1994 第 13.2 条下所有的决定都应当基于"前一代表期"，并适当考虑"可能已经影响或正在影响产品贸易的特殊因素"。应当考虑的"特殊因素"包括欧方做出决定的参考期不具有"代表性"，SPS 措施的进口禁令导致中方减少了出口能力，以及 2008 年 7 月禁令放宽后中方增加的出口能力。欧方应当据此确定分配给"所有其他"的关税配额份额，且有义务为每个关税配额分配至少 10% 的"所有其他"份额，以使至少一个其他成员能够实现产品供应的实质供应利益。

欧方提出，中方提到的 SPS 措施并不是第 13.2 条意义上的"特殊因素"，因此没有义务基于在没有 SPS 措施的情况下对欧方自中方进口份额的估计，分配给"所有其他"更多的关税配额。第 13.2 条没有独立于参考期的进口数据而给"所有其他"分配一个最小份额的法律义务。

专家组认为，GATT1994 第 13.2 条（d）项仅就实质供应方而言构成"安全港"，关税配额的分配除了应符合第 13.2 条（d）项外还应遵守第 13.2 条前言部分。中方在第 13.2 条前言部分下的诉请是建立在中方不具有实质利益这一假设基础上的替代性诉请，专家组出于协助上诉机构完成法律分析等考虑，继续对第 13.2 条前言部分下的诉请进行分析。**首先**，在确定"所有其他国家"份额是否符合第 13.2 条前言时，应当考虑"特殊因素"。进口成员与实质供应方之间达成的分配协议，可能因为其并非基于"前一代表期"或者并未考虑"特殊因素"而对非实质供应方不利，并因此损害非实质供应方在第 13.2 条前言下的权利。**其次**，欧方没有义务根据"所有其他国家"在不存在 SPS 措施时可能的贸易份额来确定"所有其他国家"的份额。**再次**，欧方在确定"所有其他国家"份额时应当将谈判开始之后的进口份额变化作为特殊因素加以考虑；鉴于欧方对于 1602 3929 和 1602 3980 两个税号未给"所有其他国家"分配更大的份额，欧方违反了第 13.2 条前言。**最后**，欧方没有义务给"所有其他国家"分配 10% 以上的份额。这是由于，第 13.2 条前言中没有任何文字表明其要求进口成员给"所有其他国家"分配一个最低份额（如 10%）。

## （五）关于欧方拒绝与中方就关税配额分配进行磋商（GATT1994 第 13.4 条）

专家组认为，中方在 GATT1994 第 13.4 条下的诉请涉及以下四个问题，专家组在前两个问题上支持中方观点，但最终裁决中方未能证明欧方违反 GATT1994 第 13.4 条。

### 1.GATT1994 第 13.4 条适用于经由协议方式进行的关税配额分配

中方认为，GATT1994 第 13.4 条的磋商条款既适用于进口成员的自行分配，也适用于经由谈判达成协议而分配配额的方式。

欧方提出，第 13.4 条仅针对配额在供应国间进行分配的情形，未规定配额分配国与有实质产品供应利益的成员达成协议，并依协议进行配额分配时的磋商义务。

专家组认为，第 13.4 条前言部分未限定其适用范围；在通过谈判分配配额时也涉及对代表期和特殊因素的考虑。

### 2. 中方在提出 GATT1994 第 13.4 条下的磋商请求时对于两个税号拥有实质利益

中方认为，2013 年 12 月中方依据第 13.4 条与欧方进行磋商时，中方在 1602 3929 和 1602 3985 [①] 两个税号下所占的进口份额充分表明中方具有实质利益。

欧方提出，中方在关税配额谈判启动时，就 1602 3929 和 1602 3985 两个税号不具有实质供应利益，而关税配额的启动与分配是同时进行的，因此中方在欧方实施关税配额时，仍不具有实质供应利益。

专家组认为，中方提出第 13.4 条下的磋商请求时对于两个税号拥有实质利益。判断第 13.4 条下的实质利益不能仅看进口成员最初在第 13.2 条下选定的代表期，还要看初始分配之后的进口份额变化；换言之，第 13.4 条下的代表期可以不同于第 13.2 条下的代表期。

### 3.GATT1994 第 13.4 条不要求进口成员必须重新分配关税配额

中方认为，如进行配额调整的条件具备，但磋商过后配额设定国并未对配额进行调整，将意味着第 13.4 条规定的磋商义务是一纸空文。

欧方提出，第 13.4 条仅仅将磋商作为"程序性义务"，因此设定配额的成员并无义务在有实质供应利益的成员要求下，对配额进行重新分配。

专家组认为，第 13.4 条仅要求实施关税配额的进口成员考虑实质供应利益成员的要求，与后者进行磋商，而并未要求其在收到磋商请求后必须重新分配关税配额。依据第 13.2 条（d）项第一句与进口成员达成协议的实质利益成员也属于第 13.4 条下的实质利益成员，也有权要求磋商，如果进口成员在收到磋商请求后必须重新分配关税配额，将使第 13.2 条（d）项丧失其"安全港"

---

① 税号 1602 3940 和 1602 3980 后合并为税号 1602 3985。

作用。但是，这种裁量权不是无限度的，不能无视各国所占进口份额的显著变化。第13.4条的目的之一是使嗣后取得实质利益地位的成员有机会通过援引该条而获得国别份额。当然，第13.4条并未对重新分配规定任何期限或者频率。在实践中，关税配额的分配通常都是以历史市场份额为基础，这说明即使存在重新分配的义务，也没有在特定期限内或者以某种频率重新分配的义务，至少不需要在初始分配之后立即进行重新分配。

**4. 中方并未证明欧方拒绝与中方进行"有意义的"磋商**

中方认为，GATT1994第13.4条下的磋商必须是"有意义的"，欧方对于磋商不能仅仅走过场。中方在磋商中提出了明确的利益主张，欧方对此未提出任何质疑和澄清，只是在形式上同意继续磋商。

欧方提出，其未拒绝与中方进行有意义的磋商，但中方在第13.4条下的磋商请求不明确。中方没有具体说明其所针对的是哪些税号以及涉及哪些特殊因素。中方从2012年5月提出第28.1条下的谈判或磋商请求开始，一直对第一次和第二次关税减让修改涉及的所有税号主张主要或实质供应利益，包括在2013年12月提出的磋商请求中也没有指明产品税号，直到2014年5月的会议上才明确两个产品税号。

专家组认为，磋商必须是有意义的，但不认为欧方拒绝与中方进行有意义的磋商。中方在第13.4条下的磋商请求一直采取"包罗一切"的做法，没有具体说明针对的具体税号涉及的具体特殊因素。鉴于没有足够事实表明欧方违反第13.4条，而中方负有举证责任，专家组未支持中方的诉请。

## （六）其他法律争议

### 1. 关于关税配额的开放（GATT1994第13.1条）

中方认为，将所有或绝大多数关税配额分配给巴西和泰国违反了GATT1994第13.1条，因为从其他WTO成员进口同类产品未根据该条款受到类似的禁止或限制。

欧方提出，中方主张没有根据，因为第13.1条一般不涉及供应国之间的关税配额分配，仅适用于 GATT1994 第 13.2 条未涵盖的关税配额分配的方面，即要求一个关税配额在整体上没有排除成员参与关税配额。

专家组认为，GATT1994 第 13.2 条明确允许在供应成员之间分配关税配额，而这内在地将造成一些成员享有的份额多而另一些成员的份额少，这种多寡不均并不构成第 13.1 条下的未受到"同样限制"。第 13.1 条不适用于各供应国获得关税配额份额的大小，而只是要求关税配额需对所有供应国开放。本案中，中方阐述的第 13.1 条关于分配的规则与第 13.2 条已经表达的规则本质上一样，而专家组在讨论第 13.2 条时已经处理了中方的这些观点。因此，中方未能证明欧方的关税配额分配违反了第 13.1 条。

### 2. 关于最惠国待遇（GATT1994 第 1.1 条）

中方认为，欧方将所有或大部分关税配额分配给巴西和泰国的行为违反第 1.1 条，因为关税配额的分配结果构成"利益、优惠、特权或豁免"，而这一结果没有"立即且无条件地"给予来自或运往所有其他成员的同类产品。

欧方提出，中方主张无依据，因为该条规定不适用于关税配额在供应国之间的分配问题，该条仅在某成员针对来自不同供应国的同类产品征收不同限额内关税时才适用。

专家组认为，关税配额应同时遵守 GATT1994 第 1.1 条和第 13 条，但这两个条款规范的是关税配额的不同方面：第 1.1 条规范配额内税率，第 13 条规范配额分配。第 1.1 条并未就如何分配关税配额提供具体指南。第 13.2 条明确允许在供应成员之间分配关税配额，而这内在地将造成一些成员份额多而另一些成员份额少，这种多寡不均并不构成对第 1.1 条的违反，否则将造成第 1.1 条与第 13.2 条冲突。中方未能证明欧方违反第 1.1 条。

### 3. 关于约束税率（GATT1994 第 2.1 条）

中方认为，欧方在减让表修改未经认证程序前就对中方适用了更高的配额外关税税率，违反 GATT1994 第 2.1 条。欧方对此表示反对。

专家组认为，将关税减让的修改纳入减让表并不是世贸组织成员实施该修改的前提条件。**首先**，从第 28.3 条的规定看，如果拟修改减让的成员不能与初始谈判权成员或主要供应利益成员达成协议，则其有权径行修改减让；如果该成员径行修改减让，则主要或实质供应利益成员可以在 6 个月内进行报复。以上关于期限的规定，暗示减让的修改可能发生在其被纳入减让表之前；而如果在不能达成协议时可以这样做，举轻以明重，在达成协议时更可以这样做。

**其次，**《GATT1994 第 28 条下谈判的程序》第 7 段明确规定，在每三年的第一天或者谈判结束之后，世贸组织成员即有权使关税减让的修改生效；第 8 段规定"正式生效"或"形式上生效"（formal effect）以认证为条件，无论怎么理解"形式上生效"，其所指的都不同于第 7 段里所指的世贸组织成员有权使修改生效。**第三，**《修改和认证减让表的程序》仅仅规定认证是对减让表正本进行修改的前提条件，但这与世贸组织成员是否可以在将关税减让修改并入其减让表正本之前，实施该修改是不同的问题。该文件的前言部分以及第 1、3、4 段均表明，认证不是世贸组织成员实施 GATT1994 第 28 条下关税减让修改的前提条件。

## 四、欧方裁决执行情况

经过中欧双方十余轮谈判，最终就裁决执行协议达成一致，双方于 2018 年 11 月 30 日在日内瓦签署换函形式的协议。根据协议，欧方将对涉案的禽肉产品开放新的配额。对于鸭肉的两个税号，欧方给予中方国别配额，同时对于鸡肉税号开放一定量的全球配额。配额内关税与之前巴西、泰国享受的配额内关税相同。具体内容包括三个方面：

一是针对含禽肉比重大于 57% 的熟鸭肉等禽肉（欧方税则号 1602 3929），欧方给予中方 6 000 吨国别配额，配额内关税 10.9%；二是针对含禽肉比重小于 57% 的经加工的鸭肉等禽肉（欧方税则号 1602 3985），欧方给予中方 600 吨国别配额，配额内关税 10.9%；三是针对含禽肉比重大于 57% 的熟鸡肉（欧方税则号 1602 3219），欧方开放 5 000 吨全球配额，配额内关税 8%。2019 年 4 月，欧方已开放上述禽肉关税配额。

## 五、案件的启示与评价

### （一）案件在规则解释方面的作用和局限

#### 1. 本案澄清了相关配额分配的世贸规则

本案专家组在规则解释中多处采纳了中方观点，澄清了相关配额分配的世贸规则。例如，第 13.4 条也适用于经由谈判方式达成的关税配额分配；关税配额的分配不能永久固化，在具有实质利益的成员提出请求后，进口成员虽有决定是否重新分配的裁量权，但其裁量权并非不受限制；GATT1994 第 13.2 条、第 28.1 条和第 28.2 条下的代表期均可能不同等。

#### 2. 本案在配额分配的代表期问题上未确立普遍规则

在最为重要的关于 GATT1994 第 13.2 条（d）项的规则适用和解释方面，中方主张，欧方未能承认中方对相关税号产品具有实质利益，进而未能就关税配额的分配与中方达成协议，违反第 13.2 条（d）项。对此，专家组裁决，在本案特定条件下，欧方应当考虑谈判开始后的进口份额变化进而认定中方具有实质利益，但不存在进口成员必须基于分配之前的代表期来认定实质利益的普遍规则。

显然，专家组在尽量避免确立普遍规则，而是立足个案具体情况解决个案中的问题。同时，在处理个案时体现出明显的仅承认既存事实的倾向。本案中，以谈判结束前的最近三年为确定实质利益的代表期，与将谈判结束前最近三年的贸易变化作为特殊因素加以考虑，其结果并无区别，均为中方在两个鸭肉税号上取得胜诉。但就法律标准而言，专家组的分析和结论还可商榷。首先，专家组一方面认为 GATT1994 第 13.2 条与第 28.1 条、第 28.2 条规范的是不同事项，代表期可能不同，另一方面又轻易断言如果使用不同代表期将造成不协调和不可操作的结果，而到了"特殊因素"分析部分又认为使用不同时期的贸易数据不会造成不合逻辑或不可行的结果。其次，专家组还存在重视"特殊因素"而轻视"前一代表期"在关税配额分配中的价值的倾向，颠倒了二者的地位。实际上，"前一代表期"的贸易份额是关税配额分配的基础，"特殊因素"

是补充考虑。能够通过"代表期"处理的问题不应交由"特殊因素"处理；或者说，只有当正确选择的"代表期"内存在"特殊因素"时才考虑"特殊因素"，而不能认可对"代表期"的错误选择而随后通过考虑"特殊因素"去补救该错误。再次，专家组对特殊因素的分析显示出，只有在谈判期间存在真实的贸易，才可能变成需要动态调整的"特殊因素"，这意味着出口企业在背负高额关税的情形下，还须保持出口能力的明显提升，才有可能寻求重新评估并调整配额。

### （二）本案胜诉成果直接惠及中方禽肉产业

本案获得胜诉及欧方完成执行，惠及中方鸭肉和鸡肉出口企业和农民养殖户。欧方 2012 年以来实施的关税配额制度，对中方输欧禽肉企业造成了严重影响。据中方食品土畜进出口商会测算，中方禽肉企业为满足对欧出口要求累计投入 28 亿元，涉及相关人员就业近 5 万人。本案胜诉后，中方禽肉产业获得了更公平有利的贸易环境。

### （三）本案是维护规则、善用规则的体现

本案是中方善用多边规则，积极运用世贸组织争端解决机制的成功范例，不仅为产业赢得了切实利益，而且澄清了有关配额分配的世贸规则，维护了中方在世界组织的重要权益。此外，本案由中欧通过协商方式达成执行协议，反映了双方维护多边贸易体制的坚定态度。在中欧执行谈判过程中，中欧双方均表现出尊重规则、解决争端的诚意，在美国奉行单边主义的背景下，对于维护世贸组织争端解决机制的正常运转起到了积极作用。

**附件**

中国诉欧盟禽肉关税配额措施案（DS492）大事记

2015 年 4 月 8 日，中方向欧方提出磋商请求。

2015 年 4 月 15 日，欧方接受磋商请求。

2015 年 5 月 26 日，中欧双方在日内瓦举行磋商。

2015 年 6 月 8 日，中方向世贸组织争端解决机构提出设立专家组请求。

2015 年 7 月 20 日，争端解决机构决定设立专家组。

2015 年 11 月 23 日，中方请求世贸组织总干事指定专家组成员。

2015 年 12 月 3 日，总干事指定专家组成员。

2016 年 1 月 12 日，中方提交第一次书面陈述。

2016 年 2 月 9 日，欧方提交第一次书面陈述。

2016 年 3 月 22—23 日，专家组第一次听证会和第三方听证会在日内瓦举行。

2016 年 4 月 12 日，中欧双方提交第一次书面问题答复。

2016 年 5 月 10 日，中欧双方提交第二次书面陈述。

2016 年 6 月 5—6 日，专家组第二次听证会在日内瓦举行。

2016 年 7 月 22 日，中欧双方提交第二次专家组书面问题答复。

2016 年 8 月 12 日，专家组向中欧双方提交专家组报告的描述性部分。

2016 年 10 月 21 日，专家组向中欧双方提交中期报告。

2016 年 12 月 2 日，专家组向中欧双方提交最终报告。

2017 年 3 月 28 日，专家组报告公开散发。

2017 年 4 月 19 日，世贸组织争端解决机构通过专家组报告。

2017 年 5 月 16 日，欧方宣布裁决执行意向。

2018 年 11 月 30 日，中欧双方达成裁决执行协议。

2019 年 4 月 1 日，裁决执行协议生效。

校稿：程秀强

# 史诗级"贸易战"之诉

## —— 中国诉美国"301条款"关税措施案（DS543）评析

### 姚晨曦

2017 年美国特朗普政府上台后，对中国启用了尘封多年的"301 条款"，调查所谓的中国知识产权保护和强制技术转让问题，炮制了无端指责中国的"301 条款"报告，并依此为由无视世贸规则，对中国数千亿美元输美产品大规模加征"301 条款"关税。美方的"301 条款"调查及关税措施是中美经贸摩擦的始作俑者，引发了国际贸易史上的"史诗级贸易战"。针对"301 条款"关税措施，中方第一时间在世贸规则框架下提起诉讼，并在专家组阶段取得全面胜诉。这是多边主义的胜利，也是国际经贸规则之治的胜利。

## 一、案件背景和诉讼程序

### （一）案件背景："301 条款"调查与贸易战

"301 条款"调查是指根据美国《1974 年贸易法》"301 条款"[1] 所进行的调查，该调查可由美贸易代表依总统指令、依职权或依申请启动，旨在调查外国有关贸易法律、政策或实践做法是否违反贸易协定，是否存在不正当或不合理的情形。根据调查结果，美可采取提高关税、限制进口、与外国达成协议或提起世贸诉讼等措施。WTO 成立前，美曾频繁挥舞"301 条款"大棒，对其他国家发起"301 条款"调查。随着 WTO 成立，特别是《关于争端解决规则与程序的谅解》（DSU）确立了未经 WTO 授权不得采取单边行动的规则[2]，美"301 条款"调查受到一定限制。1994 年，美总统向国会递交《行政行动声明》，承诺以符合世贸规则的方式实施"301 条款"。1998 年，在欧盟诉美国"301 条款"世贸争端案中，美再次重申遵守世贸规则的立场。但是，2017 年特朗普政府上台后，奉行"美国优先"，频繁出台相关措施，大力推行单边主义和贸易保护主义，"301 条款"调查死灰复燃。

2017 年 8 月 18 日，美贸易代表办公室（USTR）宣布根据"301 条款"，针对中方"与技术转让、知识产权和创新有关的法律、政策或做法"，自主发起"301 条款"调查。调查范围包括：利用外资政策和采购要求强制美国企业将技术转让给中国实体；歧视性的技术许可限制措施；要求或支持中方企业为获取高新技术对美开展投资并购；政府从事或支持的网络入侵及窃取知识产权或商业信息的行为等。2018 年 3 月 22 日，美发布调查报告，认定中国有关法律、政策和做法不合理或具有歧视性，给美方商业造成了负担或限制。同日，美总统签发备忘录，命令 USTR 采取"301 条款"规定的所有适当措施以应对中方相关的法律、政策及做法。USTR 随后采取了两项措施，一是美国将"301

---

[1] "301 条款"是美《1974 年贸易法》第 301 节至 310 节的简称。
[2] 见 DSU 第 23 条"多边体制的加强"。

条款"报告中涉及的所谓中国"歧视性技术许可限制措施"起诉至 WTO 争端解决机制（DS542）；二是对中国输美产品加征关税，即本案涉及的"301 条款"关税措施。2018 年 4 月 3 日，美贸易代表办公室发布拟征税公告，宣布拟对 500 亿美元中方输美产品加征额外 25% 的关税。

2018 年 7 月 6 日，美方对 500 亿美元征税建议措施中的 340 亿美元自华进口产品正式加征 25% 的关税。此后，美方单边行动逐步升级。2018 年 8 月 23 日，美方正式实施 500 亿美元征税建议措施中的 160 亿美元部分（税率 25%）。2018 年 9 月 24 日，美方对从中国进口的年贸易额约为 2000 亿美元的产品加征关税，加征的关税的税率为 10%。美方当时还宣布自 2019 年 1 月 1 日起将对 2000 亿美元产品加征关税税率提高到 25%，后该税率上调被推迟了两次。2019 年 5 月 10 日，美方将该税率从 10% 提高到 25%。2019 年 8 月 15 日，美方再度升级单边关税措施，宣布将针对 3000 亿美元中方输美产品分阶段加征"301 条款"关税，并于 2019 年 9 月 1 日对其中约 1120 亿美元产品正式实施关税措施（税率 15%，后降至 7.5%），3000 亿美元其余部分关税措施至今尚未实施。

### （二）诉讼进程

#### 1. 磋商阶段

2018 年 4 月 4 日，中方就美对 500 亿美元自中国进口产品的征税建议措施向美方提出世贸争端解决机制下的磋商请求。此后，中方分别于 2018 年 7 月 6 日、2018 年 7 月 16 日以及 2018 年 9 月 18 日在本案项下提出补充磋商请求。本案最终涉案产品金额 2340 亿美元，具体包括美对 340 亿美元产品实施的"301 条款"关税措施（税率 25%）和对 2000 亿美元产品的"301 条款"关税措施（税率 10%，后提升至 25%）。涉案措施包括 6000 多个税号，涵盖航空航天、信息通信、交通运输设备和光学器材等高科技产品以及农产品、水产品、服装、箱包等普通消费产品。此外，中方已就被征收"301 条款"关税的其余产品的关税措施另案起诉，目前仍在诉讼过程中。

中美于 2018 年 8 月 28 日及 2018 年 10 月 22 日在日内瓦就本案举行了磋商，但未能解决争端。

**2. 专家组阶段**

2018 年 12 月 6 日，中方向世贸组织争端解决机构提出设立专家组请求。本案专家组于 2019 年 1 月 28 日设立。2019 年 5 月 24 日，中方要求世贸组织总干事指定专家组。2019 年 6 月 3 日，总干事指定并组成本案专家组。

专家组于 2019 年 10 月 29 日至 31 日和 2020 年 2 月 25 至 26 日[①]，举行了两次听证会。2020 年 5 月 19 日，专家组向中美双方提交了中期报告。6 月 19 日，专家组向中美双方提交了最终报告。2020 年 9 月 15 日，世贸组织正式对外散发了本案专家组报告。专家组报告全面支持了中方主张，认定美"301 条款"关税措施违反世贸规则。

**3. 上诉阶段**

2020 年 10 月 26 日，美方就本案向世贸组织争端解决机构提出上诉。鉴于世贸组织上诉机构因美国阻挠已处于停摆状态，美方上诉后，本案专家组报告实质上处于搁置状态，暂时无法生效。

## 二、涉案措施与主要法律争议

### （一）涉案措施

本案涉案措施主要为两项：一是美贸易代表办公室于 2018 年 6 月 20 日发布的公告，宣布对从中方进口的 818 个关税子目、年贸易额约为 340 亿美元的产品加征 25% 的从价税，自 2018 年 7 月 6 日起生效（即清单 1 产品）。二是美贸易代表办公室于 2018 年 9 月 21 日发布的公告，宣布对从中方进口的 5745 个关税子目、年贸易额约为 2000 亿美元的产品加征从价税，自 2018

---

① 本案第二次听证会正值国内疫情暴发、国外疫情开始蔓延之际。在此背景下，案件应对小组基于科学理性判断并作出果断决策，毅然赴日内瓦参加第二次听证会，并积极与世贸组织秘书处和美方协调，最终促成了听证会的顺利举行，为 2020 年 9 月专家组报告的如期顺利发布铺平了道路。如果没有赴日内瓦的果断决策和参会人员的无畏和付出，势必造成案件程序长时间拖延。

年 9 月 24 日起生效（即清单 2 产品）。对于清单 2 产品，2018 年 9 月 21 日的征税通知将 2018 年底前加征关税税率定为 10%，并宣布自 2019 年 1 月 1 日起加征关税税率提高到 25%，后推迟至 2019 年 5 月 10 日实施该 25% 税率。

## （二）主要诉请

### 1. 涉案措施违反《1994 年关税与贸易总协定》（GATT1994）第 2 条规定的"约束税率义务"

中方主张，美方"301 条款"关税系在美减让表规定的关税外征收的额外关税，此举将导致加征"301 条款"关税后，对中方输美产品适用的关税超出美方在其减让表中列出的约束关税，违反 GATT1994 第 2 条"约束税率义务"的规定。

### 2. 涉案措施违反 GATT1994 第 1.1 条"最惠国待遇"规定

中方主张，涉案措施仅仅基于产品来自中方这一事实而歧视性加征"301 条款"关税，歧视自中方进口产品，违反 GATT1994 第 1.1 条"最惠国待遇"规定。

## （三）主要法律争议

由于涉案措施明显违反 GATT1994 第 1.1 条最惠国待遇和第 2 条约束关税义务，美方对其违反第 1 条和第 2 条没有作任何抗辩，而是提出了本案争议已经解决和"301 条款"关税措施符合 GATT1994 第 20 条（a）项公共道德例外两项抗辩。

### 1. 关于如何判定案件争议已解决

DSU 第 12.7 条规定，如果争端双方之间已找到问题的解决方法，则专家组报告应只限于对案件的简要描述，并报告已达成解决办法。美方主张，双方已同意在世贸体系之外解决这一问题，已达成 DSU 第 12.7 条所规定的"双方满意的解决办法"，专家组不需对本案做出裁决。

中方认为，美方加征的"301 条款"关税仍在实施，双方没有达成任何解决办法，专家组应按照中方请求做出裁决。

### 2. 关于公共道德例外

美方主张其采取"301 条款"关税措施，是为了保护美国的公共道德，符合 GATT1994 第 20 条（a）项保护公共道德例外。美方声称，"301 条款"报告中列举的中方"侵犯"知识产权、损害公平竞争等诸多"不公平贸易行为"，违反了美国社会"是非标准"，侵犯了美社会的"公共道德"。美征税措施是通过经济上施压迫使中方改变相关政策和做法，以实现保护"公共道德"目标。

中方主张，美方的"301 条款"关税措施明显是出于经济目的，与保护公共道德没有任何关系。美方所谓的保护"公共道德"例外只是其奉行单边主义、限制国际贸易的借口和工具。

## 三、专家组裁决

### （一）关于约束税率和最惠国待遇

#### 1. 专家组关于最惠国待遇裁决

专家组认为，美方仅对中方产品加征"301 条款"关税，使得其他世贸成员产品处于更加有利的竞争地位，给予中方的待遇明显低于其他世贸成员。此外，由于美方未提出任何抗辩，专家组认定，涉案措施违反 GATT1994 第 1.1 条关于最惠国待遇的规定。

#### 2. 专家组关于约束税率义务裁决

专家组认为，中方提供的证据表明，加征"301 条款"关税后，美方对措施所涉及的每种中方产品，都征收了超过美方减让表中规定税率的关税。美方对此并未反驳。专家组裁决，涉案措施违反 GATT1994 第 2 条关于约束税率的规定。

### （二）关于双方是否已达成 DSU 第 12.7 条所指的解决办法

#### 1. 美方主张

美方主张，中美双方通过多轮相互征税和反制的实际行动达成"自行解决方案",双方也签署了中美第一阶段经贸协议,这些都表明双方已同意在 WTO 体系之外解决这一争端。中方继续推进案件浪费了诉讼资源,是对争端解决机制的体系性破坏。美方主张,根据 DSU 第 12.7 条,专家组不应按照中方的请求做出调查结果和建议,而应出具一份简短的报告,说明双方已根据 DSU 第 12.7 条解决了争议。

### 2. 中方主张

中方主张,美方"301 条款"关税措施仍然在实施,中方关注和诉求尚未得到解决,双方没有达成共同满意的解决办法。中美第一阶段经贸协议不涉及涉案措施。中方重申,世贸规则要求任何"解决方案"必须在规则框架内由双方合意达成,不存在美方所谓的"自行解决方案",由于双方未达成 DSU 第 3.6 条所指的"双方同意的解决办法",亦未通知争端解决机构此类解决办法,美方主张缺乏事实和法律依据。中方强调,威胁多边贸易规则体系和争端解决机制的是美方的大规模"301 条款"关税措施,中方提起的诉讼合法正当,是尊重规则和维护规则的体现。

### 3. 专家组裁决

专家组指出,DSU 第 12.7 条规定的任何"解决办法"都必须是一个"双方满意的"解决办法,而不是基于一方自身满意但另一方不满意的单方面主张。对于中美间的双边谈判,专家组认为,与争端同时进行的谈判,不能替代争端解决程序。双边谈判不能被理解为剥夺中方主张涉案措施违反世贸规则的权利,也不能剥夺中方请求 WTO 专家组做出裁决的权利。专家组表示,中方对美方观点的反驳表明,中方没有放弃对美方提起诉讼的任何权利,也不存在任何书面文件可以证实双方就本案争议达成双方满意的解决办法。专家组还注意到,双方并未根据 DSU 第 3.6 条通知 DSB 任何双方同意的解决办法。

因此,专家组裁决,中美没有达成双方同意的解决办法,专家组有权对本案做出建议和裁决。

## （三）涉案措施是否符合 GATT1994 第 20 条（a）项"公共道德"例外

美方主张，即使专家组认为有必要继续审理案件，"301 条款"关税措施也符合 GATT1994 第 20 条（a）项"公共道德"例外抗辩，因为其采取"301 条款"关税措施，是为了保护美国的公共道德。中方对此予以了坚决驳斥。

根据 GATT1994 第 20 条（a）项"公共道德"例外的规定，援引该例外抗辩的一方需证明涉案措施满足二个要件：一是措施为保护公共道德所必需，即必要性测试；二是措施不应以任意的或不合理歧视的方式实施，或者对国际贸易构成变相限制，即前言测试。中美双方围绕这两个条件展开了激烈的论辩。

### 1. 关于公共道德定义

美方主张，《"301 条款"调查报告》中提及的中方关于知识产权的法律、政策及做法，特别是其提到的网络黑客行为、经济间谍行为、盗用商业秘密和反竞争行为等，违反美社会关于公平贸易、公平竞争的"是非"标准，威胁其民主政治和社会制度的保护。对这些"是非"标准的维护属于第 20 条（a）项所指的"公共道德"。

中方反对将美方的所谓关切定性为第 20 条（a）项下的"公共道德"。中方认为，涉案措施与保护美方所谓的"公共道德"无关，美方所指的公共道德不过是为其纯粹的经济目标辩护所作的事后分析，美方未能确立存在公共道德目标。退一步讲，美方对所谓的不公平贸易行为的关切，属于经济关切，不构成公共道德问题，美方试图扩大第 20 条（a）项的范围，以涵盖"301 条款"关税措施胁迫性的经济目标。

专家组认为，GATT1994 第 20 条（a）项的文本并未定义"公共道德"。公共道德概念的内容和范围可能因各世贸成员的价值体系和价值尺度不同而有所不同。世贸成员应当有一定的空间，自行界定和适用公共道德，并有权确定其认为适当的保护水平。

专家组表示，GATT1994 第 20 条中与保护利益相关的几个条款均直接或间接涉及经济维度,"公共道德"问题也可涉及经济利益和经济关切。此外,"301条款"关税措施虽未提及"公共道德",但 USTR 在《"301 条款"调查报告》中所做认定,中方的相关法律、政策及做法不合理或具有歧视性,给美方商业造成负担或限制,表达了美方关切。专家组认定,美方援引的是非标准至少在概念层面上可以被认为是 GATT1994 第 20 条(a)项下的"公共道德"。

**2. 涉案关税措施是否为保护公共道德所必需**

(1)美方主张

美方主张,加征关税通过提高中方的"不公平"贸易法律、政策及做法的成本以及削弱中方继续从事这种行为的动机,为消除中方这种行为的目标所必需。美方认为,其此前通过各种多双边机制向中方表达对"不公平"贸易政策关切均未果,为保护美方的公共道德和是非标准,其有必要采取能够改变中方相关经济成本和收益分析的措施。对于中方"不公平"的贸易做法,"301 条款"关税措施提高了中方继续这些"不公平"贸易做法的经济成本,可迫使中方放弃继续维持这些违反公共道德的行为,"301 条款"关税措施为实现上述目标做出了重大贡献,实施"301 条款"关税措施具有必要性。

美方主张,其涉案措施是必需的观点并不取决于这些措施是否适用于体现道德冒犯行为的任何特定类别产品。但美方表示,"301 条款"关税措施针对的是受益于不公平和不道德的中方技术转让等政策的相关货物,其征税产品清单涵盖了体现道德冒犯行为的产品。美方称,首批采取关税措施的 340 亿美元产品明显受益于《"301 条款"调查报告》中所述的贸易政策,与中方的不公平技术转让政策和做法之间有着明确且直接的关系,而后续 2000 亿美元产品关税措施系由此前的关税措施衍生而来,在一定程度上也为保护公共道德所必需,是为了对中方的经济报复行为做出回应,进一步表明美方对盗窃和强迫转让美方技术的强烈关注。

(2)中方主张

中方认为,美方关税措施与通常根据 GATT1994 第 20 条(a)项进行的必要性分析无关。中方认为,如按照美方对"必需"一词的解释将使必要性分析失去意义，将允许世贸成员在其认为适当的任何时间，将任何产品的关税提高到任何水平，而不论该产品是否包含或体现道德上冒犯的内容或行为。中方强调，强迫另一成员改变政策不可能符合第 20 条（a）项下的必要性要求。

涉案措施适用的产品是基于美方的经济目标，而不是基于产品本身的所谓"道德冒犯"内容，对第 20 条（a）项下的任何公共道德目标没有任何贡献。中方主张，要想使一项措施与公共道德目标有足够的联系，该措施必须为适用于体现道德上冒犯行为或内容的产品所设计，无论是 340 亿美元产品还是 2000 亿美元产品，美方没有提出任何证据证明存在上述联系，涉案措施并不能保护公共道德。美方根据对美国消费者的潜在影响、是否可以从其他国家采购同类替代产品等经济目标选择产品范围，充分说明"301 条款"关税措施系出于经济关切，与其所宣称的保护"公共道德"目标没有关系。

涉案措施具有严重的贸易限制性。中方主张，涉案措施基本上涵盖了从中方进口的所有产品，并导致关税税率比约束税率高出 25%，降低了中方进口产品在美方市场上的竞争力，具有严重的贸易限制性。

（3）专家组裁决

专家组认为，在分析 GATT1994 第 20 条各项例外时，需要在美方援引第 20 条（a）项例外的权利与美方遵守世贸承诺的义务之间进行权衡。这种权衡需要评估一系列因素，包括所追求政策目标的重要性、措施对贸易的限制性影响，以及措施对实现所追求目标的贡献（表现为所追求目标与涉案措施之间存在真正的"目的和手段"关系）等，采用整体方法来确定涉案措施是否是第 20 条（a）项下为保护公共道德所"必需"的措施。

关于所追求目标的重要性。专家组表示，美方所援引的公共道德目标反映了美方所认为的重要社会利益。但专家组同时注意到，涉案措施对从中方进口的多种产品加征关税，对国际贸易有重大影响。

关于对所追求目标的贡献。专家组认为，确定一项措施的贡献不能仅仅依靠声明，必须凭借证据来证明措施对所追求目标的贡献。为了证明存在这种贡献，美方必须证明关税措施如何实现美方所称的公共道德目标，即涉案措施与公共道德目标之间是否存在"目的和手段"的真正关系。对于 340 亿美元产品的关税措施，美方涉案措施并未解释其与公共道德目标之间的关系，美方也未提供任何证据支持其关税措施如何实现公共道德目标。专家组认为，经过初步审查加征关税的税目之后，部分产品类别似乎与《"301 条款"调查报告》中讨论的受影响产业政策没有密切关系。同时，根据对美方后续涉案产品关税排除程序分析，美方未充分解释为何最初被认为损害了公共道德的产品最终却被排除在关税措施之外。对于 2000 亿美元产品的关税措施，专家组认为，某一措施与所追求的公共道德目标之间真正的"目的和手段"关系，不可能源于另一项措施（340 亿美元关税措施）可能存在的这种关系。专家组最终认定，美方未能证明"301 条款"关税措施与公共道德目标之间存在"目的和手段"的真正关系。

**3. 关于措施是否符合 GATT1994 第 20 条前言部分**

美方认为，其在采取关税措施之前经过深思熟虑，而且已解释采取涉案措施的理由，并未采取任何手段予以隐瞒。同时，中方采取的强制技术转让等政策和做法影响巨大，美方大规模关税措施未构成任意或不合理的歧视。

中方主张，美方措施与所涉产品之间缺乏合理的联系，涉案措施旨在强迫其他成员改变相关政策，具有明显的任意和不合理性。措施打着公共道德的幌子限制国际贸易，无非是强行掩饰对国际贸易的限制。

专家组认定，鉴于美方未充分说明"301 条款"关税措施如何为保护公共道德所必需，美方未满足其证明"301 条款"关税措施符合第 20 条（a）项的责任。因此，专家组无必要就美方是否已证明其措施满足第 20 条前言部分的要求做出裁决。

### （四）关于对 2000 亿美元产品加征的关税从 10% 提高到 25% 是否在专家组职权范围内

美方主张，专家组的职权范围仅适用于两项措施：一是 2018 年 6 月 20 日对 340 亿美元产品加征关税；二是 2018 年 9 月 21 日对 2000 亿美元产品加征 10% 的关税。对美方而言，2000 亿美元产品加征的关税税率自 2019 年 5

月 10 日起从 10% 提高到 25% 是第三项独立的措施，该措施在专家组设立时并不存在，不在专家组的职权范围之内。

中方主张，专家组的职权范围涵盖两项措施：一是 2018 年 6 月 20 日对 340 亿美元产品加征 25% 的关税；二是 2018 年 9 月 21 日对 2000 亿美元产品初步加征 10% 的关税，并于 2019 年 5 月 10 日提高到 25%。中方认为，对 2000 亿美元产品加征的关税税率自 2019 年 5 月 10 日起从 10% 提高到 25%，修改了第二项措施，但措施的实质并未改变，且中方设立专家组请求明确提及第二项措施预计修改，并特别指出对清单 2 产品加征的关税税率计划提高。

专家组认为，专家组的职权范围是审查起诉方在其设立专家组请求中提出的措施和相关主张。一般情况下，该职权范围所涵盖的措施必须是专家组设立时已经存在的措施。但在某些情况下，若被告实施的后续措施修改了设立专家组请求中确认的措施，但修改并未改变原始措施的实质，考虑经修改的措施也是适当的。

专家组认为，本案中提高的关税税率涵盖了与中方设立专家组请求中确定的第二项措施相同的产品（2000 亿美元产品），即产品范围相同。对于这些产品加征的关税，无论是 10% 关税还是 25% 关税，其法律性质相同，均为中方所主张的超出约束税率的违规税率。上述记载加征 10% 和 25% 关税的措施系同类型的法律文书，均由同一机构（美贸易代表办公室）依据同一法律依据（《1974 年贸易法》"301 条款"）做出。

因此，专家组认定，对 2000 亿美元产品加征的关税税率从 10% 提高到 25%，是一项对措施的修改，未改变涉案措施的实质，属于其职权范围。

## 四、案件的启示与评价

### （一）案件胜诉的重大意义

中美之间围绕国际贸易史上最大规模的"301 条款"关税措施，进行了一场"史诗级"的法律战役，专家组裁决全面支持中方主张，认定美方"301 条款"

关税措施违反世贸组织基础性的最惠国待遇和约束税率规定。裁决发布后，国际主流媒体迅速进行了报道，多持肯定态度。美联社报道，该裁决标志着世贸组织第一次就特朗普政府对各国采取的关税措施做出否定性裁决。彭博社报道，裁决动摇了特朗普政府对中国贸易战的正当性基础。

虽然在上诉机构陷入停摆状态下，美方的恶意上诉使得专家组裁决搁置，暂时无法生效，但专家组对中方全面支持的裁决，向世贸全体成员昭示了美方"301 条款"关税措施的违规性和危害性。特别是在近年单边主义和贸易保护主义愈演愈烈的背景下，专家组裁决对以规则为基础的多边贸易体制无疑是一剂"强心剂"，对维护多边贸易体制的权威性和严肃性具有重要意义。

## （二）几点启示

一是贸易战不得人心，但国际经贸规则之治依然任重道远。从本案结果来看，中方在本案中取得了重大胜利，获得专家组全面支持。从裁决发布后舆论和评价看，国际社会对此高度关注，对于这一公正裁决普遍持积极评价，予以肯定。由此可见，该裁决反映了世贸组织和国际社会对于大规模征税措施造成的全球性负面影响的高度关注与担忧，贸易战不得人心。但也要看到，徒法不足以自行，世贸诉讼并非万能，尤其是在当前个别国家希望把自己的规则强加于人、继续推行单边主义给整个世界"带节奏"的情况下，多边贸易规则充分发挥作用还需各个世贸成员，特别是主要成员重拾对于多边主义的尊重，重塑对于国际规则的敬畏，自觉遵守规则，履行承诺。

二是科学合理确定诉讼策略对案件胜诉至关重要。美方在诉讼伊始，便试图将"301 条款"关税措施与"301 条款"报告以及中方所谓的反制措施均纳入本案诉讼范围，通过引入"公共道德保护"问题，意在将专家组关注点转移到对于中国"盗窃"美国技术、强制技术转让、损害公平竞争等"不公平贸易行为"的讨论，从而混淆视听，模糊诉讼重点，为其营造诉讼空间。对此，中方确定了适当切割"301 条款"报告和"301 条款"关税措施的诉讼策略，在应对美方"保护公共道德"例外抗辩中，坚持"301 条款"报告不在讨论范围，不与美方就"301 条款"报告具体内容展开辩论，集中火力聚焦关税措施本身与公共道德例外的关系和必要性论证，为中方取得专家组阶段的胜诉争取了优势地位。从最终发布的专家组报告看，专家组严格按照规则要求，恪守职权范围，聚焦于"301 条款"关税措施本身展开分析论证，排除了干扰，做出了经得起历史检验的公正裁决。

　　**三是警惕公共道德例外的滥用。**一方面，要警惕公共道德例外被政治化和工具化。美方在本案中将涉案措施与"公共道德"挂钩，试图以保护公共道德作借口为其公然违反世贸规则的"301 条款"关税措施寻找说辞，为其单边主义行径披上道德的外衣，占据道德制高点。在近年经济全球化遭遇逆流、单边主义和保护主义抬头、多边贸易规则根基受到侵蚀的大背景下，如何防止公共道德例外被政治化，成为极个别成员维护私利的工具，已成为摆在包括中国在内的所有世贸成员面前的重要课题。另一方面，要警惕规则适用中对公共道德例外相关要件和纪律标准的突破。本案专家组在评估措施是否为保护美方所援引的公共道德目标所必需时，基本遵从了以往世贸案件实践，坚持了相关纪律标准。但也要看到，本案专家组裁决从侧面说明了"公共道德"概念的宽泛性，有被不当利用的空间。对于这些问题的评估和应对，宜引起高度重视。


## 附件

### 中国诉美国"301 条款"关税措施案（DS543）大事记

　　2018 年 4 月 4 日，中方向美方提出征税建议措施的磋商请求。

　　2018 年 7 月 6 日，中方向美方就正式实施的 340 亿美元关税措施提出补充磋商请求。

　　2018 年 7 月 16 日，中方就美方 2000 亿美元征税建议措施提出补充磋商请求。

　　2018 年 8 月 28 日，中美双方在日内瓦举行第一次磋商。

2018 年 9 月 18 日，中方就美方正式实施 2000 亿美元关税措施提出补充磋商请求。

2018 年 10 月 22 日，中美双方在日内瓦举行第二次磋商。

2018 年 12 月 6 日，中方提出设立专家组请求。

2019 年 1 月 28 日，世贸组织争端解决机构设立专家组。

2019 年 7 月 23 日，中方提交第一次书面陈述。

2019 年 8 月 27 日，美方提交第一次书面陈述。

2019 年 10 月 29—31 日，专家组第一次听证会。

2019 年 11 月 20 日，中美提交对第一轮专家组问题的书面答复。

2020 年 1 月 8 日，中美提交第二次书面陈述。

2020 年 2 月 25—26 日，专家组第二次听证会。

2020 年 3 月 17 日，中美提交对第二轮专家组问题的书面答复。

2020 年 3 月 31 日，中美就对方专家组问题答复提交书面评论。

2020 年 4 月 7 日，中美提交案件书面执行摘要。

2020 年 4 月 15 日，专家组向当事方发布专家组报告事实描述部分。

2020 年 4 月 29 日，中美就专家组报告事实描述部分提交书面评论。

2020 年 5 月 19 日，专家组向中美双方提交中期报告。

2020 年 6 月 19 日，专家组向中美双方提交最终报告。

2020 年 9 月 15 日，世贸组织正式散发本案专家组报告。

2020 年 10 月 26 日，美方就专家组报告提起上诉。

校稿：王蔷

# 中美关于银联卡的交锋

## ——美国诉中国电子支付服务案（DS413）评析

谢伟

2012 年 7 月 16 日，世贸组织争端解决专家组就美国诉中国电子支付服务措施案（DS413）散发专家组报告。针对此项裁决，美国白宫发言人杰伊·卡尼（Jay Carney）公开表示："本案的胜利突显出，对抗中国不公平的贸易做法是本届总统的重点工作。这是美国赢得的又一项判决。"[1] 而与此同时，中国商务部则表示，专家组裁决驳回了美方重要的诉请，"中方对专家组上述裁决表示欢迎"。[2] 中美双方对专家组裁决似乎都显示了一定的乐观态度，双方也都没有提出上诉。那么此案到底谁胜谁负？本案的裁决又对中国的电子支付市场产生了何种影响？本文将探究中美银联卡之诉背后的故事。

---

[1] 詹姆斯·波利提："WTO 裁定中国歧视外国电子支付供应商"，资料来源：http://www.ftchinese.com/story/001045534，2014 年 2 月 12 日访问。

[2] 商务部条约法律司负责人就 WTO 争端解决机构通过美诉我电子支付世贸争端案专家组报告发表谈话，资料来源：http://bgt.mofcom.gov.cn/aarticle/c/e/201208/20120808315833.html，2014 年 2 月 12 日访问。

## 一、案件背景和诉讼程序

### （一）案件背景

当前移动支付快速发展，普通人携带一部手机就可以解决一天生活中大部分场景的支付问题。但是时间倒退 20 年，在银行卡清算机构还没有出现的年代，各家银行都只能安装自己的销售终端刷卡机器，银行卡之间也没有互联互通，消费者只能随身携带多张银行卡以备刷卡需要。

银行卡清算机构的出现使得跨行清算成为可能，在当时是一个巨大技术进步。成立于 2002 年的中国银联是中国最早的银行卡清算机构，是中国提供银行卡清算服务的主要企业。银联提供的是一种专业服务，其核心业务有二：一是"交易信息的转接和处理"，即"将收单机构上送的卡片信息和交易请求转送给相关发卡机构，并将发卡机构的交易授权应答转发至收单机构，以使银行卡跨行交易能够顺利完成。"二是"资金清算"，即"按照清算批次对各机构之间的交易进行汇总、清分和清算，并根据轧差后的结果形成清算报表；于每批次固定时点，通过人民银行结算中心完成在各个机构之间的资金清算。"[1]

银行卡业务，借助于中国国内庞大市场，以超乎寻常的速度迅猛发展。据央行报告，截至 2013 年末，全国累计发行银行卡 42.14 亿张。其中，借记卡累计发卡 38.23 亿张；信用卡累计发卡 3.91 亿张。截至 2013 年末，全国人均拥有银行卡达 3.11 张[2]。中国银行卡市场快速发展，维萨（VISA）、万事达（Mastercard）、运通（AMEX）等国际发卡机构纷纷看好中国市场。但当时，它们只能以与中国银联联合发"双标卡"的方式进入中国市场，即信用卡上同时有"VISA"和"银联"或"Mastercard"和"银联"两个标记，而且此类"双标卡"在中国国内只能通过中国银联通道进行结算。这种状况当然不能满足国际发卡

---

[1] 杨国华："中国电子支付服务案"详解，《世界贸易组织动态与研究》2013 年 3 月第 20 卷第 2 期，第 50 页。

[2] 中国人民银行：《2013 年支付体系运行总体情况》，资料来源：http://www.pbc.gov.cn/publish/zhifujiesuansi/1070/2014/20140217090448334460050/20140217090448334460050_.html，2014 年 2 月 12 日访问。

机构的需求，他们就推动美国政府通过世贸争端解决机制实现打开中国市场。

### （二）诉讼进程

#### 1. 磋商阶段

2010 年 9 月 15 日，美国就支付卡交易的电子支付服务问题向中国提出磋商请求，正式启动世贸争端解决机制项下的诉讼程序。2010 年 10 月 27 日至28 日，中美双方举行磋商，澄清部分问题但未能解决争议。

#### 2. 专家组阶段

2011 年 2 月 11 日，美方要求设立专家组。2011 年 3 月 25 日，专家组设立。2011 年 7 月 4 日，专家组组成。参与本案的第三方成员为：澳大利亚、欧盟、危地马拉、日本、韩国、厄瓜多尔、印度。2012 年 7 月 16 日，争端解决机构发布了本案专家组报告。2012 年 8 月 31 日，争端解决机构通过了本案专家组报告。

2012 年 9 月 28 日，中方在争端解决机构会议上通报执行本案裁决意向。中美双方议定本案合理执行期为专家组报告通报之后 11 个月，截至 2013 年 7 月 31 日。2013 年 7 月 23 日，中方在争端解决机构会议上通报已完成本案执行工作。

## 二、涉案措施与主要法律争议

### （一）涉案措施

美方一口气列举了中国人民银行和外汇管理局的 19 份文件，指称中方妨碍VISA、Mastercard 等进入中国市场与银联竞争。可归纳为六个方面的措施：

1. 发卡方要求，即要求在中国境内发行的所有支付卡标注中国银联标识，加入中国银联网络且符合统一的业务规范和技术标准。

2. 终端设备要求，即要求中国境内所有商户的支付卡处理设备、所有的自动柜员机（ATM）及所有的销售点（POS）终端受理中国银联支付卡。

3. 收单方要求，即要求所有收单方张贴银联标识并且能够受理所有带有中国银联标识的支付卡。

4. "香港/澳门要求"，即规定只能由中国银联处理"在中国发行的而在香港或澳门使用的人民币银行卡"和"在香港或澳门发行并在中国人民币交易中使用的银行卡"涉及的特定人民币银行卡交易的清算服务。

5. 唯一提供商要求，强制要求将银联作为境内为以人民币计价并以人民币支付的所有支付卡交易提供电子支付服务的唯一提供商。

6. 异地/跨行禁令，即禁止使用非银联支付卡进行异地、跨行或行内交易。

## （二）美方诉请

美方请求专家组认定，中方上述六个方面的措施均违反《服务贸易总协定》（GATS）第 16 条市场准入义务和第 17 条国民待遇义务，即中方给予美方服务提供者的待遇低于中方服务减让表中同意和列明的条款、限制和条件，以及中方给予美方服务提供者的待遇低于给予本国服务提供者的待遇。

## （三）主要法律争议

### 1. 什么是电子支付服务

根据世贸组织服务贸易规则，世贸成员基于其对各服务部门的具体承诺承担不同的义务。因此，在本案中，VISA、银联等提供的是什么服务，属于哪个服务部门，是本案争议的基础性问题。

美方主张，本案涉及的电子支付服务，涉及支付卡之间的资金转移，是 GATS 减让表第 7 类（金融服务）B 部分"银行及其他金融服务（不包括保险和证券）"下的子部门（d）项"支付和汇划"服务（以下简称（d）项"支付和汇划"服务）。在此服务部门，中方作出了市场准入和国民待遇承诺。

中方主张，本案涉及的是"清算和结算服务"，应当包含在 GATS《关于金融服务的附件》第 5 条（a）项（xiv）目范围之内，具体包括"金融资产的结算和清算服务，包括证券、衍生品和其他可转让票据"。在中方减让表中，并未在该项下进行任何承诺。

### 2. 电子支付服务的市场准入承诺

美方主张，中方减让表中就电子支付服务在（d）项"支付和汇划"服务跨境交付（模式1）和商业存在（模式3）下均作出了承诺。但是，中方通过本案涉诉的六方面措施，中方建立了一个垄断的市场架构，使得"中国银联"成为中国所有人民币银行卡交易的排他性提供商，因此违反了《服务贸易总协定》（GATS）第16.1条和第16.2条（a）项下的义务。

中方主张，首先，美方未能证明中方在（d）项"支付和汇划"服务的模式1和模式3下对电子支付服务作出市场准入承诺；其次，美方也未能证明其所指控的措施导致通过垄断或排他方式对服务提供者的数量进行了限制。

### 3. 电子支付服务的国民待遇承诺

美方认为，中方在其减让表已经就第（d）项"支付和汇划"服务的模式1和模式3作出国民待遇承诺，中方采取的本案涉诉的六方面措施，使得外国电子支付服务提供者的待遇低于中国银联，因此不符合GATS第17条国民待遇要求。

中方主张，关于模式1，由于中方未作出市场准入承诺，因此不需承担国民待遇义务；关于模式3，中方承诺给予的国民待遇承诺仅限于"外国金融机构"（foreign financial institutions），美方未能证明电子服务提供商属于"外国金融机构"。

## 三、专家组裁决

### （一）涉案服务措施的服务归类问题

#### 1. 美方主张涉案服务属于"支付和汇划"服务

美方主张，本案争议涉及的是影响支付卡交易的电子支付服务。电子支付服务涵盖处理涉及支付卡交易的服务和处理并促进参与交易机构之间资金转移的服务。电子支付服务处于支付卡交易的重心，电子支付服务提供者接收、查验和传输各方面需要进行交易的信息以及管理和促成参与实体之间的资金转移。美方认为，GATS 减让表（d）项"支付和汇划"服务，包括"信用卡、赊账卡和贷记卡"以及其他支付卡交易有关的电子支付服务。中方对"支付和汇划"服务作出了市场准入和国民待遇承诺。

**2. 中方主张涉及服务属于"清算和结算"服务**

中方主张，涉案服务是支付卡公司提供的支付卡"交易处理"服务，包括用于提供与支付卡交易"授权、清算、结算"相关的服务。中方认为，一项服务的核心要素落入哪一项，该服务就落入哪一项。清算和结算作为涉案服务的核心要素落入 GATS 的《关于金融服务的附件》第 5 条（a）项（xiv）目"金融资产的结算和清算服务，包括证券、衍生产品及其他可转让票据"。（xiv）目不仅包括证券的清算和结算，还包括零售支付工具的清算和结算。中方特别指出支票属于（xiv）目中提及的"可转让票据"，而支票属于零售支付工具，因此零售支付工具的清算和结算落入（xiv）目。中方对（xiv）目没有作出承诺。

**3. 专家组裁决**

专家组从减让表（d）项入手，从通常含义、上下文、目的和宗旨等角度对该项内容进行了阐释。

专家组首先分析了（d）项条款文字含义。（d）项规定："所有支付和汇划服务，包括信用卡、赊账卡和贷记卡、旅行支票和银行汇票（包括进出口结算）。"[ All payment and money transmission services, including credit, charge and debit cards, travellers cheques and bankers drafts (including import and export settlement).] 专家组认为支付和汇划服务不是由付款人或受付人提供的，而是由第三方为方便和促成付款人和受付人之间的支付和资金转移而提供的服务。基于以上分析，专家组支持了美方的观点，认为"支付和汇划服务"包括"管理""促进"或"促使"支付和金钱汇划的服务。

专家组进一步分析了"所有"一词，认为"所有"强调了（d）项服务包括与"支付和汇划服务"有关的全部内容，也包括所有与"支付和汇划"有关的必要服务、所有方式的"支付和汇划"服务和所有相关商业模式。

专家组通过对"包括信用卡、赊账卡和借记卡、旅游支票和银行汇票（包括进出口结算）"括号内的"包括进出口结算"的分析认为，括号中明确提及"结算"（settlement）表明（d）项的支付服务包括了结算。另外，由于清算暗含在结算之中，因此，（d）项的范围包括了清算和结算。

关于服务提供主体，专家组认为，虽然（d）项在减让表中位于"银行服务"这一标题项下。但这并不能限制（d）项的提供主体，即（d）项服务并非只能由银行来提供。

其次，专家组考察了（d）项的上下文（context）。其中，专家组重点分析了《关于金融服务的附件》。针对中方关于涉案服务属于《关于金融服务的附件》第 5 条（a）项（xiv）目的主张，专家组重点分析了"金融资产"的范围，以判断支付卡等零售支付工具是否属于（xiv）目中的"金融资产"。专家组注意到，"包括证券、衍生产品和其他可转让票据"这一短语对"金融资产"的含义做出了限制，这些列举意味着（xiv）目中的"金融资产"具有"可转让"的特性。与支付卡交易有关的支付卡和销售单据不可转让，也不能在市场上交易。此外，"其他可转让票据"仅指与"证券"和"衍生产品"同样具有投资特性的票据，而支付卡不是投资工具。因此，支付卡不属于（xiv）目中的"金融资产"。基于以上分析，专家组认为（xiv）目的范围较窄，只限于可转让的、有投资属性的金融资产的清算和结算，而不包括零售支付工具的清算和结算。因此，支付卡交易的清算和结算服务不属于（xiv）目中的服务。

最后，关于目的和宗旨。专家组援引了 GATS 前言部分，特别强调其目标之一是"希望建立一个服务贸易原则和规则的多边框架，以期在透明和逐步自由化的条件下扩大此类贸易"。专家组认为，其对中方在减让表（d）项承诺的解释，即将结合起来构成一项新的、独特的综合服务的多项服务归类在一项分部门下，与上述透明度目标是一致的。该项综合服务是作为一个整体提供。

通过以上分析，专家组认为（d）项可以涵盖整个电子支付服务的定义和范围，涉案服务全部落入（d）项。

## （二）关于涉案措施是否存在的评估

由于美方起诉的"发卡方要求""终端设备要求""收单方要求""香港／澳门要求""唯一提供商要求"和"异地／跨行禁令"六项措施，系从中方的 19 份文件中归纳总结出来的，因此专家组对上述六项措施是否存在进行了审查。其中争议的焦点是"唯一提供商要求"和"异地／跨行禁令"是否存在。

### 1. 美方未能证明存在"唯一提供商要求"和"异地／跨行禁令"

美方列举了 15 份文件中的条款，声明这些文件强制要求将中国银联作为人民币银行卡交易的唯一电子支付服务提供商。美方诉称，中国所有参与银行卡业务的机构都参与了银联网络，通过该网络处理所有的人民币银行卡交易，根据统一的规则和程序处理交易，包括遵守标识的要求。这些措施的效果，就是创建一个系统，使得银联成为提供人民币交易的电子支付服务的唯一实体，或者说这些措施建立了银联的垄断地位。

中方对此表示反对，有关措施只是要求建立一个用于处理人民币国内跨行银行卡交易的统一的全国性网络，这不等同于要在中国建立一个排他性的电子支付服务提供商。

专家组对相关文件逐一进行了审查，最终没有支持美方的主张。专家组认为，银联也许是国内唯一的人民币银行卡交易清算渠道，但是相关文件并没有授予银联的这种排他性的特权，例如要求发卡银行遵守银联联网通用的技术标准，并不能排除发卡银行发行符合其他电子支付服务提供商技术标准的支付卡。

专家组还应美方要求，审查了这些文件和措施的"综合"效果。专家组从相关文件的明确和隐含操作、这些文件所实施的技术障碍以及这些文件所造成的经济障碍等角度，进行了审查。从本案证据来看，中国农信银资金清算中心，也是提供与银联类似服务的机构。综上，专家组裁定，美方未能证明这些文件结合起来使得银联成为唯一提供商。同时，专家组基于对唯一提供商要求的相关文件的评估，裁定美方没有证明中方实施了所谓"异地／跨行禁令"。

由于专家组认定不存在美方指控的"唯一提供商要求"和"异地/跨行禁令"，

因此专家组没有继续讨论美方指控的这两项措施是否符合 GATS 第 16 条市场准入规定和 GATS 第 17 条国民待遇规定。

**2. 美方初步证明存在"发卡方要求"、"终端设备要求"、"收单方要求"和"香港 / 澳门要求"**

专家组经审查认为，美方初步证明存在其他四项涉案措施。其中，对于"发卡方要求"，中方对发卡方提出中国发行的银行卡需标注银联标识的要求，并要求发卡方成为中国银联网络的成员，满足统一的业务规范和技术标准。中方对于终端设备、收单方也存在同样要求。

对于"香港 / 澳门要求"，专家组认定有关文件明确要求必须由银联，而不是其他电子支付提供商来处理所有中国内地发行的支付卡发生于中国澳门或中国香港的人民币交易，以及任何发生于中国内地且使用中国香港或中国澳门发行的人民币支付卡的人民币交易。

### （三）涉案措施是否违反中方市场准入承诺

美方主张，中方关于提供电子支付服务的六方面要求违反了 GATS 第 16 条关于市场准入之规定。美国认为，中方减让表中就电子支付服务做出了跨境交付（模式 1）和商业存在（模式 3）的市场准入承诺。但通过上述六方面要求，中国建立了一个垄断的市场架构，使得"中国银联"成为中国所有人民币银行卡交易的排他性提供商，因此违反了 GATS 第 16.1 条和第 16.2 条（a）项下的义务。

对此，中方认为，首先，美方未能证明中方在（d）项服务的模式 1 和模式 3 下对电子支付服务作出市场准入承诺；其次，美方也未能证明其所指控的措施限制了服务提供者的数量。

**1. 中方是否就电子支付服务的跨境交付（模式 1）做出市场准入承诺**

中方的服务贸易减让表对银行服务在模式 1（跨境交付）下的市场准入承诺如下：

"除下列内容外，不作承诺：

——提供和转让金融信息、金融数据处理以及与其他金融服务的提供者有关的软件；

——就（a）至（k）项所列所有活动进行咨询、中介和其他附属服务，包括资信调查和分析、投资和证券的研究和建议、关于收购的建议和关于公司重组和战略制定的建议。"

需要说明的是，上述列举的两项承诺内容，与银行服务的（k）项和（l）项描述的服务内容相同。

对于上述承诺，美方主张，中方对电子支付的跨境交付做出了市场准入承诺，因为中方做出市场准入承诺的"提供和转让金融信息"和"咨询、中介和其他附属服务"属于"支付和汇划"服务的要素，相当于"提供和转让金融信息"和"咨询、中介和其他附属服务"嵌入了"支付和汇划"服务。

中方主张，中国没有对涉案服务跨境交付做出市场准入承诺。理由是市场准入栏的"除下列内容外，不作承诺"的除外内容只是重述了中方减让表（k）和（l）项的服务内容，即中方只对（k）和（l）项的跨境交付做出了市场准入承诺，而不能理解为（d）项服务包含了（k）和（l）项服务的内容。涉案服务不可能既落入（d）项，又落入（k）和（l）项。

专家组基于以下四方面的分析支持了中方观点：

首先，专家组注意到，中方关于跨境交付中"除下列内容外，不作承诺"引述的除外内容只是对（k）和（l）项表述的重述。专家组还注意到，虽然中方对（k）和（l）项承担的跨境交付义务是"没有限制"，但是（k）和（l）项服务不是（d）项服务的一部分，而是单独的、与（a）—（f）项服务均不相同的服务。

其次，专家组分析了（k）项中的"其他金融服务提供者"，该短语修饰了"提供和转让金融信息、金融数据处理以及软件"。专家组认为，"其他"意味着相关提供者提供的服务与（a）—（f）项所列服务不同，（k）项服务是独立于（a）—（f）项、与（a）—（f）项服务不同的服务。

再次，专家组重点分析了（l）项中的"附属"一词。专家组认为，"附属"意味着落入（l）项的服务都是"附属"的，这些服务与落入（a）—（f）项的服务不同，也不可能是（a）—（f）项服务的"嵌入"服务。

最后，专家组不支持美方提出的"嵌入"理论，因为这与上诉机构确立的一项具体服务不可能落入两个不同服务部门产生冲突。

综上，专家组做出裁定，中方没有在电子支付服务跨境交付方面做出市场准入承诺。

### 2. 中方是否对电子支付服务的商业存在（模式3）做出市场准入承诺

中方的服务贸易减让表对银行服务在模式3（商业存在）下的市场准入承诺如下：

"A. 地域限制

B. 客户

C. 营业许可

中国金融服务部门进行经营的批准标准仅为审慎性的（即不含经济需求测试或营业许可的数量限制）。加入后5年内，应取消现在的限制所有权、经营及外国金融机构法律形式的任何非审慎性措施，包括关于内部分支机构和营业许可的措施。

从事本币业务的外国金融机构的资格如下：

—— 在中国营业3年，且在申请前连续2年盈利。其他，没有限制。"

中方主张，中方在模式3项下承诺的市场准入仅限于"外国金融机构"。根据中国法律，中国银联没有"金融机构"许可证，其经营范围不包括"金融服务"，因此银行卡清算机构不属于金融机构。鉴此，中国未对电子支付服务在模式3下做出市场准入承诺。

美方认为，中方的市场准入承诺不仅限于外国金融机构，并且，即使中方的市场准入承诺被解释为存在这样的限制，提供电子支付服务的机构也应当被理解为属于金融机构。

专家组认为分析重点是涉案的电子支付服务提供商是否属于金融机构。专家组首先考察了不同字典中对金融机构的解释，发现有的字典将金融机构的范围限定得非常窄，而有些字典将金融机构的范围规定得比较宽。而宽泛解释的金融机构概念可以包括涉案的电子支付服务。"外国金融机构"的概念出现在中方减让表第 7 类（金融服务）B 部分（a）项至（f）项的承诺中，所以专家组认为金融机构即能够提供（a）项至（f）项服务的机构。对于中美双方提交的有关国内法律法规，专家组认为，这些规定反映出各自境内法律制度的特定目标与需要，不应用于解释加入承诺减让表中的"金融机构"含义。对于电子支付服务提供商对自己服务性质的界定，专家组认为，业界对自己服务性质的界定经常出于自身利益的考虑，因此，业界的界定虽然对理解条约用语的通常含义有帮助，但是并不应过于依赖业界的自行界定。

关于上下文，专家组考察了中方减让表第 7 类（金融服务）B 部分（a）项至（f）项市场准入承诺的限制条件中关于许可的要求，认为其中包含了"成立外国银行或外国金融公司分支机构"的条件，专家组认为，如果只有银行和金融公司能提供（a）项至（f）项服务，那么在该项承诺中可以直接写"成立分支机构"的条件，既然点明"成立外国银行或金融公司分支机构"的条件，说明该项承诺中除了银行和金融公司还包括其他类型的金融机构。专家组又考察了中方减让表"银行和其他金融服务"项下的另外一个子项"非银行金融机构提供的汽车金融"，以及"其他金融服务"项下的（k）项和（l）项。有关（k）和（l）项下的服务不仅可以由银行提供，还可以由一些咨询和评级机构提供。

专家组认为，通过对通常含义和上下文的考量，没有理由认为"外国金融机构"一词排除了其他世贸成员的电子支付服务提供商。这一解释与 GATS 和世贸协定的目的与宗旨也并不矛盾，据此专家组认定涉案的电子支付服务提供商属于中方减让表中的"金融机构"，中方对电子支付服务在模式 3 下做出了市场准入承诺。

### 3. 涉案措施是否违反中方关于电子支付服务的市场准入承诺

由于专家组已认定中方没有对电子支付服务在模式 1 下做出市场准入承诺，专家组仅仅审查了"发卡方要求"、"终端机具要求"、"收单方要求"、"香港/澳门要求"是否违反了中方在模式 3 下的市场准入承诺。

对此，美方主张，中方措施违反了 GATS 第 16.1 条和第 16.2 条（a）项，中方要求属于 GATS 第 16.2 条（a）项所指的建立和维持对中国银联在人民币银行卡交易领域的"垄断"提供者和"独家服务提供者"地位，限制了电子支付服务的外国服务提供者的数量。

中方认为，美方未能证明中方采取了 GATS 第 16.1 条和第 16.2 条（a）项禁止的服务提供者数量限制。中方境内的银行卡交易网络不是"垄断性"网络。中方也没有阻止发行或接受具有一个以上标识并可在多个网络处理的银行卡。银行卡、销售点设备和 ATM 机必须符合某些技术标准，并不阻止其符合其他技术标准。关于"香港/澳门要求"，中方认为其在涵盖协定下的义务并不延伸至单独关税区，因此美方指控中方在中国香港、中国澳门地区提供的服务没有法律依据。

专家组主要考察了以下三个方面：

首先，专家组考察了 GATS 第 16.2 条（a）项规定的具体范围和内涵。专家组认为，第 16.2 条（a）项中的垄断服务提供者（monopoly supplier）和专营服务提供者（exclusive service supplier）具有不同的含义，前者是指一成员正式或在效果上授权或者设立的唯一服务提供者；后者是指一成员正式或在效果上授权或者设立的少数服务提供者之一，同时，该成员在实质上阻止了这些少数服务提供者之间的竞争。

专家组认为，第 16.2 条（a）项规定的"以垄断和专营服务提供者的形式"（in the form of monopolies and exclusive service suppliers），重点不在于存在垄断或专营服务提供者，而在于是否具有数字和定量性质的限制。

其次，专家组审查了"发卡方要求"、"终端机具要求"和"收单方要求"与第 16.2 条（a）项规定的一致性。专家组认为，这三项关于提供电子支付服务的限制并不具有数量限制的性质。换言之，上述法律文件并未要求将中国银联作为垄断服务提供者或者专营服务提供者，即这些文件没有限制电子支付服务提供者的数量。虽然中方措施使得中国银联在中国市场上具有独特的地位和某些竞争优势，但美方并未证明，上述三方面措施具有限制服务提供者数量的效果。在此基础上，专家组裁决，美方未能证明上述措施违反了第 16.2 条（a）项。

第三，关于"香港/澳门要求"，专家组认为，通过商业存在提供服务，仅涉及外国服务供者的位置，而不是相关服务接受方的位置。因此，中方的模式3承诺不仅包括向中国境内客户提供的电子支付服务，还包括向其他世贸成员客户提供的电子支付服务。因此，"香港/澳门要求"禁止外国电子支付服务提供者以商业存在方式向中国香港和中国澳门的客户提供电子支付服务，违反了中方承诺和第16.2条（a）项规定。

### （四）涉案措施是否违反中方国民待遇承诺

美方认为，中方在其减让表（d）项下已经就电子支付的跨境交付（模式1）和商业存在（模式3）作出国民待遇承诺，中国采取措施使得外国电子支付服务提供者的待遇低于中国银联，因此不符合GATS第17条国民待遇要求。

中方反驳认为，就模式1而言，由于中方在市场准入栏中做出了"不作承诺"的规定，中国可以随时采取市场准入的限制措施，由此导致的可能被视为对外国服务提供者的歧视性措施不应视为违反了国民待遇原则，否则中国在市场准入下的规制权利将受到损害；就模式3而言，电子支付服务提供者不属于中方减让表规定的"外国金融机构"，中方不需给予其国民待遇。

#### 1. 中方是否对电子支付服务的跨境交付（模式1）做出国民待遇承诺

中方在减让表（d）项市场准入栏模式1项下写入了"不作承诺"，但是同时，在国民待遇栏模式1项下又写入了"没有限制"。"不作承诺"和"没有限制"是效果完全相反的两种承诺。因此，中方在市场准入中的"不作承诺"的表述如何影响在国民待遇中的"没有限制"承诺的范围，是争议的焦点。

中方认为，根据GATS第20条规定，同时违反GATS第16条和GATS第17条的措施应当写在市场准入栏内，因此第16条市场准入的承诺是优先于第17条国民待遇承诺。由于中方在市场准入栏中做出了"不作承诺"的规定，中方可以随时采取市场准入的限制措施，如要求中方同时给予外国服务提供者国民待遇，将使中方对市场准入"不作承诺"这一规定落空。

美方认为，第16.2条规定的市场准入限制措施不包括歧视性措施；GATS

第 20 条仅是书写减让表的一种规则，仅为解决成员的措施可能同时违反第 16 条和第 17 条的问题，市场准入栏的"不作承诺"与国民待遇栏的"没有限制"结合在一起，仅排除了数量限制类措施，没有排除歧视外国服务商措施。

多个第三方成员在此问题持与中方类似观点，即市场准入栏写入的承诺内容优先，如果市场准入方面已写入"不作承诺"，则在国民待遇方面也就无义务。例如，欧盟认为市场准入栏的"不作承诺"意味着成员可以实施 GATS 第 16.2 条规定的任何限制措施，而此类限制措施根据第 20.2 条规定可以延伸至成员的国民待遇义务加以适用。日本、澳大利亚、厄瓜多尔等也认为市场准入栏的"不作承诺"允许成员维持歧视性的市场准入限制措施。

专家组首先分析了 GATS 第 20.2 条。GATS 第 20.2 条规定，"同时违反第 16 条和第 17 条的措施应列入与第 16 条有关的栏目。在这种情况下，所列内容将被视为也对第 17 条规定了条件或资格。"

专家组认为，GATS 第 20.2 条表明，同时不符合第 16 条和第 17 条的措施是存在的。第 16 条和第 17 条的适用范围并不是相互排斥的，他们可以同时适用于同一项措施。根据第 20.2 条的规定，希望采取同时限制市场准入和国民待遇措施的成员不需要同时在"市场准入"和"国民待遇"两栏下都做出限制，该成员只需在市场准入栏中写入这种限制，就相当于已在国民待遇下做出了限制。在这种情况下，中方可以在电子支付服务的模式 1 下维持同时不符合 GATS 第 16 条和第 17 条的任何措施。

同时，专家组认为，由于中方在国民待遇项下做出了"没有限制"的承诺，对于不属于 GATS 第 16.2 条规定的市场准入限制的其他措施，应该给予国民待遇。例如，在中方自主选择开放市场情况下，允许外国服务商通过跨境交付提供服务（尽管中方未承诺跨境交付的市场准入），则中方应当给予外国服务提供商国民待遇。

基于以上原因，专家组认为，就"香港/澳门要求"而言，其限制属于 GATS 第 16.2 条下的市场准入限制，因此不受到国民待遇承诺约束，不违反 GATS 第 17 条；就"发卡方要求"、"终端机具要求"和"收单方要求"而言，其并不属于市场准入方面的限制，因此应当受到中国在国民待遇下承诺的约束。

**2. 中方是否对电子支付服务的商业存在（模式3）做出国民待遇承诺**

中方在（d）项模式3下的承诺原文如下：

"（3）除关于本币业务的地域限制和客户限制（列在市场准入栏中）外，外国金融机构可以同外商投资企业、非中国自然人、中国自然人和中国企业进行业务往来，无个案批准的限制或需要。其他，没有限制。"

美方主张，上述承诺清楚表明，"除关于本币业务的地域限制和客户限制（列在市场准入栏中）外"，中方在国民待遇方面将不再限制。而上述在市场准入方面的限制已经于2006年12月失效，因此，在（d）项服务模式3下，中方应当不保留任何国民待遇方面的限制。

中方主张，模式3下的国民待遇承诺仅限于"外国金融机构"（foreign financial institutions），电子支付服务提供商不属于"外国金融机构"。

专家组基于此前的分析，已经认定其他成员的电子支付服务提供商也属于"外国金融机构"。因此，专家组认为，中国在（d）项模式3下做出了国民待遇承诺。如果其他成员的电子支付服务提供商符合经营本币的条件，中国应当给予其国民待遇。

**3. 涉案措施是否违反中方承诺**

首先，专家组认为，上述"发卡方要求"、"终端机具要求"和"收单方要求"对于中国银联在中国市场上提供电子支付服务的条件构成了影响；同时，这些要求对于中国银联的潜在竞争者在中国市场提供服务（无论是以跨境交付还是以商业存在模式提供服务）也造成了影响。因此，专家组认定，中国所采取的措施构成在相关服务部门和模式下"影响服务提供的措施"。

其次，专家组认定，中国银联提供的电子支付服务和其他世贸成员电子支付服务提供商提供的电子支付服务构成"同类服务"；中国银联和其他成员的电子服务提供商在提供电子支付服务方面构成"同类服务提供者"。

最后，专家组裁定，中方采取的"发卡方要求"、"终端机具要求"和"收单方要求"使竞争条件有利于中国银联，对其他世贸成员的服务提供者给予了低于中国银联的待遇，因此违反了 GATS 第 17 条关于国民待遇之义务。

## 四、案件的启示与评价

### （一）VISA 和银联，究竟谁赢了？

本案美方挑战的是银联在中国的银行卡市场的"垄断地位"，被业界称为 VISA 对银联大战。在诉讼策略上，美方将涉案服务作为一个独立的"电子支付服务"挑战"市场准入"和"国民待遇"两大问题，希望"毕其功于一役"。美方的部分诉讼主张得到专家组的支持，例如，GATS 下"电子支付服务"的归类，"香港 / 澳门要求"违反市场准入义务，"发卡方要求"、"终端机具要求"和"收单方要求"违反国民待遇义务，等等。中方为此将不得不修改有关规章和政策文件。就这些方面而言，美方的起诉至少取得了名义上的胜利。

但是，表面的胜利无法掩盖美方在跨境交付的市场准入和银联是中国境内唯一服务提供者这两大核心诉点上的惨败。

首先，关于跨境交付，美方投入大量精力试图论证中方在市场准入模式 1 跨境交付项下做出了开放承诺。如能获得专家组支持，美国银行卡公司据此可通过跨境交付方式而无需在中国设立商业实体，即可进入中国银行卡市场提供服务，美方可以获得巨大商业利益。为实现这一目标，美方的诉讼策略是将有关银行卡电子支付服务拆散，主张部分服务属于"嵌入"服务，可归入中方减让表做出跨境服务市场准入承诺的（k）项"其他金融服务"或（l）项"附属金融服务"。美方的诉讼策略不可谓不精巧，但显得过于贪心，这就导致其此前主张落入（d）项服务的大部分内容又落入（k）和（l）项服务，这种解释与同一项服务不能同时落入两个服务类别的条约解释明显冲突。中方敏锐地觉察到美方诉讼策略的缺陷，坚定主张未对跨境交付做出开放承诺，并指出美方诉讼策略的自相矛盾之处。最终中方主张获得了专家组支持，美方试图通过跨境提供电子支付进入中国市场的梦想破灭了。

其次，关于银联是中国境内唯一服务提供商问题，美方说服专家组将电子支付服务归类为中方对商业存在模式做出市场准入承诺的服务减让表（d）项，相当于已打开 VISA 卡进军中国市场的半扇大门。中方攻其不备，提出了美方先前忽视的一个问题，即中国并未在市场准入方面设置实体的条件或者障碍；美方关于中国银行卡市场只有银联一家垄断的指控，是一种对现实情况的误读。专家组显然也意识到，仅仅依据中国银联是中国境内唯一的银行卡服务提供者的现实，并不能证明中国存在电子支付服务的市场准入壁垒，因此驳回了美方指控。

因此，从实际效果上看，美方的诉讼主张在实体方面遭受了巨大挫折，甚至可以称得上是失败。特别是，VISA 进入中国市场，首先需要解决"市场准入"问题，但是专家组讲得很清楚，美方没能证明"中国银联"存在垄断地位，中方没有违反市场准入承诺；除了"香港/澳门要求"外，中国并没有阻挠 VISA 进入中国市场；而如果 VISA 要进入中国，就必须老老实实地以商业存在（模式3）方式，满足中国服务贸易减让表的有关设立要求；中国有权对跨境交付（模式1）方式的电子支付服务进行限制。可以说，在最重要的市场准入方面，本案除了解决了"香港/澳门要求"这个小问题外，美方实际上什么也没有拿到，"竹篮打水一场空"。

### （二）市场准入和国民待遇，谁更优先？

长期以来，在 GATS 下，国民待遇和市场准入下承诺的关系问题是一个研究和讨论的焦点问题。本案提供了一个有趣案例：中方在其减让表国民待遇下做出了"没有限制"（none）的承诺，而在市场准入下承诺却列明"不作承诺"（unbound）。这意味着中方可以不允许外国服务提供商的市场准入，但却给予外国服务提供商国民待遇，这在现实中可能是难以想象的。这一奇特的情况，使得本案专家组有了一个绝好机会，在实际的案例中把这个问题说清楚。专家组认为，一方面，中方在国民待遇下的承诺是全面的，应当包括所有影响服务提供的措施；另一方面，中方在市场准入方面的"不作承诺"也有可能涉及歧视性的措施。为了解决二者之间可能的冲突，专家组援引了 GATS 第 20.2 条。该条款规定，与第 16 条和第 17 条不一致的措施应当列入第 16 条有关的栏目；

在此情况下，所列内容将被视为也对第 17 条规定了条件或资格。该条包括两个条件：（1）与第 16 条和第 17 条不一致；（2）列入该成员减让表的市场准入栏中。如果能够满足这两项条件，则在市场准入栏下列入的条件或资格，也构成国民待遇下的条件或者资格。①

## （三）裁决的执行与电子支付市场的空前繁荣

在本案做出裁决之后，中方废止了被裁定违反国民待遇的有关发卡、终端和收单要求措施，包括《银行卡联网联合业务规范》等文件，同时，修改了被裁定违反市场准入承诺的"中国香港 / 中国澳门要求"措施，包括《关于内地银行与香港、澳门银行办理个人人民币业务有关问题的通知》等文件，完成了专家组裁决的执行工作。

关于外资准入问题，虽然专家组认定中方承诺允许外商投资企业在中国境内提供电子支付服务，但认定中方涉案措施没有违反市场准入义务，严格来说中方没有执行义务。但是，通过诉讼，中方认识到制定银行卡清算机构准入规则的必要性。一方面，如果没有明确的准入规则，VISA 等公司随时可以要求在中国设立机构提供电子支付服务；另一方面，面对日益蓬勃发展的支付市场，中方也确实存在规范支付清算市场的必要。

因此，中方分别于 2015 年和 2016 颁布了《国务院关于实施银行卡清算机构准入管理的决定》和《银行卡清算机构管理办法》，规范了有关准入管理，而且进一步扩大了开放。一方面，取消了中方在加入承诺中保留的本币盈利年限限制，完全实现了内外资统一待遇、统一管理；另一方面，放开外币电子支付服务的跨境交易，进一步便利了电子支付服务。2020 年，美国运通公司成为首家落地中国市场的国际"卡组织"，其合资企业——连通（杭州）技术服务有限公司获得银行卡清算机构许可证，成为国内首家中外合资的银行卡清算机构。随着多家市场主体的良性竞争，中国银行卡清算市场获得了长期稳定健康发展。

---

① 参见陈雨松："VISA 诉银联，究竟谁赢了？——美国诉中国电子支付 WTO 争端案再析"，资料来源：https://www.finlaw.pku.edu.cn/jrfy/gk/2014_jrfy/2014nzd88j/239787.htm，2021 年 7 月 2 日访问。

可以说，当前中国电子支付市场空前繁荣，也有一份本案的功劳，它阻挡住了外国银行卡机构以跨境交易方式大举进入中国市场，给国内的清算服务发展赢得了宝贵的时间和空间，它还推动了管理规范的出台，使得中国银行卡清算业务获得了更加规范健康发展。因此，在读者们挥动手机轻松支付的同时，也不要忘了还有一个世贸争端案件保障、促进了今天便捷高效的支付。

**附件**

### 美国诉中国电子支付服务案（DS413）大事记

2010 年 9 月 15 日，美方提出磋商请求。

2010 年 10 月 27—28 日，中美双方举行磋商。

2011 年 3 月 25 日，专家组设立。

2011 年 7 月 4 日，专家组组成。

2011 年 9 月 13 日，美方提交第一次书面陈述。

2011 年 10 月 7 日，中方提交第一次书面陈述。

2011 年 10 月 26—27 日，专家组举行第一次听证会。

2011 年 11 月 11 日，中美双方提交第二次书面陈述。

2011 年 12 月 13—14 日，专家组举行第二次听证会。

2012 年 4 月 11 日，专家组向当事方提交中期报告。

2012 年 5 月 25 日，专家组向当事方提交最终报告。

2012 年 8 月 31 日，世贸组织争端解决机构通过专家组报告。

2012 年 7 月 16 日，专家组报告公布。

2012 年 8 月 31 日，争端解决机构通过本案专家组报告。

校稿：王蔷

# 不一样的取向电工钢

## —— 美国诉中国取向电工钢反倾销反补贴措施案（DS414）评析

施为

本案是美国在世贸组织起诉中国的第一个贸易救济案件，也是中国在世贸组织被诉争端案的程序上走得最远的案件之一，该案历经磋商、原审专家组阶段、原审上诉阶段、执行原审裁决阶段、执行之诉磋商、执行之诉专家组阶段。为妥善执行世贸组织原审阶段对该案做出的裁决，中国商务部于执行期间出台《执行世界贸易组织贸易救济争端裁决暂行规则》，为被诉贸易救济案件执行工作提供了国内法上的依据，也凸显了中国尊重并善意执行世贸裁决的基本立场和良好形象。

## 一、案件背景和诉讼程序

### （一）案件背景

取向性硅电钢（Grain Oriented Flat-rolled Electrical Steel），又称为取向电工钢、冷轧取向硅钢（以下简称取向电工钢），是一种合金钢平板轧材，按重量计含硅量至少为 0.6%，含碳量不超过 0.08%，可含有不超过 1.0% 的铝，所含其他元素的比例并不使其具有其他合金钢的特性；厚度不超过 0.56 毫米；呈卷状的，则其可为任何宽度；呈板状的，则其宽度至少是厚度的十倍。取向电工钢是电力工业行业不可缺少的一种软磁材料，主要应用于各种类型变压器、整流器、电抗器及大电机等行业。

2009 年 4 月 29 日，武汉钢铁（集团）公司和宝钢集团有限公司（以下简称本案申请人）向中国商务部（以下简称调查机关）递交了反倾销反补贴调查申请书，申请对原产于美国的取向电工钢进行反倾销和反补贴调查，对原产于俄罗斯的取向电工钢进行反倾销调查。

2009 年 6 月 1 日，调查机关发布公告，决定对原产于美国的取向电工钢进行反倾销调查和反补贴调查，对原产于俄罗斯的进口取向电工钢进行反倾销调查。美国 AK 钢铁公司（AK Steel Corporation）、美国阿勒格尼技术公司（Allegheny Ludlum Corporation）和美国政府登记应诉。

2009 年 7 月 20 日，本案申请人又向调查机关递交了新增项目反补贴调查申请书，申请对 11 项美国国内措施进行反补贴调查。2009 年 8 月 19 日，调查机关发布公告，决定在本次反补贴调查中对申请人主张的一些新增指控项目进行调查。

2009 年 12 月 10 日，调查机关对本案作出肯定性初步裁定，认定原产于美国和俄罗斯的进口被调查产品存在倾销，原产于美国的进口被调查产品存在补贴，中国国内取向电工钢产业受到了实质损害，且倾销、补贴与损害之间存在因果关系。

2010 年 4 月 10 日，调查机关对本案做出肯定性终裁，自 2010 年 4 月 11 日起，对原产于美国和俄罗斯的进口取向电工钢征收反倾销税，对原产于美国的进口取向电工钢征收反补贴税，美国应诉公司的反倾销税税率为 7.8% 和 19.9%，所有其他美国公司的反倾销税税率为 64.8%；美国应诉公司的反补贴税税率为 11.7% 和 12%，所有其他美国公司的反补贴税税率为 44.6%。

## （二）诉讼进程

2010 年 9 月 15 日，美针对中国对从美国进口的取向电工钢征收反补贴税和反倾销税的措施提出 WTO 争端解决机制项下的磋商请求，正式启动了 DS414 案的争端解决程序。2011 年 2 月 11 日，美方就本案提出设立专家组的请求。2011 年 3 月 25 日，专家组设立。参与本案的第三方成员为：阿根廷、欧盟、洪都拉斯、日本、韩国、沙特阿拉伯。2012 年 6 月 15 日，WTO 散发了专家组报告，裁定调查机关在反补贴调查立案、非保密概要、其他出口商税率、产业损害价格影响、因果关系认定等方面违反世贸规则，但驳回了美国关于调查机关使用"可获得事实"计算应诉企业补贴率、应诉企业倾销幅度的信息披露、与政府采购有关的补贴利益信息披露等问题的指控。

中方于 2012 年 7 月 20 日就专家组报告向争端解决机构提起上诉，美方未上诉。承担审理本案的上诉机构成员包括：主席戴维·乌特霍特（David Unterhalter）、成员张月姣和彼得·范登博舍（Peter Van den Bosche）。2012 年 10 月 18 日，世贸组织上诉机构散发了本案上诉机构报告。2012 年 11 月 16 日，争端解决机构通过了本案专家组报告和上诉机构报告。

2013 年 7 月 31 日，调查机关就本案发布了再调查裁定（见商务部公告 2013 年第 51 号及其附件），决定对从美国进口的取向电工钢继续征收反倾销税与反补贴税，但将所有其他美国公司的反倾销税税率从 64.8% 下调为 11.8%。2013 年 8 月 21 日，美国和中国通知争端解决机构双方达成了《顺序协议》。2014 年 1 月 13 日，美国请求与中国进行磋商，磋商后于 2014 年 1 月 24 日进行。2014 年 2 月 13 日，美国提出设立专家组请求。2014 年 3 月 17 日，执行专家组成立。2015 年 3 月 17 日，执行专家组发布了中期报告，驳回了美方关于基本事实披露的大部分指控，但认为调查机关的再裁定对被调查产品的价格影响认定、因果关系认定、对平行价格趋势和销售阻碍的披露方面违反了世贸规则。2015 年 7 月 31 日，专家组散发了执行之诉专家组报告。该案涉案措施在执行之诉专家组报告最终公布之前于 2015 年 4 月 10 日正常到期终止，当事方均未就该专家组报告提出上诉，该案由此终结。

## 二、涉案措施与主要法律争议

本案的涉案措施为：调查机关作出最终裁定，自 2010 年 4 月 11 日起，对原产于美国和俄罗斯的进口取向电工钢征收反倾销税，对原产于美国的进口取向电工钢征收反补贴税，美国应诉公司的反倾销税税率为 7.8% 和 19.9%，所有其他美国公司的反倾销税税率为 64.8%；美国应诉公司的反补贴税税率为 11.7% 和 12%，所有其他美国公司的反补贴税税率为 44.6%。案件的主要法律争议包括：

### （一）关于发起反补贴调查的证据的充分性

《补贴与反补贴措施协定》（以下简称《补贴协定》）第 11.2 条要求发起反补贴调查的申请包括证明存在补贴、损害及因果关系的充足证据，为证明补贴存在则应包括证明财政资助、获得某种利益以及专向性的充分证据，缺乏有关证据的简单断言不能视为足以满足本款的要求。第 11.3 条要求调查机关审查申请中提供证据的准确性和充分性，以确定有足够的证据证明发起调查是正当的。

在反补贴调查申请书中，申请人指控 27 项美国国内措施向被调查产品提供了可诉补贴，要求调查机关对此进行调查并根据调查结果征收反补贴税。2009 年 7 月 20 日，本案申请人又向调查机关递交了新增项目反补贴调查申请书，申请对 11 项美国国内措施进行反补贴调查并根据调查结果征收反补贴税。调查机关均发起了发补贴调查。

美方认为，申请书中的 6 个项目和新增项目申请书中的 5 个项目没有充分的证据支持，没有提供构成财政资助、授予利益或具有专向性的证据，或该项目在调查期前已终止，调查机关针对 11 个项目发起的反补贴调查违反了《补贴协定》第 11.2 条和第 11.3 条。

中方认为，第 11.2 条设定的申请门槛对证明和分析的要求远低于美方的主张，其目的是限制申请人的举证负担，只要求申请人可以合理获得的信息。第 11.3 条中调查机关的义务只是证明需要进行更深入的分析，申请人提供的信息的数量和质量不需要满足做出初裁或者终裁对信息的要求。调查机关就 11 个项目发起调查符合《补贴协定》第 11.2 条和第 11.3 条。

### （二）关于提供非保密概要的充分性

《补贴协定》第 12.4.1 条及《反倾销协定》第 6.5.1 条要求提供机密信息的利害关系方提供足够详细的非保密概要，以便合理了解机密信息的实质内容。在特殊情况下，利害关系方可表明此类信息无法摘要，并提供不能摘要的原因说明。

在申请书中，申请人对涉及其关键经济活动指标的数据进行了保密处理，其中包括申请人产量、国内产业总产量、产能、销售价格、表观消费量、生产技术等，还包括申请方运费、保险费及占销售价格比例等估算倾销幅度的依据。申请人说明了以上保密信息的类型，未就信息本身提供非保密概要。

美方认为，申请书中的陈述只说明了保密信息的类型，没有对信息本身进行摘要，因此不充分且无法使得其他利害关系方合理了解保密信息的实质内容，且申请人未表明保密信息无法进行摘要。调查机关提供非保密概要的义务不可以裁定中包含"非保密分析"被免除。即使申请书第一部分的一般陈述可以被认定为对保密信息的概要，该部分的概要也是不充分的。中方没有履行其提供非保密概要的义务，违反《补贴协定》第 12.4.1 条及《反倾销协定》第 6.5.1 条。

中方认为，《补贴协定》第 12.4.1 条及《反倾销协定》第 6.5.1 条的要求是必须有"充分的细节"，使争端方能够对信息内容有一个合理的了解，但没有规定提供非保密概要的方式和格式。中方已经在申请书第一部分提供了适当的非保密概要。

### （三）关于可获得事实的使用

《补贴协定》第 12.7 条规定，如利害关系方不允许使用或未在合理时间内提供必要的信息，或严重妨碍调查，则初步和最终裁定可在可获得的事实基础上做出。

在原始反补贴企业问卷中，针对"政府购买货物项目"，调查机关要求应诉公司"以表格的方式提供在调查期内全部产品的国内销售情况，分产品汇总对每一客户销售的数量、金额"。由于两家应诉公司在答卷中均没有提交所要求的信息，调查机关于 2009 年 8 月 26 日致信两家应诉公司再次索要该信息并说明了理由。但是应诉公司 AK 钢铁公司仅提供了所有内销客户的清单（没有提供对应的销售数量和金额），并在核查开始前一个工作日提交了曾在反倾销程序中提交的被调查产品调查期销售信息；而另一家应诉公司阿勒格尼公司仅提供了被调查产品的内销客户清单。

美方认为，两个应诉企业提供了要求的信息，未阻碍调查机关的调查。调查机关不应因应诉企业没有按照调查机关的要求按时提供必要信息，对"政府购买货物项目"使用可获得事实进行裁决，推定应诉公司生产的所有产品均销售给了美国政府，并获得 25% 的溢价。

中方认为，调查机关的补充问卷明确提出要求所有产品的交易数据，并进一步明确应诉方要对调查机关的问题进行完整和准确的回答。尽管 AK 钢铁在对补充问卷的回答中提交了一份其商品的客户列表，但其对补充问卷的回答和对最初调查问卷的回答均没有提供非取向电工钢交易的数据。调查机关基于"可获得的事实"合理确定了政府采购货物项目的使用程度。

### （四）关于计算倾销幅度的数据和计算方法的披露

《反倾销协定》第 12.2.2 条要求，在规定征收最终反倾销税或接受价格承诺的肯定裁定中应包含或通过一份单独报告提供导致实施最终措施或接受价格承诺的所有有关事实问题和法律问题及理由。公告或报告应包含接受或拒绝出口商和进口商有关论据或请求事项的理由。

调查机关在其初步裁定、最终披露和最终裁定中仅包含了其计算倾销幅度所用方法、调整和计算的概要，而未披露确定倾销幅度所使用的计算方法和计算使用的数据。

美方认为，调查机关确定倾销幅度所使用的计算方法和计算使用的数据，构成《反倾销协定》第12.2.2条规定的"导致实施最终措施或接受价格承诺的所有有关事实问题和法律问题及理由"，调查机关应向受到影响的利害关系方披露：（i）根据销售环境差异对初始价格做出的调整；（ii）对应诉方提交数据进行的修改；（iii）构成正常价值的计算方法。

中方认为，《反倾销协定》第12.2.2条并未明确要求调查机关披露倾销幅度的计算方法。涉及幅度的为第12.2.1条（iii）目，要求的是在相关公告中披露"确定的倾销幅度"，而不是计算方法本身。

## （五）关于所有其他企业税率计算问题

根据《反倾销协定》第6.8条和附件2第1段和《补贴协定》第12.7条，调查机关应详细列明(要求未知出口商提供的)信息，或确保未知出口商意识到，如信息未能在合理时间内提供，调查机关将有权以可获得的事实为基础做出裁定。《反倾销协定》第6.9条和《补贴协定》第12.8条要求，调查机关应将考虑中的、构成是否实施最终反倾销措施依据的基本事实通知所有利害关系方，使各方有充分的时间为其利益进行辩护。《反倾销协定》第12.2条、12.2.2条和《补贴协定》第22.3条、第22.5条要求提供实施最终措施的所有有关的事实问题、法律问题和理由。

美方认为，一是调查机关在对未知出口商计算"所有其他美国公司"税率时，认定未作为应诉方登记的生产商或出口商没有向调查机关提供必要的信息并使用可获得事实，违反了《反倾销协定》第6.8条、附件2第1段和《补贴协定》第 12.7 条。二是调查机关没有披露其适用"所有其他美国公司"税率的"基本事实"，违反了《反倾销协定》第 6.9 条和《补贴协定》第 12.8 条。三是在初步裁定、最终披露和最终裁定中，调查机关没有披露关于决定适用可获得事实计算所有其他美国公司税率的理由，违反了《反倾销协定》第 12.2 条、12.2.2 条和《补贴协定》第 22.3 条、第 22.5 条的规定。

中方认为，一是调查机关满足了相关通知要求，《反倾销协定》和《补贴协定》并未规定如何对待调查机关未知且不能单独调查的出口商或生产商，调查机关在为其确定税率时可行使自由裁量权。没有进行调查登记的出口商或生产商属于"没有合作"，调查机关拥有自由裁量权适用可获得事实。二是调查机关已经对得出"所有其他美国公司"税率的基础提供了充分的解释，最终披露和最终裁决都表明所有其他美国公司税率是基于申请人披露的文件做出的。由于"所有其他美国公司"税率是基于一家应诉公司提交的保密信息，调查机关可以仅提供一个概括说明。未披露计算方法细节对涉案方行使抗辩权维护其利益没有影响。

## （六）关于价格影响分析

《反倾销协定》第 3.1 条和《补贴协定》第 15.1 条规定，损害认定应以"肯定性证据"为基础，并对倾销 / 补贴进口产品的数量、对国内市场同类产品价格的影响、对此类产品国内生产者产生的影响进行"客观审查"。《反倾销协定》第 3.2 条和《补贴协定》第 15.2 条规定，关于倾销 / 补贴产品进口对价格的影响，调查机关应考虑与进口成员同类产品的价格相比，倾销 / 补贴进口产品是否大幅削低价格，或此类进口产品的影响是否是大幅压低价格，或是否是在很大程度上抑制在其他情况下本应发生的价格增加。

调查机关基于价格发展趋势、价格政策以及国内生产商为保住市场份额降低产品价格以应对被调查进口产品自 2008 年以来的进口激增，提出了 2008 年全年和 2009 年第一季度的价格抑制，和 2009 年第一季度的价格压低的关键事实。

美方认为，一是调查机关做出了被调查进口产品"低价"的认定，未披露任何主要事实以支持其认定取向电工钢出口商采用了"低价"策略，在价格压低和价格抑制认定方面没有基于"肯定性证据"进行"客观审查"，违反了《反倾销协定》第3.1条、第3.2条和《补贴协定》第15.1条、第15.2条。二是调查机关未披露价格影响分析中考虑中的基本事实，违反《反倾销协定》第6.9条和《补贴协定》第12.8条规定。三是调查机关没有披露"低价政策"的性质，没有解释"低价政策"如何执行，也没有披露任何价格比较信息进行说明；对于俄罗斯和美国出口商提出的价格影响抗辩，调查机关没有披露接受或拒绝的理由，违反了《补贴协定》第22.5条和《反倾销协定》第12.2.2条。

中方认为，一是调查机关将被调查进口的"低价"作为一个支持性因素，并没有作出关于价格削减的具体认定，也具有支持其"低价"观点的肯定性证据。关于价格抑制、价格压低的认定，有客观证据的支持。二是调查机关披露了考虑中的所有"基本事实"，披露存在于初裁以及最终的损害披露报告中，履行了《反倾销协定》第6.9条与《补贴协定》第12.8条所规定的义务。三是调查机关提供了《补贴协定》第22.5条和《反倾销协定》第12.2.2条所要求的，与其价格影响认定有关的"相关信息"和"理由"。

### （七）关于因果关系分析

《反倾销协定》第3.5条和《补贴协定》第15.5条规定，应证明倾销/补贴进口产品正在造成属本协定范围内的损害。证明倾销/补贴进口产品与对国内产业损害之间存在因果关系应以审查主管机关得到的所有有关证据为依据。主管机关还应审查除倾销/补贴进口产品外的、同时正在损害国内产业的任何已知因素，且这些其他因素造成的损害不得归因于倾销/补贴进口产品。在这方面可能有关的因素包括未以倾销价格销售的/未接受补贴的进口产品的数量和价格、需求的减少或消费模式的变化、外国与国内生产者的限制贸易的做法及它们之间的竞争、技术发展以及国内产业的出口实绩和生产率。

美方认为，一是基于价格影响分析违法，因果关系分析也随之违法；调查机关没有对于产能过度扩大和过度供应，导致对国内同类产品价格和国内产业状况的影响，进行"不可归因"分析，调查机关的因果关系分析与《反倾销协定》第3.1条、第3.5条和《补贴协定》第15.1条、第15.5条不符。二是调查机关在其因果关系分析中未披露与非被调查产品相关的考虑中的基本事实，没有充分解释其因果关系结论，违反了《反倾销协定》第6.9条、第12.2.2条和《补贴协定》第12.8条、第22.5条。

中方认为，一是因果关系分析既包含价格影响的认定，也包含数量影响的认定，即使没有价格影响认定，负面的数量影响也会支持其对因果关系的认定。当产能因素被应诉方提起后，调查机关在缺乏支持性证据的基础上考虑分析不充分的非归因主张，是对国内产业情况所作的替代解释或片面解释。二是调查机关已经披露了因果关系分析中，与非被调查进口的影响有关的"考虑中的基本事实"，在初裁中阐明了非被调查进口产品是考虑中的"其他"因素。

## 三、专家组裁决

### （一）关于发起反补贴调查的充分性

美方主张，调查机关针对11个项目发起的反补贴调查，没有审查用以证实补贴存在的证据的准确性和充分性，违反了《补贴协定》第11.2条和第11.3条。虽然申请人在提出申请时没有必要确定地证明每个补贴项目的每一要素都存在，但至少需要有财政资助、获得利益及专向性的实质证据。一个公正的、客观的调查机关应该认定该申请包含充分信息证明发起调查是正当的。在调查之前，美国向调查机关强调了申请中的问题，调查机关还是针对所有争议中的项目发起了反补贴调查，是不合理的。

中方抗辩称，调查机关就11个项目发起调查符合《补贴协定》第11.2条和第11.3条。《补贴协定》第11.2条设定的申请门槛对证明和分析的要求远低于美方的主张，其目的是限制申请人的举证负担，虽然要求关于财政资助、获得利益以及专向性方面的证据，但是这只要求"申请人可以合理获得的"信息。《反倾销协定》第 5.2 条的法理可以为《补贴协定》第 11.2 条的解释提供重要依据，第 5.2 条提出申请人只需要提交足够的证据证明调查的正当性，不需要分析证据或者解释最终结论。《补贴协定》第 11.3 条要求调查机关保证申请中提供的信息是以调查发起为目的而证明财政资助、获得利益以及专向性存在的充分证据，不要求完整的调查，调查机关的义务只是证明需要进行更加深入的分析。由此，申请人提供的信息的数量和质量不需要满足做出初裁或者终裁对信息的要求。

专家组认为，在第 11.3 条下讨论与《补贴协定》一致性的问题，即调查机关是否尽到了对申请书中证据准确性和充分性审查的义务，不对第 11.2 条单独分析。《补贴协定》第 11.2 条和第 11.3 条对立案时证据的要求标准不需要达到初裁或终裁时的标准，但第 11.2 条要求有充分的证据表明补贴的"存在"，即使这些证据不能被申请人"合理获得"，也不能取消此要求。如果申请书之外关于项目的信息由包括出口方在内的利害关系方提交给调查机关，调查机关有义务与申请书中的内容进行比较考量。

在上述法律理解的基础上，专家组对 11 个被诉项目逐一进行了分析，其中：**医疗补贴项目**，专家组认为申请书中提交的证据显示为"客观标准或条件"，因此不构成有专向性的证据；**1981 年经济复兴税务法案项目 / 1986 年税务改革法案 / 清洁空气法案过渡期项目**，专家组认为这些法案在调查之前已经失效，申请书中没有证据说明该补贴会形成调查期内现实存在的补贴；**1984 年钢铁进口稳定法案**，专家组认为"价格支持"不能以措施效果对价格的影响为基础进行判断，而是要以措施的目的就是对价格进行支持来进行分析；**印第安纳州钢铁服务咨询服务项目**，专家组认为没有任何证据说明州政府的研究被提供给了钢铁产业，没有证据证明研究本身真正进行过；**2003 年宾州经济刺激计划项目**，专家组认为整个宾州计划应作为一个整体来分析其专向性，针对项目中某个部分的专向性证据不能作为整个项目专向性的证据，而申请书中没有整个项目专向性的证据；**宾州可替代能源基金项目**：专家组认为美国在立案前给予调查机关足够的证据证明在调查期该项目下发放的贷款都给予了太阳能行业，与钢铁行业无关；**天然气补贴项目**，对于政府直接提供货物，专家组认为申请书中的证据已经表明美国政府对天然气价格的规范是历史情况，在调查期已经不存在政府对价格的规范，且美国政府在立案前已经就此进行了说明；对于政府给天然气行业的补贴传导给钢铁行业，专家组认为没有证据证明利益仅传导给了使用天然气的钢铁行业，而不是所有使用天然气的行业和用户，申请书中提出的给钢铁行业的天然气价格较低不能满足此要求；**电力补贴项目**，对于政府直接提供货物的申诉，专家组认为申请书中没有提供合适的基准价格作为证据来确定利益的存在，即使钢铁行业支付的电力价格低于其他行业支付的价格，由于美国政府对其国内价格进行了干预，也不能成为合适的基准价格；该证据也不能成为指认补贴项目专向性给予钢铁行业的证明。**煤炭补贴项目**，专家组关于专向性和"传导"的分析同天然气和电力项目。

因此，专家组认定调查机关对于 11 个项目的立案违反了《补贴协定》第11.3 条。

### （二）关于提供非保密概要

美方主张，《补贴协定》第 12.4.1 条及《反倾销协定》第 6.5.1 条要求涉案方提供充分的非保密概要，以便其他当事人对保密信息的内容有合理了解。调查机关以存在例外情况为由，没有履行其提供非保密概要的义务，且在调查过程中没有提出这样的主张，属于事后合理化。调查机关确保向利害关系方提供非保密概要的义务不可以包含"非保密分析"被免除。申请书第二部分的"非保密概要"不充分且几乎没有提及保密信息的内容。即使申请书第一部分的一般陈述可以被认定为对保密信息的概要，申请书该部分的概要也是不充分的。此外，申请书中缺乏标志或其他形式的说明以连接非保密概要和保密信息，让利害关系方把分散的信息连接起来创制非保密概要是不可行的。

中方抗辩称，《补贴协定》第 12.4.1 条及《反倾销协定》第 6.5.1 条并没有要求完全地披露信息，对摘要的要求是有"充分的细节"，使争端方能够根据信息提供的目的对信息内容有合理的了解。调查机关已经在申请书第一部分提供了适当的非保密概要，且随后在其裁定的非保密分析中对概要做了补充。中方没有提出要适用"例外情形"免除其义务。在调查中，仅有两家中国生产商满足"例外情形"。如果调查机关将所有国内生产商提供的信息向各利害关系方提供非保密概要，各国内生产商将能够通过分解数据获知其竞争者提供的保密信息，这将不能对保密信息提供充分的保护。申请书第二部分的陈述[①] 不是非保密概要。关于申请书的第一部分，《补贴协定》第12.4.1条及《反倾销协定》第6.5.1条并没有规定提供非保密概要的方式和格式，没有要求对保密信息的非保密概要与这些信息之间要有联系。

专家组首先从申请书中第二部分"非保密概要"的名称和其中描述到对申请保密的附件在此做成了非保密概要，认定第二部分即为所有的非保密概要，而这部分概要仅对保密信息的性质进行了描述，未对保密信息实质性内容进行概要，无法满足《补贴协定》和《反倾销协定》的充分性要求。

专家组认为，虽然《补贴协定》第12.4.1条和《反倾销协定》第6.5.1条没有提供非保密概要的具体形式，但是要求提交机密信息的利害关系方提供非保密概要，而不能要求其他利害关系方从保密信息的上下文中引申、推断和组合出非保密概要。专家组对中方试图从申请书正文找到的部分保密信息的公开摘要进行了分析，认为申请书中没有明确他们之间的联系，且中方指出的摘要和保密信息间存在时段不一致性，很难让其他利害关系方建立保密信息与其公开摘要之间的联系，从而使其可以合理了解以机密形式提交的信息的实质内容。

综上，专家组认定调查机关违反了《补贴协定》第12.4.1条和《反倾销协定》第6.5.1条。

### （三）关于可获得事实

美方主张，对政府购买货物项目，调查机关以应诉企业不能提交调查期及

---

[①] 申请书第二部分明确声明，"申请人在申请书的公开版本中已经对申请保密处理的部分做出了解释"，旨在"列明请求保密处理信息的种类，在兼顾竞争及其负面影响的基础上保证保密处理的正当性，并确保其他争端方完全了解被编入的保密信息"。

之前 15 年所有产品的详细销售数据为由适用可获得事实，忽视了应诉企业提交的必要信息，假定应诉企业所生产的所有取向电工钢和非取向电工钢产品都卖给了美国政府并获得补贴，选择 100% 使用率。应诉企业按照调查机关设定的期限参与了整个调查，回答了调查机关的调查问卷，他们未提供信息是因为调查机关的调查问卷没有要求。

中方抗辩称，调查机关的补充问卷明确提出要求所有产品的交易数据，并进一步明确，应诉方要对调查机关的问题进行完整和准确的回答。AK 钢铁对补充问卷的回答和对最初调查问卷的回答均没有提供非取向电工钢交易的数据。在初裁中，调查机关已经公布 100% 的使用率，明确阐述了该数据的来源并告知了争端方。AK 钢铁提出 29% 的使用率而不提供要求的数据，调查机关合理决定 100% 的使用率仍是最终裁定中最合理的"可获得事实"。

专家组认为，调查机关适用可获得事实必须有案件事实作为依据，应诉企业不合作不是调查机关不根据案件事实进行裁决的基础，也不是对应诉企业适用惩罚性不利推断的基础。中方无事实支持应诉企业的涉案和非涉案产品 100% 销售给政府或政府承包商。案件调查过程中应诉企业，特别是 AK 钢铁通过提交所有产品的销售客户清单证明没有直接将产品销售给政府，美国政府问卷答复中也称没有从应诉企业处采购涉案产品，这些都应使客观和无偏见的调查机关不能认定被调查企业 100% 的产品都销售给政府。通过分析 AK 钢铁的 2008 年报告，专家组认定任何对政府承包商的销售都会包含在占其销售额 29% 的"基础设施和制造业"分类销售中。客观和无偏见的调查机关应在确定项目使用率时考虑该报告，适用低于 100% 的使用率。

综上，专家组裁决调查机关对两个应诉企业在该项目下适用可获得事实计算反补贴税率不违反《补贴协定》第 12.7 条的规定，但是调查机关适用 100% 的使用率没有事实基础，违反了《补贴协定》第 12.7 条。

### （四）关于计算倾销幅度的数据和计算方法的披露

美方主张，调查机关确定倾销幅度所使用的计算方法和计算使用的数据，构成《反倾销协定》第12.2.2条规定的"导致实施最终措施或接受价格承诺的所有有关事实问题和法律问题及理由",应向受到影响的利害关系方披露。第12.2.2条在"公告"之外提及"单独报告",脚注23要求公布"单独报告"的要求不能超出保密的规定。调查机关不能以计算方法包含保密信息为由使其他争端方无法获得其计算方法。调查机关在初步裁定、最终披露和最终裁定中仅包含对其计算倾销幅度所用方法、调整和计算的概要,没有包含计算倾销幅度所使用的数据和计算方法本身,违反了第12.2.2条的规定。

中方抗辩称,《反倾销协定》第12.2.2条并未明确要求调查机关披露倾销幅度的确切计算方法。涉及到幅度的仅为第12.2.1条(ⅲ)目,要求在相关公告中披露"确定的倾销幅度",而不是计算方法本身。该条文中没有表明,通过第12.2.2条的披露,应诉方应当能够复制或检查对倾销幅度的计算。

专家组认为,根据《反倾销协定》第12.2.2条的法律条文,很难认定存在披露计算倾销幅度所采用的计算方法和数据的义务。根据上下文,第12条标题为"公告和裁定的说明",尽管第12.2.2条规定了可以通过"单独报告"进行披露,但脚注23规定"如调查机关依照本条款通过单独报告提供信息和说明,则其应当确保这样的单独报告能够被公众获得"。第12.2.3条要求,在接受价格承诺之后,"非机密部分"需要在公告或单独报告中披露。这显示第12条关注的是公开披露,所包含的义务并没有延伸至机密信息,而支持倾销幅度的数据对于提供数据的一方来说是保密信息。鉴于本案数据和计算方法的机密性,专家组裁定,调查机关没有在最终裁定中包含其计算倾销幅度所依据的数据和计算方法,并没有违反《反倾销协定》第12.2.2条。

### (五)关于所有其他企业税率计算问题

#### 1.《反倾销协定》第6.8条、附件2第1段和《补贴协定》第12.7条

美方主张,调查机关在对未知出口商计算"所有其他美国公司"税率时,认定未作为应诉方登记的"所有其他美国公司"生产商/出口商没有向调查机关提供必要的信息并使用可获得事实,违反了《反倾销协定》第6.8条、附件

2 第 1 段和《补贴协定》第 12.7 条。适用可获得事实的前提条件是，调查机关要充分详细说明所要求的信息，并提醒利害关系方未提供信息将导致适用可获得事实的后果。本案中，除 AK 钢铁和阿勒格尼公司外，调查机关没有列明存在其他美国出口商／生产商，反而要求美国大使馆"通知相关出口商和生产商"。在任何其他生产商／出口商没有获知调查或对其要求的具体信息的情形下，不能认定该生产商／出口商未进行合作。

中方抗辩称，调查机关向所有取向电工钢出口商／生产商充分通知了其调查及要求，在公告中列明了所有取向电工钢生产商或出口商应当进行调查登记，并说明在特定时间内未登记将可能导致适用可获得最佳信息。中方向美国政府、阿勒格尼公司和 AK 钢铁都提供了立案调查的通知，该通知也被放在调查机关的网站和公共阅览室中，满足了相关通知要求。《反倾销协定》并未规定如何对待调查机关未知且不能单独调查的出口商或生产商，调查机关在为这样的出口商或生产商确定倾销幅度时可行使自由裁量权。附件 2 第 7 段规定如果一方未进行合作，则可能导致对该方不利的后果。那些没有进行调查登记的出口商或生产商属于"没有合作"，应当适用第 6.8 条规定的可获得事实。如果对那些未知的出口商适用由合作应诉方的税率得出的"所有其他美国公司"税率，"未知公司将失去参加登记和调查的动力"。

专家组认为，《反倾销协定》第 6.1 条和附件 2 要求调查机关通知利害关系方需要其提交的具体信息和不提交信息可能导致的结果，这是调查机关的主动义务，也是适用可获得事实的前提。根据上诉机构在美国诉墨西哥大米反倾销措施案（DS295）的裁决①，专家组认为，调查机关公布的立案公告没有满足该通知义务，一是因为立案公告中要求提交的登记信息没有达到调查机关计算"所有其他"税率时使用的信息要求；二是因为仅通过公开渠道提出信息要求不能合理理解为未知企业能够得到通知。鉴于调查机关并未通知未知出口商向其要求"必要信息"，专家组不能裁定未知出口商拒绝或没有提供要求的信息，

---

① 美国诉墨西哥大米反倾销措施案（DS295）上诉机构报告，第 259 段—第 260 段。

甚至阻碍调查。因此，专家组裁定中方违反了《反倾销协定》第 6.8 条和附件 2 第 1 段的规定。

尽管《补贴协定》中不存在如《反倾销协定》中附件 2 的要求，专家组认为，考虑到《补贴协定》第 12.1 条利害关系方"应被通知调查机关要求的信息"的规定，专家组得出和《反倾销协定》第 6.8 条相似的结论是适当的。特别是，在特定调查机关没有通知"必要信息"的情况下，很难认定未知的出口商拒绝或没有提供必要的信息或阻碍调查。因此，专家组裁定，调查机关对未通知所要求信息、未拒绝提供必要信息和未阻碍调查的出口商适用"可获得事实"，违反了《补贴协定》第 12.7 条的规定。

**2.《反倾销协定》第 6.9 条、第 12.2 条、第 12.2.2 条和《补贴协定》第 12.8 条、第 22.3 条、第 22.5 条**

美方主张，首先，调查机关没有披露其适用"所有其他美国公司"税率的"基本事实"，违反了《反倾销协定》第 6.9 条和《补贴协定》第 12.8 条。尽管调查机关辩称披露这些基本事实可能会损害两应诉公司提交信息的机密性，但构成适用可获得事实基础的信息对应诉公司不应当是机密的，调查机关应对其使用的信息进行摘要或至少披露其使用的方法。由于调查机关不披露裁决的事实基础，美国和利害关系公司无法对其利益行使抗辩权。其次，在初步裁定、最终披露文件和最终裁定中，调查机关没有披露关于决定适用可获得事实计算所有其他美国公司税率的理由，仅声明是在可获得事实的基础上计算得出，违反了《反倾销协定》第 12.2 条、第 12.2.2 条和《补贴协定》第 22.3 条、第 22.5 条的规定。

中方抗辩称，调查机关已经对得出"所有其他美国公司"税率的基础提供了充分的解释，最终披露和最终裁决都表明所有其他美国公司税率是基于申请人披露的文件作出的。由于"所有其他美国公司"税率是基于一家应诉公司提交的保密信息，调查机关可以仅提供一个概括说明。由于未知的公司没有合作，调查机关拥有自由裁量权得出对不合作方不利的结果。因此，未对计算方法细节进行披露对涉案方行使抗辩权维护其利益没有影响。

专家组认为，调查机关确定"所有其他美国公司"税率时必须考虑导致适用"可获得事实"相关的一系列事实，对该事实基础的披露对于美国公司行使抗辩权至关重要，应当进行披露。如果信息既属于保密信息也是"考虑的基本事实"时，调查机关应当准备并披露一份保密信息的非保密概要。不同意调查机关对没有合作的未知公司有作出不利认定的不受限制的自由裁量权。因此，专家组裁定，调查机关没有披露其确定"所有其他美国公司"税率所依据的"基本事实"，违反了《反倾销协定》第6.9条和《补贴协定》第12.8条的规定。没有"足够详细地"披露"所有事实问题所得出的调查结果和结论"或"与事实问题相关的所有信息"，违反了《反倾销协定》第12.2条、第12.2.2条和《补贴协定》第22.3条、第22.5条的规定。

## （六）关于价格影响分析

### 1.《反倾销协定》第3.1条、第3.2条和《补贴协定》第15.1条、第15.2条

美方主张，关于价格削减，调查机关虽没有明确作出价格削减的认定，但在裁决中使用了进口产品价格水平的数据并认定进口产品价格水平"低于"国内同类产品，实际已经作出了被调查进口产品"低价"的认定，未披露任何主要事实，也没有进行价格对比的说明。另外，申请人提供的反映了出口商低价策略的"记录"，缺少反映出口商实际定价的证据，不能构成"低价"的肯定性证据。关于价格压低，调查机关不仅需要表明存在价格压低，还必须表明价格压低是倾销或者补贴进口的影响。调查机关试图通过将"低的"进口价格与国内产品的高价进行对比，以此表明价格压低是被调查进口产品的影响，该认定缺乏肯定性证据的支持。关于2008年第四季度价格压低的认定，调查机关在审查国内价格水平时只用了2008年的季度性数据，这"是有选择性的，且只部分分析了"可能引起第四季度价格下降的原因，没有对数据进行客观审查。关于2009年第一季度价格压低的认定，虽然取向电工钢在这段时间的进口量与中国市场消费量有关，但进口量并未"大幅度"增长，进口产品的市场份额

的增长（1.17%）与国内产业市场份额的增长幅度（1.04%）几乎是一样的。另外，在2009年第一季度，被调查进口产品的价格实际高于国内产品的价格。关于价格抑制，调查机关不仅需要证明存在价格抑制，还必须证明价格抑制是倾销或者补贴进口的影响。2008年税前利润出现小幅度增长，这与价格抑制相矛盾。

中方抗辩称，关于价格削减，调查机关虽然提及了"低价政策"，但并未认定该政策事实上导致国内同类产品价格高于进口产品价格。虽然调查机关事实上发现2009年第一季度国内平均价格低于被调查进口产品价格，但并未进行相关的价格比较，且没有认定价格削减。关于价格压低，调查机关依据肯定性证据对2008年和2009年的价格压低做出了合理的认定。关于2009年第一季度存在价格压低的认定，该区间国内价格下降了30%以上，即使被调查进口产品数量的增加幅度因市场因素而较小，该增长仍然比2008年的可比期间增长了23%以上。另外，国内产品价格在2009年第一季度仍然大幅度下降了。关于价格抑制，调查机关关于2008年和2009年存在价格抑制的认定，有客观证据的支持。2008年国内取向电工钢产品的价格没有消化成本的增长，导致了成本价格差下降了7%，这是支持调查机关认定2008年存在价格抑制的肯定性证据。《反倾销协定》第3.2条和《补贴协定》第15.2条都没有对价格抑制分析方法提出具体要求，调查机关有权使用单位平均利润的方法分析。对于美方指出2008年税前利润的小幅度增长与价格抑制相矛盾的抗辩，中方认为美方实际上误解了相关数据。

专家组认定，调查机关认定的"低价"实质上是将被调查进口产品与国内同类产品进行了价格比较，且该价格比较是调查机关分析的核心。关于价格压低，仅大幅压价的存在对于实现《反倾销协定》第3.2条和《补贴协定》第15.2条的目的是不充分的，调查机关必须表明该压价是被调查进口产品的影响。仅仅依据调查机关现有的证据，尚不能够允许一个客观、公正的调查机关认定价格压低是被调查进口的影响，调查机关关于价格压低是被调查进口的影响的认定，既没有进行客观审查，也没有依据肯定性证据。关于价格抑制，调查机关也需要表明价格抑制是被调查进口产品的影响。由于调查机关在证明价格压低和价格抑制是被调查进口的影响时采取了相同的分析，调查机关在认定价格压低是被调查进口影响时存在的缺陷，也会削弱调查机关关于价格抑制是被调查进口影响的认定。关于价格削减，虽然调查机关未认定价格削减，但调查机关的裁定却是以价格削减为依据。基于以上原因，专家组裁定调查机关价格影响分析违反了《反倾销协定》第 3.1 条和第 3.2 条以及《补贴协定》第 15.1 条和第 15.2 条。

### 2.《反倾销协定》第 6.9 条和《补贴协定》第 12.8 条

美方主张，调查机关违反了《反倾销协定》第 6.9 条与《补贴协定》第 12.8 条，因为调查机关的损害裁定是基于被诉的倾销和补贴进口产品对国内同类产品产生了大幅价格影响的认定，但没有披露其分析并构成实施最终措施决定基础的"基本事实"：（ⅰ）关于国内产品价格水平的信息；（ⅱ）国内产品价格趋势信息的来源；（ⅲ）国内产品价格和被调查进口产品价格的对比；（ⅳ）取向电工钢出口商为了削减国内价格所采取的"策略"；（ⅴ）国内产业成本的水平或者趋势。这些事实对于调查机关的价格影响分析非常关键，价格影响分析又对最终损害裁定十分关键，没有披露这些"基本事实"严重地损害了利害关系方为自身利益辩护的能力。

中方抗辩称，调查机关在初裁以及最终的损害披露报告中披露了考虑中的所有"基本事实"，履行了《反倾销协定》第 6.9 条与《补贴协定》第 12.8 条所规定的义务。关于美国提出的未被披露的具体信息：（ⅰ）国内价格 —— 调查机关提供了国内价格的趋势，即每年价格变动的比例，价格的实际水平是保密信息；（ⅱ）国内产业价格趋势的信息来源 —— 信息来源不是"基本事实"，国内产业的价格来自于中国生产商提交的答卷信息；（ⅲ）国内产品和被调查进口产品的价格对比 —— 调查机关没有作出价格削减认定，因此该价格对比不是构成决定所依据的"基本事实"；（ⅳ）取向电工钢出口商价格策略的证据 —— 调查机关披露了关于价格策略的基本事实，没有义务去披露支持其事实陈述的证据或可能危害信息保密性的进一步细节；（ⅴ）成本水平和趋势 —— 调查机关披露了成本的趋势，成本的水平是保密信息，不能披露。

专家组认为，调查机关主张其损害认定的基础是价格抑制和价格压低，即使接受中方提出的没有价格削减认定的主张，但其在裁定中反复提及被调查进口产品"低价"的结论，构成了调查机关用以支持其价格压低和价格抑制认定的基本部分。调查机关不仅应当披露与"低价"存在相关的结论，而且要披露支持该结论的"基本事实"，以允许利害关系方为其自身的利益进行辩护。专家组裁定，调查机关没有披露被调查进口产品与国内产品价格比较的"基本事实"，违反了《反倾销协定》第6.9条和《补贴协定》第12.8条，并认为没有必要继续考虑调查机关对成本等其他问题的披露，是否也违反了《补贴协定》第12.8条和《反倾销协定》第6.9条。

### 3.《反倾销协定》第12.2.2条和《补贴协定》第22.5条

美方主张，调查机关未提供价格影响分析所依据的"所有相关信息"和"理由"，违反了《补贴协定》第22.5条和《反倾销协定》第12.2.2条。终裁中的价格影响分析依据的仅是一个主张，即取向电工钢进口商采取了低价"策略"，不包括与其价格影响分析相关的充分信息。调查机关也没有对相关方针对实施反倾销和反补贴措施的抗辩，提供充分的反对理由。

中方抗辩称，调查机关提供了《补贴协定》第22.5条和《反倾销协定》第12.2.2条所要求的与其价格影响认定有关的"相关信息"和"理由"。鉴于保护保密信息的需要，调查机关已提供了其可以提供的尽可能多的信息，而没有义务披露价格政策的所有细节，调查机关只需要提供其认为"实质性的"信息。

专家组认为，调查机关在终裁中反复提到被调查进口产品的"低"价，是其决定实施最终反倾销措施的一个重要依据。调查机关应当提供更多导致其得出该结论的、与事实性问题有关的信息。调查机关未充分披露其认定"低价"所依据的"与事实问题相关的所有信息"，违反了《补贴协定》第22.5条和《反倾销协定》第12.2.2条。鉴此，没有必要继续考虑美方关于《补贴协定》第22.5条和《反倾销协定》第12.2.2条的其他指控。

### （七）关于因果关系分析

**1.《反倾销协定》第 3.1 条、第 3.5 条和《补贴协定》第 15.1 条、第 15.5 条**

美方主张，关于对价格影响认定的应用，调查机关的价格影响分析违反了《反倾销协定》第 3.1 条和第 3.5 条以及《补贴协定》第 15.1 条和第 15.5 条，没有确立被调查进口产品产生了重大的价格影响。基于价格影响认定做出的因果关系裁定相应的违反了《反倾销协定》第 3.5 条以及《补贴协定》第 15.5 条。关于其他损害事由（如国内产能、产量、需求和库存）的审查，调查机关错误地认定，调查期国内取向电工钢产业产能的快速增长，以及后来的产能过剩，不能作为对国内产业造成损害的原因。对于被调查进口产品是 2008 年和 2009 年第一季度库存水平大量增长的唯一因素这个结论，缺乏肯定性证据。由于存在一个除倾销和补贴进口产品之外的造成损害的已知因素，调查机关需要审查这些因素并对其进行非归因分析，但调查机关没有这样做。因此，中方违反了《反倾销协定》第 3.1 条和第 3.5 条以及《补贴协定》第 15.1 条和第 15.5 条。

中方抗辩称，专家组应该考虑"调查机关所依据的证据和解释"是否"合理地支持其结论"。仅仅表明可能得出其他结论并不代表违反了《反倾销协定》和《补贴协定》。关于价格影响认定的应用，因果关系分析既包含了价格影响的认定，也包含了数量影响的认定。即使没有价格影响认定，负面的数量影响也会支持其对因果关系的认定。美方没有质疑调查机关关于数量影响的认定。关于其他损害事由的审查，当产能因素被应诉方提起后，调查机关在缺乏支持性证据的基础上进行不充分的非归因分析，是对国内产业情况的替代解释。

专家组认为，根据上诉机构在日本诉美国热轧钢反倾销措施案（DS184）中的裁定[①]，调查机关应当审查除了倾销进口之外对国内产业造成损害的所有"已知因素"，作为其因果关系分析的一部分。当这些其他已知因素造成损害时，调查机关必须确保这些因素的损害影响不"归因于"倾销进口。非归因分析要

---

① 日本诉美国热轧钢反倾销措施案（DS184）上诉机构报告，第 226 段。

求"将其他因素的损害影响与倾销进口的损害影响区分开来",而不是"仅仅假设"进口和其他因素的影响。关于价格影响认定的应用,调查机关确实依据了被调查进口的数量和价格影响,但在终裁中没有证据表明,数量影响是调查机关认定的主要基础,也没有证据表明,相比较价格影响,调查机关更加依赖数量影响。相反,调查机关认定被调查进口产品的价格比国内产品的价格低,对于调查机关认定价格压低和价格抑制以及得出被调查进口对国内产业造成了实质损害的结论而言是关键内容。关于其他损害事由的审查,调查机关应审查除进口产品外的、同时正在损害国内产业的"任何已知因素",且这些其他因素引起的损害必须不能归因于被调查产品的进口。专家组裁定调查机关关于被调查进口产品对国内产业造成了实质损害的认定,违反了《反倾销协定》第 3.1 条和第 3.5 条,以及《补贴协定》第 15.1 条和第 15.5 条。

### 2.《反倾销协定》第 6.9 条和《补贴协定》第 12.8 条

美方主张,由于调查机关考虑了非被调查进口产品是否是对国内产业造成损害的原因,与该进口相关的事实对于因果关系分析是重要的,但调查机关没有披露相关信息,违反了《反倾销协定》第 6.9 条和《补贴协定》第 12.8 条。

中方抗辩称,调查机关已经披露了因果关系分析中,与非被调查进口的影响有关的"考虑中的基本事实"。特别是,调查机关已经在初裁中阐明了非被调查进口产品是考虑中的"其他"因素,初裁还提到,被调查进口产品占领了比非被调查产品更大的市场份额。通过对比国内产业市场份额丧失的比例与被调查进口产品市场份额获得的比例,利害关系方可以计算出非被调查进口产品获得的市场份额。而对于非被调查进口产品的价格,调查机关仅是间接地考虑该问题。初裁中已经认定调查机关考虑了非被调查进口产品,利害关系方也没有对该问题进行评论。因此,调查机关不需要进一步阐释该问题。另外,利害关系方应当已经从公开渠道获得了有关非被调查进口的信息。

专家组认为,根据《反倾销协定》第 6.9 条和《补贴协定》第 12.8 条,需要披露的"基本事实"应当是调查机关"实际考虑"的事实,而非调查机关"应当考虑"的事实。其允许利害关系方通过对调查机关披露的考虑中的基本事实进行审查和回应，来为其利益进行抗辩。就中方提出的利害关系方应当已经了解了有关进口到中国市场的非被调查产品的公开信息，《反倾销协定》第6.9条和《补贴协定》第12.8条的义务应由调查机关承担，其中并没有区别是保密的还是可公开获得的事实。同时，在本案中，调查机关在因果关系分析中将非被调查产品数量相关数据作为其考虑的事实的一部分，但并未披露该数据，因此违反《反倾销协定》第6.9条和《补贴协定》第12.8条规定的披露义务。

**3.《反倾销协定》第12.2.2条和《补贴协定》第22.5条**

美方主张，调查机关对非被调查进口产品影响的分析粗略且缺乏事实，违反了《补贴协定》第22.5条和《反倾销协定》第12.2.2条。进口产品的数量和价格信息与调查机关的损害分析直接相关。然而，调查机关的终裁没有披露关于非被调查进口产品没有导致损害这个认定的信息，且该信息并不是保密信息。

中方抗辩称，其提交了非被调查进口产品的市场份额的事实依据。鉴于美方没有使用公开、可获得的信息进一步深化该问题的抗辩，调查机关对其已经做出了充分的讨论。

专家组认为，因果关系分析是导致实施最终措施的关键因素之一，作为因果关系分析基础的有关法律和事实问题及其理由的相关信息，必须依据《补贴协定》第22.5条和《反倾销协定》第12.2.2条出现在公告或者单独报告中。调查机关分析了非被调查进口对国内产业的影响，但在终裁中对这一点的披露却非常有限。在其裁定的（因果关系）其他因素分析中，调查机关指出非被调查进口"不断下降"。尽管中方抗辩称，非被调查进口产品市场份额的信息能够从裁定其他部分的披露中得出，但该披露是不明确的，没有清楚表明该信息与非被调查进口产品是否是造成国内产业损害因素之一的分析的相关性。专家组裁定，调查机关违反了《补贴协定》第22.5条和《反倾销协定》第12.2.2条。

## 四、上诉机构裁决

针对专家组相关裁决，中方于2012年7月20日就《反倾销协定》第3.2

条和《补贴协定》第 15.2 条的价格影响分析的解释与适用，以及与其相关的基本事实的披露和公告问题，向争端解决机构提起上诉。2012 年 10 月 18 日，争端解决机构向世贸组织各成员方散发了上诉机构报告。

### （一）关于《反倾销协定》第 3.2 条和《补贴协定》第 15.2 条的法律解释 [①]

中方主张，首先，《反倾销协定》第 3.2 条规定调查机关的义务是"考虑"倾销进口对于国内同类产品价格影响，专家组使用"表明"和"证明"替代"考虑"来定义调查机关的义务，是不当的。其次，"影响"（effect）在第 3.2 条中是作名词，表示一种结果，而非表明因果关系，这与第 3.4 条的动词"影响"（affect）是不同的，后者表示一种因果联系。从用词来看，这些条款中调查机关的义务是有差异的，第 3.2 条要求价格影响的存在，而第 3.5 条要求证明因果联系。专家组认为调查机关应当"证明"被调查进口产品与价格影响之间的因果联系，是不正确的。最后，第 3.2 条对三种价格影响没有规定特定的评估方法，调查机关在满足第 3.1 条要求的前提下，可以自行选择分析方法。

美方主张，首先，即使中方对"考虑"一词的解释是正确的，也不影响专家组的认定。调查机关的认定已经超出了"考虑"的范围，构成了损害分析和因果关系分析的重要组成部分，专家组依据第 3.1 条"肯定性证据"和"客观审查"原则审查调查机关的认定，是合理正确的。其次，不同意中方对"影响"一词的解释。根据第 3.2 条，该词无论是作动词还是名词使用，都在"倾销和补贴进口"与国内市场上的价格压低和价格抑制效果之间建立了因果联系。第 3.2 条第一句仅要求调查机关考虑倾销进口的数量这一存在性问题，第二句则要求审查价格压低和价格抑制是"进口的影响"。最后，第 3.2 条没有规定调查机关必须采用的分析价格影响的方法，但调查机关必须符合第 3.1 条关于"肯定性证据"和"客观审查"的要求。在实践中，市场上可能存在引起价格压低

---

[①] 鉴于《反倾销协定》第 3 条与《补贴协定》第 15 条的对应关系，为精简报告，下文如无特别说明，对《反倾销协议》第 3 条条款的讨论同时也涵盖《补贴协定》第 15 条的对应条款。

和价格抑制的其他因素，调查机关要比较被调查产品进口价格水平和国内同类产品价格水平，审查相关价格趋势，才能符合"肯定性证据"和"客观审查"的要求。第 3.2 条应当理解为无需审查被调查产品进口和价格影响之间的因果联系是否被其他因素打断。所以，专家组的认定是正确的。

上诉机构注意到专家组对于调查机关义务的标准前后解释不一致，但将这一问题归结为"含糊"（ambiguity），认为由于专家组解释得过于简单，根据目的不同可以作不同理解，从而回避了对专家组是否错误解释第 3.2 条的义务标准进行评判。上诉机构认为，首先，关于"考虑"的解释，同意中方的观点，即"考虑"并不要求作出认定或结论，与第 3.5 条的"证明"存在区别。但这只是程度不同，与"考虑"或"证明"的范围或内容无关。其次，关于调查机关是否需要"考虑"倾销进口和价格压低以及价格抑制的关系。在字面解释方面，上诉机构认为调查机关需要"考虑"倾销进口和价格压低以及价格抑制之间的关系，以及倾销进口对于价格压低以及价格抑制的存在是否具有解释力（explanatory force）。在上下文解释方面，上诉机构强调《反倾销协定》第 3.2 条、第 3.4 条和第 3.5 条在损害和因果关系分析过程中是逐步递进的关系：第 3.2 条和第 3.4 条的初步考察结果构成第 3.5 条认定倾销造成的实质损害的依据。最后，调查机关不能简单忽略质疑倾销进口和国内同类产品价格之间关系的相关证据。

## （二）关于价格影响分析

### 1. 被调查进口产品的"低价"

中方主张，专家组误解了调查机关关于负面价格影响的最终裁定，忽视了其论证的对价格影响的考量，反而评估了未被其作为考虑基础的价格比较。"低价"与价格削减不同，"低价"与被调查产品和国内同类产品价格水平孰高孰低无关，《反倾销协定》第 3.2 条清晰地表明价格压低和价格抑制可以在没有价格削减的情况下存在。

美方主张，专家组没有误解调查机关的认定，也没有创造新的认定，或忽视调查机关分析中的其他要素。专家组认定，"低价"是调查机关价格影响分析的重要组成部分，调查机关不符合"肯定性证据"和"客观审查"的要求，进而违反了《反倾销协定》第 3.1 条、第 3.2 条的义务。中方关于价格比较不是调查机关分析核心的观点不能自圆其说，中方提出的调查机关使用"低价"一词并不意味着实际比较了国内同类产品与被调查进口产品的价格，也是站不住脚的，中方在专家组阶段分析了 2006—2008 年期间的价格比较关系。

上诉机构认为，调查机关在终裁中对于"低价"没有任何解释，"低价"一词本身存在歧义。依据中方在专家组阶段对于"低价"的解释，以及提供的 2006 年、2007 年和 2008 年进口平均价格和国内同类产品平均价格的对比数据，专家组依据中方的解释认为"低价"是价格削减，并且认为这是调查机关"考虑"倾销进口和价格压低以及价格抑制之间关系的依据。但是，上诉机构对于中方在上诉阶段提出的关于"低价"的抗辩只字未提。

### 2. 比较平均单价得出"低价"

中方主张，专家组否定了调查机关的平均单价比较方法，反而运用了其他分析方法。第一，中方已经反驳了美方主张的价格没有在同一贸易水平上进行比较的观点。该平均单价反映的是被调查进口产品和国内产品生产商"在相同的销售阶段"收到的"平均单位收入"。调查机关的平均单价，既不是特定的价格，也与特定的销售渠道无关。其次，专家组认为调查机关未考虑产品规格的差异。这是因为专家组误解了平均单价的实质，而以自己推断的"物理上的不同特性"取而代之。产品规格差异的概念同样来自《反倾销协定》第 2.4 条，并不适用于第 3.2 条。专家组提出被调查产品分属两个税号，但事实上这两个税号代表的是同一种产品，只是产品宽度不同。这应当归于物理差异，而非规格差异。再次，以年度平均单价进行价格比较是可行的。虽然也可以按更小的时间区间的平均单价进行比较，但采用年度的平均单价本质上也并非不客观，事实上调查机关也按季度考了 2008 年第一季度和 2009 年第一季度的平均单价。最后，关于专家组提出的替代分析方法，中方认为这些方法没有一个是应诉企业在调查期间内提出的。专家组实质上支持的是美国在专家组程序中提出的观点，而不是被应诉企业在调查期间提交给调查机关的抗辩意见。

美方主张，第一，关于贸易水平，中方给专家组提供的唯一信息表明被调查进口产品的平均单价是关于"出口商和中国最初购买者之间的交易，而最初购买者通常是准备将产品卖给最终用户以获利的进口商"。中方承认调查机关所采用的平均单价数据"不是特定销售渠道的特定价格的比较"。其次，关于产品规格差异，中方没有考虑平均单价数据不能反映不同产品规格间的差异，调查机关没有试图收集更精确的数据，甚至没有使用海关区分税号的价格数据。海关数据显示，调查范围内的产品是不同类的产品，被分为两个税号且按不同产品特性按规格进行销售，平均单价之间有相当大的差异，将两类产品计算平均单价，很难准确评估被调查产品与国内同类产品之间的相对价格水平。再次，关于年度平均单价分析，鉴于产品的特定市场环境，以年度为单位比较价格是不够精确的。中方提供的证据也显示，产品的价格在一年内发生剧烈波动。最后，关于应诉企业在调查期间未提出任何具体分析方法，案件材料表明被调查企业之一即阿勒格尼公司在其初裁评论中，提出了被调查进口产品和国内同类产品之间进行价格比较的问题，还指出调查机关以年度平均价格扭曲了价格比较分析。调查机关都予考虑。

上诉机构认为，中美双方都认同，为符合"客观审查"和"肯定性证据"的要求，调查机关应该确保价格的可比性。但是，中方提出的抗辩意见，包括专家组认定进口产品和国内同类产品存在贸易水平差异缺乏证据，海关税号其实99%都是一种产品因此不存在规格差异等，是针对专家组对于案件事实的客观评估问题，属于DSU第11条的范围，但中方关于第11条的主张并未提及该问题，因此上诉机构并未对贸易水平和规格差异进行具体审查。也就是说，上诉机构并没有裁定中方贸易救济损害调查在价格影响方面的普遍实践违反了《反倾销协定》第3.2条以及《补贴协定》第15.2条。

### 3. 被调查进口产品的价格政策

中方主张，根据取向电工钢销售合同和价格谈判等定价证据，调查机关证明了国内生产商市场份额下降在2009年第一季度得以停止，是由于国内生产商被迫"降价"以"应对 2008 年底的进口产品价格",专家组未予考虑。专家组认为"低价政策"与价格削减之间没有区别,进而认定因调查机关未做出价格削减的认定,该证据的其他意义也不予考虑。在中方看来,无论被调查进口产品是否真正低于国内价格水平,其试图制定更低价格的行为就会触发负面的价格影响。

美方主张,调查机关价格压低的认定特别指明了"价格政策"的结果是将进口产品的价格维持在一个低于国内产品价格的水平,其后果也是"被调查产品被维持在一个低价的水平"。调查机关关于价格政策的结论不仅是认定进口商"试图"制定低价,事实上进口商已经这么做了,所以价格政策反映了实际的价格。

上诉机构支持了中方,认为专家组仅因为 2009 年第一季度不存在价格削减就认为定价政策证据不存在解释力,是不正确的,因为倾销进口试图定立较低价格的定价政策并不代表一定会导致价格削减。但是,上诉机构认为,按照 2009 年第一季度的价格变化情况,仅仅依据定价政策无法支持价格影响的结论。上诉机构为执行明确了方向,定价政策可以结合其他证据支持价格影响的结论。

### 4. 被调查进口产品和国内价格的平行趋势

中方主张,针对调查机关提出的被调查产品与国内产品价格遵循同样的先扬后抑的价格趋势,专家组仅提及 2009 年第一季度被调查进口产品价格下跌的情形,而未讨论"在调查期内,被调查进口产品和国内产品之间的平行价格趋势"。

美方主张,调查机关对价格发展趋势的分析存在一些问题:第一,中方在专家组阶段未提出该观点,所以专家组无需处理该问题。第二,调查机关的最终裁定中并未提及平行价格趋势分析是价格影响分析的依据之一。第三,调查机关披露的价格信息不能表明平行价格趋势引起了价格压低,被调查进口产品和国内产品的价格在 2007 年和 2008 年均上扬,未出现价格压低。即使 2009 年第一季度被调查产品价格迅速下跌,但从 2008 年第一季度到 2009 年第一季度被调查进口产品的平均单价仅下降了 1.25%，这与国内价格在 2009 年第一季度下降 30.25% 相比，平行价格趋势不能解释 2009 年第一季度的价格压低和价格抑制。第四，专家组指出被调查产品在 2008 年价格上涨了 17.57% 后，又出现一个 1.25% 的下跌不能说明价格压低，中方对此未有异议。

上诉机构认为，由于调查机关在终裁中仅仅提及了进口产品价格和国内同类产品价格趋势一致，而没有详细分析进口价格和国内同类产品价格相互的价格作用，并且在专家组和上诉阶段，中方也没有解释价格趋势对于价格影响的重要性，因此，上诉机构无法认定专家组没有分析和审查价格趋势是错误的。尽管如此，上诉机构为执行明确了方向，中方可以在执行时详细分析价格趋势，进而支持价格影响的结论。

### 5. 被调查产品进口量的增加

中方主张，专家组认为仅有进口数量激增这一事实无法单独支撑价格影响的认定，但调查机关最终裁定依据的是进口数量等多个因素，专家组"不理会也不重视被调查进口产品进口量的影响"是错误的。

美方主张，进口数量不是调查机关认定价格压低的依据。专家组认为"调查机关在认定价格压低是进口产品的影响时，相比低价，并未更多地依据被调查产品进口数量这个因素"。调查机关一再以被调查进口产品的"低价"作为核心依据，认定价格压低，专家组"按调查机关所写的（低价）来评估最终裁定"是合适的。

上诉机构认为，调查机关在终裁中关于价格影响总是同时依据数量激增和"低价"，但调查机关在终裁中以及中方在专家组和上诉阶段也没有解释数量激增和"低价"如何相互作用。因此，上诉机构同意专家组的裁定，认为无法确定数量激增是否能够单独支持价格影响的结论。

### （三）关于基本事实的披露

中方主张，调查机关已经充分披露了关于负面价格影响，即严重的价格压低和价格抑制的基本事实。基本事实不包括"比较"被调查进口产品与国内价格，以及这两者之间的因果关系。专家组认定价格比较是调查机关价格影响分析中的"核心部分"，可事实上，价格比较不是"核心"。中方进一步指出专家组认定中的三点错误：第一，关于价格政策的信息，专家组批评调查机关提供的信息不够详细，是不合理的。调查机关最终裁定所依据的"基本事实"是进口商"试图"制定低于国内同类产品的价格的事实，而不是被调查进口产品是否实际削减了国内同类产品价格。第二，鉴于调查机关并没有对价格削减进行认定，专家组批评调查机关没有披露 2006 年至 2008 年间的低价销售幅度，是不对的。这些幅度不是《反倾销协定》第 6.9 条和《补贴协定》第 12.8 条规定的实施措施的"基本事实"。第三，专家组仅关注了调查机关分析中的价格政策，而没有考虑其他要素，即调查机关适当地披露了进口产品价格大幅下降和进口量激增。

美方主张，调查机关认定严重价格压低和价格抑制的调查结果的基础是被调查进口产品的"低价"，因此，调查机关不仅要披露"低价"的存在，还要披露支持该结论的"基本事实"，以保障相关当事人维护自身权益。但调查机关仅披露了被调查进口产品的平均单价数据，没有国内同类产品平均单价或比较数据。中方称调查机关披露了价格影响的基本事实，即定价政策，美方表示反对。调查机关"模糊地指出"价格政策，"不能表明调查机关充分地披露了价格影响的基本事实"。专家组将分析侧重于出口商的价格政策，而非调查机关提到的进口产品价格下降和进口量上升，并没有不合适。

上诉机构认为，《反倾销协定》第 6.9 条是《反倾销协定》第 3.2 条的后果性指控，上诉机构在支持了专家组关于第 3.2 条的裁定后，自然支持了专家组关于第 6.9 条的相关裁定。

## （四）关于公告

中方主张，《反倾销协定》第 3.2 条仅要求调查机关考虑负面价格影响的存在，在此前提下，调查机关充分地提供了公告和解释。专家组认定有三方面的错误：第一，专家组忽视了调查机关披露的关于定价政策的相关事实，即在实地核查时收集的合同和价格形成文件。第二，专家组混淆了调查机关在最终裁定中所讨论的内容与中方向专家组递交的材料，并以此批评调查机关没有披露一个本就不是"导致实施最终措施"的"事实"。第三，专家组忽视了《反倾销协定》第12.2条的上下文，根据上下文，公告的范围要求仅限于调查机关"认为是实质性的"事实。因此，考虑到调查机关对于严重的价格削减行为并没有做出任何认定，价格削减的事实对最终裁定而言不是"实质性"的事实。

美方主张，中方的观点是基于最终裁定仅需提及价格压低和价格抑制的存在，这忽视了《反倾销协定》第3.2条和《补贴协定》第15.2条所要求价格压低和价格抑制是被调查进口产品的"影响"。美方强调，调查机关的最终裁定没有披露关于比较被调查进口产品价格和国内产品价格的情况，或说明"价格政策"是如何影响定价。鉴于调查机关最终裁定中反复提到被调查产品存在"低价"，中方认为被调查进口产品价格与国内产品价格的比较不是实施最终措施所依据的事实问题，或调查机关认为这些比较不是"实质性的"，这一观点是"难以理解的"。而且，中方提到披露了与调查机关价格影响分析有关的其他要素，如定价政策，美方认为这不能替代披露"低价"所依据的"实质性"事实。

上诉机构认为，《反倾销协定》第12.2.2条是《反倾销协定》第3.2条的后果性指控。上诉机构在支持了专家组关于第3.2条的裁定后，自然支持了专家组关于第12.2.2条的相关裁定。

## 五、裁决的执行和执行之诉专家组裁决

上诉机构裁定，中方征收的反倾销税和反补贴税违反了其在《反倾销协定》与《补贴协定》项下相关义务，建议中方采取措施使其符合在这些协定下的义务。2013年7月29日，商务部出台《执行世界贸易组织贸易救济争端裁决暂行规则》（商务部令2013年第2号），根据该规则，世贸组织争端解决机构做出裁决，要求中国反倾销、反补贴或者保障措施与世界贸易组织协定相一致的，商务部可以依法建议或者决定修改、取消反倾销、反补贴或保障措施，或者决定采取

其他适当措施。在做出建议或者决定之前，商务部可以对有关案件进行再调查。该规则的出台为中方妥善执行贸易救济争端裁决提供了国内法指引。

2013 年 7 月 31 日，调查机关就本案发布了再调查裁定（见商务部公告 2013 年第 51 号及其附件），决定对从美国进口的取向电工钢继续征收反倾销税与反补贴税，但是税率有所下降，将所有其他美国公司的反倾销税税率从 64.8% 下调为 11.8%。

2013 年 8 月 21 日，美方和中方通知争端解决机构双方达成了《顺序协议》。2014 年 1 月 13 日，根据《顺序协议》第 1 段，美方向中方提出执行之诉磋商请求。磋商随后于 2014 年 1 月 24 日进行。2014 年 2 月 13 日，美方提出设立执行之诉专家组请求。2014 年 3 月 17 日，执行专家组设立。2015 年 3 月 17 日，执行专家组发布了中期报告，驳回了美方关于《反倾销协定》第 6.9 条和《补贴协定》第 12.8 条的大部分指控，但认为调查机关的再裁定对被调查产品的价格影响认定违反了《反倾销协定》第 3.1 条、第 3.2 条和《补贴协定》第 15.1 条、第 15.2 条，因果关系认定违反了《反倾销协定》第 3.1 条、第 3.5 条和《补贴协定》第 15.1 条、第 15.5 条，对平行价格趋势和销售阻碍的披露违反了《反倾销协定》第 6.9 条和《补贴协定》第 12.8 条，建议中方采取措施使其符合在这些协定下的义务。2015 年 4 月 10 日，商务部发布公告（2015 年第 11 号），决定自 2015 年 4 月 11 日起，对原产于美国和俄罗斯的进口取向电工钢所适用的反倾销措施及对原产于美国的进口取向电工钢所适用的反补贴措施终止实施。

### （一）关于国内产业状况负面影响的指控

美方认为，调查机关在再调查裁定中关于被调查产品对国内产业的负面影响的审查不客观，违反了《反倾销协定》第 3.1 条、第 3.4 条和《补贴协定》第 15.1 条、第 15.4 条。调查机关在再调查裁决的损害分析中，将"低价"进口修改为"不公平"进口，与原裁决的影响分析存在明显差异。

中方认为，美方仅在第 21.5 条程序中提出该指控，不属于执行专家组的审查范围。原裁定四处出现了"低价"进口，专家组和上诉机构都认为

"低价"一词是指价格削减，为避免误解，再调查裁定中将其修改为"不公平"进口，都是指不公平贸易的进口产品，这只是一种用词的替换，与原裁决并无本质区别。

执行专家组认为，美方在原争端解决程序中确实未就调查机关关于国内产业多项经济指标分析诉诸《反倾销协定》第 3.4 条和《补贴协定》第 15.4 条。根据第 21.5 条，为实现快速解决争端之目的，执行程序专家组的审查范围可以扩展至起诉方在原争端程序中未提出的指控。但这可能导致起诉方规避原争端解决程序，而在执行程序中突袭被诉方，导致后者没有合理期限修改措施进而避免被起诉方报复。上诉机构指出，起诉方在执行程序中不得对被诉方的再调查裁定与原争端程序中的裁定一致的方面提出指控。就本案而言，"不公平"进口一词暗示进口产品存在倾销和补贴，而这种认定是需要通过调查和分析才能确定的，调查机关的这一替代似乎有些草率。即便如此，再调查裁定措辞的变化并未实质改变调查机关的损害分析和结论，不构成实质变化。综上，执行专家组认为美方的指控不在其审查范围内。

## （二）关于价格影响分析

### 1. 关于被调查产品进口数量和市场份额增长对国内同类产品价格的影响

美方认为，被调查产品的进口量在 2008 年三季度、四季度、2009 年一季度都呈现下降趋势，调查机关依据进口量认为被调查产品对国内价格的影响的结论是站不住脚的。中方提出的市场份额的变化，既没有出现在再调查裁定中，也没有出现在调查机关给利害关系方的披露中，反而证实了国内产业价格下降是因为非被调查产品（其他进口产品）造成的。

中方认为，《反倾销协定》第 3.2 条和《补贴协定》第 15.2 条并未要求调查机关必须进行价格比较。在 2008 年，被调查产品市场份额上升 5.56%，国内产业丢失 5.65% 的市场份额，说明被调查产品抢占了国内产业的市场份额，导致后者只能降价以应对市场份额的损失。而 2009 年一季度被调查产品的价格比 2008 年一季度下降了 1.25%，国内产业的价格同期价格下降了

30.25%，出现价格压低，并且利润大幅下滑，所以在 2009 年一季度，被调查产品抑制了国内产业价格。

执行专家组认为，单纯的进口数量和市场份额增长不能得出被调查产品对国内价格造成了价格压低或抑制的结论，如果出现除被调查产品以外的其他引起价格抑制和压低的原因，调查机关须予以考虑。调查机关关于被调查产品在 2008 年和 2009 年一季度对国内同类产品价格造成价格抑制的认定存在关联性等问题，如再调查裁定中无证据证明国内产业无法提升价格是因为国内产业的市场份额由被调查产品取代，未考虑被调查产品与国内同类产品的相对价格，也没有说明其他进口产品不具备这样的价格影响，还忽视了价格差异、进口量从 2008 年三季度到 2009 年一季度在减少的事实。

### 2. 关于被调查产品与国内产业的价格竞争

再调查裁定通过相似性、阿勒格尼技术公司关于高度可替代性的陈述、平行价格趋势、消费者重叠、市场份额更替以及定价策略文件，分析证明了被调查产品与国内同类产品的价格竞争关系。美方对被调查产品与国内同类产品的价格竞争关系提出质疑。具体而言：

（1）同类产品和累计：美方认为再调查裁定中对相似性和累计的认定过于笼统，对价格竞争并无实质考虑。中方认为，被调查产品与国内同类产品物理性质和用途基本相同，销售渠道相同，直接竞争并且可替代，在价格上具备竞争关系。专家组认为，从物理性质和用途基本相同、直接竞争和可替代性来看，两种产品之间确实有价格竞争，但再调查裁定中的相关段落多次出现"大致"、"整体"、"基本"等词，使得两种产品之间的相似性程度不够明显，影响价格竞争的结论。

（2）阿勒格尼技术公司的声明：调查机关以该公司关于产品可替代性的声明来支撑价格竞争的认定。专家组认为，调查机关固然可以考虑阿勒格尼技术公司的声明，但裁决中并未说明其出口是代表性的，也没有说明为何调查机关不考虑占有更多出口份额的 AK 公司的意见。阿勒格尼技术公司的声明无法支持价格竞争的结论。

（3）**平行价格趋势**：调查机关对 2009 年一季度的价格趋势分歧进行了解释，即国内产业为了抢回 2008 年丢失给被调查产品的市场份额。专家组认为，平行价格趋势不能支持价格竞争的结论。

（4）**消费者重叠**：调查机关在再调查裁定中认为被调查产品和国内同类产品的用户存在重叠。美方认为消费者重叠不能支持价格竞争的结论，因为同一个消费者可能从不同的供应商采购不同类型的涉案产品。专家组认为，调查机关关于消费者重叠的分析过于笼统，仅仅过半的抽样用户群体同时采购两类产品，并不能解释两类产品之间的价格竞争关系。

（5）**市场份额更替**：再调查裁定中，调查机关称国内产业通过降价，在 2009 年一季度收回了 2008 年丢失的市场份额，表明被调查产品与国内同类产品之间存在竞争关系。专家组同意美方观点，即中方对收回市场份额的解释是一种事后解释，国内产业通过降价从被调查产品抢回了市场份额，表明消费者对价格下降做出了反应。专家组认为，2009 年一季度市场份额更替表明被调查产品与国内同类产品之间的价格竞争。

（6）**定价策略文件**：定价策略文件包括某俄罗斯供应商与中国客户的合同、国内生产商与中国供应商之间的价格谈判往来信件。中方认为这些文件表明价格是影响买方做出采购决定的因素，并且被调查国的出口商试图定价低于国内产业的价格。专家组认为，首先，某俄罗斯供应商与中国客户的合同不能表明定价低于国内产业的价格，也不能代表其他俄罗斯出口商，对被调查产品与国内同类产品之间的价格竞争关系的证明力有限。其次，在没有价格比较的情况下，单凭国内生产商与国内客户之间的价格谈判文件，无法做出来自美国的被调查产品在 2009 年一季度的价格低于国内产业的价格，迫使后者降价的认定。另外，价格谈判信件涉及到的交易范围有限，只能说明在这些文件涉及的交易中，存在一定的价格竞争，不能代表被调查产品与国内同类产品的整体竞争关系。

执行专家组认定，整体上看，调查机关认为两类产品之间存在价格竞争关系是有合理依据的，但没有解释价格竞争是如何支持被调查产品的数量和市场份额对国内同类产品造成了价格抑制和价格压低的影响。虽然价格竞争对于分析被调查产品对国内价格的影响是必要的,但是当存在价格竞争,被调查产品的进口量和市场份额增长并不必然导致对国内价格造成价格抑制和价格压低的影响。调查机关有义务证明是如何支持被调查产品对国内同类产品价格影响的结论,而调查机关未能证明。因此,调查机关的价格影响分析违反了《反倾销协定》第 3.1 条和第 3.2 条,以及《补贴协定》第 15.1 条和第 15.2 条。

### (三)关于因果关系分析

#### 1. 规模经济

美方认为,调查机关关于被调查产品阻碍国内产业实现规模经济效益的认定缺乏肯定性证据和客观审查。宝钢在 2008 年 5 月开始投产涉案产品的生产,而武钢在 2009 年一季度扩产,考虑到钢铁行业开办成本之高,短期内从新投产线中实现规模效益不现实。两家企业之间也存在竞争,如果都扩产势必不能实现规模效益。

中方认为,国内产业扩产的大背景是不断增长的国内市场,扩产可以实现规模效益,降低单位成本,是合理的。但正是因为被调查产品的不公平贸易,攫取了新增的市场,导致国内产业无法实现规模效益。

执行专家组认为,因为缺少数据和必要信息,调查机关无法证明国内产业的规模效益因为被调查产品的数量增长和市场份额增加而未能实现,所以规模效益的观点不能支持调查机关的因果关系分析。

#### 2. 国内产业扩张

美方认为,调查机关没有分析国内产业产量产能过剩对损害的影响。调查机关推定国内产业增加的产能产量可以被增长的市场需求所吸收,但实际上宝钢和武钢的扩产超过了市场需求的增长。调查机关还避免讨论产能产量过剩对库存高企的影响。2009 年一季度国内产业价格下降并出现亏损,正是国内产业对库存高企影响最大的时期,应当将 2009 年一季度与 2008 年分开分析。

中方认为,国内产业新增投产符合对国内市场发展的预期,调查机关也合理地区别和分离了被调查产品与国内产业加大生产对国内产业的影响。选择2007年作为分析的基准，是因为该时期进口稳定，国内产业未出现市场份额下滑。

执行专家组认为，美方指出了市场需求、产能产量和存货之间的相对变化，即国内产能产量增长远远高于市场需求的增长，除非市场需求的基数远远大于产能产量的基数，否则可以推断国内产能产量的增长是高于市场需求的。关于基准的选择，专家组认可调查机关有权选择基准，但必须保证其分析的客观性。根据目前的信息和数据，无法得出调查机关关于国内产业扩产未给国内产业造成损害的结论，关于库存增加的非归因分析也不符合《反倾销协定》第3.5条和《补贴协定》第15.5条的要求。

### 3. 其他进口产品

美方认为，其他进口产品的数量也在实质增长，且价格非常有竞争力，调查机关应当考虑。特别是2009年一季度，被调查产品进口下降而其他进口产品的进口数量在上升。

中方认为，美方仅关注其他进口产品的绝对数量和平均售价，而忽视调查机关的市场份额分析是不对的。市场份额更替更能说明国内产业、被调查产品和其他进口产品之间的关联，因为市场份额变化可以避免整个市场需求的绝对数量变化的影响。事实上被调查产品占2008年进口增长的大部分，而国内产业正是从2008年，即被调查进口产品激增时开始出现恶化。

执行专家组认为，根据再调查裁定，被调查产品在2008年的价格高于其他进口产品的价格，进口增长要高于其他进口产品的同期增长，但2009年一季度前者价格的跌幅大于后者。专家组认为，当被调查产品进口量速度增长高于其他进口产品时，被调查产品的价格高于其他产品，而另一时期又反过来，这就需要调查机关做出更加细致的审查和解释，而非仅仅是依靠市场份额的变化来解释被调查产品和国内产业损害之间的因果联系。因此，调查机关对其他进口产品的非归因分析存在瑕疵。

综上，执行专家组认为调查机关的因果关系分析违反了《反倾销协定》第

3.1 条、第 3.5 条和《补贴协定》第 15.1 条、第 15.5 条的要求。

## （四）关于基本事实的披露

### 1. 关于价格影响分析基本事实的披露
**一是关于平行价格趋势的基本事实。**

美方认为，调查机关并未披露认定被调查产品和国内同类产品在 2007 年、2008 年和 2009 年一季度具备相同的价格趋势的相应依据，并以保密信息为由拒绝披露部分数据。

中方认为，调查机关以中国海关数据为依据认定了被调查产品的价格趋势和百分比变化；以经核实的国内产业的数据认定了国内产业的价格趋势和百分比变化。这些都提供在再调查裁定披露中，部分数据因为需要保密而未予披露，但百分比变化满足了非保密概要的要求。

执行专家组认为，调查机关认定的被调查产品与国内同类产品的平行价格趋势属于应当披露的基本事实。调查机关披露了被调查产品的价格，以保密信息为由并未在调查程序中披露国内同类产品的价格。虽然当国内产业仅由两家生产商组成，披露国内平均价格会导致国内生产商依此计算出竞争对手的价格，但这并没有免除调查机关的披露义务，调查机关有义务提供非保密概要。调查机关未提供国内价格的非保密概要，违反了《反倾销协定》第 6.9 条和《补贴协定》第 12.8 条的规定。

**二是关于国内产业在 2008 年丢失市场份额导致 2009 年一季度价格大幅下滑的基本事实。**

美方认为调查机关未披露该认定的基本事实，而只提供了对该认定的分析。中方认为，该认定依据的以下信息都进行了披露：a）被调查进口产品在 2008 年的进口量激增，导致国内产业丢失市场份额；b）国内产业丢失市场份额与被调查进口产品获取市场份额之间的一对一联系；c）为应对被调查产品在 2009 年一季度的持续增长，国内产业降价 30.25% 以展开竞争。

执行专家组认为，这属于应当披露的基本事实。虽然调查机关对国内产业在 2008 年丢失市场份额与 2009 年一季度大幅降价之间的联系的分析存在纰漏，但是调查机关确实披露了基本事实，即丢失的市场份额的百分比以及价格变化的百分比，因此执行专家组驳回了美方的指控。

**三是关于武钢 2008 年价格成本差的基本事实。**

美方认为，调查机关以信息保密为由未披露武钢 2008 年价格成本差的基本事实。中方认为，调查机关披露了武钢毛利润的下滑幅度，而毛利润是一种常用的表示价格成本差的方式，武钢毛利润下降的百分比就是一种充分的披露。

执行专家组认为，武钢的成本价格差属于调查机关做出裁定所依据的基本事实。调查机关披露了武钢毛利润下滑的百分比，美方对此并无异议，却提出调查机关的披露不够充分，未解释毛利润下滑的百分比为何不是充分的非保密概要。执行专家组驳回了美方的指控。

**2. 关于因果关系认定的基本事实披露**

**一是关于"销售障碍"的基本事实。**

美方认为，调查机关未披露阻碍国内市场销售的"销售障碍"的基本事实。中方认为，再调查裁定披露中明确指出被调查产品的进口量增长就是"销售障碍"。执行专家组认为，虽然再调查裁定披露了被调查产品的进口量，但没有说明进口量是怎样构成"销售障碍"的。调查机关在因果关系分析中考虑了"销售障碍"，却没有披露任何基本事实，违反了《反倾销协定》第 6.9 条和《补贴协定》第 12.8 条。

**二是关于规模效益的基本事实。**

执行专家组认为，调查机关对规模效益的调查结论的基本事实进行了披露，专家组无法认定调查机关违反了《反倾销协定》第 6.9 条和《补贴协定》第 12.8 条。

**三是关于产能产量和市场需求的基本事实。**

执行专家组认为，再调查裁定中披露了产能产量和市场需求的百分比变化等相关的基本事实，执行专家组无法认定调查机关违反了《反倾销协定》第 6.9 条和《补贴协定》第 12.8 条。

**四是关于存货高企的基本事实。**

执行专家组认为，与规模效益的问题类似，虽然存货高企在因果关系中的认定缺乏充分理由，但仍然可以认为调查机关对该调查结论的基本事实进行了披露。执行专家组无法认定调查机关违反了《反倾销协定》第 6.9 条和《补贴协定》第 12.8 条。

### （五）关于公告

执行专家组总结了美方对调查机关再调查裁定公告未能解释法律和事实问题及征税原因的各项具体指控，并认为，调查机关的再调查裁定实质违反了协定下的多项义务，而美方关于公告的指控与再调查裁定中的价格影响和因果关系认定相关。执行专家组本着司法经济的原则，对公告不充分的指控不予裁定。

## 六、案件的启示与评价

本案是中国贸易救济措施被诉至 WTO 争端机制的首案，对中国今后的贸易救济措施中的实体和程序问题具有重要影响。

### （一）中国积极应诉贸易救济被诉争端的重要意义

2012 年是美国的大选年，为配合奥巴马连选连任，美贸易代表办公室和美商务部等对外表现趋于强硬，采取各种动作加强"贸易执法"，并利用各种场合宣扬其保护美国内产业利益，推进本案具有国内政治考虑。从中国参与贸易救济争端解决的实践过程看，中国主动挑战美欧贸易救济调查要早于应诉自身贸易救济被诉争端。起诉和被诉实践、经验（或教训）是相辅相成的，积极应诉贸易救济被诉争端，运用适当的条约解释方法，挖掘和依据于己有利的条文规定和事实证据，积极探求最有利的诉讼抗辩思路，既是中国参与世贸组织争端解决实践的重要组成部分，也对维护国内贸易救济调查的国际声誉具有重要意义。通过专家组和上诉机构对中国合法合理的实践做法的认可和释明，在夯实中国调查实践和裁决的法律基础的同时，也有助于发挥中国对规则解释发展和影响其他成员做法的积极效应。

### （二）本案对中国贸易救济调查的体系性影响

第一，明晰了《反倾销协定》第3.2条的法律解释和适用。上诉机构解释了第3.2条规则，并澄清了第3.4条和第3.2条具有相同的义务，都要求调查机关"考虑"倾销进口与国内产业状况的关系，即倾销进口对于国内产业状况是否有解释力，实际上提高了损害认定的标准，有益于中国企业出口应诉。

第二，尽可能减小对中国贸易救济调查实践造成的影响。上诉机构报告避免了具体裁决贸易水平和产品规格调整，而只是裁定确保价格的可比性。澄清了价格削减、价格压低和价格抑制是"或者"的关系，没有必要必须认定价格削减。为中方执行提供了相对明确的路线图，没有为中方执行设置障碍，中方可以更多地依据数量影响、价格政策、价格趋势，通过重新裁决达到维持中方第一个双反措施的目的。

第三，有利于进一步规范中国贸易救济调查实践。如加强对立案申诉材料的事实证据的审查和是否满足法律要件的评估，尽可能在立案前解决已显而易见的事实缺陷；使用可获得事实进行裁决，应避免仅以应诉企业不合作为由做出事实方面的认定；在终裁披露和终裁中通过文字描述将所有自行进行调整的项目进行充分解释；针对每一部分机密信息对应地提供非保密概要，在满足保护机密信息要求的前提下，根据保密信息的性质，提供一个范围的数据或变动趋势；探索优化对未知企业适用可获得事实计算"所有其他"税率的方法；计算价格削减时不能不做任何考虑和价格调整而使用平均价格进行对比，并以此作为裁决的依据；确定价格影响时，应该扩大价格信息的收集，尝试更加准确的价格对比，更加着重于价格竞争的分析，并加强说理和披露分析过程；在调查过程中考虑和采纳来自包括出口成员政府和被调查出口企业的合理请求，及时补充调整事实证据。

### （三）依法合规进行贸易救济调查

一段时间以来，美方十分关注中方将贸易救济措施用作"报复工具"的问题，非常看重本案对于今后起诉中方"滥用贸易救济措施"后续案件的"先例"价值。本案专家组报告散发后，美方称是美方"重大胜利"，将阻止中方把贸易救济措施用作"报复工具"。在本案之后，美方还曾就中国白羽肉鸡反倾销反补贴措施（DS427）和汽车反倾销反补贴措施（DS440）提起世贸诉讼。加入世贸组织以来，中国按照国内法和世贸规则开展贸易救济调查并采取贸易救济措施，有效保护了国内产业的生存和发展。未来，中国宜继续依法合规开展调查，在维护产业利益的同时，避免让外界产生中国将贸易救济措施作为反制或报复工具的印象。

## 附件

美国诉中国取向电工钢反倾销反补贴措施案（DS414）大事记

2010 年 9 月 15 日，美方提出磋商请求。

2011 年 2 月 11 日，美方提出设立专家组的请求。

2011 年 3 月 25 日，争端解决机构设立专家组。

2011 年 6 月 8 日，美方提交第一次书面陈述。

2011 年 7 月 15 日，中方提交第一次书面陈述。

2011 年 9 月 15—16 日，专家组第一次听证会及第三方会议。

2011 年 10 月 3 日，当事方提交第一次书面问题答复。

2011 年 10 月 12 日，当事方提交第二次书面陈述。

2011 年 12 月 6—7 日，专家组第二次听证会。

2011 年 12 月 23 日，当事方提交第二次书面问题答复。

2012 年 2 月 24 日，专家组向当事方提交中期报告。

2012 年 6 月 15 日，争端解决机构散发了专家组报告。

2012 年 7 月 20 日，中方提起上诉，同时提交了上诉通知和上诉书面陈述。

2012 年 8 月 7 日，美方提交了被上诉方书面陈述。

2012 年 8 月 27—28 日，上诉机构召开听证会。

2012 年 10 月 18 日，上诉机构散发了上诉机构报告。

2012 年 11 月 16 日，争端解决机构通过了本案专家组报告和上诉机构报告。

2013 年 7 月 31 日，调查机关就本案发布了再调查裁定。

2013 年 8 月 21 日，美方和中方通知争端解决结构双方达成了《顺序协议》。

2014 年 1 月 13 日，美方请求与中方进行磋商。

2014 年 1 月 24 日，中美举行磋商。

2014 年 2 月 13 日，美方提出成立执行专家组请求。

2014 年 3 月 17 日，执行专家组成立。

2014 年 6 月 3 日，美方提交第一次书面陈述。

2014 年 7 月 1 日，中方提交第一次书面陈述。

2014 年 7 月 22 日，美方提交第二次书面陈述。

2014 年 8 月 12 日，中方提交第二次书面陈述。

2014 年 10 月 14—15 日，执行专家组听证会及第三方会议。

2014 年 11 月 4 日，当事方提交书面问题答复。

2015 年 3 月 17 日，执行专家组发布了中期报告。

2015 年 4 月 10 日，商务部发布 2015 年第 11 号公告，终止实施涉案措施。

2015 年 7 月 31 日，执行专家组散发了执行之诉专家组报告。

2015 年 8 月 31 日，争端解决机构通过了执行之诉专家组报告。

校稿：陈雨松

# 一次雷声大雨点小的"301 条款"调查

## —— 美国诉中国风电设备补贴措施案（DS419）评析

龚耀晨

一提起"301 条款"调查，大家的第一反应可能是特朗普政府在 2018 年对中方发起的调查，并最终依据美国《1974 年贸易法》第 301 条悍然对中方巨额输美产品加征单边关税。实际上，在"301 条款"这个怪兽被世贸组织关入规则的笼子之后，美国也曾对中国发起"301 条款"调查，那就是奥巴马政府在 2010 年发起的"清洁能源 301 条款调查"。美国诉中国风电设备补贴措施案（案件编号：DS419）的起源便要从那次"301 条款"调查说起。

## 一、案件背景与诉讼程序

### （一）案件背景

2010 年 9 月 9 日，美国钢铁工人联合会对中国清洁能源的相关政策措施提出"301 条款"调查申请。[①] 美国钢铁工人联合会是对奥巴马政府具有较大政治影响力的组织。在申请书中，美国钢铁工人联合会收集近六千页材料，指控中方在清洁能源领域的 70 项政策措施。相关措施主要包括五类：一是限制外国公司获得关键原材料（如稀土和其他矿物质）的措施；二是以出口实绩或当地含量为条件的禁止性补贴；三是对进口货物和外国企业的歧视性做法，具体包括：对风力、太阳能工厂实施国产化率要求，对国内风力公司的优待等；四是强制要求外国投资者转让技术；五是为发展绿色科技提供扭曲贸易的国内补贴。申请人称，上述政策和措施违反世贸组织相关规定，提请美国贸易代表办公室将这些政策和措施诉至世贸组织。

2010 年 10 月 15 日，美国贸易代表办公室宣布对中国清洁能源政策措施发起"301 条款"调查。2010 年 11 月 15 日，中国政府、中国机电产品进出口商会、中华全国工商联合会新能源商会以及中国光伏产业联盟分别向美国贸易代表办公室提交评论意见。

2010 年 12 月 22 日，美国贸易代表办公室宣布该调查的最终决定，称中方《风力发电设备产业化专项资金管理暂行办法》中的补贴内容涉嫌违反世贸规则，表示要诉诸世贸争端解决机制。

### （二）诉讼进程

2010 年 12 月 22 日，美国提出磋商请求。2011 年 2 月 16 日，中美双方在日内瓦进行磋商。欧盟和日本作为第三方参与磋商。2011 年 6 月 7 日，美国贸易代表办公室宣布案件已通过磋商解决。

---

① 参见 https://www.usw.org/news/media-center/releases/2010/usw-files-trade-case-to-preserve-clean-green-manufacturing-jobs-in-america；公开版本调查申请参见 https://www.wyden.senate.gov/imo/media/doc/Vol%201%20Green%20Goods%20301%20petition.pdf。

## 二、涉案措施和主要法律争议

### （一）涉案措施

美方磋商请求涉及的措施为财政部于 2008 年发布的《风力发电设备产业化专项资金管理暂行办法》（财建〔476〕号，以下简称《暂行办法》）。

为加快风电装备制造业技术进步，促进风电发展，根据《中华人民共和国可再生能源法》《国务院关于加快振兴装备制造业的若干意见》（国发〔2006〕8 号）等，中央财政决定安排专项资金支持风力发电设备产业化（即"风力发电设备产业化专项资金"，以下简称"专项资金"）。《暂行办法》旨在对专项资金进行管理和运作，以支持风力发电设备的产业化，引导企业研究开发适应市场需求的产品。

《暂行办法》规定，专项资金补贴的对象是中国境内制造风力发电设备的中资企业和中资控股企业，对其市场化的单机容量 1.5 兆瓦以上的首 50 台风电机组，按 600 元／千瓦的标准给予研发补贴。申请专项资金补贴支持的企业需主要满足以下条件：设备具有自主知识产权和品牌、拥有核心技术或关键技术、拥有中国注册商标；风电机组关键零部件（叶片、齿轮箱、发电机）须由中资企业制造，鼓励采用中资企业制造的变流器和轴承；风电机组须在国内完成生产、安装、调试等工序。

### （二）主要法律争议

#### 1. 涉案措施是否构成禁止性补贴

美方在磋商请求中指称，《暂行办法》以使用国产货物为条件提供资金支持，涉嫌构成《补贴与反补贴措施协定》（以下简称《补贴协定》）第 3 条规定的禁止性补贴（进口替代补贴）。

美方称，《补贴协定》第 3 条规定，"视使用国产货物而非进口货物的情况为唯一条件或多种其他条件之一而给予的补贴"应予禁止，世贸成员不得给予

293

或维持相关补贴。中方《暂行办法》在补贴的发放条件中包含了使用国产货物的相关因素，构成了"进口替代补贴"。

### 2. 补贴措施的通报和翻译

美方在磋商请求中还称，中方未通报该项补贴措施并提供翻译文本，涉嫌违反有关世贸规则和加入世贸组织承诺。

关于补贴通报，美方援引的规则依据是《1994 年关税与贸易总协定》(以下简称 GATT1994)第 16 条和《补贴协定》第 25 条。GATT1994 第 16.1 条规定，如任何缔约方给予或维持任何补贴，则该缔约方应将该补贴的范围和性质、该补贴对自其领土出口、向其领土进口的受影响产品的数量所产生的预计影响以及使该补贴成为必要的情况向缔约方全体做出书面通知。《补贴协定》第 25 条在 GATT1994 上述规定的基础上，细化了补贴通报的具体要求，包括补贴通报的提交时间、补贴通报的内容和形式等。根据第 25.1 条要求，补贴通报应当不迟于每年 6 月 30 日提交，通报内容应当足够具体，以便其他成员能够评估贸易影响并了解所通报的补贴计划运作情况。美方指称，中方未能及时通报涉案补贴，涉嫌违反《补贴协定》第 25.1 条至第 25.4 条规定的义务。[①]

关于措施翻译，美方援引了《中国加入世贸组织议定书》第 1.2 条。根据该条规定，《中国加入工作组报告书》第 334 段被纳入承诺范围。第 334 段承诺，"中国将使世贸组织成员获得译成一种或多种世贸组织正式语文的所有有关或影响货物贸易、服务贸易、与贸易有关的知识产权或外汇管制的法律、法规及其他措施，并将尽最大可能在实施或执行前，但无论如何不迟于实施或执行后 90 天使世贸组织成员可获得这些法律、法规及其他措施"。美方认为中方未能履行上述承诺提供涉案措施的翻译。

---

① 尽管有上述规定的要求，考虑到补贴通报可能涉及的工作量，补贴与反补贴措施委员会在 2003 年 5 月 8 日例会的会议纪要表明，世贸成员可每 2 年提交一次 GATT1994 第 16.1 条项下的补贴通报。就本案的涉案措施而言，中方在 2011 年 10 月 20 日向世贸组织补贴与反补贴措施委员会提交了 2005—2008 年度补贴通报，其中就包括了本案的涉案措施，并表明该补贴措施的实施期间为 2008 年 8 月至 2009 年底。

## 三、案件的解决

《暂行办法》已在2010年停止执行，中央财政不再安排该专项资金。随后，按照《国务院办公厅关于做好规章清理工作有关问题的通知》(国办发〔2010〕28号)的有关要求，财政部将《暂行办法》列入清理范畴。2011年12月21日，财政部发布第62号部令《财政部关于公布废止和失效的财政规章和规范性文件目录(第十一批)的决定》。作为本案涉案措施的《暂行办法》被明确列入"失效的财政规范性文件目录—经济建设类"。

通过妥善应对美方"301条款"调查、在世贸争端案件磋商中向美方澄清《暂行办法》已失效，以及中美商贸联委会上一系列富有成效的双边对话，本案争议得到妥善解决。

2011年6月7日，美国贸易代表办公室在其官方网站上就本案发表声明，表明本案已通过磋商解决。

## 四、案件的启示与评价

从外界来看，奥巴马政府发起本次"清洁能源301条款调查"，并在世贸组织起诉本案的整体效果可能更像是一次"雷声大雨点小"的举动。尽管如此，本案依然留给了我们很多启示：

一是财政资金的使用和管理应当更加注重树立规则"红线"意识。虽然本案涉案措施已废止，但相关规定确实存在违规的风险点，暴露出相关财政资金的使用和管理未能充分考虑世贸规则的约束。目前来看，《补贴协定》绝对禁止的两类补贴是出口补贴和进口替代补贴。伴随着补贴规则的演进和发展，不排除禁止性补贴的范围在未来进一步扩大的可能性，补贴纪律的约束可能进一步加严。加入世贸组织二十年以来，中方在补贴政策合规性方面已经获得显著改善和提升。与此同时，我们更应当在现有基础上不断推进补贴政策效率化和精细化，树立规则"红线"意识，加强对补贴政策出台前的合规性审查，以期更好应对补贴纪律发展，切实做到遵守世贸规则、履行世贸义务。

二是及时公布已废止的补贴措施将有助于避免经贸争端的发生。无论是世贸组织的补贴规则还是中方的加入世贸组织承诺，都涉及补贴政策的透明度问题，而通过适当方式及时公布已经废止的补贴政策也是透明度的应有之意。各世贸成员在实施相关补贴政策的过程中，确有可能因为发现存在这样那样的问题而在后期进行更新或直接予以废止。就本案而言，如相关补贴政策在废止之后能及时对外公开废止和更新的具体情况，则可避免引发不必要的质疑和挑战。习近平总书记在中央全面依法治国委员会第三次会议上强调，要"统筹谋划和整体推进立改废释各项工作"。近年来，各级政府部门也在依法行政的过程中通过公开方式对过期和失效的文件进行清理和废止，取得了良好成效。因此，加强补贴政策"立改废释"在透明度方面的谋划确有必要同步推进，这也是推动构建高水平、现代化补贴政策体系的必然要求。

总而言之，世贸争端案件虽然已经解决，但我们相信美方起诉的目标并不局限于当前该项补贴对贸易产生的影响，更可能着眼于中方对风能产业的培育和中美未来在该领域的竞争。我们应当更加注重以符合世贸规则的方式对清洁能源领域的相关行业和企业进行支持，在这一前提之下不断提升产业的核心竞争力。

**附件**

美国诉中国风电设备补贴措施案（DS419）大事记

2010 年 12 月 22 日，美方向中方提起磋商请求。

2011 年 2 月 16 日，中美双方在日内瓦进行磋商。

2011 年 6 月 7 日，美国贸易代表办公室在其官方网站上发表本案已解决的声明。

校稿：王蔷

# 没有赢家的 X 射线安检设备之争

## —— 欧盟诉中国 X 射线安检设备反倾销措施案(DS425)评析

王希

贸易救济措施的本意是维护贸易秩序和公平竞争，有时却不免成为一国的产业政策工具。当企业驱动政府调查机关进行调查并最终导致采取征税措施时，有可能导致世贸成员之间出现贸易摩擦，采取针锋相对的措施以保护本国国内产业。本案即是发生在中国与欧盟之间的一起贸易摩擦案件。早在本案涉案措施开始调查之前，欧盟企业已向欧盟调查机关申请对中国企业进行反倾销调查，此次调查导致欧盟对中国 X 射线安检设备征收反倾销税。一年后，中国在调查后决定对欧盟 X 射线安检设备征收反倾销税。在这样的背景下，无论是中国企业还是欧盟企业，其出口必然受相关征税措施的影响。无论是主动出击还是被动应战，在这样的贸易摩擦中，没有赢家。

## 一、案件背景和诉讼程序

### （一）案件背景

2009 年 3 月 18 日，史密斯海曼公司向欧盟调查机关提出申请，要求对中国同方威视公司的 X 射线安检扫描仪进行反倾销调查。欧盟立案后，2009 年 8 月 28 日，中国商务部（下称调查机关）收到同方威视技术股份有限公司代表国内 X 射线安检设备产业提交的反倾销调查申请，请求对原产于欧盟的进口 X 射线安检设备进行反倾销调查。2009 年 10 月 23 日，调查机关发布 2009 年第 63 号公告，决定自即日起立案对原产于欧盟的进口 X 射线安检设备进行反倾销调查。被调查产品广泛应用于各种安全检查及海关查验，主要通过图像识别检查旅行包、货物、集装箱、车辆等载体藏有的武器、爆炸物、危险品、走私品以及其他可疑物品或限带物品。

2009 年 12 月 17 日，欧盟决定对自中国进口的被调查产品征收 36.6% 的临时反倾销税，期限为 6 个月。

2011 年 1 月 23 日，调查机关公布终裁决定（商务部公告 2011 年第 1 号），裁定被调查产品存在倾销，中国国内 X 射线安检设备产业遭受了实质损害，而且倾销和实质损害之间存在因果关系，决定自 2011 年 1 月 23 日起对被调查产品征收 33.5% 至 71.8% 不等的反倾销税，实施期限为 5 年。

### （二）诉讼进程

#### 1. 磋商阶段

2011 年 7 月 25 日，欧盟认为中国对来自欧盟的 X 射线安检设备征收反倾销税违反了世贸组织规则，向中方提出磋商请求，启动世贸组织争端解决程序。世贸组织争端解决案件编号为 DS425。

2011 年 9 月 19 日，中方与欧方按照世贸组织争端解决程序进行了磋商，但磋商未能解决争端。

### 2. 专家组阶段

2011 年 12 月 8 日，欧方提出设立专家组请求。印度、日本、挪威、泰国、美国和智利作为第三方参加本案。2012 年 1 月 21 日，专家组设立。2012 年 3 月 12 日，本案专家组组成。2013 年 2 月 26 日，专家组公布了最终报告。2013 年 4 月 24 日，争端解决机构（DSB）通过专家组报告。2013 年 7 月 29 日，中欧双方向 DSB 通报，双方协商一致，本案合理执行期为 9 个月零 25 天，即至 2014 年 2 月 19 日合理执行期届满。2014 年 2 月 19 日，调查机关发布《关于终止对原产于欧盟的进口 X 射线安全检查设备征收反倾销税的公告》（商务部公告 2014 年第 9 号），决定自 2014 年 2 月 19 日起终止对原产于欧盟的进口 X 射线安全检查设备征收反倾销税，执行了 DSB 裁决。

## 二、涉案措施和主要诉请

本案的涉案措施是对原产于欧盟的进口 X 射线安检设备的反倾销措施。

欧方诉请主要包括以下几点：（1）价格影响分析违反世贸组织《反倾销协定》第 3.1 条和第 3.2 条；（2）国内产业状况分析违反了《反倾销协定》第 3.1 条和第 3.4 条；（3）因果关系分析违反《反倾销协定》第 3.1 条和第 3.5 条；（4）中方对保密信息所作的非保密摘要不符合《反倾销协定》第 6.5.1 条、第 6.4 条和第 6.2 条的规定；（5）基本事实披露违反了《反倾销协定》第 6.9 条、第 6.4 条和第 6.2 条的规定；（6）终裁公告违反了《反倾销协定》第 12.2.2 条。

## 三、专家组裁决

中欧双方的法律争议包括实体问题和程序问题两方面。其中，实体方面的问题主要包括损害分析中的价格影响分析和国内产业状况分析，此外还包括因果关系。程序方面的问题包括保密信息处理、基本事实披露等。

### （一）损害分析

在反倾销调查中，调查机关需要对进口产品是否损害国内产业做出调查。

在损害调查中，调查机关应当调查倾销产品的进口对国内同类产品价格的影响，比如倾销产品是否削低、压低或抑制了国内产品的价格，使国内产业利益受损（简称"价格影响分析"）。关于价格影响的规定见于《反倾销协定》第3.1条和第3.2条。

《反倾销协定》第3.1条规定：

"就《1994年关税与贸易总协定》第6条而言，对损害的确定应依据肯定性证据，并应包括对下述内容的客观审查：（a）倾销进口产品的数量及其对国内市场同类产品价格的影响；以及（b）进口产品随之对此类产品国内生产者的影响。"

《反倾销协定》第3.2条规定：

"调查机关应考虑倾销进口产品的绝对数量或相对于进口成员中生产或消费的数量是否大幅增加。关于倾销产品进口对价格的影响，调查主管机关应考虑与进口成员同类产品的价格相比，倾销进口产品是否大幅削低价格，或此类进口产品的影响是否是大幅压低价格，或是否是在很大程度上抑制在其他情况下本应发生的价格增加。这些因素中的一个或多个均不是决定性的。"

欧方提出三项主张，包括调查机关在价格影响分析中没有确保价格可比性，没有考虑所有经济因素和指标，价格影响分析方面的错误导致损害裁决的因果分析也不成立。中方逐一进行了抗辩。专家组进行了审查并做出裁决。

### 1. 价格影响分析

欧方主张，调查机关的价格影响方法存在缺陷，没有确保价格可比性。调查机关将被调查产品的加权平均单位价值和国内同类产品的加权平均单位价值进行比较，认定存在价格削低和价格压低[①]，没有考虑到所比较的产品之间巨大的差异，特别是被调查的史密斯公司出口的低能量扫描仪（300keV以下）和国内企业同方威视公司的主营产品高能量扫描仪（300keV以上）之间的差异。低能量扫描仪和高能量扫描仪在物理特征、最终用途、技术特性、机械特

---

[①] 欧方在其书面陈述中主张，调查机关做出了价格削低和价格压低的决定。实际上，调查机关认定的是价格削低和价格抑制。详见调查机关终裁决定（商务部公告2011年第1号）。

性、制造工艺和价格方面存有重大差异。史密斯公司生产的 X 射线安检产品用途为机场扫描手提行李；同方威视公司生产的产品范围较广，其中，主营产品高能量扫描仪可用于扫描火车、卡车或海上货物集装箱。当相关产品不属于同类产品时，平均单位价值的差异只能反映出产品组合的变化或差异，而无法反映出价格的真正差异。鉴于本案低能量和高能量扫描仪之间的明显差异，调查机关通过比较所有涉案产品的加权平均单位价值以审查是否存在削价或压低是不充分的。

中方抗辩称，在高能量和低能量扫描仪之间不存在 300keV 这个分界线。扫描仪的能量水平不能决定其物理特征、用途或价格。相邻类型的扫描仪产品之间存在着渐进式差异。中国已提供了证据证明 300keV 或以下的扫描仪亦具备史密斯公司所谓高能量扫描仪的特性，反之亦然。调查机关公平地处理案件信息和数据，并意识到各个型号，甚至是各笔交易的价格都可能存在差异。在调查中，调查机关曾要求企业提供被调查产品在调查期内的完整价格数据。但是，史密斯公司仅提供了 2008 年某些型号的平均数值，并且没有提供 2006 年和 2007 年的价格数据。因此，中方认为，调查机关无法进行型号对型号的比较，在这种情况下使用加权平均法是合理和恰当的。此外，在价格削低之外，中方还做出了价格抑制裁决。在考虑价格抑制时并不涉及价格可比性的问题。中方认为，价格抑制是只以国内同类产品相关的数据为基础进行审查，不涉及与进口产品价格的比较。

专家组认为，要进行客观审查，调查机关在审查是否存在价格削低时，需要确保价格的可比性，否则很难在倾销进口与国内产业损害之间建立因果关系。在确保价格可比性方面，《反倾销协定》并未规定具体的方法。价格差异导致缺乏可比性时，调查机关有多种选择。一是，调查机关可以根据产品的类别来收集价格信息。二是，像欧盟调查机关所做的那样，通过比较出口企业的实际销售价格和在同一招标过程中投标的国内生产企业的价格以解决价格差异问题。三是，对价格做出相关调整以确保价格可比性。

此外，对于价格抑制裁决，专家组表示其不同意中方关于价格抑制并不涉及价格可比性的观点。专家组认为，调查机关的价格抑制分析建立在两种情形下的价格比较之上。首先，调查机关认定，国内价格在调查期内出现下降。调查机关有必要考虑各年度各类产品比例的变化。平均单位价格的下降可能是产品组合变化的结果，如是由于某一年度定价更低的国内产品的比例增加所造成，而不是因为国内价格发生了变化。其次，调查机关依赖价格削低裁决认定倾销进口存在价格抑制，而价格削低本身就以倾销进口产品和国内同类产品的比较为基础。所以，在价格抑制分析中，调查机关依然有必要确保价格的可比性。

总之，专家组认为，调查机关有必要在价格削低和价格抑制分析中确保价格可比性。专家组甚至进一步做出论断称，所有价格影响分析都应当考虑价格的可比性，从而确保损害裁决构成以肯定性证据为基础的客观审查。

具体到本案，专家组认定，调查机关在本案中没有确保价格可比性。在本案中，调查机关没有审查任何价格数据，只审查了国内同类产品的总销售值，用调查期内每年的国内总销售价值，除以对应年份的销售量，得出平均单位价值。调查机关并不清楚同方威视公司在调查期内销售的扫描仪的用途或能量水平。专家组认为这种方法不可行，调查机关需要掌握实际的价格数据。因此，专家组裁定，调查机关没有确保价格可比性。

关于高能量产品与低能量产品之间的差异，中方抗辩称，调查机关在确定调查范围时认定被调查产品与国内产品属于同类产品，因此，调查机关在价格影响分析中比较的是同类产品的价格，这足以确保价格的可比性。对此，专家组并未支持中方观点。专家组认为，第一，调查机关认定两种产品为同类产品并不意味着它们的价格具有可比性。第二，即便国内安检扫描仪并未如欧盟那样分类，但案卷证据表明在用途、物理特点和价格等方面，被调查产品与国内产品存在显著的不同，并且调查机关自身也已经认定消费者对"高能量"和"低能量"扫描仪的需求不同。专家组承认，中方观点有一定道理，即扫描仪的物理特征、用途、技术特性、机械特性、制造工艺和价格并不总是以300keV这一能量水平进行划分。但是，专家组仍然坚持认为，调查机关获得的证据已经表明，史密斯公司向中国出口的扫描仪与同方威视公司生产的部分扫描仪之间在用途和物理特征方面具有明显差异。倾销进口产品仅包括低能量扫描仪，而国内同类产品既包括"低能量"扫描仪，也包括"高能量"扫描仪。

鉴此，专家组裁定，中方未能在价格影响分析中确保价格可比性，因此相关价格削减和价格抑制分析未建立在对确凿证据的客观审查基础上，违反《反倾销协定》第 3.1 条和第 3.2 条。

**2. 国内产业状况分析**

在损害调查中，调查机关在调查倾销进口产品对国内产业的影响时，应当评估影响产业状况的所有经济因素和指标。《反倾销协定》第 3.4 条规定，关于倾销进口产品对国内产业影响的审查应包括对影响产业状况的所有有关经济因素和指标的评估，包括销售、利润、产量、市场份额、产能、投资收益或设备利用率实际和潜在的下降；影响国内价格的因素；倾销幅度的大小；对现金流动、库存、就业、工资、增长、筹措资金或投资能力的实际和潜在的消极影响。该清单不是详尽无遗的，这些因素中的一个或多个均不是决定性的。

欧方认为，调查机关所做出的损害裁决并不是在肯定性证据基础上做出的；相关裁决未评估所有相关的经济因素；损害分析忽视了国内产业积极因素，仅基于有限的负面因素做出国内产业存在严重损害的裁决，忽视了积极和消极因素中的整体发展和相互作用。中方请求专家组驳回欧方的主张。专家组对上述三个问题进行了审查。具体如下：

## （1）损害裁决是否是在肯定性证据基础上做出

欧方主张，调查机关所依赖的证据存在缺陷。由于国内产业仅包括同方威视一家公司，调查机关做出的认定应与同方威视公司提交的数据保持一致。但事实上，二者存在差异。在调查中，调查机关从未告知利害关系方其在实地核查中发现同方威视公司数据存在不一致并对数据进行了相应修改。

中方认为，欧方混淆了两个问题，即调查机关是否通知了利害关系方其使用的数据和调查机关是否依据了肯定性证据。此外，调查机关已在初裁和终裁中表明，同方威视公司在实地核查后递交了补充证据和材料。此外，欧方未能证明调查机关所依据的证据是不肯定、不客观和不可证实的。

专家组认为，首先，欧方的主张不是调查机关没有披露其依据的数据，而是调查机关没有对实地核查后修订同方威视公司提供的数据这一事实进行解释。欧方混淆了基于肯定性证据做出损害裁决和《反倾销协定》关于调查机关披露证据的要求。其次，欧方应当证明中方的损害裁决所依据的证据是不肯定、不客观和不可证实的，而欧方没有证明这一点。因此，专家组裁定，欧方没有证明中方未能基于肯定性证据做出关于国内产业损害的裁决。

### （2）调查机关是否审查了第 3.4 条列出的所有因素

欧方认为，调查机关未审查第 3.4 条所规定的倾销幅度的大小这一因素，未在终裁中提及倾销幅度大小。

中方认为，调查机关审查了倾销幅度大小并且认定倾销幅度超过了《反倾销协定》第 5.8 条所规定的"微量"标准。

专家组认为，调查机关应当对倾销幅度的大小作出评估，并评估其关联性及在导致损害方面所起的作用。在本案中，调查机关仅列出各公司的倾销幅度，未提及上述两项内容，这是不够的。只要列出倾销幅度，就要分析倾销幅度的大小以及其影响。鉴此，专家组裁定中方违反《反倾销协定》第 3.1 条和第 3.4 条。

### （3）是否评估了所有因素的发展趋势及相互作用

欧方认为调查机关仅分析了消极因素，忽视了积极趋势。

中方认为，中国诉欧盟紧固件反倾销措施案（DS397）专家组指出，"消极因素"并不局限于业绩出现实际下降的因素。一个因素如果一直处于较低水平也可能被认定为消极因素。相关因素呈积极发展趋势也并不能排除调查机关做出损害认定的可能。

专家组认为，调查机关仅列出了哪些是积极因素，哪些是消极因素，而没有解释行业的消极趋势为何超过积极趋势。调查机关忽略了某些损害因素的变化趋势。仅有绝对数量而忽视趋势是片面的。此外，调查机关没有在其国内产业分析的描述部分明确提及或解释开工率、劳动生产率和人均工资的变化情况。专家组认为，更为公平的方法是在产业状况描述部分明确地分析所有因素，并在审查中加以考量。

综上，专家组裁定中方违反《反倾销协定》第 3.1 条和第 3.4 条。

## （二）因果关系

因果关系是反倾销裁决的三要素之一。调查机关认定倾销存在且倾销对国内产业造成实质损害之后，还要确定倾销与实质损害之间存在因果关系，方可做出肯定性裁决。关于因果关系的规定见于《反倾销协定》第 3.5 条。

第 3.5 条规定，必须证明通过按第 3.2 条和第 3.4 条所列的影响，倾销进口产品正在造成属本协定范围内的损害。证明倾销进口产品与对国内产业损害之间存在因果关系应以审查主管机关得到的所有有关证据为依据。主管机关还应审查除倾销进口产品外的、同时正在损害国内产业的任何已知因素，且这些其他因素造成的损害不得归因于倾销进口产品。在这方面可能有关的因素特别包括未以倾销价格销售的进口产品的数量和价格、需求的减少或消费模式的变化、外国与国内生产者的限制贸易的做法及它们之间的竞争、技术发展以及国内产业的出口实绩和生产率。

### 1. 倾销进口价格与损害之间的因果关系

欧方认为，调查机关没有合理、充分地解释为什么倾销进口迫使国内价格降低从而损害了国内产业。特别是，在 2008 年，倾销进口产品的价格高于国内同类产品价格。调查机关没有解释，在这种情形下，为什么国内价格不能提高？

中方认为，2008 年，涉案进口产品的进口数量迅速增加，史密斯公司的市场份额也出现增长。同方威视公司被迫将其价格维持在较低水平，从而使之能与史密斯公司进行竞争。否则，同方威视可能丧失更多的市场份额。

专家组认为，中方的这个抗辩属于事后解释，调查机关在终裁中没有给出上述解释。专家组支持欧方的观点。调查机关没有解释为什么倾销进口是调查期内造成国内产业损害的原因。调查机关没有解释清楚为什么国内价格提不上去，特别是在 2008 年倾销进口产品价格高于国内同类产品价格的情况下。这违反了第 3.1 条和 3.5 条的规定。

### 2. 非归因分析

根据第 3.5 条，在损害调查中，调查机关要对倾销进口产品以外的任何损害国内产业的因素进行分析，以确定这些因素不会切断倾销进口和损害之间的因果关系。

欧方认为，导致国内产业损害的不是倾销进口产品，而是其他五项因素，包括（1）全球金融危机的影响；（2）同方威视与其他生产商的竞争；（3）同方威视激进的价格策略；（4）同方威视的商业扩张；及（5）同方威视尚处于企业初创期。欧方认为，调查机关明知上述因素，却未给予考虑。

中方认为，调查机关确实知晓上述因素，但由于应诉企业未提供相关证据，调查机关无法对上述因素进行审查。

对此，专家组的意见是，如果没有证据，调查机关应在裁决中明确说明当事方没有提供相关证据，而不是对此保持沉默。

对于欧方提出的五个因素，专家组逐一进行了考量：

（1）**关于金融危机的影响。**欧方主张，金融危机对同方威视造成了负面影响。中方抗辩认为，应诉企业的证据来自于同方威视的年报，而年报中不仅包含被调查产品，还涉及其他产品。数据的产品范围不同，因此对年报中的数据不予考虑。专家组支持了中方观点，欧方的证据是从同方威视年报中摘录的，不是同方威视公司出口业绩的直接证据，不能推翻调查机关的认定。

（2）**关于同方威视同其他公司的竞争。**欧方主张，同方威视产品质量较差，损害是企业之间公平竞争的结果。中方抗辩认为，中国 X 射线安检设备质量稳定，技术水平和生产工艺均为领先水平。并且，根据泰国—H 型钢案（DS122）专家组的裁决，调查机关没有义务对史密斯公司提出的每条抗辩进行明确的回应。对此，专家组认为，中方的上述陈述不合理、不充分。专家组也不认为泰国—H 型钢案的裁决支持中方立场。该案专家组认定《反倾销协定》第 3.5 条不需要"明确说明调查机关已经审查了可能构成或影响特定因果关系因素的所有基础和促成因素",是为了解释调查机关在论证时不需要提及争端各方在调查中描述因果关系因素时使用的确切术语。该案专家组的意思是,如果调查机关隐含地考虑了相关要素,则无需明确提及与该特定因果关系因素相关的所有要素。在本案中,专家组没有在终裁中发现任何内容表明调查机关隐含地考虑了史密斯公司提交的证据。从史密斯公司提交的证据来看,专家组认为调查机关应当对应诉企业的观点进行合理且详细的回应。

(3)**关于同方威视激进的定价策略。**欧方主张,国内产业的损害是由同方威视公司激进的定价策略造成的,但调查机关并未在终裁中予以说明。中方抗辩认为,史密斯公司的上述抗辩没有证据支持,调查机关没有调查该证据的义务。专家组认为,企业一般不会公开其价格策略,与此相关的证据必然是间接证据。史密斯公司提交的是间接证据,该证据详细说明了同方威视的价格趋势及与其定价策略的一致性,调查机关应当调查存在上述价格策略的可能性。

(4)**关于同方威视的商业扩张。**欧方主张,史密斯公司在其抗辩中提供了摘自同方威视公司年报的证据,以证明同方威视公司存货的增加是由其过度的商业扩张造成的。中方抗辩认为,没有证据证明此因素造成了国内产业损害,因此没有必要进行非归因分析。专家组认为,同方威视每年产能增加的速度高于国内需求增长的速度。调查机关不应忽视同方威视年报中的相关信息,而是应当评估同方威视增加的库存是否是由于其扩大生产引起的。

(5)**关于同方威视是初创企业。**欧方主张,同方威视公司在低能量扫描仪市场处于"起步"阶段,这是其无法盈利的原因。中方认为,史密斯公司没有提供证明上述抗辩的证据,调查机关不需要对此进行调查。专家组认为,欧方的观点缺乏证据支持。证据显示,同方威视至少在调查期开始前 3 年就开始了生产低能量安检设备,并且在调查期内销售了大量此等设备。专家组支持中方的看法,认为没有证据证明同方威视是初创企业。

综上,在因果关系问题上,专家组裁决中方违反《反倾销协定》第3.1 条和第3.5 条的规定。

## （三）非保密摘要

信息的披露是《反倾销协定》的程序性要求。《反倾销条例》第 6.5 条规定，任何属保密性质的信息（例如，由于信息的披露会给予一竞争者巨大的竞争优势，或由于信息的披露会给信息提供者或向信息获得者提供信息的人士带来严重不利影响），或由调查参加方在保密基础上提供的信息，主管机关应在对方说明正当原因后，按保密信息处理，此类信息未经提供方特别允许不得披露。

《反倾销协定》第 6.5.1 条规定，主管机关应要求提供保密信息的利害关系方提供此类信息的非保密摘要。这些摘要应足够详细，以便能够合理了解以保密形式提交的信息的实质内容。在特殊情况下，此类利害关系方可表明此类信息无法摘要。在此类特殊情况下，必须提供一份关于为何不能进行摘要的原因的说明。

欧方认为，中方的非保密摘要存在两个问题。第一，申请人同方威视公司在申请书和调查问卷答卷中提交的非保密摘要不充分，应诉方不能据此合理理解保密信息的实质内容，这违反了第 6.5.1 条第一句和第二句关于非保密摘要充分性的要求。具体而言，同方威视公司在申请书中将相关产品称为"型号 1"和"型号 2"及"涉案产品的主要型号"。欧方认为，涉案产品包括具有不同特征的不同产品类别和型号，将这些型号描述为"型号 1"和"型号 2"不足以满足第 6.5.1 条的要求。此外，同方威视公司答卷中的部分回答和附件没有非保密摘要。第二，中国民用航空局公安局对其提交的关于中国航空业和中国机场使用安检系统的数量和类型的相关证据未提供非保密摘要，调查机关未要求中国民航局提供一份为何不能进行非保密摘要的原因的说明，仅接受了中国民用航空局公安局关于"由于这些信息的性质，无法提供非保密概要"的说明，欧方认为这不符合第 6.5.1 条第三句、第四句规定的"例外情形"的适用条件。

### 1. 关于非保密摘要的充分性

对于欧方的主张，中方予以否认。中方认为，申请人列出两种产品型号为"涉案产品的主要型号"，足以让相关人员理解与正常价值和出口价格相关的信息是"所涉产品"的信息。摘要的充分性取决于相关保密信息的性质，以及摘要是否使利害关系方获得了回应和为其利益进行抗辩的机会。相关摘要满足第6.5.1 条"足够详细"的要求。

专家组认为，调查机关是否遵守第 6.5.1 条规定，不取决于利害关系方是否能够根据不同的因素自行理解基本保密信息的实质。中方在非保密摘要中以"型号 1"、"型号 2"指代产品的真实型号，将申请方对问题单的回答省略为"是"或"否"，对财务审计报表的摘要仅确认此份文件是一份财务审计报表，上述做法不能保证应诉方理解保密信息的实质内容。对于中方所提如提供更多信息将无法保护保密信息这一观点，专家组表示，其同意墨西哥—橄榄油案专家组的看法，"保密信息通常是可以摘要的，如果不行，可以援引（第 6.5.1 条第三句、第四句所规定的）例外情形。"而中方对上述保密信息并未援引例外情形。

**2. 关于"例外情形"的适用**

中方对中国民用航空局公安局提交的一份材料援引了第 6.5.1 条规定的例外情形。中方表示，由于此份材料涉及空中交通安全，高度敏感，无法提供该材料的非保密摘要。中方出于公共安全的考虑拒绝提供不能摘要的理由的说明，因为该说明本身也是保密信息。

对此，专家组不予支持。专家组认为，涉及空中交通安全不是不能提供摘要的原因。中方应当披露不能摘要的原因。第 6.5.1 条的目的是确保透明度。如果相关原因只有调查机关才知道，根本没有透明度可言。第 6.5.1 条明确规定了特殊情况下无需进行非保密摘要的情形，但没有规定无需对不能摘要的原因进行披露。

综上，专家组裁定，中方违反《反倾销协定》第 6.5.1 条的规定。

### （四）基本事实披露

基本事实披露是《反倾销协定》对调查机关披露其裁决所依据的证据的程序性要求。《反倾销协定》第 6.9 条规定，主管机关在做出最终裁决前，应将考虑中的、构成是否实施最终措施决定依据的基本事实通知所有利害关系方。

此披露应使各方有充分的时间为其利益进行辩护。

欧方认为，调查机关没有向利害关系方披露第6.9条所规定的"基本事实"，包括调查机关在对倾销进口产品进行价格影响分析所使用的数据和方法、调整关联经销商的出口价格所依据的基本事实和标准、计算倾销幅度所使用的交易数据和调整数据以及计算所有其他企业税率所使用的可获得事实。

专家组认为，本案当事双方在这个问题上的争议点首先是什么是"基本事实"。专家组采纳上诉机构在美国诉中国取向电工钢反倾销反补贴措施案（DS414）中的观点和法律解释，即第6.9条关于基本事实披露的要求在于允许利害关系方为其利益抗辩。专家组通过对第6.9条第一句结构的分析并参考了欧共体—鲑鱼案（挪威）（DS337）专家组的裁决后认为，判断一个事实是不是"基本事实"取决于该事实在调查机关裁决过程中所起的作用，构成适用肯定性措施这一裁决基础的事实即为"基本事实"。

### 1. 关于价格影响分析的基本事实披露

调查机关在价格影响分析中仅披露了倾销进口产品、国内同类产品的价格趋势以及国内成本的变化趋势。调查机关没有披露价格影响方法，认为这不是"事实"或"基本事实"。此外，中方还否认调查机关需要披露价格影响分析依据的证据。

专家组认为，仅披露趋势是不够的。第6.9条第二句规定，相关披露要确保利害关系方能够恰当地为其自身利益进行辩护，第6.9条第一句规定的披露义务的范围是根据第二句所规定的目的而确定的。调查机关简单地告知价格变化趋势，几乎没有为利害关系方提供为其自身利益进行辩护的基础。构成调查机关价格影响裁决基础的事实是平均单位价值及计算平均单位价值所依据的数据，这些数据是"基本事实"，调查机关应当予以披露，以确保利害关系方为其利益抗辩。鉴此，专家组支持欧方关于调查机关应披露价格影响分析中使用的单位平均价值和基本价格数据这一主张。

关于欧方要求披露调查机关在价格影响分析中使用的方法，专家组认为，调查机关使用的方法涉及国内产品与倾销进口产品年度平均单位价值的比较。

其已经认定，调查机关本应该根据第 6.9 条披露平均单位价值。如果调查机关做到了上述要求，其必然披露了根据平均单位价值审查价格影响的方法。因此，调查机关是否披露了价格影响分析方法这一问题毫无意义，专家组对此不予裁决。

**2. 关于调查机关对关联经销商的出口价格所作的调整**

欧方指控调查机关没有披露调整所依据的事实和标准。中方反驳称，已告知做出调整、调整金额并解释了调整原因。

专家组认为，调查机关的《倾销披露》向史密斯公司充分披露了：（1）对关联经销商的价格做出了调整；（2）做出的调整是为了反映史密斯公司报告的直接与间接销售费用；以及（3）调整幅度。在这种情况下，关于欧方主张的调查机关未能披露调整出口价格依据的基本事实和标准，专家组认为不存在事实依据。专家组裁定调查机关已尽到披露义务，驳回欧方诉求。

**3. 关于应诉企业史密斯的倾销幅度的相关基本事实披露**

欧方认为，中方没有披露倾销幅度的计算及计算所依赖的数据及所作调整。中方则认为，中方已解释幅度是怎么计算出来的，且计算方式不是"基本事实"，无需披露。中方认为，对正常价值和出口价格的实际计算不构成第 6.9 条意义上的"基本事实"。关于交易与调整数据，也不存在披露交易与调整数据的特定形式。调查机关精确地列出了计算的要素，即用于确定正常价值和出口价格的数据、做出了哪些调整及调整的幅度。通过这些要素，史密斯公司很容易自行计算。

专家组认为，调查机关确定倾销幅度时认定和使用的关于具体交易价格和调整的数据构成第 6.9 条意义上的"基本事实"。没有这些数据不可能理解倾销幅度裁决。在本案中，调查机关向史密斯公司提供了包含 10 个扫描仪型号的销售额、正常价值、出口价格、到岸价格和倾销幅度的表格。该表格还列出了根据型号的数据确定的平均加权倾销幅度。专家组认为，这几乎没有向史密斯公司提供为其自身利益进行辩护的依据。史密斯公司需要了解调查机关对型号的相关裁决所依据的具体交易价格和调整数据。因此，专家组支持欧方关于调查机关没有披露史密斯公司倾销幅度计算所依据的价格和调整数据违反了第

6.9 条的主张。

但是，对于欧方提出的调查机关没有披露史密斯公司倾销幅度的计算而违反第 6.9 条规定的主张，专家组予以驳回。专家组不认为调查机关确定应诉企业的倾销幅度的实际计算过程构成"考虑中的事实"。"考虑中的事实"是构成数字计算所依据的事实要素。数字计算过程属于对这些事实的"考虑"的一部分，不是基本事实，无需披露。

### 4. 关于所有其他企业税率计算的基本事实披露

欧方提出两项主张，第一，中方没有披露决定适用"可获得事实"来计算所有其他企业税率的所依据的基本事实；第二，中方没有披露征收 71.8% 这一税率所依据的基本事实。

专家组在第一个问题上支持了中方。专家组认为，中方已经解释，其根据国内法规对未能回答调查机关问题单的欧盟公司适用所有其他企业税率。专家组认为上述声明已经适当地披露调查机关适用可获得事实计算所有其他企业税率的原因，因此驳回欧方的第一项诉求。

专家组在第二个问题上支持了欧方。调查机关披露了所有其他企业税率将以"应诉公司提交的相关型号产品的销售数据"中得出的事实为依据。专家组认为，该披露不够详细，不足以让利害关系方了解征收 71.8% 的所有其他企业税率的事实依据，不符合第 6.9 条的规定。

## （五）终裁公告

《反倾销协定》对调查机关的终裁公告进行了程序方面的规定。《反倾销协定》第 12.2.2 条规定，在规定征收最终反倾销税或接受价格承诺的肯定裁定的情况下，关于结束或中止调查的公告应包含或通过一份单独报告提供导致实施最终措施或接受价格承诺的所有有关的事实问题和法律问题及理由，同时应适当考虑保护机密信息的要求。特别是，公告或报告应包含《反倾销协定》第 12.2.1 条所述的信息，以及接受或拒绝出口商和进口商所提有关论据或请求事项的理由。

欧方认为，调查机关关于本案的终裁公告存在两方面缺陷，不符合第12.2.2 条的规定。

第一，公告不包括构成实施最终措施的相关事实和法律信息，违反了第12.2.2 条第一句。在终裁公告中，调查机关未能解释用于计算价格影响的方法，未包括裁决史密斯公司的倾销幅度及所有其他企业税率时使用的计算和基本数据。同时，欧方认为，调查机关裁决倾销幅度时采用的计算和基本数据，也是第 12.2.2 条意义上的"导致实施最终措施的有关的事实问题和法律问题以及理由"，因为计算过程构成调查机关确定倾销幅度的数学依据，并且其导致了最终措施的实施。

第二，公告未包括驳回史密斯公司在调查期内提交的相关抗辩或主张，违反了第 12.2.2 条第二句。史密斯公司就对关联经销商的国内销售的处理、某些损害数据的可信度和其他损害问题、倾销进口产品及其对国内产业损害之间因果关系的存在提出了抗辩。调查机关直接驳回且未在公告中说明原因。

中方抗辩称，关于欧方的第一项主张，调查机关在价格影响分析中使用的方法、用于确定倾销幅度所进行的计算、计算所依据的数据或计算所有其他企业税率的方法不构成第 12.2.2 条所示的"导致实施最终措施的所有有关的事实问题和法律问题及理由"。此外，公告中不能包括保密信息。中方认为，倾销幅度裁决的计算和基础数据必然包括保密信息，因此不属于《反倾销协定》第12.2.2 条规定的范围。关于欧方的第二项主张，中方抗辩称，终裁明确地说明调查机关出于两个原因，驳回了史密斯公司关于与关联经销商关系的主张。关于损害数据的可信度及因果关系等问题，欧方没有证明史密斯公司的相关抗辩为第 12.2.2 条意义上的"有关"抗辩。

专家组裁决如下：

**关于第 12.2.2 条第一句。**首先，专家组同意欧方的观点，即调查机关需要在公告中描述裁决的"相关信息"，从而确保相关人员能够理解裁决的原因。例如，在本案中，调查机关对价格影响裁决的描述不符合第 12.2.2 条的要求，因为其描述未介绍裁决是如何做出的。具体而言，其未能解释调查机关如何分析国内和涉案产品进口价格、国内价格与成本之间的关系。专家组认为，调查机关关于价格影响的裁决公告应该描述其对单位平均价值的使用，解释单位平均价值的事实依据以及使用单位平均价值的恰当性。这些要素对于理解调查机关如何做出价格影响裁决、审查上述裁决是否符合国内法律和世贸组织协定规定具有重要意义。

第二，专家组认为虽然调查机关应当在公告中披露裁决的"相关信息"，第 12.2.2 条并不要求在公告中披露倾销幅度的所有"基本事实"。例如，在史密斯公司倾销幅度、所有其他企业税率的基本数据方面，专家组裁定欧方没有精确地描述公告中必须披露的具体基本数据，不支持欧方的相关主张。此外，专家组认为，第 12.2.2 条不要求调查机关在终裁中说明相关税率的计算过程。

**关于第 12.2.2 条第二句。** 专家组认为，虽然调查机关说明了驳回史密斯公司抗辩的原因，但没有解释这些原因，史密斯公司无法理解这些原因，也就无从判断调查机关的处理是否合法合规。对于史密斯公司提出的其他抗辩，专家组认为欧方没有为该主张确立表面证据。

## 四、案件的启示与评价

调查机关在反倾销调查中需要确保其所作出的措施符合世贸组织规则，这样才能更好地运用国际规则维护贸易秩序和公平竞争、遏制贸易保护主义泛滥。在本案中，专家组的裁决在以下几个方面引发了我们的思考：

（一）**同类产品不必然等于价格可比性。** 调查机关在确定调查产品范围时，需要确保被调查的产品与国内产品是同类产品。但是，确定了产品范围并不代表被调查产品与国内同类产品之间具有价格可比性，在价格影响分析中可以直接进行对比。在价格影响分析中，调查机关应对价格可比性进行专门的分析，不能以在产品调查范围中确定同类产品代替价格可比性分析。

（二）**当价格存在差异导致缺乏可比性时，调查机关在价格比较分析中对于不同型号的产品价格不能简单地进行加权平均。** 调查机关可以根据产品的类别来收集价格信息，或对价格做出相关调整。方法可以是多样的。总之，调查机关需要表明，其注意到了价格差异问题，并采取了一定的方法确保价格可比性。

（三）调查机关在裁决中宜注意对被调查企业所提观点的回应。一是对应诉企业提出观点和证据应当有合理、详细的回应。专家组在多个问题上裁决中方调查机关违反规则的原因是调查机关没有对应诉企业提出的部分观点和证据进行"合理、详细"的回应。无论支持与否，调查机关都应当对应诉企业所提观点进行回应。二是如果被调查企业没有提供证据支持其观点，调查机关应当在裁决中予以明确说明，表示当事方没有提出相关证据，而不能在裁决中不予回应。

**附件**

欧盟诉中国欧盟 X 射线安检设备反倾销措施案（DS425）大事记

2011 年 7 月 25 日，欧方提出磋商请求。

2011 年 9 月 19 日，中欧双方举行磋商。

2011 年 12 月 8 日，欧方提出设立专家组请求。

2012 年 1 月 21 日，专家组设立。

2012 年 3 月 12 日，专家组组成。

2012 年 4 月 13 日，欧方提交第一次书面陈述。

2012 年 5 月 11 日，中方提交第一次书面陈述。

2012 年 5 月 29—30 日，专家组举行第一次听证会。

2012 年 6 月 15 日，中欧双方提交对专家组第一次听证会问题的书面回复。

2012 年 6 月 29 日，中欧双方提交第二次书面陈述。

2012 年 9 月 11—12 日，专家组举行第二次听证会。

2012 年 9 月 28 日，中欧双方提交对专家组第二次听证会问题的书面回复。

2012 年 11 月 28 日，专家组向当事方提交中期报告。

2013 年 1 月 18 日，专家组向当事方提交最终报告。

2013 年 2 月 26 日，专家组公布报告。

2013 年 4 月 24 日，争端解决机构通过专家组报告。

校稿：于方

# 一只鸡引发的计算难题

## —— 美国诉中国白羽肉鸡反倾销反补贴措施案(DS427)评析

王希

在世贸组织争端解决机制处理的百余个反倾销措施案件中,涉案产品林林总总,如大麦、生物柴油、石油管、A4打印纸等。大多数涉案产品虽然可能有不同的型号,每个型号价格有所不同,但涉案产品本身大多是单一的。本案的涉案产品白羽肉鸡有些特别。涉案产品在加工之前是活体白羽肉鸡,屠宰加工后则是一系列产品的总和,包括整鸡、整鸡的分割部位和肉鸡的副产品等一系列产品(亦称"联产品")。本案是世贸组织首次处理这种涉案产品为联产品的贸易救济案件。联产品的成本分摊问题为调查机关计算倾销幅度带来了难度。

# 一、案件背景和诉讼程序

## （一）案件背景

### 1. 反倾销措施

2009 年 8 月 14 日，中国商务部（以下简称调查机关）收到中国畜牧业协会代表国内白羽肉鸡产业提交的反倾销调查申请，请求对原产于美国的进口白羽肉鸡产品进行反倾销调查。

9 月 27 日，调查机关发布立案公告，决定对原产于美国的进口白羽肉鸡产品进行反倾销立案调查，并正式通知美国驻中国大使馆，请其通知美相关出口商和生产商。同日，调查机关将本案立案情况通知了本案申请人及申请书中列明的国（境）外企业，并将立案材料送至商务部公开信息查阅室供利害关系方查阅。在登记应诉期内，美国皮尔格林公司、泰森食品有限公司（以下简称泰森公司）、楔石食品有限责任公司（以下简称楔石公司）等美国企业及美国禽蛋品出口协会向调查机关登记应诉。

2010 年 2 月 5 日，调查机关发布初裁公告，初步认定原产于美国的进口白羽肉鸡产品存在倾销，国内产业遭受了实质损害，并且倾销与实质损害之间存在因果关系。

2010 年 9 月 26 日，调查机关发布终裁公告（商务部公告 2010 年第 51 号），裁定在调查期内，原产于美国的进口白羽肉鸡存在倾销，中国国内产业受到实质损害，且倾销与实质损害之间存在因果关系，决定自 9 月 27 日起，对原产于美国的进口白羽肉鸡征收 50.3%—105.4% 的反倾销税，实施期限自 2010 年 9 月 27 日起 5 年。

### 2. 反补贴措施

2009 年 8 月 14 日，调查机关收到中国畜牧业协会代表国内白羽肉鸡产业提交的反补贴调查申请，请求对原产于美国的进口白羽肉鸡产品进行反补贴调查。2009 年 9 月 16 日，调查机关就有关反补贴调查事项向美国政府发出磋商邀请，并向美国驻中国大使馆转交了申请书的公开版本。中美两国政府代表于2009 年 9 月 25 日进行了磋商。

2009 年 9 月 27 日，调查机关发布立案公告，决定对原产于美国的进口白羽肉鸡产品进行反补贴立案调查，并向美国驻中国大使馆提供了立案公告和申请书的公开版本，请其通知相关出口商和生产商。此外，调查机关还将立案情况通知了本案申请人及申请书中列明的国（境）外企业，并将立案材料送至商务部公开信息查阅室供利害关系方查阅。在登记应诉期内，美国政府、美国禽蛋品出口协会、美国皮尔格林公司、泰森公司、楔石公司等多家实体向调查机关登记应诉。

2010 年 4 月 28 日，调查机关发布初裁公告，认定原产于美国的进口被调查产品存在补贴，中国国内白羽肉鸡产业受到了实质损害，而且补贴与实质损害之间存在因果关系。

2010 年 8 月 29 日，调查机关发布终裁公告，裁定原产于美国的进口白羽肉鸡存在补贴，中国国内白羽肉鸡产业受到了实质损害，而且补贴与实质损害之间存在因果关系，决定对原产于美国的进口白羽肉鸡产品征收 5.1%—30.3% 的反补贴税，自 2010 年 8 月 30 日起实施，期限 5 年。

## （二）诉讼进程

### 1. 磋商阶段

2011 年 9 月 20 日，美国对中国上述反倾销和反补贴征税措施提起世贸组织争端解决机制项下的磋商请求。世贸组织争端解决案件编号为 DS427。

2011 年 10 月 28 日，中美双方按照世贸组织争端解决程序进行了磋商，但磋商未能解决美方关注。

### 2. 专家组阶段

2011 年 12 月 8 日，美方提出设立专家组请求。2012 年 1 月 20 日，专家组设立。

欧盟、日本、挪威、沙特阿拉伯、泰国、智利和墨西哥作为第三方加入争端解决程序。

2012 年 5 月 24 日，专家组组成。专家组主席为法伊祖拉·席尔基（Faizullah Khilji）先生，成员为瑟奇·弗雷谢特（Serge Frechette）先生和克劳迪娅·奥罗兹柯（Claudia Orozco）女士。

2013 年 8 月 2 日，专家组向全体世贸成员散发了最终报告。2013 年 9 月 25 日，世贸组织争端解决机构（DSB）通过专家组报告。

### 3. 执行专家组阶段

2014 年 7 月 8 日，调查机关做出再调查裁决（商务部公告 2014 年 44 号），执行了 DSB 的建议和裁决。基于再调查裁决，中方调整了原审反倾销税和反补贴税的税率。2016 年 5 月 27 日，美方向原审专家组提出请求，要求审理中方的执行措施是否合规。7 月 18 日，执行专家组组成。8 月 22 日和 9 月 26 日，商务部发布关于白羽肉鸡产品反倾销和反补贴措施的期终复审裁定公告（商务部公告 2016 年第 40 号和第 41 号），决定将该反补贴和反倾销措施延长至 2021 年。2017 年 11 月 17 日，执行专家组向当事方提交最终报告。12 月 26 日，原案申请人代表国内产业向调查机关提出撤销反倾销和反补贴措施的申请。调查机关审查后决定自 2018 年 2 月 27 日起终止对原产于美国的进口白羽肉鸡产品征收反倾销税和反补贴税。2018 年 2 月 28 日，DSB 通过执行专家组报告。

## 二、涉案措施和主要诉请

本案涉案措施包括：（1）关于对原产于美国的进口白羽肉鸡产品反倾销调查最终裁定的公告（商务部公告 2010 年第 51 号）；（2）关于对原产于美国的进口白羽肉鸡产品反补贴调查最终裁定的公告（商务部公告 2010 年第 52 号）。

美方诉请包括：中方（1）没有给予利益相关方见面机会，违反《反倾销协定》第 6.2 条；（2）非保密摘要违反《反倾销协定》第 6.5.1 条及《补贴与反补贴措施协定》（以下简称《补贴协定》）第 12.4.1 条；（3）基本事实披露违反《反倾销协定》第 6.9 条；（4）正常价值计算违反《反倾销协定》第 2.2.1.1 条；（5）反补贴税额的计算违反了《补贴协定》第 19.4 条和《1994 年关税与贸易总协定》（以下简称 GATT1994）第 6.3 条；（6）所有其他企业税率违反《反倾销协定》第 6.8 条、第 6.9 条、第 12.2 条和第 12.2.2 条及《补贴协定》第 12.7 条、第 12.8 条、第 22.3 条、第 22.4 条和第 22.5 条；（7）国内产业定义违反《反倾销协定》第 3.1 条、第 4.1 条及《补贴协定》第 15.1 条和第 16.1 条；（8）价格影响分析违反《反倾销协定》第 3.1 条、第 3.2 条、第 12.2.2 条和《补贴协定》第 15.1 条、第 15.2 条和第 22.5 条。（9）调查机关做出的被调查产品进口对国内产业造成了不利影响的结论是否符合《反倾销协定》第 3.1 条、第 3.4 条及《补贴协定》第 15.1 条和第 15.2 条。（10）因果关系分析违反《反倾销协定》第 3.1 条、第 3.5 条、第 12.2 条、第 12.2.2 条及《补贴协定》第 15.1 条、第 15.2 条、第 22.3 条和第 22.5 条。

## 三、专家组裁决

专家组阶段，双方的法律争议包括实体和程序两方面。其中，实体方面的问题包括反倾销调查中的生产成本计算、所有其他企业税率计算、国内产业认定、价格影响分析、反补贴调查中补贴额的计算。程序方面的问题包括保密信息处理、基本事实披露、给予利害关系方的抗辩机会等。

### （一）反倾销调查中的生产成本计算：本案核心问题

在反倾销调查中，调查机关在调查相关进口产品是否存在倾销时，首先要确定该产品的正常价值和出口价格。如果出口价格低于正常价值，即存在倾销。正常价值减去出口价格的部分即是倾销幅度，也是确定反倾销税的依据。在确定正常价值的过程中，计算产品的生产成本是重要的一环。在本案中，由于被调查产品的特殊性，生产成本计算成为一个十分复杂的问题。

本案的被调查产品为活体白羽肉鸡屠宰加工后的肉鸡产品，包括整鸡、整鸡的分割部位和副产品。相关产品在生产之初是一整个产品（即整鸡），在生产结束时被分割为价值不同的最终产品（如鸡翅、鸡胸、鸡腿、鸡爪等联产品）继而进入国内销售和出口环节。调查中，申诉方和应诉方均认为在处理联产品的情况下，分割各产品之前的成本不能直接计入某一特定产品中，必须要分摊。但是，双方对如何在联产品上分摊生产成本存在分歧。

成本的计算规定于《反倾销协定》第2.2.1.1条，该条分两层意思。第一句规定，成本通常应以被调查的出口商或生产者保存的账簿和记录为基础进行计算，只要此类记录符合出口国的公认会计原则并合理反映与被调查的产品有关的生产和销售成本。第二句规定，主管机关应考虑关于成本适当分摊的所有可获得的证据，包括出口商或生产者在调查过程中提供的证据，只要此类分摊方法是出口商或生产者一贯延续使用的，特别是关于确定资本支出和其他开发成本的适当分摊和折旧期限及备抵的证据。

**1. 关于《反倾销协定》第2.2.1.1条第一句：专家组认为，调查机关通常应基于出口商 / 生产者账簿和记录计算成本。如拒绝使用相关账簿和记录，应对此进行解释。**

在本案调查中，调查机关没有采用应诉企业的账簿记录，并决定以被调查产品的同类产品加权平均的生产成本加合理费用、利润来确定其正常价值。

美方主张，《反倾销协定》第2.2.1.1条第一句规定，在满足某些条件的情况下，调查机关"通常"有义务使用出口商或生产者保存的账簿和记录计算成本。这里的"通常"应被视为一种规则。如果调查机关没有使用，其有义务对此进行解释。本案事实显然满足这些条件，因此，调查机关必须以出口商或生产商保存的账簿和记录为基础计算成本。中方拒绝使用应诉企业的账簿记录违反了《反倾销协定》第2.2.1.1条第一句。

中方认为，第2.2.1.1条第一句包括两个单独的条件，即符合公认会计准则和合理反映生产和销售成本。如果有任一条件不满足，调查机关就不需要使用生产者 / 出口商记录的成本。中方认为，应诉方负有举证责任，证明其账簿和记录满足这两项条件。对于本案应诉企业的账簿和记录为什么不能合理反映与被调查产品有关的生产和销售成本，中方认为，应诉企业记录的成本采用的是价格分摊法，存在两方面问题：第一，尽管应诉企业在全球均有销售，但仍使用美国的销售收益来认定价格分摊法。而美国国内的市场规模太小，不能与出口价格进行合理比较。第二，应诉企业仅用美国的销售价格而不是全球的销售价格确定加工成本的比例，以此不适当地给鸡爪分摊了过少的成本。即便鸡爪在美国国内外市场中都存在价值，应诉企业仍将其视为副产品，不对这些产品分摊加工成本。

美方反驳称，第2.2.1.1条列出的两个因素表明，调查机关应当以原产国生产成本来计算成本。中方的主张与《反倾销协定》第2.2条"如果出口国国内市场以正常贸易过程进行，则使用该销售"的表述相违背。

专家组分步对调查机关在第2.2.1.1条第一句项下的义务进行了审查。

首先，专家组审查了调查机关是否有义务对其拒绝使用应诉企业的账簿和记录的决定作出解释。专家组认为，第2.2.1.1条使用的"通常"一词的意思是，使用应诉企业的账簿和记录是原则，拒绝使用是例外。调查机关如决定拒绝使用，应在调查记录和/或公开裁决中说明理由。这与调查机关是否负有举证责任无关。不论哪一方负有举证责任，调查机关都无法免除对其为何拒绝适用一般性规定进行解释的义务。简言之，调查机关有权拒绝使用应诉企业的账簿和记录，但应当阐述理由。

其次，专家组审查了调查机关关于应诉方的账簿和记录没有合理地反映出生产成本这一裁决。在裁决中，调查机关认定泰森公司和楔石公司没有提供证明理由，拒绝使用其账簿和记录，且相关裁决或案卷记录没有体现调查机关对这一问题的分析。专家组因此认定，调查机关拒绝使用泰森公司和楔石公司的账簿和记录这一点不符合第2.2.1.1条第一句。但对于另一个应诉企业皮尔格林公司，由于调查机关已经在裁决中解释为何其认为该公司的账簿和记录不能合理地反映成本，专家组认定，美方没有证明中方关于皮尔格林公司的做法违反了第2.2.1.1条第一句。

**2.《反倾销协定》第2.2.1.1条第二句：专家组认为，适用成本分摊方法时要考虑所有证据。本案证据证明可能存在多个成本分摊的方法，调查机关应选择最合理的方法。此外，调查机关还应对其选择的方法作出说明，并引用案卷记录。**

在本案中，出现了两种分摊成本的方法：一种是美方应诉企业主张的价值分摊法，即根据各类联产品销售所获得的收益的比重，将分割前加工成本分摊到各类联产品中；另一种是中方调查机关主张的重量分摊法，即根据涉案产品的总重量将涉案产品的总生产成本平均分配到各类联产品中去。

美方主张，如果调查机关使用自己的成本分摊方法，必须通过证据明确表明这种方法的适当性。调查机关使用重量分摊成本，鸡胸肉、鸡腿肉和鸡爪的成本均按重量决定，美方认为调查机关故意通过这种方法来得出倾销存在的结论。

中方主张，在涉案产品生产过程中，多数成本是在整鸡分割前、为饲养整个活鸡而统一发生的，因而重量分摊法是一种合理的替代方法，是中立的方法，不受中美消费者认知的影响，可避免价值法带来的严重扭曲。

专家组认为，调查机关放弃应诉企业建议的方法转而采用自己方法时，相关做法应符合第 2.2.1.1 条第二句的要求。该句规定，"（调查机关）应考虑关于成本分摊的所有可获得的证据"。专家组由此认为，在可能存在多个成本分摊方法时，调查机关应对这些方法进行权衡和比较，并必须在调查案卷中寻找证据。专家组指出，中方在解释其适用重量分摊法时，没有引用案卷记录。专家组没有看出调查机关考虑了应诉方在初裁后提出的替代方法，调查机关也没有解释为什么它的方法更为适当。此外，专家组还指出，调查机关将所有加工成本分摊到所有产品中，这意味着其在计算所有被调查产品的成本时必然包含了仅与加工某些特定产品有关的成本。这没有合理反映出与被调查产品有关的生产和销售成本。因此，调查机关在分摊成本时错误地纳入了与被调查产品无关的生产和销售成本，违反了第 2.2.1.1 条第二句。

**（二）所有其他企业税率：专家组认为，可以通过官方网站发布公报等方式通知未知生产者／出口商。在适用可获得事实时，调查机关应注意相关税率必须与案卷事实存在逻辑关系，并对方法选择的依据做出解释**

在反倾销调查中，调查机关可以根据相关规定对未登记应诉的未知生产者／

出口商计算税率（称"所有其他企业税率"）。由于未应诉企业没有提供证据，调查机关只能根据其所获得的事实（称"可获得事实"）裁定相关税率。相关规定见于《反倾销协定》第6.8条和附件2第1段。具体而言：

第6.8条规定：如任何利害关系方不允许使用或未在合理时间内提供必要的信息，或严重妨碍调查，则初步和最终裁定，无论是肯定的还是否定的，均可在可获得的事实基础上做出。在适用本款时应遵守附件2的规定。

附件2第1段规定：调查一经发起，调查主管机关即应尽快详细列明要求任何利害关系方提供的信息，及利害关系方在其答复中组织此类信息的方式。主管机关还应保证该方意识到，如信息未能在合理时间内提供，调查机关将有权以可获得的事实为基础做出裁定，包括国内产业发起调查申请中包含的事实。

2009年9月27日，调查机关发布反倾销调查立案公告。在立案通知中，调查机关提供了调查的基本信息，要求所有希望参与调查的利害关系方向调查机关登记，并表示，不参与调查及不按要求提供信息的行为将导致调查机关根据可获得事实进行裁定。此后，调查机关对未向其登记的企业适用了"可获得事实"方法（但未对三家被调查生产企业和其选中的非强制生产商适用该方法），计算所有其他企业税率，该税率为105.4%。

美方指控调查机关在适用可获得事实为反倾销调查中的未知生产者/出口商计算所有其他企业税率时违反《反倾销协定》第6.8条和附件2第1段。第一，调查机关未就如下事项通知所有其他美国生产商、出口商：（1）启动调查；（2）要求提供的信息；（3）如果不参与调查会导致调查机关基于可获得事实做出裁决。美方认为，发布在商务部网站上的立案公告不能算作充分的通知。互联网不应作为发布立案公告的途径；在公共信息阅览室中放置立案公告副本更难以确保企业收到通知。第二，调查机关在确定所有其他企业税率时对未知的生产商/出口商适用了明显不利的事实，且没有对该税率如何得出进行说明。

中方对美方指控进行了反驳。中方认为，调查机关的立案公告中清楚地表明所有生产者都应当到调查机关登记，并明确告知没有登记或参加应诉的生产商将被使用可获得事实来计算反倾销税率。此外，公告还明确了登记和提供信息的最后期限。公告发布后，有 37 家企业登记应诉。这说明，中方满足了《反倾销协定》的相关要求。中方不同意美国诉中国取向电工钢反倾销反补贴措施案（DS414）中专家组关于互联网不能实现充分通知的观点。

专家组认为，在司法或行政程序中，通过官方网站发布公报、在公共阅览室置备公告并通过美国驻中国大使馆向未知的利害关系方发布公告等方式进行通知是被广泛认可和接受的。无论是第 6.8 条还是附件 2，均未对调查机关要求提供信息的形式或如何向利害关系方发布其要求做出具体规定。中方做法不违规。调查机关满足第 6.8 条和附件 2 规定的条件，并且有权使用可获得事实为未登记应诉的美国企业计算反倾销税率。

但是，在审查中方是否可以用明显不利于未知生产商、出口商利益的事实计算所有其他企业税率时，专家组指出，附件 2 第 7 段规定，调查机关在基于二手信息做出裁决时应特别慎重，基于可获得事实做出的税率必须与案卷事实存在逻辑关系，必须是对该等事实进行评估、比较后的结果。专家组认为，调查机关在本案中的解释不够充分，专家组无法了解其在确定所有其他企业税率时所采用的事实，因此，专家组认定中方由此计算出的 105.4% 的所有其他企业税率违反《反倾销协定》第 6.8 条。

### （三）国内产业认定：中方的做法获得专家组认可

在产业损害调查中，调查机关首先要对国内产业进行定义。相关规定见于《反倾销协定》第 3.1 条、第 4.1 条和《补贴协定》第 15.1 条和第 16.1 条。具体而言：

《反倾销协定》第 4.1 条规定，就本协定而言，"国内产业"一词应解释为指同类产品的国内生产者全体，或指总产量构成同类产品国内总产量主要部分的国内生产者，除非：（i）如生产者与出口商或进口商有关联，或他们本身为被指控的倾销产品的进口商，则"国内产业"一词可解释为指除他们外的其他生产者；（ii）在特殊情况下，对所涉生产，一成员领土可分成两个或两个以上的竞争市场，在下述条件下，每一市场中的生产者均可被视为一独立产业：（a）该市场中的生产者在该市场中出售他们生产的全部或几乎全部所涉产品，且（b）该市场中的需求在很大程度上不是由位于该领土内其他地方的所涉产品生产者供应的。在此种情况下，则可认为存在损害，即使全部国内产业的主要部分未受损害，只要倾销进口产品集中进入该孤立市场，且只要倾销产品正在对该市场中全部或几乎全部产品的生产者造成损害。

《补贴协定》第 16.1 条规定，就本协定而言，"国内产业"一词，除第 2 款的规定外，应解释为指同类产品的国内生产者全体，或指总产量构成同类产品国内总产量主要部分的国内生产者，但是如生产者与出口商或进口商有关联，或他们本身为自其国家进口被指控的补贴产品或同类产品的进口商，则"国内产业"一词可解释为指除他们以外的其他生产者。

本案的事实如下：2009 年 9 月 27 日，调查机关发布立案公告指出，本案申请人中国畜牧业协会代表的国内产量在 2006 年占国内总产量的 50.7%，2007 年占 55.1%，2008 年占 56.5%，2009 年上半年占 62.5%。同日，调查机关发布产业损害调查登记通知，要求利害关系方在通知之日起 20 日内向调查机关登记参加调查。期满后，调查机关未收到来自国内生产商的申请和登记。2009 年 10 月 20 日，调查机关向所有已知国内生产商发放了调查问卷，并将此问卷在"中国贸易救济信息"网站上公布。调查机关收到了 17 份问卷答卷，这 17 家国内生产企业均支持此次调查。在初裁和终裁中，调查机关认定，提交问卷答卷的 17 家国内生产商的合计产量占国内同类产品总产量为：2006 年占 45.53%，2007 年占 50.72%，2008 年占 50.82%，2009 年上半年占 52.59%。据此，调查机关认定这 17 家生产商代表国内总产量的主要部分，确定其可以代表中国白羽肉鸡产业。

美方认为，调查机关没有首先试图将国内产业定义为同类产品的国内生产者全体，无法做到后才能将产量占国内总产量主要部分的生产商视为国内产业。此外，调查机关没有对国内产业范围做调查，没有收集国内生产商的数据，而是采用类似于欧委会在对中国紧固件反倾销调查中所采用的筛选做法，仅将提交答卷的国内生产商作为国内产业的组成部分，从而将国内产业定义为支持调查的国内生产商，违反了上述相关规定。

中方认为，调查机关不仅向原案申请书中的国内生产商发出问卷，还在商务部网站上公布了问卷，企业很容易获得问卷及相关信息。17 份国内生产商问卷中的数据代表了国内总产量的 50% 以上，构成国内总产量的主要部分。

专家组认定，调查机关在定义国内产业时并不需要找出所有的国内生产商，中方调查机关的做法不同于欧委会在对中国紧固件反倾销调查中的筛选做法，本案调查机关并未自主排除任何提交信息的企业。因此，专家组驳回美方的主张。

### 1. 调查机关不必首先识别所有国内生产商

专家组认为，《反倾销协定》第 4.1 条和《补贴协定》第 6.1 条不要求调查机关必须先对国内生产者进行整体定义。调查机关不需要找出所有的国内生产商，只需要掌握国内总产量数据及占国内总产量主要部分的生产商信息即可。

### 2. 中方的国内产业认定不包含自主筛选程序，没有扰乱损害调查

专家组认为，本案不同于中国诉欧盟紧固件反倾销措施案（DS397）。在该案中，欧委会将不愿意成为抽样企业的生产商排除在国内产业定义之外。欧委会认为，剩下这部分生产商合计产量超过国内总产量的 25%，仍然构成了国内总产量的"主要部分"，因此将剩下这部分国内生产商确定为国内产业。然后，欧委会对这部分生产商进行了抽样调查，并根据抽样信息评估损害指标。本案调查机关没有通过抽样这种方式对国内生产商进行筛选，也没有排除其收到的任何信息，在这一过程中不存在自主筛选。因此，专家组认定美方没有证明中方的国内产业认定违反了《反倾销协定》第 3.1 条、第 4.1 条和《补贴协定》第 15.1 条和第 16.1 条。

### （四）价格影响分析问题：专家组认为，在损害调查中，调查机关在分析价格影响时，必须确保价格可比性

在损害裁决中，调查机关应对倾销进口产品对国内同类产品的价格影响进行分析。相关规定见于《反倾销协定》第 3.1 条、第 3.2 条及《补贴协定》第

15.1 条和第 15.2 条，具体如下：

《反倾销协定》第 3.1 条（《补贴协定》第 15.1 条）规定：就 GATT1994 第 6 条而言，对损害的确定应依据肯定性证据，并应包括对下述内容的客观审查：（a）倾销进口产品的数量和倾销进口产品对国内市场同类产品价格的影响，及（b）这些进口产品随之对此类产品国内生产者产生的影响。

《反倾销协定》第 3.2 条（《补贴协定》第 15.2 条）规定：关于倾销进口产品的数量，调查主管机关应考虑倾销进口产品的绝对数量或相对于进口成员中生产或消费的数量是否大幅增加。关于倾销产品进口对价格的影响，调查主管机关应考虑与进口成员同类产品的价格相比，倾销进口产品是否大幅削低价格，或此类进口产品的影响是否是大幅压低价格，或是否是在很大程度上抑制在其他情况下本应发生的价格增加。这些因素中的一个或多个均未必能够给予决定性的指导。

在本案的价格影响裁决中，调查机关分析了倾销进口产品平均单位价格的变化趋势以及国内同类产品价格变化趋势，并按年度对这两项进行了比较。调查机关发现，调查期内，被调查产品的人民币价格始终低于国内同类产品的平均销售价格。因此，调查机关认定，被调查产品对国内同类产品造成了明显的价格削减。此外，调查机关还做出了价格抑制的裁决。

**1. 价格削减**

美方提出两项主张。第一，调查机关在不同的贸易水平上比较了两组平均单价，导致得出的削价幅度并未反映实际情况，仅反映了调查机关收集的不同贸易水平下两种产品的价格，不具有可比性。调查机关在计算被调查产品的平均单位价格时应在到岸价的基础上增加进口商的加价，这样才能增加进口产品销售价格与国内产品销售价格的可比性。第二，调查机关在进行价格比较中未考虑被调查产品和国内同类产品在产品组合上的差异。美国出口到中国的绝大多数被调查产品是低价的鸡肉产品，如鸡爪及翼尖，中国国内生产销售的既包含低端产品也包含高端产品（如鸡胸肉）。因此，在此基础上做出的价格比较存在瑕疵。

中方对此进行了抗辩。第一，对于美方指出的贸易水平问题，中方认为，《反倾销协定》第3.2条没有关于贸易水平的表述，调查机关在进行价格影响分析时不需要考虑贸易水平的调整问题。在本案中，进口产品和国内产品通过不同销售渠道销售，很难进行比较。进口商没有动力配合调查。没有任何进口商回复调查问卷。应当允许调查机关对行业的整体情况进行比较，做合理的简化。尽管如此，在终裁中，调查机关做出了调整，将被调查产品到岸价格调整到完税价格，这说明调查机关考虑了贸易水平问题。第二，对于美方指出的产品组合差异问题，中方认为，调查机关考虑了这个问题，并考虑到不同类型的产品之间具有可替代性，调查机关在整体的平均单价基础上进行价格比较是最合理的。中方质疑美方关于美国出口产品价值较低，中国国内产品价值较高这一观点。事实上，在案证据显示，在中国市场上，鸡爪的价格高于鸡胸肉的价格。

专家组表示，本案涉及的价格可比性问题在DS414和欧盟诉中国X射线安检设备反倾销措施案（DS425）中均有呈现，两案上诉机构和/或专家组均认为调查机关在每项调查中都应审查价格的可比性，而且还必须根据案件实际情况及证据对价格做出必要的调整。本案专家组认同上述两案结论。

在贸易水平问题上，专家组认为，一项交易所处的贸易水平（比如该交易是生产商销售给批发商还是批发商销售给零售商）是该交易的一个重要部分，它决定了销售价格包含的定价因素。为评估价格削减水平而进行价格比较时，调查机关必须在定价因素相同的交易之间进行比较，即对处于相同贸易水平下的交易进行比较；如果处于不同的水平，则需要进行调整。

具体到本案事实，专家组经过审查认定，调查机关在到岸价的基础上对价格做出了适当调整，调整后的价格反映了中国首个客户（即进口商）所支付的价格，调查机关用来与之对比的国内价格是首个客户向国内生产商支付的出厂价格，二者均为进口国首个客户在进口国能买到的第一手价格，二者处于同一贸易水平，具有可比性。专家组认定美方未能证明调查机关未在相同贸易水平上进行价格比较。

在产品组合差异问题上，专家组认为，调查机关在调查中用以比较的两组数据在产品组合方面确实存在差异。调查机关在终裁裁决中拒绝了美国利害关系方在这一问题上的抗辩，理由是不同的鸡肉部分都属于同类产品范围，相互竞争且价格具有可比性。对此，专家组认为，仅保证被调查产品都是同类产品并不能确保价格可比性。当对"一篮子"产品进行价格比较时，如果各种类型的产品之间存在显著的价格差异，调查机关必须保证两边的产品组合具有相当的相似性，这样比较出来的价格差异才能作为测算削价幅度的基础。否则，价格差异可能仅是因为两边产品构成不同导致的。调查机关也可以对两边产品的物理特性差异或其他特点的差异做出调整后再进行比较。专家组认定，本案调查机关未能采取任何措施来消除能够对价格可比性产生影响的物理特性差异，也未对这些差异进行必要的调整。

综上，中国调查机关的价格削减分析违反《反倾销协定》和《补贴协定》相关条款。

### 2. 价格抑制

除价格削减外，美方还主张中方的价格抑制分析违规。美方的理由是，中方的价格抑制分析是在认定存在显著削价的基础上作出的，由于削价分析违反规则，因此价格抑制分析也应当被裁违规。

对此，中方抗辩指出，调查机关的价格抑制裁决并不是基于价格削减而做出的，而是一种独立的价格影响分析，即被调查产品进口数量大幅增加抑制了国内价格。调查机关的相关分析基于以下三方面数据：（1）被调查产品进口数量的影响；（2）市场份额的影响；（3）利润空间的影响。

专家组认为，调查机关的价格抑制裁决基于进口数量的增加、市场份额的增加及价格削减。终裁裁决中有这样一句话："特别是 2008 年以来，由于被调查产品的进一步价格削减，导致国内同类产品出现亏损"。专家组因此认定，调查机关的价格抑制裁决至少部分建立在价格削减裁决的基础上。

在此基础上，专家组进一步考量调查机关关于价格抑制的裁决是否可在进口数量影响和市场份额影响分析的基础上独立作出。专家组认为，调查机关没有对被调查产品进口数量的增加和市场份额的增加是否令国内生产商以高于生产成本的价格销售这一点进行单独讨论。在此情况下，专家组无法将调查机关的价格削减与被调查产品进口数量和市场份额对价格抑制的影响区分开来。因此，基于此前关于价格削减裁决违反规则的认定，专家组认定价格抑制裁决违反规则。

### （五）补贴额计算是否适当：专家组认为，调查机关不能简单接受其所获得的数据并使用，还要确保其计算的是正确的补贴数额

关于补贴额的计算，GATT1994 第 6.3 条确定了以下基本原则：在任何缔约方领土的任何产品进口至另一缔约方领土时所征收的反补贴税，金额不得超过对此种产品在原产国或出口国制造、生产或出口时所直接或间接给予的津贴或补贴的估计金额，包括对一特定产品的运输所给予的任何特殊补贴。"反补贴税"一词应理解为目的为抵消对制造、生产或出口所直接或间接给予的任何津贴或补贴而征收的一种特别税。

此外，《补贴协定》第 19.4 条规定，对任何进口产品征收的反补贴税不得超过认定存在的补贴的金额，该金额以补贴出口产品的单位补贴计算。

在本案的反补贴调查中，调查机关认定，美国给予其玉米和大豆种植者的上游补贴传导到了以玉米和大豆为饲料的美国白羽肉鸡的生产者手中，这些补贴使美国白羽肉鸡生产者的饲料成本大幅降低。调查机关在初裁计算补贴额时使用了应诉企业采购和消耗的玉米和大豆的数据。对此，应诉企业泰森公司和皮尔格林公司向调查机关提供了抗辩，认为补贴分摊存在错误，调查机关在涉案产品上分配的补贴金额可能包含了非涉案产品的补贴。在终裁中，调查机关坚持了其补贴分摊方法。

美方认为，调查机关使用的应诉企业采购和消耗的玉米和大豆数据是全部禽类的数据，其中包括一部分非涉案产品。调查机关将非涉案产品获得的补贴利益分摊给了涉案产品，不符合《补贴协定》第 19.4 条和 GATT1994 第 6.3 条规定的义务。上述规定要求调查机关保证，反补贴税只反映涉案产品获得的补贴，不应包括任何其他产品的补贴。

中方认为，调查机关的补贴幅度计算是适当的，是根据应诉企业提交的数据计算出的。其在问卷中所提问题均仅针对被调查产品，并未要求提供生产非涉案产品的玉米大豆数据。

专家组认为，根据规定，中方有义务准确计算每单位的补贴金额，其所征收的反补贴税不能大于此金额。因此，专家组在此处面临的不是一个法律解释问题，而是一个法律适用问题。专家组认为，其作用不是重新审查证据，以自己的结论代替调查机关的结论，而是审查调查机关是否对案卷证据如何支持其做出的事实认定和最终裁决进行了合理、充分的解释。特别是，调查机关是否充分考虑了与其裁决相反的证据，并对该证据进行了回应。在调查中，调查机关不能仅仅简单接受其所获得的数据并使用，还要做出更多努力，确保其计算的是正确的补贴数额，特别是，当应诉企业已经告知调查机关他们可能对问卷问题有所误解并可能提交了错误的数据时。在有证据证明应诉企业所提交的证据可能存在缺陷时，调查机关没有解决这些看似合理的相反证据。而且，调查机关也没有对如何得出结论进行合理、充分的解释。因此，专家组裁定，中方违反了《补贴协定》第 19.4 条和 GATT1994 第 6.3 条。

## （六）保密信息处理问题：专家组认为，调查机关提供的信息、摘要或分析不能弥补利害关系方非保密摘要的欠缺

《反倾销协定》第 6.5.1 条和《补贴协定》第 12.4.1 条规定："主管机关应要求提供机密信息的利害关系方提供此类信息的非保密摘要。这些摘要应足够详细，以便能够合理了解以机密形式提交的信息的实质内容。在特殊情况下，此类利害关系方可表明此类信息无法摘要。在此类特殊情况下，必须提供一份关于为何不能进行摘要的原因的说明。"

美方指控称，申请人没有提交非保密摘要，或提交的摘要不符合上述要求；调查机关在反倾销和反补贴调查中未能要求申请人提供充分的非保密摘要，违反了《反倾销协定》第 6.5.1 条和《补贴协定》第 12.4.1 条的规定。

中方抗辩称，公开版本的申诉书中包含了图表和说明相结合的摘要，利害

相关方可据此合理了解信息的内容。

专家组认为，非保密摘要必须允许读者合理理解被隐去的信息的实质内容，允许调查中的其他当事方有机会进行抗辩。专家组注意到，调查机关在后续调查中对申诉书的非保密摘要进行过补充。专家组不认可这种做法。其指出，非保密摘要应由申请人提供，不能由调查机关自行分析和制作。专家组认定，本案申诉书公开版未能使利害关系方合理理解有关信息的实质内容，因此调查机关未能履行其要求申请人提供保密信息的非保密概要的义务，违反上述相关规定。

### （七）基本事实披露问题：专家组认为，披露应使应诉方能够确定调查机关计算的准确性，从而进行相应的抗辩

《反倾销协定》第6.9条规定，主管机关在作出最终裁决之前，应将考虑中的、构成是否实施最终措施决定依据的基本事实通知所有利害关系方。此披露应使各方有充分的时间为其利益进行辩护。

美方指控中方未向应诉企业披露其确定倾销存在、计算倾销幅度使用的数据和方法，包括正常价值和出口价格的计算，未能做到向利害关系方披露其征收反倾销税决定所依据的基本事实，因此违反《反倾销协定》第6.9条义务。

中方认为，《反倾销协定》第6.9条要求调查机关披露的仅限于事实，不包括理由。此外，不是所有事实都是"基本事实"。"基本事实"是构成调查机关决定是否采取最终措施的依据。由于调查机关已对其采用的方法进行了详细说明，应诉方可据此复盘。因此，没有必要披露计算过程和表单。

专家组在"基本事实"的具体披露形式问题上支持了中方的主张；在关于"基本事实"的构成、具体披露的内容以及与此相关的确切依据等问题上，裁定中方违反了相关规则。

专家组认为，基本事实是构成与下列事项有关的裁定和结论的事实：（1）倾销和补贴；（2）损害；（3）因果关系。披露基本事实不是仅披露调查机关所做的裁决，而是要披露裁决所依据的数据。专家组认为，调查机关不必披露计算

倾销幅度的过程，但需要披露计算公式。专家组注意到，在 DS425 案的专家组在面对类似主张时认定，"实际数学计算"不属于考虑中的基本事实，而属于对事实的考虑。本案专家组认为，该案专家组所说的"实际数学计算"应仅限于计算本身（如计算中所建立的文件和表单等），这些确实不是基本事实。如果该案专家组认为调查机关无需披露计算公式，则本案专家组不同意这种观点。其认为，对于确定存在倾销和倾销幅度来说，调查机关必须披露下列行为用到的数据：（1）确定/结构正常价值；（2）确定出口价格（3）比较正常价值和出口价格所使用的交易；（4）对影响价格可比性的差异所做的调整；（5）使用的公式。

在审查中方披露的基本事实时，专家组表示，中方没有披露计算正常价值使用了什么销售价格，导致应诉方无法确定调查机关计算的准确性。同样，由于没有披露计算正常价值、出口价格和加权平均倾销幅度的公式，应诉方不能确定调查机关计算的准确性。因此，专家组裁定中方违反《反倾销协定》第6.9 条。

### （八）利害关系方的抗辩机会问题：专家组认为，调查机关有义务证明其为听证会的发生提供了机会

《反倾销协定》第 6.2 条规定：在整个反倾销调查期间，所有利害关系方均有为其利益进行辩护的充分机会。为此，应请求，主管机关向所有利害关系方提供与具有相反利益的当事方会面的机会，以便陈述对立的观点和提出反驳的证据。提供此类机会必须考虑保护机密和方便有关当事方的需要。任何一方均无必须出席会议的义务，未能出席会议不对该方的案件产生不利。利害关系方还有权在说明正当理由后口头提出其他信息。

美方指控，调查机关拒绝美国政府提出的关于举行听证会并允许具有相反利益的当事方在场的请求，违反了《反倾销协定》第 6.2 条。

中方主张，第 6.2 条没有举行听证会的强制要求，本条义务仅限于向有相反利益的各方提供会面的机会。调查机关在收到美方听证会申请后的第二天就

电话联系了申请人及与美方有相反利益的其他方，通知美方提出申请，并询问其参会意向。但后者表示没有兴趣参加听证会。调查机关拒绝了美方申请，并为美方安排了意见陈述会。中方认为，该意见陈述会没有限制美方陈述意见。调查机关为相反利益方提供了会面机会，符合第6.2条的要求。

专家组认为，上诉机构在美国—石油国管状产品日落复审案中指出，第6.2条并未规定"无限"的权利，"提供机会"必须平衡其他因素，如调查机关能否按时结案等。因此，提供机会的义务不是绝对的。本案中争议事项不是是否举行了听证会，而是调查机关是否为听证会的发生提供了机会。中方应当承担举证责任，其未能提供在案证据证明具有相反利益的当事方曾拒绝参加听证会。因此，专家组认定，调查机关未为利害关系方提供与相反利益方见面的机会，违反了《反倾销协定》第6.2条。

## 四、裁决的执行和执行之诉专家组裁决

为执行DSB的裁决和建议，2013年12月25日，调查机关决定对原产于美国的进口白羽肉鸡产品所适用的反倾销和反补贴措施进行再调查（2013年第88号公告）。2014年7月8日，调查机关做出再调查裁决（商务部2014年44号公告），以执行争端解决机构（DSB）的裁决和建议。基于再调查，调查机关决定维持本案原审肯定性结论，即在本案调查期内，原产于美国的进口白羽肉鸡产品存在倾销和补贴，中国国内白羽肉鸡产业受到了实质损害，而且倾销和补贴与实质损害之间存在因果关系。经过再调查，各公司的倾销幅度调整为46.6%—73.8%，从价补贴率调整为4.0%—4.2%。

对于中方的上述执行措施，美方认为仍然不符合世贸组织规则，遂提起了执行之诉要求原审专家组 [①] 审理中方的执行措施是否合规。美方对中方执行措施的诉求依然包括实体和程序两方面。实体方面，美方不再对补贴额的计算提出任何主张，主要提出以下两点诉求：1. 生产成本分摊违反《反倾销协定》第

---

① 由于此时专家组审理的是执行措施是否合规，因此，下文称其为执行专家组，以示区别。

2.2 条和第 2.2.1.1 条。具体而言，调查机关将非被调查产品的生产成本分摊到了被调查产品上，且没有合理分摊被调查产品的加工费用。2. 价格影响分析违反《反倾销协定》第 3.1 条和第 3.2 条、《补贴协定》第 15.1 条和第 15.2 条。具体而言，在价格比较时没有考虑产品组合的差异，没有解释再调查中是如何收集具体产品的价格数据等。美方在程序方面的诉求主要为基本事实披露等。由于执行之诉中，任何一点程序上的瑕疵都可能导致被诉方被裁违反，被诉方没有第二次执行的机会，美方为了确保其执行之诉"一击即中"，获得采取下一步措施的权利，在执行之诉中起诉了两个不常见的程序性条款，分别为通知义务和向利害关系方提供及时查看信息的义务。

## （一）反倾销调查的成本分摊

### 1. 执行专家组认可中方对不同产品或不同生产阶段不必采用同一成本分摊方法的观点

美方认为，在反倾销再调查中，调查机关对一只鸡的不同部分使用了两种不同的分摊方法。对于鸡毛、鸡血和不可食用的内脏，依赖基于国内市场价值得出的成本分摊；对于其他型号产品则使用了基于重量的分摊方法。这样的分摊方法没有内在的一致性。

中方抗辩称，成本分摊是分步骤进行的。成本分摊的第一步（在被调查产品和非被调查产品之间进行成本分摊）依据的是泰森公司建议的价值法，这是为了区分被调查产品和非被调查产品，并无不当之处。

执行专家组驳斥了美方观点。首先，无论是在《反倾销协定》第 2.2.1.1 条的条文内容还是在成本合理分摊的概念中都没有看出要求调查机关必须在一项调查的各种情况中使用相同的成本分摊方法。其次，本案事实也没有表明调查机关必须使用相同的分摊方法。在适用成本分摊方法上严格一致没有必要，甚至不合适。比如，大型生产集团可能拥有多家分公司、工厂和生产线，在其内部运营中可能使用不同的成本会计方法，要求调查机关使用统一方法分摊成本数据，既不现实也不合理。因此，执行专家组认为美方没有证明中方违反《反倾销协定》第 2.2.1.1 条。

**2. 执行专家组认可调查机关拒绝泰森公司的价值分摊法**

在被调查产品和非被调查产品之间进行了初始成本分摊后，调查机关发现，接下来，泰森公司通过使用极低的下水价格来构建某些产品（例如鸡爪）的成本，造成了对成本的扭曲。因此，调查机关在这一阶段拒绝采用泰森的价值法。调查机关认为，在被调查产品范围内分摊成本，重量分摊法比泰森的价值分摊法更合理。

美方仍然坚持这是一个逻辑问题，即如果在被调查产品中使用重量分摊法，那么对非被调查产品型号也要使用同样的方法。

执行专家组认为，美方也承认，某些被调查产品在中国市场上具有价值但在美国市场中没有价值，泰森的方法以价值为基础，未能体现某一型号的产品在其主要市场上的价值。调查机关拒绝这种方法并没有不合理之处。

**3. 执行专家组认定调查机关使用重量分摊法时对不纳入鸡毛鸡血内脏成本没有给出必要解释违反《反倾销协定》**

在再调查中，针对被调查产品，调查机关用整个肉鸡减去鸡毛、鸡血和不可食用的内脏的重量，并在此基础上分摊生产商为生产产品投入的必要费用。调查机关的理由是，鸡毛、鸡血和不可食用的内脏属于非被调查产品。

执行专家组认为，《反倾销协定》第 2.2.1.1 条第二句要求调查机关考虑与成本分摊有关的所有证据。在本案中，虽然鸡毛、鸡血和不可食用的内脏不是为人类食用所生产的，但毫无疑问这些产品是被调查产品的组成部位，对于被调查产品的生产是不可分割的 —— 相比鸡胸和鸡爪，这些产品与一只活鸡的生产密切程度并不低。这些产品可能价值较低，但并不是废品 —— 内脏可以做饲料，羽毛可以做羽毛粉。分摊必须要合理反映生产成本。因此，调查机关需要解释为什么其在重量分摊法中扣除一只活鸡的某些部分（鸡毛、鸡血和内脏）。中方没有对此进行解释，违反了《反倾销协定》第 2.2.1.1 条第二句。

**4. 执行专家组认定调查机关拒绝泰森公司重量分摊法未给必要解释违反《反倾销协定》**

应诉企业泰森公司在再调查中建议，重量分摊法应考虑鸡毛、鸡血和不可食用的内脏。调查机关认为这是不合理的，指出泰森重量分摊法中存在诸多会计方面的问题，包括未考虑死鸡损失、饲养成本各月变化、未解释以泰森重量分摊法计算的总成本小于公司账簿中记录的被调查产品总成本等。专家组认为，当调查机关指出问题并要根据这些问题拒绝泰森重量分摊法或证据时，必须解释为何这些问题支持其得出泰森重量分摊法不合理这一结论。因此，中方违反《反倾销协定》第 2.2.1.1 条第 2 句。

## （二）价格影响

执行专家组认定，中方在价格削减和价值抑制方面仍然违反《反倾销协定》第 3.2 条和《补贴协定》第 15.2 条。具体如下：

### 1. 价格削减

在再调查中，调查机关对 4 家国内生产者进行了实地核查，补充收集了区分产品规格的销售数据，将这些数据进行了分析，并与被调查产品的海关进口数据及出口商在损害答卷中提供的出口数据进行了印证。在此基础上，调查机关认定，这些证据反映的不同产品规格在国内市场的销售价格具有代表性，其已确认原案调查及分析的结果是可靠的，因此没有必要进行新的价格削减分析。

对此，美方认为，调查机关的价格影响分析仍然不符合相关规定。理由有二。首先，原审报告中专家组裁定中方未能保证价格可比性，因为中方未能控制产品组合中存在的差异。对此，中方没有采取任何措施以符合专家组的裁决。其次，中方没有证明从 17 家国内生产者中仅选 4 家收集数据能够保证这些数据具有代表性。

中方认为，通过从 4 家国内生产者处收集数据，调查机关认定，被调查产品包含了价值高于用于确定平均单位价值的国内同类产品。因此，原案中适用的平均单位价格实际上有利于应诉企业，调查机关不需要再对产品组合差异作出调整。

关于价格比较问题，执行专家组认为，《反倾销协定》第 3.2 条和《补贴协定》第 15.2 条要求用于价格比较的产品具有可比性，或至少应进行调整以保证价格的可比性。调查机关应当对影响价格比较的物理性差异作出必要调整。虽然再调查中选取的 4 家国内生产者的均价较进口倾销产品的均价更为"保守"，但不足以证明调查机关控制了国内产品与进口产品之间的规格差异。

关于价格数据的代表性问题，执行专家组认为，再调查中，调查机关从 17 家国内生产者中选取 4 家进行实地核查，没有对这 4 家企业的选择标准、选择过程、数据抽样的代表性等问题做出说明，调查机关没有解释为何这 4 家企业的数据具有代表性。

### 2. 价格抑制

调查机关在再调查裁定中认定，自 2006 年以来，被调查产品的进口数量及所占市场份额持续上升，被调查产品进口价格对国内生产同类产品的销售价格产生了明显的影响。具体而言，被调查产品的低价销售行为对国内产业同类产品的销售价格产生了价格削减，进而对后者的价格造成了严重的价格抑制。

美方认为，调查机关的价格抑制裁决完全基于其价格削减分析。后者有缺陷，因此，前者也不符合相关规定。

中方认为，有关价格抑制的裁定不仅以价格削减为依据，还建立在进口产品数量增加的影响上。

执行专家组认定，由于调查机关对价格抑制的考虑依然基于其价格削减的考虑，其价格抑制分析受到有瑕疵的价格削减分析影响。在作出有关价格削减的裁定后，执行专家组认为，其没有必要对价格抑制分析做出额外裁定。

### （三）基本事实披露

美方认为，调查机关在再调查中没有披露美国皮尔格林公司和楔石公司倾销幅度裁定所依据的基本事实，违反《反倾销协定》第 6.9 条规定。关于皮尔格林公司，调查机关没有重新调查，仅纠正了原始倾销幅度计算中的一个错误，因此，所有原始数据和倾销幅度计算仍然构成基本事实。但是，调查机关仅向皮尔格林公司提供了新的"更正"数据和计算，且该披露时间较晚，导致皮尔格林公司没有时间为其利益进行辩护。关于楔石公司，虽然其未配合再调查，但其有权要求调查机关披露原始调查的基本事实和再调查中新的基本事实。调查机关未予披露。

中方认为，原始调查中的数据和计算不属于再调查的基本事实。关于皮尔格林公司，调查机关已对其披露了再调查的基本事实。关于楔石公司，调查机关对于合作方和非合作方的信息披露义务是不同的。楔石公司没有配合再调查，且没有授权代理人代其签收调查机关的披露文件。

执行专家组认为，美方所提"计算"指的是调查机关应当披露作为倾销幅度裁定基础的实际计算，不仅是计算方法。执行专家组在此澄清，其在原审中认定的是，在确定倾销的情况下，基础数据和公式是必须披露的基本事实，计算并不是基本事实。

关于皮尔格林公司，美方指控调查机关没有在再调查期间向该公司提供原始调查的基本事实，然而，美方并未对调查机关披露了哪些事实、未披露哪些事实做出任何说明。执行专家组认为，美方未证实调查机关没有向皮尔格林公司披露原始数据。

关于楔石公司，执行专家组认为，第6.9条提到的是"所有利害关系方"，第6.9条没有对合作企业和不合作企业的披露要求进行区分。执行专家组认定，调查机关披露了与楔石公司有关的非保密信息，没有披露与其有关的保密信息，并要求声称是楔石公司代理人的一方提供授权证明。由于该方提交的楔石公司备忘录不等于委托书，因此，调查机关认定该方没有获得签收保密披露文件的授权，并无偏见和不客观之处。

因此，执行专家组裁定，美方未能证明中方的基本事实披露违反《反倾销协定》第6.9条的规定。

### （四）通知义务和及时提供信息的义务

在再调查期间，调查机关通过实地核查要求 4 家中国生产商提供新的价格数据，并在再调查裁定中的价格影响分析部分使用了这些数据。调查机关并没有通知美国利害关系方其要求中国企业提供上述信息，也未能向美国利害关系方提供及时查看相关信息的机会。美方认为，中方的上述行为违反了两项程序性义务，即对利害关系方的通知义务和及时提供信息的义务。

#### 1. 通知义务

《反倾销协定》第 6.1 条规定：应将调查机关要求的信息通知反倾销调查中的所有利害关系方，并给予其充分的机会以书面形式提出其认为与所涉调查有关的所有证据。[①]

美方认为，上述规定中的"所有利害关系方"包括外国生产者和出口商。中方认为，《反倾销协定》第 6.1 条和《补贴协定》第 12.1 条应被解读为仅与被要求提供信息的目标利害关系方相关。《反倾销协定》第 6.4 条和《补贴协定》第 12.3 条会保护其他利害关系方的权利。第三方欧盟与中方立场一致。欧盟认为，为防止调查机关负担过重，应对《反倾销协定》第 6.1 条和《补贴协定》第 12.1 条进行狭义解释。

执行专家组认为，《反倾销协定》第 6.1 条和《补贴协定》第 12.1 条为调查机关设置了两个义务：（1）将调查机关要求的信息通知反倾销调查中的所有利害关系方；（2）给予所有利害关系方充分的机会以书面形式提出有关的证据。上述条文中的"所有利害关系方"应当包括外国生产者和出口商。再调查中，调查机关未向美国利害关系方发出通知，违反了《反倾销协定》第 6.1 条和《补贴协定》第 12.1 条的规定。

#### 2. 及时提供信息的义务

《反倾销协定》第 6.4 条规定，只要可行，调查机关即应迅速向所有利害关系方提供机会，使其了解与其案件陈述有关的、不属于第 5 款规定的保密性

---

① 《补贴协定》第 12.1 条条文与此基本相同，此处略。

质且调查机关在反倾销调查中使用的所有信息，并使其能以此信息为基础准备陈述。[①]

美方主张，调查机关未能向美国利害关系方提供及时查看相关信息的机会，违反了《反倾销协定》第6.4条和《补贴协定》第12.3条的规定。

中方认为，上述规定属于被动性的义务，并不要求调查机关主动披露信息。除非利害关系方要求查看有关信息，否则调查机关无需采取任何行动以遵守《反倾销协定》第6.4条和《补贴协定》第12.3条的规定。美方没有证明美国利害关系方曾提出查看涉案信息的请求且调查机关拒绝了该请求。对于中国生产商的价格数据，调查机关已通过在其贸易救济公开信息查阅室公布中国生产商提供的非保密摘要向所有利害关系方提供了查看相关信息的机会。

执行专家组认为，《反倾销协定》第6.4条和《补贴协定》第12.3条规定的目的是，让利害关系方了解调查机关获得的与其案件陈述有关的信息，并据此准备案件陈述。这是确保利害关系方维护其利益的重要程序性保障。上述规定不要求调查机关与利害关系方主动接触告知。调查机关可以采取多种方式，包括在实体或电子阅览室提供信息。

在再调查中，调查机关以口头方式向4家中国生产商提出补充信息要求。执行专家组认为，通过口头要求，调查机关获得了价格数据，并在再调查做出价格削减认定时对这些数据进行了考虑，因此，以口头要求方式补充的信息属于《反倾销协定》第6.4条和《补贴协定》第12.3条项下的信息，也应向利害关系方提供。对于中方上述"被动性义务"的主张，专家组认为，在《反倾销协定》第6.4条项下，调查机关有义务向利害关系方"提供"查看信息的机会。利害关系方不是必须提出查看信息的要求才能主张调查机关违反第6.4条。在再调查期间，美国政府发表了一份声明，称美国利害关系方不了解调查机关在再调查中获得了哪些证据。执行专家组由此认定，调查机关没有向美国利害关系方提供查看信息的机会，中方未能遵守《反倾销协定》第6.4条和《补贴协定》第12.3条的规定。

---

[①]《补贴协定》第12.3条条文与此基本相同，此处略。

## 五、案件的启示与评价

本案是贸易救济领域的经典案例。本案争议的焦点是复杂涉案产品的成本分摊问题，涉案产品范围同时包括白羽肉鸡的整鸡、分割件和副产品，体现了倾销幅度计算的复杂性，可以说是由一只鸡引发的计算难题。

本案还涉及多个反倾销、反补贴的重要问题。值得一提的是，在国内产业认定和价格比较等问题上，专家组对中方的正确做法给予了支持和肯定。此外，关于补贴金额计算这一补贴调查中的关键问题，专家组的裁决为调查机关提供了重要的提示和参考。我们在今后的调查中宜给予充分重视。

本案专家组很好地把握了法律解释的尺度。一是在成本分摊问题上，专家组并未否定本案调查机关使用的调查方法。专家组承认，可能存在多个成本分摊方法，《反倾销协定》的条文并未规定调查机关要采取哪一种方法。这需要具体问题具体分析。专家组特别指出，在计算倾销幅度的过程中，调查机关无需局限于一种方法。专家组认可中方关于不同产品或不同生产阶段不必采用同一成本分摊方法的观点，这为调查机关合理分摊成本保留了空间。但是，无论采取何种方法，调查机关都需要说明其选择该等方法的理由。二是在补贴金额计算问题上，专家组无意深入到案卷证据中去得出自己的结论，而是审查调查机关是否对其事实认定和最终裁决进行了合理、充分的解释，特别是，是否充分考虑了与其裁决相反的证据，并进行了回应。

上述裁决既维护了世贸规则确立的精神和纪律，又为调查机关保留了一定的裁量权。相关裁决的核心意思是，调查机关要对其决定进行合理、充分的解释，对应诉企业提出的观点要给予充分的重视和回应。如果调查机关武断、片面，就难以赢得专家组的理解和支持。

**附件**

美国诉中国白羽肉鸡反倾销反补贴措施案（DS427）大事记

2011 年 9 月 20 日，美方提出磋商请求。

2011 年 10 月 28 日，中美双方举行磋商。

2011 年 12 月 8 日，美方提出设立专家组请示。

2012 年 1 月 20 日，专家组设立。

2012 年 5 月 24 日，专家组组成。

2012 年 6 月 27 日，美方提交第一次书面陈述。

2012 年 8 月 7 日，中方提交第一次书面陈述。

2012 年 9 月 27—28 日，专家组举行第一次听证会。

2012 年 10 月 16 日，中美双方提交对专家组第一次听证会问题的书面回复。

2012 年 11 月 2 日，中美双方提交第二次书面陈述。

2012 年 12 月 4—5 日，专家组举行第二次听证会。

2012 年 12 月 20 日，中美双方提交对专家组第二次听证会问题的书面回复。

2013 年 1 月 14 日，中美双方提交对上述书面回复的评论。

2013 年 5 月 8 日，专家组向当事方提交中期报告。

2013 年 6 月 25 日，专家组向当事方提交最终报告。

2013 年 8 月 2 日，专家组报告公布。

2013 年 9 月 25 日，世贸组织争端解决机构通过专家组报告。

2014 年 7 月 8 日，中方调查机关发布再调查裁决公告。

2016 年 5 月 10 日，美方提出执行之诉磋商请求。

2016 年 5 月 24 日，中美双方就执行措施举行磋商。

2016 年 5 月 27 日，美方提出设立执行专家组请求。

2016 年 6 月 22 日，执行专家组设立。

2016 年 7 月 18 日，执行专家组组成。

2016 年 12 月 2 日，美方提交第一次书面陈述。

2017 年 1 月 4 日，中方提交第一次书面陈述。

2017 年 2 月 2 日，美方提交第二次书面陈述。

2017 年 3 月 6 日，中方提交第二次书面陈述。

2017 年 4 月 25—26 日，执行专家组举行听证会。

2017 年 5 月 12 日，中美双方提交对执行专家组听证会问题的书面回复。

2017 年 5 月 19 日，中美双方提交对上述书面回复的评论。

2017 年 9 月 22 日，执行专家组向当事方提交中期报告。

2017 年 11 月 17 日，执行专家组向当事方提交最终报告。

2018 年 1 月 18 日，执行专家组散发最终报告。

2018 年 2 月 28 日，世贸组织争端解决机构通过执行专家组报告。

校稿：陈雨松

# 资源保护还是产业保护：美欧日关于中国稀土出口之问

## ——美国、欧盟、日本诉中国稀土、钨、钼出口管理措施案（DS431/DS432/DS433）评析

王蔷

改革开放总设计师邓小平同志在 1992 年南方视察时指出"中东有石油，中国有稀土"。稀土资源对中国的重要战略意义不言而喻。2012 年 3 月，美国、欧盟、日本三家联手起诉中国稀土出口管理措施，立即引起了国内外高度关注。这个大案也引发了对资源产品出口管理的再思考。

## 一、案件背景和诉讼程序

### （一）案件背景

稀土是重要的战略资源，是高新科技和国防产品必不可少的原料。中国是

世界上稀土第一生产大国和出口大国。为保护自然资源和环境，中国对稀土出口实行出口关税与出口配额管理。美国、欧盟、日本等主要进口国家对中国稀土出口管理政策关注已久。2012年3月13日，美欧日向世贸组织起诉了稀土出口关税和出口配额措施（DS431/432/433，以下简称稀土案）。除了稀土之外，美欧日还同时起诉了钨和钼相关产品的出口关税和出口配额措施。

美欧对此次起诉筹谋已久。为确保胜诉，美国、欧盟和墨西哥在2009年起诉了中国矾土、焦炭、氟石、镁、锰、金属硅、碳化硅、黄磷和锌等九种原材料的出口关税和出口配额措施（美国、欧盟、墨西哥诉中国原材料出口限制措施案，DS394/DS395/DS398，以下简称九种原材料案）。美欧墨在九种原材料案中起诉的措施与稀土案基本相同，明显是为起诉稀土出口管理措施试水。2012年2月22日，世贸组织争端解决机构通过了九种原材料案的专家组报告和上诉机构报告，认定中方的出口关税和出口配额措施不符合世贸规则和中方加入世贸组织承诺。裁决生效不到1个月，美欧日就在世贸组织提起了稀土案。

## （二）中国出口管理制度和稀土、钨、钼相关产品出口管理措施

### 1. 出口关税与出口配额管理制度

根据《海关法》和《进出口关税管理条例》，海关对准许进出口的货物征收进出口关税；国务院制定《中华人民共和国进出口税则》（以下简称《税则》）规定出口关税的税目和税率；国务院设立关税税则委员会，负责《税则》的税目和税率的调整和解释，报国务院批准后执行。在实践中，国务院关税税则委员会和海关总署每年发布《关税实施方案》，规定对出口货物实施的出口关税税率。

根据《对外贸易法》和《货物进出口管理条例》，国家对限制出口的货物，实行配额、许可证等方式管理。商务部会同有关部门制定、调整并公布受配额和许可证管理的出口货物目录。在实践中，在每年底，商务部和海关总署联合公布下一年度的《出口许可证管理货物目录》，并在公告中明确目录内货物的

具体管理方式。

### 2. 稀土、钨、钼相关产品出口关税和出口配额措施

为保护自然资源与环境，国家控制高耗能、高污染和资源性产品（简称"两高一资"）出口，对其出口征收出口关税并实行出口配额的数量限制。

国家自 1993、1999 和 2007 年开始，分别对钨、稀土和钼相关产品实行出口配额管理制度，自 2006 年开始对稀土产品出口征收出口关税，自 2007 年开始对钨和钼产品出口征收出口关税。

### （三）中方的世贸承诺和义务

关于出口关税，《中国加入世贸组织议定书》第 11.3 条规定，除议定书附件 6 中明确规定的 84 个税号产品外，中方应取消适用于出口产品的全部税费。

关于出口配额，《1994 年关税与贸易总协定》第 11 条规定，不允许对于进出口采取配额等数量限制。

关于贸易权的管理，根据《中国加入世贸组织工作组报告书》第 83 段和第 84 段，不得将最低资本和以往进出口业绩作为给予企业贸易权的条件。

### （四）诉讼进程

#### 1. 磋商阶段

2012 年 3 月 13 日，美国、欧盟、日本（以下统称起诉方）就中国稀土、钨、钼相关产品的出口关税和出口配额措施提出世贸组织争端解决机制下的磋商请求，正式启动了世贸组织争端解决程序。

2012 年 4 月 25 日至 26 日，中方与起诉方在日内瓦进行了磋商。但磋商未能解决双方争议。

#### 2. 专家组阶段

2012 年 6 月 12 日，起诉方提出设立专家组请求。巴西、加拿大、哥伦比亚、印度、韩国、挪威、阿曼、沙特阿拉伯、中国台北、越南、阿根廷、澳大利亚、印度尼西亚、土耳其、秘鲁和俄罗斯申请作为第三方。7 月 23 日，世贸组织

争端解决机构正式设立专家组审理本案。9月24日，总干事指定了专家组成员。

专家组于2013年12月13日向争端方提交了最终报告，于2014年3月26日公布了最终报告。

### 3. 上诉阶段

2014年4月8日，美方提出上诉。4月17日，中方针对美方的上诉提出交叉上诉。4月25日，中方对于欧、日的案件提出上诉。欧、日未提出交叉上诉。承担审理本案的上诉机构成员包括：主席张胜和（Seung Wha Chang）、成员张月姣和里卡多·拉米雷斯－埃尔南德斯（Ricardo Ramirez-Hernandez）。

2014年8月7日，上诉机构发布报告。8月29日，世贸组织争端解决机构通过了本案的专家组报告和上诉机构报告。经磋商，本案的合理执行期为8个月3天，至2015年5月2日。中方自2015年1月1日起，取消了涉案产品的出口配额；自2015年5月1日起，取消了涉案产品的出口关税。

## 二、涉案措施和主要法律争议

### （一）涉案措施

起诉方起诉了三类措施：

1. 稀土、钨、钼相关产品出口关税措施，主要包括国务院关税税则委员会发布的《关于2012年关税实施方案的通知》和海关总署发布的《关于2012年关税实施方案》。

2. 稀土、钨、钼相关产品出口配额措施，主要包括《公布〈2012年出口许可证管理货物目录〉的通知》《关于公布2012年农产品和工业品出口配额总量的通知》《关于公布2012年稀土出口企业名单并下达第一批出口配额的通知》《关于公布2012年钨、锑等有色金属出口（供货）企业名单并下达第一批出口配额的通知》和《关于补充下达2012年第一批稀土出口配额的通知》。

3. 稀土和钼出口配额管理和分配的措施，主要包括《出口许可证签发工作规范》《进出口许可证证书管理规定》《公布〈2012年出口许可证管理货物分级发证目录〉的通知》《关于将2012年稀土、焦炭出口配额申报企业名单上网公示的通知》《关于将2012年钨、锑、白银国营贸易出口企业，钨、锑出口供货企业，2012年铟、钼出口配额申报企业名单上网公示的通知》《关于2012年稀土出口配额申报条件和申报程序的公告》和《关于2012年铟、钼、锡出口配额申报条件及申报程序的公告》。

## （二）起诉方主要诉请

起诉方主要提出三项诉请：

一是中方对稀土、钨、钼相关产品采取的出口关税违反了《中华人民共和国加入世贸组织议定书》（以下简称《加入议定书》）第11.3条关于取消出口关税的承诺。

二是中方对稀土、钨、钼相关产品采取的出口配额措施违反《1994年关税与贸易总协定》（以下简称GATT1994）第11.1条取消数量限制的义务。

三是中方要求基于以往出口业绩和最低资本分配稀土、钼出口配额的做法违反《加入议定书》第1.2条、第5.1条、第5.2条和《中国加入世贸组织工作组报告书》（以下简称《加入工作组报告书》）第83段和第84段。

## （三）主要法律争议

本案最大的法律争议问题是中方在《加入议定书》承诺的取消出口关税义务能否援引GATT1994第20条一般例外条款抗辩，而这一问题核心就在于《加入议定书》与《马拉喀什建立世贸组织协定》（以下简称《马拉喀什协定》）及其所附多边贸易协定的关系。

### 1. 问题缘起与中方的困境

《加入议定书》中取消出口关税承诺能否援引GATT1994第20条一般例外条款抗辩并不是在本案才遇到的新问题。在2009年九种原材料案中，起诉方起诉了中方类似的出口关税措施，并主张中方无权援引GATT1994的一般例外为违反《加入议定书》中的义务抗辩。上诉机构基于严格的文本解释，认为《加入议定书》与 GATT1994 是两个独立的协定，援引其他协定的例外条款需要明确规定；由于《加入议定书》第 11.3 条出口关税条款没有明确规定可以适用 GATT1994 第 20 条一般例外条款，中方不能援引 GATT1994 第 20 条抗辩出口关税问题。

这个裁决无疑是本案抗辩出口关税面临的最大困难。上诉机构裁决虽然没有约束力，但是根据以往裁决实践，除非有"强有力"（cogent）的理由，专家组和上诉机构对于同样的法律问题一般不会背离以往裁决。中方必须寻找新的理由论证出口关税问题有权援引 GATT1994 第 20 条一般例外条款抗辩。

**2. 中方的出路：探究《加入议定书》的法律地位**

《加入议定书》是规定新加入成员在世贸组织中权利与义务的重要文件，其对成员无疑是具有约束力的。但《加入议定书》在整个世贸规则体系中是什么地位与作用，和其他多边贸易协定是什么关系，并没有明确的规定与解释。因此，在本案中，中方以《加入议定书》的法律地位为突破口，从论证《加入议定书》与《马拉喀什协定》及其所附多边贸易协定关系角度出发，力求建立《加入议定书》第 11.3 条出口关税条款与 GATT1994 的内在联系，以实现可以援引 GATT1994 第 20 条抗辩的目标。

中方基于《维也纳条约法公约》中解释条约的原则，深入研究《加入议定书》的法律地位与性质，形成了《加入议定书》与《马拉喀什协定》及所附多边贸易协定关系的完整解释，即：《加入议定书》不是自成体系的独立协定，是《马拉喀什协定》及所附的多边贸易协定的一部分，《加入议定书》的各个条款根据其与各多边贸易协定的内在联系，成为该协定的一部分。

起诉方认为，《加入议定书》仅是《马拉喀什协定》的一部分，并非并入其所附的各多边贸易协定，中方关于《加入议定书》第 11.3 条是 GATT1994 一部分的解释没有文本依据。

## 三、专家组裁决

### （一）出口关税问题

在加入世贸组织时，中国承诺只对《加入议定书》附件 6 清单中所列的 84 个税号产品征收不超过约束水平的出口关税，不得对此范围之外的产品征收出口关税。本案争议的稀土、钨、钼相关产品均不在可以保留出口关税的产品范围内，中方需从出口关税措施符合例外条款的角度进行抗辩。

考虑到九种原材料案关于出口关税问题的裁决，中方抗辩设计为两个步骤。第一步，提出先期裁决请求，集中论证 GATT1994 第 20 条可用于抗辩出口关税问题。第二步，考虑到中方对于稀土开采和生产采取了一系列环境保护措施，出口关税措施作为出口环节的环保措施，援引 GATT1994 第 20 条（b）项环境保护例外抗辩。

**1.GATT1994 第 20 条一般例外条款能否适用于《加入议定书》第 11.3 条的出口关税义务**

（1）先期裁决请求

为集中抗辩力量，中方在其第一次书面陈述中，请求专家组就 GATT1994 第 20 条对《加入议定书》第 11.3 条出口关税义务的适用问题做出先期裁决。

专家组在听取了争端方的意见后，认为中方请求涉及实质性法律问题，需要在全面审理的基础上做出裁决，同时要求中方提供实体性抗辩文件。

（2）中方主张

中方认为，《加入议定书》第 11.3 条属于 GATT1994 一部分，有权援引 GATT1994 第 20 条一般例外抗辩。

首先，《加入议定书》第 1.2 条规定的，"本议定书……应成为 WTO 协定的组成部分"。《马拉喀什协定》第 12.1 条规定："……此加入适用于本协定及所附多边贸易协定"。这两个条款表明，《加入议定书》不是自成体系的独立协定，是《马拉喀什协定》及所附的多边贸易协定的一部分，《加入议定书》的各个条款根据其与各多边贸易协定的内在联系，成为该协定的一部分。《加入议定书》第11.3条出口关税条款的目的和意图在于促进货物出口，与GATT1994有着内在联系，属于GATT1994一部分，因此有权援引GATT1994第20条一般例外条款抗辩。

其次，GATT1994第20条一般例外条款前言部分的"本协定中没有任何条款"（nothing in this agreement）的表述并不意味着GATT1994例外条款不能适用于《加入议定书》第11.3条。《维也纳条约法公约》第32条中的补充解释方法确认了对"本协定中没有任何条款"的解释应当包括GATT1994之后缔结的所有与GATT1994有着内在联系的《加入议定书》。

第三，《马拉喀什协定》目的和意图的整体解释确认了中方可援引GATT1994第20条一般例外条款为出口关税措施进行抗辩。《马拉喀什协定》的前言确定了对《马拉喀什协定》的解释必须保证能够提高人类福祉，这也是解释包括《加入议定书》在内的WTO各协定的重要上下文。因此，GATT1994中允许保护资源、环境的例外条款应适用于违反《加入议定书》第11.3条的出口关税措施，否则将不符合《维也纳条约法公约》的整体解释要求。

（3）起诉方主张

起诉方主张，GATT1994第20条并不适用于《加入议定书》第11.3条。

首先，《加入议定书》第11.3条中没有任何可援引GATT1994第20条的文本依据，也缺乏相关上下文支持。九种原材料案裁决已确认过这一点。

其次，中方提出的解释《加入议定书》第11.3条与GATT1994之间的"内在联系"标准在条约解释规则中找不到任何依据，在适用协定文本中找不到任何支持，也不符合九种原材料案裁决的解释方法。此外，《马拉喀什协定》第12条及《加入议定书》第1.2条也不支持所谓的"内在联系"标准。

第三，专家组无需审查成员方在《加入议定书》中做出的超世贸规则义务的承诺到底与哪个或哪些多边贸易协定有所谓的"内在联系"。

（4）专家组裁决

专家组没有采纳中方观点，认为《加入议定书》第1.2条第二句的"WTO

协定"仅指单独的《马拉喀什协定》。《马拉喀什协定》第12.1条表明，加入成员要承担所有多边贸易协定下的所有义务，而非仅加入部分协定。据此，专家组认为，《加入议定书》第1.2条第二句的法律效果是使中国《加入议定书》整体构成《马拉喀什协定》的"组成部分"，而不是使《加入议定书》的各个条款构成《马拉喀什协定》所附多边贸易协定的组成部分。据此，专家组沿用了上诉机构在九种原材料案中的文本解释方法，基于《加入议定书》第11.3条中没有引用GATT1994第20条，裁定中方无权援引GATT1994第20条一般例外抗辩《加入议定书》第11.3条出口关税问题。

值得注意的是，一名专家组成员就GATT1994第20条适用问题发表了不同意见。该成员支持中方关于《加入议定书》与世贸多边贸易协定关系的解释，认为加入一揽子协定中的每一条款都需要独立的解释分析，且这些条款与世贸多边贸易协定条款的关系也需要特别分析。在某些情况下，新加入成员和世贸成员可能希望加入一揽子协定中的条款成为某一特定多边贸易协定的组成部分。因此，如果某一争端涉及WTO加入议定书的超出世贸规则义务的条款，专家组必须根据涉案问题和特定加入承诺背后的基本原理认定超世贸规则义务条款是否成为了特定多边贸易协定或《马拉喀什协定》的一部分。《加入议定书》第11.3条中所作的出口关税承诺从性质上扩大了中方在货物贸易领域的义务，因此成为GATT1994的组成部分，可适用GATT1994第20条抗辩。此不同意见虽然不能改变专家组的裁决，但其论证与观点完全采纳了中方意见，并指出专家组多数意见在论证《加入议定书》与多边贸易协定关系中的逻辑缺陷，在一定程度上对上诉机构在后续程序中修正GATT1994第20条适用性的法律解释产生了一定影响。

### 2. 中方关于GATT1994第20条（b）项环境保护例外的抗辩

在论证GATT1994第20条适用性后，中方援引GATT1994第20条（b）项环境保护例外抗辩《加入议定书》第11.3条出口关税问题。

证明某一措施符合GATT1994第20条（b）项"为保护人类、动物或植物的生命或健康所必需的措施"的规定，首先是审查涉案措施是否旨在保护人类、动物或植物的生命或健康；其次要审查该措施是否是实现该政策目标"所必需的"；第三审查是否符合 GATT1994 第 20 条前言要求，即是否构成任意或不必要的歧视或对国际贸易的变相限制。

中方主张，为防止稀土、钨和钼的开采和生产污染环境、中方采取了一系列保护环境的综合政策，稀土、钨和钼产品出口关税措施是综合政策的组成部分。财政部在出口关税政策中已持续表达了其使用出口关税保护环境的意愿。出口关税和资源税、生态恢复准备金、环境法规协同作用，减少了稀土开采和生产环节的污染，从而对保护环境做出了实质性贡献。

起诉方主张，中方实施出口关税是为促进具有高附加值的下游产品国内生产。中方相关文件称，实施出口关税是为了支持技术含量和附加值高的深加工产品出口。出口关税不适用于大多数由稀土、钨和钼材料制成的增值下游产品，2000 年初到 2010 年，由稀土、钨和钼加工制成的下游产品出口大幅增长。据此，起诉方认为，出口关税制度不能对中方所述环境保护目标的实现做出任何贡献。

虽然专家组已裁定中方无权援引 GATT1994 第 20 条抗辩出口关税问题，但其仍基于假设分析了中方关于 GATT1994 第 20 条（b）项的抗辩。

专家组认为中方已经证明对稀土、钨和钼的开采和生产实行环保措施的重要性。然而，中方政策文件未能解释控制出口如何作为综合环境制度的一部分帮助减少污染。相反，起诉方提供的部分中方文件说明涉案的出口关税是为促进使用涉案产品作为原料的高附加值下游产品的国内生产。出口关税的效果是提高用于中方境外消费的涉案产品的价格，而中方没有实施提高用于国内消费的涉案产品价格的相应措施。据此，专家组认定，中方没有证明其出口关税对实现所述环境保护目标做出了实质性贡献，出口关税措施不符合 GATT1994 第 20 条（b）项要求。

## （二）关于出口配额

GATT1994 第 11.1 条明确禁止对出口实行数量限制，中方需援引例外条款进行抗辩出口配额问题。为保护自然资源，中方对稀土、钨、钼在开采、生产和出口都实行了总量控制，因此，中方援引 GATT1994 第 20 条（g）项（资源保护例外）抗辩出口配额问题。

证明符合 GATT1994 第 20 条（g）项资源保护例外需满足三个条件：一是措施与保护可用尽的自然资源有关；二是该措施与限制国内消费或生产一同实施；三是满足 GATT1994 第 20 条前言要求，即不在情形相同的国家之间构成任意或不合理歧视的手段或构成对国际贸易的变相限制。

### 1. 出口配额措施是否与保护可用尽的自然资源有关

中方立足于出口配额的设计与结构，从出口配额可以抑制稀土、钨、钼非法开采和生产从而促进开采和生产限制的实施、出口配额和国内限制一起发出开发其他替代资源的信号以及出口配额作为防止投机性购买的保障措施三个方面论证出口配额措施起到了资源保护的作用，确实与保护自然资源相关，并提供了大量证据材料。

起诉方主张，中方对稀土等原材料的出口配额措施与资源保护目标无关。中方仅限制原材料出口，并不限制以稀土、钨、钼为原料的下游加工产品出口，说明出口配额措施仅是为了发展下游产业，是与经济目标紧密相关的，而不是为了保护自然资源。

专家组认可世贸成员对自然资源的主权和制定产业政策追求经济目标的权利，不需要出口配额的所有方面都必须与资源保护相关。但是，出口配额的设计和结构必须发挥协助、支持或强化资源保护目标的作用。专家组对出口配额法律文件和中方所称的出口配额三方面作用进行了分析论证：

首先，有关出口配额的法律文件不能证明出口配额与资源保护有关。针对稀土等出口配额文件，专家组认为这些文件内容不足以证明出口配额与保护稀土、钨、钼资源目标之间有着"紧密"且"真实"的联系。专家组注意到，稀土出口配额文件中，确实提到了资源保护目标。专家组认可这是中方为使其出口配额措施符合 GATT1994 第 20 条（g）项所作的努力，但仅在出口配额文件中提及"资源保护"目标不足以证明被诉措施与保护资源"有关"。文字表述只是专家组将会考虑的因素之一，但出口配额文件没有准确解释被诉出口配额如何与保护可用尽资源的目标有关。同时，中方政策文件也表明，中方存在着利用稀土、钨、钼资源来发展工业的产业目标。据此，专家组认定，出口配额文件本身不足以证明出口配额与保护资源目标有关。

其次，出口配额未能显示出具有资源保护功能。专家组认为，控制非法开采和生产的稀土、钨、钼产品出口只需采取边境措施，不需对出口数量进行限制；而用于边境的出口配额无法控制国内市场对非法开采和非法生产的需求。

第三，专家组虽然认可出口配额可以向国外消费者和投资者传递开发替代产品之信号（即有利于资源保护的正面信号），但认为出口配额同时也可能传递刺激国内稀土、钨、钼原材料消费的负面信号。

第四，专家组认可一国对于自然资源的主权，但是资源一旦被开采出来并进入市场，成员不应再区分国内外使用者分配资源。

此外，稀土、钨、钼开采、生产和出口配额发布时间不同步、与实行出口配额管理产品范围不同，出口配额产品未根据各稀土元素的稀缺性实行分类管理，未限制下游产品出口，均引起专家组对出口配额措施是否出于资源保护目标的质疑。

经分析，专家组认为出口配额不能起到保护稀土、钨、钼资源的作用。

### 2. 出口配额措施是否与限制国内生产或消费一同实施

中方提出了行业准入、开采与生产限额、资源税、环保标准以及执法行动五项国内限制措施，证明出口配额与国内限制措施一同实施。

起诉方并未否认中方采取了以上措施，但坚称中方的资源保护措施没有对 GATT1994 第 20 条（g）项所指的"限制国内生产或消费"做出贡献。起诉方认为，出口配额与生产限制一同以损害国外消费者为代价确保国内消费者更易获得稀土、钨、钼产品，这从根本上违背了"同等对待"要求。

专家组针对中方提出的五项限制措施进行了逐项认定。专家组裁定，行业准入仅能限制新进入稀土开采和生产行业企业的数量，不能限制已进入该行业的企业的生产数量。中方未证明其开采配额和生产配额低于市场预期需求水平，因此开采配额和生产配额不构成真正的国内生产限制。资源税未能证明对国内生产有限制作用。环保标准监管要求会使相关企业产生一定合规成本，但增加的成本仅是解决稀土、钨、钼开采和生产造成的市场外部成本，本身没有对开采或生产的数量或速度进行任何限制。

关于国内外限制是否"一同实施"（work together），专家组认定，国内限制和国外限制之间必须通过互相强化或互相促进实现资源保护目标。但是，开采配额、生产配额和出口配额的实施时间各不相同，比如中国自1999年起就开始对稀土产品出口实施配额，而国内开采和生产限制措施分别从2006年和2007年才开始实施。开采、生产和出口配额，适用于稀土产业增值链中不同阶段的产品。这均证明出口配额和开采、生产配额并非为了保护资源而一同实施。

此外，专家组还认为，"与限制国内生产或消费一同实施"包含了"同等待遇"（even-handedness）要求。"同等待遇"要求资源保护政策在结构上平衡地在国内消费者和国外消费者之间分摊资源保护负担。由于稀土、钨、钼开采和生产配额同时影响国内外消费者，而稀土出口配额仅影响国外消费者，并且国外消费者还额外承担了出口关税的负担，所以，从结构上来说，国内外稀土下游消费者所承受的负担不均衡。

### 3. 出口配额措施是否符合 GATT1994 第 20 条前言要求

符合 GATT1994 第 20 条一般例外条款，还需要满足前言要求，即不对情形相同的国家间构成任意的不合理歧视的手段或对国际贸易的变相限制。

中方主张，出口配额体系旨在保护自然资源，并未对国外消费构成不合理歧视或变相限制国际贸易。以稀土出口配额为例，其出口配额体系将有限的稀土资源以足以满足国外需求的方式分配。在制定出口配额数量的时候，中方考虑了国内资源、生产和消费以及国际市场情况。2012年，轻稀土和中重稀土未能使用完毕，说明出口配额的数量水平是合适的，供应远高于国外需求。出口配额没有对国外稀土产品的价格造成影响。2012 年末，相同稀土产品的国内和国外价格差异大幅减小，证明出口配额的实施不是为了维持或制造价格差异从而为中国国内稀土用户创造优势。

起诉方主张中方的出口配额制度为国内产业创造了有利条件，国外用户为购买相同产品需要承担高出许多的价格。即使配额没有用完，仍然在消费者之间创造了不确定性。以稀土为例，这种不确定性鼓励了稀土下游用户转移到中国设厂生产以获得稳定的稀土供应。与国外价格相比，中国国内稀土价格的任何差异，都向稀土高附加值产品的中国生产商提供了直接竞争优势。

专家组从配额使用量、国内价格差异、配额的限制效果等方面进行了分析。

首先，针对 2012 年稀土出口配额未使用完这一事实，专家组不认为这是可以构成没有歧视的证据。因为中方已经对稀土出口采取了几十年的限制（出口配额和出口关税），因此国际稀土市场已经受到了长期扭曲。稀土供给的不确定性，会使国外企业寻求次优的经营选择，包括下游用户转移到中国设厂生产以保证稳定的稀土供应。

其次，稀土出口配额造成国内外价格差异，给生产稀土高附加值产品的中国厂商提供了竞争优势，因为在一个竞争市场中，即使是微小的价格差异也可能带来优势。

第三，中方对原材料采取的每一种国内限制措施，同样适用于国外消费；但出口配额只影响国外用户，中方没有对国内消费者施加相应的负担，例如国内消费配额。

基于以上原因，专家组认定稀土、钨、钼出口配额不符合 GATT1994 第 20 条前言要求。

综合以上分析，专家组认定中方出口配额违反了 GATT1994 第 11.1 条且不符合 GATT1994 第 20 条。

### （三）关于出口配额的管理

#### 1. 中方主张

《加入工作组报告书》中承诺，不得将以往实绩要求和最低资本金作为贸易权的条件。中方主张，对申请稀土、钼出口配额施加的以往出口实绩和最低资本金要求不是对贸易权的限制，而是配额申请和分配条件，是出口配额体系的组成部分。由于中方的出口配额体系符合 GATT1994 第 20 条（g）项从而符合世贸规则，作为出口配额体系一部分的申请和分配条件也符合世贸规则。

#### 2. 起诉方主张

起诉方主张，中方明确承诺不使用以往出口实绩和最低资本金条件作为获得贸易权的条件，无权援引 GATT1994 第 20 条（g）项抗辩，同时中方措施也不符合第 20 条（g）项要求。

#### 3. 专家组裁决

专家组首先认定，以往出口实绩和最低资本要求构成对《中国加入工作组报告书》第 83 段和第 84 段贸易权承诺的违反，由于涉及贸易权问题，根据《加入议定书》第 5.1 条规定，可以援引 GATT1994 的例外条款抗辩。

但是，专家组认为，采取出口配额违反 GATT1994 第 11.1 条普遍取消数量限制的规定，以往出口实绩和最低资本金要求违反《加入议定书》中关于贸易权的承诺，是对不同世贸义务的违反。因此，这些措施必须单独被证明符合例外条款。据此，专家组认定中方未能证明以往出口实绩和最低资本金要求符合 GATT1994 第 20 条（g）项规定，因此违反了加入承诺。

## 四、上诉机构裁决

中方针对专家组报告的三个法律点提出了上诉：一是《加入议定书》特定条款和《马拉喀什协定》及其所附的多边贸易协定的关系问题。二是涉案的出口配额措施是否与自然资源保护有关。三是出口配额与"与限制国内生产或消费一同实施"是否包含"同等待遇"（even-handedness）要求。

美方就专家组拒绝采纳美方在诉讼最后阶段提出的证据提出了附条件上诉。其他两个起诉方欧盟和日本未提出上诉。

## （一）《加入议定书》特定条款和《马拉喀什协定》及所附的多边贸易协定的关系

专家组认定，《加入议定书》第 1.2 条第二句话和《马拉喀什协定》第 12.1 条的法律效果是使《加入议定书》整体成为《马拉喀什协定》的"组成部分"，而《加入议定书》的条款不是《马拉喀什协定》所附多边贸易协定的组成部分。中方对上述裁决提出上诉。

### 1. 中方主张

中方主张，《加入议定书》不是独立协定，其特定条款基于与《马拉喀什协定》所附的多边贸易协定的内在联系构成该多边贸易协定的"后续协定"从而成为其一部分。

首先，《加入议定书》第 1.2 条和《马拉喀什协定》第 12.1 条为《加入议定书》作为《马拉喀什协定》及其所附多边贸易协定一部分提供了法律基础。《加入议定书》第 1.2 条规定的，"本议定书……应成为 WTO 协定的组成部分"。本条所指的"WTO 协定"，不能解读为仅是《马拉喀什协定》本身；通过解读上下文，指的应是《马拉喀什协定》和其所附多边贸易协定。这在《马拉喀什协定》第 12.1 条"此加入适用于本协定及所附多边贸易协定"的规定上也得到印证。

其次，1994 年后的加入议定书不在《关于争端解决规则与程序的谅解》（DSU）附录 1 规定的可适用争端解决机制的"适用协定"（covered agreements）列表中，也不具有多边贸易协定的诸多特征（如不包括具有一般例外或安全例外条款，或者不具有修改条款），这些事实证明 1994 年后的加入议定书不是自成体系独立存在的。起草者无需使 1994 年后的加入议定书具有这些特征，因为起草者意图让加入议定书的特定条款，根据其规定的具体内容，成为与其具有"本质联系"的《马拉喀什协定》或某个多边贸易协定的组成部分。

第三，根据《维也纳条约法公约》第 30 条的含义，加入议定书的具体条款构成与其具有"本质联系"的多边贸易协定的"后续协定"，从而成为该协定的组成部分。

### 2. 起诉方主张

起诉方主张，《加入议定书》第 1.2 条所指的"WTO 协定"仅是指《马拉喀什协定》本身，《加入议定书》是《马拉喀什协定》的一部分，而不是其所附多边贸易协定的组成部分。中方的"本质联系"说没有文本依据。

### 3. 上诉机构裁决

关于《马拉喀什协定》第 12.1 条。上诉机构认为，《马拉喀什协定》第 12.1 条规定了加入世贸组织的一般规则。该条款的第一句规定了完成加入行为需要加入方和世贸组织议定加入"条件"，第二句则表明此类加入行为适用世贸组织一揽子协定的权利义务，包括《马拉喀什协定》及所附多边贸易协定。然而，第 12 条并没有直接分析《加入议定书》的条款和《马拉喀什协定》及其多边贸易协定的条款之间的关系问题，也没有建立任何《加入议定书》条款（例如第 11.3 条）和适用协定条款（例如 GATT1994）之间的实质联系。

关于《加入议定书》第 1.2 条。上诉机构没有支持专家组关于《加入议定书》第 1.2 条关于"WTO 协定"范围的解释。上诉机构认为，《加入议定书》中通篇使用的术语"WTO 协定"可能既有广义含义也有狭义含义，这符合《马拉喀什协定》第 2.2 条和第 12.1 条所反映的一揽子承诺原则。但是上诉机构认为，第 1.2 条中"WTO 协定"术语的范围对于本案争议的《加入议定书》与《马拉喀什协定》及多边贸易协定关系问题，不是必要的，因此不需要在本案中解释第 1.2 条"WTO 协定"术语的范围。

上诉机构将其论证的重点放在了《加入议定书》第 1.2 条中的"组成部分"。上诉机构认为，"组成部分"才是《加入议定书》第 1.2 条的关键术语，它同《马拉喀什协定》第 12.1 条一道，共同承担将《加入议定书》纳入世贸一揽子权利义务的功能。《加入议定书》第 1.2 条的效果是：《马拉喀什协定》、多边贸易协定和《加入议定书》共同构成了一揽子权利义务规定，应一起解读。

**《加入议定书》和《马拉喀什协定》及其所附多边贸易协定的关系。**上诉机构认为,《加入议定书》第 1.2 条，特别是议定书构成 "WTO 协定" "组成部分" 的表述，实质上构建了议定书条款权利义务与现有《马拉喀什协定》及其所附多边贸易协定下的一揽子世贸权利义务之间的桥梁。

但是，上诉机构还认为，任何权利和义务都不能从世贸法律体系的一个部分自动转移到另一个部分。《加入议定书》第 1.2 条构建桥梁关系的事实本身不能解决如下问题：《加入议定书》单个条款和《马拉喀什协定》及其所附多边贸易协定现有义务之间是否存在客观联系，以及中方是否可以援引这些协定的例外条款来抗辩对《加入议定书》的违反。

据此，上诉机构驳回了中方解释，认定专家组做出的如下裁决并无错误："《加入议定书》第 1.2 段第二句的法律效果" 并不是 "《加入议定书》的单个条款均构成《马拉喀什协定》所附多边贸易协定的组成部分"。

值得注意的是，上诉机构的裁决并没有停留在对专家组的支持，而是继续对《加入议定书》特定条款与多边贸易协定关系进行了解释。

上诉机构认为，这一关系问题，特别是这些多边贸易协定的例外规定是否可以适用于对《加入议定书》义务违反的问题，必须基于条约解释的习惯国际法对相关条款进行全面分析，并考虑该争端的具体情况做出解答。该分析必须起始于对《加入议定书》相关条款的文本分析，并考虑该条款上下文，包括《加入议定书》本身和《加入工作组报告》的相关内容，以及 WTO 法律体系内的各协定。该分析必须同时考虑到世贸体系 "一揽子协定" 的总体结构和其他相关解释因素，并且必须考虑每一争端的具体情况，包括涉案措施和被诉违反条款的性质。

从上诉机构这段附带裁决可以看出，上诉机构已经不动声色地调整其在九种原材料案中对于其他多边贸易协定中例外条款适用于加入议定书义务的解释，给中国《加入议定书》其他条款适用例外规定留下了解释空间。

## （二）涉案出口配额措施是否与自然资源保护有关

在这一上诉点，中方主张专家组裁决有两个错误：其一，专家组错误地解释了GATT1994第20条（g）项的词语"与……相关"（related to），专家组认为只需考虑争议措施的总体结构和设计，不需考虑措施的实施效果。其二，专家组错误地认定出口配额向国内消费者发出了"负面信号"，进而裁决出口配额与资源保护无关。

### 1. 关于GATT1994第20条（g）项的词语"与……相关"的解释

中方认为，尽管专家组认识到不能在脱离措施背景的情况下孤立地分析措施，但是专家组没有考虑措施在中方资源保护综合政策背景下的现实运作，实质上进行了孤立的分析，构成了法律错误。专家组应当考虑：作为实现资源保护目标的手段，贸易管理体制和国内措施在市场中如何运作。

起诉方认为，专家组并未被禁止在GATT1994第20条（g）项的审查中考虑措施的效果。然而，当专家组已经证明由于措施的设计和结构存在基本缺陷，导致措施和保护目标之间无法建立真实的联系时，包括措施效果在内的其他因素就不再相关。

上诉机构认为，尽管在审查措施是否与保护资源"有关"时，不要求专家组审查措施的效果，但是，GATT1994第20条（g）项也不禁止专家组这样做。措施是否与资源保护"有关"必须基于个案分析，通过仔细审查该争端的事实和法律背景才能确定。据此，上诉机构认定，专家组关于"（g）项下的分析不要求评估相关措施的实际影响"的表述没有错误，同时，上诉机构认为这一表述并不表明专家组认为自己不应该审查中方出口配额或其他资源保护政策在有关市场运作的证据。

### 2. 关于出口配额是否向国内消费者发出了增加对涉案产品消费的负面信号

中方认为，专家组已认定出口配额可以向外国使用者发送有效资源保护信号，证明出口配额同保护资源有关。此外，即使出口配额有向国内使用者发送增加消费的"负面信号"，中方采取的资源保护综合政策也足以弥补这种负面信号。

　　起诉方认为，专家组事实上分析了中方提交的证据，但依旧认定中方未能证明其出口配额措施在设计和结构上与资源保护"有关"。起诉方不认同中方主张专家组已裁定出口配额可以向外国使用者发送有效的资源保护信号。

　　上诉机构认为，尽管专家组在原则上接受了鼓励外国消费者探寻其他供应来源"可以"与资源保护目标有关，以及出口配额"可以"发送这一信号，但是，专家组基于对在案证据的审查没有认定出口配额"确实"发送了这样的信号。同时，仅凭中方实施了国内生产限制这一事实不一定会抵销出口配额的"负面信号"。据此，上诉机构未支持中方对此问题的上诉。

## （三）"同等待遇"（even-handedness）要求

　　专家组认定 GATT1994 第 20 条（g）项第二句存在"与限制国内生产或消费一同实施"存在额外的"同等待遇"要求，并要求资源保护措施的负担在国内外消费者或生产者之间平衡分配。中方对专家组提出的"同等待遇"要求提出上诉。

　　中方认为，"同等待遇"仅仅是一种表明进口或出口限制必须同国内限制"一同实施"的简略表达方式。GATT1994 第 20 条（g）项不要求证明施加给国外消费和国内生产或消费的负担是平等或均衡的。

　　起诉方认为，专家组的解释是正确的，与 GATT1994 第 20 条（g）项的以往判例一致。（g）项要求违规措施同国内限制之间存在广泛的结构对应，以判明前者同后者"一同实施"。资源保护的负担必须在国内外消费者之间均衡分配，如果不存在这种均衡分配，很难认为该贸易措施可以同国内生产或消费限制一同实施。

　　上诉机构认定，在要求措施"与限制国内生产或消费一同实施"之外，GATT1994 第 20 条（g）项没有施加"同等待遇"要求。"与限制国内生产或消费一同实施"这一表述要求：当存在违反 GATT1994 的措施时，必须对国内生产或消费施加有效的限制。这种限制必须是"真实的"，必须补充对国际贸易的限制。但是，GATT1994 第 20 条（g）项不要求证明其管理体制平等分配了资源保护负担。因此，上诉机构认定，专家组错误地裁定资源保护负担需要平等分配，例如，在国外消费者和国内生产者、消费者之间平等分配。

虽然中方赢下了"同等待遇"这一上诉点，但上诉机构认为出口配额措施仍不符合 GATT1994 第 20 条（g）项的其他要求和前言，出口配额措施最终仍被认定违反了世贸规则。

## （四）美方关于证据问题的上诉

专家组已认定中方的出口关税和出口配额措施不符合世贸规则，美方却在专家组报告发布后第 15 天，抢在中方之前提出了附条件上诉。美方的上诉请求非常简单，即专家组拒绝接受美方在诉讼最后阶段提出的证据，违反 DSU 第 11 条和第 12.4 条。美方对上诉所附的条件是，如果中方不对专家组报告提出上诉或者上诉机构不根据中方的诉求推翻专家组裁决，上诉机构就不必处理美方上诉提出的问题。

美方为什么要提出这么一个简单而奇怪的上诉呢？明显是醉翁之意不在酒。本案专家组报告发布 1 天后，世贸组织发布了中国诉美国关税法修订案（DS449）的专家组报告。在 DS449 中，专家组未能支持中方关于美关税法修订案违反世贸规则的诉请，美方料定中方会提出上诉。美方反复向中方表示，由于稀土案报告发布在前，如中方提出上诉，应该先上诉稀土案，而后上诉DS449。

根据 DSU 规定，专家组报告发布后当事方就有权提出上诉，不受报告发布顺序的限制，美方此要求没有任何规则依据。作为 DS449 案的起诉方，中方更有动力尽快推动上诉程序，而中方是稀土案被诉方，自然希望能够有更多的时间准备上诉。因此，中方决定自是先上诉 DS449，再上诉稀土案。

美方自知其要求没有法律依据，在中方上诉 DS449 的当天匆忙炮制了这个简单而奇特的上诉请求，意图干扰上诉顺序。由于 DS449 和稀土案在同一天上诉，如何确定上诉顺序没有明文规定。经中方据理力争，上诉机构通过抽签决定了上诉顺序，中方的规则权益和诉讼权益得到了维护。

由于中方措施仍被上诉机构认定为违反世贸规则，根据美方上诉所附条件，上诉机构并未对美方上诉请求做出裁决。

## 五、案件的启示和评价

### （一）利益之争：中方真的败了吗？

稀土之诉，美欧日可谓是步步为营，谋划多年，意在一击即中。从裁决本身看，出口关税和出口配额措施被认定违反世贸规则，中方执行了裁决，于2015年取消了稀土、钨、钼相关涉案产品的出口关税与出口配额。由此看，中方似乎是败了。但是对于解决政府间纠纷的世贸案件来说，不能像私人民事案件那样简单地根据具体诉点的得失评判胜败，要看裁决对于成员政策和经贸利益的长远影响。

评判稀土案的胜与败，还要回到实行稀土出口管理措施的初心。稀土出口关税和出口配额，本意在于通过抑制出口、减少需求实现保护资源与环境的目标。但是，这种需求端而非供给侧的控制只能治标，难以治本。国内开采无序化的问题未能得到根治，非法开采屡禁不止，冶炼分离产能扩张过快，生态环境破坏和资源浪费严重，高端应用研发滞后，出口秩序较为混乱[1]。九种原材料案的败诉更是给稀土出口管理制度敲响了警钟。出口关税和出口配额措施无论从国际规则上还是在实际效果上看，都不是解决环境和资源保护问题的良药。

为促进稀土行业持续健康发展，加快转变稀土行业发展方式，国务院于2011年发布了《国务院关于促进稀土行业持续健康发展的若干意见》（以下简称《若干意见》），确立了我国稀土行业源头管理的框架，规定加强和改善行业管理，依法开展稀土专项整治，切实维护良好的行业秩序，调整优化产业结构。

中方在稀土案中积极应诉，对资源主权的坚决主张，争取到了专家组的支

---

[1]《国务院关于促进稀土行业持续健康发展的若干意见》，国发〔2011〕12号，http://www.gov.cn/zwgk/2011-05/19/content_1866997.htm，2021年5月4日访问。

持。专家组确认"世贸成员享有对其自然资源的永久主权是一项基本原则"[①]，"有利用其自然资源去促进自身发展的权利，同时鼓励为保证可持续发展而管理此类利用"[②]。这一裁决明确了稀土源头管理的国际法依据与基础，为稀土的管理从重出口限制向重源头管理的调整扫清了规则障碍。

在执行裁决取消稀土出口关税和出口配额措施的同时，国家不断优化稀土产业结构，严格实行开采、冶炼分离总量控制管理，严厉打击"黑稀土"。2018年12月，工业和信息化部等十二部门发布《关于持续加强稀土行业秩序整顿的通知》，加强重点环节管理，不断增强行业自律，提升行业发展质量。国内稀土行业供给结构进一步优化。

由于国内监管不断强化与优化、出口监测及时，在取消稀土出口配额后没有出现事先担心的出口激增、价格暴跌的情况。以2018年为例，据海关统计，中国出口稀土53031.4吨，同比小幅增长3.6%；金额为5.145亿美元，同比增长23.7%；平均价格9.7美元/千克，同比大涨19.41%。[③]

在稀土案裁决执行过程中，虽然不可否认经历了阵痛，但促进了管理体制的完善，提高了效益，优化了供给，产业获得了长足的发展。从这个角度看，稀土案中方不仅没有败，而且取得了胜利。美国于2020年9月30日发布的"稀土法令"（《解决依赖外国关键矿物对国内供应链构成威胁的行政命令》）佐证了这一点。在稀土案中口口声声要求中国放开稀土出口限制的美国，改称中国稀土矿对美国国家安全形成了"卡脖子"威胁，必要时可能限制进口。这惊天的逆转，除了反映了美国贸易保护主义的抬头，也印证了中国稀土源头管理政策的有效性。

## （二）规则之争：WTO-PLUS义务能受到例外规则的保护吗？

中方在加入世贸组织时承诺了大量超世贸规则（WTO-PLUS）的义务，

---

① 美国、欧盟、日本诉中国稀土、钨、钼出口管理措施案，专家组报告，第7.265段。
② 同上，专家组报告，第7.265段。
③ https://www.sohu.com/a/289061077_179368，2021年5月5日访问。

此类义务的性质是什么？能不能援引世贸规则中的例外条款抗辩？这个看似不言自明的问题成了在多个案件中困扰中方的法律难题。如上所述，在九种原材料案中，世贸组织上诉机构对于中国《加入议定书》的解释采用了严格到僵化的文本解释方法，要求《加入议定书》条款只能适用明确并入的各多边贸易协定的例外条款。这种解释方法无疑减损了成员保护环境与资源保护、安全、公共道德等固有权利，是不符合新加入成员谈判本意的。而中方如不能在此问题上突围，影响的将不仅仅是出口关税问题，而会导致中方所有超世贸义务的承诺都不能受到例外条款的保护。

在本案中，中方追本溯源，直接论证《加入议定书》条款与《马拉喀什协定》及其所附多边贸易协定关系这一基础问题，为《加入议定书》条款适用多边贸易协定例外条款找到了坚实的法理依据。

在中方有理有力的论证下，上诉机构明显认识到九种原材料案对于例外条款的适用解释过于机械以致错误地减损了成员的权利，从而认定"某一条款是否包含对某一适用协定（例如 GATT1994）、适用协定的某一条款（例如 GATT1994 第 8 条或第 20 条）或笼统的《马拉喀什协定》的明确文本引用，不是决定性的要素"[1]。这实际上否定了九种原材料案裁决中关于适用 GATT1994 第 20 条一般例外条款必须在《加入议定书》中有明确文字联系（text linkage）的认定。上诉机构在本案中确定的关于《加入议定书》特定条款和多边贸易协定关系的分析方法，即考虑具体争端情况的全面分析方法，和中方解释其实并无根本性区别，相当于已认可在《加入议定书》的具体条款与某个多边贸易协定具有密切联系的情况下，《加入议定书》条款构成该协定的一部分并适用该协定下的例外条款。

遗憾的是，上诉机构虽然修正了以往裁决中错误的解释方法，但没有更大的勇气完全纠正其错误，依然认定根据出口关税条款的具体情形不能使用 GATT1994 第 20 条抗辩。这恐怕也是上诉机构的局限所在。但无论如何，上

---

[1] 美国、欧盟、日本诉中国稀土、钨、钼出口管理措施案，上诉机构报告，第 5.61 段。

诉机构最新的解释给中方今后就《加入议定书》其他条款援引多边贸易协定中的例外条款进行抗辩留下了空间。这也是本案在条约解释问题上取得的最大突破。

### （三）制度之争：原材料出口限制和世贸规则兼容吗？

虽然专家组和上诉机构在其报告均反复强调，出口配额制度本身并非与世贸规则绝对互斥，只需满足 GATT1994 第 20 条各项和前言要求，仍有符合世贸规则的可能性。但不同于珍稀动植物资源，用于工业生产的原材料类产品的出口配额措施符合 GATT1994 第 20 条的难度非常高。原材料本身就在国内，加强开采和生产环节的管理即可实现保护资源和环境的目标，很难证明在限制开采和生产的同时为何还需要出口配额来保护资源和环境。

但是，这不意味着世贸规则不允许采取任何出口限制措施。首先，出现短期的国内短缺，GATT1994 第 11.2 条允许采取临时的出口限制措施。其次，世贸规则也允许成员基于基本安全利益考虑采取必要的措施。因此，在必要的情况下，我们依然可以依据规则管理出口维护合法权益。而在加入世贸组织二十周年的今天，面对贸易新业态蓬勃发展，中国从贸易大国向贸易强国转型的需求，更应高度关注的是如何使外贸管理手段的升级促进贸易的健康稳定发展，而不是运用传统的限制手段管理新发展格局下的对外贸易。这也是本案带来的最大启示与警醒。

**附件**

美国、欧盟、日本诉中国稀土、钨、钼出口管理措施案
（DS431/DS432/DS433）大事记

2012 年 3 月 13 日，美欧日提出磋商请求。

2012 年 4 月 25—26 日，磋商。

2012 年 6 月 12 日，起诉方提出设立专家组请求。

2012 年 7 月 23 日，专家组设立。

2012 年 9 月 24 日，专家组组成。

2012 年 10 月 30 日，美方提交第一次书面陈述。

2012 年 12 月 20 日，中方提交第一次书面陈述，同时提出先期裁决请求。

2013 年 1 月 17 日，第三方书面陈述。

2013 年 1 月 21 日，起诉方评论先期裁决请求。

2013 年 1 月 25 日，中方评论。

2013 年 1 月 30 日，起诉方再次评论。

2013 年 2 月 15 日，中方就出口税提交书面实质性抗辩。

2013 年 2 月 26—28 日，专家组第一次听证会和第三方会议。

2013 年 3 月 14 日，各方书面答复问题。

2013 年 4 月 25 日，各方评论对问题的答复。

2013 年 5 月 31 日，各方提交第二次书面陈述。

2013 年 6 月 18—19 日，专家组第二次听证会。

2013 年 7 月 8 日，各方答复专家组第二轮问题单。

2013 年 7 月 17 日，各方评论答复。

2013 年 10 月 23 日，专家组向中美双方提交中期报告。

2013 年 12 月 13 日，专家组向当事方提交最终报告。

2014 年 3 月 26 日，专家组报告正式散发。

2014 年 4 月 8 日，美方提出上诉。

2014 年 4 月 17 日，中方对美方提出交叉上诉。

2014 年 4 月 25 日，中方对欧、日上诉。

2014 年 5 月 1 日，中美双方提交被上诉方书面陈述。

2014 年 5 月 13 日，欧日提交被上诉方书面陈述。

2014 年 5 月 16 日，第三方提交书面陈述。

2014 年 6 月 4—6 日，上诉听证会在日内瓦举行。

2014 年 8 月 7 日，上诉机构报告正式散发。

2014 年 8 月 29 日，争端解决机构会议通过专家组报告和上诉机构报告。

校稿：蒋成华、于宁

# 不预设门槛的损害调查登记程序何来扭曲？

## —— 美国诉中国汽车反倾销反补贴措施案(DS440)评析

王希

国内产业是损害调查的对象。调查机关在损害调查中，对国内产业进行适当的定义是保障损害调查和裁决客观中立的前提和基础。本案是继美国诉中国白羽肉鸡反倾销反补贴措施案（DS427）之后，又一个支持中国调查机关在国内产业定义方面的程序和实践的世贸争端案件裁决。不同的专家组得出一致的结论 —— 中国调查机关的损害调查登记程序不预设条件，保障了调查程序的中立性，由此定义的国内产业没有受到扭曲。

## 一、案件背景和诉讼程序

### （一）案件背景

2009 年 9 月 9 日，中国商务部（以下简称调查机关）收到中国汽车工业协会代表国内产业提交的反倾销反补贴调查申请，请求对原产于美国的排气量在 2.0 升及 2.0 升以上进口小轿车和越野车进行反倾销和反补贴调查。2009 年 11 月 6 日，调查机关发布立案公告，决定对上述产品进行反倾销和反补贴调查（商务部 2009 年第 83 号公告和第 84 号公告）。在登记应诉期内，通用（美国）公司、福特（美国）公司、克莱斯勒（美国）公司、梅赛德斯-奔驰美国国际公司及戴姆勒股份公司（并称为梅赛德斯-奔驰（美国）公司、宝马美国斯帕坦堡工厂（宝马（美国）公司）、美国本田制造有限公司及美国本田有限公司（本田（美国）公司）和三菱汽车北美公司（三菱（美国）公司）登记应诉参加反倾销和反补贴调查。同日，调查机关还发布了国内产业损害调查通知。除中国汽车工业协会登记应诉外，没有其它利害关系方作为国内生产商登记参与调查。前述 7 家应诉的美国企业作为外国生产商和出口商也参加了损害调查。12 月 28 日，三菱（美国）公司退出了调查。

2011 年 3 月 8 日，本案申请人提出请求，希望将调查范围修改为排气量在 2.5 升及 2.5 升以上的部分美国进口小轿车和越野车。调查机关接受了上述请求。

2011 年 4 月 2 日，调查机关发布初裁公告，初步认定被调查产品存在倾销和补贴，且对国内产业造成了实质损害。

2011 年 5 月 5 日，调查机关发布终裁公告，裁定在调查期内，被调查产品存在倾销和补贴，中国国内产业受到实质损害，且倾销与实质损害之间存在因果关系，裁定反倾销税率为 2.0%—21.5%，反补贴税率为 6.2%—12.9%（部分应诉企业反补贴税率为 0）。自 2011 年 12 月 15 日起征税，期限为 2 年。

## （二）诉讼进程

### 1. 磋商阶段

2012 年 7 月 5 日，美方就上述反倾销和反补贴措施向中方提出磋商请求，启动世贸组织争端解决程序。世贸组织争端解决案件编号为 DS440。

2012 年 8 月 23 日，中美双方按照世贸组织争端解决程序进行了磋商，但磋商未能解决争端。

## 2. 专家组阶段

2012 年 9 月 17 日，美方提出设立专家组请求。2012 年 10 月 23 日，世贸组织争端解决机构（DSB）设立了专家组审理本案。

哥伦比亚、欧盟、印度、日本、韩国、阿曼、沙特阿拉伯和土耳其作为第三方参与本案专家组程序。

2013 年 2 月 11 日，总干事组成了以下专家组：主席皮埃尔·佩蒂格鲁先生（Pierre Pettigrew）、成员安德烈娅·玛丽·布朗（Andrea Marie Brown）女士和埃尼·奈里·德·罗斯女士。

2014 年 5 月 23 日，专家组报告向世贸组织成员散发。2014 年 6 月 18 日，DSB 通过专家组报告。

## 3. 执行阶段

2013 年 12 月 13 日，调查机关发布《关于终止对美部分进口汽车产品双反措施的公告》（2013 年第 85 号公告），宣布自 2013 年 12 月 15 日起，对原产于美国的排气量在 2.5 升以上的进口小轿车和越野车终止征收反倾销税和反补贴税。

## 二、涉案措施和主要诉请

本案涉案措施为《关于原产于美国的部分进口汽车产品反倾销调查和反补贴调查的终裁公告》（商务部公告 2011 年第 20 号）。

美方诉请包括（1）申诉书损害数据的非保密摘要违反《反倾销协定》第 6.5.1 条和《补贴与反补贴措施协定》（以下简称《补贴协定》）第 12.4.1 条；（2）基本事实披露违反《反倾销协定》第 6.9 条；（3）所有其他企业税率的确定违反《反倾销协定》第 6.8 条、第 6.9 条、第 12.2 条和第 12.2.2 条以及附件 2 第 1 段，违反《补贴协定》第 12.7 条、第 12.8 条、第 22.3 条和第 22.5 条；（4）国内产业定义违反《反倾销协定》第 4.1 条和《补贴协定》第 16.1 条；（5）价格影响分析违反《反倾销协定》第 3.1 条、第 3.2 条和《补贴协定》第 15.1 条和第 15.2

条；（6）因果关系裁决违反《反倾销协定》第3.1条和《补贴协定》第3.5条。

## 三、专家组裁决

专家组阶段，双方的法律争议包括实体和程序两方面。其中，实体方面的问题包括所有其他企业税率计算、国内产业认定、价格影响分析、因果关系等。程序方面的问题包括保密信息处理、基本事实披露等。

### （一）"所有其他税率"的确定

调查机关在反倾销和反补贴调查中，需要对未登记应诉的生产者和出口商计算税率（称"所有其他企业税率"）。这样的企业对于调查机关来说是未知的企业，并未向调查机关提供相关证据，调查机关的做法是将其作为不合作企业，根据调查机关所获得的事实（称"可获得事实"）裁定相关税率。相关规定主要包括《反倾销协定》第6.8条和附件2以及《补贴协定》第12.7条。

《反倾销协定》第6.8条规定：如任何利害关系方不允许使用或未在合理时间内提供必要的信息，或严重妨碍调查，则初步和最终裁定，无论是肯定的还是否定的，均可在可获得的事实基础上做出。在适用本款时应遵守附件2的规定。[1]

《反倾销协定》附件2第1段规定：调查一经发起，调查主管机关即应尽快详细列明要求任何利害关系方提供的信息，及利害关系方在其答复中组织此类信息的方式。主管机关还应保证该方意识到，如信息未能在合理时间内提供，调查机关将有权以可获得的事实为基础做出裁定，包括国内产业调查申请中包含的事实。

对于反倾销调查，美方关于"所有其他企业税率"的诉求涉及两个方面：一是实体方面，根据《反倾销协定》第6.8条和附件2，不应使用可获得事实确定所有其他企业税率；二是程序方面，未满足《反倾销协定》第6.9条、第12.2条和12.2.2条规定的披露义务。

---

[1]《补贴协定》第12.7条文本大致相同，此处略。

### 1. 实体方面：是否应使用"可获得事实"确定所有其他企业税率

美方认为，在本案中，调查机关使用可获得事实确定所有其他企业税率违反了第 6.8 条和附件 2 第 1 段的规定，因为其在所发立案调查公告中未包含：（1）所要求的信息，（2）不提交所要求的信息可能导致调查机关基于可获得事实裁决税率这一后果。因此，未登记应诉企业不能作为不合作企业适用"可获得事实"认定其税率。

中方认为，调查机关采取了多种渠道通知被调查的美国生产者和出口商，调查机关将不前来登记为利益相关方的美国生产者和出口商认定为不合作企业并基于可获得事实确定其税率是合理的。

专家组做出了以下两点认定。

第一，调查机关可以通过公告的方式通知未知生产者和出口商。

专家组认为，调查机关采取了行动通知美方企业其启动调查，并在登记应诉时要求其提供必要信息。调查机关将立案公告发布在商务部网站上，并可在公共信息查阅室中查询。调查机关还向美国驻华大使馆转交了公告，请其转交被调查产品的生产者和出口商。虽然公告可能不是唯一的方式，专家组不排除公告这种方式。调查机关发出公告后，有 4 家未列在申请书中的美国生产商前来注册，这说明公告是调查机关可以采取的有效通知方式。因此，专家组认定，调查机关已合理地采取了相关步骤以通知未知生产者和出口商。

第二，中方没有在公告中提出适当的信息要求。

专家组指出，仅发布公告不代表调查机关可以使用"可获得事实"了。附录 2 第 1 段要求调查机关详细列明其要求利害关系方提供的信息。在本案中，调查机关在立案公告中除要求利害相关方提供公司基本信息、填写登记表之外，仅要求应诉方提供调查期内被调查产品出口至中国的数量和价值。在此后的调查问卷中，调查机关向 7 家登记应诉的美国生产者 / 出口商发放了完整的调查问卷，要求提供计算倾销幅度的所有方面的信息，调查机关以此计算单独税率。然而，调查机关使用申请书中所请倾销幅度作为可获得事实计算所有其他企业税率。这个倾销幅度必然建立在部分正常价值和部分出口价格的比较基础上，可能甚至还体现了一些调整。因此，调查机关用于计算所有其他企业税率的可获得事实包含了申请书中关于正常价值、出口价格和某些调整的信息。在专家组看来，调查机关所使用的可获得事实的范围比其在立案公告中要求的信息范围更广。立案公告中所要求的信息远远小于裁定倾销幅度所需信息的范围。

专家组认为，第 6.8 条规定，使用可获得事实裁决税率的条件是：（1）拒绝在合理期限内提供必要的信息，或（2）没有在合理期限内提供必要的信息，或（3）严重妨碍调查。专家组不认为没有登记应诉属于上述情形。专家组认定，本案调查机关所依赖的立案公告和登记表不充分，没有详细列出其要求美国企业提供的信息。调查机关在没有充分告知生产者和出口商要求其提供的所有信息的情况下，就在调查早期剥夺了相关生产者和出口商提供信息的机会。

因此，专家组认为调查机关适用可获得事实裁定所有其他企业税率的做法违反了第 6.8 条和附件 2 第 1 段的规定。

### 2. 程序方面：《反倾销协定》第 6.9 条基本事实披露及第 12.2 条、第 12.2.2 条项下的公告义务

（1）基本事实披露

《反倾销协定》第 6.9 条规定，主管机关在作出最终裁决之前，应将考虑中的、构成是否实施最终措施决定依据的基本事实通知所有利害关系方。此披露应使各方有充分的时间为其利益进行辩护。

美方认为，中方在裁决所有其他企业税率时没有披露以下基本事实，违反了《反倾销协定》第 6.9 条：（1）美国出口商是否拒绝查看必要信息或是否明显阻碍了调查；（2）为什么税率 21.5% 是适当的？（3）计算税率的细节。

中方抗辩称，调查机关在案卷中已经说明，确定所有其他企业税率的依据是申请书中的倾销幅度。因此，终裁披露包含了第 6.9 条所要求的所有相关事实。中方认为，调查机关的分析不属于第 6.9 条项下的披露范围。

关于上面三项内容中的第一项内容，专家组不同意美方观点，认为中方对此进行了解释。关于第二项内容，专家组认为，调查机关的决定是否适当是一个实体问题，此前已解决。关于第三项内容，专家组认为，"计算的细节"不

属于第 6.9 条披露的范围。

因此，专家组驳回了美方关于中方所有其他企业税率的相关披露不符合《反倾销协定》第 6.9 条的诉求。

（2）终裁公告披露

《反倾销协定》第 12.2 条规定，对于任何初裁或终裁，无论是肯定的还是否定的，按照第 8 条接受承诺的决定，此种承诺的终止以及最终反倾销税的终止均应做出公告。每一公告均应详细列出或通过单独报告详细提供调查主管机关就其认为重要的所有事实问题和法律问题所得出的调查结果和结论。所有此类公告和报告应转交其产品受该裁定或承诺约束的一个或多个成员，及已知与此有利害关系的其他利害关系方。

《反倾销协定》第 12.2.2 条规定，在规定征收最终反倾销税或接受价格承诺的肯定裁定的情况下，关于结束或中止调查的公告应包含或通过一份单独报告提供导致实施最终措施或接受价格承诺的所有有关的事实问题和法律问题及理由，同时应适当考虑保护机密信息的要求。特别是，公告或报告应包含第 12.2.1 条所述的信息，以及接受或拒绝出口商和进口商所提有关论据或请求事项的理由。

美方认为，中方未能在终裁中解释其在所有其他企业税率的裁决中适用可获得事实的事实和法律基础，违反了《反倾销协定》第 12.2 条和第 12.2.2 条规定。中方抗辩称，调查机关在终裁中非常清楚地对此进行了解释，明确说明调查机关适用的是申请书中所请的倾销幅度，并对原因进行了解释。

中方抗辩称，调查机关已经说明了确定所有其他企业税率的法律依据和事实依据，且终裁公告也披露了这部分内容。终裁提到，调查机关履行了通知义务，将未登记应诉的生产商认定为不合作的生产商，并基于申请书中的倾销幅度（可获得事实）确定了所有其他企业税率。

专家组认为，《反倾销协定》第 12.2 条和第 12.2.2 条规定的义务适用于调查机关处理的事实和法律问题及调查记录的潜在事实。调查机关是否应当以其他方式处理某一事实或法律问题，或者其是否未能解决某必须解决的问题，则是实体问题，不是第 12.2 条和第 12.2.2 条应解决的问题。

鉴此，专家组驳回了美方关于中方违反《反倾销协定》第 12.2 条和第 12.2.2 条的诉求。

此外，关于反补贴调查中的所有其他企业税率裁决，专家组认为《补贴协定》第 12.7 条、第 12.8 条、第 22.3 条和 22.5 条实质内容与《反倾销协定》第 6.8 条、第 6.9 条、第 12.2 条和第 12.2.2 条规定是一致的。因此，专家组采用了同样的论证，得出了如下结论：中方使用可获得事实裁决所有其他企业反补贴税率，违反《补贴协定》第 12.7 条，但并未违反《补贴协定》第 22.3 条和第 22.5 条。

### （二）国内产业定义

在损害调查中，调查机关需要对国内产业进行定义，然后才能进行调查。因此，国内产业定义是损害分析的基础。对于国内产业定义，《反倾销协定》和《补贴协定》均做出纪律规定。

《反倾销协定》第 4.1 条规定，就本协定而言，"国内产业"一词应解释为指同类产品的国内生产者全体，或指总产量构成同类产品国内总产量主要部分的国内生产者，除非：(i) 如生产者与出口商或进口商有关联，或他们本身为被指控的倾销产品的进口商，则"国内产业"一词可解释为指除他们外的其他生产者；(ii) 在特殊情况下，对所涉生产，一成员领土可分成两个或两个以上的竞争市场，在下述条件下，每一市场中的生产者均可被视为一独立产业：(a) 该市场中的生产者在该市场中出售他们生产的全部或几乎全部所涉产品，且(b) 该市场中的需求在很大程度上不是由位于该领土内其他地方的所涉产品生产者供应的。在此种情况下，则可认为存在损害，即使全部国内产业的主要部分未受损害，只要倾销进口产品集中进入该孤立市场，且只要倾销产品正在对该市场中全部或几乎全部产品的生产者造成损害。

《补贴协定》第 16.1 条规定，就本协定而言，"国内产业"一词，除第 2 款的规定外，应解释为指同类产品的国内生产者全体，或指总产量构成同类产品国内总产量主要部分的国内生产者，但是如生产者与出口商或进口商有关联，或他们本身为自其国家进口被指控的补贴产品或同类产品的进口商，则"国内产业"一词可解释为指除他们以外的其他生产者。

美方认为，调查机关使用登记程序将国内产业定义为愿意配合的国内生产者的做法，构成对国内产业的扭曲，且该定义不构成国内同类产品总产量的主要部分，不符合《反倾销协定》第 4.1 条和《补贴协定》第 16.1 条的规定。专家组分两步进行了分析。一是调查机关定义的国内产业是否被扭曲。二是该定义是否构成国内同类产品总产量的主要部分。

### 1. 国内产业定义是否被扭曲

美方关于国内产业定义扭曲的观点有二：（1）通过以参与损害调查的意愿为条件将国内生产者纳入国内行业定义，这是一种调查机关自行挑选的程序，由此定义的国内产业是一种扭曲的国内产业；（2）申请人中国汽车工业协会最终仅提供了其八个成员生产者的数据，从这些数据来看，美方认为，在本案中存在自行挑选。

中方抗辩认为，调查机关没有扭曲国内产业定义。首先，调查机关发布公告请求所有国内生产商登记参与损害调查，并没有妨碍任何国内生产商参与调查，所有国内生产商都有机会登记参与调查，反对调查的国内生产商也可以参与损害调查，并提供数据主张被调查产品没有对国内产业造成损害。其次，美方关于中国汽车工业协会自行挑选的主张完全是推测。调查机关的登记表提供给了所有中国汽车工业协会成员，这些成员可以自行决定是否参与调查。中国汽车工业协会有三分之一的成员都是与美国应诉方联营的合资企业，是这些合资企业决定不参与调查。

专家组对美方的两个观点均不予支持。关于美方所称调查机关自行挑选国内产业这一观点，专家组认为，仅仅因为某些生产商没有被纳入国内产业不能说明这些生产商被排除在国内产业定义之外。专家组认为，将生产商从国内产业中排除和调查机关在定义国内产业后遇到的信息收集问题是两回事。第 4.1 条和第 16.1 条没有就定义国内产业的程序和方法做出具体规定。从以往案例裁决看，为确保调查的有序性，调查机关必须被赋予一些灵活性，如对利害关系方参与并纳入国内产业范围设立最后期限。在本案中，中方先后发布了两份立案公告和两份要求利害关系方登记参与损害调查的公告，并附上了登记表格。登记表格包含一份调查问卷，邀请可能的登记方提供联系方式以及企业的产能、产量、存货、建设和扩建计划以及调查期内的进出口数量和金额等信息，并规定了 20 天的交卷期限。任何利害相关方都可以参与调查。在专家组看来，调查机关为利害关系方参与调查提供了均等的机会。调查机关的要求是中立的，不会导致业绩好的国内生产商不愿意参与调查。即使这些生产者选择不参加调查，也不是调查机关或其登记程序所导致。

关于美方所称中国汽车工业协会筛选国内产业这一观点，专家组认为这一论点建立在臆测之上，没有任何证据可以证明。《反倾销协定》和《补贴协定》没有规定调查机关定义国内产业的具体方法。专家组认为，表现较差的国内生产商会更强烈地支持反倾销或反补贴调查，仅反映贸易救济行动的现实。此外，《反倾销协定》第 5.4 条和《补贴协定》第 11.4 条的规定确保了当支持调查的国内生产者占总产量的 25% 以下时不能启动调查，支持调查的国内生产者占所有对调查表达意见（或支持或反对）的国内生产者产量 50% 以下时也不得启动调查。在此等法律架构下，国内产业通过自我选择参与调查而获得反倾销或反补贴措施的情况变得"极不可能"。

鉴此，专家组裁定，美方没有证明中方的调查过程导致其关于国内产业的定义因为自行筛选而造成扭曲，因此，美方没有证明中方违反《反倾销协定》第 4.1 条和《补贴协定》第 16.1 条。

### 2. 国内产业定义是否包含构成国内总产量的主要部分？

专家组称，其已驳回了美方关于中方国内产业定义程序有误的观点，因此，也不同意美方关于错误的程序导致国内产业定义没有构成国内总产量的主要部分这一观点。专家组发现，国内产业的生产者在调查期内占国内生产总值 33.54% 以上，甚至高达 54.16%。在美方没有进一步解释的情况下，专家组认为这些百分比并不低，更不必说要求调查机关证明其合理性。

专家组着重分析了美方以下两个观点。

美方认为，为了确保国内产业损害调查的准确性，获取相关经济因素的广泛信息，调查机关有义务在定义国内产业时纳入那些"国内总产量相对较高比例"的国内生产商。中方认为，调查机关定义的国内产业，即要求保密的 4 家国内汽车制造商和 4 家合资企业，满足了《反倾销协定》和《补贴协定》国内产业定义中关于主要部分的要求。专家组认为，美方的主张本末倒置了。虽然调查机关有义务广泛收集经济因素的信息，但在此前，调查机关必须先定义可以从中获得此类信息的国内产业。

美方认为，如果调查机关以占国内产量主要部分的生产商作为国内产业，那么这个国内产业定义必须能代表整个国内产量。中方认为，《反倾销协定》和《补贴协定》对国内产业定义没有特定的数量要求。当调查机关对国内产业的定义占国内总产量的比例较低时，上述协定没有要求调查机关说明其向国内产业定义范围之外的国内生产商收集数据工作中遇到的限制。专家组不同意美方主张。专家组认为，《反倾销协定》第 4.1 条和《补贴协定》第 16.1 条在国内产业定义上规定了两种不同的依据，即同类产品的国内生产者全体，或总产量构成同类产品国内总产量主要部分的国内生产者。这两种依据之间的关系是"或"，因此每个依据是同等有效的，两者之间无先后等级关系。如构成国内总产量主要部分的生产商被合理定义为国内产业，则这些生产商即构成了调查中的整个国内产业。

因此，专家组驳回了美方关于中方违反《反倾销协定》第 4.1 条和《补贴协定》第 16.1 条的诉求。其因此还驳回了美方关于中方违反《反倾销协定》第 3.1 条和《补贴协定》第 15.1 条的诉求。

## （三）价格影响分析

在损害调查中，调查机关要审查倾销进口产品对国内同类产品价格的影响。相关规定包括《反倾销协定》第 3.1 条和第 3.2 条（《补贴协定》第 15.1 条和第 15.2 条）规定。

《反倾销协定》第 3.1 条规定，就 GATT1994 第 6 条而言，对损害的确定应依据肯定性证据，并应包括对下述内容的客观审查：（a）倾销进口产品的数量和倾销进口产品对国内市场同类产品价格的影响，及（b）这些进口产品随之对此类产品国内生产者产生的影响。

《反倾销协定》第3.2条规定，关于倾销进口产品的数量，调查主管机关应考虑倾销进口产品的绝对数量或相对于进口成员中生产或消费的数量是否大幅增加。关于倾销产品进口对价格的影响，调查主管机关应考虑与进口成员同类产品的价格相比，倾销进口产品是否大幅削低价格，或此类进口产品的影响是否是大幅压低价格，或是否是在很大程度上抑制在其他情况下本应发生的价格增加。这些因素中的一个或多个均未必能够给予决定性的指导。

本案调查机关在反倾销和反补贴调查中分析了被调查产品的平均单位金额和国内同类产品的平均单位金额的趋势，随后对2006年、2007年、2008年前三季度和2009年前三季度的趋势进行了比较。通过比较，调查机关认为调查期内的被调查产品与国内同类产品[①]的价格趋势相同，为"平行价格"，加上被调查产品进口数量和市场份额在调查期内出现增长，调查机关由此认定，进口产品价格压低了国内同类产品的价格（简称价格压低）。

美方认为，调查机关的价格压低裁决在以下几个方面违反了相关规定。第一，调查机关关于价格压低的观点没有根据。进口产品和国内产品的价格并不是平行的。即使出现平行价格，调查机关也没有解释平行价格如何造成了价格压低。第二，被调查产品的价格在调查期内大部分时间都高于国内产品价格，这个事实削弱了调查机关的价格压低分析。第三，被调查产品和国内产品并不是同类的产品，调查机关却没有对年度平均单价进行调整，这是错误的。第四，调查期内，不仅被调查产品的市场份额有所增加，中国生产商的市场份额也增加了。调查机关忽视了这一证据。

中方对上述观点进行了逐条抗辩。第一，调查机关的平行价格结论是在统观整个调查期内价格趋势得出的结果。调查机关并不需要一个完美的价格相互

---

① 被调查产品范围为美国排气量在2.5升及2.5升以上的进口小轿车和越野车。国内同类产品为中国生产的排气量在2.5升以上的小轿车和越野车。

关系才能得到这一结论。第二，高价位的进口可能压低低价位国内产品的价格。第三，调查机关在价格压低分析中比较的是相对价格变动，且基于调查机关对被调查产品和国内同类产品的竞争关系分析，相关的价格调整是不必要的。第四，国内生产商市场份额在调查期内增加，原因是国内生产商面对激烈的竞争只能通过降低价格获得市场份额。此外，在 2006 年至 2009 年前三季度，被调查产品的市场份额增加了 3.5%，而同期国内同类产品的市场份额下降了大致相同的百分比。这表明被调查产品从国内产业抢走了市场份额。

专家组认为，《反倾销协定》第 3.2 条和《补贴协定》第 15.2 条没有详细规定调查机关进行价格影响分析的具体方法。专家组和上诉机构一般认为在这方面调查机关具有一定的裁量权，但这个裁量权并非没有限制。上述规定要求调查机关应在肯定证据的基础上进行客观调查。此外，专家组引用此前案例称，在被调查进口产品和国内同类产品之间进行比较时，调查机关必须确保货物之间具有价格可比性。对于调查机关的价格影响分析，专家组观点如下：

**1. 调查机关关于平行价格的观点缺乏证据支持**

首先，调查机关在审查平行价格时，没有基于被调查产品和国内同类产品的价格这一直接证据进行客观审查。案卷记录显示，自 2006 年至 2007 年，进口越野车和国产越野车价格走势呈不同方向。专家组认为，调查机关在裁决中应对这一事实加以分析，并在论证中给予更多的解释。

其次，专家组认为，调查机关没有在裁决中解释平行价格和价格压低如何影响国内产业价格，未能充分解释被调查进口品在价格压低中的作用。因此，专家组认定，中方对平行价格的裁定及价格压低的后果没有进行充分调查和解释。

**2. 调查机关在被调查产品价格普遍高于国内同类产品的情况下做出价格压低的裁决，缺乏分析和解释**

在调查期内，除了 2007 年，被调查产品的平均单价明显高于国内同类产品的平均单价（简称超价出售）。对于美方所称被调查产品超价出售原则上排除了存在价格压低的可能性这一观点，专家组并不认同。对于中方关于价格抑制和压低不要求进口价格比国内同类产品价格低的观点，专家组表示并不排除这种可能性。但是，中方的终裁没有反映出其对超价出售导致价格压低这一点进行了客观调查，没有解释调查机关如何考虑相关证据。调查期间，超价出售的情形很显著，特别是在 2009 年，超价出售幅度高于 30%。这些事实不但不能支持价格压低这个结论，相反，会推翻该结论。专家组裁定，中方关于价格抑制的分析缺乏分析和解释。

### 3. 调查机关在其价格影响分析中使用未调整的平均单价不合理

平均单价是终裁价格压低结论的依据。美方主张，中方没有对平均单价进行必要的调整以反映进口品和国产品的差异，违反了《反倾销协定》第 3.2 条和《补贴协定》第 15.2 条。中方则认为，被调查产品和国内同类产品之间具有足够的相似性，无需进行调整。专家组认为，虽然第 3.2 条和第 15.2 条没有明确要求调查机关在考虑价格影响时确保价格可比性，但考虑到上诉机构在美国诉中国取向电工钢反倾销反补贴措施案（DS414）中的裁决，专家组认为，《反倾销协定》第 3.2 条和《补贴协定》第 15.2 条要求调查机关在相似产品之中比较价格。此外，专家组还表示，调查机关仅认定国内产品与被调查产品是同类产品是不够的，这并不意味着中国越野车可以与进口越野车进行适当比较。首先，证据显示，应诉企业表示，被调查产品和国内同类产品的产品结构并不相同，竞争重叠性有限。第二，调查机关在其裁决中也承认被调查品与国内同类产品之间存在差异。专家组认为，在调查机关知道或应当知道两种产品存在不同的情况下，应进行更多的问询。然而，中方对此却没有进行任何讨论。此外，专家组驳回了中方关于价格压低不同于价格削减的观点，称在价格压低分析中，价格可比性虽然可能确实没有像在价格削减分析中那样直接相关，但由于被调查产品和国内同类产品分属于两个不同的产品篮子，平均单价的差异可能反映的是产品结构的差异，而非价格的差异。在本案这一类案件中，如果被调查方提出被调查产品与国内同类产品之间缺乏竞争重叠性，调查机关不处理这个问题就意味着没有对证据进行客观评价。因此，专家组裁定，中方关于价格压低的分析没有依据直接证据进行客观审查。

### 4. 从被调查产品市场份额增加无法得出价格压低的结论。

专家组认为，调查机关没有解释被调查产品市场份额增加与价格压低结论之间的关系，理由有二。首先，调查机关忽略了调查期内市场份额变化的主要趋势，忽略了中国汽车市场上其他影响因素的作用，特别是没有被认定为国内产业的中国生产商和第三国进口产品的作用。其次，调查机关在终裁中指出，2009年第三季度国内产业以降低价格来应对市场份额的流失，这与被调查产品市场份额增加之间没有关联，无法得出市场份额变动导致价格压低这一结论。因此，专家组裁定，调查机关没有对被调查产品市场份额增加进行客观审查。

综上，专家组裁定，调查机关关于价格影响分析的裁决不符合《反倾销协定》第3.1条、3.2条和《补贴协定》第15.1条、15.2条的规定。

## （四）因果关系

世贸组织关于反倾销、反补贴调查的因果关系的规定见《反倾销协定》第3.1条、第3.5条以及《补贴协定》第15.1条和第15.5条。[①]

《反倾销协定》第3.5条和《补贴协定》第15.5条规定：必须证明通过按第2款和第4款所列的倾销/补贴的影响，倾销/补贴进口产品正在造成属本协定范围内的损害。证明倾销/补贴进口产品与国内产业损害之间存在因果关系应以审查主管机关得到的所有有关证据为依据。主管机关还应审查除倾销/补贴进口产品外的、同时正在损害国内产业的任何已知因素，且这些其他因素造成的损害不得归因于倾销/补贴进口产品。在这方面可能有关的因素包括未接受倾销/补贴所涉及的产品的进口数量和价格、需求的减少或消费模式的变化、外国和国内生产者的限制贸易做法以及它们之间的竞争、技术发展以及国内产业的出口实绩和生产力。

美方主张，调查机关的因果关系分析不符合《反倾销协定》第3.1条和第3.5条以及《补贴协定》第15.1条和第15.5条的规定。首先，调查机关的国

---

①《反倾销协定》第3.1条和《补贴协定》第15.1条法律条文见上文。

内产业定义和价格影响分析中的错误导致了因果关系分析的错误。其次，美方认为，调查机关没有考虑以下事实：（1）有证据表明被调查产品所增加的市场份额是来自非国内产业的中国生产商和第三国进口，而非来自国内产业的市场份额；（2）调查期内，行业生产率大幅下降，劳动力成本上升，形成了共同影响；（3）被调查产品与国内同类产品之间缺少竞争；（4）表观消费量的大幅下降可能是 2009 年前三季度国内产业受损的原因；（5）调查期末生产力有所下降，而同期国内产业的平均工资有所上升；（6）大引擎汽车消费税提高对国内产业产生了影响。

中方认为，《反倾销协定》第 3.5 条和《补贴协定》第 15.5 条仅要求调查机关在考虑因果关系时证明被调查产品是造成国内产业损害的一个原因而不是唯一原因。中方证明了被调查产品造成了实质性损害。此外，调查机关的国内产业定义和价格影响分析符合相关规定，美方需提供确凿的证据证明中方违反了第 3.5 条和第 15.5 条。对于美方指控的那些中方没有考虑的证据，中方认为，（1）调查机关考虑了非国内产业中国生产商以及第三国进口的市场份额变化，认定非国内产业的中国生产商市场份额在调查期内变化不明显，第三国进口的市场份额在调查期内相对稳定，均不影响被调查产品与国内产业遭受损害之间的因果关系裁定。（2）中方考察了调查期内劳动生产力等 15 个其他产业指标，认为调查期内中方劳动力成本仅占总成本的 4%—9%，低劳动力成本没有对国内产业业绩的下降起到关键作用。（3）调查机关调查了被调查产品与国内同类产品之间的竞争重叠性，认为这两种产品是相似的、可比较的和可替代的。（4）调查机关充分考虑了 2009 年前三季度表观消费量的下降，认为尽管表观消费量下降，国内生产商在这段期间内的生产和销售一直保持增长。（5）美国应诉企业在调查中没有提出生产力下降的问题，因此，调查机关不需要考虑这一因素。（6）美方在专家组阶段提出的消费税增加的观点与应诉企业克莱斯勒（美国）公司在调查中提出的观点有差别。调查机关充分考虑了克莱斯勒（美国）公司提出的有关消费税增加的问题，但是，在消费税增加后生产和销售都增加，税收措施的变化并未对国内产业造成损害。

专家组对因果关系这一问题的总体考虑是，为确立因果关系，调查机关必须做出合理且充分的分析。被调查产品不需要是造成国内产业损害的唯一原因，只要是造成国内产业损害的一个原因即可。关于非归因分析，专家组认为调查机关没有责任去寻找可能对国内产业造成损害的所有其他因素，但是，一旦一个因素已知（如利害关系方在调查中清楚地提出该因素），则调查机关必须对该因素是否对国内产业造成了损害作出认定。

专家组认为，价格影响分析对于因果关系分析非常重要。当价格影响分析不符合相关规定时，要做出符合规定的因果关系分析是非常困难的。鉴于专家组已认定价格影响分析不符合相关规定，专家组认定因果关系分析也不符合《反倾销协定》第3.1条、第3.5条及《补贴协定》第15.1条和第15.5条。

此外，专家组对美方提出的可能导致损害的其他因素进行了分析，认为调查机关在因果关系分析中没有讨论未被纳入国内产业定义的中国生产商和第三国进口产品的市场份额；没有考虑产业生产力变化趋势；没有正确考虑应诉企业克莱斯勒（美国）公司提供的证据（克莱斯勒（美国）公司主张国内产品与进口产品占据不同的市场领域，二者缺少竞争重叠性）；没有适当审查表观消费量的下降是否导致了国内产业损害。但是，美方未能证明调查机关未适当审查平均工资增长及生产力下降共同导致国内产业损害。并且，由于2008—2009年期间国内产业的生产和销售没有下降，调查机关没有必要对克莱斯勒（美国）公司提出的消费税增加这一因素的影响进行分析。

综上，专家组裁决，调查机关的因果关系裁决违反《反倾销协定》第3.1条、第3.5条和《补贴协定》第15.1条、第15.5条的规定。

### （五）非保密摘要

在调查中，利害关系方提供的信息可能是保密信息。对保密信息进行适当的处理是《反倾销协定》和《补贴协定》的一项程序性要求。《反倾销协定》第6.5.1条和《补贴协定》第12.4.1条规定："主管机关应要求提供保密信息的利害关系方提供此类信息的非保密摘要。这些摘要应足够详细，以便能够合理了解以保密形式提交的信息的实质内容。在特殊情况下，此类利害关系方可表明此类信息无法摘要。在此类特殊情况下，必须提供一份关于为何不能进行摘要的原因的说明。"

美方主张，调查机关未能要求申请人就其提交的某些保密信息提供充分的非保密摘要，也未要求申请人就该信息不能摘要的原因提供说明，违反了上述规定。具体而言，申诉书涉及 12 项损害因素，包括产量比、投资回报率、工资、表观消费量、产能、产量、销量、库存、税前利润、员工人数、生产力和现金流。美方认为，涉及上述因素的非保密摘要不充分，其中的文字说明仅提供了概述，没有涉及保密信息的核心内容；表格中提供的年度百分比变化缺乏幅度指标，趋势图只有年份，没有刻度。

对此，中方进行了抗辩。第一，在评估非保密摘要是否符合相关规定时，应当基于《反倾销协定》第 3.4 条和《补贴协定》第 15.4 条所规定的实体义务进行评估。这就要求调查机关在审查影响国内产业状况的指标时，审查这些指标的变化趋势，而非这些指标本身绝对值的变化。在中国诉欧盟鞋反倾销措施案（DS405）中，专家组就采用了类似方法评估保密信息的实质内容。本案中，相关非保密摘要已足够详细，利害关系方完全可以合理了解相关信息的实质内容。美方寻求披露的是数据的绝对值，也是那些被保密处理的数据。第二，只有当利害关系方质疑非保密摘要的充分性时，调查机关才有义务去要求申请人提供充分的非保密摘要。在本案调查中，利害关系方并没有提出质疑。

专家组认为，判断非保密摘要是否足够详细，应当判断该摘要是否可让利益相关方合理理解保密信息的实质，该摘要必须足够详细，并且允许其他利益相关方回应和抗辩。当非保密摘要需要利害关系方去推断、推演和拼凑可能的非保密摘要时，调查机关没有履行其在上述规定项下的相关义务。

关于中方提出的第一点，即应根据相关实体规定（即《反倾销协定》第 3.4 条和《补贴协定》第 15.4 条）评估非保密摘要是否满足《反倾销协定》第 6.5.1 条和《补贴协定》第 12.4.1 条的规定，专家组不予支持。《反倾销协定》第 6.5.1 条和《补贴协定》第 12.4.1 条不涉及特定的实体义务。而《反倾销协定》第

3.4 条和《补贴协定》第 15.4 条没有就调查机关如何在损害分析中评估相关因素提供指导。因此，中方所称《反倾销协定》第 3.4 条和《补贴协定》第 15.4条事实上要求调查机关在发展趋势的基础上评估行业指标是没有依据的。鉴于损害分析的性质，将变化趋势作为非保密摘要无法满足《反倾销协定》第 6.5.1条和《补贴协定》第 12.4.1 条的要求。

关于中方提出的第二点，即利害关系方没有对非保密摘要提出质疑。专家组认为中方的论点没有法律依据。

专家组还深入到本案的具体细节中审查非保密摘要的充分性。本案共涉及12 项非保密摘要，每个摘要都包含一个表格，该表格的年度产业绝对值进行了保密处理。每个摘要含有文字说明，描述了表格中所显示数据的变化趋势，和 / 或与损害因素有关的折线图。此外，每个摘要还包含表格和 / 或折线图，表格显示期间百分比的年度变化数据，折线图描述同一时期的数据变化。专家组对文字说明、表格和折线图分别进行了分析。

1. 文字说明。文字说明中的绝对数值进行了保密处理。文字说明中的内容大多数或是与损害因素无关，或是仅仅陈述了被调查产品引起数据消极变化的结论。这些文字没有使利害关系方合理理解保密信息的实质内容。

2. 表格。表格中的年度百分比变化虽然不能反映数据的绝对变化幅度，但是绝对变化幅度并不是判断非保密摘要是否充分的关键因素。因此，包含百分比变化的表格可以使利害关系方合理理解保密信息的实质内容。

3. 折线图。由于折线图的纵轴没有刻度，因此不能确定其反映的百分比变化情况，单就折线图而言，其没有起到令利害关系方合理理解保密信息实质内容的作用。

基于上述原则，专家组将中方的非保密摘要分为两类，一类是数据进行了保密处理，且提供了百分比变化的保密信息。此类披露被专家组裁定符合《反倾销协定》第 6.5.1 条和《补贴协定》第 12.4.1 条的规定。另一类是数据进行了保密处理，但未提供百分比变化的保密信息。专家组裁定此类非保密摘要不符合上述规定。

### （六）基本事实披露

基本事实是调查机关裁决所依据的证据。《反倾销协定》要求调查机关披露基本事实，使利害关系方能够为其利益进行辩护。这是一项程序性要求。《反倾销协定》第 6.9 条规定，主管机关在做出最终裁决之前，应将考虑中的、构成是否实施最终措施决定依据的基本事实通知所有利害关系方。此披露应使各方有充分的时间为其利益进行辩护。

美方认为，中方未能在终裁前通知美国应诉企业构成适用反倾销税裁决基础的基本事实，违反了《反倾销协定》第 6.9 条。美方认为，中方应披露决定正常价值、出口价格和生产成本的数据和计算，包括对数据的调整。

中方认为，中方已向单独应诉企业发送了披露信函，符合第 6.9 条，美方没有提交调查机关提供给美国应诉企业的终裁披露的副本，未履行举证责任，无法证明中方的披露不符合相关规定。

作为回应，美方于第二次专家组听证会上提交了梅赛德斯-奔驰（美国）公司提交给调查机关的评论意见，美方认为该信函中包含了相关证据。

专家组支持了美方。虽然举证责任分配的一般原则是谁主张对方违反谁举证，但专家组发现，上诉机构在美国—羊毛衫（DS33）案中指出，一当事方应当为其声明的事实提供证据。在审查了美方提供的信函后，专家组认为，虽然美方没有证明调查机关的披露不符合《反倾销协定》第 6.9 条，但美方提供了支持其主张（中方没有向美国应诉企业披露基本事实）的表面证据，且中方没有反驳也没有提供相关证据。鉴此，专家组认定，美方已证明中方违反了《反倾销协定》第 6.9 条。

## 四、案件的启示与评价

在本案中，专家组在价格影响、因果关系、所有其他企业税率、非保密摘要等问题上做出的裁决为调查机关提供了重要的提示和参考，我们在今后的调查中宜给予充分重视。特别应当引起注意的是，价格影响分析是损害裁决的重要部分，如果出现问题将影响整个损害裁决及因果关系的成立。

## （一）国内产业定义

调查机关关于国内产业定义的做法得到了不同专家组的认可。一是本案和美国诉中国白羽肉鸡反倾销反补贴措施案（DS427）的专家组均认同调查机关的登记应诉程序，认为相关程序不预设条件，没有自我挑选过程，保障了程序的中立性，给国内生产商提供了均等的机会参与调查，通过此等程序定义的国内产业没有受到扭曲。二是，专家组认可调查机关将参加损害调查的国内生产企业作为国内产业定义的做法，认为这不是对国内产业的扭曲，这种做法符合《反倾销协定》第4.1条的要求。三是专家组指出，根据《反倾销协定》和《补贴协定》的相关规定，调查机关既可以将国内产业定义为所有国内生产者，也可以将其定义为产量构成国内总产量主要部分的生产者。这两种方式之间是"或"的关系，并不具有先后顺序。

## （二）价格影响分析

价格影响分析在整个损害裁决中的地位非常重要，直接影响因果关系分析是否成立。以下四点值得思考：一是，价格影响分析应当确保价格的可比性。在贸易救济案件中，应诉企业通常会提出，被调查产品和国内同类产品存在差异，或不具备竞争重叠性。这种情况下，调查机关宜给予回应，并对直接证据进行审查。如果不处理这个问题，简单比较被调查产品和国内同类产品的平均单位价格，会产生没有对证据进行客观审查的嫌疑。二是，调查机关在价格压低分析中不能仅考虑整体价格趋势，还应考虑调查期内价格趋势是否存在分歧以及价格变动的不同比率。如果价格变动存在不同的趋势，要在裁决中予以体现和解决。三是，得出平行价格这一结论并不是价格压低分析的终点。也就是说，不是存在平行价格，就一定能得出价格压低这一结论。调查机关还要分析平行价格对国内同类产品价格的影响。四是，专家组并未反对中方关于价格压低、价格抑制不要求被调查产品进口价格低于国内同类产品价格这一观点，但专家组认为调查机关应当在证据不支持存在价格压低这一结论成立时进行分析和解释，说明调查机关是如何得出价格压低这个结论的。这在调查和裁决的论证中当属应有之义。

## （三）使用可获得事实所有计算其他企业税率

在本案中，专家组认可调查机关以公告的方式通知未知生产者和出口商。但是，专家组没有支持中方使用可获得事实计算所有其他企业税率这一做法，理由是中方没有充分告知要求美国出口商提供什么信息以及未提供这些信息会导致调查机关适用可获得信息裁决税率。本案调查机关缺失的一环是在公告中明确提出其要求利害相关方提供的信息类型、范围以及不提供信息的后果。这是适用可获得事实的重要条件。调查机关采用的方式可能有多种，但应满足相关协定规定的要素和条件，适用可获得事实进行裁决时尤宜慎重。

**附件**

美国诉中国汽车反倾销反补贴措施案（DS440）大事记

2012 年 7 月 5 日，美方提出磋商请求。

2012 年 8 月 23 日，中美双方举行磋商。

2012 年 9 月 17 日，美方提出设立专家组请求。

2012 年 10 月 23 日，专家组设立。

2013 年 2 月 11 日，专家组组成。

2013 年 3 月 12 日，美方提交第一次书面陈述。

2013 年 4 月 22 日，中方提交第一次书面陈述。

2013 年 6 月 25 日，专家组举行第一次听证会。

2013 年 7 月 12 日，中美双方提交对专家组第一次听证会问题的书面回复。

2013 年 7 月 26 日，中美双方提交第二次书面陈述。

2013 年 10 月 15—16 日，专家组举行第二次听证会。

2013 年 11 月 1 日，中美双方提交对专家组第二次听证会问题的书面回复。

2014 年 2 月 21 日，专家组向当事方提交中期报告。

2014 年 3 月 24 日，专家组向当事方提交最终报告。

2014 年 5 月 23 日，专家组散发报告。

2014 年 6 月 18 日，世贸组织争端解决机构通过专家组报告。

校稿：于方

# 中国可诉补贴首被挑战以磋商落幕

## —— 墨西哥诉中国纺织品和服装补贴措施案（DS451）评析

施为

墨西哥诉中国纺织品和服装补贴措施案，涉及中国政府出台的适用于纺织品和服装生产企业的增值税、地方税的减免政策，以及贴现贷款、土地权、电价政策等，是发展中成员在世贸组织第一次对中国单独起诉的案件，也是世贸成员第一次就中国可诉补贴提起世贸争端的案件。

## 一、案件背景和诉讼程序

### （一）案件背景

2008 年前，墨西哥是对中国发起反倾销措施较多的国家之一。墨方曾先后对中方牛仔布、合成及人造纤维线和织物、棉府绸布、61—63 章的服装、

52—55 章面料产品征收反倾销税，涉及产品范围十分广泛。2008 年中墨两国政府签署《关于贸易救济措施的协议》，在墨方继续对中方征收反倾销税的 204 个税目中纺织服装类产品占 127 个，主要是化纤纱和服装，另有 673 个税号被立即取消征收反倾销税。2011 年 11 月协议到期后，墨方提出中方 3 个税号涤纶布（涤纶坯布、漂布和印染布）出口存在低价报关问题。

2012 年 10 月 15 日，墨西哥就中国纺织品和服装补贴措施正式提出世贸争端解决机制项下的磋商请求。墨方认为，中国中央和地方政府通过税收减免、优惠贷款、廉价土地、折扣电价、低价原材料、赠款等方式，向特定纺织品和服装产业生产商和出口商提供了一系列扶持措施，包括与世贸组织《补贴与反补贴措施协定》（以下简称《补贴协定》）《农业协定》《1994 年关税与贸易总协定》（以下简称 GATT1994）和《中国加入世贸组织议定书》义务不一致的禁止性补贴和可诉补贴。

## （二）诉讼进程

2012 年 10 月 15 日，墨方对中方提出世贸组织（WTO）争端解决机制项下的磋商请求，随附提交了 154 项"可获得证据说明"，又于 12 月 7 日提交了 74 项"补充可获得证据说明"。10 月 25 日，中方复函墨方接受其磋商请求。同日，欧盟要求参加磋商。10 月 26 日，澳大利亚和危地马拉要求参加磋商。10 月 29 日，巴西、秘鲁和美国要求参加磋商。10 月 30 日，洪都拉斯要求参加磋商。11 月 15 日，哥伦比亚要求参加磋商。

2012 年 11 月 7 日，墨方向中方提交了根据《关于争端解决规则与程序的谅解》（DSU）第 4 条、第 6 条进行磋商的问题单。中墨双方分别于 2012 年 11 月 21 至 22 日、2012 年 12 月 13 日、2013 年 3 月 19 日进行了三轮磋商。在磋商中，双方对各自关注的问题交换了意见，并愿意在遵守世界贸易组织规则的前提下，共同寻求双方满意的解决方法。此后，墨方未将案件推进至专家组阶段。

## 二、涉案措施与主要法律争议

### （一）涉案措施

1.特定企业团体（包括外商投资企业和高新技术企业）和特定地理区域（包括特定西部省区、特殊经济区和某些以特定农产品包括棉花的生产创收的地区）内的企业的所得税减免、抵消和退税。墨西哥认为，某些措施以使用中国产品为条件。如《中华人民共和国企业所得税法》《中华人民共和国外商投资企业和外国企业所得税法》《中华人民共和国企业所得税法实施条例》《中华人民共和国外商投资企业和外国企业所得税法实施细则》《国务院关于实施企业所得税过渡优惠政策的通知》《关于外商投资企业和外国企业购买国产设备投资抵免企业所得税有关问题的通知》《外商投资企业和外国企业购买国产设备投资抵免企业所得税管理办法》中，存在相关规定要求。

2.特定企业团体（包括外商投资企业）和特定地理区域（如经济开发区）内的企业购买设备进口税和增值税的减免和退税。墨西哥认为，某些措施以使用中国产品为条件。如《外商投资企业采购国产设备退税管理试行办法》《国务院关于调整进口设备税收政策的通知》中，存在相关规定要求。

3.对特定企业团体（包括外商投资企业）的地方税免除。如《关于外商投资企业和外国企业暂不征收城市维护建设税和教育费附加的通知》《关于深入实施西部大开发战略有关税收政策问题的通知》《国务院关于经济特区和上海浦东新区新设立高新技术企业实行过渡性税收优惠的通知》中，存在相关规定要求。

4.国有银行（包括政策性银行和名义上的商业银行）向工业规划文件中的重点产业和企业提供的低息贷款、延长还款期限、债务减免。墨西哥认为，中国的产业政策扶持特定服装和纺织产品的生产及其原材料供应，特定企业和企业团体得到中国银行的特殊待遇。地方政府提供贷款担保和贷款利息补贴支持。如《中华人民共和国商业银行法》《中国农业银行常熟支行扶持纺织和服装企业发展》中，存在相关规定要求。

5. 对特定地理区域（如经济开发区）内的企业的**土地使用权的价格优惠和相关费用的返还**。如《协议出让国有土地使用权规定》中，存在相关规定要求。

6. 对特定地理区域（如经济开发区）内的企业的**电价优惠**。如《关于加快河南省纺织工业结构调整指导意见的通知》《关于促进江西省纺织行业转型升级的指导意见》中，存在相关规定要求。

7. **在棉花的生产、销售、运输、加工、进口、出口以及使用环节提供的扶持**。通过税收减免、现金以及国有银行贷款形式给棉花种植者、运输者、加工者和纺织者提供支持。通过国营贸易企业、关税配额和其他方式干预国内棉花供应量。墨西哥认为，特定措施的提供系以出口实绩和在过程中使用国内产品而非进口产品为前提条件。如《纺织工业"十一五"发展纲要》《2011 年中央财政农作物良种补贴项目实施指导意见》《2011 年粮棉油糖高产创建项目实施指导意见》《关于促进我国纺织行业转变外贸增长方式支持纺织企业"走出去"相关政策的通知》中，存在相关规定要求。

8. **在化纤的生产、销售和使用环节提供的一系列扶持**。中国对中国石化行业具有绝对控制力，根据政府政策，国有化纤生产商在中国市场以低于市场价格（构成低于充分对价）销售化纤。墨西哥认为，特定措施的提供系以出口业绩和在过程中使用国内产品而非进口产品为前提条件。如《化纤工业"十二五"发展规划》中，存在相关规定要求。

9. 中国各级政府机构向指定产业内企业或从事中国政府产业政策中鼓励活动的企业**提供现金**。获得现金扶持的企业条件为：（1）至少为中国政府部分所有；（2）在服装和纺织业经营；（3）在中国政府指定的重点产业经营，曾被认定为重点企业，或生产重点产品并进行技术升级；（4）参与中国政府产业规划文件中所确定的研究活动；（5）拥有中国政府认定的著名或知名品牌或产品；（6）出口或向外国市场扩张。如《节能技术改造财政奖励资金管理办法》《中央财政农作物良种补贴资金管理办法》《中央财政清洁生产专项资金管理暂行办法》中，存在相关规定要求。

### （二）主要法律争议

墨方主张，有关涉案措施主要在以下几个方面违反世贸规则。

**1. 部分措施涉嫌构成可诉补贴**

《补贴协定》第1.1条规定，在一成员领土内，存在由政府或公共机构提供的财政资助，并因此而授予一项利益，应视为存在补贴。本案中税收减免、低价土地使用权及电价优惠等补贴系由中国政府提供，低息贷款、延长还款期限系由国有商业银行提供，构成由政府或公共机构提供财政资助，授予企业利益，涉嫌构成《补贴协定》项下的可诉补贴。

**2. 部分措施涉嫌构成禁止性补贴**

《补贴协定》规定的禁止性补贴分两种，一是第3.1条（a）项规定的法律或事实上视出口实绩为唯一条件或多种条件之一而给予的补贴（出口补贴），二是第3.1条（b）项规定的视使用国产货物而非进口货物为唯一条件或多种条件之一而给予的补贴（进口替代补贴）。政府设定对棉花、化纤生产、销售、使用提供税收减免、现金扶持、低息贷款等，将出口实绩作为给予补贴的前提条件，似有可能构成出口补贴。政府设定对特定企业团体（包括外商投资企业）和特定地理区域（如经济开发区）内企业的所得税的减免、购买设备进口税和增值税的减免、针对棉花、化纤生产、销售、使用提供税收减免等，将使用国产产品作为给予补贴的前提条件，似有可能构成进口替代补贴。

**3. 部分措施涉嫌违反《农业协定》相关条款**

《农业协定》第3条、第9条和第10条要求，成员不得对其减让表中所列农产品提供出口补贴。政府设定税收减免、现金扶持以及国有银行低息贷款等，给棉花种植者、运输者、加工者和纺织者提供财政资助，将出口实绩作为给予补贴的前提条件，似有可能构成《农业协定》项下禁止的出口补贴。

### 三、案件的解决

在磋商中，墨方表示希望可以通过磋商解决其关注。中方同样展现了解决争端的最大诚意，寻求解决方案，为两国产业界创造良好的环境，提供更多的便利，能切实造福双方。

通过磋商，双方阐述了各自的关注，为提高纺织品和服装行业的贸易环境的稳定性和可预见性交换了意见，墨方没有推进本案专家组程序。

## 四、案件的启示与评价

### （一）墨方起诉反映了当时条件下中国纺织品出口的竞争环境

中国与墨西哥同是纺织服装生产和贸易大国。总体上，墨方对中方纺织服装对墨出口具有较大戒心，将墨产业发展中遇到的困难归咎于中国对纺织、服装产业的补贴，以及对墨出口低价报关等问题。墨称中国补贴措施造成墨2001—2011 年在美国市场份额下降。事实上，纺织品和服装是一个充分竞争、市场化的产业，2001 年中国加入世贸组织后，美国逐步取消了对中国纺织品和服装的歧视性限制措施。中国纺织品和服装向美国出口的增加，是贸易逐步自由化的必然结果。中国纺织品的竞争力是由该行业自身的性质和中国的劳动力优势决定的，靠的是自身的比较优势，而不是所谓的补贴。

近年来，越南服装纺织行业充分利用人口红利、政策优势和地理条件，以及越南—欧盟自贸协定（EVFTA）等自贸协定取得跨越式发展，2020 年上半年，越南纺织服装以 130 亿美元出口总额成为仅次于中国的世界第二大纺织服装出口国。根据中国海关数据，2019 年中国纺织品服装累计出口金额为 2807 亿美元，同比下降 1.5%，增速低于上年 5.3%；2020 年 1—7 月，中国服装累计出口额为 664.02 亿美元，同比下降 16.58%。随着中国纺织品行业盈利与投资降幅明显，出口明显下降，涉中国纺织品争端也逐渐减少。

### （二）针对纺织品这类生产分散的消费品的国内可诉补贴通过世贸争端解决机制解决并非最佳途径

世贸组织争端解决机制处理的国内可诉补贴多为涉及大飞机等生产高度集

中的行业的补贴。以国际民用大飞机市场为例，长期以来由美国的波音和欧洲的空客公司所垄断，由于大飞机产业在国民经济、政治、科技、国防等方面特殊的战略地位，以及其长周期、高风险、高收益的产业特点，美欧政府都对各自的大飞机产业的发展给予各种形式的支持，也因此引发了一系列的争议。而波音和空客是市场上仅有的竞争者，补贴对于另一方产生的损害相对比较直接，证明难度较小。对于纺织品这类生产高度分散的消费品，证明存在《补贴协定》所要求的严重侵害、因果关系，难度较大。并且世贸争端耗时长，对于中小企业的救济效果短期不易显现。因此，对于这类补贴，世贸成员更倾向于通过反补贴措施的方式处理。

### （三）国内产业政策制定要以符合世贸规则的方式进行

中国在制定国内产业政策时，要严格做好合规性审查，依照世贸组织相关规则进行，避免授人以柄。特别是：

**1. 项目运作尽量市场化。**《补贴协定》并未禁止政府与企业之间的交易或合作，只要此类交易或合作遵循市场原则，不给予企业额外的利益。政府的项目运作，在可能的情况下要尽量市场化，并且要在相关文件上体现出对市场化因素的考虑。

**2. 政策文件应避免专向性补贴。**《补贴协定》并不是要禁止所有的补贴，如果补贴普遍可获得（即不具有专向性），《补贴协定》就不会干预。中国在政策文件制定过程中，应避免出现针对一个企业、一项产业或者一组企业或产业或某一地理区域的补贴，否则将涉嫌构成专向性补贴。但可以通过立法规定获得补贴资格和补贴数量的客观中立的标准或条件，如雇员数量或企业大小，并且在严格遵守这些标准或条件的情况下补贴可自动获取，则这样的补贴不易被认定为专向性补贴。

**附件**

墨西哥诉中国纺织品和服装补贴措施案（DS451）大事记

2012 年 10 月 15 日，墨西哥对中国提出磋商请求。

2012 年 10 月 25 日，中国接受墨西哥磋商请求。

2012 年 10 月 25 日，欧盟要求参加磋商。

2012 年 10 月 26 日，澳大利亚和危地马拉要求参加磋商。

2012 年 10 月 29 日，巴西、秘鲁和美国要求参加磋商。

2012 年 10 月 30 日，洪都拉斯要求参加磋商。

2012 年 11 月 15 日，哥伦比亚要求参加磋商。

2012 年 11 月 21—22 日，双方在日内瓦举行磋商。

2012 年 12 月 13 日，双方举行了电话会议后续磋商。

2013 年 3 月 19 日，双方在京举行磋商。

校稿：于方

# 低端产品、中端产品与高端产品的价格影响分析

## —— 日本、欧盟诉中国高性能不锈钢无缝钢管反倾销措施案（DS454/DS460）评析

施为

价格影响分析是反倾销调查中损害分析的核心内容，根据《反倾销协定》规定，价格削减和价格抑制是常用的两种分析方法，也是在损害调查和裁决部分极易受到挑战的核心问题。继美国诉中国取向电工钢反倾销反补贴措施案（DS414）、欧盟诉中国 X 射线安检设备反倾销措施案（DS425）、美国诉中国白羽肉鸡反倾销反补贴措施案（DS427）、美国诉中国汽车反倾销反补贴措施案（DS440）之后，本案是又一起中方被诉贸易救济案件，价格影响分析是本案中最核心的法律争议，也是决定中方措施最终是否被裁违规的核心问题。而在这一问题上，专家组和上诉机构进行了截然不同的论证并得出截然不同的结论，尽管两份报告均未改变中方措施整体最终被裁定违反世贸规则的结果，但这对规则的解释和发展具有重要意义。

## 一、案件背景和诉讼程序

### （一）案件背景

2011 年 7 月 15 日，商务部（以下称调查机关）收到江苏武进不锈钢管厂集团有限公司和常熟华新特殊钢有限公司代表国内相关高性能不锈钢无缝钢管产业正式提交的反倾销调查申请，请求对原产于欧盟和日本的进口相关高性能不锈钢无缝钢管产品（以下称被调查产品）进行反倾销调查。

2011 年 9 月 8 日，调查机关发布立案公告，决定对原产于欧盟和日本的进口相关高性能不锈钢无缝钢管进行反倾销立案调查。住友金属工业株式会社、神钢特殊钢管株式会社（以下简称"Kobe"）、吐巴塞克斯不锈钢管公司（以下简称"Tubacex"）、沙士基达曼内斯曼不锈钢管公司（以下简称"SMST"）、沙士基达曼内斯曼不锈钢管德国公司、沙士基达曼内斯曼不锈钢管意大利公司、IBF S.P.A 公司、山特维克材料科技有限公司、山特维克国际贸易（上海）有限公司、欧洲钢管协会、上海市对外贸易浦东有限公司等有关公司向调查机关登记应诉。

2012 年 5 月 8 日，调查机关发布初裁公告，认定被调查产品存在倾销，中国国内产业受到了实质损害，而且倾销与实质损害之间存在因果关系。

2012 年 11 月 8 日，调查机关做出最终裁定（2012 年第 72 号公告），认定被调查产品存在倾销，中国国内产业受到实质损害，且倾销与实质损害之间存在因果关系。决定自 2012 年 11 月 9 日起，中国对原产于日本的进口被调查产品征收 9.2%—14.4% 的反倾销税，对原产于欧盟的进口被调查产品征收 9.7%—11.1% 的反倾销税，实施期限为 5 年。

### （二）诉讼进程

2012 年 12 月 20 日，日本针对中国对其无缝钢管的反倾销措施提出世贸组织（WTO）争端解决机制项下的磋商请求，正式启动了 DS454 案的争端解决程序。2013 年 6 月 13 日，欧盟针对中国对其无缝钢管的反倾销措施提出 WTO 争端解决机制项下的磋商请求，正式启动了 DS460 案的争端解决程序。

2013 年 4 月 11 日和 8 月 16 日，日本和欧盟分别向 WTO 提出申请设立专家组的请求。2013 年 5 月 24 日和 8 月 30 日，争端解决机构分别设立了 DS454 和 DS460 案的专家组。DS454 案的第三方成员为：欧盟、印度、韩国、俄罗斯、美国、土耳其和沙特阿拉伯。DS460 案的第三方成员为：日本、韩国、印度、土耳其和美国。

2015 年 2 月 13 日，争端解决机构公布了专家组报告。针对专家组裁决，日本于 2015 年 5 月 20 日向争端解决机构就 DS454 提起上诉，中方于 2015 年 5 月 26 日向争端解决机构提起交叉上诉。中方于 2015 年 5 月 20 日向争端解决机构就 DS460 提起上诉，欧方于 2015 年 5 月 26 日向争端解决机构提起交叉上诉。承担审理本案的上诉机构成员包括：主席彼得·范登博舍（Peter Van den Bosche）、成员里卡多·拉米雷斯 – 埃尔南德斯（Ricardo Ramírez-Hernández）和托马斯·格雷厄姆（Thomas Graham）。2015 年 10 月 14 日，争端解决机构向世贸组织各成员方散发了 DS454 和 DS460 案上诉机构报告。10 月 28 日，争端解决机构通过了本案专家组报告和上诉机构报告。

## 二、涉案措施与主要法律争议

本案的涉案措施为：调查机关作出最终裁定（2012 年第 72 号公告），自 2012 年 11 月 9 日起，对原产于日本的进口被调查产品征收 9.2%—14.4% 的反倾销税，对原产于欧盟的进口被调查产品征收 9.7%—11.1% 的反倾销税，实施期限为 5 年。案件的主要法律争议包括：

### （一）关于倾销的认定

为确定倾销幅度，《反倾销协定》要求调查机关比较出口价格与正常价值，正常价值有时需要通过原产国的生产成本与管理、销售和一般费用（以下简称三项费用）以及利润金额之和进行构建。第 2.2.2 条要求三项费用的数额"必须基于同类产品在正常贸易中生产与销售的实际数据"。第 2.4 条要求对出口价格和正常价值进行公平比较，"根据每一案件的具体情况，适当考虑影响价格可比性的差异，包括物理特征方面的差异"。

仅欧方在 DS460 项下提出了关于倾销认定的主张，其主张，调查机关未能依据被调查的出口商或生产商的记录和实际数据确定管理、销售和一般费用以及利润的金额，特别是其推定的三项费用以及利润的金额不能反映被调查的出口商或生产商的记录和实际数据，违反了《反倾销协定》第 2.2 条、第 2.2.1条、第 2.2.1.1 条和第 2.2.2 条。调查机关未能基于出口价格和正常价值的公平比较证明倾销幅度的存在，特别是未能依据可比出口交易的价格比较证明倾销幅度的存在，违反了《反倾销协定》第 2.4 条和第 2.4.2 条。调查机关拒绝接受在实地核查期间获得的、与倾销幅度有关的信息，违反了《反倾销协定》第 6.7条及附件 1 第 7 段的规定。

### （二）关于价格影响分析

《反倾销协定》第 3.1 条规定，损害认定应以"肯定性证据"为基础，并对倾销进口产品的数量、对国内市场同类产品价格的影响、对此类产品国内生产者产生的影响进行"客观审查"。《反倾销协定》第 3.2 条规定，关于倾销产品进口对价格的影响，调查机关应考虑与进口成员同类产品的价格相比，倾销进口产品是否大幅削低价格，或此类进口产品的影响是否是大幅压低价格，或是否是在很大程度上抑制在其他情况下本应发生的价格增加。

欧、日方关于损害的主张高度重合，两方主张，调查机关的产业损害决定未能依据肯定性证据，也未能客观审查被调查的倾销进口产品的数量和倾销进口产品对国内市场同类产品价格的影响。特别是在价格影响分析中，中方未能对低端产品 A、中端产品 B、高端产品 C 三个不同型号的被调查产品以及全部的高性能不锈钢无缝钢管产品进行适当的分析，未考虑数量差异，不适当地裁定被调查的进口产品对国内同类产品的价格有整体性的影响。因此，中方违反了《反倾销协定》第 3.1 条和第 3.2 条。

### （三）关于国内产业的影响分析

《反倾销协定》第3.4条规定，关于倾销进口产品对国内产业影响的审查应包括对影响产业状况的所有有关经济因素和指标的评估，包括销售、利润、产量、市场份额、生产力、投资收益或设备利用率实际和潜在的下降；影响国内价格的因素；倾销幅度大小；对现金流动、库存、就业、工资、增长、筹措资金或投资能力的实际和潜在的消极影响。

欧、日方主张，调查机关关于倾销进口对国内产业的影响分析：（i）未能基于肯定性证据，并根据涉案进口产品的数量及其价格影响对涉案进口产品给国内产业的影响进行客观审查；（ii）未能评估影响国内价格的因素以及倾销幅度的大小；（iii）未能客观审查相关经济因素和指标的相对重要性，并不适当地忽略了表明国内产业未遭受损害的大部分因素和指标。因此，中方违反了《反倾销协定》第3.1条和第3.4条。

### （四）关于因果关系分析

《反倾销协定》第3.5条规定，应证明通过按第2款和第4款所列的影响，倾销进口产品正在造成属本协定范围内的损害。证明倾销进口产品与对国内产业损害之间存在因果关系应以审查主管机关得到的所有有关证据为依据。主管机关还应审查除倾销进口产品外的、同时正在损害国内产业的任何已知因素，且这些其他因素造成的损害不得归因于倾销进口产品。在这方面可能有关的因素包括未以倾销价格销售的进口产品的数量和价格、需求的减少或消费模式的变化、外国与国内生产者的限制贸易的做法及它们之间的竞争、技术发展以及国内产业的出口实绩和生产率。

欧、日主张，调查机关对进口被调查产品与对国内产业所称损害之间存在的因果关系的证明：（i）未能依据肯定性证据进行客观审查；（ii）基于不适当的价格影响分析以及有缺陷的国内产业影响分析，包括对影响国内产业状况的相关经济因素和指标未能进行适当的评估或考虑，在倾销进口产品的数量没有大幅增长的情况下，裁定倾销进口产品造成了损害；（ⅲ）未能依据肯定性证据客观审查除被调查进口产品外的、同时正在损害国内产业的因素，并将这些其他因素造成的损害不适当的归因于倾销进口产品。因此，中方违反了《反倾销协定》第 3.1 条和第 3.5 条。

## （五）关于可获得的事实

根据《反倾销协定》第 6.8 条和附件 2 第 1 段，调查机关应"详细列明（要求未知出口商提供的）信息"，或"确保"未知出口商"意识到，如信息未能在合理时间内提供，调查机关将有权以可获得的事实为基础做出裁定"。

日方主张，调查机关不恰当的依据可获得事实计算除住友金属工业株式会社、神钢特殊钢管株式会社外的其他所有日本公司的倾销幅度。欧方主张，中国不恰当的依据可获得事实裁定适用单独倾销幅度外的其他所有欧盟企业的倾销幅度。因此，中方违反了《反倾销协定》第 6.8 条和附件 2 第 1 段。

## （六）关于基本事实披露

《反倾销协定》第 6.9 条要求，调查机关应将考虑中的、构成是否实施最终反倾销措施依据的基本事实通知所有利害关系方，使各方有充分的时间为其利益进行辩护。

欧、日主张，调查机关未披露证明倾销存在、倾销幅度计算（包括相关数据）、损害和因果关系裁定（包括其中使用的进口价格和国内价格）、所有其他税率所依据的基本事实，违反了《反倾销协定》第 6.9 条。

## （七）关于保密信息处理

《反倾销协定》第 6.5 条规定，调查机关需要客观评估保密请求方提出的"正当原因"。第 6.5.1 条规定，就调查机关根据第 6.5 条裁定需要保密的信息而言，调查机关有义务"要求提供信息的非保密概要，以及有义务确保摘要'足够详细，以便能够合理了解以机密形式提交的信息的实质内容'"。如果无法提供非保密概要，第6.5.1条要求当事方"确定例外情况，提供一份关于为何不能进行摘要的原因的说明"。调查机关必须审查这些说明，以裁定当事方是否确定了例外情况，以及所提供的理由是否解释了为什么无法进行摘要。

欧、日主张，调查机关将申请人提供的信息按保密信息处理而未说明正当原因；未要求申请人提供足够详细的、以便相关方能够合理了解保密信息实质内容的非保密概要，以及不能进行摘要的原因说明。因此，中方违反了《反倾销协定》第6.5条和第6.5.1条。

## 三、专家组裁决

### （一）关于倾销的裁定

#### 1. 型号B产品的三项费用认定

为构建正常价值，2011年10月9日，调查机关向应诉的境外生产商发放了反倾销调查问卷，并要求其提交准确、完整的答卷。2011年11月21日，SMST等提交了答卷。2012年2月28日，应调查机关要求，SMST向调查机关提交了补充问卷答卷。调查机关采用了SMST答卷中表格6-3的数据（其中包括两个免费样品交易），通过生产成本乘以相关系数得到了三项费用。本项争议的焦点问题是，这个含有两项免费样品交易的三项费用的数据，是否反映了正常贸易中生产和销售同类产品的实际数据。

欧方主张，中方没有依据SMST记录的实际数据，也没有采用合理反映型号B产品生产和销售成本的方法计算三项费用。中方采用SMST调查问卷答卷中的表格6-3是错误的，因为表格6-3包括了预计发生的管理费用，而不是实际发生的费用；且包括了两个免费的样品交易，这是没有代表性的。

中方主张，表格6-3反映的是实际数据，使用的相关系数是对实际生产成本的"反映"，SMST日常即使用这些系数，可能是用来修正计算三项费用时被忽视的成本，因此也是实际数据。《反倾销协定》第2.2.2条仅要求"根据"实际数据来计算费用，并没有要求计算结果和实际一样。

专家组认为，一个不带偏见的客观的调查机关在没有充分证据支持的情况下，不能假设基于扭曲的样品成本的三项费用有可能被系数修正。调查机关使用了不属于正常贸易过程中的免费样品交易费用的数据，违反了《反倾销协定》第 2.2.2 条的规定。

## 2. 型号 C 产品的公平比较

在调查问卷中，调查机关要求 SMST 列出它的产品类型并依据《反倾销协定》第 2.4 条对这些产品型号进行比较。SMST 在其调查问卷答卷中并没有指出欧盟本地市场上的型号 C 产品和出口中国的型号 C 产品有差异，后来在对调查机关初裁前披露的评论、实地核查、终裁前披露的评论中提出，"钢管外直径的巨大差异……影响了价格可比性"，因为"薄直径钢管需要更多的轧制／回火，导致产品成本和价格的上涨"，而且"薄直径钢管不能在主锅炉系统中使用但能在次级锅炉系统如温度测量或阀门控制中使用"。该项争议的焦点是：SMST 在答卷中未提出而在之后提出的物理特征差异，调查机关是否应当考虑。

欧方主张，在计算型号 C 产品的正常价值时，调查机关没有考虑 SMST 提出的在欧盟销售的产品与出口到中国的产品之间的物理特征差异，没能采取任何措施控制影响价格可比性的物理特征差异，或做出必要的调整以确保公平比较。

中方认为，SMST 在填写问卷时并没有指出欧盟本地市场上的型号 C 产品和出口中国的型号 C 产品之间的差异。后来 SMST 提出差异存在时，既没有提出证据来证明物理特征差异存在，也没有量化说明因此而造成的价格差异。SMST 前后表达相互矛盾，实际上并没有提出过可被证实的物理调整的请求。

专家组援引上诉机构在中国诉欧盟紧固件反倾销措施案（DS397）中的裁决[①]认为，在比较产品时，调查机构没有义务考虑所有差异，但应考虑企业提出请求的要求考虑的差异。专家组确认，虽然 SMST 一开始并未指出差异，但随后多次指出差异的存在。在反倾销调查中，只要有适当的证据证实，相关方

---

① 中国诉欧盟紧固件反倾销措施案（DS397）上诉机构报告，第 519 段。

可以做出和先前陈述不同的新陈述，特别是在案件有新动态时。因此专家组不接受中国关于"SMST 表达前后矛盾因此实际上并没有提出过任何可被证实的物理调整请求"的主张。

专家组还认为，根据上诉机构在中国诉美国轮胎特保案（DS399）案中确定的原则[1]，在 WTO 争端解决期间，成员不能使用调查机关未用过的新理由来解释该国调查机关之前的作为。中方"SMST 实际上并没有提出过任何可被证实的请求"的主张属于"事后找理由"，专家组不予考虑。

鉴此，专家组认为调查机关不考虑 SMST 请求的行为违反《反倾销协定》第 2.4 条。

### 3. 实地核查期间新证据的接收

在实地核查前，调查机关要求 SMST 准备与表 6-5（利润率）有关的文件。在实地核查中，SMST 对调查机关首次提出，其由于疏忽而在问卷答卷中重复计算了某些财务支出，希望修正表 6-6（管理费用分摊明细表）和表 6-8（财务支出分摊明细表）中的信息。调查机关表示，因 SMST 没有在实地核查前提出需要对信息更正，拒绝接受其更正请求。该项争议的焦点在于：（1）调查机关在实地核查时接受相关方提出的新信息的标准；（2）中方是否利用了《反倾销协定》第 6.8 条规定的"可获得的事实"。

欧方主张，一是调查机关仅因为 SMST 没有在实地核查前提出需要对信息更正，就拒绝接受 SMST 对问卷答卷双重计算的更正，违反了《反倾销协定》第 6.7 条及附件 1 第 7 段。二是中方在确定倾销幅度时，没有考虑所有可核实的、适当提交的可用于调查而无不当困难的、及时提供的信息，构成对《反倾销协定》第 6.8 条及附件 2 第 3 段、第 6 段的违反。

中方主张，第 6.7 条规定的实地核查是调查机关的权利，该条没有规定接受新信息的义务。欧盟基于《反倾销协定》第 6.8 条及附件 2 的主张和案件事实毫无关系，中方根本没有使用"可获得的事实"来做出任何决定。

---

[1] 中国诉美国轮胎特保案（DS399）上诉机构报告，第 329 段。

专家组认为，在实地核查时，调查机关没有义务接受相关方提交的所有信息，没有义务接受调查中发现的新信息，也没有义务接受大量的更新信息。但是，专家组指出，SMST 试图修正的表 6-6 和表 6-8 中的信息与调查机关明确要求准备的与表 6-5 有关的信息有着"明确的直接联系"。考虑到附件 1 第 7 段"实地核查的主要目的是核查信息"，本案中调查前调查机关特别向 SMST 提出了准备与表 6-5 有关的文件，但后来"仅依据 SMST 没有在核查开始前提出这一问题"而拒绝相关信息，违反了实地核查的主要目的。因此，中国违反了《反倾销协定》第 6.7 条和附件 1 第 7 段。

此外，专家组驳回了欧盟的请求，并同意中方观点，认为调查机关没有利用可获得的事实。专家组认为，中国最终使用的是 SMST 的答卷表格 6-3，而该信息并不是《反倾销协定》第 6.8 条中"可获得的事实"。

### （二）关于损害的裁定

#### 1. 价格影响分析

在调查机关的调查期内，被调查产品项下有三个型号的产品，A 为低端产品，B 为中端产品，C 为高端产品。被调查进口产品整体上保持了约 50% 的市场份额，但其中 90% 都是中高端产品 B、C；尽管国内产品整体上也占有约 50% 的份额，但主要都由低端产品 A 构成。整体上，被调查进口产品价格高于国内产品价格。对于具体型号，调查机关没有裁定 A 是否存在价格削减，终裁中认定型号 A 产品仅在 2008 年有极少量的进口，"实质影响有限"，裁定型号 B 和 C 产品存在价格削减。专家组的相关裁决主要涉及以下几个主要问题：

（1）型号 C 产品的进口数量与国内产量间的差异是否影响价格可比性

欧、日方提出，型号 C 产品的进口数量和国内产量间存在显著差异（进口产品的市场份额超过 99%，而国内产品的市场份额低于 1%），两者的价格不具有可比性。调查机关未考虑数量差异，不合理地比较了 2009 年至 2010 年期间两者的价格，该价格比较不足以论证存在价格削减，从而违反了《反倾销协定》第 3.1 条和第 3.2 条。

中方认为，调查机关在最终裁定中考虑了数量差异，即 2009 年和 2010 年的进口型号 C 产品和国内型号 C 产品之间存在相似的数量差异（这两年进口产品的市场份额都超过 99%，而国内产品的市场份额都低于 1%），保证了价格具有可比性。此外，《反倾销协定》第 3.1 条和第 3.2 条并没有要求调查机关进行解释，也没有规定如何解释数量差异。

首先，专家组不同意中方对于欧、日方在本项争议下主张的理解。专家组引用了欧、日方提交的书面陈述和口头陈述中的相关语句并指出，欧、日方的主张不仅涉及调查机关未能解释数量差异，更涉及数量差异所影响的价格可比性这一实质问题。

接着，专家组根据《反倾销协定》第 3.1 条指出，调查机关在分析价格影响时必须依据"肯定性证据"进行"客观审查"，这意味着调查机关在比较倾销进口产品价格和国内价格时必须保证这些价格是可比的。美国诉中国取向电工钢反倾销反补贴措施案（DS414）的专家组报告也支持了这一观点[1]。专家组认为，显著的数量差异可能影响价格可比性，必须在分析价格影响时予以考虑。

然后，专家组分析了中方"保证了价格具有可比性，两产品存在相似的数量差异"的抗辩，认为调查机关并没有解释数量差异的存在何以能确保价格可比性，更没有解释这一事实如何消除价格扭曲的风险。

基于上述分析，专家组认定，调查机关在比较进口型号 C 产品价格和国内型号 C 产品价格时，没有合理地解释其数量差异，违反了《反倾销协定》第 3.1 条和第 3.2 条。

（2）对型号 C 产品的价格削减认定除考虑低价外是否还需考虑其他因素

欧、日方认为，《反倾销协定》第 3.2 条表明，不能仅依据进口产品价格和国内价格间存在金额上的差距就认定存在价格"削减"，调查机关必须审查价格差异是否促使进口产品价格对国内价格造成了价格削减的影响。本案中，国内型号 C 产品于 2010 年价格上涨 112.80%，而进口型号 C 产品价格下降

---

[1] 美国诉中国取向电工钢反倾销反补贴案（DS414）专家组报告，第 7.530 段。

36.32%，由此才导致进口型号 C 产品价格低于国内同类产品。进口型号 C 产品和国内型号 C 产品的价格动态变化和显著价格差异表明，前者的价格没有对后者价格造成显著的削减影响，且两者在调查期内不存在竞争关系。

中方认为，根据《反倾销协定》第 3.2 条，倾销进口产品低于国内价格销售即构成价格削减，无需考虑其他因素。调查机关已经合理地认定，国内型号 C 产品是进口型号 C 产品的同类产品，两者间具有可替代性，存在竞争关系。

首先，专家组分析了美国诉中国取向电工钢反倾销反补贴措施案（DS414）上诉机构报告，上诉机构认为，在分析价格压低和价格抑制时，调查机关应分析倾销进口产品价格是否对国内价格具有解释力；而在分析价格削减时，调查机关应通过比较倾销进口产品价格和国内价格在两者间建立联系，没有要求证明前者对后者具有解释力。[①] 专家组指出，上诉机构的上述分析与《反倾销协定》第 3.2 条的规定是一致的。第 3.2 条规定，调查机关应考虑是否存在显著的价格削减，这表明调查机关必须审查调查期间是否存在价格削减的事实。这只是一个价格高低的事实问题，无需证明解释力的存在。然而，第 3.2 条对价格压低和价格抑制的审查要求更高，"进口产品的影响"（the effect of such imports）等用语表明，调查机关还需特别审查倾销进口产品价格是否对其价格影响具有解释力。

然后，对于欧、日方依据权威词典对"削减（undercut）"的定义提出的主张，专家组指出，有其他权威词典仅仅将"削减"定义为"低价销售"。考虑到第 3.2 条的上下文，欧、日方的这一理由不能成立。

最后，专家组指出，如果要求调查机关证明价格削减产生了压低或抑制价格的影响，将导致第 3.2 条规定的不同价格影响间的重复。

基于上述分析，专家组驳回了欧、日方的主张，认为调查机关在认定价格削减时，无需考虑进口价格是否对国内价格造成向下的压力，中方没有违反《反倾销协定》第 3.1 条和第 3.2 条。

---

[①] 美国诉中国取向电工钢反倾销反补贴措施案（DS414）上诉机构报告，第 137 段。

（3）对价格削减的认定是否应当整体评估不同型号产品的价格影响

欧、日方认为，首先，调查机关并未裁定型号 A 产品存在价格削减，也没有分析型号 B 产品和型号 C 产品对型号 A 产品存在价格影响，却将型号 B、C 产品的价格削减结论延伸到国内同类产品整体，违反了《反倾销协定》第 3.1 条和第 3.2 条。其次，由于国内大部分生产的是型号 A 产品，而小部分型号 B 和型号 C 产品与之并不存在竞争关系，所以型号 B、C 产品的价格削减影响并不"显著"（significant）。

中方认为，首先，调查机关在考虑价格削减时并未涉及型号 A 产品，第 3.2 条也并未要求就整个国内同类产品考虑价格削减。其次，如果专家组认为第 3.2 条要求整体考虑国内同类产品，调查机关指出由于高级别产品（型号 B、C）能够替代低级别产品（型号 A），所以已经合理地认定了不同型号产品间的价格关联关系。

专家组认为，欧、日方错误地理解了调查机关的裁定范围。调查机关只是在认定型号 B 和型号 C 产品存在价格削减后，裁定倾销进口产品价格对国内价格产生了相对较大的影响，而并没有认定型号 A 产品存在价格削减，也没有作交叉型号的价格分析。

专家组认为，第 3.1 条和第 3.2 条并不要求在考虑价格削减时整体考虑国内同类产品。第一，第 3.1 条中的"同类产品（like products）"词语前并未使用定冠词"the"，表明并不要求在分析价格影响时整体考虑国内同类产品。第二，第 3.2 条中的"同类产品（a like product）"词语前使用了不定冠词"a"，表明并不要求调查机关将被调查产品与国内同类产品整体进行比较。第三，欧、日方提出，第 3.1 条中的"国内市场（the domestic market）"词语前使用了定冠词"the"。但这仅仅表明应当使用国内市场的价格，而不是任何其他市场，并不能支持欧、日方的主张。

专家组认为，欧、日方的第二项主张建立在上述对第 3.2 条的错误理解之上。专家组援引了美国—陆地棉案（DS267）的专家组报告[1]，认为在考虑型号 B 和型号 C 的价格削减是否显著时，应当将其价格与国产型号 B 产品和型号 C 产品的价格进行比较，而不是与其他不存在价格削减的国内产品相比较。

基于上述分析，专家组驳回了欧、日方的主张。

### 2. 对国内产业的影响分析

（1）调查机关是否应分型号审查被调查产品对国内产业的影响

欧、日方认为，调查机关没有发现被调查产品的显著数量增长，且只认定型号 B 产品和型号 C 产品存在价格削减，应只针对国内型号 B 产品和型号 C 产品产业进行第 3.4 条的影响分析，将重点放在生产型号 B 和型号 C 产品的国内细分行业，并将型号 A 产品产业从影响分析中排除。

中方认为，《反倾销协定》并不要求调查机关按细分行业分析被调查产品对国内产业的影响；由于代表国内产业的两家生产商生产所有型号的产品，将型号 A 产品从国内产业中排除并不可行。

专家组援引之前的分析指出，由于第 3.2 条并不要求调查机关在价格影响分析时评估型号 B 产品和型号 C 产品对型号 A 产品的影响，第 3.4 条也并不要求在分析国内产业影响时认定型号 A 产品未受被调查产品的影响。专家组指出，第 3.4 条要求审查的是对国内产业的影响，而调查机关选择了两家生产所有型号产品的国内生产商代表国内产业，所以应当审查对这两家生产商的影响，而不是限定在型号 B 产品和型号 C 产品的生产。

专家组还否定了欧、日方依据美国诉中国取向电工钢反倾销反补贴措施案（DS414）提出的两项主张，专家组认为，《反倾销协定》并未明确规定，在排除了一部分产业的前提下，如何对国内产业状况的整体进行审查，进而针对国内产业整体做出损害裁定。

鉴此，专家组驳回了欧、日方的主张。

---

[1] 美国—陆地棉花案（DS267）专家组报告，第 7.1328 段。

（2）第 3.4 条是否要求调查机关对倾销幅度对国内产业的影响进行专门评估

欧、日方认为，调查机关在审查被调查产品对国内产业的影响时，只简单提及倾销幅度，却没有评估倾销幅度的影响，违反第 3.4 条规定。

中方认为，调查机关在最终裁定中已经提到，原产于日本和欧盟的被调查产品的倾销幅度高于 2% 的微量幅度；无需再对倾销幅度对国内产业的影响进行专门分析。

专家组认为，调查机关在终裁中提到，原产于日本和欧盟的被调查产品的倾销幅度高于 2%。这只能表明调查机关认定倾销幅度大于微量，不构成第 3.4 条所要求的评估。此外，第 3.4 条明确要求将倾销幅度作为一项实质性的要素进行评估，而不是简单提及，至于倾销幅度应当如何进行评估与本项争议无关。因此，专家组认定中方违反了《反倾销协定》第 3.1 条和第 3.4 条。

（3）调查机关是否不恰当忽视了国内产业的积极指标

欧、日方认为，调查机关错误地忽视了能够证明国内产业未受损害的经济因素和指标，也没有解释这种忽视的理由。这些指标包括，国内产业的产能和产量、国内销售量和市场份额、就业人数、人均工资、劳动生产率等。

中方认为，欧、日方没有讨论任何被忽视的特定指标，因而没有为本项主张确立初步证据；除由于统计困难未被评估的产能利用率以外，调查机关合理地评估了必要的损害因素。

专家组援引了调查机关最终裁定中的相关段落指出，调查机关解释了积极因素和消极因素的影响，也评估了两者的相互作用。具有举证责任的欧、日方没有为本项主张在事实层面确立初步证据。因此，专家组驳回了欧、日方的主张。

### 3. 因果关系分析

在调查期内，被调查产品的市场份额在调查期末仍然相对较大，但被调查产品的绝对数量和市场份额均有所下降。调查机关面对主要以型号 B、C 构成的进口产品和主要以型号 A 构成的国内产品，得出了被调查进口产品和国内损害之间存在因果关系的结论。

（1）被调查产品的数量和市场份额下降对因果关系的影响

欧、日方认为，由于被调查产品的绝对数量和市场份额在调查期内均有所下降，倾销进口产品与国内产业的损害间不存在因果关系。

中方认为，应当区分调查机关对于被调查产品的数量影响和市场份额的不同考虑。调查机关并没有依据被调查产品的数量影响来建立因果关系，而只是依据市场份额充分审查被调查产品的价格影响，并认定倾销进口产品对国内同类产品的价格产生了相对较大的影响。中方还主张，尽管调查机关没有认定型号间交叉的价格影响，但它明确裁定"三种型号的价格变化在某种程度上是相互关联的"。依据是型号型 B 和 C 产品"在逻辑上"可以替代低端型号 A 产品，由于存在这一替代性，高端被调查产品（B 和 C）价格下降会对低端被调查产品（A）产生价格压力，因为低端被调查产品需要与高端被调查产品保持一定的价差。

首先，专家组支持了中方关于数量影响的主张，认为即使被调查产品的绝对数量没有增长，其市场份额也可以用于进行第 3.5 条项下的因果关系分析，欧共体—铸铁管或套件案（DS219）的上诉机构报告也支持了这一观点[①]。

然后，专家组认为调查机关所依据的市场份额并不足以证明"倾销进口产品对国内同类产品的价格产生了相对较大的影响"，也不足以证明相应的因果关系。主要理由有：第一，调查机关没有解释进口产品市场份额下降而国内产品市场份额上升的事实，调查机关应当考虑这一事实是否表明价格影响被减弱了。第二，调查机关应当审查和解释，为什么进口型号 B 产品和型号 C 产品近 90% 的市场份额能够证明，进口产品正通过价格影响对国内产业整体造成损害。

对于中方"调查机关已认定，三种型号产品的价格变化在某种程度上是相互关联的"的抗辩，专家组认为，这种价格关联不足以认定存在型号之间的交叉的价格影响，理由有：（1）被调查产品不同型号间的价格关联是否存在以及

---

[①] 欧共体—铸铁管或套件案（DS219）专家组报告，脚注 114。

如何表现，调查机关没有进行有意义的分析；（2）调查机关在终裁中没有考虑产品的替代性，中方依据产品替代性论证价格关联属于"事后找理由"；（3）型号 B 产品价格约为型号 A 产品价格的两倍，型号 C 产品价格约为型号 A 产品价格的三倍，基于这一事实，调查机关本应当分析产品替代性如何导致价格关联；（4）调查机关本应当考虑产品的替代性及其价格关联在何种程度上保证进口型号 B 产品和型号 C 产品对国内型号 A 的经营造成了损害；（5）调查机关本应当分析型号 B 产品和型号 C 产品的价格变化对国内型号 A 产品产生的影响，以及是否足以导致国内型号 A 产品价格的下降；（6）被记录的证据显示国内产品价格的变化幅度和变化方向与进口产品间没有明显关联，调查机关必须解释这一事实以论证价格关联；（7）调查机关必须评估，价格关联是否导致进口型号 B 产品和型号 C 产品压低了国内型号 A 产品的价格，且调查机关本应当认定国内型号 A 产品的经营受到了进口型号 B 产品和型号 C 产品的影响。

基于上述分析，专家组认定，中方所依据的被调查产品的市场份额不足以证明倾销进口产品通过价格削减对国内同类产品的价格产生了相对较大的影响。调查机关的因果关系分析违反了《反倾销协定》第 3.5 条。

（2）非归因分析

欧、日方认为，调查机关在进行非归因分析时，没有考虑表观消费量的下降和国内产能的增加等因素可能对不同型号的产品市场产生不同的影响，也没有考虑这些因素可能切断被调查产品与损害间的因果关系。

中方认为，调查机关恰当地裁定了表观消费量下降的影响不足以破坏倾销进口产品和实质损害之间的因果关系，即尽管表观消费量下降对国内价格有一定的影响，但它不能解释国内价格实际出现的下降，包括型号 A 产品的价格下降。没有证据表明进口产品可能以非倾销价格进口，在调查期内，国内增加的产量几乎是增加的产能的两倍，该事实对调查机关做出国内产能增加对国内价格没有实质影响的结论至关重要。

专家组认为，由于因果关系的建立不合理，调查机关不可能合适地进行非归因分析，因此讨论欧、日就非归因分析提出的主张中的每一个方面没有意义。

紧接着，专家组指出，调查机关在分析表观消费量的下降和国内产能的增加这两项损害因素的影响时，没有讨论以下内容：（1）倾销进口产品几乎全部是型号 B 和型号 C，国内生产的主要是型号 A 产品；（2）调查机关未能证明进口型号 B 产品和型号 C 产品对国内型号 A 产品产生了损害性影响。对于这些要素，专家组认为调查机关应当讨论：（1）其他可能影响国内生产和销售各型号产品的原因；（2）已经遭受的损害对型号 A 产品的经营造成的不成比例的影响；（3）可能导致这种不成比例的影响的其他因素；（4）这些其他因素是否可以解释型号 B 产品和型号 C 产品所遭受的损害。

基于以上分析，专家组裁定调查机关就表观消费量的下降和国内产能的增加做出的非归因分析违反了《反倾销协定》第 3.1 条和第 3.5 条。

## （三）使用可获得事实裁定所有其他税率

调查机关在立案通知和调查问卷中提及，会对不合作的生产商 / 出口商使用可获得的事实。由于未知生产商 / 出口商未能登记应诉并提供立案通知中所要求的信息，调查机关依据欧、日方的合作出口商适用的最大倾销幅度裁定所有其他税率：欧盟企业适用的所有其他税率基于为 SMST 确定的倾销幅度，日本出口商适用的所有其他税率基于为 Kobe 确立的倾销幅度。该项争议的焦点是，立案公告以及调查问卷是否构成是否对未知出口商的充分通知，以至于调查机关可以使用可获得的事实对没有参加调查的未知出口商裁定所有其他税率。

日方认为，首先，根据专家组在美国诉中国取向电工钢反倾销反补贴措施案（DS414）中的裁决，由于调查机关在立案公告中没有通知具体的信息要求，也没有通知不提供信息的后果，因而调查机关不能认为未知出口商没有提供必要信息；其次，即使认为调查机关在立案公告中进行了通知，调查机关最后使用的信息的范围，比立案公告所要求的范围要宽；再次，调查机关在官网上发布调查问卷，没有公开通知所有企业可获得调查问卷。

中方认为，首先，根据专家组在美国诉中国白羽肉鸡反倾销反补贴措施案

（DS427）中的裁决，调查机关在"立案通知"中提及会对不合作出口商使用可获得的事实，是足够的；与 DS414 案不同，本案中调查机关向未知出口商提供了调查问卷；其次，调查机关最后使用的信息就是调查问卷要求提供的信息，并没有超出通知的范围；再次，调查问卷发布在"立案通知"所提供的网址上。

专家组支持了中方的主张。专家组认为，首先，本案事实和 DS414 案不同，调查机关通过调查问卷形式通知了具体的信息要求，也通知了不合作的后果，并在"立案通知"中提供了该问卷的网址；其次，《反倾销协定》第 6.8 条及附件 2 并没有对调查机关的通知形式做要求，且美国诉中国汽车反倾销反补贴措施案（DS440）案确定，调查机关并不需要就调查问卷一事公开通知①。

## （四）基本事实披露

### 1. 涉及倾销裁定的基本事实

欧、日方认为，调查机关未能披露以下基本事实：（1）用于计算正常价值和出口价格（这两项会用来计算倾销幅度）的具体成本和销售数据；（2）对这些数据所做的调整，例如将税费和运费纳入考虑范围；（3）有关计算方法的信息，如计算所用的公式、这些公式中使用的数据以及调查机关在计算正常价值、出口价格和生产成本时如何使用这些数据的信息。

中方认为，首先，欧、日方未提出充分初步证据支持他们的主张；在其初裁前和终裁前披露中，调查机关披露了与其倾销裁定有关的所有基本事实。特别是，调查机关解释了它何时接受了应诉企业提交的数据，何时寻求获得其他数据，何时支持了应诉企业申请的调整，为应诉企业提供了必要信息，以方便他们理解倾销幅度的计算方法。其次，倾销幅度的计算方法是调查机关的"推理过程"，不是《反倾销协定》第 6.9 条所要求的"事实"。

对于调查机关是否可以采取叙述性描述而不是提供具体数据的方法来披露

---

① 美国诉中国汽车反倾销反补贴措施案（DS440）专家组报告，第 7.139 段。

认定倾销时使用的数据，专家组援引美国诉中国白羽肉鸡反倾销反补贴措施案（DS427）的裁决①，支持了中方主张。专家组认为，只要相关方拥有调查机关所指的具体数据，只要不造成不确定，调查机关的叙述性披露就是充分的。

对于倾销幅度计算方法是不是第6.9条所称的事实并得到披露，专家组支持了欧、日方的主张。专家组援引欧共体—鲑鱼（挪威）案（DS337）的裁决②以及《维也纳条约法公约》第31.1条，认为根据《反倾销协定》第6.9条的上下文及其立法目的，出于相关方保护自身利益的考虑，应当认定倾销幅度计算方法为"基本事实"，因而应当得到披露。

### 2. 涉及损害裁定的基本事实

欧、日方认为，调查机关未能披露以下基本事实：（1）在型号A产品和型号C产品价格影响分析中使用的进口价格的完整信息；（2）所有国内价格；（3）型号A、B、C产品相应的价格比较信息，如高于或低于国内价格销售的幅度、国内价格变动的百分比。

中方认为，首先，调查机关未披露高于或低于国内价格出售的信息等，系因承担着《反倾销协定》第6.5条规定的保密义务，且提供了充分的非保密概要，符合《反倾销协定》6.5条保密的规定；其次，根据DS414案的裁定，被调查进口产品价格与国内同类产品价格之间的关系才是需要被披露的信息。

对于《反倾销协定》第6.5条规定的保密在多大程度上免除了调查机关的披露义务，专家组援引DS414案的裁决认为，虽然调查机关应根据《反倾销协定》第6.5条保护机密信息，但这并不完全免除调查机关的披露义务。调查机关应就该部分披露一个不涉及保密信息的摘要，且该摘要信息应足够使相关方能利用它保护自身利益。因此专家组支持欧、日方的主张。

对于调查机关是否应披露考虑过但最终没有使用的事实、"高于国内价格出售"的价格比较情况，专家组同样援引了DS414案的裁决，认为只要是调查机关考虑过的信息，不论是否使用，都应当披露，因为这对相关方维护自身

---

① 美国诉中国白羽肉鸡反倾销反补贴措施案（DS427）专家组报告，第7.95段。
② 欧共体—鲑鱼（挪威）（DS337）专家组报告，第7.805段。

利益十分重要①。因此调查机关应披露"考虑过但最终没有使用的国内价格"以及"高于国内价格出售"的价格比较。专家组支持了欧、日方的主张。

对于调查机关应如何披露若干年"低于国内价格出售"的幅度范围，专家组认为，笼统的表述不足使相关方利用它保护自身利益，因此不符合《反倾销协定》第6.9条的要求。调查机关应当公布足够使相关方能利用以保护自身利益的"低于国内价格出售"的价格比较信息。

### 3. 涉及所有其他税率的基本事实

欧、日方认为，调查机关未能披露以下基本事实：（1）得出"必须使用可获得的事实计算所有其他税率"这一结论的事实；（2）用于裁定所有其他税率的具体事实；（3）使用为合作出口商裁定的最高倾销幅度作为所有其他税率的正当性。欧方还主张，调查机关未主动披露相关事实，违反《反倾销协定》第6.4条。

中方认为，首先，调查机关恰当披露了裁定所有其他税率时所采用的可获得的事实，因为未知出口商未能答复"立案通知"，以向调查机关登记应诉或回答调查问卷；其次，为何将合作出口商适用的最高税率作为所有其他税率的充分理由不是《反倾销协定》第6.9条要求的"基本事实"；再次，《反倾销协定》第6.4条没有要求调查机关主动披露事实。

对于调查机关是否恰当披露何种事实让其认定使用可获得的事实计算所有其他税率是有充分理由的，专家组认为，调查机关已明确说明，未应诉或未答卷的企业将适用可获得的事实，驳回了欧、日方主张。

对于调查机关是否恰当披露了用于裁定所有其他税率的特定事实，专家组认为，终裁前披露已明确说明，所有其他税率将基于合做出口商适用的最高倾销幅度，这些披露足以满足《反倾销协定》第6.9条的规定。

对于调查机关是否应向未知出口商披露将最高税率作为所有其他税率的论证，专家组支持了中方主张，认为"论证所有其他税率是最高税率的过程"不

---

① 美国诉中国取向电工钢反倾销反补贴措施案（DS414）上诉机构报告，第240段。

是《反倾销协定》第6.9条要求的"基本事实"。

对于《反倾销协定》第6.4条是否要求调查机关向相关方主动披露事实，专家组援引了中国诉欧盟紧固件反倾销措施案（DS397）中专家组的裁决[1]，认为《反倾销协定》第6.4条并不赋予调查机关向相关方主动披露事实的义务，支持了中方的主张。

## （五）其他裁定

### 1. 公告

欧、日方认为，调查机关的终裁公告没有公开：（ⅰ）损害认定的信息，如价格削减分析中使用的价格，型号C产品进口数量和国内销售数量之间的"数量差异"；（ⅱ）确定所有其他税率时使用的信息，如根据可获得事实判断所有其他税率的理由、确定所有其他税率时使用的事实、将最高税率作为所有其他税率的理由。因而调查机关违反了《反倾销协定》第12.2条以及第12.2.2条。

中方认为，对于损害认定，调查机关已经采用非保密摘要的方式披露了所有有关信息，包括价格比较的信息，对"数量差异"也做了明确解释；对于所有其他税率认定，调查机关在终裁公告中已经说明了中方已尽到通知义务，也说明了所有其他税率就是最高税率。因而中方没有违反《反倾销协定》第12.2条以及第12.2.2条。

专家组首先援引了欧盟诉中国X射线安检设备反倾销措施案（DS425）[2]，认为根据《反倾销协定》第12.2条以及第12.2.2条，调查机关应在公告中公布"重要的（material）"和所得结论相关的法律及事实信息。专家组又援引了DS414案，认为公布的信息应确保"公众（public）"能识别及理解。

根据上述标准，专家组驳回了欧、日方主张公告中本应当包括价格比较所依据的价格信息的请求，认为这些请求超越了标准；专家组支持了欧、日方有关所有其他税率的部分请求，认为"认定最高税率是所有其他税率的理由"是

---

① 中国诉欧盟紧固件反倾销措施案（DS397）专家组报告，第7.480段。
② 欧盟诉中国X射线安检设备反倾销措施案（DS425）专家组报告，第7.458段和第7.459段。

重要的信息，调查机关应当在终裁公告中公布。

### 2. 保密信息处理

应申请方的请求，调查机关将以下四个报告全文保密：

（1）申请书附录5：申请人声称：为了制作此陈述，该企业花费了大量的时间和资源对相关事实和数据进行研究、分析、筛选和合并。此陈述以报告的形式提供给申请人，而且申请人为此支付了费用。披露报告全文和企业名称将有可能使企业难以开展类似的调研工作（例如，第三方可能会拒绝回答调查问题），并难以向第三方有偿提供含有相同或相似信息和数据的报告全文。它同样会严重地危害其正常的商业行为。因此，应该企业的要求，申请人要求给予报告全文机密性待遇。

（2）申请书附录8：申请人声称：此附录中包含的市场信息是由第三方有偿提供的。对此信息的披露可能会对其正常商业活动产生破坏或对第三方产生不利影响。因此，应第三方请求，申请人要求给予附录全文机密性待遇。

（3）申请方于2012年3月1日提交的补充证据的附录59：申请人声称：此附录中包含的市场信息是由第三方有偿提供的。对此信息的披露可能会对其正常商业活动产生破坏或对第三方产生不利影响。因此，应第三方请求，申请人要求给予附录全文机密性待遇。

（4）申请方于2012年3月29日提交的补充证据的附录。申请人声称：此附录由一家中国不锈钢行业的权威机构提供。它依据"相关高性能不锈钢无缝钢管的市场状况概述"编制而成，并作为申请书附录5提交。为了提供详细摘要，第三方企业使用了其特有的信息来源和渠道，花费了大量的时间和精力收集、筛选、分析相关数据和信息以及调整这些数据和信息的格式。对第三方摘要内容全文和企业名称的披露可能会对该企业的正常经营产生严重的不良影响。因此，应第三方企业的请求，申请人要求给予此详细摘要内容全文保密待遇。

欧、日方认为，调查机关允许对申请方在相关调查中提供的某些报告的全文进行保密，而没有客观评估"正当原因"和审查申请方对正当原因的说明情况。

中方认为，首先，申请方已充分说明了"正当原因"，提供了若干有事实根据的理由；其次，在判断企业有没有提供充分理由的问题上，调查机关有自由裁量权；再次，《反倾销协定》没有规定调查机关有义务解释为什么其认为需要对信息进行保密。

专家组援引中国诉欧盟紧固件反倾销措施案（DS397）中上诉机构的裁决[1]，认为保密申请方应向调查机关提交理由，而调查机关应当客观地对这些理由进行评估。专家组还援引中国诉美国轮胎特保案（DS399）中上诉机构的裁决[2]，认为调查机关应当在其公布的文件里说明决定的理由，有义务就对四个附件全文保密做出解释。没有任何证据表明调查机关客观评估了"正当原因"并审查了申请方的请求，因而专家组认为调查机关违反了《反倾销协定》第6.5条的规定。

### 3. 非保密概要

欧、日方认为，四个附录的非保密概要仅披露了每个报告中提供的最终数据，没有对获取数据使用的方法，或依据的基础证据相关的其他机密信息进行摘要，不够充分。申请人没有对不能进行摘要提供解释说明。中方对此进行了反驳。

专家组援引DS425案专家组的裁决，即"第6.5.1条规定的对机密信息实质进行摘要的义务，适用于所有指定为机密的信息。如果将多种类型的信息指定为机密信息，必须对每一种类型信息的实质进行摘要"[3]。专家组认为，要评价摘要是否充分，首先应当确认原保密信息存在，然后应当对比摘要和原保密信息，认定摘要是否提供对原保密信息足够合理的理解。专家组通过分析，认定中方在三个机密文件中没有提供足够充分的摘要。

专家组还援引DS397案裁决[4]认为，调查机关应直接说明为什么不能提供摘要。但调查机关没有要求申请人提供关于为何不能进行摘要的充分说明。因而，中方违反了《反倾销协定》第6.5.1条。

---

① 中国诉欧盟紧固件反倾销措施案（DS397）上诉机构报告，第539段。
② 中国诉美国轮胎特保措施案（DS399）上诉机构报告，第329段。
③ 欧盟诉中国X射线安检设备反倾销措施案（DS425）专家组报告，第7.341段。
④ 中国诉欧盟紧固件反倾销措施案（DS397）上诉机构报告，第553段。

## 四、上诉机构裁决

针对 DS454 的专家组裁决，日方于 2015 年 5 月 20 日就型号 C 产品的价格削减评估、分型号审查对国内产业的影响等向争端解决机构提起上诉，中方于 2015 年 5 月 26 日就因果关系分析、四个附件全文保密等提起交叉上诉。针对 DS460 的专家组裁决，中方于 2015 年 5 月 20 日就专家组职权范围、型号 B 产品的三项费用认定、因果关系分析、四个附件全文保密等向争端解决机构提起上诉，欧方于 2015 年 5 月 26 日就实地核查期间新证据的接收、型号 C 产品的价格削减评估、价格削减的整体评估、分型号审查对国内产业的影响、基本事实披露、保密信息等提起交叉上诉。2015 年 10 月 14 日，争端解决机构散发了 DS454、460 案上诉机构报告。

### （一）关于倾销的裁定

#### 1. 型号 B 产品的三项费用认定

中方对专家组之前裁定调查机关对 SMST 公司的型号 B 产品的三项费用的计算违反了《反倾销协定》第 2.2.2 条中关于三项费用应当基于同类产品在正常贸易过程中生产和销售相关的实际数据的规定提起上诉，认为专家组的法律分析存在错误：第一，专家组没有明确指出调查机关的做法不符合第 2.2.2 条中的哪一项义务（是"实际数据"，或是"在正常贸易过程中"，还是二者都包括）；第二，专家组错误地理解为，根据生产成本得出的三项费用数据，在调查机关在确定正常价值时，并未纳入到生产成本计算中，因此这些三项费用数据"没有以实际数据为依据或没有以与正常贸易过程中生产和销售同类产品有关的数据为依据"；第三，专家组本应评估裁定三项费用的方法和此裁定所依据的数据的获取方法。

上诉机构支持了专家组的结论。上诉机构认为，第一，"正常贸易过程中生产和销售的实际数据"只包含一项义务，而不是中国所称的多项义务；第二，专家组并没有就中国所说的问题做出裁定；第三，中方混淆了专家组的义务和调查机关的义务。

### 2. 实地核查期间新证据的接受

中方提出，专家组创设了必须遵循实地核查主要目的的义务，错误地裁定，中方仅依据在核查开始之前 SMST 没有请求修正与财务支出有关的信息而拒绝修正此等信息，违反了《反倾销协定》第 6.7 条和附件 1 第 7 段。

上诉机构同意专家组的观点，即《反倾销协定》第 6.7 条和附件 1 第 7 段没有规定"调查机关有义务接受核实考察期间提交的所有信息"，调查机关也没有必要"接受大量的修改信息"。但上诉机构援引 DS337 案专家组报告的解释，"调查机关可以接受在实地调查期间提交的信息，在适当的情况下，甚至可以接受在更晚的阶段提交的信息"。[①]

在上述解释的基础上，上诉机构指出：调查机关没有就如果接受 SMST 期望更正的信息，将给调查带来何种不必要的困难等做出解释；中方在上诉听证会中没有对仅以 SMST 在核查开始后才提供某些信息为由拒绝接受其更正信息进行抗辩。

由此，上诉机构支持了专家组的结论，裁定中方仅以 SMST 在核查开始后才提供某些信息为由拒绝接受其更正信息违反了《反倾销协定》第 6.7 条和附件 1 第 7 段。

### （二）关于损害的裁定

对专家组就调查机关的损害裁定所作的裁决，三个当事方分别就不同方面提起了上诉。上诉机构总结了《反倾销协定》第 3.1 条、第 3.2 条、第 3.4 条、第 3.5 条包含的义务。

首先，第 3.1 条是关于调查机关应当基于肯定性证据进行客观审查的总述性条款。第 3.2 条、第 3.4 条、第 3.5 条详述了根据第 3.1 条应基于肯定性证据进行客观审查的要素。其中，第 3.2 条明确了就倾销进口产品的数量以及倾

---

① 欧共体—鲑鱼（挪威）三文鱼案（DS337）专家组报告，第 7.367 段。

销产品进口对价格的影响而言，调查机关需要考虑的具体内容，第 3.4 条规定了在审查倾销进口产品对国内产业的影响时必须评估的经济因素，第 3.5 条则要求调查机关证明倾销进口产品与国内产业损害之间的因果关系。

上述各款内容组成了调查机关在审查过程中的"逻辑演进"，以期引出倾销进口产品是否正在对国内产业造成损害的最终裁决。这个过程需要考虑倾销进口产品的数量及其价格影响，还需要根据多项经济因素和指标评估该进口对国内产业状况的影响。这些考虑和评估需要审查所有应该被审查的因素，并通过倾销进口产品和对国内产业的损害之间的因果分析和非归因性分析联系起来。

但是，第 3 条并不要求调查机关根据某种具体的方法作出损害裁决，也不是要求它必须遵守某种给定的模板或格式做出损害裁决。所有的要求都是用于解决倾销进口产品是否正在对国内产业造成损害这一问题的单一且统一的分析所必需的规定，它们之间是相互联系的。

此外，第 3.5 条规定"必须证明通过第 2 款和第 4 款所列影响，倾销进口产品正在"对国内产业"造成损害"。因此，第 3.2 条和第 3.4 条项下的分析不应被视为相互独立，因为它们都是为了回答第 3.5 条下倾销进口产品是否正在对国内产业造成损害这一终极问题所必需的组成部分。因此，第 3.2 条、第 3.4 条、第 3.5 条应当在损害裁决的总体框架下保持一致。

### 1. 价格影响分析

欧、日方主要针对认定价格削减时应考虑的因素提出上诉。欧、日方提出，专家组错误地认为在判断大幅削低价格是否存在时，调查机关可以仅考虑被倾销进口产品的销售价格是否低于国内同类产品的价格，而不需要考虑低价销售是否对国内价格造成向下的压力。

另外，欧方还针对专家组关于价格削减是否应当整体评估的问题提出上诉，主张专家组错误地拒绝了其诉求，即"调查机关不恰当地将型号 B 和型号 C 产品的价格削减结论延伸到整个国内同类产品，违反了《反倾销协定》第 3.2 条"。

中方主张，欧、日方的上诉不成立。根据第 3.2 条，"调查机关应考虑与国内同类产品的价格相比，倾销进口产品是否大幅削低了价格"。该措辞要求调查机关比较进口和国内产品的价格，因为这种比较可以得知价格是否被大幅削低了。此外，它并未要求考量价格削减的原因，也没有要求考虑此种价格削减的结果。中方主张欧方对于整体评估的诉求不成立，该诉求并非基于专家组报告的裁决或结论，违反了上诉程序的相关规定。

关于型号 C 产品的价格削减评估需考虑的因素，上诉机构认为，专家组将论证焦点放在了《反倾销协定》第 3.2 条中的"削低"上，似乎并没有重视"大幅"一词或者是该措辞对解决第 3.2 条中的问题有何暗示。专家组仅将价差作为调查机关作出损害和因果关系裁决的有意义的依据是错误的。尽管 DS414 案的上诉机构报告指出，"第 3.2 条通过要求比较被调查进口产品的价格和国内同类产品价格，建立了二者之间的联系"，但这并不意味着调查机关仅考虑被调查进口产品的价格低于国内同类产品的价格，便符合其在第 3.2 条下的义务。尽管比较价差的做法可能是价格削减分析的有效着手点，但它不会是调查机关履行其在第 3.2 条义务的充分基础。[①] 由此，上诉机构推翻了专家组关于型号 C 产品价格削减评估的裁定。

上诉机构进一步指出，第 3.1 条中的客观审查要求意味着应当将所有相关的肯定性证据都纳入考量，尤其是，型号 C 的国内产品价格和国内产品价格走势相反。上诉机构强调，第 3.2 条要求对调查期间内倾销进口产品的价格和国内同类产品的价格之间的关系作价格发展和走势的动态分析，这就包括审查二者的走势是否相反，以及国内价格是否突增。并且，基于《反倾销协定》第 3 条下的"逻辑演进"要求，调查机关在第 3.2 条下的价格影响分析结果应当能够为其就倾销进口产品是否通过此种价格影响正在对国内产业造成影响的裁决提供有意义的依据。但是，基于本案的特殊事实，上诉机构并不认为调查机关的裁决符合这个要求。因此，调查机关仅根据被调查型号 C 产品的进口价格和国内价格之间存在价差而认定存在价格削减，违反了《反倾销协定》第 3.1 条和第 3.2 条。

---

① 美国诉中国取向电工钢反倾销反补贴措施案（DS414）上诉机构报告，第 5.163 段。

**关于价格削减的整体评估**，上诉机构认可专家组的如下结论，即第3.2条不要求调查机关分型号审查每一类被调查产品是否都存在价格削减，或者审查是否削减了整个国内同类产品的市场。但基于调查期间倾销进口产品和国内销售的产品分别集中于不同类别的产品（比如国内主要是型号A产品，倾销进口产品主要是B、C）这一特殊案件事实，上诉机构指出：首先，调查机关对倾销进口产品是否大幅削低了国内同类产品（包括所有型号的产品）价格这一问题的客观审查，应该考虑不同型号产品的市场份额；其次，一项适当的价格影响分析应该考虑不同型号产品在价格上的重大区别；再次，调查机关不可忽视倾销进口产品对国内产品价格不存在或仅存在有限影响的相关证据。

由此，上诉机构推翻了专家组的结论，裁定调查机关违反了《反倾销协定》第3.1条和第3.2条。

## 2. 对国内产业的影响分析

欧、日方提出，专家组错误地解释和适用了《反倾销协定》第3.1条和第3.4条，因为调查机关裁定倾销进口产品数量并无显著增加且只有型号B和型号C产品受到了价格影响，因此需要分型号分析倾销进口产品对国内产业状况的影响，但专家组驳回了他们的这一主张。关于调查机关是否恰当评估倾销幅度大小、积极和消极损害因素，各方均未提出上诉。

中方主张驳回上述诉求，理解倾销进口产品对国内产业的影响的义务必须与确定倾销进口产品造成损害的义务区分开来。中方强调，要求对给国内产业造成损害的所有因素开展非归因分析是在第3.5条而不是第3.4条中规定的。

上诉机构认为，第3.4条要求审查"所有"会影响产业状况的经济因素和指标，包括市场份额和影响国内价格的因素。第3条下的各款相互联系且具有逻辑演进的关系，它们都意在回答第3.5条下倾销进口产品是否正在对国内产业造成损害这一终极问题。

上诉机构认为，根据DS414案上诉机构报告，《反倾销协定》第3.4条不仅要求审查国内产业的状况，还要求调查机关"必须依据该审查了解被调查进口产品的影响"，评估所有对国内产业状况有影响的相关经济因素和指标，并为倾销进口产品是否通过第 3.2 条和第 3.4 条规定的倾销影响正在造成国内产业的损害。因此，基于本案的特殊事实，调查机关应考虑其作出价格削减裁定的不同类别的产品的相关市场份额，以及其认为存在的价格削减、压低或抑制的期间和程度。

综上，上诉机构推翻了专家组的裁定。[①]

### 3. 因果关系分析。

中方提出，专家组错误地解释了《反倾销协定》第 3.1 条、第 3.5 条：第一，错误裁定调查机关所依据的被调查进口产品的市场份额不足以作为因果关系分析的依据，因为调查机关曾经在终裁中考虑到了进口产品市场份额的下降；第二，错误裁定调查机关没有凭借跨型号的价格影响分析认定型号 B 和 C 进口产品的价格影响了国内型号 A 产品的价格，因为同一种产品中高端进口产品（型号 B 和 C）和低端国内产品（型号 A）间存在价格关联是不言自明的"正常特征"（normal feature），《反倾销协定》第 3.1 条和第 3.5 条并不要求调查机关作出更多的解释；即使高端进口产品和低端国内产品间的价格移动方向相反，也并不能阻碍调查机关得出不同型号的产品价格间存在关联的结论。第三，在非归因分析中，错误裁定调查机关因未能保证表观消费量的下降和国内产能的增加所造成的损害不能归因于倾销进口产品，违反了《反倾销协定》第 3.1 条和第 3.5 条。

关于**市场份额**，上诉机构驳回了中方的主张，认为调查机关在终裁中指出被调查进口产品"仍然占有 50% 左右的市场份额"，但这一表述不代表调查机关考虑了被调查进口产品的市场份额的演变，调查机关也没有分析或解释进口产品市场份额的下降是否表明价格影响在事实上有所减弱。上诉机构支持了专家组的裁定，即调查机关不恰当地依据倾销进口产品的市场份额认定因果关系，违反了《反倾销协定》第 3.1 条和第 3.5 条。

关于**价格关联**，上诉机构驳回了中方主张，指出调查机关只是简单地指出

---

① 日本、欧盟诉中国高性能不锈钢无缝钢管反倾销措施案（DS454/DS460）上诉机构报告，第 5.212 段。

不同型号产品的价格"在某种程度上相互关联",但没有讨论不同型号产品间的替代关系是否确实存在,更没有分析高端的进口产品的价格移动如何影响低端的国内产品,进而对国内低端产品造成损害。上诉机构裁定,调查机关应当对高端进口产品和低端国内产品间相反的价格移动做出解释,说明为什么即使存在该相反的价格移动,不同型号的产品价格仍然"在某种程度上相互关联"。

**关于非归因分析,**上诉机构指出,专家组对于非归因分析作出的裁定并未完全依据因果关系部分的裁定;专家组还指出,调查机关对于"表观消费量的下降"和"国内产能的增加"这两个损害因素的分析,没有考虑到不同型号产品之间以及国内产品与进口产品间的市场份额的构成。综上,上诉机构支持了专家组的裁定,即调查机关未能保证表观消费量的下降和国内产能的增加所造成的损害不能归因于倾销进口产品,因而违反了《反倾销协定》第3.1条和第3.5条。

## (三)其他裁定

### 1. 保密信息处理

中方主张,专家组错误地以调查机关没有客观评估申请人的正当原因便允许申请人提供的四个附件全文保密为理由,裁定中方违反了《反倾销协定》第6.5条,专家组因此违反了《关于争端解决规则与程序的谅解》(DSU)第11条和《反倾销协定》第17.6条(i)目。主要依据是:中方认为并无任何在案事实佐证专家组的裁决;相反,已有事实证明中方的做法符合第6.5条的规定。专家组错误地解释了第6.5条,从而给调查机关施加了一项义务,即调查机关应解释其为何对信息进行保密处理具有正当原因。

关于中方是否违反了《反倾销协定》第6.5条,上诉机构援引了中国诉欧盟紧固件反倾销措施案(DS397)上诉机构报告中的结论[1],认为调查机关必须"审查申请方的说明,以裁定其是否有充分的事实根据",因为"调查机关

---

[1] 中国诉欧盟紧固件反倾销措施案(DS397)上诉机构报告,第537段。

必须客观地评估和充分说明理由，不能仅依据申请方的主观考虑便加以裁定"。在本案中，对全文保密的四个附件中的两个，调查机关只是总结了申请方要求保密处理的理由。由此，上诉机构支持了专家组的结论，裁定中方违反了《反倾销协定》第 6.5 条。

关于专家组是否违反了 DSU 第 11 条和《反倾销协定》第 17.6 条（ⅰ）目，上诉机构认为，中方的这项诉求实际上与上述《反倾销协定》第 6.5 条的诉求相关，并随之裁定专家组没有违反 DSU 第 11 条和《反倾销协定》第 17.6 条（ⅰ）目。

### 2. 倾销裁定的基本事实披露

欧方主张，专家组错误裁定，调查机关向相关出口商提供了初裁前和终裁前披露，并在其中对"考虑的销售数据、裁定正常价值和出口价格的依据以及对它们进行的调整"作了叙述性描述，并认为提供叙述性描述也足以符合《反倾销协定》第 6.9 条的要求。当调查机关从利害关系方最初提供的资料中提取事实时，该相关方并不知晓哪些事实被选用了。

上诉机构对专家组参考 DS427 案的裁定 —— 调查机关对其采用的数据作叙述性描述属于充分披露[1] 不予认同。上诉机构审了调查机关的初裁和终裁报告，认为调查机关并没有披露倾销裁定所使用的基本事实以便相关企业明确知晓哪些数据被采用，以及哪些数据被用于计算 SMST 和 Tubacex 的倾销幅度。上诉机构支持了欧方的观点，推翻了专家组的结论，裁定中方违反了《反倾销协定》第 6.9 条。

## 五、裁决的执行

为执行本案裁决和建议，根据《反倾销条例》和《执行世贸组织贸易救济争端裁决暂行规则》，2016 年 6 月 20 日，调查机关发布该年度第 30 号公告，决定对原产于欧盟和日本的进口相关高性能不锈钢无缝钢管反倾销案进行再调

---

[1] 美国诉中国白羽肉鸡反倾销反补贴措施案（DS427）专家组报告，第 7.95 段。

查。再调查期间，原反倾销调查申请人代表国内产业向调查机关提出撤销原反倾销措施的申请。经审查，调查机关决定自 2016 年 8 月 22 日起终止对原产于欧盟和日本的进口高性能不锈钢无缝钢管适用的反倾销措施。

## 六、案件的启示与评价

本案专家组和上诉机构在价格影响分析、因果关系分析以及倾销幅度计算相关的费用调整、公平比较等问题的裁决对我国调查机关日后处理相关案件提供了重要的参考，为中方未来参与 WTO 争端解决积累了经验。具体而言：

### （一）明晰了《反倾销协定》第 3 条损害确定的相关义务

本案上诉机构在损害部分的裁决对日后的相关案件产生深远影响，明确了《反倾销协定》第 3.1 条、第 3.2 条、第 3.4 条和第 3.5 条对调查机关的要求：调查机关需要考虑倾销进口产品的数量及其价格影响，还需要根据多项经济因素和指标评估该进口对国内产业状况的影响。这些考虑和评估需要审查所有应该被审查的因素，并通过倾销进口产品和对国内产业的损害之间的因果分析和非归因性分析联系起来。根据个案的情况，调查机关需要恰当考虑其作出价格削减裁定的产品类型的相应市场份额、价格削减持续的时间和程度、是否存在价格压低或价格抑制等因素。

### （二）专家组与上诉机构在《反倾销协定》第 3 条的损害分析上殊途同归

本案专家组较偏向"文本主义"，它更多地根据法律条文本身并结合案件事实作出裁定，上诉机构则更侧重整体分析和目的分析。在解释《反倾销协定》第 3.2 条中"价格削减"的含义时，专家组认为只要存在低价销售的事实，就可以认定"价格削减"，无需考虑其他因素；而上诉机构认为第 3.2 条、第 3.4 条下的分析不是孤立的，都应当以第 3.5 条因果关系的分析为目标，为第 3.5 条关于因果分析的提供依据。在上诉机构看来，仅从进口产品和国内产品是否存在价格差上认定价格削减，而不考虑进口产品对于国内产品的低价是否有"解释力"对于因果关系的分析没有任何助益，因此是无意义的。同样地，对于不同型号之间产品价格影响是否应进行综合分析的问题，专家组的分析也完全是从文本的字面含义出发，认为第 3.2 条并不要求对不同型号产品的价格影响进行总体分析。而上诉机构虽然也认为第 3.2 条不要求调查机关分型号审查被调查产品是否削减了整个国内同类产品的市场，但认为调查机关应考虑本案的特殊事实，即调查期间倾销进口产品和国内销售的产品分别集中于不同类别的产品，分析其对价格削减的影响。

但应当注意到，专家组和上诉机构分析思路的不同仅是形式上的，两者对建立倾销进口和损害之间因果关系所需考虑的因素实际上并无不同的看法。两者都认为，本案中由于进口产品和国内产品集中于不同的型号，本案调查机关没有对这个案件事实进行充分分析，因此未能建立倾销进口与国内产业损害之间的因果关系。两者的区别主要在于，专家组认为第 3.2 条单纯对进口价格影响进行分析、第 3.4 条单纯对国内产业进行分析，最后通过第 3.5 条下的分析考察两者之间是否存在因果关系。而上诉机构的分析思路则要求在第 3.2 条和第 3.4 条的分析中都应当考察倾销进口与国内产业之间的关系，认为这样这两条的分析结论对于第 3.5 条的因果关系分析才是有意义的。因此，二者在某种意义上殊途同归，两种裁决方式上的差异对本案最终结果并无实质影响。

## （三）本案裁决对调查机关工作具有指导意义

本案是中国被诉贸易救济案件中第一次涉及产品分型号比较问题。本案裁决对中国调查机关的后续调查具有重要指导意义。例如，在做价格削减评估时，《反倾销协定》第 3.2 条要求调查机关对调查期间内倾销进口产品的价格和国内同类产品的价格之间的关系作价格发展和走势的动态分析（包括审查二者的走势是否相反，以及国内价格是否突增），而不可仅依据调查期间某个时间点的价差便裁定存在价格削减。再比如，对于事实比较特别的案件，应在倾销裁决中谨慎、适当考虑相关特殊事实。在本案中，基于国内主要是型号 A 产品，倾销进口产品主要是型号 B、C 这一事实，上诉机构明确指出，调查机关对倾销进口产品是否大幅削低了国内同类产品（包括所有型号的产品）价格这一问题的客观审查，应该考虑不同型号产品的市场份额。在日后的倾销裁决中，对于存在特殊事实的案件，调查机关切不可无视事实，简单得出结论，而是应当对在本案特殊事实的情况下如何得出结论进行充分分析论证，最大程度避免授人以柄，引发争端。

## 附件

### 日本、欧盟诉中国高性能不锈钢无缝钢管反倾销措施案（DS454/DS460）大事记

#### DS454

2012 年 12 月 20 日，日本提出磋商请求。

2012 年 12 月 30 日，中国接受日本提出的磋商请求。

2013 年 1 月 15 日，欧盟提出作为第三方加入磋商。

2013 年 1 月 25 日，中国接受欧盟作为第三方加入磋商。

2013 年 4 月 11 日，日本提出设立专家组的请求。

2013 年 5 月 24 日，争端解决机构设立了专家组。

2013 年 10 月 11 日，日本提交第一次书面陈述。

2013 年 11 月 15 日，中国提交第一次书面陈述。

2014 年 2 月 25—26 日，专家组第一次听证会及第三方会议。

2014 年 3 月 14 日，当事方提交第一次书面问题答复。

2014 年 3 月 28 日，当事方提交第二次书面陈述。

2014 年 5 月 20—21 日，专家组第二次听证会。

2014 年 6 月 6 日，当事方提交第二次书面问题答复。

2014 年 9 月 19 日，专家组向当事方提交中期报告。

2015 年 2 月 13 日，争端解决机构公布了专家组报告。

2015 年 5 月 20 日，日本向争端解决机构提起上诉。

2015 年 5 月 26 日，中国向争端解决机构提起交叉上诉。

2015 年 6 月 8 日，当事方提交上诉阶段书面陈述。

2015 年 7 月 30—31 日，上诉阶段听证会。

2015 年 10 月 14 日，争端解决机构散发了上诉机构报告。

2015 年 10 月 28 日，争端解决机构通过了本案专家组报告和上诉机构报告。

### DS460

2013 年 6 月 13 日，欧盟提出磋商请求。

2013 年 6 月 24 日，中国接受欧盟提出的磋商请求。

2013 年 6 月 27 日，日本提出作为第三方加入磋商。

2013 年 7 月 8 日，中国接受日本作为第三方加入磋商。

2013 年 8 月 16 日，欧盟提出设立专家组的请求。

2013 年 8 月 30 日，争端解决机构设立了专家组。

2013 年 10 月 11 日，欧盟提交第一次书面陈述。

2013 年 11 月 15 日，中国提交第一次书面陈述。

2014 年 2 月 25—26 日，专家组第一次听证会及第三方会议。

2014 年 3 月 14 日，当事方提交第一次书面问题答复。

2014 年 3 月 28 日，当事方提交第二次书面陈述。

2014 年 5 月 20—21 日，专家组第二次听证会。

2014 年 6 月 6 日，当事方提交第二次书面问题答复。

2014 年 9 月 19 日，专家组向当事方提交中期报告。

2015 年 2 月 13 日，争端解决机构公布了专家组报告。

2015 年 5 月 20 日，中国向争端解决机构提起上诉。

2015 年 5 月 26 日，欧盟向争端解决机构提起交叉上诉。

2015 年 6 月 8 日，当事方提交上诉阶段书面陈述。

2015 年 7 月 30—31 日，上诉阶段听证会。

2015 年 10 月 14 日，争端解决机构散发了上诉机构报告。

2015 年 10 月 28 日，争端解决机构通过了本案专家组报告和上诉机构报告。

校稿：于方

# 进口产品比国内产品价格高，能不能被反倾销？

## —— 加拿大诉中国浆粕反倾销措施案（DS483）评析

### 郭景见

2014 年 4 月 6 日，中国对原产于加拿大的浆粕实施反倾销措施。加方认为，中方的反倾销措施在进口浆粕对国内产业的损害认定方面，与《1994 年关税与贸易总协定》（以下简称 GATT1994）和《反倾销协定》规定的义务不符，遂于 2014 年 10 月 15 日将中方措施诉诸世贸争端解决机制。经过审理，专家组在倾销进口产品的数量影响及国内产业影响分析方面完全支持了中方主张，在价格影响分析中部分支持了中方主张。但是，专家组在倾销进口产品与国内产业损害的因果关系、倾销进口产品之外因素的非归因分析方面，裁定中方不符合《反倾销协定》的规定。2019 年 4 月 6 日，中方终止了涉案措施。

# 一、案件背景和诉讼程序

## （一）案件背景

浆粕是以木材、棉花、竹子等植物纤维为原料，经加工制成的主要用于生产粘胶纤维等人造纤维的物质。粘胶纤维是浆粕的下游产品和棉纤维的主要替代品，其价格与浆粕的上游产品棉花的价格高度相关。2013 年 2 月 6 日，中国商务部（以下称调查机关）根据《中华人民共和国反倾销条例》（以下称《反倾销条例》）的规定发布立案公告，决定对原产于美国、加拿大和巴西的进口浆粕（以下称被调查产品）进行反倾销立案调查。调查机关对被调查产品是否存在倾销及倾销幅度、国内浆粕产业是否受到损害及损害程度以及倾销与损害之间的因果关系进行了调查。在调查期内，进口浆粕和国内浆粕的价格总体上存在平行变化的趋势，进口浆粕价格一直高于国内浆粕。

2013 年 11 月 6 日，根据调查结果和《反倾销条例》第二十四条的规定，调查机关发布初裁公告，初步认定原产于美国、加拿大和巴西的进口浆粕存在倾销，中方浆粕产业受到了实质损害，并且倾销与实质损害之间存在因果关系。2014 年 4 月 4 日，调查机关发布终裁报告，裁定在调查期内，原产于美国、加拿大和巴西的进口浆粕存在倾销，中方国内产业受到实质损害，而且倾销与实质损害之间存在因果关系，决定对原产于美国、加拿大和巴西的进口浆粕征收反倾销税，实施期限为自 2014 年 4 月 6 日起 5 年。

## （二）诉讼进程

### 1. 磋商阶段

2014 年 10 月 15 日，加方在世贸组织争端解决机制下就中方浆粕反倾销措施向中方提出了磋商请求，加方认为这一措施违反了中方在世贸组织《反倾销协定》第 1 条、第 2.1 条、第 2.2 条、第 2.2.1.1 条、第 2.2.2 条、第 2.4 条、第 3.1 条、第 3.2 条、第 3.4 条、第 3.5 条、第 4.1 条、第 6.1 条、第 6.2 条、

第 6.8 条、第 6.9 条、第 6.10 条、第 6.10.2 条、第 8.1 条、第 8.3 条、第 9.4 条、第 12.2 条和第 12.2.2 条以及附件 II 项下的义务。中方随后按照世贸组织规则，接受了加方磋商请求。2014 年 11 月 2 日，中方与加方按照世贸组织争端解决程序在日内瓦举行了磋商，但磋商未能解决争端。

**2. 专家组阶段**

2015 年 2 月 12 日，加方向世贸组织争端解决机构提出设立专家组请求。2015 年 3 月 10 日，专家组设立。其后，世贸组织秘书处向中加双方散发了多轮专家组成员的候选名单，双方分别提出意见，但未能就专家组成员达成一致。2015 年 4 月 27 日，世贸组织总干事指定专家组成员，本案专家组组成。巴西、智利、欧盟、日本、韩国、挪威、新加坡、乌拉圭和美国作为第三方参与本案。

2016 年 2 月 9 日，加方提交第一次书面陈述，仅保留了其在专家组请求中与损害认定（即《反倾销协定》第 3.1 条、第 3.2 条、第 3.4 条、第 3.5 条）相关的诉点，明确放弃了其他诉点。2016 年 11 月 23 日，专家组向当事方提交中期报告。2016 年 12 月 16 日，专家组向当事方提交最终报告。2017 年 4 月 25 日，专家组向世贸组织成员正式散发最终报告。2017 年 5 月 22 日，争端解决机构通过专家组报告。

**3. 执行阶段**

2017 年 6 月 1 日，中加双方向争端解决机构通报已就本案合理执行期达成一致，为 11 个月（2018 年 4 月 22 日到期）。2017 年 6 月 19 日，中方在争端解决机构会议上通报将执行本案专家组裁决。2017 年 8 月 25 日，调查机关发布公告，决定通过再调查执行裁决。2018 年 4 月 20 日，调查机关发布再调查裁定，决定对原产于美国、加拿大和巴西的进口浆粕继续实施反倾销措施。

**4. 执行之诉**

2018 年 5 月 2 日，中加双方向争端解决机构通报就解决争端的程序问题达成了顺序协议①。2018 年 9 月 11 日，加方主张中方在合理执行期内未完成裁决执行，就中方执行措施提起世贸组织争端解决机制项下的磋商请求。2018 年 10 月 11 日，中加双方通过视频方式举行了磋商。2019 年 4 月 6 日，中方终止了涉案措施，案件终结。

## 二、涉案措施与主要法律争议

### （一）《反倾销协定》相关规定

《反倾销协定》第 3 条对认定倾销进口对国内产业造成损害做出了规定。其中，第 3.1 条是确定损害的原则性规定，即对损害的确定应客观审查相关肯定性证据，包括倾销进口产品数量、对国内同类产品价格的影响，及对国内生产者的影响。第 3.2 条规定倾销进口数量分析和价格影响分析要求，数量分析中应考虑倾销进口产品绝对数量或相对数量是否大幅增加，价格影响分析中应考虑倾销进口产品是否大幅削低、压低价格或抑制价格增加。第 3.4 条规定倾销进口对国内产业影响的分析要求，应审查影响产业状况的所有经济因素、影响国内价格的因素、对库存等的实际和潜在的消极影响。第 3.5 条规定倾销进口与损害之间因果关系的分析要求，倾销进口与国内产业损害之间是否存在因果关系应以所有有关证据为依据，并应审查除倾销进口产品外的、同时正在损害国内产业的任何已知因素，如非倾销进口产品等，且这些其他因素造成的损害不得归因于倾销进口产品。

### （二）涉案措施

本案的涉案措施是中方对于进口浆粕实施的反倾销措施。中方调查机关经

---

① 根据顺序协议的规定，如中加双方对执行措施与适用协定的一致性问题存在分歧，加方应先依据《关于争端解决规则与程序的谅解》（DSU）第 21.5 条提起执行之诉。执行措施经裁决不符后，加方可向 DSB 请求第 22.2 项下的报复授权。中方不得以第 22.6 条规定的，在合理执行期结束后 30 天内给予授权的时限问题为由，主张加方不能获得报复授权。但这不影响中方根据第 22.6 条规定提出报复水平仲裁申请。

反倾销立案调查，最终裁定在本案调查期内，原产于美国、加拿大和巴西的进口浆粕存在倾销，中方国内产业受到实质损害，而且倾销与实质损害之间存在因果关系，决定向原产于美国、加拿大和巴西的进口浆粕征收反倾销税，实施期限为自 2014 年 4 月 6 日起 5 年。

### （三）主要法律争议

双方主要法律争议是中方在浆粕反倾销措施的损害认定中，有关倾销进口数量增加、价格影响、国内产业影响、因果关系及非归因分析五个方面是否违反《反倾销协定》的相关规定。

具体而言，第一，关于数量增加的认定，调查机关在评估倾销进口产品的绝对数量增加时，是否还需要审查国内需求趋势、国内同类产品和非倾销进口产品数量的趋势；第二，关于价格影响分析，在倾销进口产品与国内同类产品存在平行价格趋势、倾销进口价格高于国内同类产品价格，但倾销进口市场份额增加的情况下，能否得出倾销进口压低国内产品价格的结论；第三，关于倾销对国内产业影响的分析，调查机关对国内产业的市场份额"始终低迷"和对投融资能力等积极因素的分析是否符合国内产业审查的规则要求；第四，关于因果关系分析，调查机关在倾销进口和国内同类产品的数量、价格、需求、市场份额等分析基础上，对倾销进口与国内产业损害的因果关系分析是否符合要求；第五，关于非归因分析，调查机关对于棉花和粘胶纤维价格变化和棉短绒短缺的审查，国内产业的产能、产量过剩以及库存增加，非倾销进口作为其他已知因素对国内产业造成损害的审查，以及将这些因素造成的损害不归因于倾销进口的审查是否符合非归因分析的规则要求。

### 三、专家组裁决

专家组在四个方面裁定中方没有违反《反倾销协定》：（1）调查机关关于倾销进口数量增加的考虑没有违反第 3.1 条和第 3.2 条；（2）调查机关在价格影响分析中关于倾销进口市场份额变化和定价文件的考虑没有违反第 3.1 条和

第3.2条；（3）调查机关关于倾销进口对国内产业影响的审查没有违反第3.1条和第3.4条；（4）调查机关在非归因分析中关于棉短绒短缺的审查没有违反第3.1条和第3.5条。专家组在三个方面裁定中方违反《反倾销协定》：（1）调查机关在价格影响分析中没有适当解释平行价格趋势，及倾销进口价格高于国内同类产品价格的作用，违反了第3.1条和第3.2条；（2）调查机关认定倾销进口和损害的因果关系，违反了第3.1条和第3.5条；（3）调查机关在非归因分析中对于棉花和粘胶纤维价格变化，国内产业的产能、产量过剩以及库存增加，非倾销进口作为其他已知因素对国内产业造成损害的审查，以及将这些因素造成的损害不归因于倾销进口的审查，违反了第3.1条和第3.5条。

## （一）关于倾销进口数量增加（《反倾销协定》第3.2条）

加方提出，调查机关认定倾销进口产品的绝对数量在调查期内增加了43.82%，但调查机关没有根据有关增加并不显著的证据来评估该数量增加。为评估倾销进口产品的绝对数量是否大幅增加，调查机关必须审查个案的事实情况，如国内需求趋势、国内同类产品和非倾销进口产品数量的增加趋势等。

中方提出，第3.2条要求调查机关考虑倾销进口产品的绝对数量"或"相对数量，但加方建议的评估方法要求调查机关同时考虑绝对数量"和"相对数量的增加，即在考虑倾销进口产品的绝对数量是否大幅增加时必须考虑相关事实情况，该观点没有文本基础。第3.2条明确规定了调查机关应如何考虑倾销进口产品的数量，并提供了不同方法作为选择。"绝对"一词表明，进口产品数量增加只需与本身作比较，不需要考虑相关的事实情况，根据其本身数量增加的幅度即可认定"大幅"增加。

专家组裁定，加方没有证明调查机关对倾销进口数量增加的评估违反第3.1条和第3.2条，这是由于：第一，加方没有区分第3.2条中绝对数量和相对数量增加，调查机关考虑绝对数量大幅增加之外，无需再考虑相对数量的大幅增加；第二，加方没有区分第3.2条和第3.5条的不同义务，加方提出的调查机关需要考虑的因素不在第3.2条第一句绝对数量增加需要考虑的范围内，它们分别是第3.4条和第3.5条要求考虑的；第三，第3.2条第一句不涉及倾销产品的影响，仅需考虑数量的增加幅度问题，倾销产品数量增加是否重要取决于第3.5条规定的对相关因素的评估；第四，调查机关在第3.2条项下的义务只是考虑，不需要做出决定，在没有决定义务的情况下，不能认为有提供合理和充分解释的义务。

## （二）关于价格影响（《反倾销协定》第3.2条）

### 1. 平行价格趋势

（1）存在平行价格趋势

加方提出，在调查期内，倾销进口产品和国内产品价格没有平行移动；即使价格向同一方向变化，变化幅度也不同。调查期前期，两者价格均上涨，但倾销进口产品的价格上涨幅度更大；调查期后期，两者价格均下降，国内同类产品的价格下降幅度更大。

中方提出，倾销进口产品和国内产品之间存在平行价格趋势，这是调查机关基于整个调查期内的大量记录中的证据认定的，特别是调查期后期，倾销进口产品和国内同类产品的价格以几乎相同的比例下降。加方不恰当地关注调查期内价格趋势相交的孤立时间点，而非整个价格趋势。

专家组认为，倾销进口产品和国内产品价格总体上是平行的，即使交叉时仍然有相同的上升趋势。虽然在2011年上半年和下半年两者上升和下降幅度有差异，仍然是同一方向，并且按照市场价格下降进行调整，体现了两者紧密的竞争性。

（2）调查机关未解释平行价格趋势和价格影响之间的关系

加方提出，调查机关没有对倾销进口产品与国内同类产品之间平行价格趋势的肯定性证据进行客观审查，没有解释平行价格趋势与价格压低的相关性。

中方提出，平行价格趋势的存在表明倾销进口产品和国内产品的价格之间存在联系，可以支持倾销进口价格下降导致国内同类产品价格下降这一结论。调查机关参考定价文件和会议纪要解释平行价格趋势的相关性，这些文件说明正是被调查产品迫使国内同类产品的价格下降，国内生产商难以销售国内同类产品，只有降价与倾销进口产品竞争。

专家组认为，调查机关合理认定了存在平行价格趋势，但是没有解释平行价格趋势在国内价格下降中的作用，以及倾销进口价格和数量的变化如何影响国内产品价格。第一，对于第 3.2 条第二句要求的价格影响分析，仅观察价格的变化趋势是不够的，因为这些趋势可能受到了倾销进口产品或其他因素的影响。第二，在价格压低期倾销进口价格高于国内价格，且利害关系方称是国内价格导致了进口价格下降的情况下，调查机关没有适当解释平行价格趋势是如何和倾销进口数量增加一起考虑，以及两者如何相互作用导致价格压低。第三，倾销进口和国内产品受相同价格影响因素影响，出现平行价格趋势不足为奇，也许影响国内价格的因素之一是与倾销进口的竞争，但仅列出平行价格趋势是不够的。

### 2. 倾销进口价格高于国内同类产品价格

加方提出，调查机关在其认定的价格压低期内，没有对倾销进口价格高于国内同类产品价格的证据进行客观审查，没有对定价比国内同类产品高 9%—29% 的倾销进口产品如何会产生价格压低影响提供任何解释。

中方提出，第 3.2 条允许调查当局根据价格削低、价格压低和价格抑制这三种可能的价格影响之一做出裁定。一般而言，价格削低出现在进口产品价格低于国内产品价格的情形中；价格压低可以出现在进口产品价格高于国内产品价格的情形中；价格抑制出现在国内产品价格本应上涨的情形中。调查机关不需要通过认定价格削低来得出价格压低的结论。本案中，即使倾销进口产品价格高于国内同类产品价格，国内同类产品价格也可能因与倾销进口产品的竞争而被压低。

专家组认为，调查机关没有适当解释在倾销进口价格高时如何得出价格压低的结论。这是由于：首先，价格压低不取决于存在价格削低，但是要求调查机关解释在倾销进口价格高的情况下是如何得出压低结论的。在两者竞争、需求上升而且利害关系方提出意见的情况下，仅是国内价格低于倾销进口价格、且没有上升或者稳定并不足以说明倾销进口对于国内价格下降的"解释效力"。其次，第 3.2 条没有规定调查机关具体的调查方法，但是调查机关的自由不是无限的，受到第 3.1 条原则的约束。三种价格影响是独立的，不存在或者没有考虑价格削低并不阻碍考虑价格压低和价格抑制，但是依据某一种价格影响来认定损害和因果关系，仅在调查机关不忽视另一种或两种价格影响可能指向不同结果时，才能和第 3.1 条的义务相符。

### 3. 倾销进口市场份额

加方提出，调查机关没有解释在倾销进口产品的市场份额基本保持稳定的情况下，倾销进口如何产生价格压低作用。倾销进口产品的市场份额从 2011 年下半年至 2012 年下半年仅增加 2.96 个百分点，从 19.91％升至 22.87％。在此期间，国内同类产品的市场份额增加 7.09 个百分点，从 18.64％升至 25.73％，倾销进口如何产生价格压低作用。

中方提出，调查机关在价格影响分析的数量方面分析了倾销进口产品绝对数量的大幅增加，并不需要再考虑市场份额的变化。第 3.2 条第一句规定的可以通过绝对数量或相对数量来考虑倾销进口产品的数量增加，并可以延伸到该条第二句规定的价格影响考虑中。既然在考虑进口产品数量的时候，不存在考虑市场份额的义务，那么考虑进口产品的价格影响时也不能要求考虑市场份额。但尽管如此，调查机关在考虑市场份额变化时发现，倾销进口产品的市场份额有所增加。

专家组认为，加方没有证明调查机关在价格影响分析中关于倾销进口市场份额的分析违规。调查机关对市场份额的描述合理，特别是在调查机关主要依据绝对数量增加来考虑价格影响的情况下。调查机关同时还考虑了市场份额的变化，即使倾销进口市场份额只增加了 2 个百分点仍是增加。价格压低并不要求一定存在国内产品市场份额下降。

### 4. 对于价格文件的考虑

加方提出，很多价格文件没有具体提到倾销进口产品，而只是提到进口产品，对此不应予以考虑。同时，这些文件未经核查，未反映国内产业面临困难、与国内产业销售数量和市场份额上升不符。

中方提出，价格文件显示出国内生产商难以销售国内同类产品，只有降低价格才能与被调查进口产品竞争。

专家组认为，在价格影响分析中考虑这些文件不违反义务，但在本案事实情况下，这些文件本身不能充分证明价格压低。首先，第3.2条没有非归因的义务，因此不影响有关价格文件构成肯定性证据被予以考虑。其次，文件没有提到进口浆粕的来源，未区分倾销进口和非倾销进口产品，其对倾销进口价格影响的价值不大，对分析倾销进口价格压低解释效力的重要性也成疑。

**5. 关于证据的综合考虑**

加方提出，调查机关未能客观审查平行价格趋势，未解释平行价格趋势与国内产品价格急剧下降之间的关系；未对倾销进口产品价格高于国内产品价格的证据进行解释；未对定价文件和会议记录进行客观审查，也未能将这些文件与其他显示不存在价格压低的证据进行协调考虑。

中方提出，调查机关关于倾销进口产品对国内同类产品价格压低影响的结论是建立在"各种类型证据"之上的，具体包括：（1）倾销进口产品和国内同类产品之间激烈的价格竞争；（2）倾销进口产品的数量激增43%；（3）国内产品的价格急剧下降；（4）平行价格趋势；（5）定价文件和会议记录；和（6）显著的倾销幅度。调查机关总体上审查了这些因素，并不仅仅依赖于任何单一因素。

专家组认为，虽然倾销进口和国内同类产品两者具有价格竞争，但这只能解释存在平行价格趋势，不能解释价格压低。倾销进口数量的增加会导致国内产业降价来保持市场份额，但这是在进口价格低的情况下，本案则不是。国内价格大幅下降也不能解释价格压低作用。

## （三）关于对国内产业的影响（《反倾销协定》第3.4条）

专家组认为，依据加方对专家组问题单相关问题的答复，加方关于调查机关没有分析倾销进口对于国内产业状况影响的指控仅限于以下两个诉点。

### 1. 关于市场份额

加方提出，调查机关在审查国内产业状况时，将国内产业的市场份额描述为"始终低迷"存在问题，调查结果显示国内产业的市场份额在调查期内增加了 6.54 个百分点。调查机关虽然评估了市场份额的数量或水平，但没有根据第 3.4 条要求，考虑市场份额的变化趋势。

中方提出，调查机关审查了市场份额的变化趋势，调查结果显示在调查期内，2010 年国内市场份额为 19.68%，2011 年为 18.09%，比 2010 年减少了 1.59 个百分点；2012 年为 26.22%，比 2011 年增加了 8.13 个百分点。国内产业占有约四分之一或更少的市场份额，调查机关将市场份额描述为"始终低迷"是合理的。

专家组认为，调查机关对市场份额趋势进行了合理分析。首先，第 3.4 条要求调查机关必须对所有经济因素和指标进行分析；但是，没有要求所有或大多数因素消极，才能得出对国内产业消极影响的评估结果。其次，虽然国内市场份额增加，但是国内需求增加、产能增加、产能利用率低，市场份额增加没有赶上产能增加的比例，因此其"始终低迷"的描述是合理和客观的。

### 2. 关于积极因素的分析

加方提出，调查机关没有评估国内产业状况显示有所改善的因素，未解释每项因素的作用、相关性和权重。除讨论国内需求与生产设施建设和翻新之间的关系外，调查机关没有解释积极因素的变化趋势及相互关系，没有适当评估市场份额和投融资能力的作用。

中方提出，调查机关意识到几个因素的变化趋势是积极的，但仍得出倾销进口产品使国内产品价格下跌，导致利润、投资回报和净现金流减少的结论。第 3.4 条要求全面审查倾销进口产品对国内产业的影响，虽然这项审查包括对所有相关因素和指标的评估，但不需要审核每个因素的作用、相关性和权重。第 3.4 条最后一句表明，即使存在积极因素，也不妨碍调查机关得出进口产品对国内产业整体上造成负面影响的结论。

专家组认为，调查机关在终裁中合理解释了积极因素，认为是由市场需求增加和产能扩张导致的，因此虽然存在积极因素，但倾销进口仍对国内产业造成消极影响。在总体产能扩大的情况下，中方通过核查确认了部分国内产业仍存在关停和出售设备的现象，因此认定倾销进口产生消极影响并非不合理。

## （四）关于因果关系及非归因分析（《反倾销协定》第3.5条）

### 1. 倾销进口与损害之间因果关系的建立

加方提出，调查机关的因果关系分析是基于有缺陷的价格影响，因此必然不符合第3.1条和第3.5条的规定。考虑到倾销进口产品的市场份额没有明显变化，倾销进口产品价格显著高于国内同类产品价格，国内同类产品销量的增幅大于倾销进口产品，调查机关没有证明倾销进口产品如何导致国内产业损害。

中方提出，调查机关的因果关系分析是基于对肯定性证据的客观审查，证明倾销进口产品绝对数量大幅增加，倾销进口产品市场份额增加，国内同类产品价格下降与倾销进口产品价格下降同时发生。调查机关在核查中审查的价格文件表明，国内生产商被迫降价以维持销售。此外，调查机关还仔细考虑了与国内产业状况有关的经济因素和指标，显示国内产业受到实质损害。

专家组认为，调查机关的做法不符合第3.1条和第3.5条的要求。首先，没有对平行价格趋势对价格压低的影响，及平行价格趋势在确立实质损害中的作用进行合理解释。其次，没有分析和认定倾销进口产品绝对数量的大幅增加，在需求也大幅增加的情况下，是否以及如何能够独立支撑损害认定。再次，没有合理地分析非倾销进口产品市场份额增加等因素，及其在确立实质损害中的作用。

### 2. 对其他因素的非归因分析

（1）棉花及粘胶纤维价格

加方提出，调查机关没有客观审查棉花、粘胶纤维和浆粕价格之间的关系。首先，仅考虑了国内棉花价格，没有考虑全球棉花价格影响；棉花价格影响粘胶纤维的价格，进而影响浆粕的价格。其次，调查机关没有合理考虑粘胶纤维的产量与国内浆粕需求之间的关系，及粘胶纤维价格对浆粕价格的影响。浆粕主要用于生产粘胶纤维，粘胶纤维的价格对于浆粕的价格存在因果关系的影响。

中方提出，首先，调查机关正确考虑了棉花的国内价格而非国际价格，因为中方的棉花市场受到政府管理措施影响，国内棉花价格比国际价格更高更稳定。其次，棉花价格不能构成影响国内同类产品价格的主要因素，因为国内浆粕产业不仅包括棉浆粕，还包括木浆粕和竹浆粕。再次，粘胶纤维和浆粕之间的平行价格本身并不能证明粘胶纤维价格下降导致浆粕价格下降。随着粘胶纤维产量增加，浆粕的国内需求强劲且供不应求，浆粕价格应该保持稳定或增加，但事实上浆粕价格却是下降。

专家组认为，调查机关没有令人满意地分析利害关系方就棉花和粘胶纤维对浆粕价格影响的观点，没有适当审查和保证该因素的非归因。第一，专家组不认为调查机关着重分析国内市场的棉花、粘胶纤维和浆粕价格是不适当的，但三者价格变化总体趋势一致。第二，国际棉花价格和国内棉花价格趋势相似，显示国内棉花价格受国际棉花价格影响。尽管中方棉花市场受到政府管理措施影响，但中方粘胶纤维产业在国际市场上竞争，因此会受到国际粘胶纤维价格，从而间接受到国际棉花价格影响，调查机关对此却未做分析。第三，虽然只有棉浆粕使用棉花作为原料，但是各类浆粕都是粘胶纤维的材料，相互之间价格竞争，因此棉花价格仍会间接影响所有浆粕的价格，调查机关对此未做分析。第四，调查机关也没有在粘胶纤维和浆粕价格同时下降时，排除粘胶纤维价格下降是造成浆粕价格下降的一个可能因素。第五，调查机关在分析中方浆粕和粘胶纤维的供需关系时忽视了大量存在的进口浆粕，进口浆粕也会影响国内价格。

（2）国内产业产能过剩

加方提出，调查机关在处理国内产能问题时采用所有国内生产商数据的做法不符合第3.1条和第3.5条，这是由于其包括调查机关界定的"国内产业"之外的国内生产商的数据，扭曲了国内产业产能扩张的真正规模。无论使用何种数据，产能的增加都远超过需求的增加。此外，增加的库存和产能利用率低，表明国内产业过度扩张导致产能过剩。

中方提出，首先，调查机关既注意了被调查机关定义为国内产业的产能，也注意到中方所有浆粕生产商的产能。审查中方所有浆粕生产商的产能与国内总需求之间的关系是合理的，这是因为浆粕的价格受到总产出和总需求的驱动。其次，调查机关承认国内产业产能大幅增加，并通过评估国内产业的成本来审查这种增加的影响。调查机关发现单位生产成本在调查期内下降，表明增加产能的支出并没有损害国内产业的财务业绩。

专家组认为，依据案件事实以及提交的相关数据，调查机关在终裁中没有适当审查产能过剩、生产过剩和库存积压等因素对国内产业造成的损害，且未与倾销进口造成的损害区分，不符合第 3.5 条非归因义务。具体而言，第一，损害和因果关系分析都应是针对调查机关定义的国内产业，但这一基本原则并不排除适时考虑大于国内产业范围的情况。由于利害关系方关于产能的观点不仅限于国内产业，如果仅分析国内产业会忽视对于整体市场有影响的国内产业以外的产能，因此可以考虑所有国内产能。第二，关于产能过剩，调查机关仅比较国内产量和需求量的关系，忽视了大量存在的进口浆粕，而进口浆粕会加大产能增加的影响从而导致供给过剩，并会影响价格。第三，关于产能增加对成本的影响，调查机关在成本分析中重点放在总体成本下降上，而不是占成本比例很小的制造费用提高上，这一点是合理的。第四，关于库存增加，数据显示产量和产能增加比例基本一致，超出国内总需求的增长幅度，导致库存的大量增加。因此，如果库存增加被认为是产业损害的一个因素，则产能增加在其中发挥了作用，而调查机关完全否认这一点。

（3）非倾销进口

加方提出，调查机关的分析是基于对非倾销进口产品与倾销进口产品之间关系的考虑，这种分析是主观和有偏见的，违反第 3.5 条的要求。第 3.5 条要求调查机关审查非倾销进口产品对国内产业的影响，与倾销进口无关，但调查机关声称应考虑非倾销进口产品的销量、市场份额和价格数据，并将这些数据与倾销进口产品和国内产业的数据进行比较。此外，调查机关对非倾销进口产品的审查存在缺陷，其没有提供任何非倾销进口产品数量或价格的数据，没有用肯定性证据去支持其认为的倾销进口产品与非倾销进口产品之间存在质量差异的观点。

中方提出，调查机关对非倾销进口产品对国内产业状况影响的肯定性证据进行了客观审查。调查机关审查了倾销进口产品与非倾销进口产品之间的价格关系，具体分析了主要浆粕生产国南非、瑞典和印度尼西亚的非倾销进口产品的价格和数量，认为虽然倾销进口产品总体上质量更好，但两者之间没有明显差异。

专家组认为，调查机关关于非倾销进口的分析违反第3.5条。第一，第3.5条没有就非归因分析规定具体方法，因此不认为调查机关采取的方法不能接受，也不同意非倾销进口的影响分析一定要和国内产业进行比较，而不能和倾销进口进行比较。需要考虑的是调查机关是否充分解释了非倾销进口没有打破因果关系，以及解释是否合理。第二，数据显示非倾销进口在调查期后两年数量大于倾销进口，价格低于倾销进口。而调查机关所称的由于倾销进口质量好于非倾销进口所以竞争力更强，抵消价格差距，本身并非不合理，但这一点在终裁中未提到，因此是事后理由不予考虑。第三，调查机关在终裁中虽然只列出了来自三个具体非倾销进口国的数据，但是讨论了所有非倾销进口的情况，因此没有问题，虽然在终裁中列出所有非倾销进口数据会更好。第四，数据显示非倾销进口和倾销进口对于价格和国内产业的影响类似，因此损害影响可能也类似。调查机关也不认为非倾销进口没有影响，而是认定没有打破因果关系。第五，对于没有打破因果关系的结论，几乎没有解释其原因，特别是没有具体分析非倾销进口中三国以外的进口；在非倾销进口数量大于倾销进口、价格低于倾销进口的情况下，得出未打破因果关系的结论不合理。

（4）棉短绒供应短缺

加方提出，调查机关没有客观审查肯定性证据，认为产能利用率低不是由棉短绒短缺引起的是错误的。证据表明有生产商将棉短绒作为投入，棉短绒的总需求超过总供给。

中方提出，调查机关对棉短绒供应的肯定性证据进行了客观审查，发现棉短绒供应充足，棉短绒供应的变化并不是造成国内产业产能利用率低的原因，因此没有必要将这一因素的影响与倾销进口产品的损害影响进行区分和分离。

专家组认为，调查机关的分析符合第 3.1 条和第 3.5 条的要求。首先，加方提出的棉短绒短缺因素并没有直接导致浆粕的生产率下降，国内产业通过木浆粕与竹浆粕的生产应对了这一短缺。其次，棉浆粕生产商的生产利用率与国内浆粕总生产利用率相比差异不大，且在调查期后半期当棉浆粕生产利用率下降时，其占国内产业产量的比例也有大幅下降。

## 四、裁决执行情况和执行之诉

2017 年 8 月 25 日，根据《反倾销条例》及商务部《执行世界贸易组织贸易救济争端裁决暂行规则》的规定，调查机关发布了公告，决定通过再调查执行本案裁决。调查机关在利害关系方提交的证据材料及调查机关补充收集证据材料的基础上，根据专家组裁决，对原反倾销措施中倾销进口产品对国内产业同类产品价格的影响、倾销进口产品与国内产业损害之间的因果关系、其他已知因素对国内产业的影响等问题进行了再调查。

2018 年 4 月 20 日，调查机关发布再调查裁定，认为在原审调查期内，原产于美国、加拿大和巴西的进口浆粕的倾销行为导致中方国内浆粕产业受到实质损害，倾销与实质损害之间存在因果关系，决定继续实施反倾销措施。对此，加方认为中方的执行措施依旧不符合《反倾销协定》的规定，并对中方执行措施又提起了世贸组织争端解决机制项下的磋商请求。2019 年 4 月 6 日，中方终止了涉案措施。

## 五、案件的启示与评价

### （一）关于反倾销调查规则和实践

本案专家组对《反倾销协定》第 3.2 条的法律适用和解释提出了新的观点。关于调查机关第 3.2 条倾销进口数量分析，专家组认为，首先，第 3 条各款义务是逻辑发展关系，调查机关在每一款中仅需要完成本款的义务和目的，不需要履行其后段落规定的义务；其次，理解"大幅"增加所要求的考虑义务时，不能忽视其出现的不同条文的具体内容和背景，不能把在第3.2条第二句价格影响中的解释简单适用于第一句数量分析中。

关于第3.2条各种价格影响分析的关系，专家组认为，依据某一种价格影响来认定损害和因果关系，仅在调查机关不忽视另一种或两种价格影响可能指向不同的结果，才能和第3.1条的义务相符。据此，在不存在削价的情况下，分析和认定价格压低，也不能忽视不存在削价这种价格影响形式，在损害和因果关系分析中也要考虑不存在削价的情况。

此外，本案再次表明，反倾销调查实践应注重依据肯定性证据，并进行客观审查。调查机关除了解释如何对自身收集的证据进行了客观审查，对利害关系方提出的观点和证据，也需在裁决中进行直接回应，不能忽视、回避问题或者转换角度阐述，否则专家组有可能认为调查机关仍然没有对事实进行合理分析和解释。调查机关还应保障利害关系方提出证据的程序权利，包括评论、提交材料、参加听证会等，有关机密信息应提交符合《反倾销协定》要求的公开摘要等。

## （二）关于反倾销损害确定中的价格影响问题

### 1. 平行价格趋势如何解释价格压低影响

对于平行价格趋势和倾销进口价格高的问题，专家组认定调查机关的价格影响分析违规，但没有建议可能的考虑方向。平行价格趋势问题的关键在于，其本身并不能直接说明倾销进口价格对于国内产业价格的压低作用。两者同时降低既可能是一方压低另一方，也可能是同时受到其他因素的影响。关于如何分析平行价格趋势对于价格压低的解释效力，一种可能的情况是，直接用平行价格趋势来说明存在倾销进口对于国内产业价格有压低作用，需通过比较较短时间段（如分季度）的平均价格趋势，即倾销进口价格首先发生了下降，国内产业价格随之下降，这样从趋势表象上体现出倾销进口首先降价，导致国内产业随之降价，也就是倾销进口价格是价格引导者。但是，从分季度的平均价格来看，如果是国内产业价格首先下降，倾销进口价格其后下降，这对依赖价格趋势来分析倾销进口的价格压低作用将极为不利。

另外可能的考虑是，不将平行价格趋势作为直接支持价格压低的证据，需看其他证据来判断是否存在倾销进口对国内产业价格的压低作用。认定平行价格趋势反映了倾销进口和国内产业价格之间的竞争关系，但这本身不是认定价格压低的依据，因为可能有其他因素导致两者同时降低，包括粘胶纤维价格的影响、原材料国际价格和国内价格都在降低等，且分析应与可能的非归因分析保持一致。

### 2. 高倾销进口价格如何压低低国内产品价格

本案专家组裁定调查机关违规的主要症结在于，在倾销进口和国内同类产品物理特性等方面没有区别的情况下，价格高的倾销进口产品怎么能够压低价格相对低的国内产品价格，特别是在价格差距幅度不小的情况下。是否有其他因素在发挥作用，而这需要进一步的解释分析。

对此，需要解决以下问题：一是解释和证明为什么倾销进口价格会高于国内产业同类产品价格，是由什么因素造成的。二是解释和证明上述因素导致倾销进口价格和国内产业价格形成了合理的价格差。在存在合理价差的情况下两者处于相互竞争的平衡价位，则当高价的倾销进口产品降价时，国内产业为了保持竞争力需要维持竞争平衡价位的合理价差，因此也需要相应地降价。

但是，这需要避免与有关倾销进口和国内产业同类产品相互关系的认定发生矛盾，如是否认定了两者物理特性和化学特性基本相同，产品质量、市场区域和客户群体方面基本相同等。需要注意的是，在美国诉中国取向电工钢反倾销反补贴措施案（DS414）执行之诉中，专家组认为"基本"这样的限定条件说明需要分析具体差异，以及能否影响价格竞争关系和替代关系。

同时，需要平衡两者差异和两者竞争性的关系，不能因此影响认定两者的竞争性。如果认定倾销进口产品和国内产业同类产品存在某些方面的差异导致合理价差时，需要考虑在价格比较时保证价格可比性问题。可能的考虑是，需要结合认定差异的具体情况，如认定的是质量差异还是消费者偏好差异，或者直接对倾销进口价格进行调整来保证和国内产业同类产品价格可比性；或者保持两者价格，但是通过结合合理价差分析来保证可比性，这都对调查机关的客观审查义务提出了更高的要求。

## （三）关于反倾销损害确定中的非归因问题

### 1. 非归因分析没有明确方法但要求全面客观

《反倾销协定》关于非归因义务的分析没有明确的方法，也难以进行定量分析，如某个因素对国内产业造成损害的百分比难以量化。从专家组的裁定来看，只能根据个案情况具体分析，专家组法律审查的重点是调查机关是否就其他全部已知因素的损害影响进行了充分、全面、客观的分析，而不是偏颇的分析，在此基础上是否得出基本合理的结论，专家组按照个案事实进行认定。

本案终裁中，三个被认定违规的因素的分析方法的共同点是调查机关都没有否认这些因素会造成损害，最后的结论或是不构成主要因素、直接因素，或是没有打破因果关系。对此，专家组似要求更为全面地、从正反两方面对每个因素进行分析。一方面，承认其对于国内产业造成了损害并分析如何造成损害、损害的程度；另一方面，再和倾销进口和／或国内产业进行比较，分析其造成损害的局限性。

### 2. 多因素总体非归因分析或有助于增强说服力

《反倾销协定》并没有明确要求调查机关对多种其他已知因素进行总体上的非归因分析，即存在多种其他已知因素对国内产业同时造成损害，且对每个单独其他已知因素分析后，认定其单独没有打破倾销进口对于国内产业损害的因果关系时，这些因素的影响累加起来是否仍然不会影响倾销进口对于国内产业损害的因果关系。本案中，由于调查机关认可有多种其他已知因素对国内产业同时造成损害，如增加总体非归因分析或将有助于解决专家组在这方面可能的疑虑。

可以说，在价格压低期，中方国内产业浆粕价格下降是由多种因素造成的。

首先，下游产品粘胶纤维价格下降的影响有限，只能部分解释浆粕价格的下降。在国内市场浆粕供求基本平衡的情况下，下游产品粘胶纤维价格下降不应导致浆粕超过下游产品价格下降比例的下降。其次，非倾销进口对国内产业的价格、数量影响以及损害的影响未超过倾销进口。证据显示进口产品对国内产业价格产生了压低作用，其中倾销进口和非倾销进口两者数量及其增长接近，非倾销进口平均单价略低于倾销进口。但是，由于倾销进口的总体产品质量好于非倾销进口，因此，两者在价格方面与国内产业的竞争性非常接近。再次，产量扩张不是调查期库存增长的主要原因。产量扩张一定程度上造成了供过于求，但是供求差异很小。因此综合分析，即使存在多个其他因素对国内产业损害的影响，在分析排除其他因素对国内产业的损害影响后，仍然可以认定倾销进口是造成国内产业损害的重要因素。

## 附件

### 加拿大诉中国浆粕反倾销措施案（DS483）大事记

2014 年 10 月 15 日，加方向中方提出磋商请求。

2014 年 10 月 24 日，中方接受磋商请求。

2014 年 11 月 2 日，中加双方在日内瓦举行磋商。

2015 年 2 月 12 日，加方向世贸组织争端解决机构提出设立专家组请求。

2015 年 3 月 10 日，争端解决机构决定设立专家组。

2015 年 4 月 15 日，加方请求世贸组织总干事指定专家组成员。

2015 年 4 月 27 日，总干事指定专家组成员。

2016 年 2 月 9 日，加方提交第一次书面陈述。

2016 年 4 月 5 日，中方提交第一次书面陈述。

2016 年 5 月 11—12 日，专家组第一次听证会和第三方听证会。

2016 年 5 月 31 日，当事方提交第一次书面问题答复。

2016 年 6 月 14 日，当事方提交第二次书面陈述。

2016 年 8 月 3 日，专家组第二次听证会。

2016 年 8 月 23 日，当事方提交第二次书面问题答复。

2016 年 9 月 22 日，专家组向中加双方提交专家组报告的描述性部分。

2016 年 11 月 23 日，专家组向中加双方提交中期报告。

2016 年 12 月 16 日，专家组向中加双方提交最终报告。

2017 年 4 月 25 日，专家组报告公开散发。

2017 年 5 月 22 日，世贸组织争端解决机构通过专家组报告。

2017 年 6 月 1 日，中加双方向争端解决机构通报达成本案合理执行期为 11 个月（2018 年 4 月 22 日到期）。

2017 年 6 月 19 日，中方向争端解决机构通报执行裁决意向。

2018 年 5 月 2 日，中加双方向争端解决机构通报达成顺序协议。

2018 年 9 月 11 日，加方就中方执行措施提出磋商请求。

2018 年 10 月 11 日，中加双方通过视频方式举行磋商。

2019 年 4 月 6 日，中方终止涉案措施，案件终结。

校稿：程秀强

# 外贸转型升级的规则边界

## —— 美国诉中国外贸转型升级示范基地和外贸公共服务平台措施案（DS489）评析

### 姚晨曦

美国诉中国外贸转型升级示范基地和外贸公共服务平台措施案，是美方对中国中央和地方政府相关措施一次性起诉数量多、地域范围广、体系性影响大的一个典型案件，最终中美通过磋商解决了争议。本案中，美方起诉涉及中国中央政府部门和近 30 个省（区、市）各级地方政府涉及外贸转型升级示范基地和外贸公共服务平台的 170 多项措施。中方通过科学设计应对方案，综合考虑外贸转型升级发展需要、世贸组织规则合规等多重因素，修改和废止了一批存在世贸违规风险的措施。本案也是中方以符合世贸规则的方式进一步提高相关政策制定的科学化、精细化和有效性所做的有益探索和尝试。

# 一、案件背景和诉讼程序

## （一）案件背景

为促进产业和贸易有机结合，提高产业集聚度，推进外贸转型升级，中国中央和地方各级政府积极采取措施，培育产业集聚区。在总结前期经验的基础上，自 2011 年起至 2015 年，在纺织品、农产品、药品、轻工产品、专业化工、新型材料、五金建材等七个领域，从产销规模、创新能力、发展规划、环境建设等方面，商务部择优将相关产业集聚区认定为外贸转型升级示范基地（以下简称示范基地），共认定 179 个国家级示范基地。相应地，地方各级政府也认定了数量众多的各级示范基地。为提高示范基地营商环境建设的法治化、国际化水平，鼓励企业增强创新能力，中央和地方政府出台了相关配套政策措施，其中就包括外贸公共服务平台措施。

## （二）诉讼进程

### 1. 磋商阶段

2015 年 2 月 11 日，美国就中国"外贸转型升级示范基地"和"外贸公共服务平台"相关措施提起了世贸组织争端解决机制下的磋商请求。美方主张，中方通过"外贸转型升级示范基地"以及"外贸公共服务平台"项目向基地内的企业提供了《补贴与反补贴措施协定》（《补贴协定》）第 3.1 条（a）项所禁止的出口补贴。

中美双方分别于 2015 年 3 月 13 日和 2015 年 4 月 1 日至 2 日在日内瓦进行了磋商。

### 2. 专家组阶段

2015 年 4 月 9 日，美国向世贸组织争端解决机构提出了本案项下的设立专家组请求。2015 年 4 月 22 日，本案专家组设立。

### 3. 案件的解决

在专家组设立后，中美仍保持密切的沟通和交流。经双方共同努力，在逾 20 轮磋商及信息交换后，中美双方就磋商解决本案达成了谅解备忘录，为解决本案争议做了相关安排。2016 年 4 月 14 日，中美常驻世贸组织大使在瑞士日内瓦正式签署了谅解备忘录。

## 二、涉案措施与主要法律争议

### （一）涉案措施

美方在磋商请求和设立专家组请求中表示，中方基于出口业绩将特定产业的企业集群认定为示范基地，并通过公共服务平台向示范基地内企业提供优惠或免费服务，涉嫌违反世贸规则关于禁止提供出口补贴的规定。

本案涉案措施为 175 项（美方在磋商请求中提出 182 项措施，设立专家组请求中删去了 7 项地方措施），其中，中央政府相关政策措施 16 项、地方政府措施 159 项，地域范围涵盖中国 28 个省（区、市）、5 个计划单列市及新疆生产建设兵团，涉及纺织品、农产品、药品、轻工产品、专业化工、新型材料、五金建材等七类行业。虽然美方起诉的措施众多，但其核心关注集中在两类措施，一是中方示范基地认定措施，二是对于示范基地的相关资金支持措施。

#### 1. 示范基地认定相关措施

中方关于示范基地认定的主要措施是《商务部关于开展外贸转型升级示范基地培育工作的函》，其中包括附件《商务部外贸转型升级示范基地培育工作总体方案》（简称《总体工作方案》）。《总体工作方案》规定了示范基地认定的主要指标包括"基地出口规模和水平"等涉及出口业绩的指标。此外，涉案措施中还包括了地方政府认定辖区内示范基地的相关政策文件，也存在上述与出口业绩指标相关的问题。

#### 2. 相关财政资金支持措施

美方起诉所涉及的最主要的资金支持文件是《2013 年外贸公共服务平台

建设资金管理工作的通知》。根据该通知，政府提供资金支持国家和地方各类示范基地中公共服务平台的建设和运营，而得到资金支持的外贸公共服务平台为示范基地内企业提供价格优惠的服务。这些公共服务内容包括：产品设计、产品试验检测、技术研发、产品认证和注册、农产品质量可追溯体系、市场营销服务、国际孵化器、提供展示平台、提供信息平台、提供培训和提供物流服务。

为确保示范基地内企业能够得到优惠服务，这些为示范基地提供公共服务的单位必须"与平台所在地商务主管部门签署优惠服务协议，协议中应包括公共服务单位所提供的优惠服务对象、服务内容、收费标准、违约责任等条款"。前述规定表明，直接获得平台资金资助的是为基地提供公共服务的单位，但为获得平台资金支持，该等服务单位必须以签订优惠服务协议的形式，承诺为基地内企业提供"优惠服务"，具体优惠内容则由前述服务协议确定。

### （二）美方主要诉求

美方认为，一方面，中方通过示范基地《总体工作方案》等文件为示范基地的认定设定了相关出口业绩指标，属于《补贴协定》第3.1条（a）项对于"出口实绩"的要求；另一方面，中方通过《2013年外贸公共服务平台建设资金管理工作的通知》和相应年度的《外经贸发展专项资金申报工作的通知》等文件，向示范基地内建设的各类公共服务平台提供资金支持，具体支持形式包括通过公共服务平台向基地内企业提供打折或免费服务等，符合《补贴协定》第1.1条（a）项（1）目对于"财政资助"的要求。两方面结合，美方指称中方以出口实绩为条件向示范基地提供财政资助，构成《补贴协定》第3.1条所禁止的出口补贴，中方措施违反了《补贴协定》第3.2条规定的不得提供出口补贴的世贸义务。

### （三）主要法律争议

本案核心法律争议是外贸公共服务平台资金是否构成出口补贴。在世贸组织框架下，一项措施必须同时具备三个要件才能构成《补贴协定》所规定的禁止性的"出口补贴":（1）财政资助；（2）授予利益；以及（3）以出口业绩作为授予补贴条件。

### 1. 关于财政资助

美方认为，中国政府实质上通过给予资金支持的方式，要求或通过公共服务平台向示范基地内企业提供优惠服务，构成《补贴协定》第1.1条（a）项（1）目第（ⅲ）项所规定的"政府提供服务"，即符合"财政资助"的条件。因此，此类优惠服务的提供应构成《补贴协定》第1.1条（a）项（1）目意义上的一项"财政资助"。

### 2. 关于授予利益

美方认为，由于中方涉案措施明确要求申请向示范基地内企业提供此类公共服务的单位须与示范基地所在地政府的商务主管部门签署价格优惠服务协议，构成给予示范基地内企业"利益"。

### 3. 关于以出口业绩为授予补贴条件

美方认为，中方基于"出口实绩"条件认定了外贸转型升级示范基地，并提供财政资金支持建设外贸公共服务平台且要求其为示范基地内企业提供各类优惠服务。因此，上述公共服务平台使用财政资金资助的优惠服务给予示范基地内企业的支持构成了《补贴协定》第3.1条（a）项所禁止的出口补贴。

## 三、案件的解决

### （一）美方要价

#### 1. 关于示范基地项目的整体性关注

美方要求中方修改各级示范基地项目，使得该项目的政策目标不再是为了鼓励出口，且不再含有出口相关的标准；要求商务部撤销前3批认定的国家级示范基地，相关地方政府撤销所有现存的地方示范基地，然后由中央政府和地方政府根据新的标准重新认定国家和地方的示范基地。

### 2. 关于外贸公共服务平台等的财政支持

对于中央和地方层面现存及未来可能对公共服务平台提供资金和其他财政支持，美方要求取消现存的所有对公共服务平台提供的资金和其他财政支持，并要求中央政府颁布文件明确禁止各级政府在未来对公共服务平台提供资金和其他财政支持。

### 3. 关于现存及未来可能出现的公共服务平台优惠服务协议的关注（公共服务平台依据该等优惠服务协议向示范基地内企业提供服务）

美方要求废止现存的所有公共服务平台优惠服务协议，并要求中央政府颁布文件明确禁止各级政府在未来签订任何公共服务平台优惠服务协议。

### 4. 关于中央和地方层面现存及未来可能对示范基地企业提供的资金支持或其他财政资助的关注

美方要求取消现存的所有对示范基地企业提供的资金和其他财政支持，并要求中央政府颁布文件明确禁止各级政府在未来对示范基地企业提供资金或其他财政支持。

## （二）中美双方磋商情况

在磋商中，中方向美方澄清，中方进行"示范基地"评选，是要认定一批已经在生产规模、技术水平、配套设施等方面处于业界领先地位的产业聚集区，希望它们能够对其他欠发达地区形成示范带动作用。"示范基地"认定关注的重点在于"转型"、"升级"，即对外贸易整体的发展质量和发展方式的提升，而并非追求企业的出口实绩。

在与美方磋商的同时，中方针对涉案的中央政府措施以及地方政府措施进行了梳理。在中央政府层面，一方面，将外贸转型升级示范基地改革为外贸转型升级基地，更科学地设置基地认定条件。另一方面，进一步完善外经贸发展专项资金使用方式，督促地方做好中央财政资金使用的世贸规则合规性审查，提高资金使用效率。对 2015 年当年的外经贸发展专项资金文件的表述进行了修改，避免出现可能造成误解和误读的表述。在地方政府层面，涉案的各级地方政府对照世贸组织规则，开展了示范基地认定和资金支持相关文件的梳理、清理和调整工作。

### （三）案件的解决

经过 20 余轮磋商，中方成功打掉了美方关于取消外贸转型升级示范基地的要求，并通过提前调整可能存在一定法律风险的政策措施斩断了美方继续推进案件审理的可能。经过双方共同努力，中美之间就磋商解决案件达成谅解备忘录。2016 年 4 月 14 日，中美时任常驻世贸组织大使在瑞士日内瓦签署了包含上述内容的谅解备忘录。该备忘录的主要内容包括：

一是中方已终止中央和地方各级政府向公共服务平台提供的资金支持和其他财政支持。

二是中方确认现行的与公共服务平台或其服务提供者签署的优惠服务协议已失效或被终止。

三是中方确认有关地方政府已终止向示范基地内企业提供资金拨款的相关政策规定。

四是中方确认已发布新的外贸转型升级基地措施，即《商务部关于做好外贸转型升级基地有关工作的通知》。该文件废止了涉案的示范基地措施，且新措施不含与出口实绩有关的认定标准。

## 四、案件的启示与评价

自 2015 年 2 月至 2016 年 2 月，中央和地方各级政府对本案的涉案措施进行及时梳理，完成全部 120 余项涉案资金措施以及中央外贸转型升级示范基地培育文件的调整和清理工作，更为科学地设定了外贸转型升级基地的认定标准，并对现有示范基地考核工作做出安排。通过磋商，中美达成了一个权利义务平衡、兼顾世贸规则和中国外贸发展需求的谅解备忘录，为中方今后制定促进外贸转型升级的财政支持政策争取了政策空间。主要启示如下：

一是通过案件应对，将外贸转型升级示范基地升级为外贸转型升级基地，改进了相关认定条件，激发了基地活力，加强了产业和贸易的有机结合，推动了外贸转型升级和高质量发展。以案件应对为契机，及时修改完善原有的外贸转型升级示范基地工作方案，制定了新的外贸转型升级基地工作方案，重新设计了以产业聚集情况和产业链发展情况、特色产业产品质量和技术水平、地方政府的发展规划和配套政策等作为指标的考察体系，依托相关产业集聚体，培育信息、营销、品牌、质量、技术、标准和服务等竞争新优势，促进外贸发展方式转变和外贸商品结构优化，为外贸可持续发展做出了有益贡献。

二是出口补贴被世贸规则所明确禁止，不提供包括出口补贴在内的禁止性补贴是世贸成员的义务，各级政府在制定政策过程中应严格遵守。其实，国家建立外贸转型升级示范基地的初衷就是通过转变发展方式，提升中国外贸的整体质量和水平，提高外贸国际竞争力，推动中国对外贸易的提质增效和转型升级，实现外贸高质量发展。在具体政策的制定过程中，要始终把握和紧扣这一主题，避免出现可能违反世贸规则和中方相关加入承诺的措辞和表述，一方面这些表述可能扭曲政策制定的本意，另一方面可能引发外界不必要的关注和质疑。

三是在处理本案的过程中，存在一些地方政府对中央文件的政策本意理解出现偏差的情况。就中央外经贸发展专项资金而言，中央政府并无意将该资金用于继续支持外贸公共服务平台，而地方政府却依照其政策惯性，没有意识到中央政府的本意是要停止对外贸公共服务平台的资金支持。针对这一情况，一方面，政府制定政策措施的措辞应当更为清楚明确，减少文字表述的模糊性或被误读的空间；另一方面，各级政府应当加强对世贸规则的学习、加深对补贴规则的理解。结合《国务院办公厅关于进一步加强贸易政策合规工作的通知》中的要求，各级政府在制定可能影响贸易的政策的过程中应当进行世贸的合规性评估，在符合通知规定的情形时就该政策是否合规征求商务部意见。

四是本案磋商解决集中体现了世贸争端解决机制和平解决纠纷的特点，通过磋商解决争议充分体现了中美双方的合作精神和专业态度。但同时，这种合作精神的展现也是有着明确边界的，即磋商讨论的范围应限定在涉案措施的范围，限定在规则允许的合理范围。对于磋商中一方提出的任何不合理的、超出涉案措施范围的要求，应断然拒绝。特别是如果一方提出与案件的具体争议焦点无实质关系的所谓"系统性关注"，如透明度、中英文翻译、信息交换等问题，只要是不合理的、超出涉案措施范围的，均不应接受。

## 附件

### 美国诉中国外贸转型升级示范基地和外贸公共服务平台措施案（DS489）大事记

2015 年 2 月 11 日，美方向中方提出磋商请求。

2015 年 2 月 18 日，中方接受磋商请求。

2015 年 3 月 13 日，中美双方常驻日内瓦代表团就本案进行磋商。

2015 年 4 月 1 日至 2 日，中美双方在日内瓦举行正式磋商。

2015 年 4 月 9 日，美方提出设立专家组请求。

2015 年 4 月 22 日，世贸组织争端解决机构设立专家组。

2015 年 4 月—2016 年 4 月，中美双方进行约 20 轮磋商。

2016 年 4 月 14 日，中美签署谅解备忘录磋商解决争端。

校稿：王蔷

# 溯源而上的管理政策取舍

## —— 美国、欧盟诉中国12种原材料出口管理措施案（DS508/DS509）评析

龚耀晨

美国、欧盟长期关注中国实施的原材料出口管理措施，并多次在多双边场合提出关切。2009 年和 2012 年，美欧曾将中国对多种原材料的出口限制措施起诉至世贸组织争端解决机制，最终中方按照世贸组织争端解决机构通过的裁决完成了案件执行工作。2016 年 7 月，美欧再次联手，第三次起诉中国的原材料出口管理措施。

## 一、案件背景与诉讼程序

### （一）案件背景

2007 年、2008 年和 2014 年，美国三度在中美商贸联委会场合表达了对

中国原材料出口限制措施的关注。欧盟亦曾在中欧经贸混委会和世贸组织贸易政策审议等场合表达过类似关切。随后，美国和欧盟决定在世贸组织争端解决机制项下采取行动，针对中国起诉了两次案件。第一起案件是 2009 年美国、欧盟和墨西哥起诉中国对矾土、焦炭、氟石、镁、锰、金属硅、碳化硅、黄磷和锌等 9 种原材料的出口关税和出口配额措施，第二起案件是 2012 年美国、欧盟和日本起诉中国对稀土等实施的出口关税和出口配额措施。这两起案件历经磋商、专家组和上诉机构审理等程序，最终认定中方措施违反世贸规则。随后，中方按照世贸组织生效裁决取消了相关管理措施。然而美欧的"合作"并未结束，而是将目光进一步聚焦到中方对本案中相关原材料的出口关税和出口配额等措施。

## （二）诉讼进程

### 1. 磋商阶段

2016 年 7 月 13 日，美国就中国锑、钴、铜、石墨、铅、镁砂、滑石、钽和锡等 9 种原材料的出口关税措施在世贸组织争端解决机制下提出磋商请求（案件编号：DS508），共涉及 21 个税号的产品。7 月 19 日，欧盟提起磋商请求，将中国对锑、铬、钴、铜、石墨、铅、镁砂、滑石、钽和锡等 10 种原材料的 24 个税号产品实施的出口关税措施，以及对锑、铟、镁砂、滑石和锡等 5 种原材料的 36 个税号产品采取的出口配额和出口配额管理措施起诉至世贸组织争端解决机制（DS509）。相较美方磋商请求，欧方起诉的产品及措施范围有所扩展，一方面扩充了涉案原材料的种类，将铬和铟补充纳入起诉范围，另一方面在出口关税之外，将针对部分原材料实施的出口配额及其管理措施一并予以起诉。美方于当日紧随其后提出补充磋商请求，补充内容与欧方扩展内容基本一致。8 月 19 日，欧方又提出补充磋商请求，补充起诉中方对镍铁实施的出口关税措施。至此，欧方起诉的原材料种类合计 12 种。美方后续未起诉镍铁相关措施。

根据世贸组织《关于争端解决规则与程序的谅解》（DSU）第 4 条规定，

中方与美、欧于 2016 年 9 月 8 日至 9 日在日内瓦就本案进行了磋商。加拿大和墨西哥作为第三方参与了磋商。同时，美、欧分别作为对方起诉案件磋商的第三方。

**2. 专家组阶段**

2016 年 10 月 13 日和 10 月 26 日，美、欧分别根据 DSU 第 6 条向争端解决机构提出设立专家组请求。2016 年 11 月 8 日和 11 月 23 日，争端解决机构会议分别设立了两案专家组。

本案的起诉引发了其他世贸成员的关注，诸多成员决定以第三方身份参与案件审理。申请同时作为两起案件第三方的世贸成员就包括了巴西、加拿大、智利、印度、印度尼西亚、日本、哈萨克斯坦、韩国、墨西哥、挪威、俄罗斯、新加坡、中国台北、越南等 14 位成员。此外，美欧互为另一方起诉案件的第三方，哥伦比亚和阿曼申请作为欧方起诉案件的第三方。

由于中方在案件磋商后相继出台了新措施，对涉案 12 种原材料的出口管理措施进行了调整完善，起诉方并未实质性推进案件后续程序。因此，可以说本案的诉讼程序止步于专家组组成阶段，中方在未与起诉方达成任何备忘录或协议（MOU/MAS）的情况下妥善解决了本案争议。

## 二、涉案措施和主要法律争议

### （一）主要涉案措施

起诉方在磋商请求中列出了与中方出口管理措施相关的三十余项法律、法规和规范性文件，其中涉及案件核心争议的措施主要包括：

**1. 出口关税（涉及锑、铬、钴、铜、石墨、铅、镁砂、滑石、钽、锡和镍铁）**

（1）《国务院关税税则委员会关于 2016 年关税调整方案的通知》（税委会〔2015〕23 号）

（2）《海关总署关于 2016 年关税实施方案的公告》（海关总署 2015 年第 69 号公告）

### 2. 出口配额（涉及锑、铟、镁砂、滑石和锡）

（1）《公布 2016 年农产品和工业品出口配额总量》（商务部 2015 年第 53 号公告）

（2）《公布 2016 年出口许可证管理货物目录》（商务部 海关总署 2015 年第 76 号公告）

### 3. 出口配额的管理（涉及锑、铟、镁砂、滑石和锡）

（1）《出口商品配额招标办法》（对外贸易经济合作部令 2001 年第 11 号）

（2）《出口商品配额管理办法》（对外贸易经济合作部令 2001 年第 12 号）

（3）《对外贸易经济合作部关于印发〈工业品出口配额招标实施细则〉的通知》（外经贸部发〔2001〕626 号）

（4）《商务部 2015 年第 49 号公告 公布〈2016 年钨、锑、白银出口国营贸易企业申报条件及申报程序〉》（商务部 2015 年第 49 号公告）

（5）《商务部 2015 年第 50 号公告 公布〈2016 年铟、锡出口配额申报条件及申报程序〉》（商务部 2015 年第 50 号公告）

（6）《商务部 2015 年第 55 号公告 关于 2016 年度镁砂、滑石出口配额招标资质的公告》（商务部 2015 年第 55 号公告）

## （二）主要法律争议

**1. 对 11 种涉案原材料征收出口关税是否违反中方加入世贸组织承诺。** 起诉方指称，中方在《中国加入世贸组织议定书》（以下简称《加入议定书》）第一部分第 11.3 条承诺取消适用于出口产品的全部税费，除非《加入议定书》附件 6 明确规定或者按照《1994 年关税与贸易总协定》（以下简称 GATT1994）第 8 条关于进出口规费和手续的规定适用。鉴于中方涉案措施仍保留对《加入议定书》附件 6 所列产品以外的锑、钴、铜、石墨、铟、铅、镁砂、滑石、钽、锡和镍铁等 11 种原材料实施出口关税，因而涉嫌违反该部分承诺。从此前的美国、欧盟、墨西哥诉中国原材料出口限制案（DS394/DS395/DS398 简称九种原材料案）原材料案和美国、欧盟、日本诉中国稀土、钨、钼出口管理措施案（DS431/DS432/DS433，简称稀土案）裁决来看，对于不在中方加入承诺范围之内的产品征收出口关税已被世贸组织裁定违反加入承诺，且难以援引 GATT1994 的例外条款进行抗辩。因此，如本案进入实质性审理阶段，中方似乎难以扭转在这一法律点上的败诉结果。

**2. 对 5 种涉案原材料实施出口配额措施是否违反世贸规则。**起诉方指称，中方对锑、铟、镁砂、滑石和锡等 5 种原材料实施出口配额措施，涉嫌违反 GATT1994 第 11.1 条关于普遍取消数量限制的义务，以及中方在《加入工作组报告书》第 162 段和第 165 段的相关承诺。与出口关税不同，世贸组织曾裁定出口配额措施可以通过援引 GATT1994 的例外条款进行抗辩，但能否成功援引将取决于是否满足例外条款的具体要求。在此前的九种原材料案和稀土案中，中方主张涉案措施旨在保护环境和自然资源，因而符合 GATT1994 第 20 条（g）项规定的例外情形。但世贸组织最终裁决中方相关出口配额措施不满足例外条款要求。虽然中方在本案中仍可从抗辩技术角度出发，主张涉案原材料的种类不同、世贸成员所面临的环境保护和资源保护情形也不同，继续援引 GATT1994 第 20 条抗辩，但胜诉几率不高。

**3. 对 5 种涉案原材料的出口配额管理措施是否违反世贸规则。**起诉方指称，中方对锑、铟、镁砂、滑石和锡等 5 种原材料的出口配额管理措施，限制了相关原材料产品的出口权、在出口配额申领条件方面歧视外商投资中方企业、出口配额管理方式不统一和不透明，因而涉嫌违反 GATT1994 第 10.3 条（a）项和第 11.1 条，以及《加入议定书》第 1.2 条、第 2 条（A）项（2）目、第 5.1 条和第 5.2 条的义务。从起诉方提出的涉案措施来看，中方对出口配额申请企业设定了出口业绩等前提条件，而在加入世贸组织时明确承诺不对贸易权施加上述要求。因此，中方的出口配额管理措施被裁定违规的风险较大。此外，中方的出口配额管理措施中并不存在美欧所谓的歧视外商投资企业等问题。但客观来说，美欧起诉中方的出口配额管理措施属于对出口配额措施的衍生诉点，在出口配额措施本身难以获得支持的前提下，中方在出口配额管理措施方面赢得部分诉点的实际意义并不大。

## 三、案件的解决

如前文所述，美欧在本案磋商请求中的诸多起诉主张与此前的九种原材料案和稀土案中具有较高相似之处。考虑到前两起案件的裁决结果，中方在相同法律问题上的规则抗辩空间可以说十分有限。中方有效利用涉案出口关税和出口配额措施年度发布的特征，于 2016 年年底之前完成了涉案措施的调整工作，有效避免了案件推进至专家组审理阶段。具体而言，2016 年 10 月 30 日，商务部发布 2016 年第 60 号公告《公布 2017 年工业品和农业品出口配额总量》，取消了对锑、铟、镁砂、滑石和锡等 5 种原材料的出口配额管理。2016 年 12 月 30 日，商务部、海关总署发布 2016 年第 86 号公告《公布 2017 年出口许可证管理货物目录》，明确上述 5 种工业品原材料凭合同即可申领"出口许可证"。至此，中方完成了对这 5 种工业品原材料出口管理方式的转变。2016 年 12 月 19 日，国务院关税税则委员会发布《关于 2017 年关税调整方案的通知》，通知内容表明中方已取消全部涉案税号的出口关税。随后美欧放弃在世贸组织继续推进案件审理。

## 四、案件的启示和评价

中方在涉案原材料的生产方面居世界领先地位，其中大部分原材料是制造工业高端产品的关键原材料，行业辐射范围包括汽车、航空、建筑、电子产品等重要领域。对相关原材料的出口管理制度进行任何形式的调整和限制都会对下游产业甚至全球产业链带来影响，可谓"牵一发而动全身"。虽然相比 2009 年的九种原材料案和 2012 年的稀土案而言，本案所涉原材料的贸易利益对美国和欧盟相关产业而言较为有限，但是美欧依然选择起诉本案，再次反映出对中方原材料出口管理措施的持续性和系统性关注。

在经历了此前两起案件诉讼之后，中方在原材料的出口管控方面已经采取了切实举措，以期符合中方加入世贸承诺和相关世贸义务，但是本案的被诉也确实暴露出中方对于特定原材料的出口管理仍然存在遗留的风险点。从过往案件应对经验来看，尽管相关出口管理措施的初衷在于保护环境和不可再生资源，但也凸显出一些亟待解决的问题。特别是类似案件的裁决使我们认识到，如果仅仅在出口环节进行管理而不是理顺前端的上游产业链管理体系，往往无法实现科学、理性管理，甚至很可能出现违规风险。随着调整后的政策措施陆续公布和施行，涉案原材料的出口秩序并没有被打乱，而是在与产业链前端政策的协调配合下进一步促进了相关领域对外贸易的健康发展。可以说，通过案件的应对，我们切实加深了对如何以合规方式维护国家资源主权和安全的认识。仅从出口端施加管控既不是合适的方法，也不是解决问题的根本之道，而是应当强化对资源类产品的源头管理和全产业链管理，真正实现"溯源而上"的合规管理政策取向。这既有利于实现科学、合理、可持续地开采和使用有限的自然资源，也有利于理顺管理机制，不断推动出口有序竞争和行业健康发展，避免再度授人以柄。

## 附件

### 美国、欧盟诉中国 12 种原材料出口管理措施案
### （DS508/DS509）大事记

2016 年 7 月 13 日，美方向中方提起磋商请求。

2016 年 7 月 19 日，美方提出补充磋商请求、欧盟向中方提起磋商请求。

2016 年 7 月 28 日，中方接受美、欧磋商请求。

2016 年 8 月 19 日，欧方提出补充磋商请求。

2016 年 8 月 29 日，中方接受欧方补充磋商请求。

2016 年 9 月 8—9 日，中方与美、欧在日内瓦进行磋商。

2016 年 10 月 13 日，美方向争端解决机构提出设立专家组请求。

2016 年 10 月 26 日，欧方向争端解决机构提出设立专家组请求。

2016 年 11 月 8 日，争端解决机构设立美方起诉案件（DS508）专家组。

2016 年 11 月 23 日，争端解决机构设立欧方起诉案件（DS509）专家组。

2016 年 10 月 30 日，商务部发布 2016 年第 60 号公告《公布 2017 年工业品和农业品出口配额总量》，取消了对锑、铟、镁砂、滑石和锡的出口配额管理。

2016 年 12 月 19 日，国务院关税税则委员会发布《关于 2017 年关税调整方案的通知》，取消了 21 个涉案税号的出口关税。

2016 年 12 月 30 日，商务部、海关总署发布 2016 年第 86 号公告《公布 2017 年出口许可证管理货物目录》，将锑、铟、镁砂、滑石和锡纳入出口许可证管理的货物范围。

校稿：王蔷

# 粮食补贴之争：为中国农民而战

## ——美国诉中国粮食补贴案（DS511）评析

杨骁燕

2016 年 9 月 13 日，美国就中国小麦和稻谷最低收购价政策、玉米临时收储政策向世界贸易组织（WTO）提起争端解决诉讼。这是美国在世贸组织框架下首次起诉中国的基本农业补贴政策，在国内造成较大影响，在国际上引发高度关注。

## 一、案件背景与诉讼程序

### （一）案件背景

世贸组织允许成员对国内农业提供适当的补贴。根据《农业协定》（*Agreement on Agriculture*），各成员对农业提供的补贴分为"绿箱"、"蓝箱"和"黄箱"三大类。对农产品生产和贸易扭曲作用较小的"绿箱"和"蓝箱"

的补贴数额不受限制,对农产品生产和市场价格具有较大扭曲作用的"黄箱"(如市场价格支持等)补贴额不得超过成员的承诺水平。长期以来,农业补贴一直是世贸组织规则框架下敏感议题。制定和实施农业国内支持政策是每一个世贸组织成员的权利,但无论是在农业谈判还是在争端解决案件中,成员就农业补贴水平的争议从未停止。

中国作为粮食生产大国和进口大国,其国内农业支持政策对国内生产和国际市场均具有重要影响,因此也备受美欧等世贸成员的关注。2016年4月,美国小麦协会公开发表声明,指责中国政府对小麦生产者实行的最低收购价等补贴远远超过中方加入世贸组织的承诺水平,并称中方未按照承诺管理小麦的进口关税配额,对国际市场造成不利影响。该协会声称,其正在与美国贸易代表办公室(USTR)和美国农业部加强沟通,计划将中方小麦补贴政策和关税配额管理措施诉诸世贸组织争端解决机制。该消息很快得到了USTR和美农业部官员的确认。当时,美奥巴马政府已接近任期最后阶段,在国际贸易领域正在强力推动《跨太平洋伙伴关系协定》(TPP),以期留下重要政治遗产,但由于美方内部重重阻力,美总统大选选情胶着,在美方产业的推动下,奥巴马政府加快了对中方小麦等重要农产品国内支持政策和进口关税配额管理措施的诉讼准备,以争取国内政治支持。

2016年9月13日,美国就中国小麦和稻谷(籼稻和粳稻)的最低收购价政策、玉米的临时收储政策在世贸组织启动争端解决程序。美时任总统奥巴马表示,中方的做法严重损害了美方农民的利益,中方的非法补贴应当取消,以消除对美方出口的巨大障碍。美农业部长汤姆·维尔萨克(Tom Vilsak)发表声明称,中国在2015年内向被诉农产品提供的补贴额超出世贸组织允许的水平高达近1000亿美元。中国的价格支持政策刺激了中国的小麦、稻谷和玉米生产,从而以国内产品取代进口产品。中国在加入世贸组织时曾承诺,将限制会对国际贸易活动带来扭曲的价格支持,但中方的行为违反了其作出的承诺,并导致生产过剩,影响了美国农民在国际市场中与中国竞争的能力。

美方起诉后,中国商务部条法司负责人迅速回应表示,政府对本国农业提供支持，调动农业生产者积极性，提高本国农业生产能力，是国际通行实践，也是世贸规则所允许的。中方一贯尊重世贸组织规则，坚持以符合规则的方式支持中方农业生产和发展，维护农产品国际贸易体制。中方将根据世贸组织争端解决程序妥善处理此案，并将坚决维护中方的产业利益和贸易利益。中美粮食补贴争端就此正式揭幕。

## （二）诉讼程序

### 1. 磋商阶段

2016 年 9 月 13 日，美方请求与中方进行磋商。美方在磋商请求中指称，中方在 2012 年至 2015 年期间对小麦、稻谷和玉米三种农产品生产者提供的国内支持，超过了中方加入世贸组织的承诺水平（该具体农产品生产总值的 8.5%），违反《农业协定》第 3.2 条、第 6.3 条和第 7.2 条（b）项规定和中方加入世贸组织相关承诺。2016 年 9 月 29 日，欧盟请求加入该案磋商；2016 年 9 月 30 日，澳大利亚、加拿大和泰国请求加入磋商；2016 年 10 月 5 日，菲律宾请求加入磋商。中方同意澳大利亚、加拿大、欧盟和泰国加入磋商。2016 年 10 月 20 日，中美双方按照世贸组织争端解决程序在日内瓦举行了磋商，但磋商未能解决争端。

### 2. 专家组阶段

2016 年 12 月 5 日，美方请求设立专家组。2017 年 1 月 25 日，专家组设立。澳大利亚、巴西、加拿大、哥伦比亚、厄瓜多尔、埃及、萨尔瓦多、欧盟、危地马拉、印度、印度尼西亚、以色列、日本、哈萨克斯坦、韩国、挪威、巴基斯坦、巴拉圭、菲律宾、俄罗斯联邦、沙特阿拉伯王国、新加坡、中国台北、泰国、土耳其、乌克兰和越南等 27 个成员作为第三方参加本案专家组程序。

在世贸组织秘书处协助下，2017 年 6 月 24 日，中美双方就专家组组成达成一致。

2018 年 11 月 2 日，专家组向争端双方提交中期报告。2018 年 12 月 12 日，专家组向争端双方提交最终报告。2019 年 2 月 28 日，专家组向世贸组织成员正式散发最终报告。2019 年 4 月 26 日，争端解决机构（DSB）通过本案专家组报告。

### 3. 执行阶段

2019 年 5 月 26 日，中方在 DSB 会议上通报将执行本案组裁决。本案进入执行阶段。2019 年 6 月 10 日，中美双方向 DSB 通报已就本案合理执行期达成一致，为 11 个月零 5 天（2020 年 3 月 31 日到期）。合理执行期到期后，美方拒绝按惯例与中方签订顺序协议[①]。双方商定延长合理执行期至 2020 年 6 月 30 日。

### 4. 执行阶段后程序

2020 年 6 月 18 日，中方通知争端解决机构已完成本案裁决执行。2020 年 7 月 16 日，美方主张中方在合理执行期内未完成裁决执行，根据《关于争端解决规则与程序的谅解》（DSU）第 22.2 条向争端解决机构请求授权对中方中止减让或其他义务（即申请贸易报复授权）。2020 年 7 月 27 日，中方根据 DSU 第 22.6 条反对美方提出的报复水平，并向报复水平仲裁庭提交书面陈述。为了主动运用规则、积极维护自身合法权益，2020 年 8 月 5 日，中方根据 DSU 第 21.5 条请求设立本案执行专家组，就中方是否完成本案裁决执行进行审理。2020 年 9 月 28 日，执行专家组设立，澳大利亚、巴西、加拿大、欧盟、危地马拉、印度、日本、韩国、挪威、巴基斯坦、俄罗斯、中国台北、泰国、土耳其和英国等 15 个成员作为第三方参加本案执行专家组程序。截至 2021 年 6 月，双方均未推进后续程序。

## 二、涉案措施与主要法律争议

### （一）中方加入世贸组织相关承诺

世贸组织《农业协定》第 3.2 条和第 6.3 条规定，成员国对农业生产

---

① 在世贸组织争端解决实践中，按照惯例，争端双方一般会在执行期届满后尽快签订顺序协议，以约定起诉方只有在提起执行之诉并且胜诉的情况下，方可请求报复授权。如无顺序协议，起诉方需在执行期届满 30 天内请求报复授权以保留自身权利。

者不得提供超过其承诺的、以现行综合支持总量（Current Total Aggregate Measurement of Support）表示的国内支持；而根据《农业协定》第 6.4 条和第 7.2 条（b）项的规定，低于微量水平（de minimis）[①]的国内支持不计入现行综合支持总量[②]。由于中方加入世贸组织时承诺的国内支持水平为"零"，因此中方需确保其提供的国内支持低于微量水平。中方承诺，特定产品支持微量免除水平为相关年份该农产品生产总值 8.5%；非特定产品支持微量免除为相关年份中方农业生产总值 8.5%。因此，中方每年针对特定农产品的支持水平需要限制在该种农产品年度总产值的 8.5% 以内。

### （二）中方涉案农产品国内支持措施

农业是中国第一产业，是国民经济的基础，关系到亿万农民的生计，也与农村经济社会发展息息相关。党的十九届五中全会提出，优先发展农业农村，坚持把解决好"三农"问题作为全党工作重中之重。制定和实施农业支持政策，对于调动农民种粮积极性、提高农业质量效益和竞争力，保障粮食安全、促进农村发展和社会稳定，均具有重要意义。

#### 1. 小麦和稻谷最低收购价政策

自上世纪 80 年代以来，中国政府实施了一系列与农业收购相关政策，并根据现实情况持续进行调整和完善。

在 1985 年以前，国家实行统购统销政策，统一设定粮食收购价格，根据计划确定当年从农民手中收购粮食的数量。

在 1985 年至 1993 年期间，国家实行定购制加议购制双轨制的粮食收购

---

① 对于特定农产品而言，国内支持水平表现为一成员对该特定农产品的年度支持总量占该农产品年度总产值的比重；对于非特定农产品而言，国内支持水平表现为一成员对非特定农产品的年度支持总量占年度农业总产值的比重。

② 根据《农业协定》第 1 条（h）项，"综合支持总量"（Total Aggregate Measurement of Support，AMS）和"总 AMS"指的是有利于农业生产者的所有国内支持的总和，计算为基本农产品的综合支持量、所有非特定产品综合支持量以及所有农产品支持等值的综总和。此种支持对于实施期任何一年中及此后实际提供的支持水平（即"现行综合支持总量"），指的是依照本协定的规定，包括第 6 条规定以及该成员减让表第四部分引用而并入的支持材料表所使用的构成数据和方法计算的支持。

政策。定购制主要适用于小麦、稻谷、玉米、棉花、大豆等，由国家设定收购量，按照合同定购价格[1] 进行收购。针对完成定购任务之后的余粮，国家实行议购制度，由国家确定议购指导价，各地在此基础上规定议购价格的最低和最高限价，议购价水平一般介于国家定购价格和市场价格之间。

1993 年，国务院发布《关于加快粮食流通体制改革的通知》，要求逐步放开粮食价格，提出粮食价格改革既要积极又要稳妥，国家建立保护价制度，保留粮食定购数量，保护价按照成本加上一定收益设定，当市场价低于保护价时，适用保护价向农民进行收购，属于托底收购。对于放开粮食价格的地区，在保留粮食定购数量基础上，粮食价格随行就市，但不得低于保护价。[2]

1996 年起，国家限缩了定购制的覆盖产品范围，仅对小麦、稻谷、玉米和棉花继续实行定购制。同时，国家对执行完定购任务的余粮不再使用议价制，改为采用保护价制度。保护价制度也进行了变革，由之前的定量收购，改为实行敞开收购政策。[3]

1998 年，国务院发布《关于进一步深化粮食流通体制改革的决定》，继续实行粮食定购制度，国家设定定购量，定购粮由省级政府委托地方粮食企业与农民签订定购合同并组织收购。继续实行按保护价敞开收购农民余粮的政策，以保护农民的种粮积极性，并且掌握足够的商品粮源，以稳定市场粮价。

保护价收购政策作为粮食最低收购价政策的前身，在 2004 年以前对于提振农民种粮积极性、稳定市场价格起到了一定作用，但在实施过程中也逐渐产生以下问题：一是政策成本太高，国有粮食企业收购了大量粮食，往往无法顺利销售，导致大量粮食积压，储存和运输成本高企不下，同时还出现农户"卖粮难"问题；二是由于国有粮食企业在财政补贴的支持下，在粮食收购中居于垄断地位，抑制了其他粮食企业参与市场竞争。

---

[1]1985 年至 1990 年被称为"合同定购制度"，1990 年后改称为"国家定购制度"，两者仅在名称上变化，具体含义无差别。参见"粮食合同定购改为国家定购"，《四川农业科技》1990 年第 6 期。
[2]保护价制度建立后，由于 1997 年以前市场价一直高于保护价，因此该制度直至 1997 年才实际适用。
[3]《国务院关于按保护价敞开收购议购粮的通知》(1997 年 8 月 6 日)："在定购粮收购任务完成以后，要按保护价敞开收购议购粮。"

2004 年，国务院通过《关于进一步深化粮食流通体制改革的意见》，提出随着国民经济市场化程度的提高，粮食流通体制改革的深入和农村税费改革的全面实行，进一步推进粮食购销市场化改革的条件已经具备。2004 年国家全面放开粮食收购市场，积极稳妥推进粮食流通体制改革。转换粮食价格形成机制，粮食收购价格由市场供求形成，当粮食供求发生重大变化时，必要时可对短缺的重点粮食品种在粮食主产区实行最低收购价政策。同年，国务院颁布并实施《粮食流通管理条例》，规定国家采取储备粮吞吐、委托收购、粮食进出口等多种经济手段和价格干预等必要的行政手段，加强对粮食市场的调控，并规定当供求关系发生重大变化时，必要时可由国务院决定对短缺重点品种在粮食主产区实行最低收购价政策。

自 2004 年起，国家在河北、江苏、安徽、山东、河南、湖北等 6 个主产省对小麦实施最低收购价政策，在江苏、安徽、江西、河南、湖北、湖南、广西、四川、辽宁、吉林和黑龙江等 11 个主产省（区）对稻谷实施最低收购价政策。根据上述政策，国家发展改革委于每年小麦和稻谷播种前分别发布上述农产品当年度最低收购价格通知，公布小麦和稻谷的最低收购价格和质量标准，不同质量等级的产品的最低收购价格存在相应的差别。最低收购价政策有一定的执行期限，以 2015 年为例，小麦最低收购价执行期为 2015 年 5 月 21 日至 9 月 30 日，早籼稻为 2015 年 7 月 16 日至 9 月 30 日，中晚稻为 2015 年 9 月 16 日至 2016 年 1 月 31 日。在政策执行期内，当市场价低于最低收购价时，由国家指定企业（中储粮）按照通知规定的最低收购价进行收购。国家对政策执行期内的收购量没有限制，即实行应收尽收，不限收，不拒收，敞开收购。最低收购价政策实施后，有效减少了农户从事粮食生产的风险，提振了农民种粮积极性，对粮食生产产生有力的激励作用。自 2004 年起，粮食生产稳步回升，连续十多年增产、丰收。

### 2. 玉米临时收储政策和玉米新政策

在加入 WTO 前，国家对玉米生产的政策支持有限。自 2007 年起，国家开始实施玉米临时收储政策。国家发展改革委每年在玉米收购前公布临时收购价，在当年临时收购政策执行期间，由国家指定企业（中储粮）以临时收储价进行收购，以此稳定市场价格，维护农民利益。该政策本质上与小麦和稻谷的最低收购价没有太大差别，主要在玉米主产区东北三省和内蒙古自治区实行。该政策在实施之后，曾在提高玉米产量、保护农民利益等方面发挥过积极作用，但其在实施过程中，由于国际玉米市场的变化，逐渐暴露出国内外玉米价格倒挂、农产品种植结构扭曲、财政负担过大等系列问题，亟待调整和完善。

2016 年中央一号文件提出，要改革完善粮食等重要农产品价格形成机制和收储制度，按照市场定价、价补分离的原则，积极稳妥推进玉米收储制度改革，在使玉米价格反映市场供求关系的同时，综合考虑农民合理收益、财政承受能力、产业链协调发展等因素，建立玉米生产者补贴制度。2016 年起，国家开始在东北三省及内蒙古自治区实施"玉米市场化收购加生产者补贴"政策（新政策），取代此前实施的玉米临时收储政策。根据新政策，在市场化收购方面，国家不再规定统一的收购价格，玉米价格由市场形成，反映市场供求关系，调节生产和需求，生产者随行就市出售玉米，各类市场主体自主入市收购；在生产者补贴方面，财政部指导东北三省及内蒙古自治区各自制定玉米生产者补贴实施方案，确定补贴额度、补贴范围和补贴标准。中央对各省（区）核定的补贴额度根据当年亩均补贴水平与基期（2014 年）各省（区）玉米播种面积测算确定，2016 年至 2018 年三年保持不变。根据国家要求，东北三省及内蒙古自治区均制定了适用于其各自区域的玉米生产者补贴发放办法。各省（区）的办法虽略有差异，但在基本方向上具有一致性，补贴均以直接支付的形式向玉米生产者发放。

玉米生产者补贴与玉米临时收储措施的根本区别在于，前者强调玉米收购价格由市场决定。中央及地方出台的文件均要求对玉米进行市场化收购，对玉米生产者提供直接补贴。此种要求在实际操作层面表现为：一是政府不再设定收购价格，玉米价格随市场情况波动；二是玉米收购主体的数量及类型更为多元。因此，2016 年起实施的玉米生产者补贴加市场化收购政策与此前的玉米临时收储政策存在着本质的区别。

### （三）主要法律争议

美方在磋商请求中列举的中方涉案措施包括：2012 年至 2015 年中央一号文件，粮食流通法规，小麦、稻谷最低收购价和玉米临时收储政策相关中央层面的 29 项措施及黑龙江、吉林等部分地方配套执行措施。美方在磋商请求中强调，上述措施的修订及替代措施也在诉讼范围之内。在本案中，双方主要法律争议体现在：

**1. 中方玉米临时收储政策是否在本案专家组审理范围内**

该问题与美方诉讼范围和其起诉的具体争议措施直接相关，同时也影响到专家组裁决范围和中方依据裁决可能承担的执行义务。因此，该问题成为本案中与玉米相关最重要的法律争议。中方认为，美方指控的玉米临时收储政策已于 2016 年终止，同时美方诉请未涵盖中方自 2016 年起实施的玉米市场化收购加生产者补贴政策。美方主张，玉米临时收储政策并未终止，所谓玉米新政策不过是临时收储政策的延续，因此属于专家组审理范围。

**2. 中方加入世贸组织减让表之支持材料表与《农业协定》附件三是否存在冲突**

该问题与涉案农产品国内支持总量计算相关多个核心要素（适格产量、基期等）紧密相关，依据中方加入世贸组织议定书减让表之材料支持表，还是依据《农业协定》附件三进行计算的结果可能存在较大差别，将直接影响专家组判定中方是否超出承诺水平提供国内支持。中方主张，中方在加入世贸组织时与各方谈判达成的中方减让表之支持材料表（WT/ACC/CHN38/Rev.3，以下简称 Rev.3）是减让表的组成部分，属于《加入议定书》，成为 WTO 多边协定的组成部分；基于对 Rev.3 和《农业协定》附件三进行的整体解释，两者有关国内支持总量计算的规定不存在冲突。美方主张，Rev.3 不属于《加入议定书》的一部分，中方在计算国内支持总量时应遵守《农业协定》附件三的规定。

**3. 计算国内支持总量时，适格产量（Eligible Production，EP）应当适用实际收购量还是可以享受该支持政策的总产量，"固定外部参考价格"基期应当是 1996 年至 1998 年还是 1986 年至 1988 年**

适格产量和确定外部参考价格的基期是影响国内支持总量计算结果的关键要素。中方主张，在与各成员进行的加入世贸组织谈判中，明确计算国内支持水平的"适格产量"和"固定外部参考价格"基期的确定方法具有一贯性，即适用实际收购量和以 1996 年至 1998 年价格为基期。美方则认为，《农业协定》明确规定"适格产量"是可享受政府管理价格的产量，"固定外部参考价格"以 1986 年至 1988 年为基期，"适格产量"的解释也得到了上诉机构在韩国——关于牛肉的各种措施案（DS161/DS169）中裁决的支持。

## 三、专家组裁决

本案专家组于 2018 年 11 月 3 日向争议双方散发中期报告。2018 年 12 月 12 日，专家组向争议双方散发最终报告。在裁决报告中，专家组裁定：中方于 2012 年至 2015 年向小麦、稻谷（粳稻和籼稻）生产者提供的市场价格支持的补贴水平，超过承诺的微量允许水平，违反《农业协定》第 3.2 条和第 6.2 条。同时，专家组认为，美方指控的中方玉米临时收储政策在美方提起磋商请求前已经过期，没有必要做出裁决，并裁定中方玉米新政策与临时收储政策存在本质区别，美方未能证明玉米新政策是临时收储政策的延续，玉米新政策不属于本案专家组审理范围。

专家组就中美双方在程序和实体方面的主要法律主张及争议问题做出的裁决和分析具体如下：

### （一）是否应当对本案进行部分公开审理

在本案中，美方请求专家组进行部分公开审理；而中方则主张进行非公开审理。

美方主张，根据 DSU 第 18.2 条，美方有权向公众披露其陈述，在最近三项诉讼程序中［即，美国—石油专用管材案（DS488）的专家组，美国—金枪鱼 II 案（DS381）第 22.6 条诉讼程序的仲裁员以及同一争端中的执行专家组］，专家组已经"支持其中一方通过部分公开相关会议来公开自己陈述的请求"。

中方主张，DSU 的一般规则是不公开争端方向专家组和上诉机构提交的陈述文件，而且专家组和上诉机构与双方和第三方的会议亦不向公众公开，因此在本案中应该遵守一般规则，即只有在双方同意的情况下才向公众公开会议。

专家组指出，需要对以下两个方面进行平衡，一方面是争端解决机制透明度提高可能性，另一方面是中方的保密权和专家组程序完整性。专家组认为，如果要行使专家组自由裁量权来通过程序规则，则争端所涉争端各方的同意是专家组决定应当权衡的重要因素。本案中专家组如向公众部分公开听证会对于透明度的提高作用有限，同时中方明确反对公开，专家组裁定不在本案中行使自由裁量权，不支持美方要求部分公开听证会的请求。

### （二）关于玉米临时收储政策

玉米的临时收储政策是美方重要的诉讼目标。但中方对玉米临时收储政策在美方提交磋商请求前已进行了重大改革，以玉米"市场化收购加生产者补贴"新政策取代原有的玉米"临时收储"旧政策。因此，中美双方围绕美方指控的中方玉米临时收储政策是否属于专家组审理范围事项展开激烈交锋。

#### 1. 玉米临时收储政策是否已终止

中方主张，美方要求专家组审理的玉米临时收储政策已经终止，被玉米新政所取代。玉米新政以"市场定价、价补分离"为原则，不存在政府"管理价格"，不构成《农业协定》下的市场价格支持措施。

美方认为，玉米临时收储政策并未终止，所谓玉米新政不过是临时收储政策的延续，主要理由是：（1）中方从未明确宣告玉米临时收储政策已经终止；（2）玉米新政与玉米临时收储措施在内容上具有一定相似性；（3）中方国内玉米价格持续高于国际玉米价格，结合其他证据，似乎表明新政之下存在"隐形管理价格"。

专家组认为，美方未能证明玉米新政是玉米临时收储政策的延续；相反，玉米临时收储政策已经过期，玉米新政不是市场价格支持措施。专家组做出该裁决的主要理由是：（1）根据中方作为证据提交的相关文件（包括政策性文件和与玉米价格相关的文件），可以确定中方已经开始实施玉米新政，且玉米新政下不存在管理价格，玉米价格由市场决定。虽然中储粮在新政下仍在进行玉米收购，但从相关证据文件看，其收购价格为市场价格；（2）美国农业部发表的相关报告也承认中方在玉米新政下已不再适用管理价格；（3）虽然中方并未明确宣告玉米临时收储政策已经终止，但"明确宣告"并非是政策终止的必要条件；（4）虽然玉米新政与玉米临时收储政策在内容上具有一定相似性，但二者之间存在一个本质区别，即前者不再适用管理价格，该区别决定了玉米新政不属于美方主张的市场价格支持措施；（5）中方国内玉米价格与国际价格的关系并不能说明存在"隐性管理价格"。

**2. 玉米临时收储政策是否属于专家组审理范围，专家组是否有权对其做出裁决或建议**

中方认为，由于玉米临时收储政策已经过期，不再属于专家组的审理范围，专家组因此不能就该政策做出任何裁决或建议。美方主张，考虑到其诉求涉及"综合支持量"的计算，而此类计算必然要溯及既往，故即便玉米临时收储政策已经过期，其仍属于专家组的审理范围，专家组仍应就此做出裁决或建议。

专家组认为，首先，玉米临时收储政策属于其审理范围。专家组指出，根据 DSU 第 7.1 条、第 3.3 条规定以及既往裁决，专家组的审理范围是起诉方在设立专家组请求中提请其审理的事项。一项措施过期与否仅是专家组在考虑是否应就其做出裁决时的考虑因素，而与该措施是否属于专家组的审理范围无关。其次，专家组认为其没有必要对玉米临时收储政策做出裁决或建议。一方面，专家组驳回了美方在该问题上的主张，认为美方的主张错误地混淆了"证据"和"涉案措施"的关系。另一方面，专家组指出，根据 DSU 第 3.4 条、第 3.7 条、第 4.2 条及过往判例，判断是否应就某项措施做出裁决应考虑该措施是否仍然对相关 WTO 协定的运行产生影响，不对其做出裁决是否有助于积极解决争端。在本案中，玉米临时收储政策不再对《农业协定》的运行产生影响，因此无需就其做出裁决，原因在于：（1）该措施早在美方提交磋商请求前已经终止；（2）没有证据证明中方在未来会重新实施玉米临时收储政策；（3）玉米临时收储政策已被新政取代，不再存在管理价格，玉米价格大幅下降且开始呈现波动。最后，针对玉米新政可能产生的影响，专家组指出，虽然《农业协定》的运行已不再受已终止的玉米临时收储政策的影响，但其仍可能受到玉米新政的影响。但鉴于玉米新政与玉米临时收储政策存在本质差别，故玉米新政不属于本案专家组的审理权限。

### （三）关于小麦、稻谷最低收购价制度

关于小麦、稻谷最低收购价政策，中美双方就"现行综合支持量"（Current AMS）与"现行综合支持总量"（Current Total AMS）的关系、"基期综合支持总量"（Base Total AMS）与"现行综合支持总量"（Current Total AMS）的关系、固定外部参考价格基期、适格产量以及出米率等问题进行了全方位的论辩，专家组支持了中方除适格产量外的大部分观点。

### 1. 计算"现行综合支持量"（Current AMS）与"现行综合支持总量"（Current Total AMS）的关系，以及"组成数据及方法"在国内支持水平计算中的作用

《农业协定》第 1 条（a）项（ⅱ）目规定了"现行综合支持量"的计算方法，即在计算时应"依据"《农业协定》附件三（以下简称"附件三"）的规则，并"考虑"成员支持材料表中的"组成数据及方法"（以下简称"组成数据及方法"）；同时，第 1 条（h）项（ⅱ）目则规定了"现行综合支持总量"的计算方法，即应"同时依据"《农业协定》附件三的规则和支持材料表中的"组成数据及方法"。中美之间就如何理解现行综合支持量与现行综合支持总量的关系，以及"组成数据及方法"在两者计算中具有何种作用产生争议。

中方认为，由于"现行综合支持量"与"现行综合支持总量"之间具有不

可分割的联系，因此二者在计算过程中使用的数据和方法应具有统一性。结合《农业协定》第 1 条（a）项（ii）目与第 1 条（h）项（ii）目的规定，这意味着在计算两者时，应使用整体法理解《农业协定》附件三与"组成数据及方法"关系，即根据附件三的相关规定确定计算公式，并依据成员支持材料表中的"组成数据及方法"确定具体的参数。

美方主张，"现行综合支持量"与"现行综合支持总量"是国内支持水平计算中的两个不同环节，适用不同的计算方法。《农业协定》第 1 条（a）项（ii）目与第 1 条（h）项（ii）目的规定表明，在计算两者应优先适用附件三的规定，"组成数据及方法"仅具参考价值，或仅能发挥有限作用。

专家组认定，在"现行综合支持量"与"现行综合支持总量"的关系问题上，其一方面同意美方的部分观点，认为两者是国内支持水平计算中两个不同环节，适用不同的计算方法；另一方面也赞同中方的部分观点，认可两者之间具有不可分割的联系。在"组成数据及方法"在国内支持水平计算中的作用问题上，其一方面同意美方的部分观点，认为根据《农业协定》第 1 条（a）项（ii）目的规定，若附件三的规定与支持材料表中的"组成数据及方法"在计算现行综合支持量时发生冲突，则附件三规定优先；另一方面，其也认同中方的部分观点，同意根据《农业协定》第 1 条（h）项（ii）目的规定，附件三与"组成数据及方法"在计算现行综合支持总量具有同等地位，同时指出，不能简单地将《农业协定》第 1 条（a）项（ii）目仅仅视为一项冲突规则，而是应尽可能考虑在现行综合支持量计算中同时适用附件三规则和"组成数据及方法"，而不是直接排除后者而仅适用前者。

**2. "基期综合支持总量"（Base Total AMS）与"现行综合支持总量"（Current Total AMS）的关系**

中方认为，基期综合支持总量和现行综合支持总量在计算方法上应具有一致性，理由是：（1）根据《农业协定》第 1 条（a）项和第 1 条（h）项的规定以及前述"整体性"解释方法，两者的计算均需使用成员支持材料表中的"组成数据及方法"；（2）《农业协定》的目标是实现对国内支持的削减，而"削减承诺"的实现，需要保证两者具有可比性，此种可比性意味着二者在计算方法上具有一致性。

美方与中方持相反立场，认为基期综合支持总量和现行综合支持总量在计算方法上并不具有一致性，因为：（1）《农业协定》本身并没有规定基期综合支持总量的计算方法；（2）只有对做出逐步减让承诺的成员，才需要保证两者之间具有可比性，而对于像中方这样做出一次性承诺（而非逐步减让承诺）的成员，基期综合支持总量仅代表在特定时期根据特定支持措施而计算出的既定支持水平，与现行综合支持总量的计算方法无关。

专家组认为，基期综合支持总量和现行综合支持总量在计算方法上应保持一致，理由是：（1）《农业协定》附件三第6段至第13段对二者的计算方法做出了相同规定；（2）如中方所称，计算方法的一致是确保可比性，实现减让目标的前提。另外，专家组也认同韩国—关于牛肉的各种措施案（DS161/DS169）案专家组的观点，即使用支持材料表中的"组成数据及方法"有助于保持基期综合支持总量和现行综合支持总量在计算上的一致性。

### 3. 本案应适用的固定外部参考价格（fixed external reference price，以下简称 FERP）的基期

中方基于其整体性解释方法，认为本案中应适用的 FERP 基期是 Rev.3 中规定的1996年至1998年。美方则基于其"《农业协定》附件三优先适用"的观点，认为本案中应适用的基期为《农业协定》附件三第9段规定的1986年至1988年。

专家组认为，应适用 Rev.3 中的"1996年至1998年"作为 FERP 的基期，主要理由如下：第一，专家组认为《农业协定》附件三第9段中关于基期的规定不具有强制性。其主要理由是，大部分新加入世贸组织成员在计算综合支持量时并未根据附件三第9段使用1986年至1988年基期。其同时指出，这些新入世成员的减让表之支持材料表属于条约文本，构成据以解释附件三第9段的相关语境。第二，使用 Rev.3 中的1996年至1998年基期也是保证基期综合支持总量和现行综合支持总量计算具有一致性的需要。由于中方在基期综合支持总量的计算中使用了1996年至1998年基期，在本案中计算现行综合支

持总量时也应适用该基期。特别是，FERP 是计算中使用的唯一定量，若其数值发生变化，则在适用管理价格（AAP）和适格产量（EP）均为变量的情况下，无法确保基期综合支持总量和现行综合支持总量的一致性。

### 4. 本案应适用的适格产量（EP）

中方基于其整体性解释方法，认为在本案中，应根据 Rev.3 中适格产量的定义，将最低收购价政策下的实际收购量作为适格产量。美方则根据《农业协定》中"适格产量"的通常含义并结合 DS161/DS169 案专家组的观点，认为本案中应适用的适格产量为可以享受最低收购价政策的主产区产量。

专家组认为本案中的适格产量即为扣除等外品数量后的主产区产量。主要理由如下：第一，与 FERP 不同，"适格产量"是一个变量，根据其通常含义（即，有资格享受适用管理价格的产量），其数值的确定方法与国内支持措施的内容直接相关；第二，Rev.3 中关于"适格产量"的内容并不是对"适格产量"计算方法的规定，不属于支持材料表中的"组成数据及方法"，不能用于综合支持量和综合支持总量的计算。第三，根据对最低收购价政策的分析，本案中有资格享受管理价格的产量为扣除等外品数量后的主产区产量，该产量即为应适用的适格产量。

### 5. 计算稻谷国内支持水平时应适用的转换率（出米率）

中美双方均认为，在对稻谷的国内支持水平进行计算时，适用管理价格（AAP）、固定外部参考价格（FERP）和适格产量（EP）所对应的产品形态不同，为确保公平比较，应适用一定转换率对有关参数进行调整。中美双方就应被调整的参数存在分歧：中方主张 FERP 应该是固定不变的价格，因此应调整适用的管理价格；美方则主张应调整 FERP。专家组支持了美方关于调整 FERP 的观点，同时认定中美双方在该问题上的分歧对国内支持水平的计算没有实质影响。

在应适用的转换率（出米率）问题上，中方认为，稻谷转换为大米应适用的转换率为基于不同形态大米的重量差别而计算得出的 70%；而美方则认为，应适用的转换率为基于不同形态大米价格差别而计算得出的 60%。专家组在该问题上支持了中方的主张，认为美方所主张的基于价格的转换率不能覆盖相关参数对应的所有产品形态，相较于中方主张的基于重量计算的转换率而言不够准确，因此支持了中方主张的转换率。

### （四）专家组对小麦、稻谷市场价格支持水平计算

基于以上裁决，专家组在对小麦、稻谷（粳稻、籼稻）的市场价格支持水平进行计算时，使用了以下公式：**市场价格支持水平 =（适用管理价格 − 固定外部参考价格）× 适格产量 / 总产值**。根据专家组的认定，上述公式中的参数应按照如下方式确定：

**适用管理价格**：公布的小麦、稻谷（粳稻、籼稻）最低收购价；

**固定外部参考价格**：Rev.3 中使用的小麦、稻谷（粳稻、籼稻）固定外部参考价；

**适格产量**：最低收购价措施中所列明的主产区总产量 − 等外品产量

**产值**：生产者价格 × 全国总产量

**关于小麦的市场价格支持水平**，专家组适用上述公式及参数确定方法，根据中方提交的数据计算了小麦的市场价格支持水平。计算结果显示，2012年至 2015 年的小麦国内价格支持水平分别为 12.14%、18.17%、21.72% 和22.39%，均超过中方承诺的 8.5% 微量免除水平。

**关于粳稻的市场价格支持水平**，专家组适用上述公式及参数确定方法对粳稻的市场价格支持水平进行了计算。在计算过程中，专家组注意到中美就粳稻的全国总产量这一数值存在争议。其分别按照中美各自主张的粳稻总产量计算了两组国内支持水平结果。其发现，无论采取何种粳稻产量数据，中方对粳稻的市场价格支持水平均超过 8.5%。

按照中方主张粳稻产量（占全国稻谷总产量33.3%）计算出的 2012 年至 2015 年 粳 稻 国 内 价 格 支 持 水 平 分 别 为 13.27%、18.65%、20.60%、21.20%。按照美方主张粳稻产量（占全国稻谷总产量31.6%）计算出的 2012年至 2015 年粳稻国内价格支持水平分别为 13.41%、19.10%、20.83%、21.37%。

**关于籼稻的市场价格支持水平**，专家组注意到，除适格产量、FERP 的确定方法外，因早籼稻和中晚籼稻的最低收购价格不同，中方与美方就籼稻的市场价格支持水平在计算方法上还存在区别。其按照中方与美方主张的方法分别计算了籼稻的市场价格支持水平，最后认为无论采取哪一种方法，中方对籼稻的市场价格支持水平均超过 8.5% 的微量免除水平。

**基于美方主张的计算方法为**：籼稻的市场价格支持水平＝（早籼稻综合支持量＋中晚籼稻综合支持量）/（早籼稻总产值＋中晚籼稻总产值）。美方采用推算出的早籼稻全国产量、中晚籼稻全国产量和中方提交的其他基础数据进行计算。计算结果为：2012 年至 2015 年的籼稻市场价格支持水平分别为 23.89%、30.28%、31.37% 和 32.06%，均超过中方承诺的 8.5% 微量免除水平。

**基于中方主张的计算方法为**：籼稻的市场价格支持水平＝籼稻综合支持量/籼稻总产值。根据该计算方法，专家组采纳中方主张，将早籼稻、中晚籼稻的简单平均作为籼稻的管理价格；籼稻生产者价格为早籼稻、中籼稻、晚籼稻生产者价格的简单平均，同时采用中方提交的基础数据计算。专家组的计算结果为：2012 年至 2015 年的籼稻市场价格支持水平分别为 23.35%，30.29%，31.13% 和 31.78%，均超过中方承诺的 8.5% 微量免除水平。

## 四、案件的启示与评价

本案是中国在世贸组织框架下首次遭遇的针对农业补贴政策的被诉案件。由于案件走向与中国相关主粮补贴政策的未来调整和完善方向息息相关，受到高度重视。同时，由于其涉及世贸组织农业补贴规则的澄清，也引起了世贸成员的广泛关注，成为迄今为止中方作为争端方案件中第三方数量最多的案件。商务部会同相关部门机构以及律师组成诉讼团队，经过精心组织、全力抗辩，取得较好的诉讼结果，实现了既定的诉讼目标。

### （一）本案在规则解释方面的意义

本案涉及《农业协定》中与国内支持水平计算紧密相关的重要条款之间的关系以及重要概念的具体含义。例如，《农业协定》第1条（a）项（ii）目"现行综合支持量"与第1条（h）项（ii）目"现行综合支持总量"之间的关系及适用的计算方法、附件三第9段中的基期与成员加入减让表支持材料在计算外部参考价问题上的关系、适格产量的具体含义等。在本案专家组程序中，不仅中美作为争端方就上述重要协定条款和法律问题展开激烈辩论，欧盟、印度等WTO成员也作为第三方积极发表观点，为专家组进行分析及裁决提供了有力的支持。专家组在本案的裁决中对上述重要条款提供了更加明确的解释，进一步澄清了《农业协定》下的成员特定农产品的国内支持水平的计算规则。国内支持是多哈回合农业补贴谈判的重要议题，发达成员和发展中成员均高度关注。在谈判进展缓慢、新规则尚未达成的情况下，专家组对现行规则的澄清具有重大意义，不仅有助于世贸组织成员更准确地理解现行农业补贴规则，同时也为各成员制定其国内农业支持政策提供更清晰的指引，有利于成员更好地遵守和维护现行世贸规则。

### （二）本案在维护国家利益方面的意义

本案的争议问题是中方对小麦、稻谷和玉米三种特定农产品的国内支持水平是否违反加入世贸组织承诺。从表面上看，本案裁决可能更多影响中方的国内支持措施和相关支持水平；但是，结合案件发生的宏观背景来看，本案裁决对《农业协定》下国内支持议题谈判、中方农业支持政策的市场化改革，以及美农产品对华出口利益等方面均可能产生重要影响。

在此背景下，中方对美方具体诉讼请求、具体涉案政策和措施进行了充分细致的评估，对玉米临时收储政策和小麦、稻谷最低收购价政策区别对待，采取了不同的抗辩策略，取得了良好收效。就玉米措施而言，紧紧抓住玉米临时收储政策在美方提起磋商请求前业已终止的事实，争取专家组不对玉米临时收储政策做出裁决，同时全力维护玉米生产者补贴政策，保持政策的稳定性，为其他农业支持政策的市场化改革提供参考并赢得时间；就小麦和稻谷措施而言，通过本案专家组对相关措施的审查，进一步澄清《农业协定》中的国内支持规则，积极寻求发展中成员的支持，尽可能争取对中方有利的规则解释。从专家组裁决结果看，中方在本案中的诉讼目标均顺利实现，充分维护了国家利益。

### （三）本案在积累诉讼经验方面的意义

从诉讼经验角度而言，为了实现既定的诉讼目标，诉讼团队格外重视证据事实的挖掘、整理、研究和佐证主张。

一是着力提升条约解释实效，注重对规则原理、谈判历史及缔约实践的系统梳理和研究。中美双方在本案中的大多数争议问题均涉及对《农业协定》相关条款的理解。尽管《农业协定》的条款规定和 WTO 判例表面上对美方更为有利，但专家组却在大多数争议问题上支持了中方的主张。这与中方在本案抗辩过程中特别注重对规则原理、谈判历史和 WTO 成员实践展开系统梳理和研究，在书面陈述和口头陈述中进行详细和清晰的阐述紧密相关。例如，在主张基期综合支持总量和现行综合支持总量的计算应当适用统一的构成数据及方法时，中方将规则原理和条约的目的与宗旨相结合，主张基期综合支持总量和现行综合支持总量之间应具有可比性，并进一步主张只有具有可比性才能保障《农业协定》中规定的逐步削减国内支持的目标的实现。该观点得到了专家组的认可。又如，在论证"《农业协定》规定的 1986 年至 1988 年 FERP 基期不具有强制性"时，中方一方面根据相关谈判历史主张该基期仅适用于乌拉圭回合加入世贸组织的成员，另一方面根据缔约实践主张大多数新加入世贸组织的成员均未适用 1986 年至 1988 年基期。中方主张最终得到了专家组的支持。

二是积极拓宽证据收集思路，多管齐下充分挖掘有利证据。本案中，中方诉讼策略的有效实现离不开扎实的证据收集和分析。在对事实问题的抗辩过程中，中方除援引自身相关措施文件外，还巧妙援引了美方政府和国际组织发布的有关文件，有力夯实中方主张的证据基础。如，在论证玉米临时收储政策已经终止问题上，中方援引了美国农业部发布的报告这一关键证据。该报告明确指出，中方玉米临时收储政策已经废止，并且为玉米生产者补贴政策所取代，这与美方在本案中的主张截然相反。再如，在论证与出米率相关主张过程中，中方援引了 OECD 发布的关于大米加工过程的报告，也有效地增强了中方主张的合理性。因此，在诉讼过程中，主动援引争端另一方和国际组织发布的文件报告能够极大地增强己方主张的可信度和客观性，同时达到削弱争端另一方相关主张的效果。专家组在与事实有关的争议问题上均支持了中方的主张，这与中方对上述类型的证据文件的援引有着密切关系。

此外，中方诉讼团队还通过实地调研等方式，深入了解涉案政策措施的具体实施，对于在庭审中充分抗辩提供了第一手证据，创造了良好条件。如，诉讼团队专门奔赴玉米新政适用的省份之一吉林省进行实地调研，充分把握新旧政策的差异，积极收集整理有利的新政实施相关证据，为专家组采纳中方关于新旧政策存在本质区别的这一主张奠定了坚实的事实基础。

**三是加大第三方成员工作力度，充分发挥第三方积极作用。**由于本案涉及《农业协定》下国内支持相关规则的理解，国内支持相关规则同时也是农业谈判的重要议题，因此，本案在世贸组织成员中引起了广泛关注。共 27 个成员在本案中保留了第三方权利，本案也成为中方自加入世贸组织以来，作为争端方参与的、受到成员关注度最高的争端案件。在这 27 个第三方成员中，不少成员通过书面陈述、口头陈述以及现场答复专家组提问等方式，就关键争议法律问题积极发表看法、提出建议。特别是针对国内支持水平计算适用的基期问题，世贸组织成立后的新加入成员作为第三方纷纷表示赞同中方的观点，有力地策应了中方的主张，形成了良好的声势，专家组在裁决中也充分考虑了第三方成员的观点和建议。在世贸组织争端解决程序中，除了争端双方的主张陈述和论证，作为第三方参与案件的成员地位相对中立，其提出的具有建设性的观点和理由，特别是针对体系性问题的规则澄清方面的观点和建议，对于专家组澄清协定相关条款、评估争端双方主张、作出案件裁决均具有重要的参考价值。因此，中方在本案中高度重视与第三方的沟通，通过常驻世贸组织代表团积极争取支持。本案在此方面积累的有益经验，可在未来适合的案件中加以借鉴。

**四是充分锻炼中方诉讼团队，在实战中实现经验积累和队伍成长。**在本案诉讼过程中，商务部条法司团队是中方诉讼团队的核心。条法司团队从拟定诉讼目标到制定诉讼策略，从协调部门立场到组织全面收集和灵活运用证据均发挥了主导作用，并在诉讼文件起草修改、庭审抗辩策略、证据使用等方面对律师团队工作成果进行全程把控。更为可贵的是，经过精心准备和反复推演，条法司团队成员与律师团队在专家组两次听证会上并肩作战，在涉案政策关键问题上答复专家组提问，与美方展开辩论，取得了非常好的庭审效果，也极大地锻炼了自身队伍。律师团队则在事实证据的挖掘和采集、谈判历史的梳理、条约解释等方面提供了有力支持。诉讼团队团结协作，紧密配合，全力抗辩，确保本案诉讼目标的顺利实现。

## 附件

### 美国诉中国粮食补贴案（DS511）大事记

2016 年 9 月 13 日，美方向中方提出磋商请求。

2016 年 9 月 23 日，中方接受美方磋商请求。

2016 年 9 月 29 日，欧盟提出加入磋商请求。

2016 年 9 月 30 日，澳大利亚、加拿大、泰国提出加入磋商请求。

2016 年 10 月 9 日，中方接受欧盟、澳大利亚、加拿大、泰国加入磋商请求。

2016 年 10 月 20 日，中美双方在日内瓦举行磋商，欧盟、澳大利亚、加拿大、泰国加入磋商。

2016 年 12 月 5 日，美方提出设立专家组请求。

2017 年 1 月 25 日，争端解决机构设立专家组。

2017 年 6 月 24 日，中美双方达成一致，专家组组成。

2017 年 9 月 19 日，美方提交第一次书面陈述。

2017 年 10 月 31 日，中方提交第一次书面陈述。

2018 年 1 月 22—24 日，专家组第一次听证会及第三方会议在日内瓦举行。

2018 年 2 月 13 日，中美双方提交第一次专家组书面问题单答复。

2018 年 3 月 6 日，中美双方提交第二次书面陈述。

2018 年 4 月 24—25 日，专家组第二次听证会在日内瓦举行。

2018 年 5 月 15 日，中美双方提交第二次专家组书面问题单答复。

2018 年 11 月 2 日，专家组向中美双方提交中期报告。

2018 年 12 月 12 日，专家组向中美双方提交最终报告。

2019 年 2 月 28 日，专家组报告正式散发。

2019 年 4 月 26 日，DSB 通过本案专家组报告。

2019 年 5 月 26 日，中方向争端解决机构通报执行裁决意向。

2019 年 6 月 10 日，中美双方向争端解决机构通报达成本案合理执行期为 11 个月零 5 天（2020 年 3 月 31 日到期）。

2020 年 4 月 1 日，中美双方向争端解决机构通报经商定延长合理执行期至 2020 年 6 月 30 日。

2020 年 6 月 18 日，中方向争端解决机构通报完成裁决执行。

2020 年 7 月 16 日，美方根据 DSU 第 22.2 条向争端解决机构请求授权对中方中止减让或其他义务。

2020 年 7 月 27 日，中方根据 DSU 第 22.6 条反对美方提出的报复水平，并向仲裁庭提交书面陈述。

2020 年 8 月 5 日，中方请求设立执行专家组。

2020 年 9 月 28 日，争端解决机构设立执行专家组。

校稿：李咏箑

# 农业领域的再较量

## ——美国诉中国农产品进口关税配额案（DS517）评析

龚耀晨

2016 年 12 月 15 日，美国在世贸组织起诉中国农产品（小麦、中短粒米、长粒米和玉米）的进口关税配额管理措施（DS517）。这是继美国于同年 9 月起诉中国小麦、稻谷和玉米的国内支持措施之后，短短三个月时间内提起第二个涉农案件，凸显美国对中国农产品贸易的高度关注。

## 一、案件背景和诉讼程序

### （一）案件背景

根据中方加入世贸组织的承诺，中方对进口特定农产品实施关税配额管理制度。小麦、大米和玉米关税配额每年承诺总量分别为 963.6 万吨、532 万吨和720万吨，其中90%的小麦配额、50%的大米配额和60%的玉米配额为国营贸易配额，可通过国营贸易企业执行进口。具体操作上，小麦、大米和玉米的关税配额管理由发展改革委负责。

在关税配额内进口的农产品，将按照配额内的低税率交纳关税，而配额外进口的农产品则无法享受这一优惠税率。<sup>①</sup> 因此，对于进口企业而言，能获得农产品关税配额即意味着拥有价格上的竞争优势，而相关世贸成员的农产品出口商也格外关注能否以配额内税率将农产品出口至中国，以确保获得额外的市场竞争力。

本案的进程恰逢特朗普政府上台执政。美国在农业领域的贸易利益受到特朗普政府的格外关注，一方面是由于美国长期以来一直是世界上最大的农产品出口国，拥有巨大的贸易利益，另一方面美国中部农业地区是特朗普的票仓，农场主利益的维护直接关系到特朗普政府的政治利益。就小麦和玉米而言，美国多年以来一直是中国进口这两种主粮的主要来源国。2017年7月，中美签署了《关于美国输华大米植物卫生要求议定书》，也为美国大米能顺利输华奠定了基础。早在2003年，美国贸易代表办公室就曾派由首席农业谈判代表牵头的代表团与中国商务部、发展改革委等部门就关税配额问题开展磋商，美国在磋商中已明确提出关于关税配额的透明度和再分配等问题的关切。此外，在美国贸易代表办公室每年向国会提交的关于中国的世贸合规性报告中，也均将农产品关税配额的管理列为内容之一，反复强调中方对配额的管理缺乏透明度，并最终抑制了配额的足额使用。

美方起诉案件前几年，中国向世贸组织农业委员会通报的数据显示，相关农产品配额的使用率并没有维持较高水平。这一状况引发了美国等农产品出口大国的关注。

---

① 以2019年进口小麦为例，关税配额内进口税率为1%—10%，最惠国税率为65%，普通税率为130%—180%。数据来源：国务院关税税则委员会。

## （二）诉讼进程

根据世贸组织《关于争端解决规则与程序的谅解》（DSU）第 4 条规定，中美双方于 2017 年 2 月 9 日在日内瓦进行了磋商，但磋商未能解决分歧。

2017 年 8 月 18 日，美国根据 DSU 第 6 条向争端解决机构提出设立专家组请求，指控中国对于小麦、大米和玉米的关税配额管理不符合《中国加入世贸组织工作组报告书》（以下简称《加入工作组报告书》）第 116 段承诺义务、《1994 年关税与贸易总协定》（以下简称 GATT1994）第 10.3 条（a）项、第 11.1 条以及第 13.3 条（b）项项下的义务。2017 年 9 月 22 日，争端解决机构会议设立了专家组。澳大利亚、巴西、加拿大、厄瓜多尔、欧盟、危地马拉、印度、印尼、日本、哈萨克斯坦、韩国、挪威、俄罗斯、新加坡、中国台北、乌克兰、越南等成员作为第三方参加专家组程序。

在世贸组织秘书处的协助下，中美双方虽经过多轮磋商，但未能就专家组成员达成一致。2017 年 2 月 1 日，美方根据 DSU 第 8.7 条请求世贸组织总干事指定专家组成员。2017 年 2 月 12 日，总干事指定了专家组成员，专家组组成。

2019 年 2 月 15 日，专家组向中美双方提交中期报告。2019 年 4 月 3 日，专家组向争端双方提交最终报告。2019 年 4 月 18 日，专家组报告正式向世贸组织成员公布。

专家组报告发布后，中美双方均未提起上诉。2019 年 5 月 28 日，争端解决机构会议通过专家组报告。2019 年 7 月 9 日，中美双方就本案的合理执行期达成一致，中方将于 2019 年 12 月 31 日前完成执行工作。合理执行期后延至 2021 年 6 月 29 日。2020 年 2 月 17 日，中方向争端解决机构提交案件执行状态报告，表明中方已在 2019 年 12 月 31 日前完成本案执行工作。

2021 年 7 月 15 日，美方提出贸易报复授权申请。同日，中方请求设立执行之诉专家组。7 月 23 日，中方提出贸易报复水平仲裁请求。目前，仲裁程序和执行专家组均处于中止状态。

## 二、涉案措施和主要诉请

美方在磋商请求中列出了两类措施，一类是中方对小麦、大米和玉米进行关税配额管理所依据的法律文件，具体包括：《海关法》《货物进出口管理条例》《进出口关税条例》和《对外贸易法》。该部分措施不属于双方的主要争议点。

另一类是小麦、大米和玉米的关税配额实施管理所依据的法律文件，也是本案争议最直接相关措施，具体包括：

1.《农产品进口关税配额管理暂行办法》，以下简称《暂行办法》；

2.《关于农产品进口关税配额授权机构的公告》；

3.《2017 年粮食进口关税配额申领条件和分配原则》，以下简称《2017 年分配公告》；

4.《2017 年粮食进口关税配额申请企业信息公示》；

5.《2017 年农产品进口关税配额再分配公告》，以下简称《2017 年再分配公告》；

6.《2016 年粮食进口关税配额申领条件和分配原则》，以下简称《2016 年分配公告》；

7.《2016 年粮食进口关税配额申请企业信息公示》；

8.《2016 年农产品进口关税配额再分配公告》。

美方主张，中方根据上述涉案措施管理相关农产品关税配额，违反了中国《加入工作组报告书》第 116 段承诺义务，以及 GATT1994 第 10.3 条（a）项、第 11.1 条以及第 13.3 条（b）项。结合美方的诉讼侧重点来看，其起诉的重心主要集中在《加入工作组报告书》第 116 段义务方面。

## 三、主要法律争议

《加入工作组报告书》第 116 段规定："中国代表表示，自加入时起，中国将保证在透明、可预测、统一、公平和非歧视的基础上管理关税配额，使用能够提供有效进口机会的明确规定的时限、管理程序和要求；反映消费者喜好和最终用户需求；且不抑制每一种关税配额的足额使用。"

结合美方在本案中的诉请，美方认为中方违反承诺主要反映在六个方面：（1）在"透明"的基础上管理关税配额（简称透明义务）；（2）在"可预测"的基础上管理关税配额（简称可预测义务）；（3）在"公平"的基础上管理关税配额（简称公平义务）；（4）使用明确规定的管理程序管理关税配额（简称明确管理程序义务）；（5）使用明确规定的要求管理关税配额（简称明确要求义务）；（6）使用不抑制每一种关税配额的足额使用的时限、管理程序和要求来管理关税配额（简称不抑制足额使用义务）。

毋庸置疑，美方提出的诸多诉请使得本案表面上看起来是在打"透明度"问题，但本案最核心的是"透明度"问题背后的另外两个问题：一是国营贸易配额的分配和管理问题；二是配额分配情况的公布问题。

## （一）国营贸易配额的分配和管理问题

国营贸易配额只能分配给国营贸易企业，还是说既可以分配给国营贸易企业也可以分配给非国营贸易企业？这个问题尽管没有在美方起诉主张中明确提出，但却是中美双方在打"透明度"的过程中不断聚焦且不得不回应的一个法律点。同时，国营贸易配额的分配问题又衍生出相应的管理问题，争议点在于国营贸易配额是否应当适用再分配程序和处罚程序。

### 1. 中方加入世贸组织承诺

从中方加入世贸组织的承诺来看，相关承诺并没有明确规定国营贸易配额的分配对象，而是将国营贸易配额描述为"通过（through）国营贸易企业进口的关税配额"。具体而言，中方在《第152号减让表》第一部分"最惠国税率"第1-B节关税配额承诺：关于国营贸易配额，中方承诺"（加入世贸组织）第一年中，国家计委[①]应根据先来先领的方法或申请者的请求及其历史进口实绩、生产能力或其他相关商业标准，将保留供通过国营贸易企业进口的关税配额分

---

① 现为国家发展改革委。

配给最终用户，并遵守将于申请期开始前一个月公布的具体条件，以保证分配的公正和关税配额的完全使用。第一年中，不少于 10% 的保留供通过国营贸易企业进口的关税配额将分配给新的配额持有者。"该部分承诺在注释中规定，"任何一年中，如保留供通过国营贸易企业进口的关税配额量在 8 月 15 日前未签订合同，则配额持有者将有权通过按中国加入议定书第 5 条对任何产品拥有贸易权的任何实体进行贸易或进口。"

### 2. 涉案措施和管理实践

关于国营贸易配额管理的涉案措施主要为《暂行办法》和相关年度的分配公告。《暂行办法》第四条规定："小麦、玉米、大米……进口关税配额分为国营贸易配额和非国营贸易配额。国营贸易配额须通过国营贸易企业进口。"第二十二条规定："分配给最终用户的国营贸易农产品进口关税配额量，在当年8 月 15 日前未签订合同的，按本办法第七条规定的管理权限报商务部或发展改革委批准后，允许最终用户委托有贸易权的任何企业进口；有贸易权的最终用户可以自行进口。"从年度公告来看，以 2017 年为例，《2017 年分配公告》在"配额数量"部分规定："2017 年粮食进口关税配额量为：小麦 963.6 万吨，国营贸易比例 90%；玉米 720 万吨，国营贸易比例 60%；大米 532 万吨（其中：长粒米 266 万吨、中短粒米 266 万吨），国营贸易比例 50%。"在满足基本申领条件的前提下，"国营贸易企业"被直接列为可申请粮食进口关税配额的主体，而其他非国营贸易企业则需满足特定条件。

就国营贸易企业而言，根据《进口国营贸易企业名录》，中国粮油食品进出口（集团）有限公司（简称中粮集团）是中方唯——家粮食进口国营贸易企业。在实践操作中，发展改革委每年将国营贸易配额全额分配给中粮集团。

### 3. 双方观点和专家组裁决

美方指称，中方的措施本身和《第 152 号减让表》均表明国营贸易配额的获得者可以是任何申请者，而不仅仅是作为国营贸易企业的中粮集团。中方措施本身也未规定中粮集团可不交还配额进行再分配。因此，中方所提出的发展改革委的分配实践进一步证明了中方措施与实践做法的不符，违反了第 116 段项下义务。针对美方的上述主张，中方在澄清发展改革委相关实践的基础上，进一步主张中方的措施本身和《第152号减让表》并未禁止发展改革委采用当前的分配实践，而且非国营贸易申请者通过参与关税配额的申请程序可以了解到发展改革委的这种实践做法。

专家组未支持中方主张。一方面，中方诸多措施中的规定表明了国营贸易配额的分配对象并不限于国营贸易企业。例如，第14条要求将国营贸易配额在关税配额证上予以注明，且《暂行办法》所附的《农产品进口关税配额证（证样）》注明了"7.安排数量"和"8.其中国营贸易"。换言之，这些规定和表格栏目意味着国营贸易企业和非国营贸易企业申请者都可以获得国营贸易配额，并且交还未使用的关税配额数量的要求适用于国营贸易企业和非国营贸易企业。再例如，《暂行办法》第22条规定国营贸易配额在8月15日后可经报批后转由有贸易权的非国营贸易企业进口。另一方面，从条约解释角度来看，如果非国营贸易企业无法获得国营贸易配额，那么中方关于相关配额需"通过"（through）国营贸易企业进口的入世承诺将会是多余的。因此，专家组裁定中方对国营贸易配额的管理不符合第116段项下的透明、可预测、公平、明确管理程序和不抑制足额使用的义务。

### （二）配额分配情况的公布问题

在透明度问题项下，中方对配额分配情况的公布问题同样首当其冲，成为美方攻击的主要目标。具体而言，美方指称，按照加入承诺中方应当公布以下7个方面的信息：① 实际分配的关税配额总量以及其中国营贸易配额和非国营贸易配额的比例；② 交还的关税配额总量以及其中国营贸易配额和非国营贸易配额的比例；③ 可用于再分配的关税配额总量以及其中国营贸易配额和非国营贸易配额的比例；④ 再分配的关税配额总量以及其中国营贸易配额和非国营贸易配额的比例；⑤ 获得关税配额分配或再分配的各个企业的名称；⑥ 分配给每个获得者的关税配额数量；以及⑦ 再分配给每个获得者的关税配额数量。概言之，美方认为中方应当全面公布初次分配和再分配的过程和详细结果（即哪些企业获得了配额、获得了什么类型的配额、具体获得了多少配额、交还了多少配额等）。

### 1. 中方加入世贸组织承诺

中方加入承诺中并没有对配额的公布程序进行具体承诺，仅就透明度问题作出一般性承诺，例如中方在《加入工作组报告书》第 116 段和《第 152 号减让表》中均承诺，将在透明的基础上管理关税配额。

### 2. 涉案措施和管理实践

发展改革委每年公布的配额分配情况主要包括 2 个方面，分别是可供分配的配额总量和申请企业信息。但对于初次分配和再分配的实际结果、交还可供再分配的配额量等其他信息不予公布。

具体而言，发展改革委每年通过发布年度分配公告的方式，明确公布每年小麦、大米和玉米进口关税配额的总量；企业提交申请后，发展改革委将对申请企业信息进行公示，并发布《粮食进口关税配额申请企业信息公示》向社会公众发布所有申请企业的名称、基本信息和生产经营情况等。

### 3. 双方主要观点

美方主张，中方应当公布美方主张的全部 7 个方面信息，否则即违反第 116 段项下的透明、可预测和不抑制足额使用的义务。首先，中方未公布相关信息将导致申请者无法掌握和理解相应的分配结果以及是否确实进行了再分配程序。其次，实际分配的关税配额量对于粮食进口商和出口商开展相应商业安排而言是非常必要的，不公布分配结果将使得贸易商缺乏必要信息来安排有关农产品的进口。最后，即使部分信息的公布在时间上不可行，但中方仍可以在后续阶段进行公示，或者在再分配申请期间每天或每周更新已经交还的配额数量。

从美方罗列的 7 个方面主张不难看出，美方在配额公布问题上提出的标准非常严苛，可以说是要求中方将配额分配的每一步骤事无巨细都要进行公示，抛开可能引发的行政负荷不谈，这显然是要求中方承担加入承诺之外的额外义务，无疑是站不住脚的。因此，中方对美方观点进行如下驳斥：首先，中方指出美方关于公示范围的论点过于极端，应当对透明度进行合理定义，而不是美国所提出的极端主张。其次，中方援引 GATT1994 第 13.3 条（b）项和《进口许可程序协定》第 1.11 条规定，主张世贸成员没有义务披露可能妨碍企业合法商业利益的敏感信息，关税配额的分配结果正属于该类敏感商业信息，因此中方没有公开义务。再次，发展改革委的分配和再分配关税配额的申请者可以通过提交询问的方式了解更多信息，出口商也可以利用年度申请企业信息公示与配额申请者进行联系，询问其是否已经获得关税配额分配并开展相应的商业安排。最后，中方主张，在提交再分配申请的截止日期之前公示可用于再分配的已经交还的关税配额数量，从时间上来看无法实现。

### 4. 专家组裁决

专家组在信息公示的范围方面全面支持了中方观点。专家组的主要理由是：其一，透明度义务不要求公布所有的信息。专家组指出，在透明的基础上管理关税配额的义务只是一般性义务，并不要求信息公示，更不用说公布美方所列出的诸多信息。透明和可预测义务要求中方通过一套容易被申请企业所理解或辨别的程序来管理关税配额，但并不必然要求公布分配和再分配的结果。专家组还专门指出，《2017 年再分配公告》规定了未使用的关税配额数量必须于 9 月 15 日前交还，并且发展改革委"将对交还的配额进行再分配"。换言之，申请企业可以明确知晓任何交还的配额都将会被用于再分配。其二，公布再分配总量在时间上不可行。专家组表示中方的涉案措施及《第 152 号减让表》中规定的再分配时间表要求在 9 月 1 日至 15 日之间提交再分配申请，并且在 9 月 15 日前交还未使用的关税配额数量。因此，专家组同意中方的主张，认为这一时间安排使得发展改革委无法在截止日期之前公布可用于再分配的关税配额总量。其三，不公布配额分配和再分配结果不会抑制足额使用。专家组指出，如果配额获得者希望达成粮食进口的商业安排，中方涉案措施并未阻止企业自行公布其获得的配额，也没有阻止他们与国外粮食出口商开展联系。同时，专家组认定，美方未能证明申请者仅仅因为不知道可供再分配的配额交还量便会放弃申请再分配的权利。

可以说，配额公示范围是中方赢得的一个重要诉点。专家组的裁决进一步确认了中方在管理关税配额的过程中公示的信息符合加入承诺。在这一诉点上，作为本案第三方的欧盟明确表示支持中方不公布获得初次分配和再分配配额的相关企业名称和对应配额数量。

## 四、其他争议问题的专家组裁决

除了以上两个核心问题之外，专家组还就配额的基本申领条件、分配原则、公示评论程序、再分配的先来先领以及加工自用等问题做出了裁决。

### （一）基本申领条件

#### 1. 争议措施

为了对下一年小麦、大米和玉米的进口关税配额进行初次分配，发展改革委通常会在当年 10 月份左右发布下一年的《粮食进口关税配额申领条件和分配原则》（简称《分配公告》），主要包括配额数量、申领条件、申请时间、分配原则等公告内容。美方将发展改革委发布的《2016 年分配公告》和《2017 年分配公告》列为涉案措施。鉴于两个年度的分配公告各部分规定内容基本类似，且 2017 年的公告在时间上更为接近，专家组结合美方诉请，主要对《2017 年分配公告》进行分析。

《2017 年分配公告》在"申领条件"中规定，配额申请者的基本条件为："2016 年 10 月 1 日前在工商管理部门登记注册；具有良好的财务状况、纳税记录和诚信情况；2015 年以来在海关、工商、税务、信贷、检验检疫、粮食流通、环保等方面无违规记录；未列入'信用中国'网站受惩黑名单；履行了与业务相关的社会责任；没有违反《农产品进口关税配额管理暂行办法》的行为。"

#### 2. 双方主要观点

美方对其中的四项申领条件提出质疑，分别是：（1）良好的财务状况；（2）良好的诚信情况；（3）在海关、工商、税务、信贷、检验检疫、粮食流通、环保等方面无违规记录；以及（4）履行了与业务相关的社会责任。美方指称，中方上述规定不符合第 116 段中规定的 4 项义务，即透明、可预测、公平和明确管理程序义务。

美方主张，上述四项申领条件的用语含糊不清、缺乏定义，不利于潜在申请企业的理解，因而违反了透明义务、可预测义务和明确要求义务等 3 项义务。另外，这些申领条件的模糊性可能会导致不同的申请者对其做出不同的解释，并向发展改革委提交不同的信息来证明自身的申领资格，最终导致发展改革委在评估过程中使用不同的信息。据此，美方认为中方违反了公平义务。

中方在基本申领条件这一诉点上，没有采用与美方纠缠涉案措施相关表述的应对策略，而是从实践操作角度出发，对发展改革委如何评估配额申请者的申领资格进行澄清。中方指出，发展改革委在实践操作中并不对每一项申领条件进行单个评估，而是利用"信用中国"网站[1]列明的"工商登记、纳税、海关和法院判决方面不合规记录"的企业"黑名单"来确定申请者的资格。具体来说，发展改革委会使用每个配额申请者提供的统一社会信用代码，通过"信用中国"网站生成申请企业的信用报告。该信用报告通常包含企业在信用方面的相关信息（例如，企业一般注册信息、企业行政许可、企业行政处罚、企业是否在守信红名单、重点关注名单或黑名单之上等）。黑名单是在一系列领域中有不合规记录的企业名单，如果某一申请企业在过去两年有工商登记、纳税、海关和法院判决方面的违规记录，则该企业将无法获得关税配额分配的资格。总结而言，配额申请者只需要满足 3 个条件，即可被视为符合基本申领条件：（1）填写配额申请表，并签字确认所提交信息真实、准确；（2）在工商登记、纳税、海关和法院判决方面没有违规记录；（3）没有违反《暂行办法》的行为。

### 3. 专家组裁决

（1）诚信情况和社会责任。首先，专家组认为中方的涉案措施中"诚信情况"和"社会责任"在语义上确实存在模糊之处，既不能从上下文中看出明确

---

[1] "信用中国"网站由国家发展改革委、人民银行指导，国家信息中心主办，使用社会信用体系建设部际联席会议成员单位提供的对社会公开的信用信息，向社会公众提供"一站式"的企业及个人信用查询服务。网址为：https://www.creditchina.gov.cn。

的定义，也未能表明发展改革委在评估这两项条件时具体会考虑哪些信息，因而可能导致潜在的申请者面临困境。因此，专家组认定这两项条件违反了透明、可预测和明确要求义务等3项义务。

其次，专家组继续分析是否违反了公平义务。专家组认为，申领条件模糊并不足以认定中方没有在公平的基础上管理其关税配额。虽然美方提出，申请者可能会提交不同的信息，但专家组明确指出，《分配公告》所附的配额申请表中已明确要求申请者提供诸如企业所有权性质、注册资本、纳税额、资产负债率、进口和销售实绩等信息。换言之，不同的申请者在提交表格规定信息方面的要求是一致的。美方转而又援引《暂行办法》第12条[①]，认为申请者在提交表格的同时，还有可能一并提交与申请相关的其他资料。美方甚至还主张，由于无法理解申领条件，潜在申请者可能会因此而选择不申请关税配额。专家组认为，即使申请者提交了额外的资料，该资料也是与申请相关的资料，从事实角度来看，配额申请表要求所有申请者提供的信息依旧是相同类型的信息。同时，考虑到关税配额涉及企业的商业利益，潜在申请者不太可能仅仅因为申领条件模糊就放弃申请。因此，美方这两项主张都未被专家组采纳。

（2）财务状况。专家组一方面认为，"财务状况"在语义不如"诚信情况"和"社会责任"模糊，同时也注意到年度分配公告所附的申请表中包含了要求企业提交的相应财务数据，但另一方面又表示，中方措施并未澄清表格信息是否与"财务状况"这项条件相关。因此，专家组认定该项条件违反了透明、可预测和明确要求义务等3项义务。关于公平义务，专家组同样认为企业通过配额申请表提供的是相同类型的信息，且由于关税配额本身所具有的商业利益属性，潜在申请者不会因为申领条件模糊而放弃申请配额，因此驳回了美方关于违反公平义务的主张。

（3）无违规记录。专家组结合美方提出的主张进行分析。首先，关于"违规"

---

① 《暂行办法》第12条规定："商务部授权机构根据公布的条件，受理申请者提交的豆油、菜籽油、棕榈油、食糖、羊毛、毛条申请及有关资料，并于11月30日前将申请转报商务部（凭合同先来先领分配方式除外），同时抄报发展改革委。"

一词的含义不言自明，不会不利于潜在申请企业的理解。其次，条件中列出的
"海关、工商、税务、信贷、检验检疫、粮食流通、环保"领域足够明确，且
没有必要列出相关领域涉及的每一项具体法规。最后，专家组认同美方关于非
穷尽式列举可能导致的不确定性，即"等方面"这一表述是开放式的，可能包
含的其他考虑因素具有模糊性，因此专家组认定该项条件违反了透明、可预测
和明确要求义务等3项义务。随后，专家组沿用了在分析诚信情况、社会责任
和财务状况条件时关于是否违反公平义务的认定，驳回了美方关于违反公平义
务的主张。

（4）关于公平义务。虽然专家组在结合美方主张的四项条件进行分析时，
驳回了美方关于中方措施违反公平管理关税配额的义务，但在该部分分析的最
后，专家组认定中方措施的规定本身与发展改革委的实践做法存在不一致，未
能体现中国根据适用的规则和标准来管理关税配额，因而裁定中方关于关税配
额的基本申领条件违反了公平义务。

## （二）分配原则

### 1. 争议措施

关于初次分配的原则，《2017年分配公告》规定：粮食进口关税配额将根
据申请者的实际生产经营能力（包括历史生产加工、进口实绩、经营情况等）
和其他相关商业标准进行分配。

### 2. 双方主要观点

美方主张，中方没有对分配原则中的两个具体要素进行解释。对于第一个
要素，即申请者的"实际生产经营能力（包括历史生产加工、进口实绩、经营
情况等）"，美方指称，中方涉案措施中没有明确解释发展改革委如何评价申请
者实际生产经营能力、如何权衡所列的各项因素。对于第二个要素，即"其他
相关商业标准"，美方认为，这一表述表明发展改革委在进行分配时考虑了涉
案措施明确引用的因素以外的因素，但却没有解释考虑的其他因素具体是什么。
据此，美国主张分配原则不符合第116段规定的4项义务，即在透明、可预测、

公平和明确管理程序义务。

中方继续向专家组澄清发展改革委在实践中的基本做法，并表示措施中的分配原则有待更新。在实践中，"进口实绩"是发展改革委在分配过程中考虑权重最大的因素，并且只有在非国营贸易配额分配给具有历史进口实绩的申请者之后仍有剩余时，才会考虑新的申请者，而新申请者的生产能力是考量的关键因素。据此，中方提出四点主张：其一，第116段并未剥夺中方在关税配额分配过程的自由裁量权；其二，结合发展改革委的实践来看，涉案措施中的分配原则已经足够明确；其三，根据"其他相关商业标准"进行的分配符合第116段义务，因为《第152号减让表》明确提及在此基础上分配关税配额；其四，"其他相关商业标准"的表述是立法惯用的兜底条款，旨在赋予主管机关一定的自由裁量权，这也是包括美方在内的世贸成员的惯常做法（例如，美国在关于食糖进口关税配额发放的规定中也使用了"考虑……其他相关因素"的表述）；其五，第116段并未要求中方让申请者了解发展改革委如何评价单个申请，包括分配给特定因素的具体权重等。

### 3. 专家组裁决

关于美方的第一点主张，专家组未予支持。美方认为，第116段要求中方不仅列出分配原则中的相关因素，而且应当说明如何评价这些因素。专家组认为，美方对第116段的解释过于严格，以至于会妨碍中国建立相应关税配额分配制度。专家组的言下之意在于，发展改革委如何考虑措施中列出的各项因素、根据情况决定分别给予多少权重，属于主管部门的合法自由裁量权。同时，专家组也指出，美方没有能够证明中方措施的规定会给申请企业的理解带来困难。

关于美方的第二点主张，专家组予以支持。首先，专家组认为"其他相关商业标准"这一表述具有模糊且开放的特征，可能会涵盖申请者无法知晓的其他因素。其次，专家组分析了中方关于《第152号减让表》的相关主张，认为虽然减让表也使用了"其他相关商业标准"的表述，但是减让表规定的是中国分配关税配额可以考虑的不同要素，并不能豁免中国在第116段项下的透明义务和可预期义务。最后，专家组表示，虽然不应当将第116段解读为排除主管部门在管理关税配额方面的任何裁量权，但是也并不意味着发展改革委拥有"不受约束"的裁量权，亦即在分配关税配额数量时，仍应受到第116段义务的约束。

鉴此，专家组认定分配原则违反了透明、可预测和使用明确规定的要求等三项义务，并裁定美方没有能证明中方措施的模糊性会导致在不公平的基础上管理其关税配额，因而未支持美方关于违反公平义务的主张。

此外，针对中方提出的发展改革委有关分配实践，专家组认为发展改革委在做出分配决定时，没有考虑分配公告中列出的所有因素，而是用"进口实绩"取代了所有其他因素，从而导致措施规定与实践操作的不一致。实际情况中，没有进口实绩的申请者无论其实际生产经营能力如何，都不会获得关税配额分配，除非关税配额分配给具有进口实绩的申请者之后仍有剩余。但是配额申请者和其他利害关系人无法知晓这种实践。因此，专家组最终裁定中方在分配原则方面违反了透明、可预测、公平和明确要求义务。

### （三）公示评论程序

#### 1. 争议措施

公示评论程序主要规定在相关年度的粮食进口关税配额申请企业信息公示文件中。以2017年为例，发展改革委发布了申请关税配额的相关企业信息汇总表，在公示文件的正文中规定："为发挥社会各界监督作用，现将2017年粮食进口关税配额申请企业有关信息予以公示。公示时间为2016年12月1—14日。公示期间如对企业申报信息有异议，请将相关意见以传真形式反馈国家发展改革委。"

#### 2. 双方主要观点

美方主张，公示评论程序涉嫌违反透明、可预期、明确管理程序义务。具体理由是，相关措施未能表明发展改革委处理公众评论的详细程序，包括如何审查收到的公众评论意见、是否将意见告知相关申请企业、申请企业能否提供反驳意见等。

中方抗辩指出，从中方承诺来看，第116段义务并没有提出美方所主张的相关要求，公示评论程序仅仅是发展改革委对申请企业所提供信息进行核实的补充手段，美方主张意味着要在措施中详细阐明公示评论程序的所有程序，超出了中方承诺义务。从中方实践来看，发展改革委会向所涉申请企业告知有关公众评论并提供反驳机会，但不会考虑与申请者的资格无关的评论意见。中方相关措施的表述已经明确表明了存在相关公示评论程序，美方未能举证证明相关规定会导致申请企业根本不知道这一程序的存在。

### 3. 专家组裁决

专家组总体上支持了美方诉请。从举证责任来看，专家组认为美方已经通过描述中国关税配额管理的结构和设计来证明其主张，因此美方不一定要提供证据来证明相关申请企业在实践中确实存在混淆的情况。相反，中方仅仅通过论述申请企业可以通过主动向发展改革委询问来掌握公示评论程序的内容和功能，未能证明中方遵守了第116段义务。从裁决逻辑来看，专家组主要沿着美方的论证思路，认定涉案措施只是表明了公众可以提供评论意见，但缺乏对后续程序的规定。考虑到（1）申请企业无法掌握发展改革委对公众意见进行评估的具体规则和原则；（2）申请企业也不知道自身是否有机会进行反驳；（3）公众评论涉及申请企业的资格并可能直接影响到是否获得配额；（4）具有竞争关系的其他企业也可以提交评论，专家组认定涉案措施确实存在模糊性，不符合中方在第116段项下承担的义务。

## （四）再分配先来先领和配额自用要求

此外，中美双方还针对再分配程序中的"先来先领"要求和配额的自用要求展开辩论。

### 1. 关于再分配的"先来先领"要求

美方从分配原则的主张中派生出其对于再分配程序的主张，认为《2017年再分配公告》规定了再分配程序中两种情形下的分配方法，在再分配的申请数量大于再分配量的情形下，上述措施表明再分配程序将会援引使用初次分配中的分配原则。由于初次分配的原则本身就不够明确、具体，因此中方的再分配程序违反了第116段中使用明确规定的管理程序管理关税配额的义务。中方在专家组问题答复中表示，发展改革委在实践中并没有使用初次分配的相关原则进行再分配，而是采用"先来先领"方式对交回的关税配额进行再分配。

专家组裁定，虽然《暂行办法》中规定了"先来先领"的方式进行再分配，但《2017年再分配公告》却又明确提及了分配原则，这将导致《暂行办法》中原本明确的规定变得模糊，因此中方在再分配程序方面违反了明确管理程序的义务。

### 2. 关于配额的自用要求

美方将涉案的三种农产品自用要求分为两类，一类是小麦和玉米的自用要求，一类是大米的自用要求。美方指称，中方措施中要求关税配额"必须自用"，且"进口的小麦、玉米需在本厂加工使用，进口的大米需以本企业名义组织销售"。这一自用要求将限制关税配额获得者出售未在自己工厂内加工的小麦和玉米，而拥有多家工厂的集团企业在其业务需要或计划变更时不能在自己的其他工厂内加工小麦和玉米，这将限制集团内部通过调配生产资源以充分利用关税配额的能力，增加企业的成本。

中方首先主张自用要求是关税配额的常见组成部分，包括美国在内的部分世贸成员均有实施。其次，小麦和玉米的作物属性决定了进口之后通常需要加工之后才能上市销售。最后，自用要求与禁止倒卖配额证的规定相辅相成，目的都在于提示申请者要对关税配额分配的利用负责，鼓励高效利用关税配额。包括美国在内的很多世贸成员也都规定了关税配额使用限制和针对未用尽关税配额的处罚，例如美国在其《奶制品关税配额进口许可条例》就包含了对奶制品关税配额的类似规定。中方还表示对于大米无加工要求，只是要求这些大米由关税配额获得者自己销售。

专家组裁定，对于小麦和玉米的自用要求，在市场环境中，关税配额获得者有可能需要与其他企业签订加工其进口小麦或玉米的合同，或者在不加工的情况下出售其进口的小麦或玉米，从而提高效率和商业优势，但中方措施阻碍了这一商业选择。因此，专家组裁定中方违反了可预测、明确管理程序和抑制足额使用的义务。

对于大米的自用要求，专家组的分析主要分为三个方面。一是美方并未能证明中方针对大米采用了与小麦和玉米一样的自用要求；二是认可了中方的主张，即大米的自用要求只是要求关税配额获得者自己进行销售，而没有强加任何其他限制；三是美方并没有能够提出足够的证据来证明这一自用要求抑制了配额的足额使用。因此，专家组在大米的自用要求这一诉点上支持了中方观点。

## 五、裁决的执行

本案涉及中方对于三大主粮的进口关税配额管理制度，影响重大。裁决的执行工作不仅涉及修改相关的涉案措施，更重要的是要确保关税配额以符合世贸义务的方式进行管理。

### （一）修改《农产品进口关税配额管理暂行办法》

2003 年 9 月，商务部以第 4 号部令的形式正式发布《农产品进口关税配额管理暂行办法》。《暂行办法》一直是商务部和发展改革委管理农产品进口关税配额的主要规章依据，但是施行十几年来，其中的诸多条款和表述也存在落后于管理现状的情形。特别是在全面推进"放管服"改革的当下，对《暂行办法》进行修改完善确有必要。《暂行办法》的修改工作由商务部会同发展改革委进行研究，并于 2019 年 8 月将《关于修改〈农产品进口关税配额管理暂行办法〉的决定（征求意见稿）》公开征求意见。

2019 年 11 月 30 日，商务部发布《关于废止和修改部分规章的决定》（商务部 2019 年第 1 号部令），其中包含了对《暂行办法》进行的修改。修改后的《暂行办法》第二十二条取消了原有的批准程序，并规定"分配给最终用户的国营贸易农产品进口关税配额量，在当年 8 月 15 日前未签订合同的，最终用户可以委托有贸易权的任何企业进口；有贸易权的最终用户可以自行进口"。

## （二）发布 2020 年和 2021 年分配公告

2019 年 9 月 29 日，发展改革委发布《2020 年粮食进口关税配额申请和分配细则》（简称《2020 年分配公告》）。与往年的分配公告相比，《2020 年分配公告》在申请条件、分配原则、自用要求、公众评论和附表等方面均进行了调整完善。

在配额数量和种类方面，增加规定"企业可自主选择申请：（1）国营贸易配额；（2）非国营贸易配额；（3）国营贸易配额和非国营贸易配额。其中，分配给企业的国营贸易配额，须通过国营贸易企业代理进口，在当年 8 月 15 日前未签订进口合同的，企业可以委托有贸易权的任何企业进口，有贸易权的企业可以自行进口"。该规定的后半部分其实在修改后的《暂行办法》中已经进行了规定，这里以分配公告的形式予以重申。

在基本申领条件方面，《2020 年分配公告》将原有规定修改为"有资格获得 2020 年小麦、玉米、大米进口关税配额的企业须首先符合以下条件：2019 年 10 月 1 日前在市场监督管理部门登记注册；未列入'信用中国'网站受惩黑名单；没有违反《农产品进口关税配额管理暂行办法》的行为"。从表述上看，基本申领条件删除了"在海关、工商、税务、信贷、检验检疫、粮食流通、环保等方面无违规记录"和"履行了与业务相关的社会责任"等两项被裁定违规的表述，仅保留了其他三项要求，且与发展改革委的实践操作相一致。

关于分配原则，《2020 年分配公告》首先强调了总体目标是为了关税配额根据市场条件得到充分使用。其次，将原本的分配原则修改为四个方面。第一，如配额总量能够满足申请量，则按申请量分配；第二，如配额总量不能满足申请量，则有进口实绩的企业分得的配额量不少于其上一年配额内的进口量，如仍有剩余，在考虑生产加工能力的基础上分配给上一年无进口实绩的企业；第三，国营贸易配额分配将考虑企业 2019 年进口实绩以及 2018 年生产加工能力，部分国营贸易配额将分配给具有生产加工能力，且此前未获得国营贸易配额和非国营贸易配额的企业；第四，再次强调了《暂行办法》中的处罚规定。

关于公示评论程序，《2020 年分配公告》将其单列为"五、公示阶段"，详细规定了公众评论的提交方式、核查程序、企业提出异议的程序等内容。

此外，公告删去了自用要求的相关规定，并对附表中的《2020 年粮食进口关税配额申请表》进行了修改完善。附表在申请配额种类栏目列出了"国营贸易配额"和"非国营贸易配额"两个勾选框，并在填表说明中明确了既可单一勾选，也可同时勾选。附表还结合公告正文中的基本申领条件和分配原则，对相应栏目进行了调整。

2020 年 9 月 14 日，发展改革委发布《2021 年粮食进口关税配额申请和分配细则》，基本延续了 2020 年的公告模式。

### （三）再分配公告

2020 年 8 月 10 日，发展改革委、商务部发布《2020 年农产品进口关税配额再分配公告》，将分配方式明确为"按照先来先领方式进行再分配"，并且在申请表中对可供申请者申请的配额种类明确区分为"国营贸易配额"和"非国营贸易配额"。

### （四）合理执行期的延期及最新进展

2020 年 1 月 16 日，中美双方向争端解决机构通报，将本案合理执行期截止日期延长至 2020 年 2 月 29 日。随后，中美双方又多次向争端解决机构通报延长合理执行期，最终被延长至 2021 年 6 月 29 日。

中美双方达成延长合理执行期的合意，其背后拥有多重考量。首先，鉴于本案的执行工作既涉及到修改涉案措施，也涉及在实践中以合规的方式管理关税配额，美方在评估中方是否完成执行义务时，除了关注涉案措施本身，更重要的关注点在于未来年度的配额完成率。虽然 2020 年的初次分配公告和再分配公告均已经发布，但是全年的配额使用情况尚未完全显现，因此美方暂时无法完成全面评估。其次，美方拒绝就执行之诉和申请贸易报复授权顺序问题与中方签订顺序协议[①]，因此，为不丧失贸易报复权，美方在合理执行期届满之后恐不得不提出贸易报复授权（中止减让）的请求，中方则必然提出反对，案件进入报复水平仲裁程序。然而，在此情形之下，美方都不可避免地需要对中方的执行措施进行全面评估，正如前文所述，延长合理执行期是最佳选择。

然而，美方在 2021 年 7 月 15 日又单方面打破了延长合理执行期的合意，指称中方未能完成本案执行义务，向争端解决机构申请贸易报复授权。美方的请求显然没有根据、缺乏支撑，甚至在提交的申请文件中都没有能够列出贸易报复水平的具体金额和计算方法。结合此前在美国诉中国粮食补贴案（DS511）的应对经验，中方于美方提出申请的当天立即提出设立执行之诉专家组的请求，并于 7 月 23 日提出贸易报复水平仲裁请求，有效对冲和暂停了美方的贸易报复授权申请程序，有力维护了中方的合法权益。

## 六、案件的启示和评价

本案自起诉至专家组发布报告，历时两年多时间。虽然案件结果在意料之中，但中方还是在重要诉点上争取到了专家组的支持，并且通过本案的应对和裁决的执行，进一步明确了农产品关税配额的管理目标、厘清了管理思路、积累了宝贵经验。

### （一）行政管理的惯性思维可能隐藏着被诉风险

通过本案的应对，一方面反映出对农产品关税配额有关加入承诺的理解存在不同认识，另一方面也反映出部分实践操作与措施本身规定不一致，或者说出现了规定滞后于实践的情况。这种情况对于行政管理部门和管理对象而言，有可能是源于惯性思维，认为有经验的配额申请者可能完全知晓管理实践。但是，实践做法偏离规定本身不符合依法行政的要求，同时也是一种隐藏的被诉

---

① 由于《关于争端解决规则与程序的谅解》未能明确规定执行之诉与请求授权贸易报复之间顺序，实践中世贸端当事方往往会通过签订顺序协议来明确两者之间的先后顺序，来填补程序规则本身的欠缺，同时确保贸易报复权的有效性。但上诉机构因美方阻挠启动遴选而陷入停摆，这意味着起诉方不可能通过执行之诉获得生效裁决。美国自然不肯签订顺序协议来束缚自己的手脚。

风险点。因此，对于行政主管部门而言，确实有必要进一步结合"放管服"改革，对法律、法规、规范性文件进行相应的"立改废"，这也是实现治理能力现代化的迫切要求。

### （二）应避免中外用语习惯差异可能导致的质疑

前文述及关于关税配额初次分配的"申领条件"，按照中方涉案措施的规定，配额申请者应当"在海关、工商、税务、信贷、检验检疫、粮食流通、环保等方面无违规记录"。中方使用的"等方面"一词在中文语境中存在"穷尽式列举"和"非穷尽式列举"两种可能性，但相关表述在被翻译成英文之后，按照英文的表述习惯特别是在法律文本中，则仅表现为一种"非穷尽式列举"。因此，美方主张中方除了明确列出的"海关、工商、税务、信贷、检验检疫、粮食流通、环保"因素之外，还存在其他未言明的考虑因素，从而极力主张中方未能遵守透明、可预期等方面的义务。同样，在公示评论程序的规定方面，对于中国读者来说，可能认为发展改革委在相应部分的规定理解起来不困难，但在拥有不同文化背景的西方人看来可能觉得程序的详细程度还是不够。

最终，专家组在相关诉点中未能支持中方的抗辩，这是值得我们反思的。应当认识到，在贸易和投资等涉外政策领域，确有必要防范类似风险。因此，在未来制定和发布法律文件的过程中，行政机关应当适当考虑相关表述是否可能存在歧义，行政相对人能否从字面上充分理解行政机关实施行政权力进行管理的各项考量因素。特别是在中国加入世贸组织时有明确承诺的领域，相关管理部门应关注政策的透明度，避免潜在的质疑和争端。

### （三）良好的诉讼策略有助于争取有利裁决

良好的诉讼策略对于世贸争端案件来说举足轻重。近年来，随着中国起诉和应对世贸争端的经验不断增加，结合个案特点制定不同的诉讼策略已经是中国世贸诉讼团队的惯常做法。就本案而言，诉讼策略的选择也显得尤为重要。中方在进行法律抗辩之外，还积极向专家组澄清发展改革委在实践中的具体做法。总体而言，中方在本案中的主要诉讼策略包括：第一，从措施本身和规则解释角度进行抗辩；第二，如果从措施本身和规则解释角度进行抗辩存在困难，则尝试向专家组解释中方的实践做法；第三，在措施与实践存在差异的情况下，如实践做法与中方的规则义务更为契合，则在澄清实践做法的基础上，明确中方的涉案措施存在改进空间，以便更好地反映实践做法。

通过关税配额对三大主粮的进口实施管理是中方在加入世贸组织谈判中争取到的重要权利。虽然从表面上看美方起诉本案并不是质疑这一权利本身，但是诉讼团队还是从底线思维出发，一方面在诉讼过程中全方位做好各个诉点的事实和法律抗辩，另一方面在执行过程中采取了务实、稳妥的执行措施。总体来说，通过本案的应对，我们维护了中方对农产品进口关税配额的总体制度框架，避免了"伤筋动骨"，并且通过管理程序上的完善和细化，进一步提升了行政管理水平，妥善化解了争端。

## 附件

### 美国诉中国农产品进口关税配额案（DS517）大事记

2016 年 12 月 15 日，美方向中方提起磋商请求。

2016 年 12 月 25 日，中方接受美方磋商请求。

2017 年 2 月 9 日，中方与美方在日内瓦进行磋商。

2017 年 8 月 18 日，美方向争端解决机构提出设立专家组请求。

2017 年 9 月 22 日，争端解决机构设立专家组。

2018 年 2 月 1 日，美方请求总干事指定专家组组成。

2018 年 2 月 12 日，总干事指定专家组组成。

2018 年 4 月 3 日，美方提交第一次书面陈述。

2018 年 5 月 15 日，中方提交第一次书面陈述。

2018 年 7 月 9—10 日，专家组第一次听证会及第三方会议。

2018 年 8 月 3 日，当事方提交第一次书面问题答复。

2018 年 8 月 24 日，当事方提交第一次书面问题答复的交叉评论。

2018 年 8 月 24 日，当事方提交第二次书面陈述。

2018 年 10 月 16—17 日，专家组第二次听证会。

2018 年 11 月 2 日，当事方提交第二次书面问题答复。

2018 年 11 月 16 日，当事方提交第二次书面问题答复的交叉评论。

2019 年 2 月 15 日，专家组向当事方提交中期报告。

2019 年 4 月 3 日，专家组向当事方提交最终报告。

2019 年 4 月 18 日，专家组报告公开散发。

2019 年 5 月 28 日，争端解决机构通过专家组报告。

2019 年 7 月 9 日，当事方就合理执行期达成一致，中方需于 2019 年 12 月 31 日前完成执行。

2020 年 1 月 16 日，中美双方向争端解决机构通报，将本案合理执行期延长至 2020 年 2 月 29 日。

2020 年 2 月 17 日，中方向争端解决机构提交案件执行状态报告，表明中方已完成本案执行工作。

2020 年 3 月 17 日，中美双次向争端解决机构通报，将本案合理执行期延长至 2020 年 5 月 29 日。

2020 年 6 月 1 日，中美双方向争端解决机构通报，将本案合理执行期延长至 2020 年 10 月 8 日。

2020 年 10 月 19 日，中美双方向争端解决机构通报，将本案合理执行期延长至 2020 年 11 月 9 日。

2020 年 11 月 13 日，中美双方向争端解决机构通报，将本案合理执行期延长至 2020 年 12 月 31 日。

2021 年 1 月 8 日，中美双方向争端解决机构通报，将本案合理执行期延长至 2021 年 3 月 31 日。

2021 年 4 月 8 日，中美双方向争端解决机构通报，将本案合理执行期延长至 2021 年 6 月 29 日。

2021 年 7 月 15 日，美方向争端解决机构申请贸易报复授权。中方提出执行之诉专家组设立请求。

2021 年 7 月 23 日，中方提出贸易报复水平仲裁请求。

校稿：蒋成华、李诙箎

# 中国技术转让制度的完善

## —— 美国、欧盟诉中国技术转让措施案（DS542/DS549）评析

郭景见

2018 年 3 月 23 日，作为对中国"301 条款"调查项下采取措施的一部分，美国在世贸组织争端解决机制项下对中国有关技术转让的措施提起诉讼。同年 6 月 1 日，欧盟在世贸组织对中方技术转让措施提起诉讼。中方以我为主，调整了有关规定，有力维护了合理政策空间，妥善解决了争端。

## 一、案件背景和诉讼程序

### （一）案件背景

2018 年 3 月 23 日，美国时任总统特朗普签署备忘录，宣布依据对中国"301 条款"调查报告对中方采取贸易限制措施。"301 条款"调查报告提出的调查

结论包括：第一，中方使用外国股权限制，包括合资要求、股权上限和其他投资限制，要求或强迫美方企业将技术转让给中方实体；第二，中方对美方企业在华投资和活动实施了大量限制和干预，包括对技术转让条款的限制；第三，中方指导和促进中方企业系统性地投资和收购美方企业和资产，以获得尖端技术和知识产权，并在被中方政府产业规划视为重要的产业中实现大规模技术转让；第四，中方对美方企业的计算机网络进行未经授权的入侵和窃取。

作为"301 条款"调查项下第一项实施的措施，美方于当日在世贸组织争端解决机制项下对中方有关技术转让的措施提起诉讼。2018 年 6 月 1 日，欧盟继美方之后在世贸组织对中方技术转让措施提起诉讼。

## （二）诉讼进程

### 1. 美国诉中国技术转让措施案（DS542）

2018 年 3 月 23 日，美方向中方提出磋商请求。2018 年 7 月 18 日，中美双方在日内瓦举行了磋商，但未能达成解决方案。日本、欧盟、乌克兰、沙特阿拉伯和中国台北请求参加磋商，中方接受了欧盟和日本的请求。2018 年 10 月 18 日，美方向世贸组织争端解决机构提出设立专家组的请求。2018 年 11 月 21 日，争端解决机构决定设立专家组。2018 年 12 月 12 日，美方请求世贸组织总干事指定专家组成员。2019 年 1 月 16 日，总干事指定了专家组成员，专家组组成。澳大利亚、巴西、加拿大、埃及、欧盟、印度、日本、哈萨克斯坦、韩国、新西兰、挪威、俄罗斯、新加坡、瑞士、中国台北、土耳其、乌克兰共17 方以第三方身份参与本案。

2019 年 6 月 3 日，美方请求专家组中止诉讼程序。2019 年 6 月 4 日，中方同意美方请求。2019 年 6 月 11 日，专家组准许美方请求，决定中止诉讼程序至 2019 年 12 月 31 日。2020 年 1 月 8 日，专家组准许美方于 2019 年 12 月 23 日提出的请求，决定中止诉讼程序至 2020 年 2 月 29 日。2020 年 3 月 3 日，专家组准许美方于 2020 年 3 月 2 日提出的请求，决定继续中止诉讼程序至 2020 年 5 月 1 日。2020 年 5 月 6 日，专家组准许美方于 2020 年 5 月 5 日提出的请求，决定再次中止诉讼程序至 2020 年 5 月 31 日。2020 年 6 月 1 日，专家组恢复工作。2020 年 6 月 18 日，专家组准许美方于 2020 年 6 月 8 日提出的请求，决定自 2020 年 6 月 8 日起继续中止诉讼程序。2021 年 6 月 11 日，世贸组织秘书处散发书面通知，宣布设立专家组的授权终止，案件终结。

**2. 欧盟诉中国技术转让措施案（DS549）**

2018 年 6 月 1 日，欧方向中方提出磋商请求。2018 年 12 月 20 日，欧方提出新的磋商请求。2019 年 2 月 19 日至 20 日，中欧双方在日内瓦举行了磋商。中国台北、日本、美国请求参加磋商，中方接受了美国和日本的请求。此后，中欧双方举行了多轮视频磋商。目前，案件尚未被推进至专家组审理阶段。

## 二、涉案措施与主要法律争议

### （一）总体情况

美欧对中方提起的世贸诉讼内容高度重合，但欧方起诉涉及的措施比美方多。美欧磋商请求均涵盖中方有关技术进口的措施，美欧认为这些措施构成对外国国民不利的限制，导致对国外知识产权人的保护水平低于国内知识产权人，减损了专利权保护水平。

此外，欧方的诉讼请求还包括两大类：一是称中方在设立中外合资经营企业、外商投资新能源汽车生产企业和农作物种子企业方面，施加了技术转让、在中国进行研发的实绩要求；二是称中方有关技术进口的措施对外国国民施加了不利的强制性合同条款，限制了知识产权人的权利，及其自由协商以市场为基础的合同条款的能力。

### （二）相关世贸规则

#### 1.《与贸易有关的知识产权协定》(《TRIPS 协定》) 相关规定

《TRIPS 协定》第 3.1 条国民待遇条款规定，在知识产权保护方面，每一成员给予其他成员国民的待遇不得低于给予本国国民的待遇。**第 28 条**是关于专利权的规定，其中，第 28.1 条规定，专利的专有权包括防止第三方未经所有权人同意而使用该产品或方法的行为；第 28.2 条规定，专利所有权人有权转让或转移其专利并订立许可合同。第 33 条规定，专利的保护期限至少为 20 年。第 39 条是关于未披露信息的保护规定，其中，第 39.1 条规定，各成员应对未披露信息进行保护；第 39.2 条规定，自然人和法人应能防止其合法控制的未披露信息，在未经其同意的情况下，以违反诚实商业行为的方式向他人披露，或被他人取得或使用。

### 2. 中国加入世贸组织相关承诺

《中国加入议定书》第 7.3 条规定，中国应保证各级主管机关对投资权的任何批准方式，不以技术转让等实绩要求，或在中国进行研发为条件。《中国加入工作组报告书》第 49 段规定，中国确认，技术转让的条款和条件，特别是在投资过程中，只需经投资方议定。第 203 段规定，投资许可不以实绩要求为条件，或受到进行研究、技术转让等间接条件的影响，企业的合同自由得到中国的尊重。

### （三）美国诉中国技术转让措施案的涉案措施与主要法律争议

本案涉案措施为中方某些与知识产权保护相关的措施。一是《技术进出口管理条例》第二十四条第三款，该款规定技术进口合同中侵权责任由技术转让方承担；二是《技术进出口管理条例》第二十七条，该条规定技术进口合同有效期内改进技术成果归改进方所有；三是《中外合资经营企业法实施条例》第四十三条第二款，该款规定合营企业订立的技术转让协议期限一般不超过 10 年，合营企业在技术转让协议期满后有权继续使用技术。

美方提出，这些规定构成对国外知识产权人的限制，而适用于国内技术转让的《合同法》等规定中没有类似的限制，导致对国外知识产权人的保护水平低于国内知识产权人，减损了专利权保护水平，违反《TRIPS 协定》第 3 条、第 28.1 条、第 28.2 条。

### （四）欧盟诉中国技术转让措施案的涉案措施与主要法律争议

本案涉案措施为中方某些与外国向中国转让技术相关的措施。具体包括：

### 1.《中外合资经营企业法》

第五条规定外国合营者作为投资的技术和设备，必须确实是适合我国需要的先进技术和设备。该条还规定，如果外国合营者有意以落后的技术和设备进行欺骗，造成损失的，应赔偿损失。

### 2.《中外合资经营企业法实施条例》

（1）第四十一条规定合营企业引进的技术应当是适用的、先进的，使其产品在国内具有显著的社会经济效益或者在国际市场上具有竞争能力；

（2）根据第七条、第十一条、第二十六条和第二十七条，在向中方主管部门申请获得合资企业审批所需要提交的材料中，必须包括外国合营者转让给合资企业的技术的详细信息。特别是，第二十七条规定外国合营者作为出资的技术需要报审批机构批准；

（3）第四十三条第二款第三项规定，技术转让协议的期限一般不超过10年；第四十三条第二款第四项规定，技术转让协议期满后，技术输入方有权继续使用该项技术；第四十三条第一款对合营企业订立的技术转让协议设立了一个普遍的审查和批准要求。

### 3.《技术进出口管理条例》

（1）第二十四条规定，技术进口合同的受让人因使用转让的技术而侵权的，由让与人承担全部责任；

（2）第二十七条规定，任何改进技术的成果属于改进方；

（3）第二十九条通过禁止进口技术转让合同中含有某些条款，从而限制进口技术合同的条款。特别是，第二十九条第三款规定，技术进口合同中不得含有限制受让人改进让与人提供的技术，或者限制受让人使用所改进技术的条款；

（4）根据第十条和第二十一条，外国技术让与人将受到某些行政负担的限制。特别是，进口属于限制进口的技术需要获得中方主管机关的技术进口批准。此外，所有合同的副本都需提供给中方主管机关，并且所有进口自由进口技术的合同都需向中方主管机关通报并登记。如果合同随后被修改或终止，上述管理要求将再次适用。

### 4.《新能源汽车生产企业及产品准入管理规定》

（1）根据附件1序号"一、2"第一段，申请进入中方新能源汽车市场的企业必须理解和掌握所生产的新能源汽车的开发和制造方面的技术；

（2）根据附件1序号"一、2"第（5）点，申请插电式混合动力汽车（PHEV）生产准入的，还应理解和掌握发动机和机电耦合装置控制系统的技术；申请燃料电池汽车（FCEV）生产准入的，还应理解和掌握燃料电池系统控制、储氢系统控制方面的技术；

（3）根据附件1序号"一、5"，申请进入中方新能源汽车市场的企业必须具备设计开发车辆及相关系统所需的工具、软件和设备，并具备一定的开发能力；

（4）根据附件1序号"二、9"，申请进入中方新能源汽车市场的企业必须具有特定的生产能力，包括具备特定生产工具、设备和机械；

（5）根据附件1序号"一、1"第一段，申请进入中方新能源汽车市场的企业通常需要在中方设立专门用于产品设计制造开发的设计开发机构；

（6）根据附件1序号"一、3"第一段，申请进入中方新能源汽车市场的企业通常需要在中方境内建立和维护特定的软硬件、手册和其他设计文件；

（7）根据附件1序号"一、4"第（1）和第（3）点，申请进入中方新能源汽车市场的企业通常需要在中方建立产品信息数据库，其中需包含某些特定数据和信息，例如性能数据、图纸、技术和设计规范等。

### 5.《关于设立外商投资农作物种子企业审批和登记管理的规定》

（1）根据第4条第一款，外商投资农作物种子企业的外方应是具有较高的科研育种、种子生产技术和企业管理水平的企业，而对外商投资农作物种子企业的中方则没有同样的要求；

（2）根据第4条第二款，外商投资农作物种子企业能够引进或采用国（境）外优良品种（种质资源）、先进种子技术和设备。

### 6.《农作物种子生产经营许可管理办法》

（1）第九条第四款规定了具体的科研投入目标，即公司收入的百分比或绝对金额，作为该公司获得种子生产必要许可需要满足的条件；

（2）第十二条规定申请种子生产许可证的公司提交详细的材料，其中包括公司研发活动的说明。

欧方认为，中方上述措施将转让技术和境内研发等业绩要求作为批准外国投资的前提条件，从而限制了外国投资在中方的准入和运营。此外，中方对外国企业向境内转让技术施加的条件，与适用于中方企业间技术转让的条件相比更为不利，从而对外国企业造成歧视。这些措施违反了《TRIPS 协定》第 3 条、第 28.1 条（a）项和（b）项、第 28.2 条、第 33 条、第 39.1 和 39.2 条。同时，违反了中方在《中国加入议定书》第 1.2 条和第 7.3 条所作的承诺（其纳入了《中国加入工作组报告书》第 49 段和第 203 段的承诺）。此外，违反了中方在《1994年关税与贸易总协定》第 10.3 条（a）项、《中国加入议定书》第 2 条（A）项2 目的义务。

## 三、案件的解决

按照争端解决程序，中美、中欧双方分别进行了磋商，美欧未将案件推进专家组审理阶段，中美、中欧未就两案签署相互同意的解决办法。美方起诉案件已于 2021 年 6 月终结，欧盟起诉案件有关争议也得到了妥善处理。

### （一）中方以我为主，调整了有关规定

近年来，中方基于自身发展需要，稳步推进涉及技术转让的一系列法律规定的修订工作。其中，与本案涉案措施相关的调整包括：一是《外商投资法》及其配套措施施行，明确禁止强制技术转让，《中外合资经营企业法》和《中外合资经营企业法实施条例》均被废止，废除了引进先进技术的规定；二是删除了《技术进出口管理条例》有关技术进口有可能限制国外知识产权人权利的规定；三是修改了《新能源汽车生产企业及产品准入管理规定》相关规定；四是废止了《关于设立外商投资农作物种子企业审批和登记管理的规定》；五是修改了《农作物种子生产经营许可管理办法》相关规定；六是修改了《禁止进口限制进口技术管理办法》中限制进口技术审批内容等规定。在磋商中，中方通报了上述修订情况。

### （二）中方通过磋商增信释疑，有力维护了合理政策空间

在磋商中，中方对涉案措施的含义及其实施情况进行了介绍，特别是对引发质疑的个别条款进行了解释，澄清没有强制转让技术和本地研发的要求。

同时，对于美欧以所谓的强制转让技术为幌子，要求中方完全放开市场准入的企图，中方坚决反对。中方没有任何法律规定外国企业必须转让技术给中方合作伙伴。改革开放以来，外国企业为了进入中方市场选择与中方企业进行合作，外方提供技术和经验、中方提供劳动力和其他资源，这是在企业层面实施的契约行为。此外，中方在特定领域的合资和股权比例限制等要求，是中方与包括美欧在内的世贸组织成员谈判达成的各方认可的结果，符合世贸组织规则和中国加入世贸组织承诺的要求。这也是多数国家都采用的做法，与所谓的强制技术转让没有关系。

### （三）中方展示出持续扩大开放、改善营商环境的坚定决心和良好形象

中方表示，在"逆全球化"思潮抬头，个别国家大搞保护主义、单边主义，不稳定不确定因素依然很多的外部环境下，中方仍将继续深化改革开放，开放大门不会关上，只会越开越大。未来中方还将采取一系列改革开放举措，加强制度性、结构性安排，促进更高水平对外开放，包括更广领域扩大外资市场准入、更大力度加强知识产权保护国际合作、更加重视对外开放政策贯彻落实等。更加开放的中国，将同包括美欧在内的世界形成更加良性的互动，带来更加进步和繁荣的中国和世界。

## 四、案件的启示和评价

### （一）中国促进技术发展和传播的有关法律政策将成为有关国家的关注重点

近年来，随着中方技术的发展和进步，一些国家对中方的戒惧上升，个别

政客和学者大肆鼓吹与中方开展技术竞争。为维持其技术领先地位，保持核心竞争力，这些国家采取各种手段，谋求对中方的技术发展进行遏制和规锁。除不惜采取单边保护主义措施外，这些国家还将进一步运用现有国际经贸规则，对中方促进技术发展和传播的法律政策进行规量。中方相关制度必将成为其关注重点。

### （二）需按照推进改革开放、改善营商环境的要求完善技术相关法律制度

近年来，中方持续扩大开放，改善营商环境，主动及时制定、完善相关规定。同时还需看到，部分涉及促进技术发展的规定制定时间较早，已不能完全适应新发展格局的需要，个别条款存在模糊之处，甚至可能被误解误读，引发国际经贸争端。下一步，需按照进一步推进改革开放、改善营商环境的要求，完善知识产权保护的顶层设计，特别是要提高立法严谨性，及时更新修订相关规定，以此为基础进一步规范管理方式。

### （三）需警惕美西方通过泛化"强制技术转让"概念侵蚀合理政策空间

美方无视中方多年来在加强知识产权保护、改善外资营商环境等方面的不懈努力和取得的巨大成绩，对中方做出"强制技术转让"等诸多不客观的负面评价，采取相关经贸限制措施。对此，需警惕美方将中方在个别领域合理合法的外资股比限制，甚至鼓励本地技术研发的相关支持政策，泛化为所谓的"强制技术转让"，并固化为针对中方量身定制的规则，侵蚀合理政策空间。


**附件**

美国、欧盟诉中国技术转让措施案（DS542/DS549）大事记

**DS542**

2018 年 3 月 23 日，美方向中方提出磋商请求。

2018 年 3 月 29 日，中方接受磋商请求。

2018 年 7 月 18 日，中美双方在日内瓦进行磋商。

2018 年 10 月 18 日，美方向世贸组织争端解决机构提出设立专家组请求。

2018 年 11 月 21 日，争端解决机构决定设立专家组。

2018 年 12 月 12 日，美方请求世贸组织总干事指定专家组成员。

2019 年 1 月 16 日，总干事指定专家组成员。

2019 年 6 月 3 日，美方请求专家组中止诉讼程序。

2019 年 6 月 11 日，专家组决定中止诉讼程序至 12 月 31 日。

2019 年 12 月 23 日，美方请求专家组继续中止诉讼程序。

2020 年 1 月 8 日，专家组决定中止诉讼程序至 2 月 29 日。

2020 年 3 月 3 日，专家组准许美方请求，决定继续中止诉讼程序至 5 月 1 日。

2020 年 5 月 6 日，专家组准许美方请求，决定再次中止诉讼程序至 5 月 31 日。

2020 年 6 月 1 日，专家组恢复工作。

2020 年 6 月 18 日，专家组准许美方请求，决定自 6 月 8 日起继续中止诉讼程序。

2021 年 6 月 11 日，世贸组织宣布专家组授权终止，案件终结。

## DS549

2018 年 6 月 1 日，欧方向中方提出磋商请求。

2018 年 6 月 11 日，中方接受磋商请求。

2018 年 12 月 20 日，欧方提出新的磋商请求。

2018 年 12 月 30 日，中方接受磋商请求。

2019 年 2 月 19—20 日，中欧双方在日内瓦进行磋商。

校稿：张侃

# 高山起微尘

## —— 世贸组织争端解决机制十年实践的回顾与思考

张委峰

世贸组织争端解决机制是解决世贸成员之间经贸纠纷、澄清多边贸易规则的国际准司法机制。自1995年建立以来，世贸组织争端解决机制以其强制管辖、磋诉并重、两级审理、约束执行、多边监督的严密制度设计，吸引世界100多个国家及单独关税区成员提出600起争端案件。在有效解决彼此之间争端的同时，也推动了国际经贸规则的发展，增强了多边贸易体制的稳定性和可预见性，促进了国际关系法治化和经济全球化进程。与此同时，在百年未有之大变局背景下，多边贸易谈判长期停滞、贸易政策审议"例行公事"与争端解决机制"单兵突进"之间的矛盾日益突出，世贸组织结构性赤字不断累积，最终在逆全球化、单边主义等思潮叠加影响下，触发了2019年底美国单边逼停上诉机构的"灰犀牛事件"。站在新征程起点上，我们有必要回顾世贸争端解决近十年实践，着眼微尘，总结规律，思考趋势，积极有为参与"后疫情时代"多边争端解决机制修复完善和个案诉讼抗辩工作，以实际行动维护国家利益。

## 一、世贸争端解决近十年情况回顾

从 1995 年建立至今，世贸争端解决机制共受理 600 起贸易争端，[①] 其中 500 余起已经结案，通过磋商和诉讼解决的大体各占一半，绝大多数裁决得到全面执行，是国际公认的效率最高、最具公信力的成员间争端解决机制。回顾过去 10 年，世贸争端解决机制总体上继承和发扬了此前 16 年（1995 年至 2010 年）的诸多突出特点，比如独立高效的两审机制，比如裁决的一致性和可预测性，比如面对"301 条款"措施和国家安全例外等重大问题时展现出的坚强韧性等。但与前 16 年相比，也从个案到机制出现了一些重要变化。有些变化是延续性的，比如高上诉率问题。有些变化是新出现的，比如亚洲取代拉美成为个案焦点。还有些变化是突发性的，比如上诉机构瘫痪。这些变和不变共同构成了近十年世贸争端解决机制的总体图景。

### （一）案件持续高发，争端解决机制长期超负荷运转

过去十年，世贸争端解决机制继续保持高效运作，共受理 181 起新发案件，处理 40 余起既有案件，发布了 101 份原审专家组报告和 58 份上诉机构报告。针对裁决执行过程中发生的争议，世贸组织还受理了 24 起执行案件，发布了 17 份执行之诉专家组报告和 8 份执行之诉上诉机构报告。此外，世贸组织还做出了 6 份报复水平仲裁裁决、10 份合理执行期仲裁决定。[②] 除极少数进入报复程序的案件外，其他案件的已生效裁决基本得到全面执行。这使得世贸组织争端解决机制继续成为最有效率的国际司法机制。

与此同时，世贸组织争端解决机制超负荷运转的情况也日益突出。主要表

---

① 除特别说明外，本文相关案件统计数据均截至 2021 年 4 月。
② 根据 worldtradelaw.net 数据统计，参见 https://www.worldtradelaw.net/static.php?type=dsc&page=stats, accessed on 2 April 2021。

现在：第一，每月活跃案件数量大幅增加。[①] 近十年平均每月处于法律审理程序中的活跃案件数量达 32.5 起，是前十六年均值 19 起的 1.7 倍。尤其近五年每月活跃案件数量大幅增加，从 2016 年历史高点 32 起开始屡创新高，分别达 39 起（2017 年）、44 起（2018 年）、54 起（2019 年）、37 起（2020 年），五年每月均值 41 起，是前面所有年份均值的两倍。[②] 第二，超期审理情况严重。以专家组阶段为例，近十年专家组平均审案时间长达 730 天，较前十六年均值 458 天增加 60%，[③]是《关于争端解决规则与程序的谅解》（DSU）规定的最长审限的 2.7 倍，[④] 在 101 份专家组报告中只有 1 份符合强制性审限规定。[⑤] 相比而言，备受美国指责的上诉机构虽也有超过审限的问题，但在 2011 年至 2017 年上诉机构危机出现之前，其平均审理时间为 158 天。[⑥] 无论是绝对值还是相对值均明显好于专家组阶段情况。第三，争端上诉率居高不下。自世贸组织成立以来，案件上诉率始终居高不下，原审案件上诉率为 68%，执行之诉上诉率高达 74%。[⑦] 这与本就超限的审案时间叠加作用，导致近年来世贸组织"快速解决争端"的效率明显下降。

面对沉重的工作负荷，近年争端解决机制不仅在秘书处支持资源等方面没有增加，还遭受美国打压，甚至有些人还将多边谈判停滞不前的责任强加于争端解决机制。长此以往，争端解决机制恐将不堪重负。

### （二）单边主义回潮，争端解决机制展现坚强韧性

由于多边谈判长期停滞不前和单边主义回潮，世贸组织争端解决机制日益

---

① 活跃案件是指处于专家组、上诉机构或仲裁员审理过程中的案件，不包括磋商、未组庭或程序中止等状态的案件。

② 有关数据参见 https://www.wto.org/english/tratop_e/dispu_e/dispustats_e.htm, accessed on 2 April 2021。

③ 专家组审案时间是指从专家组设立至报告散发各成员的时间，即《关于争端解决规则与程序的谅解》第 12.9 条规定专家组最长审限时所定义的期间。根据 worldtradelaw.net 数据统计，参见 https://www.worldtradelaw.net/databases/paneltiming.php, accessed on 2 April 2021。

④《争端解决谅解》第 12.9 条规定，从专家组设立至报告散发各成员的期限，无论如何不应超过 9 个月。

⑤ 中国诉美国反倾销"归零"措施案（DS422），该案审理时间为 227 天。

⑥ 为便于比较，此处仅统计 2011 年至 2016 年间新上诉案件的审理情况。

⑦ 参见 https://www.worldtradelaw.net/databases/appealcount.php, accessed on 5 April 2021。

成为各方维护核心利益、推动规则发展，甚至引导规则走向的关键阵地。总体上呈现出新旧矛盾交织、案情日趋复杂的态势。一方面，传统摩擦不仅没有消退，反而"老树发新枝"。美国与欧盟之间的大飞机补贴案诉讼贯穿过去十年，从 2011 年上诉开始接续，经历执行之诉专家组和上诉审理，一直打到报复仲裁和报复实施。不仅如此，该争端还与巴西和加拿大之间的支线飞机补贴争端、美国和加拿大之间的软木争端等"马拉松式"争端一样，一波未平一波又起，分别于 2014 年 12 月、2017 年 2 月和 2017 年 11 月出现新案件并进入实质审理。[①] 另一方面，美国特朗普政府单边主义、俄罗斯与乌克兰及欧盟的地缘冲突、日韩历史问题、卡塔尔断交风波等均引发新的贸易摩擦热点。突出表现为中美"301 条款"关税措施系列案 [②] 和涉及 17 个成员的 16 起"核按钮级"的国家安全例外之争。[③]

面对"301 条款"单边关税是否合法和国家安全例外是否完全自判的多边机制"生死存亡"问题，专家组顶住压力，分别在两类系列案件的首案中确认美国"301 条款"关税非法、国家安全例外具有客观要件，[④] 在关键时刻展现出多边贸易体制的坚强韧性。与此同时，在输掉一系列贸易救济案件后，美国不仅拒不执行裁决，还单方逼停上诉机构，同时施压后续案件专家组进行翻案。世贸组织争端解决机制的"拆弹"任务可谓任重道远。

## （三）美国仍是主要被诉对象，亚洲取代拉美成为新焦点

近十年，争端解决机制持续聚焦主要成员的贸易措施。到目前为止，世贸

---

① 这些新案分别为欧盟诉美国大飞机税收补贴案（DS487）、巴西诉加拿大飞机补贴案（DS522）、加拿大诉美国软木 VII 案（DS533）和加拿大诉美国软木反倾销差别定价方法案（DS534）。

② 涉及美国"301 条款"的案件包括：中国诉美国"301 条款"关税措施案（DS543）、中国诉美国"301 条款"关税措施 II 案（DS565）、中国诉美国"301 条款"关税措施 III 案（DS587）。

③ 涉及国家安全例外的案件包括：乌克兰诉俄罗斯过境运输案（DS512）；欧盟诉俄罗斯生猪案（DS475）执行之诉；卡塔尔分别诉阿联酋、巴林、沙特的贸易限制案（DS526、DS527、DS528）；卡塔尔诉沙特知识产权案（DS567）；韩国诉日本产品和技术出口限制案（DS590）；以及中国、印度、欧盟、加拿大、墨西哥、挪威、俄罗斯、瑞士、土耳其等九方诉美国"232 条款"钢铝关税系列案（DS544、DS547、DS548、DS550、DS551、DS552、DS554、DS556、DS564）。

④ 参见 Panel Report, *US—Tariff Measures*, paras. 8.1—8.4; Panel Report, *Russia—Traffic in Transit*, paras. 8.1—8.3。

组织 164 个成员中有 110 个成员作为起诉方、被诉方或第三方参与了具体案件的审理，占成员总数的三分之二。由于各方在贸易实力、重视程度、参与能力及投入等方面的巨大差别，不同成员利用争端解决机制的情况仍有明显差距。从起诉角度看，美国、欧盟、加拿大、巴西、印度、中国等仍是争端解决机制的主要运用方。发展中成员作为起诉方发起的案件约占案件总数的一半；从被诉角度看，主要大成员仍是各方重点关注对象。美国继续领跑被诉榜，十年被诉 46 起，占比近 1/4，是第二名中国（26 起）和第三名欧盟（18 起）的两倍；[1]从争端双方看，绝大多数争端发生在十余个主要成员之间，其他成员主要作为第三方参与法律进程、提供评论意见。

值得注意的是，近十年，亚洲成员明显取代拉美成员成为争端案件的新焦点。与前十六年（1995 年至 2010 年）相比，在被诉榜中一度占据前列的阿根廷（17 起）、巴西（14 起）、墨西哥（14 起）等三个拉美国家已经从榜单中集体消失。三国近十年被诉案件屈指可数，阿根廷自 2012 年被诉 5 起之后再无新案，巴西近十年被诉仅 3 起，墨西哥仅 1 起。与此形成鲜明对比的是，近十年中国、印度、印尼等亚洲大国被诉案件明显增多，分别以 26 起、12 起和 11 起列入被诉榜前五位。[2] 这与近十年亚洲国家的持续快速崛起和拉美地区的相对衰落状况相吻合。

### （四）两审机制面临重构，具体走向尚不明朗

自世贸组织成立以来，美国始终占据被诉榜榜首，输掉了 75% 的被诉案件，[3]其中涉及美国贸易救济做法等领域的部分案件被上诉机构逆转裁决违规。美国因此长期不满，指责上诉机构通过司法造法增加美国义务、减损美国权利。2016 年奥巴马政府执政后期，美国以"司法越权"为由阻止韩国籍上诉机构成员连任，借此敲打上诉机构。2017 年特朗普政府上台后，一方面任意征收

---

① 此处案件数据统计截至 2021 年 6 月。
② 根据世贸组织官网数据统计。参见 https://www.wto.org/english/tratop_e/dispu_e/dispu_by_country_e.htm。
③ 参见 "Economic Report of the President"，February 2018, p. 251。https://www.govinfo.gov/content/pkg/ERP-2018/pdf/ERP-2018.pdf。

单边关税，另一方面破坏多边争端解决机制。从 2017 年 6 月开始到 2020 年 11 月持续阻挠七名上诉机构成员的连任或遴选程序，导致上诉机构彻底瘫痪。同时，美国还通过卡住世贸组织相关预算，事实上解散了上诉机构秘书处。

面对美国的单边破坏，墨西哥牵头 120 多个成员连续三年提交提案要求启动上诉机构成员遴选程序；[①] 欧盟与中国等 19 个成员组建"多方临时上诉仲裁安排"（MPIA），作为上诉机构瘫痪期间的临时替代方案；[②] 时任世贸组织争端解决机构（DSB）主席戴维·沃克（David Walker）积极斡旋，提出改革上诉机构的妥协方案。[③] 但美国始终不为所动，反而不断炮制和强化所谓中国经济体制与世贸组织"不兼容论"、世贸规则对中国"无效论"和中国经济模式"有害论"话语体系，要求先改革世贸组织以解决中国政府干预扭曲市场竞争问题。[④] 曾一手制造危机的前美国贸易代表莱特希泽公开宣称"阻挠上诉机构是推动世贸组织改革的唯一筹码"，[⑤] 并在离任前发文表示要将现行专家组和上诉机构的两审机制改为类似商业仲裁的一裁终局机制。[⑥] 拜登政府上台至今未对是否及如何恢复上诉机构表态。世贸组织的两审机制最终如何走向，有待各方博弈。

## 二、世贸争端解决重点领域规则发展情况

世贸组织专家组和上诉机构针对具体争端案件做出的裁决报告是解释和澄

---

[①] 从 2017 年 11 月 9 日至今，墨西哥牵头众多世贸成员，连续三年半在世贸组织争端解决机构会议上联合发声，要求恢复上诉机构成员遴选程序，提案及修订多达 20 份。参见 WT/DSB/W/609 及其 19 份修订，最新的一份修订为 WT/DSB/W/609/Rev.19。

[②] 参见 JOB/DSB/1/Add.12。

[③] 参见 JOB/GC/215, JOB/GC/217, JOB/GC/220, and JOB/GC/222。

[④] 参见 WT/GC/W/745; U.S. Trade Representative, *"2017 USTR Report to Congress on China's WTO Compliance"*, January 2018, pp. 2—6; "Ambassador Shea: Challenges Posed to the WTO by Non-Market Policies and Practices", 9 December 2019, https://geneva.usmission.gov/2019/12/09/ambassador-shea-challenges-posed-to-the-wto-by-non-market-policies-and-practices/。

[⑤] "Lighthizer: Appellate Body blocks the only way to ensure reforms", Inside U.S. Trade, 12 March 2019, https://insidetrade.com/daily-news/lighthizer-appellate-body-blocks-only-way-ensure-reforms.

[⑥] 参见 Robert E. Lighthizer. "How to Set World Trade Straight". Wall Street Journal, 20 August 2020, https://www.wsj.com/articles/how-to-set-world-trade-straight-11597966341。

清世贸组织协定的最重要法律渊源，[1] 也是观察各方贸易政策关注焦点和世贸规则演进的最重要资料。在近十年世贸组织所作出的 118 份专家组报告和 66 份上诉机构报告中，[2] 广泛涉及货物贸易、服务贸易、知识产权等各个领域的焦点问题，极大丰富了世贸组织法律实践，为后续案件提供了重要参考，也为各方制定未来贸易政策提供了导向。

总体看，近十年的专家组和上诉机构裁决大致可归入三个类别：第一类是传统争议领域，主要是指前十六年已反复涉及的近十年依然频繁涉案的规则领域，包括最惠国待遇、国民待遇、关税约束、数量限制及其非歧视实施、一般例外（整体框架、保护公共道德例外、保护生命健康例外、遵守法律法规例外、保护可用尽自然资源例外）、传统反倾销（倾销幅度、损害认定、因果关系）、保障措施（进口激增、损害认定、未预见的发展、因果关系）。第二类是新争议领域，主要是指近十年才出现、裁决或有显著发展的新争议领域，包括国家安全例外、一般例外中的缓解供应短缺例外、[3] 新型反倾销（目标倾销和特殊市场情形）、补贴认定、保障措施的构成要件、《技术性贸易壁垒协定》(《TBT 协定》) 中的非歧视待遇、《服务贸易总协定》(GATS) 电信服务附件、[4] 《与贸易有关的知识产权协定》(《TRIPS 协定》) 商标保护规则[5] 以及条约冲突[6] 等体系性问题。第三类是颠覆性争议领域，主要指过去多年已经定论，但在上诉机构瘫痪后出现翻转的争议问题，主要是反倾销"归零法"等问题。

以下将重点从新争议领域和颠覆性争议领域中选取部分热点进行分析介

---

① 参见 Peter Van den Bossche and Werner Zdouc, *The Law and Policy of the World Trade Organization*, 3rd ed.. Cambridge University Press, 2013. pp. 51—53。

② 包括原审和执行之诉阶段的专家组报告和上诉机构报告。

③ 参见 Panel and Appellate Body Reports, *India—Solar Cells*, WT/DS456/R, WT/DS456/AB/R (adopted on 14 October 2016); Panel Report, *EU—Energy Package*, WT/DS476/R (not yet adopted)。

④ 参见 Panel and Appellate Body Reports, *Argentina—Financial Services*, WT/DS453/R, WT/DS453/AB/R (adopted on 9 May 2016)。

⑤ 参见 Panel Reports, *Australia—Tobacco Plain Packaging (Honduras, Dominican Republic, Cuba and Indonesia)*, WT/DS435/R, WT/DS441/R (adopted 29 June 2020), WT/DS458/R, WT/DS467/R (adopted 27 August 2018). Appellate Body Report, *Australia—Tobacco Plain Packaging (Honduras and Dominican Republic)*, WT/DS435/AB/R, WT/DS441/AB/R (adopted 29 June 2020)。

⑥ 参见 Panel Report, *Indonesia—Chicken*, WT/DS484/R (adopted on 22 November 2017)。

绍，以呈现近十年世贸争端解决中出现的新发展和新动向。相对而言，传统领域的规则解释在近十年虽有所发展，但总体保持稳定。这很大程度上是由于专家组和上诉机构严格遵循 DSU 第 3.2 条授权，确保了过去 26 年间反复涉案的传统争议领域裁决的一致性和可预测性。与之相比，新争议领域和颠覆性争议领域则经历了从无到有、从微到著，甚至从正到反的过程，更能反映近十年规则演进或变化情况。

## （一）国家安全例外：必须有边界

### 1. 案件多点爆发，凸显地缘局势紧张和单边主义回潮

国家安全例外是多边贸易规则中最敏感的例外条款。历史上援引国家安全例外的案件总共不过七件，而且都发生在 1996 年以前，都未进行实质性审理。[①]但自 2016 年开始，国家安全例外案件突然集中多点爆发。先是俄罗斯，受克里米亚事件冲击，俄罗斯与乌克兰、欧盟等相互制裁，关系急剧恶化。2016年 9 月，乌克兰向世贸组织起诉俄罗斯过境运输限制措施，俄罗斯提出国家安全例外抗辩。[②]2018 年 2 月，欧盟起诉俄罗斯生猪案的执行措施，俄罗斯再次提出国家安全例外抗辩。[③]接着是中东，阿联酋、巴林、沙特指责卡塔尔支持海湾地区恐怖组织，并切断与卡塔尔的外交、交通和贸易关系。2017 年 7 月，卡塔尔分别向世贸组织起诉阿联酋、巴林、沙特的贸易制裁措施，[④]之后又另

---

① 历史上的国家安全例外案件包括：1950 年代冷战初期，美国对捷克斯洛伐克取消最惠国待遇；1960 年代加纳抵制葡萄牙产品；1970 年代阿以战争期间，阿拉伯国家实施石油禁运；1980 年代初英阿马岛海战期间，欧加澳对阿根廷实施进口限制；1980 年代中期尼加拉瓜内战期间，美国对尼实施贸易禁运；1990 年代初南斯拉夫内战期间，欧共体实施贸易限制；1996 年欧共体起诉美国为制裁与古巴开展贸易而颁布的《赫尔姆斯伯顿法》等。这些案件要么仅在早年的 GATT 理事会上进行讨论，要么和解，要么专家组限于职权无法裁决，均未进行实质性审理，且无一例外涉及重大政治事件甚至军事冲突。

② 乌克兰诉俄罗斯过境运输案（DS512），参见 https://www.wto.org/english/tratop_e/dispu_e/cases_e/ds512_e.htm。

③ 欧盟诉俄罗斯生猪案（DS475）执行之诉，参见 https://www.wto.org/english/tratop_e/dispu_e/cases_e/ds475_e.htm。

④ 卡塔尔分别诉阿联酋、巴林、沙特的贸易限制案（DS526、DS527、DS528），参见 https://www.wto.org/english/tratop_e/dispu_e/cases_e/ds526_e.htm；https://www.wto.org/english/tratop_e/dispu_e/cases_e/ds527_e.htm；https://www.wto.org/english/tratop_e/dispu_e/cases_e/ds528_e.htm。

行起诉沙特未尽知识产权保护义务，[①] 三国均提出国家安全例外抗辩。然后是日韩，2019 年 7 月，日韩"二战"历史积怨再次爆发，日本宣布对韩国加强出口管制，限制半导体核心材料对韩出口。2019 年 9 月，韩国向世贸组织起诉日本的出口限制措施，日本提出国家安全例外抗辩。[②]

但真正威胁多边贸易体制存亡的是美国。自 2017 年 4 月开始，美国以保护国家安全为由，先后对进口钢铝、汽车及零配件、铀矿石、海绵钛等发起"232 条款"国家安全调查，并率先对全球钢铁和铝产品分别征收 25% 和 10% 的关税，目的一是保护美国相关产业，二是施压传统盟友重签"公平"贸易协定。美国这种以国家安全之"名"行贸易保护之"实"的行为，令世界震惊。中欧等九方随即联合向世贸组织起诉美国"232 条款"钢铝关税措施，[③] 美国则提出国家安全例外抗辩，强硬表态世贸组织无权审理。

**2. 部分案件裁决出炉，关键时刻展现多边贸易体制韧性**

在上述 16 个案件中，乌克兰诉俄罗斯过境运输案是第一个审理完结的案件，专家组报告已于 2019 年 4 月通过并生效，为后续案件提供了重要指引。[④] 卡塔尔诉沙特知识产权案专家组报告也已于 2020 年 6 月散发，[⑤] 但由于沙特提出上诉，目前专家组裁决尚无法生效。[⑥] 其他 14 个案件仍处于磋商阶段或专家组审理阶段。[⑦] 从两份专家组裁决看，两案专家组均顶住压力，尤其是俄美

---

① 卡塔尔诉沙特知识产权案（DS567），参见 https://www.wto.org/english/tratop_e/dispu_e/cases_e/ds567_e.htm。

② 韩国诉日本产品和技术出口限制案（DS590），https://www.wto.org/english/tratop_e/dispu_e/cases_e/ds590_e.htm。

③ 中国、印度、欧盟、加拿大、墨西哥、挪威、俄罗斯、瑞士、土耳其等九方诉美国"232 条款"钢铝关税系列案（DS544、DS547、DS548、DS550、DS551、DS552、DS554、DS556、DS564）。

④ Panel Report, *Russia—Traffic in Transit*, WT/DS512/R (adopted on 26 April 2019).

⑤ Panel Report, *Saudi Arabia—Protection of IPRs*, WT/DS567/R (not yet adopted).

⑥ 案件进展参见 https://www.wto.org/english/tratop_e/dispu_e/cases_e/ds567_e.htm。

⑦ 目前处于专家组审理阶段的案件包括：中国、印度、欧盟、挪威、俄罗斯、瑞士、土耳其等七方诉美国"232 条款"钢铝关税系列案（墨西哥和加拿大已与美方和解）、卡塔尔诉阿联酋贸易限制案（DS526）、欧盟诉俄罗斯生猪案（DS475）执行之诉、韩国诉日本产品和技术出口限制案（DS590）。仅卡塔尔诉巴林、沙特的贸易限制案（DS527、DS528）尚未设立专家组。

两大国压力，① 对国家安全例外的核心争议做出了较为一致的法律解释，均裁决认为国家安全例外案件属于世贸争端解决机制管辖范围、国家安全例外具有一定的客观属性，并非完全由成员自行判断。

关于国家安全例外案件是否属于世贸争端解决机制管辖范围。两案专家组均认为属于世贸争端解决机制管辖范围。乌克兰诉俄罗斯过境运输案的裁决理由包括：（1）任何国际司法仲裁庭，包括世贸组织专家组，均具有对自身管辖权做出决定的固有管辖权；（2）从 DSU 的规定看，本案专家组已依法设立，DSU 第 1 条并没有对国家安全例外争端规定任何特殊程序，且 DSU 第 7.2 条明确要求专家组处理争端各方引用的任何适用协定项下的条款；（3）从安全例外条款本身看，该条款具有客观要件，并非完全由成员自行判断。由此，专家组裁定其对案件具有管辖权。② 卡塔尔诉沙特知识产权案专家组基本沿袭了前案专家组的说理，进一步指出：（1）对于世贸成员已依 DSU 程序发起的案件，无论案件是否具有政治成分、还是被诉方认为裁决结果无法解决争端，专家组都无权拒绝行使管辖权；（2）双方断交不影响与外交关系无关的法律关系，也不属于《马拉喀什建立世界贸易组织协定》（《马拉喀什协定》）第 13.1 条项下双方之间不适用多边贸易协定的情形。③

关于国家安全例外条款的核心争议点。乌克兰诉俄罗斯过境运输案和卡塔尔诉沙特知识产权案具体援引的分别是《1994 年关税与贸易总协定》（GATT1994）第 21 条（b）项（ⅲ）目和《TRIPS 协定》第 73 条（b）项（ⅲ）

---

① 在乌克兰诉俄罗斯过境运输案中，美国是唯一支持俄罗斯关于国家安全例外完全自判主张的第三方。美国尽管在克里米亚事件中牵头制裁俄罗斯，但在自身"232 条款"措施被各方围攻的背景下，在该案中支持俄罗斯，主张：（1）第 21 条赋予了世贸成员对国家安全措施的绝对自行判断权，包括自行判断何谓基本安全利益、采取何等措施以及是否在国际关系紧急情况下采取；（2）一旦任何一方援引此条，世贸组织专家组即无权进行审理；（3）俄罗斯已经提出第 21 条抗辩，因此专家组无权审理，应仅在报告中确认俄罗斯援引了 GATT 1994 第 21 条这一事实，不得再作法律分析。美国在卡塔尔诉沙特知识产权案中也采取了相同立场。

② Panel Report, *Russia—Traffic in Transit*, paras. 7.53—57.

③ 参见 Panel Report, *Saudi Arabia—Protection of IPRs*, paras. 7.10—23。

目中的"国际关系紧急情况"条款。[1] 尽管两个条款分属不同协定，但文字表述完全相同，[2] 均为："本协定的任何规定不得解释为：……（ b）阻止任何缔约方采取其认为对保护其基本安全利益所必需的任何行动：……（ iii ）在战时或国际关系中的其他紧急情况下采取的行动"。各方的核心争议在于该条款到底赋予了世贸成员多大的"国家安全例外"自行判断权，也即如何界定"其认为"（ which it considers ）[3] 这一赋予成员自由裁量权的定语的范围：（1）只涵盖国家安全措施的必要性；（2）既涵盖国家安全措施的必要性，也涵盖基本安全利益的定义；还是（3）全面涵盖国家安全措施的必要性、基本安全利益的定义以及采取措施须满足的客观情形，即赋予了成员完全自行判断权，专家组无权审理。

**关于国家安全例外的分析框架和法律解释。** 在乌克兰诉俄罗斯过境运输案中，专家组从条文本身、上下文、条约目的等方面出发，并详细回顾了安全例外条款的谈判历史，[4] 分析认为，GATT1994 第 21 条中的"其认为"一词涵盖的范围（也即成员自行判断权的范围）包括措施必要性和基本安全利益定义这

---

① 在乌克兰诉俄罗斯过境运输案中，乌克兰依据 GATT1994 起诉俄罗斯的过境运输限制措施违规，因此俄罗斯援引 GATT1994 第 21 条国家安全例外条款抗辩，具体条款是第 21 条（ b）项（ iii ）目所载的"国际关系紧急情况例外"。而在卡塔尔诉沙特知识产权案中，卡塔尔依据《TRIPS 协定》起诉沙特妨碍和侵犯卡塔尔企业的体育赛事转播权和版权，因此沙特援引《TRIPS 协定》第 73 条（ b）项（ iii ）目所载的"国际关系紧急情况例外"抗辩。

② 这也是卡塔尔诉沙特案专家组在裁决中直接援引乌克兰诉俄罗斯过境运输案法律分析框架的关键依据。

③ 协定原文如下。**Article XXI: Security Exceptions**
**Nothing in this Agreement shall be construed**
  (a) to require any contracting party to furnish any information the disclosure of which it considers contrary to its essential security interests; or
  **(b) to prevent any contracting party from taking any action which it considers necessary for the protection of its essential security interests**
    (i) relating to fissionable materials or the materials from which they are derived;
    (ii) relating to the traffic in arms, ammunition and implements of war and to such traffic in other goods and materials as is carried on directly or indirectly for the purpose of supplying a military establishment;
    **(iii) taken in time of war or other emergency in international relations; or**
  (c) to prevent any contracting party from taking any action in pursuance of its obligations under the United Nations Charter for the maintenance of international peace and security.

④ 参见 Panel Report, *Russia—Traffic in Transit*, paras. 7.83–100。

两项要素，但不包括"国际关系紧急情况"等客观情形要素。专家组还首次明确将国际公法的善意原则引入对世贸组织协定的解释，确认国家安全例外具有三道门槛：（1）必须满足核裂变聚变物质、军事物资供应、在战时或国际关系紧急情况下采取等三类客观情形之一，并将后者严格定义为"现实或潜在武装冲突，高度紧张局势或危机，或者一国内部或周边的整体动荡局势"；[①]（2）必须满足"保护领土和人民免受外部威胁以及维护国内法律和公共秩序"的基本安全利益一般标准。[②]认为尽管"基本安全利益"原则上应由每个成员自行定义，但依然受到"善意原则"的限制，成员不得将任何安全利益都上升为"基本"安全利益；[③]（3）要求措施与基本安全利益之间达到"最低合理联系标准"。[④]基于上述分析框架，该案专家组在否定俄罗斯的完全自行判断权主张的同时，认定俄措施满足安全例外标准，不违反世贸规则。[⑤]

在卡塔尔诉沙特知识产权案中，专家组将前案的一般法律解释和分析框架直接"切换到《TRIPS 协定》第 73 条"，[⑥]从四方面分析沙特措施是否满足例外：（1）当事方之间是否存在"国际关系紧急情况"；（2）涉案措施是否在国际关系紧急情况"之时"采取；（3）抗辩方对"基本安全利益"的阐述是否足够充分，使专家组能够评估涉案措施和保护基本安全利益之间是否存在联系；（4）涉案措施与"国际关系紧急情况"之间的关系是否过于牵强甚至无关，导致抗辩方所认为必要的措施"令人难以信服"（implausible）。[⑦]在此基础上，专家组裁

---

① Panel Report, *Russia—Traffic in Transit*, paras. 7.76—77.

② 同上，para. 7.130。

③ 同上，paras. 7.131—133。

④ 同上，paras. 7.138—139。

⑤ 同上，paras. 7.140—149。专家组认为 2014 年发生的乌政府更替、乌欧签署联系国协定、乌俄关系恶化（克里米亚事件）等一系列事件与多国制裁俄罗斯之间存在明显关联，作为对国际关系紧急情况的回应，俄采取了涉案过境运输限制措施。因此俄措施满足 GATT1994 第 21 条（b）项（iii）目规定的所有例外条件，不违反规则。

⑥ 专家组的主要理由包括：（1）《TRIPS 协定》第 73 条（b）项（iii）目与 GATT1994 第 21 条（b）项（iii）目条文的规定完全相同；（2）当事方卡塔尔和沙特以及澳大利亚、巴西、加拿大、欧盟、日本、俄罗斯、乌克兰、新加坡等许多第三方均认同乌克兰诉俄罗斯过境运输案专家组对 GATT 1994 第 21 条（b）项（iii）目作出的一般法律解释和分析框架。参见 Panel Report, *Saudi Arabia—Protection of IPRs*, paras. 7.241, 7.243 and Footnote 753。

⑦ 同上，para. 7.242。

定沙特的部分措施（不对本国侵权企业适用刑事程序和惩罚）与保护自身"免受恐怖主义和极端主义危险"的基本安全利益之间未达到最低联系标准，因而违反世贸规则。①

### 3. 专家组裁决的影响

作为世贸组织历史上第一份关于国家安全例外的实体裁决，也是目前唯一一份生效裁决，乌克兰诉俄罗斯过境运输案专家组报告不仅得到了各方的广泛认可和卡塔尔诉沙特知识产权案专家组的直接援引，甚至获得了当事方俄罗斯和乌克兰的共同支持，② 在关键时刻展现了多边贸易体制的坚强韧性，难能可贵。其所建立的一般法律解释和分析框架，已直接影响卡塔尔诉沙特知识产权案裁决和一些国家的单边措施，③ 也将对后续 14 起案件的裁决和多边贸易体制的发展形成深刻影响。究其原因，专家组严密的逻辑论证和法律说理只是一个方面，其在裁决中所展现的对谈判历史的尊重、对多边规则约束力的坚守和对各方利益的高超妥协艺术可能是更重要的方面。④ 在该案中，俄罗斯虽然失去了"免审金牌"，但拿到了其措施符合安全例外的结论；乌克兰虽未能将俄措施列为违规，但得到了今后审查国家安全措施的"尚方宝剑"；中欧等第三方则成功捍卫了世贸规则的约束力，为国家安全例外构筑起三道防线，在对美

---

① Panel Report, *Saudi Arabia—Protection of IPRs*, paras. 7.280 and 7.293.

② 参见俄乌双方在卡塔尔诉沙特知识产权案中的表态。同上，para 7.243 and Footnote 753。

③ 美国在此之后尽管完成了多项"232 条款"调查，但截至目前未再据此加征单边关税。其原因当然是多方面的，但乌克兰诉俄罗斯过境运输裁决以及十余个第三方的态度无疑对美国形成了较大压力。参见 Panel Report, *Russia—Traffic in Transit*, para. 133。

④ 在为国家安全例外构筑防线的同时，专家组始终对各方政治红线保持敬畏和尊重，展现了微妙的妥协艺术。第一，专家组容忍了俄罗斯的较低举证责任标准。因国内政治所限，俄罗斯虽援引国家安全例外，但却不愿提供俄乌关系紧张的正面证据。专家组不得不借助乌克兰提供的联合国大会决议等证据，认定双方之间存在国际关系紧急情况。（参见 Panel Report, *Russia—Traffic in Transit*, paras. 7.136—137 and footnotes 203—204。）对此，美国在世贸组织争端解决机构会议上严厉批评专家组"替俄罗斯打官司"；第二，专家组回避了造成国际关系紧急情况的原因。本案与克里米亚事件等存在千丝万缕的关系，一旦触碰必然陷入漩涡。对此，专家组认定，GATT 1994 中的国家安全例外不要求探究造成国际关系紧急情况的原因，从而避免触碰俄罗斯政治红线。第三，专家组采纳了美俄主张的法律分析顺序。专家组没有遵循以往对其他例外的一般分析顺序，即没有先确定措施是否违反义务，如果违反，再去审查是否满足例外，而是倒过来直接审查措施是否满足安全例外，再视情审查措施是否违反义务。这也正是美国在九方诉美"232 条款"钢铝关税系列案件中所主张的分析顺序，对于美国而言具有策略意义。

"232 条款"措施斗争中下了一步先手棋；而美国则拿到了具有战术意义的分析顺序倒置。

根据专家组向世贸争端解决机构通报，在七方诉美"232 条款"钢铝关税案中，中国、欧盟、挪威、瑞士、土耳其起诉的五起案件将于 2021 年底前后做出专家组裁决。[①]这些案件的专家组能否延续上述法律解释精神，让我们拭目以待。

### （二）补贴和反补贴规则：大国角力场，每个要素都是焦点

补贴是各国为实现合法经济社会政策目标而广泛采取的一种经济治理手段，具有合法性和不可或缺性，是各方固有的政策空间。同时，补贴也具有一定的外溢性，可能对其他成员的国内产业或出口造成负面影响。因此，世贸组织在尊重各国政策空间的前提下，针对性规制对其他成员造成负面影响的专向补贴。体现在规则上，将补贴分为禁止性补贴、可诉补贴和不可诉补贴三类处理，[②]规定四项基本法律要件（政府资助、专向提供、补贴国企业受益、外国产业受损），[③]允许通过多边争端解决机制和单边反补贴调查两个渠道进行救济。

由于补贴规则直接调整政府和市场的关系，使其成为大国"捉对厮杀"的关键领域，案件频发，寸土必争。从 2011 年至今，世贸组织共对 20 起案件作出 43 份裁决，其中反补贴案件 13 起（26 份裁决）、可诉补贴和禁止性补贴 6 起（16 份裁决）、农业补贴 1 起（1 份裁决）。[④]总体看，近十年案件主要围绕以下几对矛盾展开：一是美国和中国、韩国、印度、加拿大等的反补贴规则之争；二是美国和欧盟的大飞机可诉补贴和禁止性补贴之争；三是广泛涉

---

① 参见 WT/DS544/11；WT/DS548/17；WT/DS552/13；WT/DS556/18；WT/DS564/18。另外两起印度和俄罗斯诉美案件还没有何时做出裁决的公开信息。

② 其中，不可诉补贴已经失效。根据《补贴协定》第 31 条，协定第 8 条规定的不可诉补贴自《世贸组织协定》生效之日起适用 5 年。此后各方未就延长适用达成一致，该条已于 2000 年失效。

③ 参见《补贴协定》第 1 条（财政资助和利益授予）、第 2 条（专向性）、第 5 条、第 6 条和第 15 条（不利影响及损害认定）。

④ 参见 https://www.worldtradelaw.net/databases/subsidy-cvd.php, accessed on 2 April 2021。关于农业补贴案，请参见本书对美国诉中国粮食补贴案（DS511）的专题分析。

及大飞机、新能源补贴政策的禁止性补贴之争。由于补贴和反补贴规则共享补贴定义、损害认定、因果关系等基本要素，各类案件的裁决之间不可避免地相互影响。其中，案件最多的反补贴领域在关键法律要件解释上保持稳定，使得补贴规则总体上保持了较强的可预测性。

**1. 反补贴规则保持较好的延续性**

这是近十年案件最多的细分领域，基本争议是"到底是补贴成员提供了损害补贴，还是反补贴成员夸大或捏造了补贴"，矛盾焦点是美国。在近十年裁决的 13 起案件中，各方诉美案件 9 起，占比 70%，形成了中国、韩国、加拿大、印度、印尼和土耳其等六方围攻之势。[①] 法律争议广泛涉及政府资助认定、专向性认定、补贴利益计算、产业损害认定以及各项调查程序的合规性。总体上，近十年这一领域的规则解释保持了较好的延续性。尤其是在补贴主体认定（公共机构定义）、补贴利益计算（外部基准方法、不利推定方法）等直接决定有无补贴和补贴幅度的问题上，近年裁决基本遵循了上诉机构在早期中国诉美国反倾销反补贴案和加拿大诉美国软木 IV 案（DS257）中建立的法律标准和分析框架。

**"公共机构"标准的适用和发展。**在印度诉美国碳钢反补贴案、中国诉美国反补贴措施案中，上诉机构延续了此前确立的法律标准，[②] 并做了进一步澄清：（1）"政府职权"是认定公共机构的法律标准，"有意义的控制"是证据标准，两者不可混淆。[③]"政府对某实体及其行为实施了'有意义的控制'，包括政府控制某实体并可以将该实体的资源作为自身资源而随意使用，肯定是认定公共机构的相关证据"，[④] 但"公共机构"不等同于被政府"有意义地控制"的任意实体；[⑤]（2）存在政府"控制"和政府实施了"有意义的控制"是两个

---

① 相关案件包括：中国诉美国反补贴措施案（DS437）和中国诉美国关税法修订案（DS449）、韩国诉美国洗衣机案（DS464）和诉美国可获得事实方法案（DS539）、加拿大诉美国超级压光纸案（DS505）和诉美国软木 VII 案（DS533）、印度诉美国碳钢反补贴案（DS436）、印尼诉美国铜版纸案（DS491）、土耳其诉美国钢管案（DS523）。

② Appellate Body Report, *US—Anti-Dumping and Countervailing Duties*, paras.317—318.

③ Appellate Body Report, *US—Carbon Steel (India)*, para.4.37.

④ 同上，para.4.20。

⑤ 同上，para.4.36。

概念，必须加以区分。① 政府拥有对企业的多数股权、董事任命权以及行政管理权等证据仅仅是"控制"的形式表征，属于相关证据，并不能充分证明政府对实体真正实施了"有意义的控制"；② （3）对于"有意义的控制"必须进行个案分析，须全面考虑有关实体的核心特征和职能、与政府的关系、所在国的法律和经济环境等，并根据所在国法律制度对政府职能的一般界定来确定实体是否行使了属于政府的职能；③ （4）值得注意的是，在中国诉美国反补贴措施案执行之诉裁决中，上诉机构认为，一旦某个实体被认定为公共机构，其所有行为均可被归责于政府；如果其行为符合财政资助的特征，则构成《补贴与反补贴措施协定》(《补贴协定》) 项下的补贴行为，无需再证明该行为属于行使政府职能的行为。④

**允许有限使用外部基准和"归零"。** 在早期加拿大诉美国软木 IV 案中，专家组和上诉机构首次突破《补贴协定》第 14 条（d）项的条文限制，⑤ 引入价格扭曲概念，⑥ 允许调查机关在"非常有限的情况下"⑦不以补贴国的私营价格，而使用第三国价格作为"政府低价提供货物或服务类型补贴"的利益比较基准，即外部基准，并列举了三种适用情形。⑧ 在近十年案件中，上诉机构基本遵循了上述法律解释，但在一定程度上放松了外部基准的适用标准，否认只有产品

---

① Appellate Body Report, *US—Carbon Steel (India)*, para.4.37.

② 同上，paras.4.43 and 4.54。

③ 同上，para.4.29。

④ 参见 Appellate Body Report, *US—Countervailing Measures (China) (Article 21.5—China)*, para.5.100。关于该案详情，请参见本书对中国诉美国反补贴措施案（DS437）的专门分析章节。

⑤ 从条文看，《补贴协定》第 14 条（d）项清楚地规定了国内基准，要求调查机关在确定提供货物或服务补贴项目的利益时，"应与所涉货物或服务在提供国或购买现行市场情况相比较"。Appellate Body Reports, US—Softwood Lumber IV, para. 89; US—Carbon Steel (India), para. 4.188.

⑥ 参见 Appellate Body Report, US—Softwood Lumber IV, paras. 100—102。上诉机构认为，在扭曲市场和影响价格方面，政府是主导供货商与政府是唯一供货商几乎没有区别，政府的主导供货商地位将使私营价格与政府定价趋同，如果只允许使用被扭曲的私营价格作为比较基准将无法计算出利益，导致《补贴协定》的目的无法实现，因此应允许使用外部基准。

⑦ Appellate Body Report, *US—Softwood Lumber IV*, para. 102. 亦可参见 Panel *Report, US—Countervailing Measures (China)*, para. 7.205。

⑧ 这三种适用情形包括：一是政府是国内唯一的涉案产品供应商；二是政府行政管制了涉案产品的国内价格；三是政府虽然不是唯一的供应商，但其主导性地位导致私有价格与之趋同。参见 Panel Report, US—Softwood Lumber IV, para. 7.57。亦可参见 Appellate Body Report, US—Softwood Lumber IV, paras. 93—103。

价格事实上由政府决定的情况下才能适用外部基准，<sup>①</sup>强调核心标准是本国价格是否因政府干预而扭曲。<sup>②</sup>

在最新的美国—软木Ⅶ案（DS533）中，专家组首次裁决美国反补贴"归零"具体做法违规。美国在计算补贴利益时，采用了类似反倾销"归零"的做法，先比较生产商从政府购买的原材料价格与外部基准价格，将所有前者高于后者的负补贴值都设为零，然后将所有正补贴值加总以计算补贴利益。<sup>③</sup>在法律分析中，专家组建立了个案分析基础上的"现行市场条件"标准（prevailing market conditions），认为：（1）基于该案事实，"归零"会导致计算结果将完全由于地域范围差别（"某地的逐笔政府供货价格"和"多地的私营价格所构成的基准"）<sup>④</sup>或供货方式差别（"多品种混合供货价格"与"单品种分开供货价格所构成的基准"）<sup>⑤</sup>所导致的价格差异也作为补贴利益，无法反映政府供货价格"与现行市场条件之间的关系"，因为其事实上是在比较两种不同的东西。<sup>⑥</sup>；（2）确认《补贴协定》第14条（d）项属于"指导"性质，"未明确要求调查机关按照特定方法来确定支付对价是否充分"。<sup>⑦</sup>重申该条"虽未规定调查机关具有加总所有正值和负值比较结果的一般义务，但在特定情况下可能有此必要"，本案即属于这种特定情况。<sup>⑧</sup>

### 2. 可诉补贴规则的发展

这是近十年案件最复杂的细分领域，关键争议是"不利影响的认定和消除"，矛盾焦点是美欧之间的两起大飞机案。与每年数十起单边反补贴调查相比，<sup>⑨</sup>对可诉补贴的多边诉讼格外稀少，近十年仅裁决两起。这是由两种救济渠道的特点决定的。一方面，单边调查速度快、税率高、程序可控、打击精准，是成

---

① 参见 Appellate Body Report, *US—Countervailing Measures (China) (Article 21.5—China)*, para. 5.144。
② 同上，para. 5.147。
③ 参见 Panel Report, *US—Softwood Lumber VII*, paras. 7.555—556。
④ 同上，para. 7.573。
⑤ 同上，paras. 7.581—583 and 7.585。
⑥ 同上，paras. 7.574—575。
⑦ 同上，para.7.562。
⑧ 同上，para.7.584。
⑨ 参见 https://www.wto.org/english/tratop_e/scm_e/CV_InitiationsByExp.pdf, accessed on 5 April 2021。

员解决补贴问题的首选"利器"，但其主要适用于解决进口冲击本国市场的问题，难以解决主要竞争发生在第三国市场的情况；另一方面，多边诉讼可以直接挑战补贴本身，要求补贴方必须撤销补贴或消除不利影响，但耗时长、投入大、程序可控性较差。两相比较，可诉补贴成为了大国之间解决商船、飞机等关键战略装备全球竞争问题的"重器"。由于"不利影响"是可诉补贴的核心法律要件，① 因此除争论补贴的基本要素外，可诉补贴争端的一个显著特征是聚焦不利影响分析，特别是《补贴协定》第5条（c）项和第6.3条的严重侵害分析。此点贯穿美国诉欧共体大飞机补贴案（"空客案"）和欧共体诉美国大飞机补贴案（"波音案"）的裁决、执行和报复。

**关于严重侵害的分析框架。**《补贴协定》第6.3条列举了补贴可能产生严重侵害效果的四类市场现象。② 上诉机构据此确立了认定严重侵害的法律分析框架和三方面要素：（1）关于总体分析框架。在空客案中，上诉机构认为，结合因果关系来分析市场现象的"一步分析框架"通常是分析不利影响的最合适框架，③ 在此过程中应用"反事实分析法"，将实际的市场情况与无补贴情况下可能出现的情况进行对比，可以帮助区分和界定补贴的真实影响。④ （2）关于"市场"的界定。上诉机构认为，确认补贴产品与同类产品在同一市场上竞争，是认定前者对后者造成取代、阻碍、价格影响、销售损失等情况并导致"严重侵害"的前提。对此，不能完全依赖两类产品之间的物理特性、最终用途及消费者偏好进行判断，还需要分析同类产品在市场上的竞争关系，不仅要分析需求端的可替代性，有时也要分析供给端的可替代性；⑤ （3）关于四类市场现象。上诉机构认为，"取代"（displacement）是指"同类产品的出口被补贴产品代

---

① 参见 Andrew T. Guzman and Joost H.B. Pauwelyn, *International Trade Law*, 2nd Wolters Kluwer Law & Business, 2012. p. 449。

② 这四类市场现象分别为：一是取代或阻碍补贴方市场的进口，二是取代或阻碍对第三方市场的出口，三是在同一市场中遭遇大幅价格削低、抑制、压低或销售损失，四是补贴产品在全球市场份额增加。

③ 参见 Appellate Body Report, *EC and certain member States—Large Civil Aircraft*, paras. 1109。上诉机构认为，考虑补贴影响是认定存在第6.3条所定义的相关市场现象的内在因素，如果将补贴与市场现象割裂，很难理解第6.3条的市场现象。

④ 同上，para. 1110。

⑤ 同上，para. 1120。

替"，<sup>①</sup> "阻碍"（impedance）是指 "若没有补贴产品的妨碍，同类产品的出口本可获得增长却未增长" 或 "因补贴产品妨碍了同类产品的生产，导致其出口完全无法实现" 等情形。<sup>②</sup> 价格抑制（suppression）是指 "价格本可升高而未升高，或已升高但本可升得更高的情形"，而价格压低（depression）是指 "价格被压下或减少"，反事实分析法对于分析价格抑制尤为有效。<sup>③</sup> "销售损失" 是指 "未能获得的销售"，是一个关联概念，要同时考虑 "获得销售的补贴企业和遭受销售损失的竞争企业"。<sup>④</sup> "大幅" 是指价格现象或销售损失必须是 "重要、可见或有后果的"，要从定量和定性两方面分析。<sup>⑤</sup>（4）关于因果关系和非归因分析。上诉机构认为，建立补贴和市场现象之间的因果关系要求确认 "在原因和效果之间存在真实和实质性的关系"，但并不要求补贴是 "唯一" 原因，甚至也不要求补贴是唯一的实质性原因。<sup>⑥</sup>

**关于补贴的生命周期与不利影响的关系。**这是空客案的一个核心争议。欧盟认为当一项补贴所授予的利益随着时间推移而消减或不复存在时，构成 "重大变更"，将导致补贴无法再造成不利影响。因此，要证明存在不利影响，必须证明补贴利益在当下持续。专家组认为欧盟混淆了 "利益" 与 "影响" 两个概念，在依据《补贴协定》第 5 条和第 6 条证明补贴的不利影响时，不需要证明当下仍持续授予补贴利益。上诉机构支持了专家组的结论，认为：（1）《补贴协定》第 5 条中的不利影响分析与第 1 条中的补贴利益分析是两组不同的法律分析，不要求在分析不利影响时重新评估补贴利益；（2）第 5 条仅涉及补贴所造成的不利影响，这意味着该条已经预见到运用补贴和造成不利影响之间并不一定在时间上同步，起诉方无需证明在不利影响持续期间必须存在补贴利益；

---

① Appellate Body Report, *US—Large Civil Aircraft (2nd complaint)*, para. 1071. 亦可参见 Appellate Body Report, *EC and certain member States—Large Civil Aircraft*, para. 1119。

② Appellate Body Report, US—Large Civil Aircraft (2nd complaint), para. 1071. 亦可参见 Appellate Body Report, EC and certain member States—Large Civil Aircraft, para. 1161。

③ 同上 , para. 1091—1092。

④ Appellate Body Report, *EC and certain member States—Large Civil Aircraft*, para. 1214.

⑤ Appellate Body Report, *US—Large Civil Aircraft (2nd complaint)*, para. 1052. 亦可参见 Appellate Body Report, *EC and certain member States—Large Civil Aircraft*, para. 1218。

⑥ 同上 , para.914。

（3）上诉机构同时指出，补贴是有寿命的，可以随着财政资助的撤销或者补贴利益的消灭而终止。正如补贴具有寿命一样，补贴的不利影响也会随着时间的推移而累积和削减，并在补贴终止后的某个时点消灭。因此，在进行可诉补贴的不利影响分析时，必须考虑补贴的累积和削减轨迹。

**关于消除不利影响或撤销补贴。**《补贴协定》第 7.8 条要求，如果世贸组织裁决一方的补贴对另一方造成第 5 条所规定的不利影响，则应采取适当步骤消除不利影响，或撤销补贴。在两起大飞机案裁决后，美欧继续围绕"对于世贸组织通过裁决前已经不存在的补贴，补贴方是否仍有义务采取措施消除其不利影响"等执行争议展开诉讼。[①] 执行之诉专家组认为，仅取消补贴措施本身，可能并未终止其负面贸易影响，也就不足以证明措施已经"撤销"。因此，无论补贴是否已经终止，执行方只有消除了补贴所造成的不利影响，才算完成第 7.8 条所规定的执行。[②] 上诉机构推翻了上述结论，认为：（1）《补贴协定》第 7.8 条给补贴方提供了两个执行选项，"消除不利影响"或者"撤销补贴"；[③]（2）尽管按第 5 条的规定，补贴和不利影响不一定在时间上同步，但这并不意味着可以将不利影响与补贴完全剥离，并单独对不利影响施加第 7.8 条的执行义务；（3）尽管已经不存在的补贴可能继续造成第 5 条所规定的不利影响，但违反第 5 条的源头仍然是该补贴，第 7.8 条"撤销补贴"这一执行选项针对的也是补贴；（4）因此，如果补贴已经不存在，第 7.8 条并不额外要求消除该补贴的滞留影响。[④]

### 3. 禁止性补贴规则之争

《补贴协定》第 3 条直接禁止了两类补贴 —— 出口补贴和进口替代补贴。[⑤] 与可诉补贴以是否对他方造成"不利影响"为核心要件不同，禁止性补贴聚焦给予补贴时是否附加了出口实绩条件或进口替代条件，而不要求证明补贴造成

---

① 参见 Appellate Body Report, *EC and certain member States—Large Civil Aircraft (Article 21.5—US)*, para. 5.351。

② 同上，para. 5.365。

③ 同上，para. 5.362。

④ 同上，paras. 5.365—382。

⑤《补贴协定》还在附件 1"出口补贴例示清单"中非穷尽列举了 12 类出口补贴。

了不利影响。① 因此，补贴所附加的条件的定性成了该领域的争议焦点。近十年该领域主要裁决了 5 起案件，除空客案同时涉及可诉补贴和禁止性补贴、欧盟另案起诉美国对波音公司的税收优惠构成禁止性补贴② 之外，还有日本、欧盟分别起诉加拿大可再生能源电价补贴案③、美国诉印度出口补贴案等。④ 近十年裁决总体遵循了前十六年众多禁止性补贴案件所建立的分析框架，并有所发展。

**出口补贴的分析框架。**《补贴协定》第 3.1 条（a）项明文禁止法律上或事实上视出口实绩为唯一条件或多种条件之一而给予的补贴。其中，如何认定事实上的出口补贴是难点，也是焦点。在早期案件中，上诉机构认为，提供补贴与出口实绩之间是否具有条件关系（contingent），即两者之间是否"绑定"（tied to），是认定出口补贴的核心法律标准，⑤ 并确立了三要素分析框架：（1）授予补贴；（2）存在实际或预期的出口或出口收入；（3）两者之间具有"绑定关系"，而非"否则关系"（but for）。⑥ 为此，应综合考虑提供补贴的所有相关事实，但出口企业获得补贴这一情况本身不是认定出口补贴的充分条件。⑦ 在空客案中，上诉机构澄清认为：（1）认定"绑定关系"必须考察补贴措施的设计、结构、运作方式以及相关事实；⑧（2）这是一个客观标准，必须依据补贴本身的情况而非补贴方的主观动机来认定，但补贴方所表达的政策目标可能构成相关证据。⑨ 在此基础上，上诉机构进一步发展出"促进未来出口实绩"标准：（1）如果提供补贴"旨在促进提高企业的未来出口实绩"，⑩ 则提供补贴与预

---

① 参见 Andrew Guzman and Joost Pauwelyn, *International Trade Law*, 2nd ed.. Wolters Kluwer Law & Business, 2012, p. 449。

② 参见 https://www.wto.org/english/tratop_e/dispu_e/cases_e/ds487_e.htm。

③ 参见 https://www.wto.org/english/tratop_e/dispu_e/cases_e/ds412_e.htm; https://www.wto.org/english/tratop_e/dispu_e/cases_e/ds426_e.htm。

④ 美国诉印度出口补贴案情况参见 https://www.wto.org/english/tratop_e/dispu_e/cases_e/ds541_e.htm。此外，印度诉美国可再生能源补贴案（DS510）也涉及禁止性补贴诉点，但专家组实施司法节制，未对此做出具体裁决。

⑤ 参见 Appellate Body Report, *US—Upland Cotton*, para. 572。

⑥ 参见 Appellate Body Report, *Canada—Aircraft*, paras. 169—171。

⑦ 同上，paras. 169 and 173。

⑧ 参见 Appellate Body Report, *EC and certain member States—Large Civil Aircraft*, para. 1051。

⑨ 同上，para. 1052。

⑩ Appellate Body Report, *EC and certain member States—Large Civil Aircraft*, para. 1056.

期出口之间构成条件关系；（2）如果提供补贴是为了激励企业以超出内外销市场供求关系的方式进行出口，即构成事实上以出口为条件。①

进口替代补贴的分析框架。《补贴协定》第3.1条（b）项禁止视优先使用国产货物而非进口货物为唯一条件或多种条件之一而给予的补贴。基于（a）、（b）两项在措辞上的相似性，上诉机构在早期案件中确认：（1）对于进口替代补贴的条件关系（contingent），适用与出口补贴相同的"绑定关系"标准；②（2）第3.1条（b）项同样禁止法律上和事实上的进口替代补贴，前者可以通过相关法律法规的措辞来证明或推断。③ 在欧盟诉美国大飞机税收补贴案（DS487）中，上诉机构进一步认为，认定事实上的进口替代补贴，需要采取与出口补贴相同的"整体分析法"，以补贴措施的措辞为分析起点，考虑措施的设计、结构、运作方式以及相关情形，得出总体结论。④ 在随后的空客案执行之诉中，上诉机构进一步澄清，该条款的核心法律问题在于提供补贴是否以优先使用本国产品为"条件"，而非提供补贴是否会导致本国产品使用增加、外国产品使用减少的结果。⑤ 换句话说，认定"绑定关系"并不要求证明本国产品对进口产品产生了不利影响。

### （三）反倾销规则："目标倾销"和"特殊市场情形"成为新焦点

倾销本质上是一种企业主导的国际价格歧视行为，指一国企业将其产品以低于本国"正常价值"的方式出口至另一国市场。世贸规则将倾销与补贴一起视为两类常见的不公平贸易行为，允许进口国采取反倾销措施保护本国受损害产业。从构成要件看，采取反倾销措施需要满足三个条件：一是认定存在倾销并计算倾销幅度，这需要通过比较出口方产品的正常价值和出口价格来确定；二是认定本国产业遭受损害；三是认定倾销与损害之间存在因果关系。

---

① 同上，para. 1102。
② 参见 Appellate Body Report, Canada—Autos, para. 123。
③ 同上，para. 139—142。
④ 参见 Appellate Body Report, US—Tax Incentives, paras. 5.12—5.13。
⑤ 参见 Appellate Body Report, *EC and certain member States—Large Civil Aircraft (Article 21.5—US)*, para. 5.63。

由于倾销幅度直接决定了征税幅度，美欧等反倾销大国一直想尽办法人为提高产品倾销幅度，路径无外乎三条：虚夸正常价值、压低出口价格、扭曲正常价值与出口价格之间差额的计算方法。这一领域既是前十六年各方争议焦点，也是近十年花样翻新的重点。前十六年的争议主要围绕扭曲差额计算方法的"归零法"展开，前后10余起争端，最后被上诉机构从法律本身禁止。近十年的焦点主要有三个：（1）美国新创的扭曲计算方法"目标倾销归零"方法；（2）美国逼停上诉机构为"归零法"翻案；（3）欧盟、澳大利亚等新创的夸大正常价值的"特殊市场情形"方法。

**1. 美国借目标倾销复活"归零"的做法成过街老鼠**

目标倾销是指出口方的企业针对进口方的特定企业、地区或时间段实施的选择性低价倾销行为。《反倾销协定》第2.4.2条将调查机关按目标倾销方法认定倾销作为一项严格例外情形，规定了两项构成要件和相应的非对称比较方法。[①] 但在调查实践中，美国商务部不断滥用目标倾销方法，不仅将其作为一项常规手段广泛应用于2008年之后的反倾销调查，[②] 还在非对称比较法中运用"归零法"，制造和夸大倾销幅度。对此，自2013年开始，韩国、中国、加拿大、越南先后在世贸组织挑战美国的目标倾销归零方法。[③] 争议焦点是目标倾销的构成要件以及非对称方法是否允许"归零"。

**关于法律分析框架。**韩国诉美国洗衣机案（DS464）是第一起对目标倾销方法做出裁决的案件。在该案中，上诉机构认为：（1）《反倾销协定》第2.4.2条

---

[①]《反倾销协定》第2.4.2条规定，调查机关应通常按照加权平均比较法（简称W-W比较法，即比较加权平均正常价值与全部可比出口交易的加权平均价格）或逐笔比较法（T-T比较法，即在逐笔交易基础上比较正常价值与出口价格）来认定倾销。只有当调查机关同时满足：（1）发现在不同进口商、地区或时间段之间存在显著不同的出口价格模式（"模式要件"）；（2）解释W-W和T-T比较法为何无法适当考虑上述差异（"解释要件"）等两个条件时，才能用非对称方法（W-T比较法，即比较加权平均正常价值和逐笔交易出口价格）来认定倾销。参见 Appellate Body Report, US—Anti-Dumping Methodologies (China), para.5.4。亦可参见 Appellate Body Report, US—Washing Machines, paras. 5.16—5.18 and 5.106。

[②] 参见 U.S. Department of Commerce, *Notice of Antidumping Duty Order: Certain Steel Nails From the People's Republic of China*, 73 FR 44961 (August 1, 2008)。

[③] 这四起案件分别为：韩国诉美国洗衣机案（DS464）、中国诉美国反倾销措施案（DS471）、加拿大诉美国差别定价方法案（DS534）、越南诉美国鱼排案（DS536）。

规定非对称比较法（即比较加权平均正常价值和逐笔交易出口价格，W-to-T 比较法）的目的，是使调查机关能够"揭开目标倾销的面纱"并予以适当处理。（2）相对于加权平均比较法（W-to-W 比较法，即在加权平均基础上比较正常价值与出口价格）和逐笔比较法（T-to-T 比较法，即在逐笔交易基础上比较正常价值与出口价格）这两种对称比较法而言，W-to-T 比较法是"一项例外"，"只能在极特殊情况下使用"；（3）使用 W-to-T 比较法必须满足两项要件：一是"模式要件"，即调查机关发现在不同进口商、地区或时间段之间存在显著不同的出口价格模式；二是"解释要件"，即调查机关应解释 W-to-W 和 T-to-T 比较法为何无法适当考虑并解决上述价格差异。① 在中国诉美国反倾销措施案中，上诉机构援引了上述分析框架，认为 W-to-T 的非对称比较法是对 W-to-W 和 T-to-T 两种对称比较法的偏离，运用时必须满足"模式要件"和"解释要件"。②

关于"**模式要件**"，即如何认定在不同进口商、地区或时间段之间存在显著不同的出口价格模式。专家组和上诉机构主要从"价格模式"（pattern of export prices）、"显著不同"（significantly different）和"不同进口商、地区或时间段之间"等三个方面出发解释该要件，认为：（1）价格模式是一种有规律且可识别的秩序，不包括无规律的价格变化；（2）价格模式由针对特定进口商、地区或时间段的、显著低于（而不是高于）其他进口商、地区或时间段出口价格的交易价格组成；（3）特定进口商、地区、时间段等三个范畴应各自独立考虑，不能跨范畴交叉考虑。因此，调查机关只能在特定进口商与其他进口商之间、特定地区与其他地区之间或者特定时间段与其他时间段之间找出模式交易，并使用非对称比较法。③

关于"**解释要件**"，即如何说明 W-to-W 和 T-to-T 比较法为何无法适

---

① 参见 Appellate Body Report, *US—Washing Machines*, paras. 5.16—5.18。

② 参见 Appellate Body Report, *US—Anti-Dumping Methodologies (China)*, para. 5.4。

③ 参见 Panel Report, *US—Washing Machines*, paras. 7.28 and 7.45。亦可参见 Appellate Body Report, *US—Washing Machines*, paras. 5.25—32 and 5.36; Appellate Body Report, *US—Anti-Dumping Methodologies (China)*, paras. 5.21—25。专家组和上诉机构的主要依据为《反倾销协定》第 2.4.2 条的措辞是"特定进口商、地区或时间段之间"（among）而不是"特定进口商、地区和时间段之间"（across）。

当考虑上述显著差异。上诉机构认为，存在价格模式表明可能存在（indicative of）而不是确切存在（not determinative）目标倾销，而使用对称比较法可能导致目标倾销被掩盖，因此允许调查机关使用非对称比较法来防止掩盖。但这并不意味着，只要存在价格模式，就可以直接使用非对称比较法。否则，"解释要件"就没有存在的意义。[①] 因此，调查机关在确认存在价格模式之后，还必须分析总体事实情况，以考虑除目标倾销之外是否存在其他导致价格显著差异的因素，[②] 评估 W-to-W 和 T-to-T 两种对称比较法的潜在可适用性，并做出充分解释。[③] 简单比较 W-to-W、T-to-T 和 W-to-T 三种方法之间的计算结果差异并不能满足"解释要件"的要求，因为这是基于对称比较法和非对称比较法本身固有差异的一种循环论证，无法揭示价格显著差异到底是由于目标倾销还是其他因素导致。[④]

**目标倾销非对称比较法不允许"归零"。** 上诉机构裁决认为，与在 W-to-W 和 T-to-T 比较法中禁止将部分负倾销交易"归零"一样，在 W-to-T 比较法中也一概不允许（as such）"归零"。[⑤] 上诉机构认为，第 2.4.2 条应理解为要求调查机关按照 W-to-T 比较法对所有"模式交易"（pattern transactions）逐笔比较后，将所得结果全部累加以认定倾销，而不能将其中结果为负倾销[⑥]的部分交易排除（也即"归零"），其主要理由是：（1）在认定"模式要件"时，考虑的范围包括对特定进口商、地区或时间段的全部出口价格。因此，每一笔"模式交易"都是价格模式的组成部分，都享有同等地位，无论其高于还是低于正常价值都应被独立考虑；（2）如果允许对"模式交易""归零"，则意味着在运用 W-to-T 比较法时只计算其中一部分"模式交易"（即低价部分），这会导致

---

① Appellate Body Report, *US—Washing Machines*, paras. 7.72—73.

② 同上，para. 7.73。

③ 同上，para. 7.71。

④ 同上，paras. 7.74—76。

⑤ 参见 Panel, *US—Washing Machines*, para. 7.206。亦可参见 Appellate Body Report, *US—Washing Machines*, paras. 5.180—182。在中国诉美国反倾销措施案（DS471）中，对于"归零"问题，中国仅要求专家组认定美国具体做法（as applied）违规，未提出法律本身违规（as such）之诉。

⑥ 即出口价格高于正常价值的交易。

"模式要件"对模式的定义与 W–to–T 比较法对模式的定义相互脱节，也不符合公平比较要求；（3）退一步，如果允许在认定"价格模式"时也"归零"，即允许剥离其中高价出口部分只保留低价部分，则在任何情况下都会自动出现"价格模式"，这不符合该条的性质。[①]

因此，上诉机构认为，认定目标倾销幅度的正确方法是：（1）将"价格模式"内的所有出口交易确定为"出口交易集合"；（2）对集合内的交易，运用 W–to–T 比较法逐笔比较，将全部正负结果累加计算倾销幅度；（3）对集合外的交易，则全部不予考虑，因为目标倾销方法的适用范围仅限于目标倾销，不应与对称比较法混合使用。[②]

## 2. 美国逼停上诉机构为"归零法"翻案

上述韩国诉美国洗衣机案和中国诉美国反倾销措施案的裁决结果先后于 2016 年 9 月和 2017 年 5 月生效。在案件执行期间，美国特朗普政府已经上台，不仅拒不执行两案生效裁决，还于 2017 年 6 月开始逐个阻挠任满的上诉机构成员的连任和增补程序。从一开始指责上诉机构成员任期届满后继续审案[③]和违反 90 天审限[④]，到指责上诉机构越权裁决世贸成员国内法含义[⑤]、做出咨询意见[⑥]、建立先例效力[⑦]，再到 2020 年 2 月"图穷匕首见"发布长篇专题报告，

---

① 参见 Appellate Body Report, *US—Washing Machines*, paras. 5.150—160 and 5.180—182; Panel Report, *US—Washing Machines*, paras. 7.190—192; Panel Report, *US—Anti-Dumping Methodologies (China)*, paras. 7.208—209。

② 参见 Appellate Body Report, *US—Washing Machines*, paras. 5.123—124 and 5.129—130。上诉机构还推翻了该案专家组变相允许归零的"体系性无视"方法（systemic disregarding）。专家组方法与上诉机构方法的主要区别在于第（3）点，即对于集合外的交易，专家组认为应运用 W-to-W 或 T-to-T 比较法计算，如果该结果为正倾销，则与 W-to-T 结果累加，如果为负倾销，则不予考虑（变相归零）。

③ 参见美国在 2018 年 2 月 28 日争端解决机构会议上的发言，https://ustr.gov/sites/default/files/enforcement/DS/Feb28.DSB.Stmt.(Item%207_AB%20terms).(public).pdf。

④ 参见美国在 2018 年 6 月 22 日争端解决机构会议上的发言，https://ustr.gov/sites/default/files/enforcement/DS/Jun22.DSB.Stmt.(Item%205_90%20days).(public).pdf。

⑤ 参见美国在 2018 年 8 月 27 日争端解决机构会议上的发言，https://ustr.gov/sites/default/files/enforcement/DS/Aug27.DSB.Stmt.(Item%204_DSU%20Art.%2017.6).(public).pdf。

⑥ 参见美国在 2018 年 10 月 29 日争端解决机构会议上的发言，https://ustr.gov/sites/default/files/enforcement/DS/Oct29.DSB.Stmt.(Item%204_Advisory%20opinions).(public).pdf。

⑦ 参见美国在 2018 年 12 月 18 日争端解决机构会议上的发言，https://ustr.gov/sites/default/files/enforcement/DS/Dec18.DSB.Stmt.(Item%204_Precedent).(public).pdf。

要求对反倾销"归零"等六个领域的上诉机构裁决翻案。[①] 与此同时，美国总统特朗普和贸易高官不断公开指责世贸组织特别是上诉机构增加美国义务、减损美国利益，对美国不公。[②]

在此背景下，2018 年进入审理程序的加拿大诉美国差别定价方法案和越南诉美国鱼排案的专家组和秘书处人员备受压力。2019 年 4 月，专家组散发了加拿大诉美国差别定价方法案裁决，从多个方面颠覆了上诉机构在此前两案中的裁决并复活"归零法"：（1）大幅放宽"价格模式"认定标准。专家组认为，《反倾销协定》第 2.4.2 条文本要求考虑价格显著不同的情况，并没有规定显著不同必须由价格过低还是过高造成，因此美国调查机关在认定"价格模式"时，同时将过低和过高出口价格作为认定存在"价格模式"的依据，并没有违规；[③]（2）允许对目标倾销使用"归零法"。专家组认为：从文本看，第 2.4.2 条并未明确禁止"归零"；从目的看，第 2.4.2 条的目的是揭示被掩盖的目标倾销。该条规定调查机关应对比加权平均正常价值和"单笔（individual）出口交易"而不是"全部（all）出口交易"，由于高价交易掩盖了低价交易的倾销，因此应允许将高价交易"归零"而不是用来抵消低价交易继续掩盖倾销；从上下文看，W-to-T 这种非对称比较法是 W-to-W 和 T-to-T 两种对称比较法的例外，但如果不允许"归零"就会出现三种方法得出系统性相似的计算结果，不符合

---

① 参见 U.S. Trade Representative, *"Report on the Appellate Body of the World Trade Organization"*, February 2020, https://ustr.gov/sites/default/files/enforcement/DS/USTR.Appellate.Body.Rpt.Feb2020.pdf. 该报告用 1/3 篇幅阐述上诉机构在反倾销"归零法"、反补贴"公共机构"认定、补贴"外部基准"方法、保障措施"未预见的发展"要素、反倾销反补贴"双重救济"规则、TBT 非歧视规则等六方面的所谓错误裁决，要求翻案。

② "WTO chief reacts coolly to Trump's criticism of trade judges", Reuters, 27 February 2018, https://www.reuters.com/article/uk-usa-trade-wto/wto-chief-reacts-coolly-to-trumps-criticism-of-trade-judges-idUKKCN1GB2IQ . "Trump calls WTO 'unfair' to US in latest trade barb", Financial Times, 6 April 2018, https://www.ft.com/content/afce06d0-39aa-11e8-8eee-e06bde01c544. "Trump threatens to pull US out of World Trade Organization", BBC, 31 August 2018, https://www.bbc.com/news/world-us-canada-45364150.

③ 参见 Panel Report, *US—Differential Pricing Methodology*, para. 7.65。

W-to-T 比较法的例外性质；① （3）对于不属于目标倾销范畴的交易，需要用常规方法计算其倾销情况，并与目标倾销部分的结果加总，而不能不予考虑；（4）专家组最后表示，已意识到其结论与前两案上诉机构裁决不同，但认为自己的结论是基于客观审查得出，已满足偏离上诉机构裁决的"强有力理由"。②

概括而言，加拿大诉美国差别定价方法案专家组确定的计算目标倾销幅度的方法是：（1）允许调查机关将低价和高价出口都作为认定存在异常"价格模式"的依据；（2）对"价格模式"内的交易，运用 W-to-T 比较法逐笔比较，将负倾销结果"归零"，将正倾销结果加总；（3）对"价格模式"外的交易，运用 W-to-W 或 T-to-T 比较法，并将正负结果全部加总；（4）最后将模式内和模式外的两个结果加总，作为计算最终倾销幅度的依据。

由于该案专家组裁决不仅颠覆了之前上诉机构关于目标倾销的认定和计算方法，还复活了"归零法"，加拿大被迫提出上诉。③ 但上诉机构已经瘫痪，至今无法审理。与此同时，越南诉美国鱼排案专家组也于 2020 年 2 月向当事方提供了最终报告，但应美国和越南双方的请求一再延期公布，至今未对外散发裁决。④

### 3. 澳大利亚等运用"特殊市场情形"方法夸大正常价值

与美国二十年如一日执着于恢复"归零法"不同，欧盟、加拿大、日本、墨西哥等成员不仅没有追随美国道路，反而群起围剿美国"归零法"，致使其被上诉机构一再否定。但这并不意味着这些成员就放弃了制造倾销幅度的努力，他们只是选择了一条不同的技术路线，手段之一便是以澳大利亚、欧盟为代表

---

① 专家组实际上采纳了美国提出的如果不允许归零，就会出现三种方法计算结果总是相等的"结果相等理论"（mathematical equivalence）。对此，上诉机构实际上已在韩国诉美国洗衣机案（DS464）和中国诉美国反倾销措施案（DS471）中进行了详细驳斥。参见 Appellate Body Report, *US—Washing Machines*, paras. 5.128, 5.165 and Footnote 308; Appellate Body Report, *US—Anti-Dumping Methodologies (China)*, paras. 7.217—219。

② Panel Report, *US—Differential Pricing Methodology*, paras. 7.105—107.

③ 参见 WT/DS534/5. 案件进展参见世贸组织网站 https://www.wto.org/english/tratop_e/dispu_e/cases_e/ds534_e.htm。

④ 参见 WT/DS536/10. 案件进展参见世贸组织网站 https://www.wto.org/english/tratop_e/dispu_e/cases_e/ds536_e.htm。

的通过运用"特殊市场情形"概念和相应的"成本构造方法",从夸大正常价值一端切入的方式来提高倾销幅度认定。2017 年开始,美国也"多措并举",开始对韩国等使用"特殊市场情形"方法。[①] 这一领域日益成为反倾销争端的新焦点,近十年代表性案件包括阿根廷、印尼、俄罗斯等诉欧盟反倾销成本调整方法系列案件[②] 和印尼诉澳大利亚 A4 纸反倾销案(DS529)。

上述案件争议主要围绕《反倾销协定》第 2.2 条和 2.2.1.1 条中"特殊市场情形"的定义、"适当比较"是否属于"特殊市场情形"的构成要件、"成本构造方法"是否允许要素替代做法等三方面展开。[③] 其中,各方诉欧盟系列案件主要针对成本要素替代做法,印尼诉澳大利亚 A4 纸反倾销案则首次同时涉及"特殊市场情形"和成本要素替代做法。[④] 总体上,世贸争端解决机制对"特殊市场情形"进行了宽泛的解释,但对成本要素替代做法则进行了较为严格的限制。

**关于"特殊市场情形"要件。** 在印尼诉澳大利亚 A4 纸反倾销案中,专家组首次对"特殊市场情形"的具体含义进行了解释,从字义出发作了宽松定义:(1)认为"特殊市场情形"是指存在于出口国市场的"独特、个别、单一、特

---

[①] 参见 Daniel Ikenson, "Tariffs by Fiat: The Widening Chasm between U.S. Antidumping Policy and the Rule of Law", CATO Institute, 16 July 2020, https://www.cato.org/sites/cato.org/files/2020-07/pa-896-updated. pdf. Accessed 10 April 2021。

[②] 这些案件包括:阿根廷诉欧盟生物柴油案(DS473)、印尼诉欧盟生物柴油案(DS480)、俄罗斯诉欧盟成本调整方法案(DS474)、俄罗斯诉欧盟成本调整方法 II 案(DS494)、俄罗斯诉欧盟冷轧钢案(DS521)。

[③]《反倾销协定》第 2.2 条允许调查机关在"特殊市场情形"等三种情形下,不以同类产品的内销价格而以构造价格作为比较确定倾销幅度的"正常价值"(即"构造正常价值"),并规定"构造正常价值"由原产国的生产成本、合理的管理、销售及一般费用成本、合理的利润等三部分组成。第 2.2.1.1 条则进一步细化了两类成本的构造方法,要求通常应以被调查企业所保存的会计记录为基础确定构造成本,只要此类记录符合出口国的公认会计准则并合理反映与被调查产品有关的生产和销售成本。

[④] 本案针对的是澳大利亚对印尼 A4 复印纸采取的反倾销措施。在调查中,澳大利亚认定印尼存在"特殊市场情形"并弃用了印尼企业的内销数据,通过构造正常价值来计算印尼 A4 纸的倾销幅度。印尼于 2017 年 9 月将该措施诉诸世贸争端解决机制,专家组于 2019 年 10 月 4 日散发裁决。本案核心争议是"特殊市场情形"的构成要件及此情形下能否以及如何使用要素替代方法,争议条款主要是《反倾销协定》第 2.2 条和 2.2.1.1 条。专家组主要裁决包括:(1)澳调查机关关于印尼 A4 纸市场存在"特殊市场情形"的认定,不违反《反倾销协定》第 2.2 条;(2)澳调查机关未在调查中分析是否存在第 2.2 条规定的"不能进行适当比较"的情形,此点违反第 2.2 条;(3)澳方以存在"特殊市场情形"为由直接拒绝使用印尼企业生产成本,违反第 2.2.1.1 条;(4)澳方直接使用巴西和南美出口到中国和韩国的纸浆的价格来构造印尼纸浆的正常价值,而未根据印尼市场实际情况进行调整,违反第 2.2 条。参见 http://www.cacs.mofcom.gov.cn/article/flfwpt/jyjdy/zjdy/201912/161510.html。

定的与市场相关的状况，但不一定是异常、例外的（exceptional）状况"；（2）认为"特殊市场情形"的构成要件不包括"适当比较"因素。专家组认为第2.2条应理解为"只有在'特殊市场情形'导致国内销售不能进行适当比较时，才是相关的'特殊市场情形'"，而不是只有那些会妨碍适当比较的情形才构成"特殊市场情形"；[①]（3）基于上述逻辑，专家组进一步认为"特殊市场情形"：既包括特定产品或投入品市场存在的特殊状况（不限于整个市场存在特殊状况），[②]也包括同时影响内销和出口市场的情形（不限于仅影响内销市场的情形），[③]还包括政府行为，而不是传统上各方所理解的政府行为应由《补贴协定》解决，企业行为才由《反倾销协定》处理。[④]从上述解释看，专家组实际上将"特殊（particular）市场情形"解释成了"特定（specific）市场情形"，对其进行宽泛定义，给调查机关很大的自由裁量权。在随后作出裁决的俄罗斯诉欧盟成本调整方法 II 案中，专家组主要处理了"特殊市场情形"是否仅限于 GATT1994第6.1条注释所规定的"国家完全或实质性垄断贸易、国家确定所有国内价格的情形"这一种情形。在进行针对性分析，并援引印尼诉澳大利亚 A4 纸反倾销案相关裁决后，专家组给出了否定答案。[⑤]

关于"适当比较"要件。印尼诉澳大利亚 A4 纸反倾销案专家组认为，根据《反倾销协定》第2.2条的结构，调查机关在认定存在"特殊市场情形"之后，必须进一步分析内外销价格能否进行"适当比较"。此点与"特殊市场情形"共同构成运用"成本构造方法"的前提。进行"适当比较"分析的要求包括：（1）分析应聚焦"特殊市场情形"对于内销价格和出口价格的相对影响，以确认在此情形下是否仍然存在可比的内销价格。这是因为"特殊市场情形"可能同时影响内外销价格，但其对两种价格的实际影响可能不同，需要个案分析；（2）纯粹的数字比较无法解决内外销价格是否可比的问题，调查机关还应对"特

---

① Panel Report, *Australia—Anti-Dumping Measures on A4 Copy Paper*, paras. 7.21—22.

② 同上，paras. 7.24—32。

③ 同上，paras. 7.33—40。

④ 同上，paras. 7.41—56。

⑤ 参见 Panel Report, *EU—Cost Adjustment Methodologies II (Russia)*, paras. 7.175—200。

殊市场情形"对于内外销价格的可比性的影响进行定性分析；（3）调查机关在认定"特殊市场情形"导致内外销价格不能进行"适当比较"时，应给予充分合理的说明。①

关于"成本构造方法"是否允许对成本要素价格进行替代。这是各方诉欧盟反倾销成本调整方法系列案件和印尼诉澳大利亚 A4 纸反倾销案的共同焦点问题，主要涉及《反倾销协定》第 2.2 条和第 2.2.1.1 条的解释。②其中，阿根廷诉欧盟生物柴油案是第一起对该问题做出系统裁决的案件，后续案件总体上遵循了该案专家组和上诉机构确立的较为严格的法律解释框架。要点包括：（1）调查机关应优先使用企业会计记录作为构造产品成本的基础。认为第 2.2.1.1 条中的"通常"一词可理解为"作为一般规则"（as a rule），该条确立了企业会计记录的优先地位并要求调查机关在满足两项条件时以此作为基础构造成本。③值得注意的是，印尼诉澳大利亚 A4 纸案专家组有所偏离，强调即使企业会计记录满足两项条件，调查机关依然可以无视会计记录并使用第三国成本，但应解释其理由。④（2）调查机关应审查企业会计记录与产品成本之间是否具有对应关系，而不是审查会计记录所载成本本身是否合理。认为第2.2.1.1 条中的"合理反映"一词指向的是会计记录与产品成本之间是否存在"恰当和充分对应或再现"关系，而不是成本本身是否合理。因此不能以一国产品成本本身低于其他国家，就弃用企业会计记录。⑤（3）调查机关不能直接用第三国成本替代原产国成本，而应对其进行调整以确保所构造的成本反映原产国

---

① 参见 Panel Report, *Australia—Anti-Dumping Measures on A4 Copy Paper*, paras. 7.75—76。

② 《反倾销协定》第 2.2 条允许调查机关在"特殊市场情形"等三种情形下，不以同类产品的内销价格而以构造价格作为比较确定倾销幅度的"正常价值"（即"构造正常价值"），并规定"构造正常价值"由原产国的生产成本、合理的管理、销售和一般费用成本、合理的利润等三部分组成。第 2.2.1.1 条则进一步细化了两类成本的构造方法，要求通常应以被调查企业所保存的会计记录为基础确定构造成本，只要此类记录符合出口国的公认会计准则并合理反映与被调查产品有关的生产和销售成本。

③ 参见 Appellate Body Report, *Ukraine—Ammonium Nitrate (Russia)*, para. 6.87。

④ 参见 Panel Report, *Australia—Anti-Dumping Measures on A4 Copy Paper*, paras. 7.116—117。

⑤ 参见 Panel Report, *EU—Biodiesel (Argentina)*, paras. 7.229—232; Appellate Body, *EU—Biodiesel (Argentina)*, paras. 6.20, 6.37, 6.39 and 6.56; Appellate Body, *Ukraine—Ammonium Nitrate (Russia)*, paras. 6.88 and 6.102。

企业的真实成本。[①]

    在上述分析框架下，专家组和上诉机构已在三个案件中连续否定欧盟"成本调整方法"。[②] 需要注意的是，尽管印尼诉澳大利亚 A4 纸案专家组也裁决澳大利亚的要素替代做法违反规则，但更多是针对性否定了澳大利亚的某些极端做法，[③] 其对"特殊市场情形"和要素替代方法使用条件的宽松解释明显偏离了上诉机构裁决，值得高度警惕。该案裁决也凸显了上诉机构瘫痪对规则解释走向的重大影响。印尼在该案中实际上只赢得了澳方措施在有限方面违规的结果，但却输掉了"特殊市场情形"等诸多核心法律解释问题。按正常程序，印尼无疑会提出上诉，但在上诉机构瘫痪情况下，不仅自己不上诉，还得感谢澳大利亚的不上诉决定；澳方已经得到了最好结果，本来也不太可能主动上诉，乐得息事宁人；而深受欧盟反倾销困扰的俄罗斯则对专家组的"特殊市场情形"裁决表达了强烈不满。[④]

## （四）保障措施：到底什么是保障措施

    世贸组织保障措施规则允许成员在进口激增导致国内产业遭受严重损害或威胁时，限制进口，以保护受损的国内产业，因此也被称为经济紧急情况例外

---

[①] 参见 Appellate Body Report, *EU—Biodiesel (Argentina)*, para. 6.73; Panel Report, *EU—Cost Adjustment Methodologies II (Russia)*, para. 125。亦可参见 Appellate Body Report, *Ukraine—Ammonium Nitrate (Russia)*, para. 6.83。

[②] 参见 Appellate Body Report, *EU—Biodiesel (Argentina)*, paras. 7.2—3; Panel Report, *EU—Biodiesel (Indonesia)*, para. 8.1; Panel Report, *EU—Cost Adjustment Methodologies II (Russia)*, para. 8.1。欧盟"价格调整方法"的基本特征是：以被调查方存在政府干预扭曲生产要素市场为主要理由，认定被调查企业的某类生产要素成本本身"人为压低或异常过低"，"未能合理反映"生产和销售成本，因此拒绝使用被调查企业的相关会计记录，而用所谓"未扭曲"的该国出口至第三国市场的生产要素价格或第三国的生产要素成本（不加调整或稍加调整）进行替代。参见 Panel Report, *EU—Cost Adjustment Methodologies II (Russia)*, paras. 7.39—47。

[③] 比如，澳方将第 2.2.1.1 条"通常情况"理解为只要调查机关简单认为不属于通常情况，就无需审查被调查方会计记录是否满足相关条件，而直接予以无视，并用第三国要素价格进行替代。参见 Panel Report, *Australia—Anti-Dumping Measures on A4 Copy Paper*, paras. 7.108, footnote 210 and 7.717—718。

[④] 参见 2020 年 1 月 27 日 DSB 会议纪要，https://www.wto.org/english/news_e/news20_e/dsb_27jan20_e.htm。

条款。① 与反倾销和反补贴措施针对"不公平"贸易行为不同，保障措施针对的是"公平"贸易行为，因而在性质上具有临时性、非常性和必要性特征，需要满足更为严格的条件。除了要求存在进口激增、国内产业出现损害或损害威胁、激增和损害之间具有因果关系等基本要素之外，进一步要求：（1）证明激增是由于"未预见的发展"所导致；②（2）国内产业遭受的损害达到"严重损害"程度；③（3）非歧视实施保障措施。④ 在严格的规则和法律解释框架下，前16年裁决的16起案件和近十年裁决的6起案件，无一例外被裁实质性违规。⑤ 这些案件均涉及成员所实施的保障措施是否合规的问题。在此方面，在近十年专家组和上诉机构裁决总体上遵循了前16年上诉机构对各项要素所建立的严格法律解释框架，实质发展有限。但在2018年结案的中国台北和越南诉印尼钢铁保障措施案中，首次出现了被诉方依照国内保障措施法采取措施、起诉方也依照《保障措施协定》起诉其违反该协定，但却被专家组和上诉机构认定为不是保障措施的"离奇"案件。在该案中，上诉机构首次澄清了保障措施的构成特征问题，可能对七方诉美"232条款"钢铝关税措施案产生深刻影响，值得深入研究。

### 1. 案件的核心争议

两案的核心法律争议在审理过程中出现了戏剧性变化，从专家组阶段的"被诉保障措施是否合规"变成上诉阶段的"被诉措施是否属于保障措施"。两案

---

① GATT1994 第 19 条保障措施条款的标题为"针对特定产品进口的紧急行动"。上诉机构在美国—线管案中认为，保障措施针对的是非常的紧急情况（extraordinary emergency situation）。Appellate Body Report, *US—Line Pipe*, para. 80. 亦可参见 Appellate Body Reports, *Korea—Dairy*, para. 86; *US—Steel Safeguards*, para. 347。

② Appellate Body Report, *Argentina—Footwear (EC)*, para. 83. 亦可参见 Panel Report, *Argentina—Preserved Peaches*, para.7.24; Appellate Body Report, *US—Steel Safeguards*, para.350; Panel Report, *Ukraine—Passenger Cars*, para.7.57。

③ 反倾销和反补贴措施的要求都是存在"实质损害或实质损害威胁"（material injury or threat thereof），较保障措施的"严重损害或损害威胁"（serious injury or threat thereof）的门槛要求低一些。

④《保障措施协定》第 2.2 条规定，保障措施应针对一正在进口的产品实施，而不考虑其来源。同时，第 9 条对来自发展中成员的产品作了特殊和差别待遇规定，禁止对产品份额在进口方中占比不超过3%的发展中成员实施保障措施，前提是产品份额不超3%的发展中成员份额总计不超过总进口的9%。

⑤ 参见 https://www.worldtradelaw.net/databases/safeguards.php, accessed 2 April 2021。

的争议措施是印尼在依据其国内保障措施法律对进口镀铝锌钢板发起调查后加征的从量关税。印尼不仅在调查结论中对进口激增、未预见发展、严重损害以及因果关系等各个方面进行了论证，还在认定损害和采取措施后根据《保障措施协定》的规定分别向世贸组织作了通报。① 此外，印尼还基于《保障措施协定》第 9 条的特殊和差别待遇条款，豁免了 120 个发展中国家。但在货物贸易减让表中，印尼并未对涉案产品承诺任何约束性关税。起诉方中国台北和越南均依据 GATT1994 第 19 条和《保障措施协定》请求设立专家组审理案件。在专家组裁决印尼措施不构成保障措施后，两案三个当事方均提出上诉，要求上诉机构推翻专家组结论认定该措施属于保障措施并裁决其合规性，但上诉机构最终基于不同的说理得出了相同的结论，认为印尼措施不属于保障措施。②

### 2. 保障措施的构成特征

上诉机构认为：（1）必须区分保障措施的构成要件和保障措施的合规要件。保障措施的构成要件针对的是一项措施是否属于《保障措施协定》的适用范围（applicability），合规要件针对的则是一项保障措施是否符合《保障措施协定》的程序和实体规定（consistency），不能混淆两者的考虑因素；③（2）保障措施必须具备两项构成特征。一是措施必须全部或部分中止了一项 GATT 义务或者撤销或修改了一项 GATT 减让（行为特征）；二是该中止、撤销或修改必须是为了阻止或救济因特定产品进口增长导致的国内产业严重损害或威胁（目的

---

① 参见 Committee on Safeguards, *Notification under Article 12.1(b) of the Agreement on Safeguards on Finding a Serious Injury or Threat Thereof Caused by Increased Imports, Notification of a Proposal to Impose a Measure*, Indonesia, (Flat-Rolled Product of Iron or Non-Alloy Steel under HS code 7210.61.11.00), G/SG/N/8/IDN/16, G/SG/N/10/IDN/16, 27 May 2014; Committee on Safeguards, *Notification under Article 12.1(b) of the Agreement on Safeguards on Finding a Serious Injury or Threat Thereof Caused by Increased Imports, Notification under Article 12.1(c) of the Agreement on Safeguards on Taking a Decision to Apply a Safeguard Measure, Notification pursuant to Article 9, footnote 2, of the Agreement on Safeguards, Indonesia*, (Flat-Rolled Product of Iron or Non-Alloy Steel under HS code 7210.61.11.00), G/SG/N/8/IDN/16/Suppl.1, G/SG/N/10/IDN/16/Suppl.1, G/SG/N/11/IDN/14, 28 July 2014.a。

② 参见 Appellate Body Report, *Indonesia—Iron or Steel Products (Chinese Taipei/ Viet Nam)*, paras. 5.61—62 and 5.71。两案审理过程及裁决概要参见 https://www.wto.org/english/tratop_e/dispu_e/cases_e/ds490_e.htm；https://www.wto.org/english/tratop_e/dispu_e/cases_e/ds496_e.htm。

③ 同上，para. 5.57。

特征）。[①]上诉机构同时认为，由于协定并未对保障措施的范围下定义，因此在界定是否属于保障措施时还需要根据个案事实具体分析；[②]（3）应遵循一定的分析框架。上诉机构认为，在认定构成特征时，首先应客观评估整个措施的设计、结构及预计运作方式，并鉴别出与措施的法律定性有关的各方面特征，然后确定其中最核心的方面，最后决定应适用何种纪律。在此过程中，应评估并适当考虑所有相关因素，包括被诉方国内法对措施的定性、采取措施所依据的国内法程序、向世贸组织保障措施委员会所作的通报等，但任何一项此类因素对于是否构成保障措施都不具有决定性。[③]在上述框架下，上诉机构审查了两案的核心上诉争议，[④]认为：第一，印尼关税措施是为了阻止或救济印尼产业所遭受的严重损害，但并未中止任何 GATT 义务或者撤销或修改任何 GATT 减让；第二，印尼豁免对 120 个发展中国家征税，尽管可以说成是中止了印尼的最惠国待遇义务，但该中止的目的并不是阻碍或救济对印尼产业的严重损害，而只是为了给予特殊和差别待遇。[⑤]因此，印尼措施不构成保障措施。

### 3. 对后续案件的可能影响

在正处于专家组审理阶段的中欧等七方诉美国"232 条款"钢铝关税措施案中，七方均援引了 GATT1994 第 19 条和《保障措施协定》，指控美国以国家安全之名行保障措施之实，却未遵守保障措施的调查程序和非歧视要求；美国则坚称其措施是国家安全措施，不是保障措施，并提出国家安全例外抗辩。因此，美国"232 条款"钢铝关税措施究竟该如何定性成为各方的一项核心法律争议。对此，上诉机构在印尼钢铁保障措施案中确立的"构成特征"分析框架可能为七方提供重要支撑。第一，从行为构成特征看，美国的征税措施构成

---

① Appellate Body Report, *Indonesia—Iron or Steel Products (Chinese Taipei/ Viet Nam)*, paras. 5.55—56 and 5.60.

② 同上，para. 5.57。

③ 同上，paras. 5.60 and 5.64。

④ 同上，para 5.63. *"On appeal, the participants do not dispute the Panel's findings that the measure at issue does not entail a suspension, withdrawal, or modification of Indonesia's obligations under Articles II and XXIV. They do, however, take issue with the Panel's finding that the discriminatory application of the measure at issue by virtue of the disciplines of Article 9.1 cannot be deemed to suspend Indonesia's MFN treatment obligation under Article I:1.212."*

⑤ 同上，para. 5.70。

修改美国关税减让应无抗辩空间。美国对钢铁和铝产品分别加征 25% 和 10% 的关税，已远超美国基本为零的约束税率；第二，从目的构成特征看，美国的损害调查结论与《保障措施协定》相关规定存在实质性重合。美国在"232 条款"调查报告中做出的征税依据，即钢铝产品进口损害美国产业、削弱美国经济进而威胁损害国家安全的结论，[①] 虽然所认定的损害范围更广，但也与《保障措施协定》对于国内产业"严重损害"的定义及考虑因素存在实质性重合。根据上诉机构裁决，专家组应"鉴别出与措施的法律定性有关的各方面特征，然后确定其中最核心的方面，最后决定应适用何种纪律"；第三，美国国内法对措施的定性并非决定性因素。美国确实依据其国内法的国家安全条款而非保障措施条款进行调查并采取措施，且未向世贸组织保障措施委员会进行任何通报，但根据上诉机构裁决，这些因素均不是决定性因素。专家组依然必须整体考虑措施的各个方面，并确定最核心的特征对措施进行定性。

美国"232 条款"钢铝关税措施是否构成保障措施，不仅关系到七方诉美"232 条款"钢铝关税案的结果，也关系到中欧等五方依据《保障措施协定》第 8.2 条对美国实施的关税再平衡措施的合规性，[②] 还关系到世贸规则的整体约束力和公信力。如果美国"232 条款"措施不构成世贸组织协定下的保障措施，则各方根据《保障措施协定》采取的对等再平衡措施可能失去规则依据。在这种情况下，即使专家组最终裁定美国"232 条款"措施因未满足国家安全例外条件而违反规则，美国依然有动力发起更多的"232 条款"国家安全调查并采取关税措施，因为对于其他成员而言，届时将面临两难抉择：要么坐视本国出口受损而与美国进行旷日持久的世贸组织诉讼，要么自己也违规立即采取对等反制措施。如果出现这种情况，多边规则的约束力和公信力可能大打折扣。

--------

① 参见 U.S. Department of Commerce, *"The Effect of Imports of Steel on the National Security"*, 11 January 2018, pp. 55—57, https://www.commerce.gov/sites/default/files/the_effect_of_imports_of_steel_on_the_national_security_-_with_redactions_-_20180111.pdf。
② 美国已将加拿大、中国、欧盟、墨西哥、土耳其、俄罗斯、印度等七方针对美国"232 条款"钢铝关税措施的反制措施诉诸世贸组织争端解决机制（案件编号 DS557、DS558、DS559、DS560、DS561、DS566、DS585）。其中美国诉加拿大和墨西哥两案与加墨诉美案件一起在《美墨加协定》谈判中和解，分别于 2019 年 5 月 23 日和 5 月 28 日向世贸组织通报了诉讼和解方案并结案，参见 WT/DS557/4、WT/DS557/R；WT/DS560/4、WT/DS560/R。其他五起案件均正在进行专家组审理。

## （五）技术性贸易壁垒措施：健康保护、环境保护还是贸易保护

从关贸总协定到世贸组织，关税和数量限制的贸易壁垒作用逐渐弱化，技术性贸易壁垒（TBT）和动植物检验检疫（SPS）等监管措施日益成为影响自由贸易的主要挑战。TBT措施在当今社会几乎无处不在，影响衣食住行各个方面。从食品、饮料、服装、建筑材料到交通工具、通讯工具，其性能特征、生产工艺无一不受到技术法规、标准及相关合格评定程序的规范。制定这些技术法规、标准及程序的目的或起因往往是保护生命健康、保护环境以及保护其他社会利益或价值。这些法规和标准有些是强制性的，有些则是自律性的。但无论哪种性质，也无论是否非歧视实施，都可能对特定产品的贸易成本和市场准入产生重要影响，产生限制贸易的效果。这就引发了对于成员实施的特定TBT措施到底是健康保护、环境保护还是贸易保护的一系列世贸争端。

迄今为止，共有8起案件被裁决违反《技术性贸易壁垒协定》（《TBT协定》），其中2起发生在2002年之前，分别为欧共体—石棉案（DS135）和欧共体—沙丁鱼案（DS231）；6起裁决于2011年之后，分别为美国—丁香烟案（DS406）、美国—金枪鱼Ⅱ案（DS381）、美国—原产地标签案（DS384/DS386，加拿大和墨西哥分别起诉）、欧共体—海豹案（DS400/DS401）和俄罗斯—铁路设备案（DS499）。[1] 这8起案件中除俄罗斯—铁路设备案之外，其他7起均提交上诉。这一方面凸显出各方争执的激烈程度和被诉方的坚持程度。特别是其中涉及美国的原产地标签案和金枪鱼Ⅱ案，均历经专家组、上诉、执行之诉专家组、执行之诉上诉、报复仲裁的全过程，持续时间分别长达7年和10年；金枪鱼Ⅱ案甚至经历了三次执行之诉。美国在两案中均被裁违规，成为其扼杀上诉机构的重要原因。[2] 另一方面，也使得上诉机构更直接地影响该领域的规则走向。在近十年裁决的6起案件中，专家组和上诉机构对《TBT协定》的两

---

[1] 参见 https://www.worldtradelaw.net/databases/tbt.php, accessed on 20 April 2021. 此外，多米尼加、洪都拉斯、古巴和印尼在诉澳大利亚平装烟草措施系列案件中（DS435、DS441、DS458、DS467），均指控控澳方措施违反《TBT协定》第2.1条非歧视待遇和第2.2条必要性测试条款，但未获得专家组和上诉机构支持。

[2] 参见 U.S. Trade Representative, *"Report on the Appellate Body of the World Trade Organization"*, February 2020, pp. 90—95, https://ustr.gov/sites/default/files/enforcement/DS/USTR.Appellate.Body.Rpt.Feb2020.pdf.

个核心条款，即第2.1条国民待遇和最惠国待遇条款、第2.2条必要性测试条款，做出了诸多新解释和澄清，值得深入研究。

### 1.《TBT协定》的国民待遇和最惠国待遇规则

上诉机构在美国—丁香烟案中首次解释了《TBT协定》第2.1条的国民待遇和最惠国待遇规则，并在后续案件中进行了进一步澄清。上诉机构设定了三要素分析框架：（1）涉案措施是否属于技术法规；（2）进口产品和本国产品是否属于"同类产品"；（3）是否给予了进口产品"不低于本国同类产品的待遇"（国民待遇）和"不低于来自其他国家的同类产品的待遇"（最惠国待遇）。① 在上述三要素中，如何界定同类产品和非更低待遇是争议重点。

**关于同类产品的认定。**上诉机构在美国—丁香烟案中推翻了专家组按照措施的政策目标分析产品特征以界定同类产品的"政策目标方法"，② 认为这种方法可能会不当限缩产品分析范围，进而影响后续的不利待遇分析。③ 上诉机构认为，应遵循"竞争关系方法"，即结合产品特征要素分析两类产品之间是否具有足够强的竞争关系，以确定两者是否属于同类产品。④ 只有当措施的政策目标（如健康风险）影响到两类产品之间的竞争关系时，才具有相关性。⑤

**关于非更低待遇的认定。**在美国—丁香烟案中，上诉机构详细分析了第2.1条的上下文和目的，认为该条虽然禁止法律上和事实上对进口产品的歧视，但允许完全由于合法监管区分（legitimate regulatory distinction）导致的对进口产品竞争机会的负面影响。⑥ 在后续案件中，上诉机构进一步建立了关于非更

---

① 参见 Appellate Body Report, *US—Clove Cigarettes*, para. 87; Appellate Body Report, *US—Tuna II (Mexico)*, para. 202。亦可参见 Appellate Body Reports, *US—COOL*, para. 267。

② 参见 Appellate Body Report, *US—Clove Cigarettes*, para. 112。

③ 同上，para. 116。

④ 同上，paras. 120, 156 and 160。

⑤ 同上，paras. 119, 120 and 156。

⑥ 同上，paras. 169—175。上诉机构的依据包括：第一，技术法规本身就具有对产品进行区分的性质。如果任何区分都视为歧视，则所有技术法规无需分析就构成歧视；第二，第2.2条规定只要不超过必要限度，允许为合法目标对贸易进行一定的限制；第三，协定前言第六段规定只要不在情形相同的国家之间造成任意或不合理的歧视或构成对贸易的变相限制等，则允许技术法规追求相关合法目标；第四，《TBT协定》的目的是在贸易自由化目标和成员的监管权利之间取得平衡。因此，上诉机构认为《TBT协定》第2.1条不应解释为禁止对进口产品竞争机会造成任何负面影响，只要这些影响完全是由于合法监管区分造成的。

低待遇的两步分析法：一是分析涉案措施是否改变并损害了进口产品与其他同类产品之间的竞争关系；二是分析相关负面影响是否"完全来自于合法监管区分"。① 其中第二步是《TBT 协定》相比 GATT 1994 国民待遇和最惠国待遇规则增加的核心步骤，② 目的是区分措施的负面影响到底是"完全来自于合法监管区分"还是属于歧视。

为此，上诉机构引入了两项标准:(1)"公平对待"标准( even-handedness )，认为一项措施只有不偏不倚对待进口产品和其他同类产品，才能认为是"完全来自于合法监管区分"。③ 在美国—金枪鱼 II 案中，上诉机构引入"校准分析"( calibration )，认为金枪鱼产品的海豚安全标签获得条件并没有针对不同捕鱼方式对海豚的伤亡风险进行校准，因而未能公平对待不同地区的不同捕鱼方式对海豚造成的风险，构成歧视；④（2）"不得任意或不合理歧视"标准，否则将导致监管区分"不合法"。在美国—原产地标签案中，美国要求将肉产品按照出生、饲养和屠宰过程的不同地点，贴上四种不同的原产地标签。上诉机构着重分析了美国措施对上游加工商的信息保存要求和向下游消费者传递的信息水平，认为两者之间明显不匹配，显示出"任意性"，其对上游企业造成"不成比例的"负担，显示出"不合理性"，因而不是合法的监管区分。⑤

需要注意的是，上述标准和概念并不是割裂的，而是融为一体的。在金枪鱼 II 案和原产地标签案的执行之诉中，上诉机构进一步澄清并拓展了上述标准，认为:（1）当一项措施以"任意或不合理的方式"实施，则不属于"公平对待"，因此也就不属于合法的监管区分；⑥（2）违反"公平对待"标准的情形包括"任意或不合理歧视"，但后者不是唯一形式；⑦（3）"校准分析"不是一项独立

---

① 参见 Appellate Body Reports, *US—Tuna II (Mexico)*, para. 215; *US—COOL*, para. 271; and *US—Tuna II (Mexico) (Article 21.5—Mexico)*, para. 7.26. 亦可参见 Panel Reports, *US—Tuna II (Mexico) (Article 21.5—Mexico)*, para. 7.73; and *US—COOL (Article 21.5—Canada and Mexico)*, paras. 7.60—7.62。

② 但 GATT 1994 的国民待遇和最惠国待遇还可援引一般例外条款，《TBT 协定》则没有类似例外。

③ 参见 Appellate Body Report, *US—COOL*, para. 340。

④ 参见 Appellate Body Report, *US—Tuna II (Mexico)*, para.297。

⑤ 参见 Appellate Body Report, *US—COOL*, paras. 271 and 340。

⑥ 参见 Appellate Body Report, *US—COOL (Article 21.5—Canada and Mexico)*, paras. 5.91—92。

⑦ 参见 Appellate Body Report, *US—Tuna II (Mexico) (Article 21.5—Mexico)*, para.7.31。

法律标准，而是用于分析监管区分与政策目标之间是否存在合理联系，是评估负面影响是否"完全来自于合法监管区分"的一项手段。[①]

### 2.《TBT 协定》的必要性测试分析框架

《TBT 协定》第 2.2 条允许成员为实现合法政策目标采取不超过必要限度的贸易限制措施。上诉机构认为这需要具备三个要件：（1）TBT 措施限制了贸易；（2）措施实现了合法目标；（3）措施的贸易限制没有超过必要限度。其中，后两个要件是争议焦点。关于措施是否实现合法目标，上诉机构解释认为：首先，合法目标不限于第 2.2 条列举的国家安全、防止欺诈、生命健康和安全、保护环境等四项目的，也包括协定前言中的确保出口质量以及其他多边协定中规定的目的；其次，第 2.2 条中的实现（to fulfill）指的是措施对于达成合法目标的"贡献程度"，而不是"完全达到所设想"。对于一项措施是否实现了合法目标，上诉机构认为，可以通过分析措施本身的设计、架构及运行和具体实施措施的证据等两方面来认定，同时还需要评估措施对于实现合法目标的实际贡献，而不是设想的贡献。[②]

**关于措施的贸易限制是否超过必要限度。**上诉机构在一系列案件中确立了"关联分析法"（relational analysis）加"比较分析法"（comparative analysis）的两层分析架构。[③] 其中，"关联分析法"是基础，要求审查下列要素之间的关联关系：（1）措施对于合法目标的贡献程度，但对此不设最低标准；（2）措施的贸易限制程度；（3）未实现合法目标所造成的风险的性质以及后果的严重程度。"比较分析法"是必要补充，侧重于对涉案措施与起诉方可能提出的替代措施进行比较分析。上诉机构指出，为证明涉案措施超过必要限度，起诉方可能需要提出合理可用的替代措施，[④] 但在两种情况下不需要：一是涉案措

---

① 参见 Appellate Body Report, *US—Tuna II (Mexico) (Article 21.5—US)*, para. 6.13。

② 参见 Appellate Body Report, *US—Tuna II (Mexico)*, para. 317。亦可参见 Appellate Body Report, *US—COOL*, paras.373 and 390。

③ 同上，paras. 318—322。亦可参见 Appellate Body Report, *US—COOL*, para 471; Appellate Body Report, *US—COOL (Article 21.5—Canada and Mexico)*, para. 5.179。

④ 同上，para. 323。亦可参见 Appellate Body Report, *US—COOL (Article 21.5—Canada and Mexico)*, para. 5.213。

施本身不具有贸易限制性质；二是措施完全无助于实现合法目标。[①]"比较分析法"的审查要素包括：（1）替代措施的贸易限制程度是否更低；（2）替代措施是否能对合法目标做出同等贡献（equivalent contribution），应同时考虑合法目标未能实现的风险；（3）替代措施是否合理可用。[②] 上诉机构认为，第2.2 条的必要性测试是对上述所有要素进行综合衡量和平衡的过程，其要求与GATT1994 第 20 条的一般例外分析类似。[③]

### 3. 上诉机构的裁决倾向及其合理性

分析近十年 TBT 案件裁决结果，可以发现上诉机构已在 6 起案件中裁决涉案措施违反第 2.1 条的国民待遇和最惠国待遇规则，但至今没有裁决任何一起措施违反第 2.2 条的必要性规则。[④] 上诉机构对非歧视规则和必要性规则的倾向性，不仅反映在结果上，也体现在分析框架和说理过程中。比如，在对非歧视规则的解释框架中，引入"公平对待"标准并解释为包括但不限于造成"任意或不合理歧视"的情况、引入"比例测试"概念进行一定程度的必要性分析等，设置了较高的非歧视门槛；而在对必要性测试的解释框架中，上诉机构在要求替代措施达到与涉案措施"同等"贡献程度的同时，还推翻了专家组要求的涉案措施与合法目标之间的最低贡献标准，[⑤] 客观上降低了措施符合必要性的难度。

需要指出的是，上诉机构的裁决倾向并非任意妄为，而是在严格遵循一般条约解释规则基础上做出的较为平衡和理性的选择。首先，这更符合《TBT 协定》的宗旨。《TBT 协定》的宗旨是在自由贸易和成员监管权利之间达成平衡。如果裁决成员措施超过必要限度，无异于事后否定成员当时的监管判断，也容易与《TBT 协定》前言对成员监管权利的尊重相冲突。协定前言第六段所述的"不

---

① Appellate Body Report, *US—Tuna II (Mexico)*, footnote 647。

② 同上，para. 322。

③ 同上，footnote 643 and 645。

④ 此外，在多米尼加、洪都拉斯、古巴和印尼诉澳大利亚平装烟草措施系列案件中（DS435、DS441、DS458、DS467），四个起诉方均指控澳方措施违反《TBT 协定》第 2.2 条必要性测试条款，均未获得专家组和上诉机构支持。

⑤ 参见 Appellate Body Report, *US—COOL*, paras. 468—469; Panel Report, *US—COOL*, paras. 7.718—720。

应阻止任何国家采取必要措施"来确保或实现"其认为适当水平的"合法目标，正是上诉机构要求替代措施达到与涉案措施"同等"贡献程度的主要依据。[①] 相对而言，非歧视性是世贸成员的一项最基本义务，裁决一项措施构成歧视比裁决其不具有必要性，更易被各方所接受。其次，这也与《TBT 协定》的特殊结构有关。与 GATT1994 不同，《TBT 协定》本身没有一般例外条款。这进一步导致两者在法律分析上的显著差异：在 GATT1994 框架下，一方必须先证明另一方违反非歧视规则，才会涉及一般例外中的必要性测试；而在《TBT 协定》框架下，必要性测试和非歧视规则相互独立，无论是否存在歧视，都可以进行必要性分析。在这种情况下，如果降低《TBT 协定》的必要性测试门槛，容易侵蚀成员追求合法政策目标的监管权利，并引发更多争议。因此，无论上诉机构的解释倾向是有意为之，还是无心插柳，都具有其内在合理性。

## 三、世贸争端解决机制的挑战与展望

回望过去十年，世贸争端解决机制虽肩负重任、备受压力，但始终秉持独立性、中立性、代表性和包容性，始终保持高效运转，解决了诸多重要争议，特别是在重大敏感问题上屡屡展现出坚强韧性，为维护多边贸易体制的正常运转，保持其权威性、稳定性和可预测性做出了重大贡献。与此同时，我们也要看到，近十年案件中所折射的焦点规则之争、重大利益之争并没有也不会随着案件审理完结而消失。不仅如此，从美国瘫痪上诉机构那一刻起，世贸组织已经被迫进入改革模式，而世贸争端解决机制则是重点改革对象。美国的目标显然不止于改造两审机制，而在于扭转上诉机构对其做出的不利解释并确保未来规则解释方向。未来十年，世贸争端解决机制仍将面临多重挑战。

### （一）美国凌驾于多边规则之上是多边贸易体制的最大挑战

近年来美国不执行裁决、不遵守规则、瘫痪上诉机构，使其事实上凌驾于

---

① 参见 Appellate Body Report, *US—COOL*, para. 373。

多边规则之上。从 2011 年至 2020 年，美国已在 10 起案件中因不执行裁决而被请求报复授权，是世贸组织 164 个成员中执行纪录最差的成员。[①]尤其是特朗普政府时期，美国拒绝执行上诉机构关于目标倾销"归零"和反倾销"单一税率推定"法律本身（as such）违规的裁决，导致加拿大和越南不得不另起案件重复起诉美国相同措施，美国则趁机施压专家组推翻上诉机构裁决，意图颠覆上诉机构此前判例。除不执行裁决外，美国还一边不停违规，一边驱逐"裁判"，在对中国和其他成员非法加征"301 条款"、"232 条款"单边关税的同时，通过阻挠上诉机构成员法官遴选程序使上诉机构彻底瘫痪。在将"裁判"驱逐下场后，美国却又对中国诉美国"301 条款"关税措施案等多个案件的专家组不利裁决提出上诉，致使相关专家组裁决无法生效，逃避其执行义务。必须指出的是，美国凌驾于规则之上只是第一步，它不会甘心长期背负骂名，而会千方百计将其违规行为合法化，修改多边规则、改造争端解决机制、向中国等其他成员转嫁责任就是正在进行的第二步工作。未来两审机制如何改革及其与新规则制定的挂钩问题料将成为各方博弈重点。与此同时，我们务必重视上诉机构瘫痪期间的每一个专家组案件，防范关键领域出现上诉机构裁决被专家组颠覆的事实。

## （二）恢复上诉机构是当前多边贸易体制的最紧迫任务

上诉机构瘫痪不仅使美国得以凌驾于规则之上，也使其他成员面临两难处境：要么接受专家组不利裁决，要么行使法定上诉权搁置裁决。对于败诉方而言，多数时候国内政治难以直接接受专家组的严重不利裁决或者瑕疵裁决，需要上诉。如果胜诉方是小成员，败诉方还有自由选择的空间。但如果对方是大成员，败诉方很可能在上诉后遭到报复，或因为担心遭受报复而被迫接受。以涉欧案件为例，欧盟已于 2021 年 2 月立法强制要求其被诉方要么接受专家组裁决，

---

[①] 参见 https://www.worldtradelaw.net/databases/retaliationrequests.php, accessed 10 April 2021。自世贸组织成立以来，各方共提出 51 起报复请求，其中针对美国的报复请求达 32 起，占比超过 60%，是第二名欧盟的 5 倍（6 起）。

要么接受临时上诉仲裁，否则如果提出上诉，将面临单边报复。[①] 上述形势在客观上减损了各方在世贸组织协定项下的法定权利，加剧大小成员在争端解决中的不平等性，进而影响成员使用争端解决机制的信心。为维护两审机制，中欧等 19 个成员于 2020 年 4 月根据 DSU 第 25 条仲裁条款，仿照上诉审议程序，建立了多方临时上诉仲裁安排（MPIA），作为处理参加方之间上诉案件的临时替代机制，并向所有成员开放。[②]MPIA 的建立彰显了中欧等主要世贸成员的历史担当，意义重大，但似乎不足以阻止成员对争端解决机制信心的下滑。一方面，上诉案件数量继续攀升。从上诉机构瘫痪至今，待审上诉案件已增至 19 起，其中 8 起上诉于近一年。而 MPIA 成立一年来尚未受理一起上诉仲裁案件；另一方面，世贸组织新案数量急剧下降。每年新发案件从 2018 年的近十年峰值 39 件、2019 年的 19 件急剧下降至 2020 年的 5 件，创下世贸组织成立 26 年来的最低水平。[③] 这一情况可能是疫情等多种因素的共同结果，但也足以凸显上诉机构瘫痪对各方信心的巨大打击。

### （三）妥善处理重大敏感争议是世贸争端解决机制面临的持续挑战

纵观世贸争端解决机制历史，大国之间的博弈焦点很大程度上主导了多边规则发展的重点领域，而专家组和上诉机构就此做出的裁决决定了规则的基本走向。这些博弈焦点往往涉及重大贸易和规则利益，具有很强的延续性和反复性，持续数年甚至数十年。结合近十年情况和在审案件看，今后一段时间，国家安全措施和保障措施之争、目标倾销归零法之争、[④] 特殊市场情形之争、反

---

① 参见 Regulation (EU) 2021/167 of the European Parliament and of the Council of 10 February 2021 Amending Regulation (EU) No 654/2014 Concerning the Exercise of the Union's Rights for the Application and Enforcement of International Trade Rules, https://eur-lex.europa.eu/legal-content/EN/TXT/?uri=CELEX%3A32021R0167#ntr2-L_2021049EN.01000101-E0002. Accessed 2 April 2021。

② 参见 JOB/DSB/1/Add.12。

③ 世贸组织成立至 2020 年底，共发生 598 起争端案件，年均 23 件。从历年新案数量看，总体呈现前高后低、基本稳定态势。但近几年出现大起大落，在 2018 年出现峰值 39 起后，2020 年又直线下降至 5 起，创下历史新低。

④ 在加拿大诉美国反倾销差别定价方法案（DS534）专家组报告散发当天，时任美国贸易代表莱特希泽发表声明对专家组允许"归零"的裁决表示欢迎，指出这是专家组第五次与上诉机构持不同意见，表示"世贸规则不禁止归零。美国从未在世贸组织谈判中同意那样的规则，今后也决不会同意。"参见 https://ustr.gov/about-us/policy-offices/press-office/press-releases/2019/april/united-states-prevails-"zeroing"。

补贴外部基准及归零法之争、补贴及公共机构之争、TBT 非歧视规则之争等例外或泄压阀条款料将持续成为焦点。与此同时，美国和欧盟在贸易救济领域的一些新做法也不断挑动各方神经。美国接连对越南和中国发起汇率低估反补贴调查，对世贸组织和国际货币基金组织的分工治理体制构成严峻挑战。① 欧盟则发明针对第三国补贴的反补贴调查，在玻璃纤维反补贴调查中认定中国政府给予埃及企业补贴并对其征收反补贴税，严重干扰全球投资和经营秩序。② 美欧的做法可能引发新一轮歧视性贸易保护浪潮，很可能再次将世贸争端解决机制置于风口浪尖。

### （四）应对新冠肺炎疫情是世贸争端解决机制的重要紧急使命

从 2020 年初开始快速席卷全球的新冠肺炎疫情给世贸争端解决机制的正常运转带来了前所未有的挑战。首先，疫情导致现有案件审理进程受到较大影响。从 2020 年 3 月起世贸组织暂停召开现场听证会，至今尚未恢复，导致案件审理程序出现大面积拖延。中国在关键时刻展现担当，说服专家组于 2020 年 9 月就中国诉美国光伏保障措施案（DS562）召开了世贸组织首次全员网络听证会，③ 后被其他案件积极效仿，保障了争端解决机制的基本运转。但目前

---

① 参见 U.S. Department of Commerce, "Modification of Regulations Regarding Benefit and Specificity in Countervailing Duty Proceedings", 85 Fed. Reg. 6031 (Feb. 4, 2020). U.S. Department of Commerce, "Passenger Vehicle and Light Truck Tires From the Socialist Republic of Vietnam: Preliminary Affirmative Countervailing Duty Determination and Alignment of Final Determination With Final Antidumping Duty Determination", 85 Fed. Reg. 71607 (Nov. 10, 2020). U.S. Department of Commerce, "Twist Ties From the People's Republic of China: Preliminary Affirmative Countervailing Duty Determination and Alignment of Final Determination With Final Antidumping Duty Determination", 85 Fed. Reg. 77167 (Dec. 1, 2020)。

② 参见 European Commission, "White Paper on levelling the playing field as regards foreign subsidies", COM(2020) 253, 17 June 2020, https://ec.europa.cu/competition/international/overview/foreign_subsidies_white_paper.pdf. "Commission Implementing Regulation (EU) 2020/776 of 12 June 2020 imposing definitive Countervailing Duties on Imports of Certain Woven and/or Stitched Glass Fibre Fabrics Originating in the People's Republic of China and Egypt and amending Commission Implementing Regulation (EU) 2020/492 Imposing Definitive Anti-dumping Duties on Imports of Certain Woven and/or Stitched Glass Fibre Fabrics originating in the People's Republic of China and Egypt", 15 June 2020, https://eur-lex.europa.eu/legal-content/EN/TXT/PDF/?uri=CELEX:32020R0776&from=EN。

③ 参见 https://ustr.gov/issue-areas/enforcement/dispute-settlement-proceedings/wto-dispute-settlement/pending-wto-disputes/safeguard-measure-imports-crystalline-silicon-photovoltaic-products. Accessed 30 March 2021。

仍有不少案件因当事双方对网络听证的顾虑而继续拖延进行。其次，防疫保护主义措施层出不穷，凸显建立快速争端解决程序的必要性。据不完全统计，从疫情暴发至今，世贸成员已针对个人防护设备、医疗设备和疫苗产品采取了近百项出口限制措施。[①] 尤其是欧盟自 2021 年 1 月开始对疫苗及相关活性成分采取歧视性出口限制措施，[②] 遭到世卫组织、世贸组织和西方媒体的猛烈批评。[③] 但至今，世贸成员尚未提出一起针对相关出口限制措施的争端案件，这在很大程度上与争端解决机制耗时较长有关，显示出建立针对性快速争端解决程序的必要性。

上述挑战表明，国际经贸关系法治化进程不会一帆风顺，恢复上诉机构不可能一蹴而就，大国博弈不可能一役毕功。在遇到挫折和挑战时，既要看到暮色苍茫、形势复杂，更要看到劲松挺立、乱云从容。[④] 从历史看，美国挥舞单边关税大棒、争端解决机制缺乏约束力、重大敏感案件持续考验多边贸易体制等挑战并非第一次出现，而新冠肺炎疫情也终将成为过去式。从现实看，经过

① 参见 https://www.wto.org/english/tratop_e/covid19_e/trade_related_goods_measure_e.htm. Accessed 5 April 2021。

② 参见欧盟委员会《关于部分产品出口须提供出口授权的实施条例》（Commission Implementing Regulation (EU) 2021/111）。其核心内容是：（1）建立强制性出口审批机制。规定自 1 月 30 日起欧盟境内新冠疫苗产品以及主细胞库、工作细胞库等疫苗活性成分的出口，均须获得所在地欧盟成员国主管部门的授权，否则禁止出口；（2）建立统一但模糊的审批标准。规定"只有当申请出口量不会对欧盟与疫苗生产企业之间的'预先采购协议'的履行构成威胁时，主管部门才能给予授权"，最终以欧委会决定为准；（3）要求疫苗生产企业提供详细的疫苗分配信息，包括自 2020 年 12 月 1 日起向欧盟各成员国提供的疫苗数量以及本条例生效前 3 个月的全部出口数据，否则申请可能被拒；（4）按出口对象和事项提供广泛豁免。规定六大类豁免对象，涵盖世界银行统计的全部 80 个低收入和中低收入经济体、55 个中高收入经济体中的 24 个以及 56 个高收入经济体（不包括欧盟 27 国）中的 8 个。另外，新冠疫苗全球获取机制（COVAX）以及人道主义紧急救助也在豁免之列；（5）强调措施的正当性和临时性。《条例》阐述其目的是缓解疫苗严重短缺和确保分配透明度，有效期至 2021 年 3 月 31 日。但 3 月 12 日，欧盟委员会又发布公告（Commission Implementing Regulation (EU) 2021/442），将疫苗出口限制措施延长至 2021 年 6 月底。

③ 参见"欧盟实施新冠疫苗出口限制政策 世界卫生组织提出严厉批评"，联合国，2021 年 2 月 2 日。https://news.un.org/zh/story/2021/02/1077072; "WTO DDGs call for heightened cooperation on vaccine availability", World Trade Organization, 1 February 2021, https://www.wto.org/english/news_e/news21_e/ddgra_01feb21_e.htm; "Global business calls for rethink of EU vaccine export restrictions", International Chamber of Commerce, 29 January, 2021, https://iccwbo.org/media-wall/news-speeches/global-business-calls-for-rethink-of-eu-vaccine-export-restrictions/.

④ 参见汪建新，"诗人毛泽东的庐山情思"，人民网，2020 年 9 月 25 日。http://dangshi.people.com.cn/n1/2020/0925/c85037-31875219.html。

二十多年的成功实践，世贸争端解决机制所引领的国际经贸关系法治化进程已经深入人心。[①] 只要各方坚守有约束力的两审机制这条底线，世贸组织争端解决机制就一定有浴火重生的希望。从当前形势看，世贸组织改革面临窗口期。新总干事顺利上任、欧盟提出全面改革方案并将恢复上诉机构列为优先事项、美国对外宣称回归多边对内拥抱产业政策、中国始终维护多边贸易体制并积极寻求加入《全面与进步跨太平洋伙伴关系协定》（CPTPP），这为各方在关键领域寻求妥协提供了机会。

"千里始足下，高山起微尘。"世贸组织规则是一套由60份协定和决定、[②]36份加入议定书、[③]164个成员的货物和服务贸易减让表[④]、382份由全体世贸成员通过的专家组和上诉机构报告以及63份仲裁报告[⑤]等组成的长达十万页的庞大规则体系，是国际经贸治理的基石。专家组和上诉机构的每一份裁决、每一项解释，都需要根据当事方诉请、遵循争端解决规则、基于涵盖协定和案件事实、倾听双方诉辩理由、参考以往相关案例，客观分析评估后作出。这决定了世贸组织争端解决工作是一项高度专业化和延续性的工作，需要大量的积累和持续的投入。站在中国加入世贸组织第三个十年的新起点上，我们既要胸怀高山，也要着眼微尘，更加注重案例研究，更加注重体制传承，更加注重梯队建设，以一流的团队建设和扎实的业务工作，积极有为参与"后疫情时代"机制完善和案件诉讼工作，持续影响未来国际经贸规则走向。

校稿：陈雨松

---

① 120多个世贸成员联合要求恢复上诉机构成员遴选就是一个很好的例证。从2017年11月9日至今，墨西哥牵头众多世贸成员，连续三年半在世贸组织争端解决机构会议上联合发声，要求恢复上诉机构成员遴选程序，提案及修订多达20份。参见WT/DSB/W/609及其19份修订，最新的一份修订为WT/DSB/W/609/Rev.19。

② 参见 https://www.wto.org/english/docs_e/legal_e/legal_e.htm, accessed 9 April 2021。

③ 参见 https://www.wto.org/english/thewto_e/acc_e/completeacc_e.htm#list, accessed 9 April 2021。

④ 世界成员的货物贸易减让表和服务贸易减让表分别参见：https://www.wto.org/english/tratop_e/schedules_e/goods_schedules_e.htm； https://www.wto.org/english/tratop_e/serv_e/serv_commitments_e.htm#commit_exempt。

⑤ 参见 https://www.wto.org/english/tratop_e/dispu_e/dispustats_e.htm, accessed 9 April 2021。此处裁决数量按照涉案事项而非按照案号统计。

# 为维护多边主义和国际法治而斗争

## —— 世贸组织上诉机构的危机与改革

方潇

以上诉机构为核心的世贸争端解决机制被誉为"皇冠上的明珠",其在积极解决成员间贸易纠纷的同时,有效维护了规则解释的稳定性与可预测性,成为以规则为基础的多边贸易体制的基石。然而,辉煌背后存隐忧,一段时间以来,美国政府及国会两党对上诉机构颇有不满,在特朗普政府全力围剿下,危机全面爆发,最终导致上诉机构停摆、明珠蒙尘。这场危机成因复杂,各方博弈激烈,危机下对上诉机构改革的探索可能不仅将重塑争端解决机制,也会对多边贸易体制的未来演进方向产生深远影响。

# 一、上诉机构危机的演变

## （一）隐忧初现

随着世贸组织进入第二个十年，争端解决机制的实践日臻成熟，上诉机构在该机制中的地位也越发稳固。但同时，争端数量与案情复杂度逐年攀升，上诉率长期居于高位，上诉机构裁决较慢的弊端渐显。2011 年的情况尤其突出，当年共 9 起上诉，上诉率高达 75%。虽然争端方试图通过不同方式[①]缓解上诉机构的受案压力，但效果不明显。上诉机构全年共散发七份报告，其中有五份是超期裁决[②]，引发了美国、加拿大、日本等成员的不满。

事实上，超期裁决的情形并非首现于 2011 年。不过，上诉机构此前严格执行《关于争端解决规则与程序的谅解》（《争端解决谅解》，DSU）第 17.5 条的规定，当预计到难以在审限内做出裁决时会及时通报争端解决机构（DSB）并与争端方沟通协商，说明裁决延期的原因且预估裁决时间。争端方对此基本都予以谅解。相较其他成员，美国对审限问题尤为敏感，特别为超期裁决创造了"推定信"（deeming letters）做法，即争端方联合致函 DSB，表示同意将超期裁决视为在审限内做出的裁决[③]。

然而，上诉机构在中国诉美国轮胎特保案（DS399）审理中突然转变做法：此案共审理 104 天，超期 14 天，但上诉机构并未就超期问题与争端方事先沟通，而是直接通报 DSB 此案的裁决将延期做出[④]。尽管上诉积案压力确实越来越大，但过去的"老做法"实践良好，此时突然变换做法确实让各方摸不着头脑。一向关切审理效率的美国对此极为敏感，并立刻做出反应。在 2011 年 10 月 DSB 审议通过 DS399 案上诉机构报告时，美首次针对超期问题开炮，批评上

---

[①] 当事各方合意延长《争端解决谅解》（DSU）第 16.4 条规定的 60 天考虑提出上诉的期限。例如，在中国诉欧盟紧固件反倾销措施案（DS397）中，争端双方联合提请争端解决机构（DSB）同意延长该案上诉考虑期，参见 WT/DS397/6。

[②] DSU 第 17.5 条规定上诉机构通常应在收到上诉通知起 60 日内作出裁决，否则应书面通知 DSB 迟延原因及作出裁决的估计期限。无论如何，上诉机构必须在收到上诉通知起的 90 日内散发裁决报告。

[③] 例如中美双方在中国诉美国反倾销反补贴措施案（DS379）中的联合通报，参见 WT/DS379/7。

[④] 参见 WT/DS399/7。

诉机构背离既往实践，在没有事前咨询或征得争端各方同意的情况下，自作主张突破 90 天审限，且没有主动解释超期原因，要求下不为例。同次会上，日本、澳大利亚、智利、阿根廷、危地马拉等成员也相继对上诉机构的新实践提出程度不同的批评，建议恢复"老做法"，就超期问题事前征询争端方意见①。然而，在 DS399 案风波过后，上诉机构依旧我行我素，在此后三起超期裁决中均未事先征求争端方意见②，这遭到了美国、加拿大、澳大利亚、日本、挪威、危地马拉等成员更猛烈的批评③。尽管上诉机构从未解释改变实践的原因，但上诉机构秘书处有官员私下透露，上诉机构认为自己可全权决定裁决日期，即便超期也无需争端方同意。

眼见上诉机构无动于衷，美国决定再次发难。2012 年 6 月 29 日是上诉机构计划散发美国—原产国标签（加拿大 / 墨西哥）（DS384/386）裁决的日期。此案耗时 98 天，超期 8 天，上诉机构依旧未事先与争端方沟通超期问题。6 月 28 日，美国、加拿大和墨西哥三个当事方突然联合提出动议，要求 DSB 召开特别会议并做出决议，将此案的超期报告视为在 90 天审限内做出的报告④。三方强调，上诉机构裁决超期不改变报告的性质，DSU 第 17.14 条规定的反向一致通过规则继续适用，此次联合提出动议的出发点主要是为增强争端解决程序的透明度和确定性。针对三方提议，中国与欧盟、澳大利亚、巴西等主要成员表示坚决反对，担心按此操作可能带来难以预料的体系性风险：三方提议本质上是要 DSB 对以往"推定信"做法进行背书，但 DSB 决议须全体成员同意方能通过，若因有成员杯葛而致决议搁浅，反倒会使该超期裁决的法律效力面临不必要的争议。由于应者寥寥，加拿大和墨西哥立场开始松动，私下吐槽称三方提议由美主导，加墨两国可有灵活性。经 DSB 主席全力斡旋，三方最终

---

① 2011 年 10 月 5 日 DSB 会议纪要，参见 WT/DSB/M/304。
② 三案分别为美国、欧盟、墨西哥诉中国原材料出口限制案（DS394/395/398）、美国—大型民用航空器（第二次起诉）（DS353）和美国—金枪鱼 II（墨西哥）（DS381）。
③ 2012 年 2 月 21 日 DSB 会议纪要，参见 WT/DSB/M/312；2012 年 3 月 23 日 DSB 会议纪要，参见 WT/DSB/M/313；2012 年 6 月 13 日 DSB 会议纪要，参见 WT/DSB/M/317。
④ 参见 WT/DS384/15；WT/DS386/14。

以需更多时间协调为由撤回动议。

围绕上诉机构超期裁决新实践的两场风波看似无疾而终，但美并未就此罢休。此后，随着超期裁决越来越常见，美国开始频繁就此问题表达不满。

### （二）连任之争

除了超期裁决问题，上诉机构在个案中对实体规则的解释也引发了美国越来越多的指责，尤其是上诉机构在贸易救济案件中对"归零法"、"公共机构"等核心问题的裁决被美认为严重削弱其对抗所谓"不公平贸易"的能力。尽管美曾多次试图翻案，但上诉机构顶住压力，在相关问题上的裁决保持了较好的稳定性，令美倍感挫折。2016 年恰逢美总统大选，受国内政治气氛影响，美决意采取更激进的行动表达对上诉机构的不满。

韩国籍上诉机构成员张胜和（Chang Seung-hwa）的首个任期至 2016 年 5 月 31 日届满，因其希望连任，DSB 主席便按惯例着手启动连任程序。5 月 11 日，时任美驻世贸组织大使迈克尔·庞克（Michael Punke）突然约见世贸组织总干事和 DSB 主席，以张参与的三起案件[①] 裁决不当为由，反对其连任。次日，美贸易代表办公室（USTR）正式官宣"反张"立场，引发外界哗然：一方面，上诉机构采用合议制审案，任何裁决都由三名成员共同作出，将个案裁决归咎于一人显失公允；另一方面，将个案裁决挂钩连任问题是在直接挑战上诉机构成员的独立性，这将严重影响各方对争端解决机制的信任。

一时间，各方纷纷对美表达不满：30 多个世贸成员在 DSB 例会上发言批评美国；韩国等 16 方通过联合声明施压美方；现任和前任上诉机构成员也集体致信 DSB 主席，坚决反对美滥用连任程序的做法。面对压力，美国毫不退让：一是在 DSB 会上针锋相对，强调藉连任对上诉机构成员问责完全正当，反批张

---

① 据第三世界网络（Third World Network）透露，庞克表达不满的三起案件分别是中国诉美国反补贴措施案（DS437）、中国诉美国关税法修订案（DS449）和"阿根廷—金融服务"（DS453），具体报道参见 https://twn.my/title2/wto.info/2016/ti160514.htm。关于 DS437，美国批评上诉机构就争端方未提出的诉求做出裁决，窄化解释《补贴协定》中的"公共机构"；关于 DS449，美国批评上诉机构逾越 DSU 第 17.6 条规定的权限，越权审查美国国内法含义等事实问题；关于 DS453，美国批评上诉机构脱离案情作冗长且不必要的咨询性意见。

参与审理的案件裁决中存在"附随意见"（Obiter Dicta）等不当行为[①]；二是通过庞克与美国贸易代表办公室（USTR）时任总法律顾问蒂莫西·赖夫（Timothy Reif）在媒体造势[②]，试图合理化美国立场；三是巩固美国内各派支持，特别是争取到六位前任 USTR 大使联名支持美籍连任对张"追责"的立场[③]，以此彰显美对上诉机构的怨气不仅由来已久，且是超越党派的国内共识。

美国在众怒下虽显狼狈，但也将广大世贸成员逼入两难境地：一方面，美"倒张"涉及连任标准等体系性问题，美若得逞会树立滥用连任程序干涉裁决的恶劣先例；另一方面，若僵局持续，张的席位恐长期空缺，这将严重影响上诉机构的运转。此外，中国籍上诉机构成员张月姣很快将离任（其第二任期至 2016 年 5 月 31 日届满），若填补她席位的遴选也受波及，这对上诉机构不啻雪上加霜。两难之下，许多成员心态开始变化，"先填补空缺席位，再讨论连任问题"逐渐成为主流看法，个别拉美成员甚至私下埋怨韩国继续纠缠张连任问题是在影响大局。DSB 主席见势顺水推舟，建议分开处理填补上诉机构空缺席位与对连任程序的讨论，前者按遴选上诉机构新成员的程序尽快推进，后者将由主席组织"专题会议"另行讨论。

事已至此，大势已去，韩国只能放弃张胜和另提新人。2016 年 9 月 14 日，韩国正式提名韩外国语大学贸易法教授金炫宗（Kim Hyun-chong）竞逐上诉机构。金早年在世贸组织法律司和上诉机构秘书处任职，曾担任过韩贸易部长、驻联合国大使，经历丰富、人脉深厚，再加上各方对张胜和的同情分，韩国的提名极具竞争力。上诉机构成员遴选委员会很快于 11 月 3 日正式推荐金炫宗和中国籍的赵宏接任张胜和与张月姣的席位。11 月 23 日，DSB 顺利通过两人的任命。

与遴选的顺利推进相比，讨论连任程序的专题会议却分歧重重。在首次专题会上，韩国抛出一份仅供会场讨论的改革文件，主要建议包括：将上诉机构

---

[①]2016 年 5 月 23 日 DSB 会议纪要，参见 WT/DSB/M/379。美在此次会上将"印度—农产品（美国）"（DS430）的裁决增列为张胜和的"罪状"，指责上诉机构在此案中就当事方未提出的诉求进行冗长分析。
[②] 2016 年 5 月 12 日投书《政客》（*Politico*）杂志，6 月 6 日投书《金融时报》（*Financial Times*）。
[③] Kirk, Schwab, Kantor, Hills, Yeutter, and Brock, Letter to Ambassador Froman, *Inside U.S. Trade*, 参见 https://insidetrade.com/sites/insidetrade.com/files/documents/jun2016/wto2016_1433a.pdf。

成员任期改为一届长任期制（六至八年）；澄清反对连任的具体标准；改变连任决策机制（如改为四分之三成员同意即可）等。在第二次专题会上，巴西、印度、韩国和墨西哥联合提出四方非正式文件，对韩提出的改革文件做大幅精简，仅保留上诉机构成员长任期制的改革建议。尽管中国与欧盟等大部分成员对讨论四方文件持开放态度，但美反对态度强烈，坚称连任不能变成自动程序，强调世贸成员藉连任程序对上诉机构成员问责完全合情合理。由于美国的立场与各方差距甚大，加之张胜和的席位已被填补，各方讨论连任问题的意愿减弱，专题会议最终草草了事、无果而终。

张胜和连任事件发酵于美大选白热化之际，两党候选人竞相发表对世贸组织的强硬看法，引发各界焦虑。著名国际贸易法教授格雷戈里·谢弗（Gregory Shaffer）在其主笔的专栏中显得忧心忡忡，"USTR（在张连任问题上）的傲慢若发生在特朗普治下的美国是可以理解的，但奥巴马政府怎能如此行事？"[①] 几个月后特朗普爆冷胜选，上诉机构的长期批评者罗伯特·莱特希泽（Robert Lighthizer）2017 年 1 月 3 日被提名担任 USTR 大使，形势变化更加令人不安。

## （三）危机浮现

2017 年上诉机构又一次面临两席成员的遴选工作：墨西哥籍成员里卡多·拉米雷斯-埃尔南德斯（Ricardo Ramirez-Hernandez）和比利时籍成员彼得·范登博舍（Peter Van den Bossche）将分别于 6 月 30 日和 12 月 11 日结束第二任期。在 2017 年上半年的 DSB 例会上，各方就两席遴选程序是分开还是合并推进始终难有共识，遴选程序迟迟不能启动。究其原因，DSB 主席透露是因为有两名世贸成员坚持两席遴选应分开推进。其中一名成员据传来自拉美，其希望拉米雷斯的席位继续由拉美人填补，而该成员已做好提名准备。美国是另一个力主分开遴选的世贸成员，其在 2017 年 5 月 DSB 例会上明确表示，由于国内政权交接以及莱特希泽刚上任等原因，目前仅能同意先启动填补拉米雷斯席位的遴选。尽管绝大部分世贸成员表态对如何推进遴选有灵活性，但欧盟

---

① Gregory Shaffer, "Will the US Undermine the World Trade Organization?", *The World Post*, 23 May 2016.

不知出于何种考虑，始终坚持两个遴选程序必须合并推进。在美欧僵持之下，拉米雷斯空出的席位迟迟未能填补。

然而，一波未平一波又起。8月1日，上任仅八个月的金炫宗突然以即将出任韩国文在寅政府贸易部长为由向上诉机构提出辞呈，且要求辞职立即生效。根据《上诉审议工作程序》第14（2）条的规定，上诉机构成员的辞职须在提出辞呈90日后方才生效，除非DSB在咨询上诉机构后另有决定。因此，金在未获DSB同意的情况下要求立即辞职存在合规瑕疵。时任DSB主席、日本大使伊原纯一（Junichi Ihara）对此视而不见，甚至还为金开脱，称金在接任部长后已不符合DSU第17.3条规定的"上诉机构成员不能隶属于政府"的要求，其立即辞职符合规则，建议尽快启动填补其席位的遴选[1]。

美国此时却唱起反调，称金的辞职引发了体系性问题，现阶段不应急于启动遴选：其一，金炫宗、拉米雷斯是欧盟—脂肪醇（印尼）（DS442）的审案庭成员，该案裁决报告计划于9月5日散发，但散发时两人均已离任，这与DSU第17.1条关于任何案件须由三名上诉机构成员审理的要求相悖；其二，DSU第17.2条仅允许上诉机构成员最多任职两个任期，拉的第二任期已于6月30日届满，上诉机构依据《上诉审议工作程序》第15条允许拉继续审案已属超越DSU授权。美国承认第15条确有助于提高审案效率，也欢迎拉审结手头案件，但强调离任成员能否继续审案必须交由DSB决定。

尽管中国、欧盟、巴西等大部分世贸成员反对将遴选捆绑所谓体系性问题，但美态度强硬、毫不妥协。在9月15日DSB主席召集的非正式会议上，美国批评各方称，当务之急是解决美提出的体系性问题，此时盲目推动遴选只会制造更多问题。面对巴西等提出的"填补空缺席位是世贸成员应尽义务"[2]的主张，美国讥讽此种认知过于短视，美提出体系性关切都是因为DSB长期默许上诉机构违规。11月24日，上诉机构散发一份有关《上诉审议工作程序》第

---

[1] 2017年8月31日DSB会议纪要，参见WT/DSB/M/400，第7页。

[2] DSU第17.2条规定"DSB应任命在上诉机构任职的人员……[上诉机构成员]空额一经出现即应补足（Vacancies shall be filled as they arise）"。该条通过使用"shall"表明填补空缺席位是由全体世贸成员组成的DSB应尽的义务。

15 条来龙去脉的解释文件，试图隔空回应美国的批评[1]。但美不依不饶，批评文件避重就轻，选择性叙事，根本无法自圆其说。

在 DSB 主席此后组织的多轮工作层磋商中，各方普遍认为处理《上诉审议工作程序》第 15 条不存在技术障碍，澳大利亚、日本、加拿大等成员甚至表态愿牵头草拟解决方案，但美反应冷淡，许多成员开始怀疑其杯葛遴选是醉翁之意不在酒。面对金炫宗意外离职造成的复杂局面，欧盟与拉美成员转而试图从填补拉米雷斯和范登博舍席位的遴选入手，以尽可能减少上诉机构的空席。这些成员弥合了此前的立场分歧，于 11 月 10 日联合向 DSB 提交了合并推进填补拉、范两人席位的遴选提案（简称 609 提案）[2]。中国、澳大利亚、新西兰、韩国等争端解决机制主要使用方迅速跟进，在 2018 年 1 月初成为首批联署方，这也鼓舞了越来越多的成员加入联署。

对于 609 提案背后的迂回策略，美国毫不买账，以《上诉审议工作程序》第 15 条问题尚未解决为由明确表示反对启动任何席位的遴选。随着范登博舍离任，七人编制的上诉机构在经过 2017 年的动荡后减员至四人。更严重的是，毛里求斯籍上诉机构成员史瑞·瑟凡辛（Shree Servansing）的首个任期将于 2018 年 9 月 30 日届满，若其连任受阻，上诉机构届时仅剩三名成员，这是维持其运转的最低人数，上诉机构将面临史无前例的生存危机。

## （四）全面引爆

正当外界猜测莱特希泽治下的 USTR 何时将回到谈判桌前，提出放行遴选的具体要价时，美国却决定继续推高上诉机构危机的烈度。2018 年 3 月 1 日，USTR 公布了《2018 年总统贸易议程》，系统性罗列出美对争端解决机制，尤其是对上诉机构的各种不满。美国的指责分为两部分：一是批评上诉机构对贸易救济等实体规则的解释不当，将美个案的败诉归咎于上诉机构的"司法造法"；二是批评上诉机构在运作中存在"体制性问题"，具体包括超期裁决、《上诉审

---

① 参见 JOB/AB/3。
② 参见 WT/DSB/W/609。

议工作程序》第 15 条问题、作咨询性意见、违规审查事实问题、自封先例效力等五大程序性违规事项[①]。从《2018 年总统贸易议程》看，美来势汹汹，对上诉机构满腹怨气，一场暴风雨恐难避免。

鉴于遴选僵局在技术层的讨论久无进展，解决问题必须要各方注入更多政治动能。为此，中国主动设置议题，提请 2018 年 5 月 8 日的总理事会讨论上诉机构遴选僵局。这是自危机出现以来世贸组织最高权力机构首次就遴选僵局展开讨论。在会上，中国批评美持续阻挠遴选已使争端解决机制陷入前所未有的困境，美将解决其关切挂钩遴选的行径是滥用"全体一致同意"的议事规则。"世贸组织是成员驱动的组织，但绝不是仅由一个成员驱动的组织"，时任中国常驻世贸组织大使张向晨掷地有声的发言引发了广大成员的强烈共鸣。会上共有 140 多个世贸成员单独或集体发声，呼吁尽快打破遴选僵局。其中，欧盟、墨西哥、俄罗斯、巴西、印度等主要成员明确支持中方立场，坚决反对将解决美所谓体系性关切挂钩启动遴选。面对被"围攻"的局面，美国似早有心理准备，上任不足一月的美国大使丹尼斯·谢伊（Dennis Shea）直到最后时刻才举牌要求发言。除重复上诉机构违规越权的老调外，他还倒打一耙，称就算美的阻挠行为具有破坏性，那也是因为美多年来的警告未被各方认真对待[②]。

总理事会后，美国开始在 DSB 例会上按照《2018 年总统贸易议程》写定的剧本，对上诉机构进行全方位的否定。在 2018 年 6 月 22 日 DSB 例会上，美国要求讨论超期裁决问题。对这个"老问题"，美国的立场已不再聚焦于上诉机构处理超期问题的透明度和确定性，而是彻底否定超期裁决的法律效力，强调超期报告不能适用反向一致通过规则。在此后半年里，美在 DSB 例会上陆续抛出"违规审查事实问题"、"作出咨询性意见"和"自封先例效力"等其他三项所谓对上诉机构的体系性关切[③]。算上美在 2017 年不断纠缠的《上诉

---

① USTR, "The President's 2018 Trade Policy Agenda" (March 2018), pp. 22—24.
② 2018 年 5 月 8 日 GC 会议纪要，参见 WT/GC/M/172，第 6—15 页。
③ 2018 年 8 月 27 日 DSB 例会，美国对上诉机构审查事实问题提出关切，参见 WT/DSB/M/417，第 10 页；2018 年 10 月 29 日 DSB 例会，美国对上诉机构作咨询性意见提出关切，参见 WT/DSB/M/420，第 10 页；2018 年 12 月 18 日 DSB 例会，美国对既往裁决的先例效力提出关切，参见 WT/DSB/M/423，第 10 页。

审议工作程序》第 15 条问题，其已按照《2018 年总统贸易议程》勾勒的框架，完成了对上诉机构五项程序性违规行为的构陷。

为论证上诉机构的"罪行"，美国不惜曲解 DSU 规则，有时甚至到了前后矛盾也在所不惜的地步。例如，美国一方面在实践中频繁提出基于 DSU 第 11 条的上诉诉请，另一方面却又称 DSU 第 11 条并未规定专家组的义务，争端方无权基于该条提出上诉诉请。由于美对上诉机构的批评显失客观性与公正性，中国、欧盟、加拿大、俄罗斯、印度、墨西哥、巴西等世贸主要成员与之进行了坚决斗争，在相关 DSB 会上当场驳斥美极端发言。此外，中国还在 9 月 DSB 例会上主动出击，就国内法含义在国际法上的定性问题进行系统阐述，客观呈现该问题在理论和实践上的复杂性，以正视听。面对各方批驳，以往好斗的美国全然不在意。美国大使谢伊每次到会发言后便离开会场，无意参与任何讨论。各方逐渐意识到，美对于解决其所谓体系性问题既无动力，也无压力，DSB 已完全沦为美对上诉机构宣传战的工具。

为向美施加更大政治压力，中国与墨西哥等成员紧密合作，积极推动更多世贸成员参加 609 提案，以展现各方对维护争端解决机制有效运作的支持。至 2018 年 7 月，该提案已有 66 个联署成员，遍及美洲、欧洲、亚洲和大洋洲，但 44 个非洲成员却集体缺席，显得格外扎眼。在一次私下场合，哥伦比亚代表甚至激动地表示，当上诉机构亟需成员支持时，"我们的非洲弟兄去哪儿了？"非洲的沉默主要还是顾忌毛里求斯籍上诉机构成员瑟凡辛 9 月 30 日首个任期将届满，希望通过低姿态换取美国同意瑟连任。

然而，美国毫不留情地打破了这些非洲成员的幻想。在 8 月 27 日的 DSB 例会上，美明确反对瑟连任，理由仍是其对上诉机构的体系性关切尚未解决。由于此次例会距离瑟任期届满尚一月有余，且此时正值日内瓦夏休季，很多世贸成员甚至未派员参会，各方一时间被打个措手不及。此时的形势无比明确：上诉机构正在滑落深渊，改革可能是打破僵局、摆脱危机的唯一路径。

## 二、上诉机构改革的讨论

### （一）改革起势

本次上诉机构的危机前所未有，不仅解决问题的窗口期短，且实体与程序问题交织，改革方案必须及时、全面、周到，能承担破局重任的只能是中国、欧盟等世贸主要成员。由于中国与欧盟改革理念类似，双方迅速接近。在中欧世贸组织改革联合工作组机制①下，双方在北京、布鲁塞尔和日内瓦三地的工作层自 2018 年 9 月初开始便展开多轮密集磋商，最终于 10 月中旬达成了全面且务实的改革方案。考虑到美国对上诉机构程序和实体规则方面的关切在争议性、成熟度和解决难度上存在较大差异，中欧提案提出了"两步走"框架：第一步，通过修改 DSU 等路径妥善解决美五项程序性关切，同时强化上诉机构的中立性与独立性，以此换取美同意启动遴选；第二步，针对美对实体规则的关切，在不预断各方立场的情况下启动相关磋商与讨论。

10 月中下旬开始，中欧双方在日内瓦密切配合，分头争取更多世贸成员参加该提案的联署，得到了加拿大、澳大利亚、巴西、印度等主要成员的积极反馈。10 月 31 日，时任世贸组织总干事罗伯特·阿泽维多（Roberto Azevêdo）召集中国与美欧等八方小范围磋商，试图就通过改革磋商打破遴选僵局进行斡旋。中方与其他六方呼吁各方秉持灵活、务实、理性的态度参与改革磋商，但强调改革不能伤及争端解决机制的核心特征。美国依旧毫不领情，坚称 DSU 规则没有改进必要，危机纯因上诉机构肆意违反 DSU 而致，修改规则是在合法化上诉机构的违规行为。面对立场上的巨大鸿沟，阿泽维多束手无策，会议不欢而散。

11 月初，结合前期提案推广工作的进展情况，为争取更多世贸成员参加联署，中欧联合提案做了结构调整，内容一分为三②，既保留组合起来总体内

---

① 该机制根据 2018 年 7 月第 20 次中欧领导人会晤联合声明建立。
② 拆分后的三份文件：一是政治声明，强调联署方已通过提案处理美国提出的程序性关切，阐明对谈判处理美对实体规则的关切持开放态度，参见 WT/GC/197；二是解决美全部五项程序性关切的改革提案，参见 WT/GC/W/752；三是处理审限、遴选等深层次问题的改革提案，参见 WT/GC/W/753。

容不变，同时又形成搭配关系，给予成员更多联署选择。但拆分提案也不是没有代价。由于担心拆分破坏原提案内容的总体平衡性，使本应一揽子推进的改革可能变成只解决美国关切的妥协，巴西等部分成员犹豫再三后最终未参加联署，而此前暗示将在提案拆分后联署的日本也最终跳票。11 月 22 日，中欧联合提案的各联署方提请将提案列入 12 月 12 日举行的总理事会议程。一周后，联署方中的澳大利亚和新加坡却又另起炉灶，在没有事前知会中欧等主要联署方的情况下抛出一份倡议性提案，敦促尽快推动有关解决"司法造法"问题的讨论[①]，引起了联署方阵营内部的不快。

不出意外，中欧联合提案成为 12 月 12 日总理事会上的焦点议题。除 11 个联署方发言推介外，还有 30 个世贸成员围绕提案就改革问题阐述立场。俄罗斯、巴西、南非、日本、土耳其等各方纷纷赞赏提案的建设性，表态愿积极考虑联署，反对美将遴选挂钩其他问题。各方还建议总理事会主席构建相关磋商机制，推动会后继续讨论上诉机构改革问题，争取及早达成解决方案。[②]

美国完全否定联合提案的价值，称危机系上诉机构违规所致，批评提案聚焦修改 DSU 而不是对上诉机构追责，犯了方向性错误。美国大使谢伊强调当务之急是各方要反思危机产生的根源，并抛出了两个"为什么"（Why）问题：为什么上诉机构敢长期肆意违规？为什么世贸成员对此视而不见？谢伊提出的这两个"为什么"问题被戏称为"灵魂拷问"，表面上好像要对危机进行溯源探讨，实则是要将无法遴选的脏水泼向上诉机构和世贸其他成员。在"为什么"问题的掩护下，美国一方面嚷着要推动破解危机的集体反思，另一方面又完全无意参与任何实质性讨论。

鉴于各方都至少表态愿推动解决危机的讨论，时任总理事会主席、日本大使伊原纯一便顺势建议在总理事会下设立非正式进程机制，以集中讨论上诉机构改革议题。由于该建议未遭到任何成员的反对，非正式进程机制得到了总理事会的正式授权。会后，伊原纯一马不停蹄地与各主要成员磋商，听取各方对

---

① 参见 WT/GC/W/754/Rev.1。
② 2018 年 12 月 12 日总理事会会议纪要，参见 WT/GC/M/175，第 18—43 页。

下一步磋商安排的具体意见和建议。中国与大部分成员对磋商工作的看法相近，均希望下一步讨论应坚持以文本为基础，秉持"尽早启动、密集讨论、聚焦议题"的理念积极推进。在2019年1月17日首次非正式机制全会上，候任DSB主席、新西兰大使戴维·沃克（David Walker）被伊原纯一任命为磋商协调员，负责具体推进后续工作。在中欧联合提案的强势助力下，通过改革解决上诉机构危机的磋商正式起步。

## （二）磋商折戟

出任协调员后，沃克大使在总理事会授权下积极展开了改革磋商（该磋商又被称为沃克进程，Walker Process）。按照沃克的建议，改革的两大目标分别是完善上诉机构运作和尽快打破遴选僵局。为兼顾磋商效率与透明度，沃克进程由小范围会议和全会两种形式组成：前者由20多个主要成员参加（基本均为争端解决机制的主要使用方），所有实质性讨论在此范围内展开；全会对所有成员开放，但主要是通报小范围会议进展并听取各方意见建议。

在磋商内容方面，沃克接受了主流意见，坚持以文本为基础展开讨论。一时间，各方热情高涨。洪都拉斯、中国台北、巴西、日本、泰国、贝宁（代表非洲集团）等成员在2019年上半年先后提出各类提案，加上此前的中欧联合提案和澳新提案，改革方案已多达12个。[1] 然而，各方的努力并未得到美国的积极回应。尽管沃克进程是大使级磋商，但美国大使谢伊仅出席过两次讨论，其余会议基本指派法律参赞参会，且参会人员全程只听会、不发言，完全一副事不关己的姿态。

美国的消极态度进一步引起各方普遍不满：一方面，广大世贸成员继续在DSB例会以及沃克进程中对美施加压力，敦促其通过改革"向前看"而不是"翻旧账"；另一方面，小范围会议的主要参与方私下达成默契，在讨论各方提案时互不拆台，以免美坐收渔利。到2019年6月，沃克进程已完成对桌面上所有提案的讨论，

---

① 各方提案情况见附件二。

但美国的消极导致磋商只能蜻蜓点水，难以深入。中方曾试图与各方探讨通过投票强行启动遴选程序的可行性[①]，希藉此向美施加更大压力，但各方顾虑重重，明显缺乏讨论意愿。发达成员主要担心因此触怒美国，彻底失去磋商解决危机的可能性，甚至可能迫美采取更极端的举动；发展中成员主要担心票决一旦成为先例，未来若被引至规则谈判等领域，将严重削弱他们抵抗发达成员攻势的能力。

面对似乎无解的僵局，沃克做出了最后努力。他在 7 月 15 日举行的第九轮小范围磋商中抛出基于自身判断拟订的改革建议（沃克案文）[②]。该建议较为原则，从改革内容看是各方提案的最大公约数，全面覆盖了美国提出的所有关切，总体较易为各方所接受。沃克考虑以总理事会决议的形式通过该建议，希望藉此换取美同意启动遴选。在 7 月 23 日总理事会上，沃克正式向全体世贸成员介绍其改革建议，但美毫不领情，指责沃克案文只是简单重申 DSU 已有的规定，若上诉机构此前已肆无忌惮地违规，拿什么保证总理事会通过的这份决议就能使其"洗心革面"？

各方对美国的蛮横固然不满，但由于沃克案文推出前并未与各方充分协商，欧盟、俄罗斯等 30 多个成员虽在会上发言，但既未为沃克案文作过多辩护，也未直接驳斥美国的歪理，只是原则表态敦促美建设性参与磋商。此时唯有中国挺身而出，强调沃克案文至少算得上是个半成品，世贸成员为推动磋商付出了耐心与真诚，美国有责任对各方努力作出实质性回应。尽管改革磋商在形式上仍在继续，但美国的决绝态度令部分世贸主要成员不得不考虑后手方案。7月 25 日，欧盟与加拿大联合通报 DSB，双方达成基于 DSU 第 25 条的双边上诉仲裁机制，以作为上诉机构停摆后的应急安排[③]。

---

[①] 此前学界曾对投票强行启动遴选的设想进行过探讨。Petersmann, Ernst-Ulrich, "How Should WTO Members React to Their WTO Crises?", *World Trade Review*, 2019, Vol. 18, No. 3, pp. 503—525; Jennifer Hillman, "Three Approaches to Fixing the World Trade Organization's Appellate Body: The Good, the Bad and the Ugly?", *Institute of International Economic Law*, Georgetown University Law Center, December 2018, pp. 8—9.

[②] Informal Process on Matters Related to the Functioning of the Appellate Body-Report by the Facilitator, H.E. Dr. David Walker (New Zealand), 25 July 2019, 参见 Job/GC/220.

[③] 参见 JOB/DSB/1/Add.11.

面对美国的强硬，沃克仍未放弃努力。在随后的三个多月中，他一方面继续召集小范围会议，称其不排斥对沃克案文作任何修改，欢迎各方集思广益；另一方面则召集更小范围的主要成员磋商，希望美国能够明确要价，建设性参与解决方案的讨论。不过，美国心意已决，全然没有妥协意愿。谢伊在一次核心成员大使级磋商中表示，美国认为美欧在上诉机构定位上存在根本理念分歧。他批评欧盟视上诉机构为国际贸易法院，纵容其司法造法，而美认为上诉机构只负责解决个案，授权有限。谢伊强调，美同意讨论任何解决方案的前提是世贸成员必须公开认可美国对上诉机构的"违规"定性。谢伊最后还放出狠话，称上诉机构若不能回归初心，还不如停摆。

眼见改革磋商成功的可能性越来越小，各方态度明显分化：大部分发展中成员开始保持缄默；日本等个别成员绥靖情绪越发明显，有意无意地放风称若美可实质性参与改革磋商，不反对通过总理事会决议等形式迎合美对上诉机构违规的定性；唯有中国、欧盟、加拿大等少数主要成员仍敢于坚持公道的原则立场，强调改革不是对个案裁决翻案的工具，不能全盘否定上诉机构的作用和贡献，反对为推进改革设置任何前提条件。

## （三）最后时刻

即便上诉机构已奄奄一息，美仍不放过任何继续打压的机会。11 月 12 日，美国在预算委员会上否决秘书处依惯例编制的世贸组织预算，理由是上诉机构明年将停摆，不应安排任何资金。11 月 22 日，美国在 DSB 例会中正式将薪酬问题上升为对上诉机构的又一项体系性关切，称上诉机构成员的薪酬极不合理：一方面，美强调该职务只是兼职工作（part-time job），但从 2019 年薪酬看，上诉机构成员领取的报酬"竟远高于全职的世贸组织副总干事"[①]；另一方面，美影射"月薪加工作日津贴"的薪酬结构提供了错误的激励因素，导致上诉机构成员故意作冗长裁决，延长审理时间，以获得更高的津贴收入。

---

① 2019 年 11 月 22 日 DSB 例会纪要，参见 WT/DSB/M/437，第 12 页。

面对美国气势汹汹的责难，大部分成员选择明哲保身，欧盟等少数发言成员也只表态愿理性探讨薪酬问题，只有中方挺身而出，基于客观事实对美国言论予以了系统性驳斥：首先，上诉机构的预算标准由总理事会依据预算委员会的建议确定，DSB 不是讨论此类财务标准的合适场合；其次，支付上诉机构成员高薪酬符合制度设计本意，DSB 组建上诉机构的一号文件 [1] 明确指明要用高薪酬延揽高水准人才，弥补其任职期间因利益冲突损失的工作机会；再次，2019 年上诉机构成员的薪水存在特殊性，当年仅剩三位成员，每个成员被分摊的受案量大增而致薪酬增加，但在以往正常年份中上诉机构成员的薪酬水平低于国际法院法官等国际裁决机构的同行；最后，世贸成员有权通过适当渠道探讨调整上诉机构成员的薪酬安排，但不能藉此干扰上诉机构成员的独立性和正常履职。尽管中方有力澄清了相关事实，但美国只想宣泄对上诉机构的不满，对于事实本身毫无讨论兴趣。

12 月 4 日，时任上诉机构主席、美籍成员托马斯·格雷厄姆（Thomas Graham）致函 DSB 主席及所有未审结案件的当事方和第三方，表示上诉机构在 12 月 11 日停摆后只能就已召开过听证会的三起案件 [2] 完成上诉审理。这引发了部分未审结上诉案件当事方的强烈反弹，因为《上诉审议工作程序》第 15 条授权离任成员可审结所有未了案件，以听证会是否召开作为第 15 条适用的分界点缺乏规则依据，此前也从未有类似实践。随着美在 12 月 10 日总理事会上再次否决沃克案文，上诉机构停摆已无可避免。当日，印度籍和美国籍上诉机构成员任期届满，上诉机构仅余下中国籍上诉机构成员赵宏。因不足最低审案人数，上诉机构自 12 月 11 日起停止审理新案件和未举行听证会的九起已上诉案件。

总理事会结束第二天，总干事阿泽维多便着手介入，试图为解决危机做最后努力。12 月 13 日，阿泽维多召集中国、美国、欧盟等 20 个世贸主要成员

---

① 参见 WT/DSB/1，第 12 段。
② 三案分别是澳大利亚—平装烟草（洪都拉斯／多米尼加）（DS435/441）、俄罗斯—铁路设备（乌克兰）（DS499）和美国—超级压光纸（加拿大）（DS505）。

举行大使级会议。他在会上提出了在不触及各方红线（即二审终审、裁决报告仍按反向一致规则通过以及保证秘书处独立性）前提下，推动上诉机构"结构性变革"（如强制上诉机构秘书处人员定期轮岗、落实上诉阶段中期报告审议制度等）的思路，并鼓励各方开放思维、大胆创新。此外，他还表示已针对所谓上诉机构成员报酬过高问题启动相关审计，同时要求秘书处认真研究其他国际司法和仲裁机构相关实践，以供上诉机构改革借鉴。2020 年 1 月 22 日，阿泽维多在达沃斯世界经济论坛年会期间与美国总统特朗普"不期而遇"，畅谈半小时后举行联合记者会。阿泽维多在向主要成员通报会谈情况时显得信心十足，称美无意"退群"，而是要彻底改革世贸组织，还表示特邀请他未来到华盛顿进一步面谈。一时间，上诉机构危机似又现转机。

不过，事实证明特朗普只是想拉阿泽维多为其站台，特朗普本人以及美国政府对恢复上诉机构运作毫无诚意。2 月初，阿泽维多信心满满飞赴华盛顿，本打算寻机与美高层作进一步交流，但最终铩羽而归。2 月 11 日，USTR 针对上诉机构发布专题报告，围绕此前为上诉机构定下的"六宗罪"进行"精加工"，以凸显其罪行严重[1]。面对美国的步步紧逼，总干事显然已无更多斡旋余地。2 月 17 日，阿泽维多再度召集主要成员小范围磋商，但其已转换话题，主要呼吁各方在构建上诉仲裁等替代机制时尽可能避免碎片化，以便秘书处提供技术支持。会议议题的变化意味着阿泽维多放弃了最后的尝试。

随着新冠疫情开始在欧洲暴发，任何涉及实体会议的程序都被迫中止，争端解决活动也因封城措施而受到很大影响。上诉机构依据《上诉审议工作程序》第 15 条审结的最后三份报告分别于 2 月 4 日和 6 日、6 月 9 日正式散发[2]。美国除继续纠缠第 15 条问题，否定三案上诉机构报告的法律效力外，竟开始攻击中国籍上诉机构成员赵宏的独立性，以发泄对上诉机构裁决其在美国—超级压光纸（加拿大）（DS505）中败诉的不满。美国完全基于利益算计不惜胡编

---

[1] USTR, "Report on the Appellate Body of the World Trade Organization", February 2020.
[2] 2020 年 2 月 4 日，俄罗斯—铁路设备（乌克兰）（DS499）上诉机构报告散发；2020 年 2 月 6 日，美国—超级压光纸（加拿大）（DS505）上诉机构报告散发；2020 年 6 月 9 日，澳大利亚—平装烟草（洪都拉斯/多米尼加）（DS435/441）上诉机构报告散发。

乱造的恶劣行径遭到中国代表当场严正驳斥，欧盟、加拿大等主要成员也表达了强烈不满[①]。

眼见上诉机构瘫痪困境短期内难以解决，世贸组织也开始做相应人事和机构调整。阿泽维多7月1日宣布世贸组织新设一个司局[②]，原上诉机构秘书处司长维尔纳·茨杜克（Werner Zdouc）平调该司，上诉机构秘书处其他员工也将分流至不同司局。11月30日，赵宏任期届满离任，上诉机构至此已没有在任成员，这个DSU规定的常设机构彻底沦为"只在纸面上存在的机构"[③]。

## 三、核心问题与博弈焦点

尽管上诉机构陷入危机有多重原因，但美国毫无疑问是危机最直接、最主要的推手。在危机演变与改革磋商中，美不断追加上诉机构"违规越权"的罪状，最终形成涵盖程序和实体规则问题的"六宗罪"，各方也围绕这六大问题进行讨论，探索解决方案。

### （一）90天审限问题

美国认为，DSU第17.5条规定上诉机构最迟须在争端方正式提出上诉通知之日起的90天内散发裁决，而上诉机构从2011年开始便不再就超期问题事先征得争端方同意，且超期裁决情况越发严重，2014年5月后的所有案件均未能在90天内审结。美国指责上诉机构超期裁决不仅削弱了争端解决机制的效用，降低了对不遵守义务成员的威慑，还为上诉机构做"咨询性意见"等其他越权行为提供了"便利"[④]。美国主张，未事先征得争端方同意的超期裁决不是上诉机构裁决，不应适用反向一致的通过规则。

广大世贸成员虽认可遵守90天审限是上诉机构的义务，但对超期裁决的

---

[①] 2020年2月28日DSB例会纪要，参见WT/DSB/M/441，第22页。
[②] 世贸组织秘书处组建的新司局（division）具体负责"知识与信息管理、学术外联以及世贸讲席项目"，参见 https://twn.my/title2/wto.info/2020/ti200701.htm。
[③] 赵宏卸任演讲，参见 https://www.wto.org/english/tratop_e/dispu_e/farwellspeechhzhao_e.htm。
[④] USTR, "Report on the Appellate Body of the World Trade Organization", February 2020, pp. 26—32.

根源及后果有不同看法。中国、欧盟、加拿大、巴西、俄罗斯、印度等大部分主要成员认为超期不能完全归咎于上诉机构：一方面，90 天审限包含了案件排期、审理、翻译等多个环节，真正审理的时间只有 60 天上下，而占用大量时间的排期和翻译工作不是上诉机构能控制的；另一方面，近年来案件数量和复杂度不断攀升，加上许多争端方采取激进的诉讼策略（如当事方滥提诉请，上诉文件长篇累牍等），客观上增大了上诉机构遵守审限的困难 [1]。此外，各方坚决反对美将审限问题挂钩裁决报告的法律效力，强调超期报告仍是上诉机构报告，DSU 第 17.14 条规定的反向一致通过规则应继续适用 [2]。

其实，一项争端从提起磋商到执行完裁决通常至少需两至三年，美欧围绕民用飞机补贴措施等争端甚至已纠缠十余年且尚未最终了结。因此，上诉程序多耽搁一个多月事实上影响有限，裁决质量才是关键，不能为机械遵守 90 天审限而牺牲裁决质量 [3]。从司法实践看，DSU 为上诉机构设定明确的审限并非国际裁决领域的普遍实践，许多世贸成员的国内诉讼程序也没有审限规定。从谈判历史看，各方确定的 90 天审限并非基于对裁决实践的科学估测，而主要是政治考虑：乌拉圭回合达成 DSU 的主要目的之一是要说服美国放弃采用"301条款"单边措施，转而通过世贸争端解决机制处理纠纷。考虑到美国"301条款"要求 USTR 在启动调查后的 12 个月内做出决定 [4]，为表明争端解决机制的效率不逊于"301条款"调查，DSU 设定的专家组审限（9 个月）和上诉机构审限（90 天）之和恰好与之齐平 [5]。实际上，世贸成员普遍认同裁决质量应优先于裁决效率，解决超期问题应客观分析原因、综合施策。

---

[1] 参见 WT/AB/20，第 32 页。

[2] 例如在 2018 年 6 月 22 日的 DSB 例会上，欧盟曾就超期裁决对上诉机构报告效力的影响问题评论表示，DSU 第 17.14 条规定的反向一致规则并没有前提条件。换言之，"延迟"（late）的上诉机构报告和"及时做出"（timely）的上诉机构报告在效力上是相同的（2018 年 6 月 22 日 DSB 例会纪要，参见 WT/DSB/M/414，第 17 页）。

[3] 2018 年 6 月 22 日 DSB 例会纪要，参见 WT/DSB/M/414，第 23 页。

[4] Section 301 of the Trade Act of 1974 (19 U.S.C. §2411).

[5] Bernard Hoekman & Petros C. Mavroidis, "Burning Down the House? The Appellate Body in the Centre of the WTO Crisis", European University Institute, Robert Schuman Centre For Advanced Studies, Global Governance Programme Working Paper No. RSCAS 2019/56, July 2019.

在改革磋商中，各方提案对解决 90 天问题的核心建议基本相同，主要是要求上诉机构提前就可能的超期行为征得争端方的同意，允许上诉机构在一定情况下为遵守审限而向争端方提出聚焦上诉议题、限制文件篇幅等行政性建议。此外，各方也意识到上诉机构的裁决能力与现行审限不匹配，需要进一步调整：中欧联合提案建议加大对上诉机构的资源投入；洪都拉斯提案主张侧翼迂回，即不调整现行审限，但通过调整审限计算标准（仅算工作日）或是将翻译时间不计入审限等方法，实质上增加上诉机构的审案时间；非洲集团提案则更为直接，建议将审限延长至 120 天。也许是考虑到 90 天问题对美的政治敏感性，沃克案文最终采纳了各方提案的最大公约数，仅要求上诉机构就可能的超期裁决事先征得当事方同意。

## （二）《上诉审议工作程序》第 15 条问题

美国认为，DSU 是上诉机构制订《上诉审议工作程序》的上位法，《上诉审议工作程序》不得与之抵触。DSU 第 17.2 条已明确规定上诉机构成员须由 DSB 任命，一届任期四年但可连任一次。但是，《上诉审议工作程序》第 15 条却允许上诉机构授权任期届满的成员审结手头未了的上诉案件，这相当于未经 DSB 批准延长上诉机构成员的任期，违反了 DSU 第 17.2 条的规定[1]。

其他世贸成员普遍认为，第 15 条总体借鉴了例如国际法院等国际裁决机构的通行做法[2]，本意并非要藉此延长上诉机构成员任期，而是为保证上诉机构成员交接不影响审案效率。尽管印度在《上诉审议工作程序》首次生效时曾对第 15 条表达过关切[3]，但包括美国在内的所有成员在此后 20 多年的争端实践中再未就此提出过质疑，其事实上已成为实践惯例。因此，美国突然对其全盘否定是完全没有说服力的。

实际上，绝大部分成员对第 15 条的担忧不在于问题本身，而在于如何避

---

① USTR, "Report on the Appellate Body of the World Trade Organization", February 2020, pp. 32—37.
② 参见《国际法院规约》第 13（3）条，https://www.un.org/chinese/law/icj/statute.htm。
③ 1996 年 2 月 21 日 DSB 会议纪要，参见 WT/DSB/M/11，第 12 页。

免解决方案可能带来的负面影响：一方面是溯及既往的问题。第15条行之有年，若认定此条无效，则既往有离任上诉机构成员参与的裁决是否仍具有上诉机构报告的法律效力，是否仍适用DSU第17.14条规定的反向一致通过规则？另一方面是未来如何处理的问题。美国明确反对将第15条纳入DSU，坚称离任成员能否审结手头案件交由DSB决定即可，且其更倾向于DSB逐案决策，而不是对此类问题做体系性安排。考虑到DSB决策需协商一致，逐案决策将导致任何世贸成员，即便是非争端方都握有一票否决权，个案裁决效率和效力都将面临巨大不确定性，并会附带削弱上诉机构的独立性。

在改革磋商中，各方对于解决第15条问题的思路相对一致，基本都主张通过机制性安排，尽可能减少离任成员手头留有积案的可能性，主要建议包括中方原创的不在上诉机构成员任期尾声分配新案，以及仅允许离任成员继续审理已召开过听证会的案件等。此外，中欧等成员的提案还考虑了第15条问题与遴选的关系，建议增加自动启动遴选程序、允许离任成员在一定条件下继续履职受理新案等规定，避免遴选的波折对上诉机构运作造成直接冲击。此种全面解决问题的思路最终被沃克案文所采纳。

## （三）事实问题

美国表示，DSU第11条和第17.6条明确区分了专家组和上诉机构不同的审案权限：专家组全面审查事实与法律问题，而上诉机构只能审查"专家组报告涉及的法律问题和专家组所作的法律解释"。美认为上诉机构违规审查事实问题主要表现在两方面：第一，将DSU第11条关于专家组应"客观评估"涉案事项的规定错误理解为是专家组应履行的法律义务，认为自己有权审理基于该条提出的上诉诉请；第二，无视国内法含义是事实问题这一"国际法上普遍认可的定论"，对专家组有关被诉方国内法含义的调查结果进行复核。根据美国的理解，上诉机构无权触碰与事实问题相关的任何事项。[①]

---

[①] USTR, "Report on the Appellate Body of the World Trade Organization", February 2020, pp. 37—46.

各方虽同意上诉机构仅可审查法律问题，但中国、欧盟、巴西等世贸主要成员不赞同美在 DSU 第 11 条和国内法含义等具体问题上的极端看法。在 DSU 第 11 条问题上，大部分世贸成员认为该条规定的"客观评估"是专家组须遵守的法律义务，上诉审查的重点是专家组处理争端方主张或证据的方式，而不是重新评估主张或证据本身的内容，因此并不构成审查事实问题。在国内法含义问题上，绝大部分世贸成员承认该问题在学术和实务上的复杂性，但担心按美立场推进改革将严重影响上诉机构审查法律问题的能力。对于美所谓的"国际法界早已认定国内法是事实问题"的论调，各方并不认同。巴西代表曾讽刺美选择性援引相关国际法专著，因为同一本专著在稍后的部分明确指出"国内法是否仅是事实"需要进一步的讨论和审视[1]。

客观看，上诉机构在 DSU 第 11 条和国内法含义方面的实践中存在瑕疵，但全盘否定其既往实践肯定过于武断。即便 DSU 第 11 条使用了义务性弱于"shall"的"should"，但该措辞差异不足以改变其法律义务的性质。事实上，上诉机构为 DSU 第 11 条的诉请设置了较高的审理门槛，实践中能成功主张者寥寥无几，较好平衡了对专家组审查事实问题的尊重和对其可能滥权的制约，基本符合各方期待。至于国内法含义，其实上诉机构对此一向谨慎。除在概念上明确认定其属事实问题外，在实践中也常以专家组裁决无足够事实调查结论为由，拒绝在上诉中"完成分析"，避免插手专家组的事实审查权。然而，法律定性问题（如相关国内法是否符合世贸规则）存在灰色地带：它落入上诉机构的审查权限，但审查时又不可避免地触碰国内法含义，毕竟查明事实与确定法律适用紧密相连[2]，常涉及如何在世贸规则语境下对个案相关事实进行归类和认定。比如，判断某些做法是否是持续行为，进而构成"其本身可被挑战的措施"（as such measure）等。可见，无视国内法含义问题在实践中的复杂性，

---

[1] Ian Brownlie, *Principles of Public International Law*, 7th edition, 2008, p 38. 关于巴西就国内法含义问题对美立场的具体批评可参见 2018 年 8 月 27 日 DSB 例会纪要（WT/DSB/M/417，第 21—23 页）。
[2] Simon Lester, "The Development of Standards of Appellate Review for Factual, Legal and Law Application Questions in WTO Dispute Settlement", 4(1) *Trade Law and Development* 125 (2012) 128, pp.125—149.

强迫上诉机构以非黑即白的方式处理该问题可能会严重制约其正常履职。

在改革磋商中，各方提案的建议总体较为克制，内容基本一致，仅原则强调上诉机构要从严掌握 DSU 第 11 条的审查标准，不能插手对国内法含义的具体审查。沃克案文基本采用了各方提案的总体立场，并未按美国期望对 DSU 第 11 条以及国内法含义问题作一刀切式的禁止建议。

### （四）咨询性意见问题

美国认为，根据 DSU 第 3.7 条的规定，争端解决的目标不是抽象地解释规则或"造法"，而是帮助世贸成员迅速积极地解决个案争端。部长会议和总理事会才拥有对规则进行权威解释的排他性权利，上诉机构只能结合个案情况"澄清"协定的现有规定。美国批评上诉机构对 DSU 第 17.12 条的理解有误，未能正确行使司法节制（judicial restraint），常就与解决争端无关的问题做出咨询性意见，既影响争端解决的效率，不必要地增加裁决报告的复杂性，还可能引发对相关法律问题考虑不周的风险，进而可能增加或减少成员的权利义务。[①]

其他世贸成员都认可上诉机构的裁决应以解决个案争端为目的，不应通过处理与解决个案争端无关的问题，从而抽象地创设规则。不过，中国、欧盟、加拿大、巴西、印度等绝大部分成员不认同美对 DSU 第 17.12 条的极端解读，认为该条明确要求上诉机构处理上诉程序中的每个问题，建议后续改革时可澄清或修改该条的规定，允许上诉机构可仅就他们认为对解决个案争端存在必要关联的问题进行裁决，以为其减负。

从既往争端解决的实践看，上诉机构的确在部分案件中存在"过度裁决"现象，导致报告的篇幅过长，动辄几百页，影响了裁决效率。但是，此种现象并不普遍。此外，造成"过度裁决"的原因较多，既有上诉机构成员的个人裁决风格因素，更要看到上诉机构面临的机制困境。一方面，司法节制固然是提高裁决效率的利器，但其在 DSU 中并无明确法律依据；另一方面，DSU 第

---

① USTR, "Report on the Appellate Body of the World Trade Organization", February 2020, pp. 47—54.

17.12 条明确要求上诉机构应处理争端方提出的"每一个问题"。可见，解决所谓"咨询性意见"的关键是要给予上诉机构更明确的裁决指引和机制保障。

在改革磋商中，各方在解决咨询性意见问题方面的建议高度一致：一是明确上诉机构仅可处理由争端方提出的问题，不能"自问自答"；二是允许上诉机构仅就与解决争端有必要关联的问题进行裁决，这相当于明确授权其行使司法节制。沃克案文几乎全盘接受了以上改革思路。

### （五）先例问题

美国认为，DSU 并未赋予 DSB 通过的专家组和上诉机构裁决先例效力，任何裁决的效力仅及于个案本身，只有部长会议和总理事会对规则进行的权威解释才具有普遍适用性。美国批评上诉机构抛弃以往的正确做法，在 2008 年美国—不锈钢（墨西哥）（DS344）中创造了"强有力的理由"（cogent reasons）这一 DSU 没有的概念，为偏离既往裁决设置了极高的门槛，事实上赋予上诉机构的既往裁决"先例效力"。美国认为，此种做法束缚了未来案件的裁决空间，放大了上诉机构错误裁决的影响。此外，美还批评由于世贸成员可通过此种先例效力获得在谈判桌上无法取得的结果，各方谈判新规则的动力和积极性也因此被削弱。

其他世贸成员普遍认为先例问题应当一分为二看：一方面，争端解决机制的确没有创设先例制度，任何裁决都是通过澄清规则解决个案争端；另一方面，DSU 第 3.2 条明确要求争端解决机制应为多边贸易体制提供可靠性和可预测性，通过"同案同判"维持规则解释的一致性是应有之义。因此，在一定程度上保持事实上的先例制度有助于节约司法资源，也有助于世贸成员更好地理解和遵守相关规则。多数世贸成员认为，"强有力的理由"的模式其实已为裁决者保留了适当的偏离既往裁决的空间，过去的实践总体是成功的。

维护规则解释的一致性是争端解决机制的核心目标之一，也是世贸成员的普遍期待。先例问题的核心在于裁决者须兼顾规则解释的一致性与准确性，前者要求对相同的法律问题要采用相同的分析思路，后者要求设置能及时纠正错误裁决的机制。"强有力的理由"主要用以实现前者，而后者则应循《WTO协定》第9.2条的"权威解释"机制处理。实际上，"强有力的理由"系前南斯拉夫国际刑事法庭在"亚力克索夫斯基"案中首创，并非上诉机构的新发明，该做法旨在维护裁决的稳定性与可预测性[①]。上诉机构将此模式引入争端解决机制确有助于维护稳定一致的世贸规则解释，这与国际投资争端领域的裁决乱象形成了鲜明对比。至于如何更快更好地纠正错误裁决的问题实际上应通过完善"权威解释"运行机制来实现，将炮口对准"强有力的理由"完全是开错药方。

各方改革提案充分体现了对先例问题两分法的理念，即世贸成员认同上诉机构的裁决不创设先例效力，但出于维护规则一致性和可预测性的考虑，需要未来案件的裁决者考虑与当下争端具有相关性的既往裁决。中欧联合提案则更进一步，直接从问题本质入手，建议设立DSB框架下上诉机构与世贸成员的常态沟通机制，帮助上诉机构及时了解各方对某些体系性问题的看法，以便其在后续实践中作相应调整。该设想承袭了2004年《萨瑟兰报告》关于建议DSB构建机制更好地监督裁决质量的改革理念[②]，有利于进一步平衡规则解释的一致性与准确性，得到绝大部分成员支持，并为沃克案文所采纳。

### （六）"司法造法"问题

美国认为上诉机构在解释实体规则时逾越了自己有限的权限，试图替代谈判者的角色，通过"司法能动主义"（judicial activism）的实践"重新书写、减少或补充协定文本"。美国批评此种"司法造法"行为增加或减少了世贸成员本应享有或承担的权利义务，减损了成员谈判新规则的动力，将世贸组织的主业从谈判转向诉讼。美认为上诉机构"司法造法"的主要表现是其对规则的解释过严，极大削弱世贸成员抵御所谓"不公平贸易行为"的能力，也严重压

---

① Prosecutor v. Zlatko Aleksovski (Appeals Chamber Judgement), IT-95-14/1-A (March 24, 2000), para. 107: "... in the interests of certainty and predictability, the Appeals Chambers should follow its previous decisions, but should be free to depart from them for cogent reasons in the interests of justice."

② Peter Sutherland, Jagdish Bhagwati, Kwesi Botchwey, Niall FitzGerald, Koichi Hamada, Hohn H. Jackson, Celso Lafer and Thierry de Montbrial, "The Future of the WTO—Addressing Institutional Challenges in the New Millennium", WTO (2004), para. 251.

缩了各方追求合理公共政策目标的空间。

尽管世贸成员均表态愿意探讨上诉机构既往对实体规则解释的适当性，但在美所谓上诉机构"司法造法"的定性问题上各方存在明显立场分歧。中国、欧盟等主要世贸成员认为上诉机构的裁决总体客观公正，美在贸易救济等领域长期以来滥用规则进行贸易保护，所谓上诉机构"司法造法"的批评更多是美发泄对具体个案败诉的不满。日本、澳大利亚等少数成员则对美关切持同情或支持态度，认为贸易救济类案件在世贸争端总数中占比逾四成，美是主要被诉方，即便上诉机构总体履职良好，但其在个别贸易救济规则上的从严解释确实对美造成了重大影响，美国的诉求应予积极解决。

从美堆砌的个案"例证"可以看到，美国的不满可分为贸易救济类和技术性贸易壁垒类，前者是大头，而中国更是被描绘成涉美"错误裁决"的最大受益者。无论是《补贴协定》下"公共机构"的定义、外部基准的前提、《反倾销协定》下的"归零法"的合法性还是《保障措施协定》的适用限制等，美国认为上诉机构极大限制其使用贸易救济措施的能力。实际上，上诉机构在这些争端中所做的裁决均有规则依据（既包括世贸协定下的规则，也包括一般国际法准则），并不构成僭越世贸成员规则制定权的行为。其实，在任何争端解决机制下，争端各方都有输有赢，对败诉不满可以理解，但仅以个案裁决是否符合自己的预期作为评判裁决的标准是无法令人信服的。

理论上说，区分是否"司法造法"要看裁决者究竟是在解释规则还是在制定规则。但实践中存在诸多复杂因素：第一，世贸规则中存在诸多"建设性模糊"之处，这是推动艰难议题谈判取得成功的关键，但也为未来可能的各执一词埋下了伏笔；第二，诸多世贸争端在争端方国内有激烈的政治博弈背景，败诉方政府即便知道裁决在法律上站得住脚，也不得不基于政治需要而对裁决提出批评。上诉机构在面对上述两种情况时左右为难，无论做出何种裁决都无法避免当事一方提出"司法造法"的批评，而如果拒绝裁判则极可能引发争端双方的愤怒。尽管 DSU 第 3.2 条要求上诉机构使用依照国际公法的惯例作为解释规则的工具，但这不足以使上诉机构免于"司法造法"的指责。毕竟条约解释的工具并非精准的数学公式，上诉机构仍需在权衡考察各因素权重、证据分量等方面行使自由裁量权，引发争议在所难免。

可能是因为"司法造法"问题过于主观且争议性太大，各方在改革磋商中并没有就该问题提出系统性解决方案，而只是表达了愿意进一步探讨的意愿。不过，日本等部分世贸成员主张应在此问题上对美主动展现更多诚意，建议先就美反复抱怨的《反倾销协定》第17.6条（ii）目进行宣示性表态，沃克案文也持同样立场。不过，这些诚意显然离美国的高要价还有相当距离。

## 四、危机的评述与启示

### （一）上诉机构整体功大于过

自世贸组织成立以来，上诉机构处理了150多起上诉案件，其中不乏荷尔蒙牛肉、民用大飞机案等具有重大经济政治影响的争端案件，为营造良好的国际营商环境做出了巨大贡献，是维护以规则为基础的多边贸易体制不可或缺的机制保障。从规则角度看，上诉机构总体保持了对规则解释的一致性和可预测性，有效弥补了个案专家组临时组庭可能带来的包括规则解释碎片化等风险。从裁决质量看，上诉机构的表现有目共睹，分析和论证缜密细致，被誉为多边贸易体制"国际法的新前沿"。即便与历史悠久的国际法院等国际裁决机构相比，其整体表现毫不逊色，是事实上的"国际贸易最高法院"[1]。

当然，上诉机构并非完美无瑕，部分裁决值得商榷[2]，尤其在运作机制等方面短板不少：一是资源配置不足（如上诉机构成员编制少、任期短，秘书处

---

① 与国际同行相比，上诉机构在编制较少和资源有限的情况下的裁决效率更高。截至2018年底，只有七名成员的上诉机构在停摆前的25年中共作出了155份裁决报告，而有15名常任法官的国际法院在成立后的70多年中共作出160份裁决（包括实质性和咨询性裁决）。此外，根据2018年相关薪酬数据测算，在上诉机构成员齐整时，上诉机构成员的年均薪酬低于国际同行（上诉机构成员22.27万美元，国际法院法官24.5万美元、国际刑事法院法官24万美元）。

② 例如美国、欧盟、墨西哥诉中国原材料出口限制措施案（DS394/395/398）、美国、日本、欧盟诉中国稀土、钨、钼出口管理措施案（DS431/432/433）中有关GATT第20条一般例外与《中国加入议定书》之间的关系等，再如中国诉美国关税法修订案（DS449）中上诉机构以"未完成分析"为由拒绝对美GPX法案是否违反GATT第10.2条做出裁决。

支持人员有限）导致其长期过载，而近年来"逆全球化"思潮蔓延带来的单边主义、霸权主义更是进一步加重其审理负担；二是 DSU 规定不完善导致上诉机构无法充分发挥功能。例如由于缺乏发回重审权，上诉机构在诸多案件中因专家组事实调查不足而无法完成法律分析；三是上诉机构秘书处权责不匹配在一定程度上对危机有推波助澜的作用。秘书处通过撰写案件摘要、草拟裁决等工作在一定程度上"主导"了裁决形成过程与结果，但最终签发裁决并为之负责的却是上诉机构。不过，世贸实体规则本身的模糊性是上诉机构危机最大的根源。世贸规则由 60 余个协定、附件、决议和谅解组成，规则间难免存在漏洞与重叠，加上世贸组织谈判功能长期不振，规则缺陷迟迟无法解决，上诉机构因此动辄得咎，无论怎样严格遵照 DSU 第 3.2 条规定的"解释国际公法的惯例"行事，其裁决结果难以避免争议性。

## （二）美国炮制危机的背后考虑

作为本轮上诉机构危机的制造者，美国对上诉机构的态度经历了"由爱转恨"的历史变化，充分反映出美国在国际法领域一贯"合则用、不合则弃"的利己主义和实用主义心态。在乌拉圭回合 DSU 谈判中，为给强势的美国产业利益消除贸易壁垒，打开更广阔的国际市场，美多从进攻方角度考虑问题，将争端解决机制视为可完全操控并推进美国贸易政策、维护产业利益的工具，希望进一步强化该机制的自动性（automaticity），避免 GATT 时代任何成员均可阻挠裁决的情况再现。最终，以构建上诉机构换取"反向一致"通过裁决的谈判结果使美国得偿所愿。然而，世贸组织成立后世界经济格局"东升西降"趋势加速，上诉机构逐渐成为有独立思想和见解的裁决者，在"归零"等涉美案件中敢于坚持原则，有力维护了规则解释的公正性和稳定性，也鼓舞了越来越多的世贸成员敢于通过争端解决维护自身权益。随着败诉案件的增多，美对越来越无法驾驭的上诉机构倍感失望，看法也不断趋于负面。在特朗普政府登台，尤其是莱特希泽出任 USTR 后，美通过各种理由杯葛遴选，最终图穷匕见，迫使这个"不听使唤"的上诉机构彻底停摆。

对于从来都是实用主义挂帅的美国，评判世贸争端解决机制的唯一标准就是美国能否"赢"。只要能赢下所有案件，那么无论争端解决机制是何种形式，美国都可以接受并将欣然参加。反之，该机制便不符合美国利益，需加以改造或替换。实际上，美对不合意的争端解决机制痛下杀手有过先例。2001年后，美国坚持阻挠通过《北美自贸协定》（NAFTA）下本应常设的仲裁员库，导致墨西哥无法使用NAFTA下的争端解决机制起诉美限制食糖进口的措施[1]。至于美国心目中理想的世贸争端解决机制是什么样，莱特希泽在2020年8月20日向《华尔街日报》的投书中曾透露端倪：将二审制改造为类商事的一审制；允许争端方在"极特殊"情形下搁置一审裁决；相关裁决仅对个案生效，不对其他案件的裁决产生先例效力。[2] 可见，莱特希泽设想中的世贸争端解决机制根本没有上诉机构的位置，所谓要上诉机构"回归1995年"初心的说法只是借口，真正目的是要迫使世贸争端解决机制走回头路，退回到GATT时代的弱势地位，为美凭实力藉双边施压获利扫除机制约束。

### （三）上诉机构改革的展望

尽管改革上诉机构已成为普遍共识，但在实质推进方面仍障碍重重。一方面是美国对上诉机构恨意难消，短期内料难翻转立场。尽管拜登与特朗普对多边在理念与做法上存在差异，但美对上诉机构的不满由来已久且已成为两党共识，其国内有一派声音鼓吹将遴选作为推动实体规则甚至是世贸组织整体改革的筹码，拜登政府因而难以在上诉机构问题上改弦更张。也许是看到问题的复杂性，世贸组织总干事恩格齐·奥孔乔-伊韦阿拉（Ngozi Okonjo-Iweala）自上任以来对上诉机构改革问题也着墨不多，预计世贸组织第12届部长级会议上就此问题实现重大突破的难度很大。另一方面，各方在上诉机构改革方向和理念上存在较大分歧，如何在强化对上诉机构控制的同时保持其必要的独立

---

① David Gantz, "Addressing Dispute Resolution Institutions in a NAFTA Renegotiation", James A. Baker III Institute for Public Policy of Rice University, April 2018.

② Robert E. Lighthizer, "How to Set World Trade Straight", *Wall Street Journal (op-ed)*, August 20, 2020.

性和公正性将是后续博弈的焦点。鉴于改革形势的复杂性，上诉机构的恢复可能尚需时间，在危机解决前各方需要通过某种临时机制维护争端解决机制的有效运转。中国与欧盟等世贸主要成员基于 DSU 第 25 条达成的"多方临时上诉仲裁安排"（MPIA）以其开放、务实、成熟的特点脱颖而出，有望成为主流的应急方案。

尽管改革面临重重困难，但上诉机构不会就此走入历史，它代表的国际贸易法治化进程终将回归正轨。首先，上诉机构的历史成就给所有成员留下了难以磨灭的印象，多边主义深入人心，美国"301 条款"为代表的单边主义政策已为世人唾弃，难以持久；其次，美国产业界仍然需要通过法治化的多边机制为其开拓市场，打破国际贸易壁垒，营造基于规则的国际营商环境，上诉机构的作用难以被轻易取代；最后，国际经贸格局正发生深刻变化，美已失去傲视天下的绝对实力，为避免自身被孤立，美不得不考虑绝大多数世贸成员希望恢复上诉机构和世贸争端解决机制正常运作的共同呼声。

2017 年 1 月 18 日，习近平主席在联合国日内瓦总部演讲中指出，"各国有责任维护国际法治权威，依法行使权利，善意履行义务。""各国和国际司法机构应该确保国际法平等统一适用，不能搞双重标准，不能'合则用、不合则弃'，真正做到'无偏无党，王道荡荡'。"[1] 构建上诉机构是推动国际贸易领域法治化建设的大胆尝试，危机不代表实验失败，但其中暴露出的诸多机制性问题值得深思，如何转危为机也需要世贸成员的智慧与决心。作为贸易大国和争端解决机制的主要使用者，秉持构建人类命运共同体理念的中国已经并将继续投身到这场改革博弈之中，为推动构建更高效、公平、稳定的争端解决机制发挥应有的作用。

校稿：田涯、陈雨松

---

[1]《共同构建人类命运共同体》，习近平主席在联合国日内瓦总部的主旨演讲，2017 年 1 月 18 日，参见 http://www.gov.cn/xinwen/2017-01/19/content_5161087.htm#1。

## 附件一

<h1 style="text-align:center">大事记</h1>

2011 年 10 月 5 日，美在 DSB 通过中国诉美国轮胎特保案（DS399）上诉机构报告时就超期裁决问题首度发难。

2012 年 6 月 28 日，美就"美国—原产国标签（加拿大/墨西哥）"（DS384/DS386）超期裁决问题，联合各争端方要求 DSB 介入并作出决议。

2016 年 5 月 11 日，美反对韩国籍上诉机构成员张胜和连任。

2016 年 11 月 23 日，DSB 通过赵宏和金炫宗担任上诉机构成员的任命。

2017 年 8 月 1 日，韩国籍上诉机构成员金炫宗辞职。

2017 年 8 月 31 日，美国反对启动上诉机构成员遴选，提出对上诉机构制定的《上诉审议工作程序》第 15 条合法性的关切。

2018 年 5 月 8 日，应中国要求，总理事会首次讨论上诉机构成员遴选问题。

2018 年 6 月 22 日，美国在 DSB 提出对上诉机构超越 90 天审限问题的关切。

2018 年 8 月 27 日，美国在 DSB 提出对上诉机构违规审查事实问题的关切。

2018 年 10 月 29 日，美国在 DSB 提出对上诉机构作出咨询性意见问题的关切。

2018 年 11 月 22 日，中欧等正式向世贸组织秘书处提出上诉机构改革的联合提案。

2018 年 11 月 29 日，澳大利亚与新加坡联合提出推动解决司法造法问题的提案。

2018 年 12 月 12 日，总理事会讨论中欧联合提案与澳新提案。

2018 年 12 月 19 日，美国在 DSB 提出对上诉机构裁决先例效力问题的关切。

2019 年 1 月 17 日，上诉机构改革首次非正式磋商举行，新西兰大使沃克担任磋商协调员。

2019 年 1 月 21 日，世贸组织散发洪都拉斯就处理超期裁决和《上诉审议工作程序》第 15 条问题提出的改革提案。

2019 年 1 月 29 日，世贸组织散发洪都拉斯就司法越权问题提出的改革提案。

2019 年 2 月 4 日，世贸组织散发洪都拉斯就先例效力问题提出的改革提案。

2019 年 2 月 6 日，协调员召集上诉机构改革首轮大使级小范围磋商。

2019 年 2 月 14 日，世贸组织散发中国台北提出的上诉机构改革提案。

2019 年 2 月 14 日，协调员召集上诉机构改革第二轮大使级小范围磋商。

2019 年 2 月 18 日，总理事会主席召集上诉机构改革总理事会非正式会议。

2019 年 2 月 28 日，总理事会召开，协调员报告前期非正式磋商进展。

2019 年 3 月 21 日，协调员召集上诉机构改革第三轮大使级小范围磋商。

2019 年 3 月 28 日，协调员召集上诉机构改革第四轮大使级小范围磋商。

2019 年 3 月 28 日，世贸组织散发巴西提出的上诉机构改革提案。

2019 年 4 月 9 日，总理事会主席召集上诉机构改革总理事会非正式会议，协调员报告 3 月以来的磋商进展。

2019 年 4 月 16 日，协调员召集上诉机构改革第五轮大使级小范围磋商。

2019 年 4 月 18 日，世贸组织散发日本提出的上诉机构改革提案。

2019 年 4 月 23 日，协调员召集上诉机构改革第六轮大使级小范围磋商。

2019 年 4 月 26 日，世贸组织散发泰国提出的上诉机构改革提案。

2019 年 5 月 1 日，协调员召集上诉机构改革第七轮大使级小范围磋商。

2019 年 5 月 7 日，总理事会召开，协调员报告 2 月总理事会以来的磋商进展。

2019 年 6 月 26 日，世贸组织散发非洲集团提出的上诉机构改革提案。

2019 年 7 月 1 日，协调员召集上诉机构改革第八轮大使级小范围磋商。

2019 年 7 月 15 日，协调员召集上诉机构改革第九轮大使级小范围磋商，协调员介绍其基于自身判断提出的改革建议（沃克案文）。

2019 年 7 月 18 日，总理事会主席召集上诉机构改革总理事会非正式会议。

2019 年 7 月 23 日，总理事会召开，协调员通报前期磋商情况。

2019 年 7 月 25 日，欧盟与加拿大联合通报 DSB，双方已达成基于 DSU 第 25 条构建上诉仲裁机制的临时性替代方案。

2019 年 9 月 27 日，协调员召集上诉机构改革第十轮大使级小范围磋商。

2019 年 10 月 4 日，协调员举行开放式大范围会议，通报拟于在 10 月 15 日总理事会上通报的磋商进展情况和具体改革案文。

2019 年 10 月 15 日，总理事会召开，协调员介绍近期磋商情况及建议的改革案文。

2019 年 11 月 12 日，美国在预算委员会上阻挠通过 2020—2021 年度世贸组织总体预算。

2019 年 11 月 22 日，美国在 DSB 例会上就上诉机构成员薪酬问题发难。

2019 年 11 月 27 日，协调员召集上诉机构改革第十一轮大使级小范围磋商。

2019 年 11 月 29 日，协调员举行开放式大范围会议。

2019 年 12 月 4 日，上诉机构主席美籍成员格雷厄姆致函 DSB 主席及未审结案件当事方、第三方，表示上诉机构在 12 月 11 日后仅能就已召开听证会的 DS435/DS441、DS499 和 DS505 完成上诉审理。

2019 年 12 月 9 日，总理事会召开，美国反对沃克案文。

2019 年 12 月 10 日，总干事召集主要成员就尽快恢复上诉机构进行磋商。

2019 年 12 月 10 日，上诉机构三名在任成员联名通告，上诉机构自 12 月 10 日起暂停对 DS476、DS461、DS518、DS371、DS523、DS534、DS510、DS541 以及 DS316 案的上诉审理。

2019 年 12 月 10 日，印度籍上诉机构成员巴蒂亚和美国籍上诉机构成员格雷厄姆届满离任，上诉机构仅剩下中国籍成员赵宏一人。

2020 年 1 月 22 日，总干事与美国总统特朗普在达沃斯举行会谈，特表示需对世贸组织进行彻底改革。

2020 年 2 月 11 日，美国贸易代表办公室针对上诉机构发布专题报告，阐述美在程序和实体问题上的各类关切。

2020 年 2 月 17 日，总干事召集主要成员就尽快恢复上诉机构进行磋商。

2020 年 3 月 5 日，美国在 DSB 会上攻击赵宏独立性问题。

2020 年 4 月 30 日，中国与欧盟等共 19 方世贸成员就达成的"多方临时上诉仲裁安排"（MPIA）向 DSB 联合通报。

2020 年 7 月 31 日，中国与欧盟等共 23 方世贸成员联合通报 DSB，MPIA 仲裁员库全部人选已遴选产生。

2020 年 11 月 30 日，上诉机构最后一名在任成员赵宏首个任期届满。自此，上诉机构全部七席均告空缺。

附件二：上诉机构改革各方提案情况

| | 提案方 | 联署方 | 提案最新编号 | 主要内容 |
|---|---|---|---|---|
| 1 | 中国、欧盟 | 加拿大、印度、挪威、新西兰、韩国、冰岛、澳大利亚、墨西哥、哥斯达黎加和黑山 | WT/GC/W/752/Rev.2 | 聚焦第15条问题、超期裁决、事实问题、咨询性意见以及效力先例五大程序性问题提出了相应的改革案文。 |
| 2 | 中国、欧盟 | 印度和黑山 | WT/GC/W/753/Rev.1 | 建议改革上诉机构任期机制、上诉机构成员人数和资源、离任成员过渡规则以及自动启动遴选机制等。 |
| 3 | 澳大利亚、新加坡 | 哥斯达黎加、加拿大和瑞士 | WT/GC/W/754/Rev.2 | 建议尽快就司法越权问题展开聚焦式的讨论，以找到解决方案。 |
| 4 | 洪都拉斯 | | WT/GC/W/758 | 聚焦时限设置、时限计算方式以及超期报告效力等问题归纳出各类改革思路。 |
| 5 | 洪都拉斯 | | WT/GC/W/759 | 聚焦第15条问题归纳出各类改革思路。 |
| 6 | 洪都拉斯 | | WT/GC/W/760 | 聚焦司法能动主义，就解决司法越权问题归纳出各类改革思路。 |
| 7 | 洪都拉斯 | | WT/GC/W/761 | 聚焦先例问题归纳出各类改革思路。 |

（续表）

| | 提案方 | 联署方 | 提案最新编号 | 主要内容 |
|---|---|---|---|---|
| 8 | 中国台北 | | WT/GC/W/763 | 提议"两步走"解决思路：先由DSB为上诉机构制定指南，如仍无法解决问题则考虑修改DSU。 |
| 9 | 巴西 | 巴拉圭、乌拉圭 | WT/GC/W/767/Rev.1 | 提议由DSB为专家组和上诉机构制定指南，就第15条问题、超期裁决、事实问题、咨询性意见以及先例效力等五大程序性问题作进一步澄清。 |
| 10 | 日本 | 澳大利亚、智利 | WT/GC/W/768/Rev.1 | 提议通过DSB决议的形式，针对超期裁决、事实问题、先例效力等三项问题和司法造法、构建DSB与上诉机构定期对话机制等问题作进一步澄清。 |
| 11 | 泰国 | | WT/GC/W/769 | 提议通过总理事会议的形式，针对第15条问题、超期裁决、事实问题、咨询性意见以及先例效力等与上诉机构建成员问题作进一步澄清。 |
| 12 | 贝宁 | | WT/GC/W/776 | 提议修改DSU，针对第15条问题、超期裁决、咨询性意见、上诉机构编制及改革任期等问题提出改革建议。 |

# 逆境突围

## ——应对世贸组织上诉机构停摆的"多边临时上诉仲裁安排"

程秀强

2020 年 11 月 30 日，世贸组织上诉机构最后一位成员赵宏女士（中国籍）四年任期届满，正式离任。自 2019 年 12 月 10 日以来，她作为唯一的上诉机构成员，在遭受美国无理指责的情况下，支撑了上诉机构运转，向世人证明着上诉机构依然存在。然而令人遗憾的是，自 2017 年 8 月以来，由于美国的反对，上诉机构一直未能遴选新成员。赵宏女士的离任，标志着上诉机构自此空无一人，"皇冠上的明珠"最闪亮的部分黯然失色。上诉机构开创的国际贸易争端解决精彩历史戛然而止，世贸组织争端解决机制陷入瘫痪。世贸组织面临自成立以来最严重的危机，全球贸易秩序面临重新回到以权力为基础的丛林时代的风险。幸运的是，中国、欧盟等近三分之一世贸组织成员 ① 巧妙借助世贸组织现有的仲裁规定，联手打造了 B 计划——"多方临时上诉仲裁安排"（MPIA），可以起到临时替代上诉机构的作用，完成世贸争端解决案件的审理程序。对参加方和其他志同道合的世贸组织成员而言，在美国逼停上诉机构的情况下，MPIA 逆境突围，为其提供了维持争端解决机制运转、维护多边贸易规则有效性、维护多边贸易体制稳定性和可预期性的又一途径，具有重要意义。

## 一、缘起 —— 上诉机构停摆

提起世贸组织，在中国几乎无人不晓。它是多边贸易体制的核心、全球经济治理体系的重要支柱，在推动全球贸易发展、促进经济增长和提高生活水平等方面做出了重要贡献。争端解决机制是该组织的中心支柱之一，自 1995 年以来累计受理争端 600 多起，成为世界上受理案件最多、审理效率最高的国家间争端解决机制。争端解决机制既协助世贸组织成员解决了国际贸易争端，平衡了争端方在世贸组织协定下的权利与义务，也为保障多边贸易体制的可靠性和可预见性发挥了重要作用，受到普遍赞誉。这种成就的取得，很大程度上得益于其制度设计，包括强制管辖、专家组和上诉机构两审终审、以"反向一致"方式通过报告 ②、裁决具有约束力和强制执行力等。

上诉机构由七人组成，每人任期四年，可连任一次。一旦出现空缺，应当立即补足。实践中的做法是，争端解决机构（DSB）在上诉机构出现空缺前一段时间，决定启动遴选，确定相关程序和时间，包括世贸组织成员提名、成立遴选委员会、面试候选人、遴选委员会向争端解决机构推荐上诉机构人选等。DSB 作出启动遴选、任命上诉机构成员的决定时，需要世贸组织成员全体一致

---

① 根据 2021 年 3 月 19 日数据统计，参加方共 52 个（包含欧盟成员国数量）。按照世贸规则，欧盟及其成员国均为世贸组织成员。如不单独计算欧盟成员国数量，参加方共有 25 个。具体参加方是：澳大利亚、巴西、加拿大、中国、智利、哥伦比亚、哥斯达黎加、欧盟、危地马拉、中国香港、冰岛、墨西哥、新西兰、挪威、巴基斯坦、新加坡、瑞士、乌克兰、乌拉圭、厄瓜多尔、尼加拉瓜、贝宁、黑山、中国澳门、秘鲁。
② 专家组报告和上诉机构报告由争端解决机构通过后生效。通过报告时，争端各方应无条件接受，除非争端解决机构经协商一致决定不通过该报告。

同意。历史上，尽管上诉机构成员遴选并不总是一帆风顺，也出现过 DSB 一时无法推荐人选的情况 [1]，但总体上还算平稳，上诉机构运转未受到实质不利影响。

2017 年，墨西哥籍上诉机构成员里卡多·拉米雷斯 – 埃尔南德斯（Ricardo Ramírez-Hernández）和比利时籍上诉机构成员彼得·范登博舍（Peter Van den Bossche）的任期分别将于 6 月 30 日和 12 月 11 日结束，上诉机构先后会出现两个空缺。但是，启动上诉机构成员遴选程序并不顺利，出现了令人担忧的情况。上半年，围绕先启动一个席位的遴选程序、还是同时启动两个席位的遴选程序，世贸组织成员未能达成一致，拉米雷斯离任后出现了首个空缺。8 月 1 日，韩国籍上诉机构成员金炫宗（Kim Hyun-chong）突然辞职，上诉机构出现第二个空缺，启动遴选程序更为紧迫。但是，8 月 31 日，美国以对上诉机构存在体制性关注为由，反对启动任何上诉机构遴选程序，这导致上诉机构空缺一直无法填补。12 月，范登博舍任期届满，上诉机构出现第三个空缺。2018 年 9 月，毛里求斯籍上诉机构成员史瑞·瑟凡辛（Shree Servansing）任期届满，美国反对其连任，上诉机构出现第四个空缺，仅剩三名成员。根据世贸规则，一个上诉案件需由三名上诉机构成员审理，这意味着此时的上诉机构仅能勉强维持运转。

为了推动解决上诉机构危机，中国一方面会同绝大多数世贸组织成员在 DSB 提交提案，呼吁尽早启动上诉机构遴选，另一方面积极会同其他世贸组织成员探讨方案，以解决美方关注中的合理部分，争取为启动遴选创造条件。2018 年 12 月，中国和欧盟等世贸组织成员提出了上诉机构改革提案。其他世贸组织成员也陆续提出了不同的提案，共计十余份。2018 年底，总理事会决定建立非正式磋商机制，由争端解决机构主席、新西兰驻世贸组织大使戴维·沃克（David Walker）担任协调员。2019 年，沃克密集召开了多次非正式磋商，

---

[1] 例如，2013 年，南非籍上诉机构成员戴维·乌特霍特（David Unterhalter）任期满后，其继任者的遴选陷入僵局，遴选委员会无法按期向 DSB 推荐人选。对此，DSB 不得不在 2014 年重开提名程序，要求世贸组织成员推荐更多候选人。直至 2014 年 9 月，DSB 才决定任命毛里求斯前大使史瑞·瑟凡辛（Shree Servansing）为上诉机构成员。

但美国作为阻挠遴选的始作俑者，始终不同意其他成员方提出的改革方案，也不就其所谓体制性关注提出自己的解决方案建议，态度极为消极。这使其他世贸组织成员和外界越来越清晰地认识到，美国特朗普政府的目的是扼杀上诉机构，无意真正解决问题。启动上诉机构遴选前景悲观，世贸组织成员和专家学者不得不开始思考其他选项。

## 二、权衡 —— 不同方案的选择

维护多边贸易体制及其争端解决机制符合绝大多数世贸组织成员的共同利益。上诉机构停摆后，任一争端方对专家组报告提起上诉，都将导致案件因无法完成最终审理而不能形成生效裁决，争端解决机制陷入瘫痪，无法解决成员间贸易争端。对此，国际社会提出了各种解决方案。总体上看，主要有四种：

**一是投票。**《马拉喀什建立世贸组织协定》（简称《马拉喀什协定》）第9.1条规定，世贸组织成员无法通过"协商一致"方式达成合意时，可进行投票表决。据此，有些专家主张通过投票程序启动上诉机构遴选程序，但并未得到世贸组织成员的采纳。首先，从规则上看，《关于争端解决规则与程序的谅解》（DSU）第17.2条规定DSB应任命上诉机构成员，第2.4条规定DSB应经协商一致做出决定，未规定投票程序。《马拉喀什协定》脚注3也明确，总理事会行使争端解决机构职能作出决定时，应仅依据DSU第2.4条的规定做出。这意味着，总理事会绕过DSU规定，通过投票启动上诉机构遴选，可能存在法律障碍。其次，从操作上看，恢复上诉机构运转要历经多个步骤，如决定启动遴选、遴选委员会推荐人选、DSB任命上诉机构成员等。如果美国执意阻挠，这意味着世贸组织成员需要在每个环节都进行投票，在任一环节不能获得多数支持都将陷入失败。再次，从政治上看，"协商一致"是世贸组织决策的传统，实践中几乎没有使用过投票。部分成员担心一旦开启先河，投票可能会延伸到贸易谈判领域，导致其未来在谈判中难以有效保护自身利益。而且，美国是逼停上诉机构的始作俑者，通过投票启动上诉机构遴选，可能会被解读为与美国直接对抗，这是很多世贸组织成员不愿做的。

**二是一审终审。**在上诉机构恢复前，争端方放弃对专家组报告的上诉权，同意专家组"一审终审"，执行专家组裁决。目前，已有世贸组织成员在具体案件中采用这种方法。例如，在印度尼西亚—钢铁保障措施案（DS490/496）中，印度尼西亚与中国台北、越南分别达成协议，同意在 DSU 第 21.5 条规定的执行争议程序中放弃上诉权。这种方案基于现有专家组程序，可以考虑在不涉及体制性法律问题或者不具有重大实际影响的案件中使用，但失去了对专家组报告的纠错机会。对争端方而言，是否上诉是其固有权利，放弃上诉须基于双方合意，如一方不同意则仍难以解决争端。要求所有案件均不得上诉，难以保证裁决质量，恐无法被所有世贸组织成员接受。而且，一审终审将在客观上实现美国反对上诉机构的企图，导致未来恢复上诉机构更为困难。

**三是另立上诉庭。**鉴于美国是启动上诉机构遴选程序的唯一阻挠者，有专家主张其他世贸组织成员可以通过复制现行世贸争端解决程序，另行建立没有美国参加的上诉机构。这种观点的现实可行性并不大。首先，从政治上看，有多少成员能够坚定支持并参与孤立、排除美国的多边机制是个未知数。其次，从规则上看，如新机制建立在世贸组织框架内，则此类诸边安排需要全体成员同意，美国可以轻易阻挠；如新机制建立在世贸组织框架外，则涉及两个国际机制的关系问题，特别是新上诉庭如何适用世贸规则、与专家组程序衔接等。最后，另立上诉庭还涉及建立新的秘书处、编列预算等众多技术问题，达成协议较为困难。

**四是上诉仲裁。**在主要采取专家组和上诉机构程序的同时，世贸组织争端解决机制在 DSU 第 25 条也规定了仲裁制度。迄今，仲裁仅在美国—美国版权法第 110（5）节案（DS160）中使用过一次，以确定报复水平。2017 年，盛德律师事务所（Sidley Austin）的贸易法律师率先提出在上诉机构停摆期间借用仲裁审理上诉案件的建议[1]，引起国内外学界和实务界广泛讨论。相比其

---

[1] Scott Andersen, Todd Friedbacher, Christian Lau, Nicolas Lockhart, Jan Yves Remy, Iain Sandford, "Using Arbitration Under Article 25 Of The DSU To Ensure The Availability Of Appeals", *CTEI Working Papers*, CTEI-2017-17.

他三种方案，上诉仲裁在技术和法律上更为可行。首先，仲裁在 DSU 第 25 条中有明确规定，可在 DSU 框架内操作，并与专家组程序、执行监督和报复程序有效衔接。其次，仲裁基于争端方的协议，既有灵活性，又有法律约束力，有利于裁决的执行。最后，仲裁可尽可能复制上诉机构的职能和程序，有助于保证裁决质量，提供稳定性和可预期性。当然，上诉仲裁也存在一定的风险和局限性。例如，仲裁缺乏统一的程序性规定，容易造成裁决碎片化，可能破坏世贸规则法理的一致性；仲裁与专家组程序缺乏直接衔接，需要逐案缔结协议；仲裁基于成员的自愿参加，难以约束美国等未参加成员；如果仲裁有效运转并长期化，客观上可能会降低恢复上诉机构的紧迫性。

作为多边贸易体制的重要参与者和世贸争端解决机制的第三大"用户"，中国将恢复上诉机构作为最终目标，在大力呼吁启动遴选、积极参加磋商工作的同时，也注重研究临时替代方案问题，并听取相关部门、行业组织、律师和专家学者的意见。最初，各方意见存在分歧。有的意见认为，中国应当在世贸组织牵头推动投票程序，通过投票恢复上诉机构。有的意见认为，中国应会同其他 162 个世贸组织成员绕开美国，另行建立排除美国的上诉机制。也有意见认为，中国已经具备仅次于美国的经济实力，在美国抛弃世贸争端解决机制的情况下，中国应当比照美国，靠实力解决与其他国家的贸易争端，避免世贸组织做出对我不利裁决，或出现美国不受规则约束但中国仍受约束的局面。

中国是全球第二大经济体、最大的货物贸易国。以规则为基础、和平解决贸易纠纷的争端解决机制，有利于维护稳定、可预期的国际贸易环境，符合中国利益。中国坚定支持多边贸易体制，坚决反对动辄诉诸保护主义、单边主义。上诉机构瘫痪后，世贸争端解决机制将失去强制约束力，单边主义、保护主义更难受到约束，以规则为基础的多边贸易体制遭受重创。短期看，美国同意恢复上诉机构的可能性很小，全球贸易秩序面临重回丛林时代的危险。在此情况下，中国立足现实，通过适当方式务实地维护争端解决机制的运转，有利于维护多边贸易规则的权威和效力，符合中国利益。随着沟通与讨论的不断深入，在综合比较上述各种方案的基础上，中国逐渐将上诉仲裁作为优选方案。

## 三、合作 —— 建立 MPIA 的过程

自 2017 年底开始，中国开始尝试了解有关世贸组织成员对临时方案的意见。当时，为避免影响推动启动上诉机构遴选的努力，各成员尚未认真、正式考虑任何替代方案。2018 年 5 月，中国与欧盟就临时上诉仲裁方案进行了初步沟通，交换了意见。

2019 年，推动启动上诉机构遴选的努力仍未取得进展，各成员更加清醒地认识到美国逼停上诉机构的意图，临时替代方案提上讨论日程。2019 年 7 月，欧盟和加拿大达成了双边的临时上诉仲裁安排[①]。2019 年 9 月，欧盟委员会决定将欧加临时上诉仲裁安排扩及到其他有相同意愿的世贸组织成员。2019 年 10 月，欧盟和挪威也达成了双边的临时上诉仲裁安排[②]。这表明，上诉仲裁已从理论探讨阶段发展成为上诉机构瘫痪后解决世贸组织成员上诉需要的一种现实安排。但是，欧盟和加拿大、挪威当时并没有迫切需要临时上诉仲裁安排解决的具体案件，这两个双边安排的意义更多在于发挥引领和示范作用。

2019 年 10 月后，中欧双方通过中欧世贸改革副部级联合工作组、双边电话视频会议、驻世贸组织代表团等多种渠道，围绕 MPIA 进行了密集磋商。同时，中国还与加拿大、瑞士、挪威、墨西哥、新加坡、俄罗斯、巴西、印度、韩国、泰国等国家进行了沟通。在磋商过程中，中国支持欧盟发挥牵头作用，力争双方先行就案文达成共识，充分体现和反映中国立场和主张。

2020 年 1 月，中国、欧盟等世贸组织成员在达沃斯论坛期间，发表了贸易部长联合声明，表示将共同建立 MPIA。随后，各方首都官员、驻世贸组织代表团围绕具体案文展开了密集磋商。2020 年 3 月，中国、欧盟等世贸组织成员再次发表贸易部长联合声明，表示已就 MPIA 案文基本达成一致，将尽快联署并向世贸组织通报。2020 年 4 月 30 日，各方完成了国内审批程序，共同

---

① WTO, *Statement on a Mechanism for Developing, Documenting and Sharing Practices and Procedures in the Conduct of WTO Disputes, Addendum*, JOB/DSB/1/Add.11, 25 July 2019.
② WTO, *Statement on a Mechanism for Developing, Documenting and Sharing Practices and Procedures in the Conduct of WTO Disputes, Addendum*, JOB/DSB/1/Add.11/Suppl.1, 21 October 2019.

向世贸组织通报了 MPIA 安排。

在磋商中，各方讨论的主要问题包括：

**一是，临时上诉仲裁安排是采取双边模式还是多方模式。**最初，欧盟在与中国磋商中主张采用双边模式，即参照欧盟与加拿大、挪威的做法，由两个世贸组织成员之间达成使用临时上诉仲裁安排的共识。欧盟建议此种方式，可能既考虑到多方谈判难度更大，也希望通过双边模式减轻对美国的刺激。对此，中国始终坚持诸边或多方模式，认为该模式最符合多边贸易体制的性质，并有利于增强相关制度设计和裁决结果的一致性。最终，欧盟同意了中国建议，决定采取多方模式，即由诸多世贸组织成员共同商定使用临时上诉仲裁安排。

**二是，仲裁员库是临时的还是常设的，宜由多少人组成。**为尽可能复制上诉机构，中国坚持仲裁员库应当是常设的，并由数量有限的成员组成；前任和现任上诉机构成员可以担任仲裁员，这有利于仲裁裁决与上诉机构裁决保持一致性。巴西、澳大利亚等成员则不强调仲裁员库的常设性，建议每一参加方均可推一名仲裁员入库，并拟排除前任和现任上诉机构成员。对此，中国予以反对，认为这会导致仲裁裁决的分散化和不一致性，可能使上诉仲裁成为第二个专家组程序。欧盟等部分成员也不同意仲裁员数量过多。最终，各方同意将仲裁员人数限制在 10 人，规定前任和现任上诉机构成员可以成为仲裁员，并明确其符合仲裁员资格，不需进行资格预审。

**三是，仲裁员是否坚持"合议制"（collegiality），是否需要强调裁决的一致性和可预期性。**"合议制"是上诉机构的一项优良传统，具体体现在《上诉审议工作程序》第 4 条，包括四方面内容：一是上诉机构成员应定期召集会议，讨论政策、实践和程序问题；二是每个成员应收到上诉程序中的所有文件；三是负责审理案件的上诉庭在最终作出上诉机构报告前，应与其他成员交换意见；四是"合议制"不影响上诉庭根据 DSU 第 17.1 条充分行使裁决上诉案件的职权和自由。中国认为，MIPA 案文应当充分强调裁决的一致性和可预期性，并规定审理具体案件的三位仲裁员应当与其他仲裁员沟通讨论案件，从而保证裁决的一致性。相反，巴西等成员则明确反对"合议制"，主张应由审理案件的仲裁员单独审理，其他仲裁员不得干涉。在中国的坚持下，并考虑到仲裁员没有像上诉机构成员一样的固定报酬，各方最终做出了妥协性安排，同意其他仲裁员应当收到案件文件，并要求所有仲裁员在可行的情况下，可以一起相互讨论条约解释、争端解决实践和程序等事项，从而在一定程度上体现了"合议制"。

## 四、定型 —— MPIA 的性质特征

MPIA 的具体内容规定在参加方向世贸组织提交的《基于〈关于争端解决规则与程序的谅解〉第 25 条的 MPIA》文件[①] 中，由正文和两个附件组成。正文规定了 MPIA 的主要框架，附件 1 规定了争端方在具体案件中使用的仲裁协议，附件 2 规定了选任仲裁员的程序。

### （一）法律地位和性质

#### 1.MPIA 是世贸组织框架下的安排

DSU 是世贸组织协定的组成部分，第 25 条明文规定仲裁是一种争端解决方式。因此，DSU 第 25 条项下的仲裁，属于世贸组织框架下的争端解决方式之一。DSU 第 25 条还明确规定了仲裁与世贸组织成员、世贸组织机构、争端解决后续程序的关系与衔接，包括仲裁应当通知各成员、仲裁裁决应当通知 DSB 和相关理事会或委员会、DSU 规定的执行和报复程序也适用于仲裁裁决等。MPIA 利用 DSU 第 25 条规定的仲裁程序，维持世贸组织争端解决机制的运行。在具体案件中，争端方将根据 DSU 第 25 条，达成仲裁协议。因此，从建立背景、建立目的、参加方、制度设计等各方面看，MPIA 都是在世贸组织框架下的安排。根据 MPIA 开展的临时上诉仲裁案件，都是世贸组织 DSU 第 25 条项下的仲裁。

#### 2.MPIA 是参加方的政治承诺

MPIA 作为上诉机构瘫痪期间的临时应急安排，细化、设置了 DSU 第 25 条规定的仲裁程序，供参加方共同使用。它是各参加方做出的共同承诺，而非

---

① 文件编号为 JOB/DSB/1/Add.12，2020 年 4 月 30 日散发。

在世贸规则框架下缔结签署的独立的国际条约。从通报的世贸组织文件的归类上看，参加方将其作为"发展、记录和分享争端解决实践和程序机制声明"这一主文件下的诸多文件之一，在性质上应与主文件相同。主文件是在当初争端解决规则谈判无果的情况下，加拿大等世贸组织成员为推动分享争端解决最佳实践做法而提交的。文件本身明确，成员是在自愿基础上声明参加本文件意图，并非严格意义上的国际条约。MPIA 采取此种形式，是参加方综合考虑各种因素后的务实选择，有利于避免引发关于其在世贸规则中法律地位的争议，有利于缓解将应急安排长期化、永久化的担忧，有利于推动各参加方尽快达成共识并迅速完成国内审批程序。

### 3.MPIA 对参加方具有约束力

MPIA 的遵守依靠各参加方的同意和善意履行。各参加方既可能是世贸争端案件的起诉方，也可能是被诉方。决定参加 MPIA 时，各方应当已经做过充分评估，包括权衡其作为起诉方和被诉方的利益，愿意与其他参加方共同遵守和执行相关规定。如果有参加方在某个案件中不遵守 MPIA 的规定，将严重损害该参加方的国际信誉和形象，并可能引发其他参加方的相应报复举动。事实证明，目前已有多个案件的争端方签署了临时上诉仲裁协议，MPIA 可以得到遵守和执行。在具体案件中，争端方将根据 DSU 第 25 条，按照 MPIA 的规定，达成专门的仲裁协议。该仲裁协议对协议双方具有法律约束力。MPIA 也规定，争端方同意遵守仲裁裁决，该裁决是终局的。如果不执行仲裁裁决，根据 DSU 第 25 条和仲裁协议规定，起诉方可对被诉方采取贸易报复措施，这与不执行专家组报告和上诉机构报告的后果相同。当然，仲裁裁决与上诉机构报告产生法律效力的方式不同，前者根据 DSU 第 25 条由争端方在仲裁协议中事前约定仲裁裁决的有效性，不需要专门的通过或通知程序，后者则在 DSB 以"反向一致"方式审议通过后产生法律约束力。但是，这两种方式都是源自 DSU 的明文规定。

## （二）法律特征

### 1. 临时性

MPIA 首要特点是其作为上诉渠道的临时性。为避免其他成员担心因实施该机制而影响恢复上诉机构运转，参加方明确强调 MPIA 的临时性特点。首先，MPIA 不仅在名称中包含"临时"一词，还在序言中开宗明义地突出强调该安排的临时性。其次，MPIA 在正文中规定，当上诉机构因人数不足而不能审理对专家组报告提起的上诉时，参加方才同意援引本安排。一旦未来上诉机构人数恢复能够审理案件，则争端方不再使用上诉仲裁，可单方决定是否提出上诉。多次强调 MPIA 的临时性或应急性，表明世贸组织成员具有恢复上诉机构运行的信心和决心，并将继续为此而努力。但在时间意义上，临时性并不等于短暂性，MPIA 适用的时间长短取决于上诉机构何时能够恢复运作。

### 2. 开放性

MPIA 是志同道合的世贸组织成员的共同选择。参加方中既有发达成员，也有发展中成员，涵盖了相当大比例的国际贸易份额，具有广泛的地域代表性，并包括了世贸组织争端解决机制的大多数主要"用户"。MPIA 对所有世贸组织成员开放加入，同时也允许参加方撤回联署，终止参加该安排。当然，参加方选择退出后，其已经达成的、具有法律效力的仲裁协议仍将继续有效，其退出之日尚未解决的争端在符合规定的情况下也将适用 MPIA[①]。

### 3. 独立性

上诉程序作为一个纠错机制，避免了专家组审理的碎片化，是国际法治的进步，是以规则为基础的多边贸易体制的重要支柱。MPIA 的初衷是复制上诉机构，在机制设置、审理范围、审理程序等方面都模拟了上诉机构的运作。特别是，MPIA 设立了由 10 名仲裁员组成的常设上诉仲裁员库，并确保适当的总体平衡，与 DSU 规定由 7 名成员组成的上诉机构类似；明确规定仲裁员不

---

① MPIA 第 9 条规定，MPIA 适用于任何两个或两个以上参加成员之间的任何未来争端，包括此类争端的执行阶段，以及任何在本文件提交之日未决的争端，除非处于该争端相关阶段的专家组中期报告在该日已经发布。同时，该规定允许争端方决定临时将 MPIA 适用于进展更快的争端。

附属于任何政府，不参与任何会造成直接或间接利益冲突的争端；具体争端案件的仲裁员选择方式与上诉机构组成上诉庭类似，根据随机、轮换原则从仲裁员库中选择 3 名仲裁员进行审理，争端方无权选择仲裁员。这些安排和规定，有利于保护 MPIA 仲裁员的独立性，从而保障裁决的质量和公正性。同时，MPIA 还规定仲裁员库中的成员将收到与临时上诉仲裁程序有关的所有文件，并可以讨论条约解释、争端解决实践和程序等事项，也有利于促进仲裁裁决的一致性和连贯性。

### 4. 创新性

为提高上诉仲裁的程序效率，MPIA 在尽量复制上诉机构审理程序的同时，也在审理时限、依据 DSU 第 11 条提起的上诉[①]等程序问题上作出了改进，以提高效率。例如，在审查范围方面，MPIA 在 DSU 规定的上诉机构审查范围基础上，增加规定仲裁庭应仅审理那些对争端解决而言所必需的问题，且在不影响仲裁庭就其所管辖问题作出裁决的前提下，上诉仲裁庭应仅审理那些由争端方提出上诉的问题。在审查时限上，MPIA 规定仲裁员应在 90 天期限内做出裁决，并允许仲裁庭采取适当措施精简程序，包括双方提交文件及所作裁决限制的页数、有效控制仲裁审理各环节的时间、尽早明确作出裁决的期限以及限制庭审次数和时间、允许仲裁庭对争端方提出排除某些诉请的实体性建议（如依据 DSU 第 11 条提起的上诉）等。这些方面也是美国关注的问题，这些改进因此易被误解为是在回应美方关注。事实上，美国不是 MPIA 的参加方，也没有参与相关谈判和磋商。MPIA 是所有参加方协商一致的结果，其中一些参加方对这些问题也存在与美方类似的关注。为了包容尽可能多的参加方，该安排必然需要兼顾不同方面的考虑。而且，部分改进措施也是中国、欧盟等参加方提出的上诉程序改革提案的内容，或者是已在前期世贸组织总理事会非正式磋商进程中基本达成一致的内容。

---

① DSU 第 11 条规定："专家组应对其审议的事项作出客观评估，包括对该案件事实及有关适用协定的适用性和有关适用协定一致性的评估，并做出可协助 DSB 提出建议或提出适用协定所规定的裁决的其他调查结果。"依据 DSU 第 11 条提起的上诉是指争端方以专家组违反了 DSU 第 11 条规定的职责为由提起的上诉。

## 五、实施 —— MPIA 仲裁员选定与个案实践

### （一）建成仲裁员库

根据 MPIA 附件 2，各参加方在 2020 年 5 月 30 日前提名了仲裁员候选人人选，共计 13 人。其中，很多候选人都是世贸组织领域的知名法律专家或实务界人士，拥有很高的专业知识水平和丰富的实务经验。经过面试和磋商，2020 年 7 月 31 日，各参加方就仲裁员名单达成一致，成功组建了由 10 人组成的仲裁员库，并联合向 DSB 作出通报。中国提名的杨国华教授获得参加方的普遍支持，成功当选仲裁员。其他仲裁员分别来自巴西、加拿大、智利、哥伦比亚、欧盟、墨西哥、新西兰、新加坡和瑞士。仲裁员库的成功组建，是全面实施多方临时上诉仲裁安排的必要步骤。

### （二）个案仲裁协议

截至 2021 年 6 月，世贸组织成员已在 4 个案件中签署了上诉仲裁协议，包括加拿大—酒类销售措施案（DS537）[①]、哥斯达黎加—从墨西哥进口新鲜鳄梨措施案（DS524）[②]、加拿大—商用飞机案（DS522）[③]、哥伦比亚—冷冻薯条案（DS591）[④]。随着时间的推移和参加方的不断增多，预计 MPIA 将成为世贸组织成员在上诉机构瘫痪期间解决上诉问题的主流选项之一，在更多案件中得到运用。

### （三）费用

上诉仲裁程序的运作必然涉及费用安排，包括给予仲裁员的报酬和提供行政及法律支持的秘书费用。MPIA 对费用安排未做出明确规定。考虑到 DSU 第 25 条的上诉仲裁是世贸争端解决的组成部分，且 MPIA 向全体成员开放，由

---

[①] 文件编号为 WT/DS537/15，2020 年 6 月 3 日散发。
[②] 文件编号为 WT/DS524/5，2020 年 6 月 3 日散发。
[③] 文件编号为 WT/DS522/20，2020 年 6 月 3 日散发。
[④] 文件编号为 WT/DS591/3 和 WT/DS591/3/Rev.1，分别于 2020 年 7 月 15 日和 2021 年 4 月 22 日散发。

世贸组织秘书处预算承担费用并无不妥。实践中，历史上曾经发生的唯一一起第 25 条仲裁案件，也是由世贸组织秘书处提供技术支持并承担费用。在 2019 年底通过世贸组织预算时，包括美国在内的世贸组织成员同意"DSU 第 25 条仲裁将由世贸组织秘书处一般预算资助"，且"仲裁员将按照与专家组成员相同的标准支付报酬"。但是，2020 年 6 月，美国驻世贸组织大使致函世贸组织总干事，批评 MPIA 机制设计超出了简单的 DSU 第 25 条仲裁，反对其使用世贸组织预算资金。

## （四）秘书处支持

MPIA 规定向上诉仲裁员提供合适的行政和法律支持。考虑到仲裁员工作责任的性质，这种支持对于确保上诉仲裁的质量和独立性是必要的。MPIA 规定，"参加成员设想，该支持结构将完全独立于世贸组织秘书处支持专家组的职员及其部门，并且就其工作实质而言，仅对上诉仲裁员负责。参加成员要求世贸组织总干事确保存在符合这些标准的支持结构"。但是，MPIA 并未明确对上诉仲裁提供支持的具体机构，而将行政和法律支持事宜交由总干事安排，给予其操作空间并确保相关支持架构的可得性。考虑到上诉仲裁在形式上是以仲裁方式进行的上诉，因此行政和法律支持原则上由原上诉机构秘书处提供比较合适。但是，2020 年 6 月，美国驻世贸组织大使在致函世贸组织总干事时，反对秘书处为 MPIA 专设支持司局并调配工作人员。[①] 考虑到上诉机构停摆后，上诉机构秘书处的人员已经转岗，可能在实践中也难以真正承担起临时上诉仲裁安排的秘书处职责。在此情况下，世贸组织总干事应当根据 MPIA 的规定和参加方的要求，作出适当安排。

---

① 笔者认为，美国的反对难以成立。事实上，美国利用 DSU 第 25 条仲裁也是由秘书处提供支持。目前仅有部分世贸组织成员是 MPIA 的参加方，并不影响其使用世贸组织预算和秘书处。MPIA 符合 DSU 第 25 条，第 25 条仲裁本身只是发生在争端方之间，而非全体世贸组织成员参加。世贸组织中仅有部分成员参加的诸边协定也是由世贸组织秘书处提供服务的。

## 六、展望——MPIA 的前景

习近平总书记在第二届、第三届中国国际进口博览会开幕式上的主旨演讲中，分别强调"坚持多边贸易体制的核心价值和基本原则"、"维护以世界贸易组织为基石的多边贸易体制"。习近平总书记在亚信第五次峰会上的讲话中也提出，"对于经贸往来中出现的问题，各方都应该本着相互尊重的精神，通过平等对话协商，按照国际关系准则和多边贸易规则妥善处理，而不是动辄诉诸保护主义、单边主义"。作为多边贸易体制的积极参与者、坚定维护者和重要贡献者，中国与欧盟等成员在维护多边贸易体制方面有很多共同的立场，具有合作的基础。中国参加 MPIA 是维护多边贸易体制和保护自身贸易利益的重要选择。

在美国执意阻挠上诉机构遴选、导致上诉机构停摆、世贸组织面临危机的情况下，MPIA 是目前能够维护 WTO 争端两审终审机制的次优选择和务实安排。一方面，MPIA 及时提供了在上诉机构停摆期间解决上诉问题的法律途径，避免了争端方通过提起上诉方式阻止专家组报告生效、或自行采取单边报复措施等进一步损害多边贸易体制的行为，维护了争端解决机制的运转，确保参加方间相互贸易关系的安全和可预见性，也为改革上诉机构争取了更多的时间。另一方面，MPIA 参加方在世贸组织规则范围内自愿达成的这一务实、理性共识，彰显了参加方以团结协作精神共同维护基于规则的多边贸易体制的态度和立场，具有重要意义。MPIA 建成后，美国提出了批评意见。这恰恰证明，在美国执意阻挠上诉机构、破坏争端解决机制的背景下，该安排逆境突围，排除美国干扰，维护了争端解决机制在部分成员之间运转。目前，尚难以判断上诉机构何时能够恢复，也难以预断 MPIA 的具体实施期限，且 MPIA 具体安排的实施存在尚待解决的实际问题，实施效果也有待实践检验。但无论如何，MPIA 是世贸组织成员为维护以规则为基础的多边贸易体制的重要尝试，值得铭记。

恢复上诉机构的正常运作是中国应对上诉机构危机的最终目标，这与中国长期支持多边贸易体制的态度一脉相承。中国也将与世贸组织其他成员一道，继续推动解决上诉机构瘫痪问题，共同维护以规则为基础的多边贸易体制。

## 附件

### 基于《关于争端解决程序与规则谅解》第 25 条的
### 多方临时上诉仲裁安排
### （中文参考译文）

澳大利亚、巴西、加拿大、中国、智利、哥伦比亚、哥斯达黎加、欧盟、危地马拉、中国香港、冰岛、墨西哥、新西兰、挪威、巴基斯坦、新加坡、瑞士、乌克兰和乌拉圭（以下称"参加成员"）。

重申对以规则为基础的多边贸易体制的承诺。

承认一个运转的世贸组织争端解决机制对以规则为基础的贸易体制至关重要，且独立和公正的上诉阶段必须继续成为其基本特征之一。

决定与世贸组织全体成员合作，寻求上诉机构状况的持久改善，并将其作为优先事项，尽快启动遴选程序，以使上诉机构能够恢复《关于争端解决程序与规则谅解》(《争端解决谅解》) 为其设想的功能。

决心在此期间基于《争端解决谅解》第 25 条实施应急措施，以保留世贸组织争端解决制度基本原则和特征，包括其具有约束力的特性和通过对专家组报告进行独立和公正上诉审查的两级裁决，从而维护它们在世贸组织协定项下的权利和义务。

希望在没有一方选择根据本安排提出上诉的情况下，也保留在专家组阶段通过争端解决机构以反向一致方式通过专家组报告的方式，有约束力地解决争端的可能性。

重申对适用协定项下权利和义务的解释的一致性和可预期性对成员具有重要价值，仲裁裁决不能增加或减少适用协定中规定的权利和义务。

强调这一安排的临时性质。

鉴于这些特殊情况，设想诉诸以下多方临时上诉仲裁安排（以下简称"MPIA"）：

1. 参加成员表明，只要上诉机构因上诉机构成员人数不足而无法审理它们之间案件的专家组报告的上诉，则其意图诉诸《争端解决谅解》第 25 条项下的仲裁，作为临时上诉仲裁程序（以下称"上诉仲裁程序"）。

2. 在这种情况下，参加成员将不根据《争端解决谅解》第 16.4 条和第 17 条提出上诉。

3. 上诉仲裁程序将基于根据《争端解决谅解》第 17 条进行的上诉审查的实体性和程序性方面，以保持其包括独立性和公正性在内的核心特征，同时提高上诉程序的程序效率。上诉仲裁程序载于附件 1。

4. 特别是，参加成员设想，在上诉仲裁程序中，将从参加成员根据附件 2 组成的 10 名常设上诉仲裁员库（以下简称"仲裁员库"）中选择 3 名上诉仲裁员审理上诉。[①] 仲裁员库将由具有公认权威并在法律、国际贸易和适用协定所涉主题方面具有公认专门知识的人员组成。他们不附属于任何政府。他们不会参与考虑任何会造成直接或间接利益冲突的争端。仲裁员库的组成将确保适当的总体平衡。

5. 仲裁员库中的成员将随时了解世贸组织争端解决活动，并将收到与 MPIA 项下的上诉仲裁程序有关的所有文件。为了促进决策的一致性和连贯性，仲裁员库中的成员将在可行的情况下，相互讨论解释、实践和程序等事项。

6. 为一特定争端从仲裁员库中选择上诉仲裁员，将基于《争端解决谅解》第 17.1 条和《上诉审查工作程序》第 6（2）条规定的适用于上诉机构分庭组成的相同原则和方法，包括轮换原则。[②] 世贸组织总干事将通知争端方和第三方选择结果。

7. 参加成员设想将向上诉仲裁员提供适当的行政和法律支持。考虑到其职

---

① 如果在尚未组成仲裁员库的情况下，需要选择仲裁员来处理具体争端，争端方将商定适用于该争端的遴选程序。除非所有参加成员同意延长，否则该脚注将在多方文件提交之日起六个月后停止适用。
② 但是，应一争端方的要求，仲裁员库中非为参加成员国民的任何成员将被排除在选择程序之外。同一成员的两名国民不得在同一案件中任职。

责，这种支持将提供质量和独立性的必要保证。参加成员设想，该支持结构将完全独立于世贸组织秘书处支持专家组的职员及其部门，并且就其工作实质而言，仅对上诉仲裁员负责。参加成员要求世贸组织总干事确保存在符合这些标准的支持结构。

8. 参加成员还设想，如果一方决定根据本程序提出上诉，则将在为适当管理上诉仲裁程序提供便利的必要范围内，对 MPIA 涵盖争端中的专家组程序进行有限的调整。如果没有一方根据上诉仲裁程序对专家组报告提出上诉，参加成员设想专家组报告将正式散发，由争端解决机构以反向一致方式通过。

9. MPIA 适用于任何两个或两个以上参加成员之间的任何未来争端，包括此类争端的执行阶段，以及任何在本文件提交之日未决的争端，除非处于该争端相关阶段的专家组中期报告在该日已经发布。[①]

10. 为了使上诉仲裁程序在特定争端中可以操作，参加成员表明其意图签订本文件附件 1 包含的仲裁协议（"上诉仲裁协议"），并在专家组设立之日起 60 日内，根据《争端解决谅解》第 25.2 条通报该协议。对于在提交本文件时已经设立专家组但尚未发布中期报告的未决争端，参加成员将在提交本文件后 30 日内，达成上诉仲裁协议，并根据《争端解决谅解》第 25.2 条通报该协议。

11. 对于某一具体的争端，争端方可在不影响本文件所述原则的情况下，一致同意偏离上诉仲裁协议中规定的程序。

12. 任何世贸组织成员均被欢迎通过通知争端解决机构其联署本文件的方式，在任何时间加入 MPIA。就该世贸组织成员为争端方的争端而言，该成员通报争端解决机构的日期，将被视为为第 9 段和第 10 段之目的的文件提交日期。

13. 参加成员将在本文件提交之日起一年后审查 MPIA。审查可以涉及 MPIA 的任何特征。

14. 参加成员可通过通知争端解决机构撤回其对本文件的联署，决定终止参加 MPIA。但是，受制于第 9 段，参加成员有意使 MPIA 继续适用于在此撤

---

① 这并不损害争端方决定临时将诸如附件 1 包含的上诉仲裁程序适用于进展更快的争端的权利。

回之日未决的争端。此外，任何根据第 10 段达成的上诉仲裁协议将继续有效。

15. 参加成员仍然致力于解决上诉机构遴选僵局，将其作为优先事项，并设想 MPIA 将只在上诉机构再次完全运作前有效。但是，任何根据第 10 段达成的上诉仲裁协议将继续有效，除非争端方另有约定。

附件 1　在争端 DS X 中商定的《争端解决谅解》第 25 条项下仲裁程序

1. 为在本争端中实施文件 JOB/DSB/1/Add.12，[争端当事方]（以下称"争端方"）一致同意根据《关于争端解决规则与程序的谅解》（简称《争端解决谅解》）第 25.2 条，进行《争端解决谅解》第 25 条项下的仲裁，以审理在争端 DS X 中就向争端方发布的最终专家组报告[①]提起的上诉。任一争端方可根据经商定的本程序启动仲裁。

2. 只有在上诉机构无法根据《争端解决谅解》第 16.4 条和第 17 条在本争端中审理上诉时，才能启动仲裁。为经商定的本程序之目的，上诉机构成员在专家组向争端方发布最终报告时少于三人的，视为出现前述情况。

为进一步明确，如上诉机构在最终专家组报告向争端方发布之日能够审理上诉，任何一方不得启动仲裁，争端方可自行根据《争端解决谅解》第 16.4 条和第 17 条考虑上诉。

3. 为便于适当管理经商定的本程序项下的仲裁，争端方特此联合要求专家组通知争端方在不晚于《争端解决谅解》第 16 条意义上的最终专家组报告的预计散发日期前 45 日通知争端方最终专家组报告的预计散发日期。

4. 在最终专家组报告向争端方发布后，但不迟于最终专家组报告向其他成员散发的预计日期前 10 日，任一争端方可要求专家组中止专家组程序，以便根据经商定的本程序启动仲裁。任一争端方的此类请求，均被视为构成争端方根据《争端解决谅解》第 12.12 条做出的关于中止专家组程序 12 个月的共同请求。

---

① 为进一步明确，这包括任何在根据《争端解决谅解》第 21.5 条的执行程序中散发的最终专家组报告。

双方特此共同要求专家组在中止生效前作出下列安排：

（1）在专家组工作程序项下解除关于最终专家组报告的保密性；

（2）在提交上诉通知时将专家组案卷记录交送仲裁员:《上诉审查工作程序》第25条经必要修改后适用；

（3）以世贸组织的工作语言向争端方和第三方提交最终专家组报告[①]。

除第6段和第18段另有规定外，争端方不得要求专家组恢复专家组程序。

5. 仲裁应在第4段所述专家组程序中止生效后20日内，通过向世贸组织秘书处提交上诉通知的方式启动。上诉通知应包括以世贸组织工作语言书就的最终专家组报告。上诉通知应同时通知专家组程序中的其他争端方和第三方。《上诉审查工作程序》第20条至第23条应经必要修改后适用。

6. 受制于第2段，在未启动经商定的本程序项下的仲裁时，争端方应被视为同意不根据《争端解决谅解》第16.4条和第17条对专家组报告提出上诉，以期由争端解决机构通过该专家组报告。如果专家组程序已根据第4段中止，但未按照第5段提交上诉通知，则争端方特此共同要求专家组恢复专家组程序。

7. 仲裁员应为3名选自根据文件JOB/DSB/1/Add.12第4段组成的包含10名常设上诉仲裁员的仲裁员库（以下称"仲裁员库"）中的成员。[②] 从仲裁员库中选择时，将基于《争端解决谅解》第17.1条和《上诉审查工作程序》第6(2)条规定的适用于组成上诉机构分庭的相同原则和方法，包括轮换原则。[③] 世贸组织总干事将通知争端方和第三方选择结果。仲裁员应当选举一位主席。《上诉审查工作程序》第3（2）条应经必要修改后适用于仲裁员的决策。

8. 为在本争端中实施文件JOB/DSB/1/Add.12第5段，仲裁员可以与仲裁员库中的所有其他成员讨论与上诉有关的决定，但不影响仲裁员对此类决定及其质量的专属责任和自由裁量权。仲裁员库中的所有成员应收到与上诉有关的任何文件。

---

[①] 争端方确认其无意使专家组报告在《争端解决谅解》第16条意义上散发。

[②] 如仲裁员库尚未组成，文件JOB/DSB/1/Add.12第4段的脚注1应当适用。

[③] 但是，应争端一方的要求，仲裁员库中非为参加成员国民的任何成员都应被排除在选择程序之外。同一成员的两名国民不得在同一案件中任职。

9. 上诉应限于专家组报告中的法律问题和专家组作出的法律解释。仲裁员可以支持、修改或推翻专家组的法律裁决与结论。在适用的情况下，仲裁裁决应包括《争端解决谅解》第 19 条规定的建议。未被上诉的专家组裁决应与仲裁员自己的裁决共同被视为仲裁裁决的组成部分。

10. 仲裁员应只处理解决争端所必需的问题。他们应只处理争端方提出的问题，但不妨碍他们就管辖问题作出裁决的义务。

11. 除非经商定的本程序中另有规定，《争端解决谅解》和其他规则和程序中适用于上诉审查的规定应作必要修改后适用于仲裁。这尤其包括《上诉审查工作程序》及其规定的上诉时间表和《行为准则》[①]。仲裁员可以在符合《上诉审查工作程序》第 16 条的情况下，经与争端方协商后，调整《上诉审理工作程序》及其规定的上诉时间表。

12. 争端方要求仲裁员在提交上诉通知后 90 日内发布裁决。为此，仲裁员可采取适当的组织措施以精简程序，但不得损害争端方的程序性权利和义务以及正当程序。这种措施可包括就页数限制、时间限制和期限以及所需听证会的长度和次数作出决定。

13. 如有必要，为了在 90 日期限内发布裁决，仲裁员还可向争端方建议实质性措施，如排除基于《争端解决谅解》第 11 条提出的关于缺乏对事实进行客观审查的诉请。[②]

14. 根据仲裁员的提议，争端方可以同意延长 90 日的裁决发布期限。

15. 争端方同意遵守仲裁裁决，该裁决是终局的。根据《争端解决谅解》第 25.3 条，裁决将被通报争端解决机构（但不被争端解决机构通过）和任何相关协定的理事会或委员会。

16. 只有案件争端方而非第三方可以启动仲裁。根据《争端解决谅解》第 10.2 条向争端解决机构通知其对专家组审查事项具有实质利益的第三方，可以

---

[①] 为进一步明确，《行为准则》第 14 段至第 17 段应当适用于仲裁员。
[②] 为进一步明确，仲裁员的建议不具有法律约束力，将由相关争端方决定是否同意建议的实质性措施。相关争端方不同意建议的实质性措施这一事实，不得影响对案件的考虑或争端方的权利。

向仲裁员提交书面陈述，并应被给予被仲裁员听取意见的机会。《上诉审查工作程序》第 24 条应经必要修改后适用。

17. 根据《争端解决谅解》第 25.4 条，《争端解决谅解》第 21 条和第 22 条经必要修改后，应当适用于在本争端中做出的仲裁裁决。

18. 在仲裁期间的任何时候，上诉方或交叉上诉方可以通知仲裁员撤回上诉或交叉上诉。该通知在通知仲裁员的同时，还应通知专家组和第三方。如不存在交叉上诉或上诉，该通知应被视为构成争端方根据《争端解决谅解》第 12.12 条要求恢复专家组程序的共同请求。① 但是，如果在撤回一项上诉时依然存在一项交叉上诉，或在撤回一项交叉上诉时依然存在一项上诉，仲裁应当继续。

19. 争端方应共同将经商定的本程序通知 DS X 案专家组，并要求专家组在适用的情况下同意第 3 段、第 4 段、第 6 段和第 18 段中规定的共同请求。②

附件 2　根据文件 JOB/DSB/1/ADD.12 第 4 段组成仲裁员库

本文件通报争端解决机构后，参加成员将立即启动组成程序。以下将适用：

1. 每个参加成员可通过通知其他参加成员的方式，提名一名候选人 ③。

2. 提名截止日期将在本文件提交之日起 30 日到期。

3. 候选人将参加预选程序，以确保仲裁员库只由具有公认权威并在法律、国际贸易和适用协定所涉主题方面具有公认专门知识的人员组成。

参加成员设想该预选程序将由预选委员会实施，该委员会由世贸组织总干事、争端解决机构主席和货物、服务、与贸易有关的知识产权、总理事会的主席们组成。预选委员会将经适当磋商后，向参加成员推荐符合上述标准的候选人。

---

① 如果根据《争端解决谅解》第 12.12 条，专家组的授权已经终止，仲裁员应做出一份将专家组的裁定和结论全部纳入其中的裁决。

② 为进一步明确，如果专家组不同意其中任何一项请求，争端方将商定替代程序模式，以保持这些经商定的程序相关规定的效力。

③ 为进一步明确，现任或前任上诉机构成员可被提名为候选人。如果被提名为候选人，他们将不参加本附件第 3 段规定的预选程序。

参加成员设想在提名候选人的截止日期到期后一个月内完成该预选程序。

4. 参加成员将以协商一致方式组成仲裁员库。参加成员将努力在本文件通报之日起三个月内组成仲裁员库。他们将把仲裁员库作为本文件的附录通报争端解决机构。仲裁员库的组成将确保适当的整体平衡。

5. 仲裁员库的组成可在任何时候经全体参加成员同意进行修改。参加成员强调该安排的临时性。如果本文件第15段规定的情况在更长时间内存在，参加成员将自仲裁员库组成两年时起，根据本附件建立的程序，定期部分重组仲裁员库。

6. 如需补全仲裁员库，例如在库内的成员辞职后，将适用上述程序。

校稿：叶军、陈雨松

# 后　记

十年前，我们撰写了《世贸组织规则博弈》，记录了中国参与世贸组织争端解决的第一个十年，展现了我们从初学者逐渐成长为参与者的过程。而本书记录了中国参与世贸组织争端解决的第二个十年，展现了我们由参与者到重要贡献者的过程。

这些成绩的取得，离不开历任商务部领导和中国常驻世界贸易组织大使的指导与支持。他们指引了我们工作的方向，坚定了我们维护和践行多边主义的信心与决心，激发了我们与单边主义、贸易保护主义斗争的勇气。

感谢在世贸组织争端解决案件中和我们并肩战斗的兄弟部门和司局。从了解案情到收集证据，从实地调研到出庭抗辩，大家密切配合，全程参与。可以说，本书也是他们的作品。

感谢写作本书的同事们。他们奋战在争端解决、对外谈判、商务立法第一线，满负荷运转。在本书写作期间，还有人经历了伤病的困扰、常驻的别离、新生儿降临的忙乱。但大家无一例外地克服了困难，牺牲了休息时间，满怀热情进行写作，书写着他们的青春与奉献。以慰过往，以励来者。

感谢我的同事蒋成华同志。作为本书初始阶段的执行负责人，作为中国最早从事世贸组织争端解决工作的法律人之一，他已将自己对这份事业的热爱倾注在这本书的字里行间。

感谢纪文华同志、孙昭同志、张爽同志和赵思宁同志。他们承担了部分文稿校对工作，并运用自己丰富的世贸组织争端解决经验为本书提出了修改建议。

感谢商务印书馆为本书出版所做的大量工作，感谢他们的情怀和专业。

世贸组织争端解决，前路漫漫，不忘初心，方得始终。

李咏箑

2021 年 8 月